Friedrich Nietzsche

MENSCHLICHES, ALLZUMENSCHLICHES

EIN BUCH FÜR FREIE GEISTER

Anaconda Verlag

Die Deutsche Bibliothek verzeichnet diese Publikation in der Deutschen
Nationalbibliographie; detaillierte bibliographische Daten sind im Internet unter
http://dnb.ddb.de abrufbar.

© 2006 Anaconda Verlag GmbH, Köln
Alle Rechte vorbehalten.
Umschlagmotiv:
Peter Foerster, »Orangenstillleben«, um 1924, © akg–images, Berlin
Umschlaggestaltung: dyadesign, Düsseldorf, www.dya.de
Satz und Layout: Roland Poferl Print-Design, Köln
Printed in Czech Republic 2006
ISBN 3-86647-000-2
info@anaconda-verlag.de

INHALT

MENSCHLICHES, ALLZUMENSCHLICHES

EIN BUCH FÜR FREIE GEISTER

ERSTER BAND

VORREDE

I

Es ist mir oft genug und immer mit großem Befremden ausgedrückt worden, daß es etwas Gemeinsames und Auszeichnendes an allen meinen Schriften gäbe, von der »Geburt der Tragödie« an bis zum letzthin veröffentlichten »Vorspiel einer Philosophie der Zukunft«: sie enthielten allesamt, hat man mir gesagt, Schlingen und Netze für unvorsichtige Vögel und beinahe eine beständige unvermerkte Aufforderung zur Umkehrung gewohnter Wertschätzungen und geschätzter Gewohnheiten. Wie? *Alles* nur – menschlich-allzumenschlich? Mit diesem Seufzer komme man aus meinen Schriften heraus, nicht ohne eine Art Scheu und Mißtrauen selbst gegen die Moral, ja nicht übel versucht und ermutigt, einmal den Fürsprecher der schlimmsten Dinge zu machen: wie als ob sie vielleicht nur die bestverleumdeten seien? Man hat meine Schriften eine Schule des Verdachts genannt, noch mehr der Verachtung, glücklicherweise auch des Mutes, ja der Verwegenheit. In der Tat, ich selbst glaube nicht, daß jemals jemand mit einem gleich tiefen Verdachte in die Welt gesehen hat, und nicht nur als gelegentlicher Anwalt des Teufels, sondern ebensosehr, theologisch zu reden, als Feind und Vorforderer Gottes; und wer etwas von den Folgen errät, die in jedem tiefen Verdachte liegen, etwas von den Frösten und Ängsten der Vereinsamung, zu denen jede unbedingte *Verschiedenheit des Blicks* den mit ihr Behafteten verurteilt, wird auch verstehn, wie oft ich zur Erholung von mir, gleichsam zum zeitweiligen Selbstvergessen, irgendwo unterzutreten suchte – in irgend einer Verehrung oder Feindschaft oder Wissenschaftlichkeit oder Leichtfertigkeit oder Dummheit; auch warum ich, wo ich nicht fand, was ich *brauchte,* es mir künstlich erzwingen, zurechtfälschen, zurechtdichten mußte (– und was haben Dichter je anderes getan? und wozu wäre alle Kunst in der Welt da?). Was ich aber immer wieder am nötigsten brauchte, zu meiner Kur und Selbst-Wiederherstellung, das war der Glaube, *nicht* dergestalt einzeln zu sein, einzeln zu *sehn*, – ein zauberhafter Argwohn von Verwandtschaft und Gleichheit in Auge und Begierde, ein Ausruhen im Vertrauen der Freundschaft, eine Blindheit zu zweien ohne Verdacht und Fragezeichen, ein Genuß an Vordergründen, Oberflächen, Nahem, Nächstem, an allem, was Farbe, Haut und Scheinbarkeit hat. Vielleicht, daß man mir in diesem Betrachte mancherlei »Kunst«, mancherlei feinere Falschmünzerei vorrücken könnte: zum Beispiel, daß ich wissentlich-willentlich die Augen vor Schopenhauers blindem Willen zur Moral zugemacht hätte, zu einer Zeit, wo ich über Moral schon hellsichtig genug war; insgleichen daß ich mich über Richard Wagners unheilbare Romantik betrogen hätte, wie als ob sie ein Anfang und nicht ein Ende sei; insgleichen über die Griechen, insgleichen über die Deutschen und ihre Zukunft – und es gäbe vielleicht noch eine ganze lange Liste solcher Insgleichen? – gesetzt aber, dies alles wäre wahr und mit gutem Grunde mir vorgerückt, was wißt *ihr* davon, was *könntet* ihr davon wissen, wieviel List der Selbst-Erhaltung, wieviel Vernunft und höhere Obhut in solchem Selbst-Betruge enthalten ist, – und wieviel Falschheit mir noch *not tut,* damit ich mir immer wieder den Luxus *meiner* Wahrhaftigkeit gestatten darf? … Genug, ich lebe noch; und das Leben ist nun einmal nicht von der Moral ausgedacht: es *will* Täuschung, es *lebt* von der Täuschung … aber nicht wahr? da beginne ich bereits wieder und tue, was ich immer getan habe, ich alter Immoralist und Vogelsteller – und rede unmoralisch, außermoralisch, »jenseits von Gut und Böse«? –

2

– So habe ich denn einstmals, als ich es nötig hatte, mir auch die »freien Geister« *erfunden,* denen dieses schwermutig-mutige

Buch mit dem Titel: »Menschliches, Allzumenschliches« gewidmet ist: dergleichen »freie Geister« gibt es nicht, gab es nicht, – aber ich hatte sie damals, wie gesagt, zur Gesellschaft nötig, um guter Dinge zu bleiben inmitten schlimmer Dinge (Krankheit, Vereinsamung, Fremde, acedia, Untätigkeit): als tapfere Gesellen und Gespenster, mit denen man schwätzt und lacht, wenn man Lust hat zu schwätzen und zu lachen, und die man zum Teufel schickt, wenn sie langweilig werden, – als ein Schadenersatz für mangelnde Freunde. Daß es dergleichen freie Geister einmal geben *könnte,* daß unser Europa unter seinen Söhnen von Morgen und Übermorgen solche muntere und verwegene Gesellen haben *wird,* leibhaft und handgreiflich und nicht nur, wie in meinem Falle, als Schemen und Einsiedler-Schattenspiel: daran möchte ich am wenigsten zweifeln. Ich sehe sie bereits *kommen,* langsam, langsam; und vielleicht tue ich etwas, um ihr Kommen zu beschleunigen, wenn ich zum voraus beschreibe, unter welchen Schicksalen ich sie entstehn, auf welchen Wegen ich sie kommen *sehe? – –*

3

Man darf vermuten, daß ein Geist, in dem der Typus »freier Geist« einmal bis zur Vollkommenheit reif und süß werden soll, sein entscheidendes Ereignis in einer *großen Loslösung* gehabt hat, und daß er vorher um so mehr ein gebundener Geist war und für immer an seine Ecke und Säule gefesselt schien. Was bindet am festesten? welche Stricke sind beinahe unzerreißbar? Bei Menschen einer hohen und ausgesuchten Art werden es die Pflichten sein: jene Ehrfurcht, wie sie der Jugend eignet, jene Scheu und Zartheit vor allem Altverehrten und Würdigen, jene Dankbarkeit für den Boden, aus dem sie wuchsen, für die Hand, die sie führte, für das Heiligtum, wo sie anbeten lernten, – ihre höchsten Augenblicke selbst werden sie am festesten binden, am dauerndsten verpflichten. Die große Loslösung kommt für solchermaßen Gebundene plötzlich, wie ein Erdstoß: die junge Seele wird mit *einem* Male erschüttert, losgerissen, herausgerissen, – sie selbst versteht nicht, was sich begibt. Ein Antrieb und Andrang waltet und wird über sie Herr wie ein Befehl; ein Wille und Wunsch erwacht, fortzugehn, irgendwohin, um jeden Preis; eine heftige gefährliche Neugierde nach einer unentdeckten Welt flammt und flackert in allen ihren Sinnen. »Lieber sterben, als *hier* leben« – so klingt die gebieterische Stimme und Verführung: und dies »hier«, dies »zu Hause« ist alles, was sie bis dahin geliebt hatte! Ein plötzlicher Schrecke und Argwohn gegen das, was sie liebte, ein Blitz von Verachtung gegen das, was ihr »Pflicht« hieß, ein aufrührerisches, willkürliches, vulkanisch stoßendes Verlangen nach Wanderschaft, Fremde, Entfremdung, Erkältung, Ernüchterung, Vereisung, ein Haß auf die Liebe, vielleicht ein tempelschänderischer Grill und Blick *rückwärts,* dorthin, wo sie bis dahin anbetete und liebte, vielleicht eine Glut der Scham über das, was sie eben tat, und ein Frohlokken zugleich, daß sie es tat, ein trunkenes, inneres, frohlockendes Schaudern, in dem sich ein Sieg verrät – ein Sieg? über was? über wen? ein rätselhafter, fragenreicher, fragwürdiger Sieg, aber der *erste* Sieg immerhin: – dergleichen Schlimmes und Schmerzliches gehört zur Geschichte der großen Loslösung. Sie ist eine Krankheit zugleich, die den Menschen zerstören kann, dieser erste Ausbruch von Kraft und Willen zur Selbstbestimmung, Selbst-Wertsetzung, dieser Wille zum *freien* Willen: und wieviel Krankheit drückt sich an den wilden Versuchen und Seltsamkeiten aus, mit denen der Befreite, Losgelöste sich nunmehr seine Herrschaft über die Dinge zu beweisen sucht! Er schweift grausam umher, mit einer unbefriedigten Lüsternheit; was er erbeutet, muß die gefährliche Spannung seines Stolzes abbüßen; er zerreißt, was ihn reizt. Mit einem bösen Lachen dreht er um, was er verhüllt, durch irgend eine Scham geschont findet: er versucht, wie diese Dinge aussehn, *wenn* man sie umkehrt. Es ist Willkür und Lust an der Willkür darin, wenn er vielleicht nun seine Gunst dem zuwendet, was bisher in schlechtem Rufe stand, – wenn er neugierig und versucherisch um das Verbotenste schleicht. Im Hintergrunde seines Treibens und Schweifens – denn er ist unruhig und ziellos unterwegs wie in einer Wüste – steht das Fragezeichen einer immer gefährlicheren Neugierde. »Kann man nicht *alle* Werte umdrehn? und ist Gut vielleicht Böse? und Gott nur eine Erfindung und Feinheit des Teufels? Ist alles vielleicht im letzten Grunde falsch? Und wenn wir Betrogene sind, sind wir nicht ebendadurch auch Betrüger? *müssen* wir nicht auch Betrüger sein?« – solche Gedanken führen und verführen ihn, immer weiter fort, immer weiter ab. Die Einsamkeit umringt und umringelt ihn, immer drohender, würgender, herzzuschnürender, jene furchtbare Göttin und mater saeva cupidinum – aber wer weiß es heute, was *Einsamkeit* ist? ...

4

Von dieser krankhaften Vereinsamung, von der Wüste solcher Versuchs-Jahre ist der Weg noch weit bis zu jener ungeheuren überströmenden Sicherheit und Gesundheit, welche der Krankheit selbst nicht entraten mag, als eines Mittels und Angelhakens der Erkenntnis, bis zu jener *reifen* Freiheit des Geistes, welche ebensosehr Selbstbeherrschung und Zucht des Herzens ist und die Wege zu vielen und entgegengesetzten Denkweisen erlaubt –, bis zu jener inneren Umfänglichkeit und Verwöhnung des Oberreichtums, welche die Gefahr ausschließt, daß der Geist sich etwa selbst in die eignen Wege verlöre und verliebte und in irgend einem Winkel berauscht sitzen bliebe, bis zu jenem Überschuß an plastischen, ausheilenden, nachbildenden und wiederherstellenden Kräften, welcher eben das Zeichen der *großen* Gesundheit ist, jener Überschuß, der dem freien Geiste das gefährliche Vorrecht gibt, *auf den Versuch* hin leben und sich dem Abenteuer anbieten zu dürfen: das Meisterschafts-Vorrecht des freien Geistes! Dazwischen mögen lange Jahre der Genesung liegen,

Jahre voll vielfarbiger, schmerzlich-zauberhafter Wandlungen, beherrscht und am Zügel geführt durch einen zähen *Willen zur Gesundheit,* der sich oft schon als Gesundheit zu kleiden und zu verkleiden wagt. Es gibt einen mittleren Zustand darin, dessen ein Mensch solchen Schicksals später nicht ohne Rührung eingedenk ist: ein blasses, feines Licht- und Sonnenglück ist ihm zu eigen, ein Gefühl von Vogel-Freiheit, Vogel-Umblick, Vogel-Übermut, etwas Drittes, in dem sich Neugierde und zarte Verachtung gebunden haben. Ein »freier Geist« – dies kühle Wort tut in jenem Zustande wohl, es wärmt beinahe. Man lebt, nicht mehr in den Fesseln von Liebe und Haß, ohne Ja, ohne Nein, freiwillig nahe, freiwillig ferne, am liebsten entschlüpfend, ausweichend, fortflatternd, wieder weg, wieder emporfliegend; man ist verwöhnt, wie jeder, der einmal ein ungeheures Vielerlei *unter* sich gesehn hat, – und man ward zum Gegenstück derer, welche sich um Dinge bekümmern, die sie nichts angehn. In der Tat, den freien Geist gehen nunmehr lauter Dinge an – und wie viele Dinge! – welche ihn nicht mehr *bekümmern* ...

5

Ein Schritt weiter in der Genesung: und der freie Geist nähert sich wieder dem Leben, langsam freilich, fast widerspenstig, fast mißtrauisch. Es wird wieder wärmer um ihn, gelber gleichsam; Gefühl und Mitgefühl bekommen Tiefe, Tauwinde aller Art gehen über ihn weg. Fast ist ihm zu Mute, als ob ihm jetzt erst die Augen für das *Nahe* aufgingen. Er ist verwundert und sitzt stille: wo *war* er doch? Diese nahen und nächsten Dinge: wie scheinen sie ihm verwandelt! welchen Flaum und Zauber haben sie inzwischen bekommen! Er blickt dankbar zurück, – dankbar seiner Wanderschaft, seiner Härte und Selbstentfremdung, seinen Fernblicken und Vogelflügen in kalte Höhen. Wie gut, daß er nicht wie ein zärtlicher dumpfer Eckensteher immer »zu Hause«, immer »bei sich« geblieben ist! Er war *außer* sich: es ist kein Zweifel. Jetzt erst sieht er sich selbst –, und welche Überraschungen findet er dabei! Welche unerprobten Schauder! Welches Glück noch in der Müdigkeit, der alten Krankheit, den Rückfällen des Genesenden! Wie es ihm gefällt, leidend stillzusitzen, Geduld zu spinnen, in der Sonne zu liegen! Wer versteht sich gleich ihm auf das Glück im Winter, auf die Sonnenflecke an der Mauer! Es sind die dankbarsten Tiere von der Welt, auch die bescheidensten, diese dem Leben wieder halb zugewendeten Genesenden und Eidechsen: – es gibt solche unter ihnen, die keinen Tag von sich lassen, ohne ihm ein kleines Loblied an den nachschleppenden Saum zu hängen. Und ernstlich geredet: es ist eine gründliche *Kur* gegen allen Pessimismus (den Krebsschaden alter Idealisten und Lügenbolde, wie bekannt –), auf die Art dieser freien Geister krank zu werden, eine gute Weile krank zu bleiben und dann, noch länger, noch länger, gesund, ich meine »gesünder« zu werden. Es ist Weisheit darin, Lebens-Weisheit, sich die Gesundheit selbst lange Zeit nur in kleinen Dosen zu verordnen. –

6

Um jene Zeit mag es endlich geschehn, unter den plötzlichen Lichtern einer noch ungestümen, noch wechselnden Gesundheit, daß dem freien, immer freieren Geiste sich das Rätsel jener großen Loslösung zu entschleiern beginnt, welches bis dahin dunkel, fragwürdig, fast unberührbar in seinem Gedächtnisse gewartet hatte. Wenn er sich lange kaum zu fragen wagte »warum so abseits? so allein? allem entsagend, was ich verehrte? der Verehrung selbst entsagend? warum diese Härte, dieser Argwohn, dieser Haß auf die eigenen Tugenden?« – jetzt wagt und fragt er es laut und hört auch schon etwas wie Antwort darauf. »Du solltest Herr über dich werden, Herr auch über die eigenen Tugenden. Früher waren *sie* deine Herren; aber sie dürfen nur deine Werkzeuge neben andern Werkzeugen sein. Du solltest Gewalt über dein Für und Wider bekommen und es verstehn lernen, sie aus- und wieder einzuhängen, je nach deinem höheren Zwecke. Du solltest das Perspektivische in jeder Wertschätzung begreifen lernen – die Verschiebung, Verzerrung und scheinbare Teleologie der Horizonte und was alles zum Perspektivischen gehört; auch das Stück Dummheit in bezug auf entgegengesetzte Werte und die ganze intellektuelle Einbuße, mit der sich jedes Für, jedes Wider bezahlt macht. Du solltest die *notwendige* Ungerechtigkeit in jedem Für und Wider begreifen lernen, die Ungerechtigkeit als unablösbar vom Leben, das Leben selbst als *bedingt* durch das Perspektivische und seine Ungerechtigkeit. Du solltest vor allem mit Augen sehn, wo die Ungerechtigkeit immer am größten ist: dort nämlich, wo das Leben am kleinsten, engsten, dürftigsten, anfänglichsten entwickelt ist und dennoch nicht umhin kann, *sich* als Zweck und Maß der Dinge zu nehmen und seiner Erhaltung zuliebe das Höhere, Größere, Reichere heimlich und kleinlich und unablässig anzubröckeln und in Frage zu stellen, – du solltest das Problem der *Rangordnung* mit Augen sehn, und wie Macht und Recht und Umfänglichkeit der Perspektive miteinander in die Höhe wachsen. Du solltest« – genug, der freie Geist weiß nunmehr, welchem »du sollst« er gehorcht hat, und auch, was er jetzt *kann,* was er jetzt erst – darf …

7

Dergestalt gibt der freie Geist in bezug auf jenes Rätsel von Loslösung sich Antwort und endet damit, indem er seinen Fall verallgemeinert, sich über sein Erlebnis also zu entscheiden. »Wie es mir erging«, sagt er sich, muß es jedem ergehn, in dem eine *Aufgabe* leibhaft werden und »zur Welt kommen« will. Die heimliche Gewalt und Notwendigkeit dieser Aufgabe wird unter und in seinen einzelnen Schicksalen walten gleich einer unbewußten Schwangerschaft, – lange, bevor er diese Aufgabe selbst ins Auge gefaßt hat und ihren Namen weiß. Unsere Bestimmung verfügt über uns, auch wenn wir sie noch nicht kennen; es ist die Zukunft, die unserm Heute die Regel gibt. Gesetzt, daß es *das Problem der Rangordnung* ist, von dem wir sagen dürfen, daß es unser Problem ist, wir freien Geister: jetzt, in dem Mittage unseres Lebens, verstehn wir es erst, was für Vorbereitungen, Umwege, Proben, Versuchungen, Verkleidungen das Problem nötig hatte, ehe es vor uns aufsteigen *durfte,* und wie wir erst die vielfachsten und widersprechendsten Not- und Glücksstände an Seele und Leib erfahren mußten, als Abenteurer und Weltumsegler jener inneren Welt, die »Mensch« heißt, als Ausmesser jedes »Höher« und »Übereinander«, das gleichfalls »Mensch« heißt – überallhin dringend, fast ohne Furcht, nichts verschmähend, nichts verlierend, alles auskostend, alles vom Zufälligen reinigend und gleichsam aussiebend, – bis wir endlich sagen durften, wir freien Geister: »Hier – ein *neues* Problem! Hier eine lange Leiter, auf deren Sprossen wir selbst gesessen und gestiegen sind, – die wir selbst irgendwann *gewesen* sind! Hier ein Höher, ein Tiefer, ein Unter-uns, eine ungeheure lange Ordnung, eine Rangordnung, die wir *sehen:* hier *unser* Problem!« – –

8

– Es wird keinem Psychologen und Zeichendeuter einen Augenblick verborgen bleiben, an welche Stelle der eben geschilderten Entwicklung das vorliegende Buch gehört (oder *gestellt* ist –). Aber wo gibt es heute Psychologen? In Frankreich, gewiß; vielleicht in Rußland; sicherlich nicht in Deutschland. Es fehlt nicht an Gründen, weshalb sich dies die heutigen Deutschen sogar noch zur Ehre anrechnen könnten: schlimm genug für *einen,* der in diesem Stücke undeutsch geartet und geraten ist! Dies *deutsche* Buch, welches in einem weiten Umkreis von Ländern und Völkern seine Leser zu finden gewußt hat – es ist ungefähr zehn Jahre unterwegs – und sich auf irgend welche Musik und Flötenkunst verstehn muß, durch die auch spröde Ausländerohren zum Horchen verführt werden, – gerade in Deutschland ist dies Buch am nachlässigsten gelesen, am schlechtesten *gehört* worden: woran liegt das? – »Es verlangt zu viel«, hat man mir geantwortet, »es wendet sich an Menschen ohne die Drangsal grober Pflichten, es will feine und verwöhnte Sinne, es hat Überfluß nötig, Überfluß an Zeit, an Helligkeit des Himmels und Herzens, an otium im verwegensten Sinne: – lauter gute Dinge, die wir Deutschen von heute nicht haben und also auch nicht geben können.« – Nach einer so artigen Antwort rät mir meine Philosophie, zu schweigen und nicht mehr weiter zu fragen; zumal man in gewissen Fällen, wie das Sprichwort andeutet, nur dadurch Philosoph *bleibt,* daß man – schweigt.

Nizza, im Frühling 1886

ERSTES HAUPTSTÜCK

VON DEN ERSTEN UND
LETZTEN DINGEN

I

Chemie der Begriffe und Empfindungen. – Die philosophischen Probleme nehmen jetzt wieder fast in allen Stücken dieselbe Form der Frage an wie vor zweitausend Jahren: wie kann etwas aus seinem Gegensatz entstehen, zum Beispiel Vernünftiges aus Vernunftlosem, Empfindendes aus Totem, Logik aus Unlogik, interesseloses Anschauen aus begehrlichem Wollen, Leben für andere aus Egoismus, Wahrheit aus Irrtümern? Die metaphysische Philosophie half sich bisher über diese Schwierigkeit hinweg, insofern sie die Entstehung des einen aus dem andern leugnete und für die höher gewerteten Dinge einen Wunder-Ursprung annahm, unmittelbar aus dem Kern und Wesen des »Dinges an sich« heraus. Die historische Philosophie dagegen, welche gar nicht mehr getrennt von der Naturwissenschaft zu denken ist, die allerjüngste aller philosophischen Methoden, ermittelte in einzelnen Fällen (und vermutlich wird dies in allen ihr Ergebnis sein), daß es keine Gegensätze sind, außer in der gewohnten Übertreibung der populären oder metaphysischen Auffassung, und daß ein Irrtum der Vernunft dieser Gegenüberstellung zugrunde liegt: nach ihrer Erklärung gibt es, streng gefaßt, weder ein unegoistisches Handeln, noch ein völlig interesseloses Anschauen, es sind beides nur Sublimierungen, bei denen das Grundelement fast verflüchtigt erscheint und nur noch für die feinste Beobachtung sich als vorhanden erweist. – Alles, was wir brauchen und was erst bei der gegenwärtigen Höhe der einzelnen Wissenschaften uns gegeben werden kann, ist eine *Chemie* der moralischen, religiösen, ästhetischen Vorstellungen und Empfindun-

gen, ebenso aller jener Regungen, welche wir im Groß- und
Kleinverkehr der Kultur und Gesellschaft, ja in der Einsamkeit an
uns erleben: wie, wenn diese Chemie mit dem Ergebnis abschlös-
se, daß auch auf diesem Gebiete die herrlichsten Farben aus niedrigen, ja verachteten Stoffen gewonnen sind? Werden viele Lust
haben, solchen Untersuchungen zu folgen? Die Menschheit liebt
es, die Fragen über Herkunft und Anfänge sich aus dem Sinne zu
schlagen; muß man nicht fast entmenscht sein, um den entgegengesetzten Hang in sich zu spüren? –

2

Erbfehler der Philosophen. – Alle Philosophen haben den gemeinsamen Fehler an sich, daß sie vom gegenwärtigen Menschen ausgehen und durch eine Analyse desselben ans Ziel zu kommen meinen. Unwillkürlich schwebt ihnen »der Mensch« als eine aeterna
veritas, als ein Gleichbleibendes in allem Strudel, als ein sichres
Maß der Dinge vor. Alles, was der Philosoph über den Menschen
aussagt, ist aber im Grunde nicht mehr als ein Zeugnis über den
Menschen eines *sehr beschränkten* Zeitraums. Mangel an histori-
schem Sinn ist der Erbfehler aller Philosophen; manche sogar nehmen unversehens die allerjüngste Gestaltung des Menschen, wie
eine solche unter dem Eindruck bestimmter Religionen, ja bestimmter politischer Ereignisse entstanden ist, als die feste Form,
von der man ausgehen müsse. Sie wollen nicht lernen, daß der
Mensch geworden ist, daß auch das Erkenntnisvermögen geworden ist; während einige von ihnen sogar die ganze Welt aus diesem
Erkenntnisvermögen sich herausspinnen lassen. – Nun ist alles *Wesentliche* der menschlichen Entwicklung in Urzeiten vor sich gegangen, lange vor jenen 4000 Jahren, die wir ungefähr kennen; in
diesen mag sich der Mensch nicht viel mehr verändert haben. Da
sieht aber der Philosoph »Instinkte« am gegenwärtigen Menschen
und nimmt an, daß diese zu den unveränderlichen Tatsachen des
Menschen gehören und insofern einen Schlüssel zum Verständnis

der Welt überhaupt abgeben können: die ganze Teleologie ist darauf gebaut, daß man vom Menschen der letzten vier Jahrtausende als von einem *ewigen* redet, zu welchem hin alle Dinge in der Welt von ihrem Anbeginne eine natürliche Richtung haben. Alles aber ist geworden; es gibt *keine ewigen Tatsachen:* so wie es keine absoluten Wahrheiten gibt. – Demnach ist das *historische Philosophieren* von jetzt ab nötig und mit ihm die Tugend der Bescheidung.

3

Schätzung der unscheinbaren Wahrheiten. – Es ist das Merkmal einer höheren Kultur, die kleinen unscheinbaren Wahrheiten, welche mit strenger Methode gefunden wurden, höher zu schätzen als die beglückenden und blendenden Irrtümer, welche metaphysischen und künstlerischen Zeitaltern und Menschen entstammen. Zunächst hat man gegen erstere den Hohn auf den Lippen, als könne hier gar nichts Gleichberechtigtes gegeneinander stehen: so bescheiden, schlicht, nüchtern, ja scheinbar entmutigend stehen diese, so schön, prunkend, berauschend, ja vielleicht beseligend stehen jene da. Aber das Mühsam-Errungene, Gewisse, Dauernde und deshalb für jede weitere Erkenntnis noch Folgenreiche ist doch das Höhere; zu ihm sich zu halten ist männlich und zeigt Tapferkeit, Schlichtheit, Enthaltsamkeit an. Allmählich wird nicht nur der einzelne, sondern die gesamte Menschheit zu dieser Männlichkeit emporgehoben werden, wenn sie sich endlich an die höhere Schätzung der haltbaren, dauerhaften Erkenntnisse gewöhnt und allen Glauben an Inspiration und wundergleiche Mitteilung von Wahrheiten verloren hat. – Die Verehrer der *Formen* freilich, mit ihrem Maßstabe des Schönen und Erhabenen, werden zunächst gute Gründe zu spotten haben, sobald die Schätzung der unscheinbaren Wahrheiten und der wissenschaftliche Geist anfängt zur Herrschaft zu kommen: aber nur weil entweder ihr Auge sich noch nicht dem Reiz der *schlichtesten* Form erschlossen hat oder weil die in jenem Geiste erzogenen Menschen noch lange nicht völlig und innerlich von ihm durchdrungen sind, so daß sie immer noch gedankenlos alte Formen nachmachen (und dies schlecht genug, wie es jemand tut, dem nicht mehr viel an einer Sache liegt). Ehemals war der Geist nicht durch strenges Denken in Anspruch genommen, da lag sein Ernst im Ausspinnen von Symbolen und Formen. Das hat sich verändert; jener Ernst des Symbolischen ist zum Kennzeichen der niederen Kultur geworden. Wie unsere Künste selber immer intellektualer, unsre Sinne geistiger werden, und wie man zum Beispiel jetzt ganz anders darüber urteilt, was sinnlich wohltönend ist, als vor 100 Jahren: so werden auch die Formen unseres Lebens immer *geistiger,* für das Auge älterer Zeiten vielleicht *häßlicher,* aber nur weil es nicht zu sehen vermag, wie das Reich der inneren, geistigen Schönheit sich fortwährend vertieft und erweitert und inwiefern uns allen der geistreiche Blick jetzt mehr gelten darf als der schönste Gliederbau und das erhabenste Bauwerk.

4

Astrologie und Verwandtes. – Es ist wahrscheinlich, daß die Objekte des religiösen, moralischen und ästhetischen Empfindens ebenfalls nur zur Oberfläche der Dinge gehören, während der Mensch gern glaubt, daß er hier wenigstens an das Herz der Welt rühre; er täuscht sich, weil jene Dinge ihn so tief beseligen und so tief unglücklich machen, und zeigt also hier denselben Stolz wie bei der Astrologie. Denn diese meint, der Sternenhimmel drehe sich um das Los des Menschen; der moralische Mensch aber setzt voraus, das, was ihm wesentlich am Herzen liege, müsse auch Wesen und Herz der Dinge sein.

5

Mißverständnis des Traumes. – Im Traum glaubte der Mensch in den Zeitaltern roher uranfänglicher Kultur eine *zweite reale* Welt kennen zu lernen; hier ist der Ursprung aller Metaphysik. Ohne den

Traum hätte man keinen Anlaß zu einer Scheidung der Welt gefunden. Auch die Zerlegung in Seele und Leib hängt mit der ältesten Auffassung des Traumes zusammen, ebenso die Annahme
eines Seelenscheinleibes, also die Herkunft alles Geisterglaubens
und wahrscheinlich auch des Götterglaubens. »Der Tote lebt fort;
denn er erscheint dem Lebenden im Traume«: so schloß man ehe-
dem, durch viele Jahrtausende hindurch.

6

Der Geist der Wissenschaft im Teil, nicht im Ganzen mächtig. – Die ab-
getrennten *kleinsten* Gebiete der Wissenschaft werden rein sachlich
behandelt: die allgemeinen großen Wissenschaften dagegen legen,
als Ganzes betrachtet, die Frage – eine recht unsachliche Frage
freilich – auf die Lippen, wozu? zu welchem Nutzen? Wegen dieser Rücksicht auf den Nutzen werden sie, als Ganzes, weniger unpersönlich als in ihren Teilen behandelt. Bei der Philosophie nun
gar, als bei der Spitze der gesamten Wissenspyramide, wird unwillkürlich die Frage nach dem Nutzen der Erkenntnis überhaupt auf-
geworfen, und jede Philosophie hat unbewußt die Absicht, ihr den
höchsten Nutzen zuzuschreiben. Deshalb gibt es in allen Philosophien soviel hochfliegende Metaphysik und eine solche Scheu vor
den unbedeutend erscheinenden Lösungen der Physik; denn die
Bedeutsamkeit der Erkenntnis für das Leben *soll* so groß als möglich erscheinen. Hier ist der Antagonismus zwischen den wissenschaftlichen Einzelgebieten und der Philosophie. Letztere will, was
die Kunst will, dem Leben und Handeln möglichste Tiefe und Bedeutung geben; in ersteren sucht man Erkenntnis und nichts weiter – was dabei auch herauskomme. Es hat bis jetzt noch keinen
Philosophen gegeben, unter dessen Händen die Philosophie nicht
zu einer Apologie der Erkenntnis geworden wäre; in diesem
Punkte wenigstens ist ein jeder Optimist, daß dieser die höchste
Nützlichkeit zugesprochen werden müsse. Sie alle werden von der
Logik tyrannisiert: und diese ist ihrem Wesen nach Optimismus.

7

Der Störenfried in der Wissenschaft. – Die Philosophie schied sich
von der Wissenschaft, als sie die Frage stellte: welches ist diejeni-
ge Erkenntnis der Welt und des Lebens, bei welcher der Mensch
am glücklichsten lebt? Dies geschah in den sokratischen Schulen: durch den Gesichtspunkt des *Glücks* unterband man die
Blutadern der wissenschaftlichen Forschung – und tut es heute
noch.

8

Pneumatische Erklärung der Natur. – Die Metaphysik erklärt die
Schrift der Natur gleichsam *pneumatisch,* wie die Kirche und ihre Gelehrten es ehemals mit der Bibel taten. Es gehört sehr viel
Verstand dazu, um auf die Natur dieselbe Art der strengen Erklärungskunst anzuwenden, wie jetzt die Philologen sie für alle
Bücher geschaffen haben: mit der Absicht, schlicht zu verstehen, was die Schrift sagen will, aber nicht einen *doppelten* Sinn
zu wittern, ja vorauszusetzen. Wie aber selbst in betreff der Bücher die schlechte Erklärungskunst keineswegs völlig überwunden ist und man in der besten gebildeten Gesellschaft noch
fortwährend auf Überreste allegorischer und mystischer Ausdeutung stößt: so steht es auch in betreff der Natur – ja noch
viel schlimmer.

9

Metaphysische Welt. – Es ist wahr, es *könnte* eine metaphysische
Welt geben; die absolute Möglichkeit davon ist kaum zu bekämpfen. Wir sehen alle Dinge durch den Menschenkopf an
und können diesen Kopf nicht abschneiden; während doch die
Frage übrig bleibt, was von der Welt noch da wäre, wenn man
ihn doch abgeschnitten hätte. Dies ist ein rein wissenschaftliches
Problem und nicht sehr geeignet, den Menschen Sorge zu ma-

chen; aber alles, was ihnen bisher metaphysische Annahmen *wertvoll, schreckenvoll, lustvoll* gemacht, was sie erzeugt hat, ist Leidenschaft, Irrtum und Selbstbetrug; die allerschlechtesten Methoden der Erkenntnis, nicht die allerbesten, haben daran glauben lehren. Wenn man diese Methoden, als das Fundament aller vorhandenen Religionen und Metaphysiken aufgedeckt hat, hat man sie widerlegt. Dann bleibt immer noch jene Möglichkeit übrig; aber mit ihr kann man gar nichts anfangen, geschweige denn, daß man Glück, Heil und Leben von den Spinnenfäden einer solchen Möglichkeit abhängen lassen dürfte. – Denn man könnte von der metaphysischen Welt gar nichts aussagen als ein Anderssein, ein uns unzugängliches unbegreifliches Anderssein; es wäre ein Ding mit negativen Eigenschaften. – Wäre die Existenz einer solchen Welt noch so gut bewiesen, so stünde doch fest, daß die gleichgültigste aller Erkenntnisse eben ihre Erkenntnis wäre: noch gleichgültiger als dem Schiffer in Sturmesgefahr die Erkenntnis von der chemischen Analyse des Wassers sein muß.

10

Harmlosigkeit der Metaphysik in der Zukunft. – Sobald die Religion, Kunst und Moral in ihrer Entstehung so beschrieben sind, daß man sie vollständig sich erklären kann, ohne zur Annahme *metaphysischer Eingriffe* am Beginn und im Verlaufe der Bahn seine Zuflucht zu nehmen, hört das stärkste Interesse an dem rein theoretischen Problem vom »Ding an sich« und der »Erscheinung« auf. Denn wie es hier auch stehe: mit Religion, Kunst und Moral rühren wir nicht an das »Wesen der Welt an sich«; wir sind im Bereiche der Vorstellung, keine »Ahnung« kann uns weitertragen. Mit voller Ruhe wird man die Frage, wie unser Weltbild so stark sich von dem erschlossenen Wesen der Welt unterscheiden könne, der Physiologie und der Entwicklungsgeschichte der Organismen und Begriffe überlassen.

11

Die Sprache als vermeintliche Wissenschaft. – Die Bedeutung der Sprache für die Entwicklung der Kultur liegt darin, daß in ihr der Mensch eine eigne Welt neben die andere stellte, einen Ort, welchen er für so fest hielt, um von ihm aus die übrige Welt aus den Angeln zu heben und sich zum Herren derselben zu machen. Insofern der Mensch an die Begriffe und Namen der Dinge als an *aeternae veritates* durch lange Zeitstrecken hindurch geglaubt hat, hat er sich jenen Stolz angeeignet, mit dem er sich über das Tier erhob: er meinte wirklich in der Sprache die Erkenntnis der Welt zu haben. Der Sprachbildner war nicht so bescheiden zu glauben, daß er den Dingen eben nur Bezeichnungen gebe, er drückte vielmehr, wie er wähnte, das höchste Wissen über die Dinge mit den Worten aus; in der Tat ist die Sprache die erste Stufe der Bemühung um die Wissenschaft. Der *Glaube an die gefundene Wahrheit* ist es auch hier, aus dem die mächtigsten Kraftquellen geflossen sind. Sehr nachträglich – jetzt erst – dämmert es den Menschen auf, daß sie einen ungeheuren Irrtum in ihrem Glauben an die Sprache propagiert haben. Glücklicherweise ist es zu spät, als daß es die Entwicklung der Vernunft, die auf jenem Glauben beruht, wieder rückgängig machen könnte. – Auch die *Logik* beruht auf Voraussetzungen, denen nichts in der wirklichen Welt entspricht, z. B. auf der Voraussetzung der Gleichheit von Dingen, der Identität desselben Dings in verschiedenen Punkten der Zeit: aber jene Wissenschaft entstand durch den entgegengesetzten Glauben (daß es dergleichen in der wirklichen Welt allerdings gebe). Ebenso steht es mit der *Mathematik,* welche gewiß nicht entstanden wäre, wenn man von Anfang an gewußt hätte, daß es in der Natur keine exakt gerade Linie, keinen wirklichen Kreis, kein absolutes Größenmaß gebe.

12

Traum und Kultur. – Die Gehirnfunktion, welche durch den Schlaf am meisten beeinträchtigt wird, ist das Gedächtnis: nicht daß es ganz pausierte – aber es ist auf einen Zustand der Unvollkommenheit zurückgebracht, wie es in Urzeiten der Menschheit bei jedermann am Tage und im Wachen gewesen sein mag. Willkürlich und verworren, wie es ist, verwechselt es fortwährend die Dinge auf Grund der flüchtigsten Ähnlichkeiten: aber mit derselben Willkür und Verworrenheit dichteten die Völker ihre Mythologien, und noch jetzt pflegen Reisende zu beobachten, wie sehr der Wilde zur Vergeßlichkeit neigt, wie sein Geist nach kurzer Anspannung des Gedächtnisses hin und her zu taumeln beginnt und er, aus bloßer Erschlaffung, Lügen und Unsinn hervorbringt. Aber wir alle gleichen im Traume diesem Wilden; das schlechte Wiedererkennen und irrtümliche Gleichsetzen ist der Grund des schlechten Schließens, dessen wir uns im Traume schuldig machen: so daß wir, bei deutlicher Vergegenwärtigung eines Traumes, vor uns erschrecken, weil wir soviel Narrheit in uns bergen. – Die vollkommene Deutlichkeit aller Traumvorstellungen, welche den unbedingten Glauben an ihre Realität zur Voraussetzung hat, erinnert uns wieder an Zustände früherer Menschheit, in der die Halluzination außerordentlich häufig war und mitunter ganze Gemeinden, ganze Völker gleichzeitig ergriff. Also: im Schlaf und Traum machen wir das Pensum früheren Menschentums noch einmal durch.

13

Logik des Traumes. – Im Schlafe ist fortwährend unser Nervensystem durch mannigfache innere Anlässe in Erregung, fast alle Organe sezernieren und sind in Tätigkeit, das Blut macht seinen ungestümen Kreislauf, die Lage des Schlafenden drückt einzelne Glieder, seine Decken beeinflussen die Empfindung verschiedenartig, der Magen verdaut und beunruhigt mit seinen Bewegungen andere Organe, die Gedärme winden sich, die Stellung des Kopfes bringt ungewöhnliche Muskellagen mit sich, die Füße, unbeschuht, nicht mit den Sohlen den Boden drückend, verursachen das Gefühl des Ungewöhnlichen ebenso wie die andersartige Bekleidung des ganzen Körpers, – alles dies, nach seinem täglichen Wechsel und Grade, erregt durch seine Außergewöhnlichkeit das gesamte System bis in die Gehirnfunktion hinein: und so gibt es hundert Anlässe für den Geist, um sich zu verwundern und nach *Gründen* dieser Erregung zu suchen: der Traum aber ist das *Suchen und Vorstellen der Ursachen* für jene erregten Empfindungen, das heißt der vermeintlichen Ursachen. Wer zum Beispiel seine Füße mit zwei Riemen umgürtet, träumt wohl, daß zwei Schlangen seine Füße umringeln: dies ist zuerst eine Hypothese, sodann ein Glaube, mit einer begleitenden bildlichen Vorstellung und Ausdichtung: »diese Schlangen müssen die causa jener Empfindung sein, welche ich, der Schlafende, habe«, – so urteilt der Geist des Schlafenden. Die so erschlossene nächste Vergangenheit wird durch die erregte Phantasie ihm zur Gegenwart. So weiß jeder aus Erfahrung, wie schnell der Träumende einen starken an ihn dringenden Ton, zum Beispiel Glockenläuten, Kanonenschüsse in seinen Traum verflicht, das heißt aus ihm *hinterdrein* erklärt, so daß er zuerst die veranlassenden Umstände, dann jenen Ton zu erleben *meint*. – Wie kommt es aber, daß der Geist des Träumenden immer so fehl greift, während derselbe Geist im Wachen so nüchtern, behutsam und in bezug auf Hypothesen so skeptisch zu sein pflegt? – so daß ihm die erste beste Hypothese zur Erklärung eines Gefühls genügt, um sofort an ihre Wahrheit zu glauben? (Denn wir glauben im Traume an den Traum, als sei er Realität, das heißt wir halten unsre Hypothese für völlig erwiesen.) – Ich meine: wie jetzt noch der Mensch im Traume schließt, schloß die Menschheit *auch im Wachen* viele Jahrtausende hindurch: die erste causa, die dem Geiste einfiel, um irgend etwas, das der Erklärung bedurfte, zu erklären, genügte ihm und galt als Wahrheit. (So verfahren nach den Erzählungen der Reisenden die Wilden heute noch.) Im Traum übt sich dieses uralte Stück Menschentum in uns fort, denn es ist die Grundlage, auf der die höhere Vernunft sich entwickelte und in jedem Menschen sich noch entwickelt:

der Traum bringt uns in ferne Zustände der menschlichen Kultur wieder zurück und gibt ein Mittel an die Hand, sie besser zu verstehen. Das Traumdenken wird uns jetzt so leicht, weil wir in ungeheuren Entwicklungsstrecken der Menschheit gerade auf diese Form des phantastischen und wohlfeilen Erklärens aus dem ersten beliebigen Einfalle heraus so gut eingedrillt worden sind. Insofern ist der Traum eine Erholung für das Gehirn, welches am Tage den strengeren Anforderungen an das Denken zu genügen hat, wie sie von der höheren Kultur gestellt werden. – Einen verwandten Vorgang können wir geradezu als Pforte und Vorhalle des Traumes noch bei wachem Verstande in Augenschein nehmen. Schließen wir die Augen, so produziert das Gehirn eine Menge von Lichteindrücken und Farben, wahrscheinlich als eine Art Nachspiel und Echo aller jener Lichtwirkungen, welche am Tage auf dasselbe eindringen. Nun verarbeitet aber der Verstand (mit der Phantasie im Bunde) diese an sich formlosen Farbenspiele sofort zu bestimmten Figuren, Gestalten, Landschaften, belebten Gruppen. Der eigentliche Vorgang dabei ist wiederum eine Art Schluß von der Wirkung auf die Ursache; indem der Geist fragt: woher diese Lichteindrücke und Farben, supponiert er als Ursachen jene Figuren, Gestalten: sie gelten ihm als die Veranlassungen jener Farben und Lichter, weil er, am Tage, bei offenen Augen, gewohnt ist, zu jeder Farbe, jedem Lichteindruck eine veranlassende Ursache zu finden. Hier also schiebt ihm die Phantasie fortwährend Bilder vor, indem sie an die Gesichtseindrücke des Tages sich in ihrer Produktion anlehnt, und geradeso macht es die Traumphantasie: – das heißt die vermeintliche Ursache wird aus der Wirkung erschlossen und *nach* der Wirkung vorgestellt: alles dies mit außerordentlicher Schnelligkeit, so daß hier wie beim Taschenspieler eine Verwirrung des Urteils entstehen und ein Nacheinander sich wie etwas Gleichzeitiges, selbst wie ein umgedrehtes Nacheinander ausnehmen kann. – Wir können aus diesen Vorgängen entnehmen, *wie spät* das schärfere logische Denken, das Strengnehmen von Ursache und Wirkung entwickelt worden ist, wenn unsere Vernunft- und Verstandesfunktionen *jetzt noch* unwillkürlich nach jenen primitiven Formen des Schließens zurückgreifen und wir ziemlich die Hälfte unseres Lebens in diesem Zustande leben. – Auch der Dichter, der Künstler *schiebt* seinen Stimmungen und Zuständen Ursachen *unter,* welche durchaus nicht die wahren sind; er erinnert insofern an älteres Menschentum und kann uns zum Verständnisse desselben verhelfen.

14

Miterklingen. – Alle *stärkeren* Stimmungen bringen ein Miterklingen verwandter Empfindungen und Stimmungen mit sich: sie wühlen gleichsam das Gedächtnis auf. Es erinnert sich bei ihnen etwas in uns und wird sich ähnlicher Zustände und deren Herkunft bewußt. So bilden sich angewöhnte rasche Verbindungen von Gefühlen und Gedanken, welche zuletzt, wenn sie blitzschnell hintereinander erfolgen, nicht einmal mehr als Komplexe, sondern als *Einheiten* empfunden werden. In diesem Sinne redet man vom moralischen Gefühle, vom religiösen Gefühle, wie als ob dies lauter Einheiten seien: in Wahrheit sind sie Ströme mit hundert Quellen und Zuflüssen. Auch hier, wie so oft, verbürgt die Einheit des Wortes nichts für die Einheit der Sache.

15

Kein Innen und Außen in der Welt. – Wie Demokrit die Begriffe Oben und Unten auf den unendlichen Raum übertrug, wo sie keinen Sinn haben, so die Philosophen überhaupt den Begriff »Innen und Außen« auf Wesen und Erscheinung der Welt; sie meinen, mit tiefen Gefühlen komme man tief ins Innere, nahe man sich dem Herzen der Natur. Aber diese Gefühle sind nur insofern tief, als mit ihnen, kaum bemerkbar, gewisse komplizierte Gedankengruppen regelmäßig erregt werden, welche wir tief nennen; ein Gefühl ist tief, weil wir den begleitenden Gedanken für tief halten. Aber der »tiefe« Gedanke kann dennoch der Wahrheit sehr fern sein, wie zum Beispiel jeder metaphysische; rechnet man vom tiefen Gefühle die beigemischten Gedankenelemente ab, so bleibt das *starke* Gefühl übrig und dieses verbürgt nichts für die Erkenntnis als sich selbst, ebenso wie der starke Glaube nur seine Stärke, nicht die Wahrheit des Geglaubten beweist.

16

Erscheinung und Ding an sich. – Die Philosophen pflegen sich vor das Leben und die Erfahrung – vor das, was sie die Welt der Erscheinung nennen – wie vor ein Gemälde hinzustellen, das ein für allemal entrollt ist und unveränderlich fest denselben Vorgang zeigt: diesen Vorgang, meinen sie, müsse man richtig ausdeuten, um damit einen Schluß auf das Wesen zu machen, welches das Gemälde hervorgebracht habe: also auf das Ding an sich, das immer als der zureichende Grund der Welt der Erscheinung angesehen zu werden pflegt. Dagegen haben strengere Logiker, nachdem sie den Begriff des Metaphysischen scharf als den des Unbedingten, folglich auch Unbedingenden festgestellt hatten, jeden Zusammenhang zwischen dem Unbedingten (der metaphysischen Welt) und der uns bekannten Welt in Abrede gestellt: so daß in der Erscheinung eben durchaus *nicht* das Ding an sich erscheine, und von jener auf dieses jeder Schluß abzulehnen sei. Von beiden Seiten ist aber die Möglichkeit übersehen, daß jenes Gemälde das, was jetzt uns Menschen Leben und Erfahrung heißt – allmählich *geworden* ist, ja noch völlig im *Werden* ist und deshalb nicht als feste Größe betrachtet werden soll, von welcher aus man einen Schluß über den Urheber (den zureichenden Grund) machen oder auch nur ablehnen dürfte. Dadurch, daß wir seit Jahrtausenden mit moralischen, ästhetischen, religiösen Ansprüchen, mit blinder Neigung, Leidenschaft oder Furcht in die Welt geblickt und uns in den Unarten des unlogischen Denkens recht ausgeschwelgt haben, ist diese Welt allmählich so wundersam bunt, schrecklich, bedeutungstief, seelenvoll *geworden,* sie hat Farbe bekommen, – aber wir sind die Koloristen gewesen: der menschliche Intellekt hat die Erscheinung erscheinen lassen und seine irrtümlichen Grundauffassungen in die Dinge hineingetragen. Spät, sehr spät – besinnt er sich: und jetzt scheinen ihm die Welt der Erfahrung und das Ding an sich so außerordentlich verschieden und getrennt, daß er den Schluß von jener auf dieses ablehnt – oder auf eine schauerlich geheimnisvolle Weise zum *Aufgeben* unseres Intellektes, unseres persönlichen Willens auffordert: um *dadurch* zum Wesenhaften zu kommen, daß man *wesenhaft werde.* Wiederum haben andere alle charakteristischen Züge unserer Welt der Erscheinung – das heißt der aus intellektuellen Irrtümern herausgesponnenen und uns angeerbten Vorstellung von der Welt – zusammengelesen und, *statt den Intellekt als Schuldigen anzuklagen,* das Wesen der Dinge als Ursache dieses tatsächlichen, sehr unheimlichen Weltcharakters angeschuldigt und die Erlösung vom Sein gepredigt. – Mit all diesen Auffassungen wird der stetige und mühsame Prozeß der Wissenschaft, welcher zuletzt einmal in einer *Entstehungsgeschichte des Denkens* seinen höchsten Triumph feiert, in entscheidender Weise fertig werden, dessen Resultat vielleicht auf diesen Satz hinauslaufen dürfte: Das, was wir jetzt die Welt nennen, ist das Resultat einer Menge von Irrtümern und Phantasien, welche in der gesamten Entwicklung der organischen Wesen allmählich entstanden, ineinander verwachsen sind und uns jetzt als aufgesammelter Schatz der ganzen Vergangenheit vererbt werden, – als Schatz: denn der *Wert* unseres Menschentums ruht darauf. Von dieser Welt der Vorstellung vermag uns die strenge Wissenschaft tatsächlich nur in geringem Maße zu lösen – wie es auch gar nicht zu wünschen ist –, insofern sie die Gewalt uralter Gewohnheiten der Empfindung nicht wesentlich zu brechen vermag: aber sie kann die Geschichte der Entstehung jener Welt als Vorstellung ganz allmählich und schrittweise aufhellen – und uns wenigstens für Augenblicke über den ganzen Vorgang hinausheben. Vielleicht erkennen wir dann, daß das Ding an sich eines homerischen Gelächters wert ist: daß es so viel, ja alles *schien* und eigentlich leer, nämlich bedeutungsleer ist.

17

Metaphysische Erklärungen.— Der junge Mensch schätzt metaphysische Erklärungen, weil sie ihm in Dingen, welche er unangenehm oder verächtlich fand, etwas höchst Bedeutungsvolles aufweisen; und ist er mit sich unzufrieden, so erleichtert sich dies Gefühl, wenn er das innerste Welträtsel oder Weltelend in dem wiedererkennt, was er so sehr an sich mißbilligt. Sich unverantwortlicher fühlen und die Dinge zugleich interessanter finden – das gilt ihm als die doppelte Wohltat, welche er der Metaphysik verdankt. Später freilich bekommt er Mißtrauen gegen die ganze metaphysische Erklärungsart; dann sieht er vielleicht ein, daß jene Wirkungen auf einem anderen Wege ebensogut und wissenschaftlicher zu erreichen sind: daß physische und historische Erklärungen mindestens ebensosehr jenes Gefühl der Unverantwortlichkeit herbeiführen, und daß jenes Interesse am Leben und seinen Problemen vielleicht noch mehr dabei entflammt wird.

18

Grundfragen der Metaphysik. — Wenn einmal die Entstehungsgeschichte des Denkens geschrieben ist, so wird auch der folgende Satz eines ausgezeichneten Logikers von einem neuen Lichte erhellt dastehen: »Das ursprüngliche allgemeine Gesetz des erkennenden Subjekts besteht in der inneren Notwendigkeit, jeden Gegenstand an sich, in seinem eigenen Wesen als einen mit sich selbst identischen, also selbstexistierenden und im Grunde stets gleichbleibenden und unwandelbaren, kurz als eine Substanz zu erkennen.« Auch dieses Gesetz, welches hier »ursprünglich« genannt wird, ist geworden: es wird einmal gezeigt werden, wie allmählich, in den niederen Organismen, dieser Hang entsteht: wie die blöden

Maulwurfsaugen dieser Organisationen zuerst nichts als immer das gleiche sehen; wie dann, wenn die verschiedenen Erregungen von Lust und Unlust bemerkbarer werden, allmählich verschiedene Substanzen unterschieden werden, aber jede mit einem Attribut, das heißt einer einzigen Beziehung zu einem solchen Organismus. – Die erste Stufe des Logischen ist das Urteil: dessen Wesen besteht, nach der Feststellung der besten Logiker, im Glauben. Allem Glauben zugrunde liegt die *Empfindung des Angenehmen oder Schmerzhaften* in bezug auf das empfindende Subjekt. Eine neue dritte Empfindung als Resultat zweier vorangegangenen einzelnen Empfindungen ist das Urteil in seiner niedrigsten Form. – Uns organische Wesen interessiert ursprünglich nichts an jedem Dinge, als sein Verhältnis zu *uns* in bezug auf Lust und Schmerz. Zwischen den Momenten, wo wir uns dieser Beziehung bewußt werden, den Zuständen des Empfindens, liegen solche der Ruhe, des Nichtempfindens: da ist die Welt und jedes Ding für uns interesselos, wir bemerken keine Veränderung an ihm (wie jetzt noch ein heftig Interessierter nicht merkt, daß jemand an ihm vorbeigeht). Für die Pflanze sind gewöhnlich alle Dinge ruhig, ewig, jedes Ding sich selbst gleich. Aus der Periode der niederen Organismen her ist dem Menschen der Glaube vererbt, daß es *gleiche Dinge* gibt (erst die durch höchste Wissenschaft ausgebildete Erfahrung widerspricht diesem Satze). Der Urglaube alles Organischen von Anfang an ist vielleicht sogar, daß die ganze übrige Welt eins und unbewegt ist. – Am fernsten liegt für jene Urstufe des Logischen der Gedanke an *Kausalität:* ja jetzt noch meinen wir im Grunde, alle Empfindungen und Handlungen seien Akte des freien Willens; wenn das fühlende Individuum sich selbst betrachtet, so hält es jede Empfindung, jede Veränderung für etwas *Isoliertes,* das heißt Unbedingtes, Zusammenhangloses: es taucht aus uns auf, ohne Verbindung mit Früherem oder Späterem. Wir haben Hunger, aber meinen ursprünglich nicht, daß der Organismus erhalten werden will, sondern jenes Gefühl scheint sich *ohne Grund und Zweck* geltend zu machen, es isoliert sich und hält sich für *willkürlich*. Also: der Glaube an die Freiheit des Willens ist ein ursprünglicher Irrtum alles Organischen, so alt, als die Regungen des Logischen in ihm existieren; der Glaube an unbedingte Substanzen und an gleiche Dinge ist ebenfalls ein ursprünglicher, ebenso alter Irrtum alles Organischen. Insofern aber alle Metaphysik sich vornehmlich mit Substanz und Freiheit des Willens abgegeben hat, so darf man sie als die Wissenschaft bezeichnen, welche von den Grundirrtümern des Menschen handelt – doch so, als wären es Grundwahrheiten.

19

Die Zahl. – Die Erfindung der Gesetze der Zahlen ist auf Grund des ursprünglich schon herrschenden Irrtums gemacht, daß es mehrere gleiche Dinge gebe (aber tatsächlich gibt es nichts Gleiches), mindestens daß es Dinge gebe (aber es gibt kein »Ding«). Die Annahme der Vielheit setzt immer schon voraus, daß es *etwas* gebe, was vielfach vorkommt: aber gerade hier schon waltet der Irrtum, schon da fingieren wir Wesen, Einheiten, die es nicht gibt. – Unsere Empfindungen von Raum und Zeit sind falsch, denn sie führen, konsequent geprüft, auf logische Widersprüche. Bei allen wissenschaftlichen Feststellungen rechnen wir unvermeidlich immer mit einigen falschen Größen: aber weil diese Größen wenigstens *konstant* sind, wie zum Beispiel unsere Zeit- und Raumempfindung, so bekommen die Resultate der Wissenschaft doch eine vollkommene Strenge und Sicherheit in ihrem Zusammenhange miteinander; man kann auf ihnen fortbauen – bis an jenes letzte Ende, wo die irrtümliche Grundannahme, jene konstanten Fehler, in Widerspruch mit den Resultaten treten, zum Beispiel in der Atomenlehre. Da fühlen wir uns immer noch zur Annahme eines »Dinges« oder stofflichen »Substrats«, das bewegt wird, gezwungen, während die ganze wissenschaftliche Prozedur eben die Aufgabe verfolgt hat, alles Dingartige (Stoffliche) in Bewegungen aufzulösen: wir scheiden auch hier noch mit unserer Empfindung

Bewegendes und Bewegtes und kommen aus diesem Zirkel nicht heraus, weil der Glaube an Dinge mit unserem Wesen von alters her verknotet ist. – Wenn Kant sagt, »der Verstand schöpft seine Gesetze nicht aus der Natur, sondern schreibt sie dieser vor«, so ist dies in Hinsicht auf den *Begriff der Natur* völlig wahr, welchen wir genötigt sind mit ihr zu verbinden (Natur = Welt als Vorstellung, das heißt als Irrtum), welcher aber die Aufsummierung einer Menge von Irrtümern des Verstandes ist. – Auf eine Welt, welche *nicht* unsere Vorstellung ist, sind die Gesetze der Zahlen gänzlich unanwendbar: diese gelten allein in der Menschen-Welt.

20

Einige Sprossen zurück. – Die eine, gewiß sehr hohe Stufe der Bildung ist erreicht, wenn der Mensch über abergläubische und religiöse Begriffe und Ängste hinauskommt und zum Beispiel nicht mehr an die lieben Englein oder die Erbsünde glaubt, auch vom Heil der Seelen zu reden verlernt hat: ist er auf dieser Stufe der Befreiung, so hat er auch noch mit höchster Anspannung seiner Besonnenheit die Metaphysik zu überwinden. *Dann* aber ist eine *rückläufige Bewegung* nötig: er muß die historische Berechtigung, ebenso die psychologische in solchen Vorstellungen begreifen, er muß erkennen, wie die größte Förderung der Menschheit von dorther gekommen sei und wie man sich, ohne eine solche rückläufige Bewegung, der besten Ergebnisse der bisherigen Menschheit berauben würde. – In betreff der philosophischen Metaphysik sehe ich jetzt immer mehrere, welche an das negative Ziel (daß jede positive Metaphysik Irrtum ist) gelangt sind, aber noch wenige, welche einige Sprossen rückwärts steigen; man soll nämlich über die letzte Sprosse der Leiter wohl hinausschauen, aber nicht auf ihr stehen wollen. Die Aufgeklärtesten bringen es nur so weit, sich von der Metaphysik zu befreien und mit Überlegenheit auf sie zurückzusehen: während es doch auch hier, wie im Hippodrom, not tut, um das Ende der Bahn herumzubiegen.

21

Mutmaßlicher Sieg der Skepsis. – Man lasse einmal den skeptischen Ausgangspunkt gelten: gesetzt es gäbe keine andere, metaphysische Welt und alle aus der Metaphysik genommenen Erklärungen der uns einzig bekannten Welt wären unbrauchbar für uns, mit welchem Blick würden wir dann auf Menschen und Dinge sehen? Dies kann man sich ausdenken, es ist nützlich, selbst wenn die Frage, ob etwas Metaphysisches wissenschaftlich durch Kant und Schopenhauer bewiesen sei, einmal abgelehnt würde. Denn es ist, nach historischer Wahrscheinlichkeit, sehr gut möglich, daß die Menschen einmal in dieser Beziehung im ganzen und allgemeinen *skeptisch* werden; da lautet also die Frage: wie wird sich dann die menschliche Gesellschaft, unter dem Einfluß einer solchen Gesinnung, gestalten? Vielleicht ist der *wissenschaftliche Beweis* irgend einer metaphysischen Welt schon so *schwierig,* daß die Menschheit ein Mißtrauen gegen ihn nicht mehr los wird. Und wenn man gegen die Metaphysik Mißtrauen hat, so gibt es im ganzen und großen dieselben Folgen, wie wenn sie direkt widerlegt wäre und man nicht mehr an sie glauben *dürfte.* Die historische Frage in betreff einer unmetaphysischen Gesinnung der Menschheit bleibt in beiden Fällen dieselbe.

22

Unglaube an das »monumentum aere perennius«. – Ein wesentlicher Nachteil, welchen das Aufhören metaphysischer Ansichten mit sich bringt, liegt darin, daß das Individuum zu streng seine kurze Lebenszeit ins Auge faßt und keine stärkeren Antriebe empfängt, an dauerhaften, für Jahrhunderte angelegten Institutionen zu bauen; es will die Frucht selbst vom Baume pflücken, den es pflanzt, und deshalb mag es jene Bäume nicht mehr pflanzen, welche eine jahrhundertlange gleichmäßige Pflege erfordern und welche lange Reihenfolgen von Geschlechtern zu überschatten bestimmt sind. Denn metaphysische Ansichten geben den Glauben, daß in ihnen das letzte endgültige Fundament gegeben sei, auf welchem sich nunmehr alle Zukunft der Menschheit niederzulassen und anzubauen genötigt sei; der einzelne fördert sein Heil, wenn er zum Beispiel eine Kirche, ein Kloster stiftet, es wird ihm, so meint er, im ewigen Fortleben der Seele angerechnet und vergolten, es ist Arbeit am ewigen Heil der Seele. – Kann die Wissenschaft auch solchen Glauben an ihre Resultate erwecken? In der Tat braucht sie den Zweifel und das Mißtrauen als treuesten Bundesgenossen; trotzdem kann mit der Zeit die Summe der unantastbaren, das heißt alle Stürme der Skepsis, alle Zersetzungen überdauernden Wahrheiten so groß werden (zum Beispiel in der Diätetik der Gesundheit), daß man sich daraufhin entschließt, »ewige« Werke zu gründen. Einstweilen wirkt der *Kontrast* unseres aufgeregten Ephemeren-Daseins gegen die langatmige Ruhe metaphysischer Zeitalter noch zu stark, weil die beiden Zeiten noch zu nahe gestellt sind; der einzelne Mensch selber durchläuft jetzt zu viele innere und äußere Entwicklungen, als daß er auch nur auf seine eigene Lebenszeit sich dauerhaft und ein für allemal einzurichten wagt. Ein ganz moderner Mensch, der sich zum Beispiel ein Haus bauen will, hat dabei ein Gefühl, als ob er bei lebendigem Leibe sich in ein Mausoleum vermauern wolle.

23

Zeitalter der Vergleichung. – Je weniger die Menschen durch das Herkommen gebunden sind, um so größer wird die innere Bewegung der Motive, um so größer wiederum, dementsprechend, die äußere Unruhe, das Durcheinanderfluten der Menschen, die Polyphonie der Bestrebungen. Für wen gibt es jetzt noch einen strengen Zwang, an einem Ort sich und seine Nachkommen anzubinden? Für wen gibt es überhaupt noch etwas streng Bindendes? Wie alle Stilarten der Künste nebeneinander nachgebildet werden, so auch alle Stufen und Arten der Moralität, der Sitten, der Kulturen. – Ein solches Zeitalter bekommt seine Bedeutung dadurch, daß in ihm die verschiedenen Weltbetrachtungen, Sitten, Kulturen verglichen und nebeneinander durchlebt werden können; was früher, bei der immer lokalisierten Herrschaft jeder Kultur, nicht möglich war, entsprechend der Gebundenheit aller künstlerischen Stilarten an Ort und Zeit. Jetzt wird eine Vermehrung des ästhetischen Gefühls endgültig unter so vielen der Vergleichung sich darbietenden Formen entscheiden: sie wird die meisten – nämlich alle, welche durch dasselbe abgewiesen werden – absterben lassen. Ebenso findet jetzt ein Auswählen in den Formen und Gewohnheiten der höheren Sittlichkeit statt, deren Ziel kein anderes als der Untergang der niedrigeren Sittlichkeiten sein kann. Es ist das Zeitalter der Vergleichung! Das ist sein Stolz – aber billigerweise auch sein Leiden. Fürchten wir uns vor diesem Leiden nicht! Vielmehr wollen wir die Aufgabe, welche das Zeitalter uns stellt, so groß verstehen, als wir nur vermögen: so wird uns die Nachwelt darob segnen – eine Nachwelt, die ebenso sich über die abgeschlossenen originalen Volkskulturen hinaus weiß, als über die Kultur der Vergleichung, aber auf beide Arten der Kultur als auf verehrungswürdige Altertümer mit Dankbarkeit zurückblickt.

24

Möglichkeit des Fortschritts. – Wenn ein Gelehrter der alten Kultur es verschwört, nicht mehr mit Menschen umzugehn, welche an den Fortschritt glauben, so hat er recht. Denn die alte Kultur hat ihre Größe und Güte hinter sich und die historische Bildung zwingt einen, zuzugestehn, daß sie nie wieder frisch werden kann; es ist ein unausstehlicher Stumpfsinn oder ebenso unleidliche Schwärmerei nötig, um dies zu leugnen. Aber die Menschen können mit *Bewußtsein* beschließen, sich zu einer neuen Kultur fortzuentwikkeln, während sie sich früher unbewußt und zufällig entwickelten: sie können jetzt bessere Bedingungen für die Entstehung der Menschen, ihre Ernährung, Erziehung, Unterrichtung schaffen, die Erde als Ganzes ökonomisch verwalten, die Kräfte der Menschen überhaupt gegeneinander abwägen und einsetzen. Diese neue bewußte Kultur tötet die alte, welche als Ganzes angeschaut ein unbewußtes Tier- und Pflanzenleben geführt hat; sie tötet auch das Mißtrauen gegen den Fortschritt – er ist *möglich*. Ich will sagen: es ist voreilig und fast unsinnig, zu glauben, daß der Fortschritt *notwendig* erfolgen müsse; aber wie könnte man leugnen, daß er möglich sei? Dagegen ist ein Fortschritt im Sinne und auf dem Wege der alten Kultur nicht einmal denkbar. Wenn romantische Phantastik immerhin auch das Wort »Fortschritt« von ihren Zielen (z. B. abgeschlossenen originalen Volks-Kulturen) gebraucht: jedenfalls entlehnt sie das Bild davon aus der Vergangenheit; ihr Denken und Vorstellen ist auf diesem Gebiete ohne jede Originalität.

25

Privat- und Weltmoral. – Seitdem der Glaube aufgehört hat, daß ein Gott die Schicksale der Welt im Großen leite und trotz aller anscheinenden Krümmungen im Pfade der Menschheit sie doch herrlich hinausführe, müssen die Menschen selber sich ökumenische, die ganze Erde umspannende Ziele stellen. Die ältere Moral, namentlich die Kants, verlangt vom einzelnen Handlungen, welche man von allen Menschen wünscht: das war eine schöne naive Sache; als ob ein jeder ohne weiteres wüßte, bei welcher Handlungsweise das Ganze der Menschheit wohlfahre, also welche Handlungen überhaupt wünschenswert seien; es ist eine Theorie wie die vom Freihandel, voraussetzend, daß die allgemeine Harmonie sich nach eingebornen Gesetzen des Besserwerdens von selbst ergeben *müsse*. Vielleicht läßt es ein zukünftiger Überblick über die Bedürfnisse der Menschheit durchaus nicht wünschenswert erscheinen, daß alle Menschen gleich handeln, vielmehr dürften im Interesse ökumenischer Ziele für ganze Strecken der Menschheit spezielle, vielleicht unter Umständen sogar böse Aufgaben zu stellen sein. – Jedenfalls muß, wenn die Menschheit sich nicht durch eine solche bewußte Gesamtregierung zugrunde richten soll, vorher eine alle bisherigen Grade übersteigende *Kenntnis der Bedingungen der Kultur,* als wissenschaftlicher Maßstab für ökumenische Ziele, gefunden sein. Hierin liegt die ungeheure Aufgabe der großen Geister des nächsten Jahrhunderts.

26

Die Reaktion als Fortschritt. — Mitunter erscheinen schroffe, gewaltsame und fortreißende, aber trotzdem zurückgebliebene Geister, welche eine vergangene Phase der Menschheit noch einmal heraufbeschwören: sie dienen zum Beweis, daß die neuen Richtungen, welchen sie entgegenwirken, noch nicht kräftig genug sind, daß etwas an ihnen fehlt: sonst würden sie jenen Beschwörern bessern Widerpart halten. So zeugt zum Beispiel Luthers Reformation dafür, daß in seinem Jahrhundert alle Regungen der Freiheit des Geistes noch unsicher, zart, jugendlich waren; die Wissenschaft konnte noch nicht ihr Haupt erheben. Ja die gesamte Renaissance erscheint wie ein erster Frühling, der fast wieder weggeschneit wird. Aber auch in unserem Jahrhundert bewies Schopenhauers Metaphysik, daß auch jetzt der wissenschaftliche Geist noch nicht kräftig genug ist: so konnte die ganze mittelalterliche christliche Weltbetrachtung und Mensch-Empfindung noch einmal in Schopenhauers Lehre trotz der längst errungenen Vernichtung aller christlichen Dogmen eine Auferstehung feiern. Viel Wissenschaft klingt in seine Lehre hinein, aber sie beherrscht dieselbe nicht, sondern das alte wohlbekannte »metaphysische Bedürfnis«. Es ist gewiß einer der größten und ganz unschätzbaren Vorteile, welche wir aus Schopenhauer gewinnen, daß er unsre Empfindung zeitweilig in ältere, mächtige Betrachtungsarten der Welt und Menschen zurückzwingt, zu welchen sonst uns so leicht kein Pfad führen würde. Der Gewinn für die Historie und die Gerechtigkeit ist sehr groß: ich glaube, daß es jetzt niemandem so leicht gelingen möchte, ohne Schopenhauers Beihilfe dem Christentum und seinen asiatischen Verwandten Gerechtigkeit widerfahren zu lassen: was namentlich vom Boden des noch vorhandenen Christentums aus unmöglich ist. Erst nach diesem großen *Erfolge der Gerechtigkeit,* erst nachdem wir die historische Betrachtungsart, welche die Zeit der Aufklärung mit sich brachte, in einem so wesentlichen Punkte korrigiert haben, dürfen wir die Fahne der Aufklärung – die Fahne mit den drei Namen: Petrarca, Erasmus, Voltaire – von neuem weitertragen. Wir haben aus der Reaktion einen Fortschritt gemacht.

27

Ersatz der Religion. – Man glaubt einer Philosophie etwas Gutes nachzusagen, wenn man sie als Ersatz der Religion für das Volk hinstellt. In der Tat bedarf es in der geistigen Ökonomie gelegentlich *überleitender* Gedankenkreise; so ist der Übergang aus Religion in wissenschaftliche Betrachtung ein gewaltsamer gefährlicher Sprung, etwas, das zu widerraten ist. Insofern hat man mit jener Anempfehlung recht. Aber endlich sollte man doch auch lernen, daß die Bedürfnisse, welche die Religion befriedigt hat und nun die Philosophie befriedigen soll, nicht unwandelbar sind; diese selbst kann man *schwächen* und *ausrotten.* Man denke zum Beispiel an die christliche Seelennot, das Seufzen über die innere Verderbtheit, die Sorge um das Heil – alles Vorstellungen, welche nur aus Irrtümern der Vernunft herrühren und gar keine Befriedigung, sondern Vernichtung verdienen. Eine Philosophie kann entweder so nützen, daß sie jene Bedürfnisse auch *befriedigt* oder daß sie dieselben *beseitigt;* denn es sind angelernte, zeitlich begrenzte Bedürfnisse, welche auf Voraussetzungen beruhen, die denen der Wissenschaft widersprechen. Hier ist, um einen Übergang zu machen, die *Kunst* viel eher zu benutzen, um das mit Empfindungen überladne Gemüt zu erleichtern; denn durch sie werden jene Vorstellungen viel weniger unterhalten als durch eine metaphysische Philosophie. Von der Kunst aus kann man dann leichter in eine wirklich befreiende philosophische Wissenschaft übergehen.

28

Verrufene Worte. – Weg mit den bis zum Überdruß verbrauchten Wörtern Optimismus und Pessimismus! Denn der Anlaß sie zu gebrauchen, fehlt von Tag zu Tag mehr; nur die Schwätzer haben sie jetzt noch so unumgänglich nötig. Denn weshalb in aller Welt sollte jemand Optimist sein wollen, wenn er nicht einen Gott zu verteidigen hat, welcher die beste der Welten geschaffen haben muß, falls er selber das Gute und Vollkommene ist, – welcher Denkende hat aber die Hypothese eines Gottes noch nötig? – Es fehlt aber auch jeder Anlaß zu einem pessimistischen Glaubensbekenntnis, wenn man nicht ein Interesse daran hat, den Advokaten Gottes, den Theologen oder den theologisierenden Philosophen ärgerlich zu werden und die Gegenbehauptung kräftig aufzustellen: daß das Böse regiere, daß die Unlust größer sei als die Lust, daß die Welt ein Machwerk, die Erscheinung eines bösen Willens zum Leben sei. Wer aber kümmert sich jetzt noch um die Theologen – außer den Theologen? – Abgesehen von aller Theologie und ihrer Bekämpfung liegt es auf der Hand, daß die Welt nicht gut und nicht böse, geschweige denn die beste oder die schlechteste ist, und daß diese Begriffe »gut« und »böse« nur in bezug auf Menschen Sinn haben, ja vielleicht selbst hier, in der Weise, wie sie gewöhnlich gebraucht werden, nicht berechtigt sind: der schimpfenden und verherrlichenden Weltbetrachtung müssen wir uns in jedem Falle entschlagen.

29

Vom Dufte der Blüten berauscht. – Das Schiff der Menschheit, meint man, hat einen immer stärkeren Tiefgang, je mehr es belastet wird; man glaubt, je tiefer der Mensch denkt, je zarter er fühlt, je höher er sich schätzt, je weiter seine Entfernung von den anderen Tieren wird – je mehr er als das Genie unter den Tieren erscheint –, um so näher werde er dem wirklichen Wesen der Welt und deren Erkenntnis kommen: dies tut er auch wirklich durch die Wissenschaft, aber er *meint* dies noch mehr durch seine Religionen und Künste zu tun. Diese sind zwar eine Blüte der Welt, aber durchaus nicht *der Wurzel der Welt näher,* als der Stengel ist: man kann aus ihnen das Wesen der Dinge gerade gar nicht besser verstehen, obschon dies fast jedermann glaubt. Der Irrtum hat den Menschen so tief, zart, erfinderisch gemacht, eine solche Blüte, wie Religionen und Künste, herauszutreiben. Das reine Erkennen wäre dazu außerstande gewesen. Wer uns das Wesen der Welt enthüllte, würde uns allen die unangenehmste Enttäuschung machen. Nicht die Welt als Ding an sich, sondern die Welt als Vorstellung (als Irrtum) ist so bedeutungsreich, tief, wundervoll, Glück und Unglück im Schoße tragend. Dies Resultat führt zu einer Philosophie der *logischen Weltverneinung:* welche übrigens sich mit einer praktischen Weltbejahung ebensogut wie mit deren Gegenteile vereinigen läßt.

30

Schlechte Gewohnheiten im Schließen. – Die gewöhnlichsten Irrschlüsse der Menschen sind diese: eine Sache existiert, also hat sie ein Recht. Hier wird aus der Lebensfähigkeit auf die Zweckmäßigkeit, aus der Zweckmäßigkeit auf die Rechtmäßigkeit geschlossen. Sodann: eine Meinung beglückt, also ist sie die wahre, ihre Wirkung ist gut, also ist sie selber gut und wahr. Hier legt man der Wirkung das Prädikat beglückend, gut im Sinne des Nützlichen, bei und versieht nun die Ursache mit demselben Prädikat gut, aber hier im Sinne des Logisch-Gültigen. Die Umkehrung der Sätze lautet: eine Sache kann sich nicht durchsetzen, erhalten, also ist sie unrecht; eine Meinung quält, regt auf, also ist sie falsch. Der Freigeist, der das Fehlerhafte dieser Art zu schließen nur allzu häufig kennenlernt und an ihren Folgen zu leiden hat, unterliegt oft der Verführung, die entgegengesetzten Schlüsse zu machen, welche im allgemeinen natürlich ebensosehr Irrschlüsse sind: eine Sache kann sich nicht durchsetzen, also ist sie gut; eine Meinung macht Not, beunruhigt, also ist sie wahr.

31

Das Unlogische notwendig. – Zu den Dingen, welche einen Denker in Verzweiflung bringen können, gehört die Erkenntnis, daß das Unlogische für den Menschen nötig ist, und daß aus dem Unlogischen vieles Gute entsteht. Es steckt so fest in den Leidenschaften, in der Sprache, in der Kunst, in der Religion und überhaupt in allem, was dem Leben Wert verleiht, daß man es nicht herausziehen kann, ohne damit diese schönen Dinge heillos zu beschädigen. Es sind nur die allzu naiven Menschen, welche glauben können, daß die Natur des Menschen in eine rein logische verwandelt werden könne; wenn es aber Grade der Annäherung an dieses Ziel geben sollte, was würde da nicht alles auf diesem Wege verloren gehen müssen! Auch der vernünftigste Mensch bedarf von Zeit zu Zeit wieder der Natur, das heißt seiner *unlogischen Grundstellung zu allen Dingen.*

32

Ungerechtsein notwendig. – Alle Urteile über den Wert des Lebens sind unlogisch entwickelt und deshalb ungerecht. Die Unreinheit des Urteils liegt erstens in der Art, wie das Material vorliegt, nämlich sehr unvollständig, zweitens in der Art, wie daraus die Summe gebildet wird, und drittens darin, daß jedes einzelne Stück des Materials wieder das Resultat unreinen Erkennens ist, und zwar dies mit voller Notwendigkeit. Keine Erfahrung zum Beispiel über einen Menschen, stünde er uns auch noch so nah, kann vollständig sein, so daß wir ein logisches Recht zu einer Gesamtabschätzung desselben hätten; alle Schätzungen sind voreilig und müssen es sein. Endlich ist das Maß, womit wir messen, unser Wesen, keine unabänderliche Größe, wir haben Stimmungen und Schwankungen, und doch müßten wir uns selbst als ein festes Maß kennen, um das Verhältnis irgend einer Sache zu uns gerecht abzuschätzen. Vielleicht wird aus alledem folgen, daß man gar nicht urteilen sollte; wenn man aber nur *leben* könnte ohne abzuschätzen, ohne Abneigung und Zuneigung zu haben! – denn alles Abgeneigtsein hängt mit einer Schätzung zusammen, ebenso alles Geneigtsein. Ein Trieb zu etwas oder von etwas weg, ohne ein Gefühl davon, daß man das Förderliche wolle, dem Schädlichen ausweiche, ein Trieb ohne eine Art von erkennender Abschätzung über den Wert des Zieles existiert beim Menschen nicht. Wir sind von vornherein unlogische und daher ungerechte Wesen *und können dies erkennen:* dies ist eine der größten und unauflösbarsten Disharmonien des Daseins.

33

Der Irrtum über das Leben zum Leben notwendig. – Jeder Glaube an Wert und Würdigkeit des Lebens beruht auf unreinem Denken; er ist allein dadurch möglich, daß das Mitgefühl für das allgemeine Leben und Leiden der Menschheit sehr schwach im Individuum entwickelt ist. Auch die selteneren Menschen, welche überhaupt über sich hinaus denken, fassen nicht dieses allgemeine Leben, sondern abgegrenzte Teile desselben ins Auge. Versteht man es, sein Augenmerk vornehmlich auf Ausnahmen, ich meine auf die hohen Begabungen und die reichen Seelen zu richten, nimmt man deren Entstehung zum Ziel der ganzen Weltentwicklung und erfreut sich an deren Wirken, so mag man an den Wert des Lebens glauben, weil man nämlich die anderen Menschen dabei *übersieht:* also unrein denkt. Und ebenso, wenn man zwar alle Menschen ins Auge faßt, aber in ihnen nur *eine* Gattung von Trieben, die weniger egoistischen, gelten läßt und sie in betreff der anderen Triebe entschuldigt: dann kann man wiederum von der Menschheit im ganzen etwas hoffen und insofern an den Wert des Lebens glauben: also auch in diesem Falle durch Unreinheit des Denkens. Mag man sich aber so oder so verhalten, man ist mit diesem Verhalten eine *Ausnahme* unter den Menschen. Nun ertragen aber gerade die allermeisten Menschen das Leben, ohne erheblich zu murren, und *glauben* somit an den Wert des Daseins, aber gerade dadurch, daß sich jeder allein will und behauptet, und nicht aus sich heraustritt wie jene Ausnahmen: alles Außerpersönliche ist ihnen gar nicht oder höchstens als ein schwacher Schatten bemerkbar. Also darauf allein beruht der Wert des Lebens für den gewöhnlichen, alltäglichen Menschen, daß er sich wichtiger nimmt als die Welt. Der große Mangel an Phantasie, an dem er leidet, macht, daß er sich nicht in andere Wesen hineinfühlen kann und daher so wenig als möglich an ihrem Los und Leiden teilnimmt. *Wer* dagegen wirklich daran teilnehmen könnte, müßte am Werte des Lebens verzweifeln; gelänge es ihm, das Gesamtbewußtsein der Menschheit in sich zu fassen und zu empfinden, er würde mit einem Fluche gegen das Dasein zusammenbrechen, – denn die Menschheit hat im ganzen *keine* Ziele, folglich kann der Mensch, in Betrachtung des ganzen Verlaufs, nicht darin seinen Trost und Halt finden, sondern seine Verzweiflung. Sieht er bei allem, was er tut, auf die letzte Ziellosigkeit der Menschen, so bekommt sein eignes Wirken in seinen Augen den Charakter der Vergeudung. Sich aber als Menschheit (und nicht nur als Individuum) ebenso *vergeudet* zu fühlen, wie wir die einzelne Blüte von der Natur vergeudet sehen, ist ein Gefühl über alle Gefühle. – Wer ist aber desselben fähig? Gewiß nur ein Dichter: und Dichter wissen sich immer zu trösten.

34

Zur Beruhigung. – Aber wird so unsere Philosophie nicht zur Tragödie? Wird die Wahrheit nicht dem Leben, dem Besseren feindlich? Eine Frage scheint uns die Zunge zu beschweren und doch nicht laut werden zu wollen: ob man bewußt in der Unwahrheit bleiben *könne?* oder, wenn man dies *müsse,* ob da nicht der Tod vorzuziehen sei? Denn ein Sollen gibt es nicht mehr; die Moral, insofern sie ein Sollen war, ist ja durch unsere Betrachtungsart ebenso vernichtet wie die Religion. Die Erkenntnis kann als Motive nur Lust und Unlust, Nutzen und Schaden bestehen lassen: wie aber werden diese Motive sich mit dem Sinne für Wahrheit auseinandersetzen? Auch sie berühren sich ja mit Irrtümern (insofern, wie gesagt, Neigung und Abneigung und ihre sehr ungerechten Messungen unsere Lust und Unlust wesentlich bestimmen). Das ganze menschliche Leben ist tief in die Unwahrheit eingesenkt; der einzelne kann es nicht aus diesem Brunnen herausziehen, ohne dabei seiner Vergangenheit aus tiefstem Grunde gram zu werden, ohne seine gegenwärtigen Motive, wie die der Ehre, ungereimt zu finden und den Leidenschaften, welche zur Zukunft und zu einem Glück in derselben hindrängen, Hohn und Verachtung entgegenzustellen. Ist es wahr, bliebe einzig noch eine Denkweise übrig, welche als persönliches Ergebnis die Verzweiflung, als theoretisches eine Philosophie der Zerstörung nach sich zöge? – Ich glaube, die Entscheidung über die Nachwirkung der Erkenntnis wird durch das *Temperament* eines Menschen gegeben: ich könnte mir ebensogut wie jene geschilderte und bei einzelnen Naturen mögliche Nachwirkung eine andere denken, vermöge deren ein viel einfacheres, von Affekten reineres Leben entstünde, als das jetzige ist: so daß zuerst zwar die alten Motive des heftigeren Begehrens noch Kraft hätten, aus alter vererbter Gewöhnung her, allmählich aber unter dem Einflusse der reinigenden Erkenntnis schwächer würden. Man lebte zuletzt unter den Menschen und mit sich wie in der *Natur,* ohne Lob, Vorwürfe, Eiferung, an vielem sich wie an einem *Schauspiel* weidend, vor dem man sich bisher nur zu fürchten hatte. Man wäre die Emphasis los und würde die Anstachelung des Gedankens, daß man nicht nur Natur oder mehr als Natur sei, nicht weiter empfinden. Freilich gehörte hierzu, wie gesagt, ein gutes Temperament, eine gefestete, milde und im Grunde frohsinnige Seele, eine Stimmung, welche nicht vor Tücken und plötzlichen Ausbrüchen auf der Hut zu sein brauchte und in ihren Äußerungen nichts von dem knurrenden Tone und der Verbissenheit an sich trüge – jenen bekannten lästigen Eigenschaften alter Hunde und Menschen, die lange an der Kette gelegen haben. Vielmehr muß ein Mensch, von dem in solchem Maße die gewöhnlichen Fesseln des Lebens abgefallen sind, daß er nur deshalb weiter lebt, um immer besser zu erkennen, auf vieles, ja fast auf alles, was bei den anderen Menschen Wert hat, ohne Neid und Verdruß verzichten können, ihm muß als der wünschenswerteste Zustand jenes freie, furchtlose Schweben über Menschen, Sitten, Gesetzen und den herkömmlichen Schätzungen der Dinge *genügen*. Die Freude an diesem Zustande teilt er gern mit, und er *hat* vielleicht nichts anderes mitzuteilen – worin freilich eine Entbehrung, eine Entsagung mehr liegt. Will man aber trotzdem mehr von ihm, so wird er mit wohlwollendem Kopfschütteln auf seinen Bruder hinweisen, den freien Menschen der Tat, und vielleicht ein wenig Spott nicht verhehlen: denn mit dessen »Freiheit« hat es eine eigene Bewandtnis.

ZWEITES HAUPTSTÜCK

ZUR GESCHICHTE
DER MORALISCHEN EMPFINDUNGEN

35

Vorteile der psychologischen Beobachtung. – Daß das Nachdenken über Menschliches, Allzumenschliches – oder wie der gelehrte Ausdruck lautet: die psychologische Beobachtung – zu den Mitteln gehöre, vermöge deren man sich die Last des Lebens erleichtern könne, daß die Übung in dieser Kunst Geistesgegenwart in schwierigen Lagen und Unterhaltung inmitten einer langweiligen Umgebung verleihe, ja daß man den dornenvollsten und unerfreulichsten Strichen des eigenen Lebens Sentenzen abpflücken und sich dabei ein wenig wohler fühlen könne: das glaubte man, wußte man – in früheren Jahrhunderten. Warum vergaß es dieses Jahrhundert, wo wenigstens in Deutschland, ja in Europa, die Armut an psychologischer Beobachtung durch viele Zeichen sich zu erkennen gibt? Nicht gerade in Roman, Novelle und philosophischer Betrachtung, – diese sind das Werk von Ausnahmemenschen; schon mehr in der Beurteilung öffentlicher Ereignisse und Persönlichkeiten: vor allem aber fehlt die Kunst der psychologischen Zergliederung und Zusammenrechnung in der Gesellschaft aller Stände, in der man wohl viel über Menschen, aber gar nicht *über den Menschen* spricht. Warum doch läßt man sich den reichsten und harmlosesten Stoff der Unterhaltung entgehen? Warum liest man nicht einmal die großen Meister der psychologischen Sentenz mehr? – denn, ohne jede Übertreibung gesprochen: der Gebildete in Europa, der Larochefoucauld und seine Geistes- und Kunstverwandten gelesen hat, ist selten zu finden; und noch viel seltener der, welcher sie kennt und sie nicht schmäht. Wahrschein-

lich wird aber auch dieser ungewöhnliche Leser viel weniger
Freude an ihnen haben, als die Form jener Künstler ihm geben
sollte; denn selbst der feinste Kopf ist nicht vermögend, die Kunst
der Sentenzen-Schleiferei gebührend zu würdigen, wenn er nicht
selber zu ihr erzogen ist, in ihr gewetteifert hat. Man nimmt, ohne solche praktische Belehrung, dieses Schaffen und Formen für
leichter als es ist, man fühlt das Gelungene und Reizvolle nicht
scharf genug heraus. Deshalb haben die jetzigen Leser von Sentenzen ein verhältnismäßig unbedeutendes Vergnügen an ihnen, ja
kaum einen Mund voll Annehmlichkeit, so daß es ihnen ebenso
geht wie den gewöhnlichen Betrachtern von Kameen: als welche
loben, weil sie nicht lieben können und schnell bereit sind zu bewundern, schneller aber noch, fortzulaufen.

36

Einwand. – Oder sollte es gegen jenen Satz, daß die psychologische Beobachtung zu den Reiz-, Heil- und Erleichterungs-Mit-
teln des Daseins gehöre, eine Gegenrechnung geben? Sollte man
sich genug von den unangenehmen Folgen dieser Kunst überzeugt haben, um jetzt mit Absichtlichkeit den Blick der sich Bildenden von ihr abzulenken? In der Tat, ein gewisser blinder
Glaube an die Güte der menschlichen Natur, ein eingepflanzter
Widerwille vor der Zerlegung menschlicher Handlungen, eine
Art Schamhaftigkeit in Hinsicht auf die Nacktheit der Seele mögen wirklich für das gesamte Glück eines Menschen wünschens-
wertere Dinge sein, als jene in einzelnen Fällen hilfreiche Eigenschaft der psychologischen Scharfsichtigkeit; und vielleicht hat
der Glaube an das Gute, an tugendhafte Menschen und Handlungen, an eine Fülle des unpersönlichen Wohlwollens in der Welt
die Menschen besser gemacht, insofern er dieselben weniger
mißtrauisch machte. Wenn man die Helden Plutarchs mit Begeisterung nachahmt und einen Abscheu davor empfindet, den Motiven ihres Handelns anzweifelnd nachzuspüren, so hat zwar nicht

die Wahrheit, aber die Wohlfahrt der menschlichen Gesellschaft ihren Nutzen dabei: der psychologische Irrtum und überhaupt die Dumpfheit auf diesem Gebiete hilft der Menschlichkeit vorwärts, während die Erkenntnis der Wahrheit vielleicht durch die anregende Kraft einer Hypothese mehr gewinnt, wie sie Larochefoucauld der ersten Ausgabe seiner »Sentences et maximes morales« vorangestellt hat: »Ce que le monde nomme vertu n'est d'ordinaire qu'un fantôme formé par nos passions à qui on donne un nom honnête pour faire impunément ce qu'on veut.« Larochefoucauld und jene anderen französischen Meister der Seelenprüfung (denen sich neuerdings auch ein Deutscher, der Verfasser der »Psychologischen Beobachtungen« zugesellt hat) gleichen scharf zielenden Schützen, welche immer und immer wieder ins Schwarze treffen, – aber ins Schwarze der menschlichen Natur. Ihr Geschick erregt Staunen, aber endlich verwünscht vielleicht ein Zuschauer, der nicht vom Geiste der Wissenschaft, sondern der Menschenfreundlichkeit geleitet wird, eine Kunst, welche den Sinn der Verkleinerung und Verdächtigung in die Seelen der Menschen zu pflanzen scheint.

37

Trotzdem. – Wie es sich nun mit Rechnung und Gegenrechnung verhalte: in dem gegenwärtigen Zustande einer bestimmten einzelnen Wissenschaft ist die Auferweckung der moralischen Beobachtung nötig geworden, und der grausame Anblick des psychologischen Seziertisches und seiner Messer und Zangen kann der Menschheit nicht erspart bleiben. Denn hier gebietet jene Wissenschaft, welche nach Ursprung und Geschichte der sogenannten moralischen Empfindungen fragt und welche im Fortschreiten die verwickelten soziologischen Probleme aufzustellen und zu lösen hat: – die ältere Philosophie kennt die letzteren gar nicht und ist der Untersuchung von Ursprung und Geschichte der moralischen Empfindungen unter dürftigen Ausflüchten immer aus dem Wege gegangen. Mit welchen Folgen: das läßt sich jetzt sehr deutlich überschauen, nachdem an vielen Beispielen nachgewiesen ist, wie die Irrtümer der größten Philosophen gewöhnlich ihren Ausgangspunkt in einer falschen Erklärung bestimmter menschlicher Handlungen und Empfindungen haben, wie auf Grund einer irrtümlichen Analysis, zum Beispiel der sogenannten unegoistischen Handlungen, eine falsche Ethik sich aufbaut, dieser zu Gefallen dann wiederum Religion und mythologisches Unwesen zu Hilfe genommen werden, und endlich die Schatten dieser trüben Geister auch in die Physik und die gesamte Weltbetrachtung hineinfallen. Steht es aber fest, daß die Oberflächlichkeit der psychologischen Beobachtung dem menschlichen Urteilen und Schließen die gefährlichsten Fallstricke gelegt hat und fortwährend von neuem legt, so bedarf es jetzt jener Ausdauer der Arbeit, welche nicht müde wird, Steine auf Steine, Steinchen auf Steinchen zu häufen, so bedarf es der enthaltsamen Tapferkeit, um sich einer solchen bescheidenen Arbeit nicht zu schämen und jeder Mißachtung derselben Trotz zu bieten. Es ist wahr: zahllose einzelne Bemerkungen über Menschliches und Allzumenschliches sind in Kreisen der Gesellschaft zuerst entdeckt und ausgesprochen worden, welche gewohnt waren, nicht der wissenschaftlichen Erkenntnis, sondern einer geistreichen Gefallsucht jede Art von Opfern darzubringen; und fast unlösbar hat sich der Duft jener alten Heimat der moralistischen Sentenz – ein sehr verführerischer Duft – der ganzen Gattung angehängt: so daß seinetwegen der wissenschaftliche Mensch unwillkürlich einiges Mißtrauen gegen diese Gattung und ihre Ernsthaftigkeit merken läßt. Aber es genügt, auf die Folgen zu verweisen: denn schon jetzt beginnt sich zu zeigen, welche Ergebnisse ernsthaftester Art auf dem Boden der psychologischen Beobachtung aufwachsen. Welches ist doch der Hauptsatz, zu dem einer der kühnsten und kältesten Denker, der Verfasser des Buches »Über den Ursprung der moralischen Empfindungen« vermöge seiner ein- und durchschneidenden Analysen des menschlichen Handelns gelangt? »Der moralische Mensch«, sagt er, »steht der intelligiblen (metaphysischen) Welt nicht näher als der physische Mensch.« Dieser Satz, hart und schneidig geworden unter dem Hammerschlag der historischen Erkenntnis, kann vielleicht einmal, in irgend welcher Zukunft, als die Axt dienen, welche dem »metaphysischen Bedürfnis« der Menschen an die Wurzel gelegt wird, – ob *mehr* zum Segen als zum Fluche der allgemeinen Wohlfahrt, wer wüßte das zu sagen? – aber jedenfalls als ein Satz der erheblichsten Folgen, fruchtbar und furchtbar zugleich, und mit jenem Doppelgesicht in die Welt sehend, welches alle großen Erkenntnisse haben.

38

Inwiefern nützlich. – Also: ob die psychologische Beobachtung mehr Nutzen oder mehr Nachteil über die Menschen bringe, das bleibe immerhin unentschieden; aber fest steht, daß sie notwendig ist, weil die Wissenschaft ihrer nicht entraten kann. Die Wissenschaft aber kennt keine Rücksichten auf letzte Zwecke, ebensowenig als die Natur sie kennt: sondern wie diese gelegentlich Dinge von der höchsten Zweckmäßigkeit zustande bringt, ohne sie gewollt zu haben, so wird auch die echte Wissenschaft, *als die Nachahmung der Natur in Begriffen,* den Nutzen und die Wohlfahrt der Menschen gelegentlich, ja vielfach fördern und das Zweckmäßige erreichen – aber ebenfalls, *ohne es gewollt zu haben.* Wem es aber bei dem Anhauche einer solchen Betrachtungsart gar zu winterlich zumute wird, der hat vielleicht nur zu wenig Feuer in sich: er möge sich indes umsehen und er wird Krankheiten wahrnehmen, in denen Eisumschläge not tun, und Menschen, welche so aus Glut und Geist »zusammengeknetet« sind, daß sie kaum irgendwo die Luft kalt und schneidend genug für sich finden. Überdies: wie allzu ernste Einzelne und Völker ein Bedürfnis nach Leichtfertigkeiten haben, wie andere, allzu Bewegliche und Erregbare zeitweilig schwere niederdrückende Lasten zu ihrer

Gesundheit nötig haben: sollten *wir,* die *geistigeren* Menschen eines Zeitalters, das ersichtlich immer mehr in Brand gerät, nicht nach allen löschenden und kühlenden Mitteln, die es gibt, greifen müssen, damit wir wenigstens so stätig, harmlos und mäßig bleiben, als wir es noch sind, und so vielleicht einmal dazu brauchbar werden, diesem Zeitalter als Spiegel und Selbstbesinnung über sich zu dienen? –

39

Die Fabel von der intelligiblen Freiheit. – Die Geschichte der Empfindungen, vermöge deren wir jemanden verantwortlich machen, also der sogenannten moralischen Empfindungen, verläuft in folgenden Hauptphasen. Zuerst nennt man einzelne Handlungen gut oder böse ohne alle Rücksicht auf deren Motive, sondern allein der nützlichen oder schädlichen Folgen wegen. Bald aber vergißt man die Herkunft dieser Bezeichnungen und wähnt, daß den Handlungen an sich, ohne Rücksicht auf deren Folgen, die Eigenschaft »gut« oder »böse« innewohne: mit demselben Irrtume, nach welchem die Sprache den Stein selber als hart, den Baum selber als grün bezeichnet – also dadurch, daß man, was Wirkung ist, als Ursache faßt. Sodann legt man das Gut- oder Böse-sein in die Motive hinein und betrachtet die Taten an sich als moralisch zweideutig. Man geht weiter und gibt das Prädikat gut oder böse nicht mehr dem einzelnen Motive, sondern dem ganzen Wesen eines Menschen, aus dem das Motiv, wie die Pflanze aus dem Erdreich, herauswächst. So macht man der Reihe nach den Menschen für seine Wirkungen, dann für seine Handlungen, dann für seine Motive und endlich für sein Wesen verantwortlich. Nun entdeckt man schließlich, daß auch dieses Wesen nicht verantwortlich sein kann, insofern es ganz und gar notwendige Folge ist und aus den Elementen und Einflüssen vergangener und gegenwärtiger Dinge konkresziert: also daß der Mensch für nichts verantwortlich zu machen ist, weder für sein Wesen, noch seine

Motive, noch seine Handlungen, noch seine Wirkungen. Damit ist man zur Erkenntnis gelangt, daß die Geschichte der moralischen Empfindungen die Geschichte eines Irrtums, des Irrtums von der Verantwortlichkeit ist: als welcher auf dem Irrtum von der Freiheit des Willens ruht. – Schopenhauer schloß dagegen so: weil gewisse Handlungen *Unmut* (»Schuldbewusstsein«) nach sich ziehen, so muß es eine Verantwortlichkeit geben; denn zu diesem Unmut wäre *kein Grund* vorhanden, wenn nicht nur alles Handeln des Menschen mit Notwendigkeit verliefe – wie es tatsächlich, und auch nach der Einsicht dieses Philosophen, verläuft –, sondern der Mensch selber mit derselben Notwendigkeit sein ganzes *Wesen* erlangte – was Schopenhauer leugnet. Aus der Tatsache jenes Unmutes glaubt Schopenhauer eine Freiheit beweisen zu können, welche der Mensch irgendwie gehabt haben müsse, zwar nicht in bezug auf die Handlungen, aber in bezug auf das Wesen: Freiheit also so oder so zu *sein,* nicht so oder so zu *handeln.* Aus dem esse, der Sphäre der Freiheit und Verantwortlichkeit, folgt nach seiner Meinung das operari, die Sphäre der strengen Kausalität, Notwendigkeit und Unverantwortlichkeit. Jener Unmut beziehe sich zwar scheinbar auf das operari – insofern sei er irrtümlich –, in Wahrheit aber auf das esse, welches die Tat eines freien Willens, die Grundursache der Existenz eines Individuums sei: der Mensch werde das, was er werden *wolle,* sein Wollen sei früher als seine Existenz. – Hier wird der Fehlschluß gemacht, daß aus der Tatsache des Unmutes die Berechtigung, die vernünftige *Zulässigkeit* dieses Unmutes geschlossen wird; und von jenem Fehlschluß aus kommt Schopenhauer zu seiner phantastischen Konsequenz der sogenannten intelligiblen Freiheit. Aber der Unmut nach der Tat braucht gar nicht vernünftig zu sein: ja er ist es gewiß nicht, denn er ruht auf der irrtümlichen Voraussetzung, daß die Tat eben *nicht* notwendig hätte erfolgen müssen. Also: weil sich der Mensch für frei *hält,* nicht aber weil er frei ist, empfindet er Reue und Gewissensbisse. – Überdies ist dieser Unmut etwas, das man sich abgewöhnen kann, bei vielen Menschen ist er in bezug auf Handlungen gar nicht vorhanden, bei welchen viele andere Menschen ihn empfinden. Er ist eine sehr wandelbare, an die Entwicklung der Sitte und Kultur geknüpfte Sache und vielleicht nur in einer verhältnismäßig kurzen Zeit der Weltgeschichte vorhanden. – Niemand ist für seine Taten verantwortlich, niemand für sein Wesen; richten ist soviel als ungerecht sein. Dies gilt auch, wenn das Individuum über sich selbst richtet. Der Satz ist so hell wie Sonnenlicht und doch geht hier jedermann lieber in den Schatten und die Unwahrheit zurück: aus Furcht vor den Folgen.

40

Das Über-Tier. – Die Bestie in uns will belogen werden; Moral ist Notlüge, damit wir von ihr nicht zerrissen werden. Ohne die Irrtümer, welche in den Annahmen der Moral liegen, wäre der Mensch Tier geblieben. So aber hat er sich als etwas Höheres genommen und sich strengere Gesetze auferlegt. Er hat deshalb einen Haß gegen die der Tierheit näher gebliebenen Stufen: woraus die ehemalige Mißachtung des Sklaven als eines Nicht-Menschen, als einer Sache zu erklären ist.

41

Der unveränderliche Charakter. – Daß der Charakter unveränderlich sei, ist nicht im strengen Sinne wahr; vielmehr heißt dieser beliebte Satz nur so viel, daß während der kurzen Lebensdauer eines Menschen die einwirkenden Motive nicht tief genug ritzen können, um die aufgeprägten Schriftzüge vieler Jahrtausende zu zerstören. Dächte man sich aber einen Menschen von 80 000 Jahren, so hätte man an ihm sogar einen absolut veränderlichen Charakter: so daß eine Fülle verschiedener Individuen sich nach und nach aus ihm entwickelte. Die Kürze des menschlichen Lebens verleitet zu manchen irrtümlichen Behauptungen über die Eigenschaften des Menschen.

42

Die Ordnung der Güter und die Moral. – Die einmal angenommene Rangordnung der Güter, je nachdem ein niedriger, höherer, höchster Egoismus das eine oder das andere will, entscheidet jetzt über das Moralisch-sein oder Unmoralisch-sein. Ein niedriges Gut (zum Beispiel Sinnengenuß) einem höher geschätzten (zum Beispiel Gesundheit) vorziehen, gilt als unmoralisch, ebenso Wohlleben der Freiheit vorziehen. Die Rangordnung der Güter ist aber keine zu allen Zeiten feste und gleiche; wenn jemand Rache der Gerechtigkeit vorzieht, so ist er nach dem Maßstabe einer früheren Kultur moralisch, nach dem der jetzigen unmoralisch. »Unmoralisch« bezeichnet also, daß einer die höheren, feineren, geistigeren Motive, welche die jeweilen neue Kultur hinzugebracht hat, noch nicht oder noch nicht stark genug empfindet: es bezeichnet einen Zurückgebliebenen, aber immer nur dem Gradunterschied nach. – Die Rangordnung der Güter selber wird nicht nach moralischen Gesichtspunkten auf- und umgestellt; wohl aber wird nach ihrer jedesmaligen Festsetzung darüber entschieden, ob eine Handlung moralisch oder unmoralisch sei.

43

Grausame Menschen als zurückgeblieben. – Die Menschen, welche jetzt grausam sind, müssen uns als Stufen *früherer Kulturen* gelten, welche übrig geblieben sind: das Gebirge der Menschheit zeigt hier einmal die tieferen Formationen, welche sonst versteckt liegen, offen. Es sind zurückgebliebene Menschen, deren Gehirn, durch alle möglichen Zufälle im Verlaufe der Vererbung, nicht so zart und vielseitig fortgebildet worden ist. Sie zeigen uns, was wir alle *waren,* und machen uns erschrecken: aber sie selber sind sowenig verantwortlich, wie ein Stück Granit dafür, daß es Granit ist. In unserem Gehirne müssen sich auch Rinnen und Windungen finden, welche jener Gesinnung entsprechen, wie sich in der Form einzelner menschlicher Organe Erinnerungen an

Fischzustände finden sollen. Aber diese Rinnen und Windungen sind nicht mehr das Bett, in welchem sich jetzt der Strom unserer Empfindung wälzt.

44

Dankbarkeit und Rache. – Der Grund, weshalb der Mächtige dankbar ist, ist dieser. Sein Wohltäter hat sich durch seine Wohltat an der Sphäre des Mächtigen gleichsam vergriffen und sich in sie eingedrängt: nun vergreift er sich zur Vergeltung wieder an der Sphäre des Wohltäters durch den Akt der Dankbarkeit. Es ist eine mildere Form der Rache. Ohne die Genugtuung der Dankbarkeit zu haben, würde der Mächtige sich unmächtig gezeigt haben und fürderhin dafür gelten. Deshalb stellt jede Gesellschaft der Guten, das heißt ursprünglich der Mächtigen, die Dankbarkeit unter die ersten Pflichten. – Swift hat den Satz hingeworfen, daß Menschen in demselben Verhältnis dankbar sind, wie sie Rache hegen.

45

Doppelte Vorgeschichte von Gut und Böse. – Der Begriff gut und böse hat eine doppelte Vorgeschichte: nämlich *einmal* in der Seele der herrschenden Stämme und Kasten. Wer die Macht zu vergelten hat, Gutes mit Gutem, Böses mit Bösem, und auch wirklich Vergeltung übt, also dankbar und rachsüchtig ist, der wird gut genannt; wer unmächtig ist und nicht vergelten kann, gilt als schlecht. Man gehört als Guter zu den »Guten«, einer Gemeinde, welche Gemeingefühl hat, weil alle einzelnen durch den Sinn der Vergeltung miteinander verflochten sind. Man gehört als Schlechter zu den »Schlechten«, zu einem Haufen unterworfener, ohnmächtiger Menschen, welche kein Gemeingefühl haben. Die Guten sind eine Kaste, die Schlechten eine Masse wie Staub. Gut und schlecht ist eine Zeitlang soviel wie vornehm und niedrig, Herr und Sklave. Dagegen sieht man den Feind nicht als böse an: er kann vergelten. Der Troer und der Grieche sind bei Homer beide gut. Nicht der, welcher uns Schädliches zufügt, sondern der, welcher verächtlich ist, gilt als schlecht. In der Gemeinde der Guten vererbt sich das Gute; es ist unmöglich, daß ein Schlechter aus so gutem Erdreiche hervorwachse. Tut trotzdem einer der Guten etwas, das der Guten unwürdig ist, so verfällt man auf Ausflüchte; man schiebt zum Beispiel einem Gott die Schuld zu, indem man sagt: er habe den Guten mit Verblendung und Wahnsinn geschlagen. – *Sodann* in der Seele der Unterdrückten, Machtlosen. Hier gilt jeder *andere* Mensch als feindlich, rücksichtslos, ausbeutend, grausam, listig, sei er vornehm oder niedrig. Böse ist das Charakterwort für Mensch, ja für jedes lebende Wesen, welches man voraussetzt, zum Beispiel für einen Gott; menschlich, göttlich gilt soviel als teuflisch, böse. Die Zeichen der Güte, Hilfsbereitschaft, Mitleid werden angstvoll als Tücke, Vorspiel eines schrecklichen Ausganges, Betäubung und Überlistung aufgenommen, kurz als verfeinerte Bosheit. Bei einer solchen Gesinnung des einzelnen kann kaum ein Gemeinwesen entstehen, höchstens die roheste Form desselben: so daß überall, wo diese Auffassung von Gut und Böse herrscht, der Untergang der einzelnen, ihrer Stämme und Rassen nahe ist. – Unsere jetzige Sittlichkeit ist auf dem Boden der *herrschenden* Stämme und Kasten aufgewachsen.

46

Mitleiden stärker als Leiden. – Es gibt Fälle, wo das Mitleiden stärker ist als das eigentliche Leiden. Wir empfinden es zum Beispiel schmerzlicher, wenn einer unserer Freunde sich etwas Schmähliches zuschulden kommen läßt, als wenn wir selbst es tun. Einmal nämlich glauben wir mehr an die Reinheit seines Charakters als er: sodann ist unsere Liebe zu ihm, wahrscheinlich eben dieses Glaubens wegen, stärker als seine Liebe zu sich selbst. Wenn auch wirklich sein Egoismus mehr dabei leidet als unser Egoismus, insofern er die üblen Folgen seines Vergehens stärker zu tragen hat, so wird das Unegoistische in uns – dies Wort ist nie streng zu verstehen, sondern nur eine Erleichterung des Ausdrucks – doch stärker durch seine Schuld betroffen als das Unegoistische in ihm.

47

Hypochondrie. – Es gibt Menschen, welche aus Mitgefühl und Sorge für eine andere Person hypochondrisch werden; die dabei entstehende Art des Mitleidens ist nichts anderes als eine Krankheit. So gibt es auch eine christliche Hypochondrie, welche jene einsamen religiös bewegten Leute befällt, die sich das Leiden und Sterben Christi fortwährend vor Augen stellen.

48

Ökonomie der Güte. – Die Güte und Liebe als die heilsamsten Kräuter und Kräfte im Verkehre der Menschen sind so kostbare Funde, daß man wohl wünschen möchte, es werde in der Verwendung dieser balsamischen Mittel so ökonomisch wie möglich verfahren: doch ist dies unmöglich. Die Ökonomie der Güte ist der Traum der verwegensten Utopisten.

49

Wohlwollen. – Unter die kleinen, aber zahllos häufigen und deshalb sehr wirkungsvollen Dinge, auf welche die Wissenschaft mehr achtzugeben hat als auf die großen seltenen Dinge, ist auch das Wohlwollen zu rechnen; ich meine jene Äußerungen freundlicher Gesinnung im Verkehr, jenes Lächeln des Auges, jene Händedrücke, jenes Behagen, von welchem für gewöhnlich fast alles menschliche Tun umsponnen ist. Jeder Lehrer, jeder Beamte bringt diese Zutat zu dem, was für ihn Pflicht ist, hinzu; es ist die fortwährende Betätigung der Menschlichkeit, gleichsam die Wellen ihres Lichtes, in denen alles wächst; namentlich im engsten Kreise, innerhalb der Familie, grünt und blüht das Leben nur durch jenes Wohlwollen. Die Gutmütigkeit, die Freundlichkeit, die Höflichkeit des Herzens sind immerquellende Ausflüsse des unegoistischen Triebes und haben viel mächtiger an der Kultur gebaut, als jene viel berühmteren Äußerungen desselben, die man Mitleiden, Barmherzigkeit und Aufopferung nennt. Aber man pflegt sie geringzuschätzen, und in der Tat: es ist nicht gerade viel Unegoistisches daran. Die *Summe* dieser geringen Dosen ist trotzdem gewaltig, ihre gesamte Kraft gehört zu den stärksten Kräften. – Ebenso findet man viel mehr Glück in der Welt, als trübe Augen sehen: wenn man nämlich richtig rechnet und nur alle jene Momente des Behagens, an welchen jeder Tag in jedem, auch dem bedrängtesten Menschenleben reich ist, nicht vergißt.

50

Mitleiden erregen wollen. – Larochefoucauld trifft in der bemerkenswertesten Stelle seines Selbst-Porträts (zuerst gedruckt 1658) gewiß das Rechte, wenn er alle die, welche Vernunft haben, vor dem Mitleiden warnt, wenn er rät, dasselbe den Leuten aus dem Volke zu überlassen, die der Leidenschaften bedürfen (weil sie nicht durch Vernunft bestimmt werden), um so weit gebracht zu werden, dem Leidenden zu helfen und bei einem Unglück kräftig einzugreifen; während das Mitleiden, nach seinem (und Platos) Urteil, die Seele entkräfte. Freilich solle man Mitleid *bezeugen,* aber sich hüten es zu haben: denn die Unglücklichen seien nun einmal so *dumm,* daß bei ihnen das Bezeugen von Mitleid das größte Gut von der Welt ausmache. – Vielleicht kann man noch stärker vor diesem Mitleidhaben warnen, wenn man jenes Bedürfnis der Unglücklichen nicht gerade als Dummheit und intellektuellen Mangel, als eine Art Geistesstörung faßt, welche das Unglück mit sich bringt (und so scheint es ja Larochefoucauld zu fassen), sondern als etwas ganz anderes und Bedenklicheres versteht. Vielmehr beobachte man Kinder, welche weinen und schreien, *damit* sie bemitleidet werden, und deshalb den Augenblick abwarten, wo ihr Zustand in die Augen fallen kann; man lebe im Verkehr mit Kranken und geistig Gedrückten und frage sich, ob nicht das beredte Klagen und Wimmern, das Zur-Schau-Tragen des Unglücks im Grunde das Ziel verfolgt, den Anwesenden *weh zu tun:* das Mitleiden, welches jene dann äußern, ist insofern eine Tröstung für die Schwachen und Leidenden, als sie daran erkennen, doch wenigstens noch *eine Macht zu haben,* trotz aller ihrer Schwäche: die *Macht, wehe zu tun.* Der Unglückliche gewinnt eine Art von Lust in diesem Gefühl der Überlegenheit, welches das Bezeugen des Mitleids ihm zum Bewußtsein bringt; seine Einbildung erhebt sich, er ist immer noch wichtig genug, um der Welt Schmerzen zu machen. Somit ist der Durst nach Bemitleidetwerden ein Durst nach Selbstgenuß, und zwar auf Unkosten der Mitmenschen; es zeigt den Menschen in der ganzen Rücksichtslosigkeit seines eigensten lieben Selbst: nicht aber gerade in seiner »Dummheit«, wie Larochefoucauld meint. – Im Zwiegespräch der Gesellschaft werden Dreiviertel aller Fragen gestellt, aller Antworten gegeben, um dem Unterredner ein klein wenig weh zu tun; deshalb dürsten viele Menschen so nach Gesellschaft: sie gibt ihnen das Gefühl ihrer Kraft. In solchen unzähligen aber sehr kleinen Dosen, in welchen die Bosheit sich geltend macht, ist sie ein mächtiges Reizmittel des Lebens: ebenso wie das Wohlwollen, in gleicher Form durch die Menschenwelt hin verbreitet, das allezeit bereite Heilmittel ist. – Aber wird es viele Ehrliche geben, welche zugestehen, daß es Vergnügen macht, weh zu tun? daß man sich nicht selten damit unterhält – und gut unterhält –, anderen Menschen wenigstens in Gedanken Kränkungen zuzufügen und die Schrotkörner der kleinen Bosheit nach ihnen zu schießen? Die meisten sind zu unehrlich und ein paar Menschen sind zu gut, um von diesem pudendum etwas zu wissen; diese mögen somit immerhin leugnen, daß Prosper Mérimée recht habe, wenn er sagt: »Sachez aussi qu'il n'y a rien de plus commun que de faire le mal pour le plaisir de le faire.«

51

Wie der Schein zum Sein wird. – Der Schauspieler kann zuletzt
auch beim tiefsten Schmerz nicht aufhören, an den Eindruck seiner Person und den gesamten szenischen Effekt zu denken, zum
Beispiel selbst beim Begräbnis seines Kindes; er wird über seinen
eigenen Schmerz und dessen Äußerungen weinen, als sein eigener Zuschauer. Der Heuchler, welcher immer ein und dieselbe
Rolle spielt, hört zuletzt auf Heuchler zu sein – zum Beispiel
Priester, welche als junge Männer gewöhnlich bewußt oder unbewußt Heuchler sind, werden zuletzt natürlich und sind dann
wirklich, ohne alle Affektation, eben Priester; oder wenn es der
Vater nicht soweit bringt, dann vielleicht der Sohn, der des Vaters
Vorsprung benutzt, seine Gewöhnung erbt. Wenn einer sehr lange und hartnäckig etwas *scheinen* will, so wird es ihm zuletzt
schwer, etwas anderes zu *sein*. Der Beruf fast jedes Menschen, sogar der des Künstlers, beginnt mit Heuchelei, mit einem Nachmachen von außen her, mit einem Kopieren des Wirkungsvollen.
Der, welcher immer die Maske freundlicher Mienen trägt, muß
zuletzt eine Gewalt über wohlwollende Stimmungen bekommen, ohne welche der Ausdruck der Freundlichkeit nicht zu erzwingen ist, – und zuletzt wieder bekommen diese über ihn Gewalt, er *ist* wohlwollend.

52

Der Punkt der Ehrlichkeit beim Betruge. – Bei allen großen Betrügern ist ein Vorgang bemerkenswert, dem sie ihre Macht verdanken. Im eigentlichen Akte des Betrugs, unter all den Vorbereitungen, dem Schauerlichen in Stimme, Ausdruck, Gebärden, inmitten der wirkungsvollen Szenerie überkommt sie der *Glaube an
sich selbst:* dieser ist es, der dann so wundergleich und bezwin-
gend zu den Umgebenden spricht. Die Religionsstifter unterscheiden sich dadurch von jenen großen Betrügern, daß sie aus
diesem Zustande der Selbsttäuschung nicht herauskommen: oder

sie haben ganz selten einmal jene helleren Momente, wo der Zweifel sie überwältigt; gewöhnlich trösten sie sich aber, diese helleren Momente dem bösen Widersacher zuschiebend. Selbstbetrug muß da sein, damit diese und jene großartig *wirken*. Denn die Menschen glauben an die Wahrheit alles dessen, was ersichtlich stark geglaubt wird.

53

Angebliche Stufen der Wahrheit. – Einer der gewöhnlichen Fehlschlüsse ist der: weil jemand wahr und aufrichtig gegen uns ist, so sagt er die Wahrheit. So glaubt das Kind an die Urteile der Eltern, der Christ an die Behauptungen des Stifters der Kirche. Ebenso will man nicht zugeben, daß alles jenes, was die Menschen mit Opfern an Glück und Leben in früheren Jahrhunderten verteidigt haben, nichts als Irrtümer waren: vielleicht sagt man, es seien Stufen der Wahrheit gewesen. Aber im Grunde meint man, wenn jemand ehrlich an etwas geglaubt und für seinen Glauben gekämpft hat und gestorben ist, wäre es doch gar zu *unbillig,* wenn eigentlich nur ein Irrtum ihn beseelt habe. So ein Vorgang scheint der ewigen Gerechtigkeit zu widersprechen; deshalb dekretiert das Herz empfindender Menschen immer wieder gegen ihren Kopf den Satz: zwischen moralischen Handlungen und intellektuellen Einsichten muß durchaus ein notwendiges Band sein. Es ist leider anders; denn es gibt keine ewige Gerechtigkeit.

54

Die Lüge. – Weshalb sagen zu allermeist die Menschen im alltäglichen Leben die Wahrheit? – Gewiß nicht, weil ein Gott das Lügen verboten hat. Sondern erstens: weil es bequemer ist; denn die Lüge erfordert Erfindung, Verstellung und Gedächtnis. (Weshalb Swift sagt: wer eine Lüge berichtet, merkt selten die schwere Last, die er übernimmt; er muß nämlich, um *eine* Lüge zu behaupten, zwanzig andere erfinden.) Sodann: weil es in schlichten Verhältnissen vorteilhaft ist, direkt zu sagen: ich will dies, ich habe dies getan, und dergleichen; also weil der Weg des Zwangs und der Autorität sicherer ist als der der List. – Ist aber einmal ein Kind in verwickelten häuslichen Verhältnissen aufgezogen worden, so handhabt es ebenso natürlich die Lüge und sagt unwillkürlich immer das, was seinem Interesse entspricht; ein Sinn für Wahrheit, ein Widerwille gegen die Lüge an sich ist ihm ganz fremd und unzugänglich, und so lügt es in aller Unschuld.

55

Des Glaubens wegen die Moral verdächtigen. – Keine Macht läßt sich behaupten, wenn lauter Heuchler sie vertreten; die katholische Kirche mag noch so viele »weltliche« Elemente besitzen, ihre Kraft beruht auf jenen auch jetzt noch zahlreichen priesterlichen Naturen, welche sich das Leben schwer und bedeutungstief machen, und deren Blick und abgehärmter Leib von Nachtwachen, Hungern, glühendem Gebete, vielleicht selbst von Geißelhieben redet; diese erschüttern die Menschen und machen ihnen Angst: wie, wenn es *nötig* wäre, so zu leben? – dies ist die schauderhafte Frage, welche ihr Anblick auf die Zunge legt. Indem sie diesen Zweifel verbreiten, gründen sie immer von neuem wieder einen Pfeiler ihrer Macht; selbst die Freigesinnten wagen es nicht, dem derartig Selbstlosen mit hartem Wahrheitssinn zu widerstehen und zu sagen: »Betrogener du, betrüge nicht!« – Nur die Differenz der Einsichten trennt sie von ihm, durchaus keine Differenz der Güte oder Schlechtigkeit; aber was man nicht mag, pflegt man gewöhnlich auch ungerecht zu behandeln. So spricht man von der Schlauheit und der verruchten Kunst der Jesuiten, aber übersieht, welche Selbstüberwindung jeder einzelne Jesuit sich auferlegt und wie die erleichterte Lebenspraxis, welche die jesuitischen Lehrbücher predigen, durchaus nicht ihnen, sondern dem Laienstande zugute kommen soll. Ja man darf fragen, ob wir Aufgeklärten bei ganz gleicher Taktik und Organisation ebenso

gute Werkzeuge, ebenso bewunderungswürdig durch Selbstbe-
siegung, Unermüdlichkeit, Hingebung sein würden.

56

Sieg der Erkenntnis über das radikale Böse. – Es trägt dem, der weise werden will, einen reichlichen Gewinn ein, eine Zeitlang einmal die Vorstellung vom gründlich bösen und verderbten Menschen gehabt zu haben: sie ist falsch, wie die entgegengesetzte;
aber ganze Zeitstrecken hindurch besaß sie die Herrschaft, und
ihre Wurzeln haben sich bis in uns und unsere Welt hinein ver-
ästet. Um *uns* zu begreifen, müssen wir *sie* begreifen; um aber
dann höher zu steigen, müssen wir über sie hinwegsteigen. Wir
erkennen dann, daß es keine Sünden im metaphysischen Sinne
gibt; aber, im gleichen Sinne, auch keine Tugenden; daß dieses
ganze Bereich sittlicher Vorstellungen fortwährend im Schwanken ist, daß es höhere und tiefere Begriffe von Gut und Böse,
Sittlich und Unsittlich gibt. Wer nicht viel mehr von den Dingen
begehrt, als Erkenntnis derselben, kommt leicht mit seiner Seele
zur Ruhe und wird höchstens aus Unwissenheit, aber schwerlich
aus Begehrlichkeit fehlgreifen (oder sündigen, wie die Welt es
heißt). Er wird die Begierden nicht mehr verketzern und ausrotten wollen; aber sein einziges, ihn völlig beherrschendes Ziel, zu
aller Zeit so gut wie möglich zu *erkennen,* wird ihn kühl machen
und alle Wildheit in seiner Anlage besänftigen. Überdies ist er eine Menge quälender Vorstellungen losgeworden, er empfindet
nichts mehr bei den Worten Höllenstrafen, Sündhaftigkeit, Unfähigkeit zum Guten; er erkennt darin nur die verschwebenden
Schattenbilder falscher Welt- und Lebensbetrachtungen.

57

Moral als Selbstzerteilung des Menschen. – Ein guter Autor, der
wirklich das Herz für seine Sache hat, wünscht, daß jemand komme und ihn selber dadurch vernichte, daß er dieselbe Sache deut-

licher darstelle und die in ihr enthaltenen Fragen ohne Rest beantworte. Das liebende Mädchen wünscht, daß sie die hingebende Treue ihrer Liebe an der Untreue des Geliebten bewähren könne. Der Soldat wünscht, daß er für sein siegreiches Vaterland auf dem Schlachtfeld falle: denn in dem Siege seines Vaterlandes siegt sein höchstes Wünschen mit. Die Mutter gibt dem Kinde, was sie sich selber entzieht, Schlaf, die beste Speise, unter Umständen ihre Gesundheit, ihr Vermögen. – Sind dies alles aber unegoistische Zustände? Sind diese Taten der Moralität *Wunder*, weil sie nach dem Ausdrucke Schopenhauers »unmöglich und doch wirklich« sind? Ist es nicht deutlich, daß in all diesen Fällen der Mensch *etwas von sich,* einen Gedanken, ein Verlangen, ein Erzeugnis mehr liebt als *etwas anderes von sich,* daß er also sein Wesen zerteilt und dem einen Teil den anderen zum Opfer bringt? Ist es etwas *wesentlich* Verschiedenes, wenn ein Trotzkopf sagt: »ich will lieber über den Haufen geschossen werden, als diesem Menschen da einen Schritt aus dem Wege gehn?« – *Die Neigung zu etwas* (Wunsch, Trieb, Verlangen) ist in allen genannten Fällen vorhanden; ihr nachzugehen, mit allen Folgen, ist jedenfalls nicht »unegoistisch«. – In der Moral behandelt sich der Mensch nicht als individuum, sondern als dividuum.

58

Was man versprechen kann. – Man kann Handlungen versprechen, aber keine Empfindungen; denn diese sind unwillkürlich. Wer jemandem verspricht, ihn immer zu lieben oder immer zu hassen oder ihm immer treu zu sein, verspricht etwas, das nicht in seiner Macht steht; wohl aber kann er solche Handlungen versprechen, welche zwar gewöhnlich die Folgen der Liebe, des Hasses, der Treue sind, aber auch aus anderen Motiven entspringen können: denn zu einer Handlung führen mehrere Wege und Motive. Das Versprechen, jemanden immer zu lieben, heißt also: solange ich dich liebe, werde ich dir die Handlungen der Liebe erweisen; liebe ich dich nicht mehr, so wirst du doch dieselben Handlungen, wenn auch aus anderen Motiven, immerfort von mir empfangen: so daß der Schein in den Köpfen der Mitmenschen bestehen bleibt, daß die Liebe unverändert und immer noch dieselbe sei. – Man verspricht also die Andauer des Anscheines der Liebe, wenn man ohne Selbstverblendung jemandem immerwährende Liebe gelobt.

59

Intellekt und Moral. – Man muß ein gutes Gedächtnis haben, um gegebene Versprechen halten zu können. Man muß eine starke Kraft der Einbildung haben, um Mitleid haben zu können. So eng ist die Moral an die Güte des Intellekts gebunden.

60

Sich rächen wollen und sich rächen. – Einen Rachegedanken haben und ausführen heißt einen heftigen Fieberanfall bekommen, der aber vorübergeht: einen Rachegedanken aber haben, ohne Kraft und Mut ihn auszuführen, heißt ein chronisches Leiden, eine Vergiftung an Leib und Seele mit sich herumtragen. Die Moral, welche nur auf die Absichten sieht, taxiert beide Fälle gleich; für gewöhnlich taxiert man den ersten Fall als den schlimmeren (wegen der bösen Folgen, welche die Tat der Rache vielleicht nach sich zieht). Beide Schätzungen sind kurzsichtig.

61

Warten-können. – Das Warten-können ist so schwer, daß die größten Dichter es nicht verschmäht haben, das Nicht-warten-können zum Motiv ihrer Dichtungen zu machen. So Shakespeare im Othello, Sophokles im Ajax: dessen Selbstmord ihm, wenn er nur einen Tag noch seine Empfindung hätte abkühlen lassen, nicht mehr nötig geschienen hätte, wie der Orakelspruch andeutet; wahrscheinlich würde er den schrecklichen Einflüsterungen der verletzten Eitelkeit ein Schnippchen geschlagen und zu sich gesprochen haben: wer hat denn nicht schon, in meinem Falle, ein Schaf für einen Helden angesehn? ist es denn so etwas Ungeheures? Im Gegenteil, es ist nur etwas allgemein Menschliches: Ajax durfte sich dergestalt Trost zusprechen. Die Leidenschaft will nicht warten; das Tragische im Leben großer Männer liegt häufig nicht in ihrem Konflikte mit der Zeit und der Niedrigkeit ihrer Mitmenschen, sondern in ihrer Unfähigkeit, ein Jahr, zwei Jahre ihr Werk zu verschieben; sie können nicht warten. – Bei allen Duellen haben die zuratenden Freunde das eine festzustellen, ob die beteiligten Personen noch warten können: ist dies nicht der Fall, so ist ein Duell vernünftig, insofern jeder von beiden sich sagt: »entweder lebe ich weiter, dann muß jener augenblicklich sterben, oder umgekehrt.« Warten hieße in solchem Falle an jener furchtbaren Marter der verletzten Ehre angesichts ihres Verletzers noch länger leiden: und dies kann eben mehr Leiden sein, als das Leben überhaupt wert ist.

62

Schwelgerei der Rache. – Grobe Menschen, welche sich beleidigt fühlen, pflegen den Grad der Beleidigung so hoch als möglich zu nehmen und erzählen die Ursache mit stark übertreibenden Worten, um nur in dem einmal erweckten Haß- und Rachegefühl sich recht ausschwelgen zu können.

63

Wert der Verkleinerung. – Nicht wenige, vielleicht die allermeisten Menschen haben, um ihre Selbstachtung und eine gewisse Tüchtigkeit im Handeln bei sich aufrecht zu erhalten, durchaus nötig, alle ihnen bekannten Menschen in ihrer Vorstellung herabzusetzen und zu verkleinern. Da aber die geringen Naturen in der Überzahl sind und es sehr viel daran liegt, ob sie jene Tüchtigkeit haben oder verlieren, so –

64

Der Aufbrausende. – Vor einem, der gegen uns aufbraust, soll man sich in acht nehmen wie vor einem, der uns einmal nach dem Leben getrachtet hat: denn *daß* wir noch leben, das liegt in der Abwesenheit der Macht zu töten; genügten Blicke, so wäre es längst um uns geschehen. Es ist ein Stück roher Kultur, durch Sichtbarwerdenlassen der physischen Wildheit, durch Furchterregen jemanden zum Schweigen zu bringen. Ebenso ist jener kalte Blick, welchen Vornehme gegen ihre Bedienten haben, ein Überrest jener kastenmäßigen Abgrenzungen zwischen Mensch und Mensch, ein Stück rohen Altertums; die Frauen, die Bewahrerinnen des Alten, haben auch dies survival treuer bewahrt.

65

Wohin die Ehrlichkeit führen kann. – Jemand hatte die üble Angewohnheit, sich über die Motive, aus denen er handelte und die so gut und so schlecht waren wie die Motive aller Menschen, gelegentlich ganz ehrlich auszusprechen. Er erregte erst Anstoß, dann Verdacht, wurde allmählich geradezu verfemt und in die Acht der Gesellschaft erklärt, bis endlich die Justiz sich eines so verworfenen Wesens erinnerte, bei Gelegenheiten, wo sie sonst kein Auge hatte, oder dasselbe zudrückte. Der Mangel an Schweigsamkeit über das allgemeine Geheimnis und der unverantwortliche Hang zu sehen, was keiner sehen will – sich selber –, brachten ihn zu Gefängnis und frühzeitigem Tod.

66

Sträflich, nie gestraft. – Unser Verbrechen gegen Verbrecher besteht darin, daß wir sie wie Schufte behandeln.

67

Sancta simplicitas der Tugend. – Jede Tugend hat Vorrechte: zum Beispiel dies, zu dem Scheiterhaufen eines Verurteilten ihr eigenes Bündchen Holz zu liefern.

68

Moralität und Erfolg. – Nicht nur die Zuschauer einer Tat bemessen häufig das Moralische oder Unmoralische an derselben nach dem Erfolge: nein, der Täter selbst tut dies. Denn die Motive und Absichten sind selten deutlich und einfach genug, und mitunter scheint selbst das Gedächtnis durch den Erfolg der Tat getrübt, so daß man seiner Tat selber falsche Motive unterschiebt oder die unwesentlichen Motive als wesentliche behandelt. Der Erfolg gibt oft einer Tat den vollen ehrlichen Glanz des guten Gewissens, ein Mißerfolg legt den Schatten von Gewissensbissen über die achtungswürdigste Handlung. Daraus ergibt sich die bekannte Praxis des Politikers, welcher denkt: »gebt mir nur den Erfolg: mit ihm habe ich auch alle ehrlichen Seelen auf meine Seite gebracht – und mich vor mir selber ehrlich gemacht.« – Auf ähnliche Weise soll der Erfolg die bessere Begründung ersetzen. Noch jetzt meinen viele Gebildete, der Sieg des Christentums über die griechische Philosophie sei ein Beweis für die größere Wahrheit des ersteren – obwohl in diesem Falle nur das Gröbere und Gewaltsamere über das Geistigere und Zarte gesiegt hat. Wie es mit der größeren Wahrheit steht, ist daraus zu ersehen, daß die erwachenden Wissenschaften Punkt um Punkt an Epikurs Philosophie angeknüpft, das Christentum aber Punkt um Punkt zurückgewiesen haben.

69

Liebe und Gerechtigkeit. – Warum überschätzt man die Liebe zuungunsten der Gerechtigkeit und sagt die schönsten Dinge von ihr, als ob sie ein viel höheres Wesen als jene sei? Ist sie denn nicht ersichtlich dümmer als jene? – Gewiß, aber gerade deshalb um soviel *angenehmer* für alle. Sie ist dumm und besitzt ein reiches Füllhorn; aus ihm teilt sie ihre Gaben aus, an jedermann, auch wenn er sie nicht verdient, ja ihr nicht einmal dafür dankt. Sie ist unparteiisch wie der Regen, welcher, nach der Bibel und der Erfahrung, nicht nur den Ungerechten, sondern unter Umständen auch den Gerechten bis auf die Haut naß macht.

70

Hinrichtung. – Wie kommt es, daß jede Hinrichtung uns mehr beleidigt als ein Mord? Es ist die Kälte der Richter, die peinliche Vorbereitung, die Einsicht, daß hier ein Mensch als Mittel benutzt wird, um andre abzuschrecken. Denn die Schuld wird nicht bestraft, selbst wenn es eine gäbe: diese liegt in Erziehern, Eltern, Umgebungen, in uns, nicht im Mörder – ich meine die veranlassenden Umstände.

71

Die Hoffnung. – Pandora brachte das Faß mit den Übeln und öffnete es. Es war das Geschenk der Götter an die Menschen, von außen ein schönes verführerisches Geschenk und »Glücksfaß« zubenannt. Da flogen all die Übel, lebendige beschwingte Wesen heraus: von da an schweifen sie nun herum und tun den Menschen Schaden bei Tag und Nacht. Ein einziges Übel war noch nicht aus dem Faß herausgeschlüpft: da schlug Pandora nach Zeus' Willen den Deckel zu, und so blieb es darin. Für immer hat der Mensch nun das Glücksfaß im Hause und meint Wunder was für einen Schatz er in ihm habe; es steht ihm zu Diensten, er greift danach, wenn es ihn gelüstet; denn er weiß nicht, daß jenes Faß, welches Pandora brachte, das Faß der Übel war, und hält das zurückgebliebene Übel für das größte Glücksgut – es ist die Hoffnung. – Zeus wollte nämlich, daß der Mensch, auch noch so sehr durch die anderen Übel gequält, doch das Leben nicht wegwerfe, sondern fortfahre, sich immer von neuem quälen zu lassen. Dazu gibt er dem Menschen die Hoffnung: sie ist in Wahrheit das übelste der Übel, weil sie die Qual der Menschen verlängert.

72

Grad der moralischen Erhitzbarkeit unbekannt. – Davon, daß man gewisse erschütternde Anblicke und Eindrücke gehabt oder nicht gehabt hat, zum Beispiel eines unrecht gerichteten, getöteten oder gemarterten Vaters, einer untreuen Frau, eines grausamen feindlichen Überfalls, hängt es ab, ob unsere Leidenschaften zur Glühhitze kommen und das ganze Leben lenken oder nicht. Keiner weiß, wozu ihn die Umstände, das Mitleid, die Entrüstung treiben können, er kennt den Grad seiner Erhitzbarkeit nicht. Erbärmliche kleine Verhältnisse machen erbärmlich; es ist gewöhnlich nicht die Qualität der Erlebnisse, sondern ihre Quantität, von welcher der niedere und höhere Mensch abhängt, im Guten und Bösen.

73

Der Märtyrer wider Willen. – In einer Partei gab es einen Menschen, der zu ängstlich und feige war, um je seinen Kameraden zu widersprechen: man brauchte ihn zu jedem Dienst, man erlangte von ihm alles, weil er sich vor der schlechten Meinung bei seinen Gesellen mehr als vor dem Tode fürchtete; es war eine erbärmliche schwache Seele. Sie erkannten dies und machten auf Grund der erwähnten Eigenschaften aus ihm einen Heros und zuletzt gar einen Märtyrer. Obwohl der feige Mensch innerlich immer Nein sagte, sprach er mit den Lippen immer Ja, selbst noch auf dem Schafott, als er für die Ansichten seiner Partei starb: neben ihm nämlich stand einer seiner alten Genossen, der ihn durch Wort und Blick so tyrannisierte, daß er wirklich auf die anständigste Weise den Tod erlitt und seitdem als Märtyrer und großer Charakter gefeiert wird.

74

Alltags-Maßstab. – Man wird selten irren, wenn man extreme Handlungen auf Eitelkeit, mittelmäßige auf Gewöhnung und kleinliche auf Furcht zurückführt.

75

Mißverständnis über die Tugend. – Wer die Untugend in Verbindung mit der Lust kennen gelernt hat – wie der, welcher eine genußsüchtige Jugend hinter sich hat – bildet sich ein, daß die Tugend mit der Unlust verbunden sein müsse. Wer dagegen von seinen Leidenschaften und Lastern sehr geplagt worden ist, ersehnt in der Tugend die Ruhe und das Glück der Seele. Daher ist es möglich, daß zwei Tugendhafte einander gar nicht verstehen.

76

Der Asket. – Der Asket macht aus der Tugend eine Not.

77

Die Ehre von der Person auf die Sache übertragen. – Man ehrt allgemein die Handlungen der Liebe und Aufopferung zugunsten des Nächsten, wo sie sich auch immer zeigen. Dadurch vermehrt man die *Schätzung der Dinge,* welche in jener Art geliebt werden oder für welche man sich aufopfert: obwohl sie vielleicht an sich nicht viel wert sind. Ein tapferes Heer überzeugt von der Sache, für welche es kämpft.

78

Ehrgeiz ein Surrogat des moralischen Gefühls. – Das moralische Gefühl darf in solchen Naturen nicht fehlen, welche keinen Ehrgeiz haben. Die Ehrgeizigen behelfen sich auch ohne dasselbe, mit fast gleichem Erfolge. – Deshalb werden Söhne aus bescheidenen, dem Ehrgeiz abgewandten Familien, wenn sie einmal das moralische Gefühl verlieren, gewöhnlich in schneller Steigerung zu vollkommenen Lumpen.

79

Eitelkeit bereichert. – Wie arm wäre der menschliche Geist ohne die Eitelkeit! So aber gleicht er einem wohlgefüllten und immer

neu sich füllenden Warenmagazin, welches Käufer jeder Art an-
lockt: alles fast können sie finden, alles haben, vorausgesetzt, daß
sie die gültige Münzsorte (Bewunderung) mit sich bringen.

80

Greis und Tod. – Abgesehen von den Forderungen, welche die
Religion stellt, darf man wohl fragen: warum sollte es für einen
altgewordenen Mann, welcher die Abnahme seiner Kräfte spürt,
rühmlicher sein, seine langsame Erschöpfung und Auflösung abzuwarten, als ihr mit vollem Bewußtsein ein Ziel zu setzen? Die
Selbsttötung ist in diesem Falle eine ganz natürliche naheliegen-
de Handlung, welche als ein Sieg der Vernunft billigerweise Ehrfurcht erwecken sollte: und auch erweckt hat, in jenen Zeiten, als
die Häupter der griechischen Philosophie und die wackersten
römischen Patrioten durch Selbsttötung zu sterben pflegten. Die
Sucht dagegen, sich mit ängstlicher Beratung von Ärzten und
peinlichster Lebensart von Tag zu Tage fortzufristen, ohne Kraft,
dem eigentlichen Lebensziel noch näher zu kommen, ist viel weniger achtbar. – Die Religionen sind reich an Ausflüchten vor der
Forderung der Selbsttötung: dadurch schmeicheln sie sich bei denen ein, welche in das Leben verliebt sind.

81

Irrtümer des Leidenden und des Täters. – Wenn der Reiche dem Armen ein Besitztum nimmt (zum Beispiel ein Fürst dem Plebejer
die Geliebte), so entsteht in dem Armen ein Irrtum; er meint, jener müsse ganz verrucht sein, um ihm das wenige, was er habe, zu
nehmen. Aber jener empfindet den Wert eines *einzelnen* Besitztums gar nicht so tief, weil er gewöhnt ist, viele zu haben: so kann
er sich nicht in die Seele des Armen versetzen und tut lange nicht
so sehr Unrecht, als dieser glaubt. Beide haben voneinander eine
falsche Vorstellung. Das Unrecht des Mächtigen, welches am meisten in der Geschichte empört, ist lange nicht so groß, wie es

scheint. Schon die angeerbte Empfindung, ein höheres Wesen mit höheren Ansprüchen zu sein, macht ziemlich kalt und läßt das Gewissen ruhig: wir alle sogar empfinden, wenn der Unterschied zwischen uns und einem anderen Wesen sehr groß ist, gar nichts mehr von Unrecht und töten eine Mücke zum Beispiel ohne jeden Gewissensbiß. So ist es kein Zeichen von Schlechtigkeit bei Xerxes (den selbst alle Griechen als hervorragend edel schildern), wenn er dem Vater seinen Sohn nimmt und ihn zerstückeln läßt, weil dieser ein ängstliches, ominöses Mißtrauen gegen den ganzen Heerzug geäußert hatte: der einzelne wird in diesem Falle wie ein unangenehmes Insekt beseitigt: er steht zu niedrig, um länger quälende Empfindungen bei einem Weltherrscher erregen zu dürfen. Ja, jeder Grausame ist nicht in dem Maße grausam, als es der Mißhandelte glaubt; die Vorstellung des Schmerzes ist nicht dasselbe wie das Erleiden desselben. Ebenso steht es mit dem ungerechten Richter, mit dem Journalisten, welcher mit kleinen Unredlichkeiten die öffentliche Meinung irreführt. Ursache und Wirkung sind in allen diesen Fällen von ganz verschiedenen Empfindungs- und Gedankengruppen umgeben; während man unwillkürlich voraussetzt, daß Täter und Leidender gleich denken und empfinden, und gemäß dieser Voraussetzung die Schuld des einen nach dem Schmerz des andern mißt.

82

Haut der Seele. – Wie die Knochen, Fleischstücke, Eingeweide und Blutgefäße mit einer Haut umschlossen sind, die den Anblick des Menschen erträglich macht, so werden die Regungen und Leidenschaften der Seele durch die Eitelkeit umhüllt: sie ist die Haut der Seele.

83

Schlaf der Tugend. – Wenn die Tugend geschlafen hat, wird sie frischer aufstehen.

84

Feinheit der Scham. – Die Menschen schämen sich nicht, etwas Schmutziges zu denken, aber wohl, wenn sie sich vorstellen, daß man ihnen diese schmutzigen Gedanken zutraue.

85

Bosheit ist selten. – Die meisten Menschen sind viel zu sehr mit sich beschäftigt, um boshaft zu sein.

86

Das Zünglein an der Wage. – Man lobt oder tadelt, je nachdem das eine oder das andere mehr Gelegenheit gibt, unsre Urteilskraft leuchten zu lassen.

87

Lukas 18, 14 verbessert. – Wer sich selbst erniedrigt, will erhöht werden.

88

Verhinderung des Selbstmordes. – Es gibt ein Recht, wonach wir einem Menschen das Leben nehmen, aber keines, wonach wir ihm das Sterben nehmen: dies ist nur Grausamkeit.

89

Eitelkeit. – Uns liegt an der guten Meinung der Menschen, einmal weil sie uns nützlich ist, sodann weil wir ihnen Freude machen wollen (Kinder den Eltern, Schüler den Lehrern und wohlwollende Menschen überhaupt allen übrigen Menschen). Nur wo jemandem die gute Meinung der Menschen wichtig ist, abgesehn vom Vorteil oder von seinem Wunsche, Freude zu machen, reden wir von Eitelkeit. In diesem Falle will sich der Mensch selber eine Freude machen, aber auf Unkosten seiner Mitmenschen, indem er diese entweder zu einer falschen Meinung über sich verführt oder es gar auf einen Grad der »guten Meinung« absieht, wo diese allen anderen peinlich werden muß (durch Erregung von Neid). Der einzelne will gewöhnlich durch die Meinung anderer die Meinung, die er von sich hat, beglaubigen und vor sich selber bekräftigen; aber die mächtige Gewöhnung an Autorität – eine Gewöhnung, die so alt als der Mensch ist – bringt viele auch dazu, ihren eigenen Glauben an sich auf Autorität zu stützen, also erst aus der Hand anderer anzunehmen: sie trauen der Urteilskraft anderer mehr als der eigenen. – Das Interesse an sich selbst, der Wunsch, sich zu vergnügen, erreicht bei dem Eitlen eine solche Höhe, daß er die anderen zu einer falschen, allzu hohen Taxation seiner selbst verführt und dann doch sich an die Autorität der anderen hält: also den Irrtum herbeiführt und doch ihm Glauben schenkt. – Man muß sich also eingestehn, daß die eitlen Menschen nicht sowohl anderen gefallen wollen als sich selbst, und daß sie so weit gehen, ihren Vorteil dabei zu vernachlässigen: denn es liegt ihnen oft daran, ihre Mitmenschen ungünstig, feindlich, neidisch, also schädlich gegen sich zu stimmen, nur um die Freude an sich selber, den Selbstgenuß zu haben.

90

Grenze der Menschenliebe. – Jeder, welcher sich dafür erklärt hat, daß der andere ein Dummkopf, ein schlechter Geselle sei, ärgert sich, wenn jener schließlich zeigt, daß er es nicht ist.

91

Moralité larmoyante. – Wieviel Vergnügen macht die Moralität! Man denke nur, was für ein Meer angenehmer Tränen schon bei Erzählungen edler, großmütiger Handlungen geflossen ist! – Dieser Reiz des Lebens würde schwinden, wenn der Glaube an die völlige Unverantwortlichkeit überhandnähme.

92

Ursprung der Gerechtigkeit. – Die Gerechtigkeit (Billigkeit) nimmt ihren Ursprung unter ungefähr *gleich Mächtigen,* wie dies Thuky-

dides (in dem furchtbaren Gespräche der athenischen und meli-
schen Gesandten) richtig begriffen hat: wo es keine deutlich erkennbare Übergewalt gibt und ein Kampf zum erfolglosen gegenseitigen Schädigen würde, da entsteht der Gedanke, sich zu
verständigen und über die beiderseitigen Ansprüche zu verhan-
deln: der Charakter des *Tausches* ist der anfängliche Charakter der
Gerechtigkeit. Jeder stellt den anderen zufrieden, indem jeder bekommt, was er mehr schätzt als der andere. Man gibt jedem, was
er haben will, als das nunmehr Seinige, und empfängt dagegen das
Gewünschte. Gerechtigkeit ist also Vergeltung und Austausch unter der Voraussetzung einer ungefähr gleichen Machtstellung: so
gehört ursprünglich die Rache in den Bereich der Gerechtigkeit,
sie ist ein Austausch. Ebenso die Dankbarkeit. – Gerechtigkeit
geht natürlich auf den Gesichtspunkt einer einsichtigen Selbsterhaltung zurück, also auf den Egoismus jener Überlegung: »wozu
sollte ich mich nutzlos schädigen und mein Ziel vielleicht doch
nicht erreichen?« – Soviel vom *Ursprung* der Gerechtigkeit. Dadurch, daß die Menschen, ihrer intellektuellen Gewohnheit gemäß, den ursprünglichen Zweck sogenannter gerechter, billiger
Handlungen *vergessen* haben und namentlich, weil durch Jahrtausende hindurch die Kinder angelernt worden sind, solche Handlungen zu bewundern und nachzuahmen, ist allmählich der Anschein entstanden, als sei eine gerechte Handlung eine unegoistische: auf diesem Anschein aber beruht die hohe Schätzung derselben, welche überdies, wie alle Schätzungen, fortwährend noch
im Wachsen ist: denn etwas Hochgeschätztes wird mit Aufopferung erstrebt, nachgeahmt, vervielfältigt, und wächst dadurch,
daß der Wert der aufgewandten Mühe und Beeiferung von jedem
einzelnen noch zum Werte des geschätzten Dinges hinzugeschla-
gen wird. – Wie wenig moralisch sähe die Welt ohne die Vergeßlichkeit aus! Ein Dichter könnte sagen, daß Gott die Vergeßlichkeit als Türhüterin an die Tempelschwelle der Menschenwürde
hingelagert habe.

93

Vom Rechte des Schwächeren. – Wenn sich jemand unter Bedingungen einem Mächtigeren unterwirft, zum Beispiel eine belagerte Stadt, so ist die Gegenbedingung die, daß man sich vernichten, die Stadt verbrennen und so dem Mächtigen eine große Einbuße machen kann. Deshalb entsteht hier eine Art *Gleichstellung,* auf Grund welcher Rechte festgesetzt werden können. Der Feind hat seinen Vorteil an der Erhaltung. – Insofern gibt es auch Rechte zwischen Sklaven und Herren, das heißt genau in dem Maße, in welchem der Besitz des Sklaven seinem Herrn nützlich und wichtig ist. Das *Recht* geht ursprünglich *so weit,* als einer dem andern wertvoll, wesentlich, unverlierbar, unbesiegbar und dergleichen *erscheint.* In dieser Hinsicht hat auch der Schwächere noch Rechte, aber geringere. Daher das berühmte unusquisque tantum juris habet, quantum potentia valet (oder genauer: quantum potentia valere creditur).

94

Die drei Phasen der bisherigen Moralität. – Es ist das erste Zeichen, daß das Tier Mensch geworden ist, wenn sein Handeln nicht mehr auf das augenblickliche Wohlbefinden, sondern auf das dauernde sich bezieht, daß der Mensch also *nützlich, zweckmäßig* wird: da bricht zuerst die freie Herrschaft der Vernunft heraus. Eine noch höhere Stufe ist erreicht, wenn er nach dem Prinzip der *Ehre* handelt; vermöge desselben ordnet er sich ein, unterwirft sich gemeinsamen Empfindungen, und das erhebt ihn hoch über die Phase, in der nur die persönlich verstandene Nützlichkeit ihn leitete: er achtet und will geachtet werden, das heißt: er begreift den Nutzen als abhängig von dem, was er über andere, was andere über ihn meinen. Endlich handelt er, auf der höchsten Stufe der *bisherigen* Moralität, nach *seinem* Maßstab über die Dinge und Menschen: er selber bestimmt für sich und andere, was ehrenvoll, was nützlich ist; er ist zum Gesetzgeber der Meinungen geworden, gemäß dem immer höher entwickelten Begriff des Nützli-

chen und Ehrenhaften. Die Erkenntnis befähigt ihn, das Nützlichste, das heißt den allgemeinen dauernden Nutzen dem persönlichen, die ehrende Anerkennung von allgemeiner dauernder
Gestaltung der momentanen voranzustellen; er lebt und handelt
als Kollektiv-Individuum.

95

Moral des reifen Individuums. – Man hat bisher als das eigentliche
Kennzeichen der moralischen Handlung das Unpersönliche angesehn; und es ist nachgewiesen, daß zu Anfang die Rücksicht auf
den allgemeinen Nutzen es war, derentwegen man alle unpersönlichen Handlungen lobte und auszeichnete. Sollte nicht eine
bedeutende Umwandlung dieser Ansichten bevorstehen, jetzt,
wo immer besser eingesehn wird, daß gerade in der möglichst
persönlichen Rücksicht auch der Nutzen für das Allgemeine am
größten ist: so daß gerade das streng *persönliche Handeln* dem jetzigen Begriff der Moralität (als einer allgemeinen Nützlichkeit)
entspricht? Aus sich eine ganze *Person* machen und in allem, was
man tut, deren *höchstes Wohl* ins Auge fassen – das bringt weiter
als jene mitleidigen Regungen und Handlungen zugunsten anderer. Wir alle leiden freilich noch immer an der allzu geringen
Beachtung des Persönlichen an uns, es ist schlecht ausgebildet –
gestehen wir es uns ein: man hat vielmehr unsern Sinn gewaltsam von ihm abgezogen und dem Staat, der Wissenschaft, dem
Hilfsbedürftigen zum Opfer angeboten, wie als ob es das
Schlechte wäre, das geopfert werden müßte. Auch jetzt wollen
wir für unsere Mitmenschen arbeiten, aber nur so weit, als wir
unsern eignen höchsten Vorteil in dieser Arbeit finden, nicht
mehr, nicht weniger. Es kommt nur darauf an, was man als *seinen
Vorteil* versteht; gerade das unreife, unentwickelte, rohe Individuum wird ihn auch am rohesten verstehen.

96

Sitte und sittlich. – Moralisch, sittlich, ethisch sein heißt Gehorsam gegen ein altbegründetes Gesetz oder Herkommen haben. Ob man mit Mühe oder gern sich ihm unterwirft, ist dabei gleichgültig, genug, daß man es tut. »Gut« nennt man den, welcher wie von Natur, nach langer Vererbung, also leicht und gern das Sittliche tut, je nachdem dies ist (zum Beispiel Rache übt, wenn Racheüben, wie bei den älteren Griechen, zur guten Sitte gehört). Er wird gut genannt, weil er »wozu« gut ist; da aber Wohlwollen, Mitleiden und dergleichen in dem Wechsel der Sitten immer als »gut wozu«, als nützlich empfunden wurde, so nennt man jetzt vornehmlich den Wohlwollenden, Hilfreichen »gut«. Böse ist »nicht sittlich« (unsittlich) sein, Unsitte üben, dem Herkommen widerstreben, wie vernünftig oder dumm dasselbe auch sei; das Schädigen des Nächsten ist aber in allen den Sittengesetzen der verschiedenen Zeiten vornehmlich als schädlich empfunden worden, so daß wir jetzt namentlich bei dem Wort »böse« an die freiwillige Schädigung des Nächsten denken. Nicht das »Egoistische« und das »Unegoistische« ist der Grundgegensatz, welcher die Menschen zur Unterscheidung von Sittlich und Unsittlich, Gut und Böse gebracht hat, sondern: Gebundensein an ein Herkommen, Gesetz, und Lösung davon. Wie das Herkommen *entstanden* ist, das ist dabei gleichgültig, jedenfalls ohne Rücksicht auf Gut und Böse oder irgend einen immanenten kategorischen Imperativ, sondern vor allem zum Zweck der Erhaltung einer *Gemeinde,* eines Volkes; jeder abergläubische Brauch, welcher auf Grund eines falsch gedeuteten Zufalls entstanden ist, erzwingt ein Herkommen, dem zu folgen sittlich ist; sich von ihm lösen ist nämlich gefährlich, für die *Gemeinschaft* noch mehr schädlich als für den einzelnen (weil die Gottheit den Frevel und jede Verletzung ihrer Vorrechte an der Gemeinde und nur insofern auch am Individuum straft). Nun wird jedes Herkommen fortwährend ehrwürdiger, je weiter der Ursprung abliegt, je mehr dieser vergessen ist;

die ihm gezollte Verehrung häuft sich von Generation zu Generation auf, das Herkommen wird zuletzt heilig und erweckt Ehrfurcht; und so ist jedenfalls die *Moral der Pietät* eine viel ältere Moral als die, welche unegoistische Handlungen verlangt.

97

Die Lust in der Sitte. – Eine wichtige Gattung der Lust und damit der Quelle der Moralität entsteht aus der Gewohnheit. Man tut das Gewohnte leichter, besser, also lieber, man empfindet dabei eine Lust, und weiß aus der Erfahrung, daß das Gewohnte sich bewährt hat, also nützlich ist; eine Sitte, mit der sich leben läßt, ist als heilsam, förderlich bewiesen, im Gegensatz zu allen neuen, noch nicht bewährten Versuchen. Die Sitte ist demnach die Vereinigung des Angenehmen und des Nützlichen, überdies macht sie kein Nachdenken nötig. Sobald der Mensch Zwang ausüben kann, übt er ihn aus, um seine *Sitten* durchzusetzen und einzuführen, denn für ihn sind sie die bewährte Lebensweisheit. Ebenso zwingt eine Gemeinschaft von Individuen jedes einzelne zur selben Sitte. Hier ist der Fehlschluß: weil man sich mit einer Sitte wohlfühlt oder wenigstens weil man vermittels derselben seine Existenz durchsetzt, so ist diese Sitte notwendig, denn sie gilt als die *einzige* Möglichkeit, unter der man sich wohl fühlen kann; das Wohlgefühl des Lebens scheint allein aus ihr hervorzuwachsen. Diese Auffassung des Gewohnten als einer Bedingung des Daseins wird bis auf die kleinsten Einzelheiten der Sitte durchgeführt: da die Einsicht in die wirkliche Kausalität bei den niedrig stehenden Völkern und Kulturen sehr gering ist, sieht man mit abergläubischer Furcht darauf, daß alles seinen gleichen Gang gehe; selbst wo die Sitte schwer, hart, lästig ist, wird sie ihrer scheinbar höchsten Nützlichkeit wegen bewahrt. Man weiß nicht, daß derselbe Grad von Wohlbefinden auch bei anderen Sitten bestehen kann und daß selbst höhere Grade sich erreichen lassen. Wohl aber nimmt man wahr, daß alle Sitten, auch die härtesten, mit der Zeit angenehmer und milder werden, und daß auch die strengste Lebensweise zur Gewohnheit und damit zur Lust werden kann.

98

Lust und sozialer Instinkt. – Aus seinen Beziehungen zu anderen Menschen gewinnt der Mensch eine neue Gattung von *Lust* zu jenen Lustempfindungen hinzu, welche er aus sich selber nimmt; wodurch er das Reich der Lustempfindung überhaupt bedeutend umfänglicher macht. Vielleicht hat er mancherlei, das hierher gehört, schon von den Tieren her überkommen, welche ersichtlich Lust empfinden, wenn sie miteinander spielen, namentlich die Mütter mit den Jungen. Sodann gedenke man der geschlechtlichen Beziehungen, welche jedem Männchen ungefähr jedes Weibchen interessant in Ansehung der Lust erscheinen lassen und umgekehrt. Die Lustempfindung auf Grund menschlicher Beziehungen macht im allgemeinen den Menschen besser; die gemeinsame Freude, die Lust mitsammen genossen erhöht dieselbe, sie gibt dem einzelnen Sicherheit, macht ihn gutmütiger, löst das Mißtrauen, den Neid: denn man fühlt sich selber wohl und sieht den andern in gleicher Weise sich wohl fühlen. *Die gleichartigen Äußerungen der Lust* erwecken die Phantasie der Mitempfindung, das Gefühl etwas Gleiches zu sein: dasselbe tun auch die gemeinsamen Leiden, dieselben Unwetter, Gefahren, Feinde. Darauf baut sich dann wohl das älteste Bündnis auf: dessen Sinn die gemeinsame Beseitigung und Abwehr einer drohenden Unlust zum Nutzen jedes einzelnen ist. Und so wächst der soziale Instinkt aus der Lust heraus.

99

Das Unschuldige an den sogenannten bösen Handlungen. – Alle »bösen« Handlungen sind motiviert durch den Trieb der Erhaltung oder, noch genauer, durch die Absicht auf Lust und Vermeiden der Unlust des Individuums; als solchermaßen motiviert, aber nicht böse. »Schmerz bereiten an sich« *existiert nicht,* außer im Gehirn der Philosophen, ebensowenig »Lust bereiten an sich« (Mitleid im Schopenhauerischen Sinne). In dem Zustande *vor* dem Staate töten wir das Wesen, sei es Affe oder Mensch, welches uns eine Frucht des Baumes vorwegnehmen will, wenn wir gerade Hunger haben und auf den Baum zulaufen: wie wir es noch jetzt bei Wanderungen in unwirtliche Gegenden mit dem Tiere tun würden. – Die bösen Handlungen, welche uns jetzt am meisten empören, beruhen auf dem Irrtume, daß der andere, welcher sie uns zufügt, freien Willen habe, also daß es in seinem *Belieben* gelegen habe, uns dies Schlimme nicht anzutun. Dieser Glaube an das Belieben erregt den Haß, die Rachlust, die Tücke, die ganze Verschlechterung der Phantasie, während wir einem Tiere viel weniger zürnen, weil wir dies als unverantwortlich betrachten. Leid tun nicht aus Erhaltungstrieb, sondern zur *Vergeltung* – ist Folge eines falschen Urteils und deshalb ebenfalls unschuldig. Der einzelne kann im Zustande, welcher vor dem Staat liegt, zur *Abschreckung* andere Wesen hart und grausam behandeln: um seine Existenz durch solche abschreckende Proben seiner Macht sicher zu stellen. So handelt der Gewalttätige, Mächtige, der ursprüngliche Staatengründer, welcher sich die Schwächeren unterwirft. Er hat dazu das Recht, wie es jetzt noch der Staat sich nimmt; oder vielmehr: es gibt kein Recht, welches dies hindern kann. Es kann erst dann der Boden für alle Moralität zurecht gemacht werden, wenn ein größeres Individuum oder ein Kollektiv-Individuum, zum Beispiel die Gesellschaft, der Staat, die einzelnen unterwirft, also aus ihrer Vereinzelung herauszieht und in einen Verband einordnet. Der Moralität geht der *Zwang* voraus, ja sie selber ist noch eine Zeitlang Zwang, dem man sich, zur Vermeidung der Unlust, fügt. Später wird sie Sitte, noch später freier Gehorsam, endlich beinahe Instinkt: dann ist sie wie alles lang Gewöhnte und Natürliche mit Lust verknüpft – und heißt nun *Tugend.*

100

Scham. – Die Scham existiert überall, wo es ein »Mysterium« gibt; dies ist aber ein religiöser Begriff, welcher in der älteren Zeit der menschlichen Kultur einen großen Umfang hatte. Überall gab es umgrenzte Gebiete, zu welchen das göttliche Recht den Zutritt versagte, außer unter bestimmten Bedingungen: zu allererst ganz räumlich, insofern gewisse Stätten vom Fuße der Uneingeweihten nicht zu betreten waren und in deren Nähe diese Schauder und Angst empfanden. Dies Gefühl wurde vielfach auf andere Verhältnisse übertragen, zum Beispiel auf die geschlechtlichen Verhältnisse, welche als ein Vorrecht und Adyton des reiferen Alters den Blicken der Jugend, zu deren Vorteil, entzogen werden sollten: Verhältnisse, zu deren Schutz und Heilighaltung viele Götter tätig und im ehelichen Gemache als Wächter aufgestellt gedacht wurden. (Im Türkischen heißt deshalb dies Gemach Harem, »Heiligtum«, wird also mit demselben Worte bezeichnet, welches für die Vorhöfe der Moscheen üblich ist.) So ist das Königtum als ein Zentrum, von wo Macht und Glanz ausstrahlt, dem Unterworfenen ein Mysterium voller Heimlichkeit und Scham: wovon viele Nachwirkungen noch jetzt, unter Völkern, die sonst keineswegs zu den verschämten gehören, zu fühlen sind. Ebenso ist die ganze Welt innerer Zustände, die sogenannte »Seele« auch jetzt noch für alle Nicht-Philosophen ein Mysterium, nachdem diese endlose Zeiten hindurch als göttlichen Ursprungs, als göttlichen Verkehrs würdig geglaubt wurde: sie ist demnach ein Adyton und erweckt Scham.

101

Richtet nicht. – Man muß sich hüten, bei der Betrachtung früherer Perioden nicht in ein ungerechtes Schimpfen zu geraten. Die Ungerechtigkeit in der Sklaverei, die Grausamkeit in der Unterwerfung von Personen und Völkern ist nicht mit unserem Maße zu messen. Denn damals war der Instinkt der Gerechtigkeit noch nicht soweit gebildet. Wer darf dem Genfer Calvin die Verbrennung des Arztes Server vorwerfen? Es war eine konsequente, aus seinen Überzeugungen fließende Handlung, und ebenso hatte die Inquisition ein gutes Recht; nur waren die herrschenden Ansichten falsch und ergaben eine Konsequenz, welche uns hart erscheint, weil uns jene Ansichten fremd geworden sind. Was ist übrigens Verbrennen eines einzelnen im Vergleich mit ewigen Höllenstrafen für fast alle! Und doch beherrschte diese Vorstellung damals alle Welt, ohne mit ihrer viel größeren Schrecklichkeit der Vorstellung von einem Gotte wesentlich Schaden zu tun. Auch bei uns werden politische Sektierer hart und grausam behandelt: aber weil man an die Notwendigkeit des Staates zu glauben gelernt hat, so empfindet man hier die Grausamkeit nicht so sehr wie dort, wo wir die Anschauungen verwerfen. Die Grausamkeit gegen Tiere bei Kindern und Italienern geht auf Unverständnis zurück; das Tier ist namentlich durch die Interessen der kirchlichen Lehre zu weit hinter den Menschen zurückgesetzt worden. – Auch mildert sich vieles Schreckliche und Unmenschliche in der Geschichte, an welches man kaum glauben möchte, durch die Betrachtung, daß der Befehlende und der Ausführende andere Personen sind: ersterer hat den Anblick nicht und daher nicht den starken Phantasie-Eindruck, letzterer gehorcht einem Vorgesetzten und fühlt sich unverantwortlich. Die meisten Fürsten und Militärchefs erscheinen, aus Mangel an Phantasie, leicht grausam und hart, ohne es zu sein. – Der *Egoismus ist nicht böse,* weil die Vorstellung vom »Nächsten« – das Wort ist christlichen Ursprungs und entspricht der Wahrheit nicht – in uns sehr schwach ist, und wir uns gegen ihn beinahe wie gegen Pflanze und Stein frei und unverantwortlich fühlen. Daß der andere leidet, ist zu *lernen:* und völlig kann es nie gelernt werden.

102

»Der Mensch handelt immer gut.« – Wir klagen die Natur nicht als unmoralisch an, wenn sie uns ein Donnerwetter schickt und uns

naß macht: warum nennen wir den schädigenden Menschen unmoralisch? Weil wir hier einen willkürlich waltenden freien Willen, dort Notwendigkeit annehmen. Aber diese Unterscheidung ist ein Irrtum. Sodann: selbst das absichtliche Schädigen nennen wir nicht unter allen Umständen unmoralisch; man tötet zum Beispiel eine Mücke unbedenklich mit Absicht, bloß weil uns ihr Singen mißfällt, man straft den Verbrecher absichtlich und tut ihm Leid an, um uns und die Gesellschaft zu schützen. Im ersten Falle ist es das Individuum, welches, um sich zu erhalten oder selbst um sich keine Unlust zu machen, absichtlich Leid tut; im zweiten der Staat. Alle Moral läßt absichtliches Schadentun gelten bei *Notwehr:* das heißt wenn es sich um die *Selbsterhaltung* handelt. Aber diese beiden Gesichtspunkte *genügen,* um alle bösen Handlungen, gegen Menschen von Menschen ausgeübt, zu erklären: man will für sich Lust oder will Unlust abwehren; in irgend einem Sinne handelt es sich immer um Selbsterhaltung. Sokrates und Plato haben recht: was auch der Mensch tue, er tut immer das Gute, das heißt: das, was ihm gut (nützlich) scheint, je nach dem Grade seines Intellektes, dem jedesmaligen Maße seiner Vernünftigkeit.

103

Das Harmlose an der Bosheit. – Die Bosheit hat *nicht* das Leid des anderen an sich zum Ziele, sondern unsern eigenen Genuß, zum Beispiel als Rachegefühl oder als stärkere Nervenaufregung. Schon jede Neckerei zeigt, wie es Vergnügen macht, am anderen unsere Macht auszulassen und zum lustvollen Gefühle des Übergewichts zu bringen. Ist nun das *Unmoralische* daran, *Lust auf Grund der Unlust anderer* zu haben? Ist Schadenfreude teuflisch, wie Schopenhauer sagt? Nun machen wir uns in der Natur Lust durch Zerbrechen von Zweigen, Ablösen von Steinen, Kampf mit wilden Tieren, und zwar um unserer Kraft dabei bewußt zu werden. Das *Wissen* darum, daß ein andrer durch uns leidet, soll also hier dieselbe Sache, in bezug auf welche wir uns sonst unverantwortlich fühlen, unmoralisch machen? Aber wüßte man dies nicht, so hätte man die Lust an seiner eigenen Überlegenheit auch nicht dabei, diese kann eben sich nur im Leide des andern zu *erkennen geben,* zum Beispiel bei der Neckerei. Alle Lust an sich selber ist weder gut noch böse; woher sollte die Bestimmung kommen, daß man, um Lust an sich selber zu haben, keine Unlust anderer erregen dürfe? Allein vom Gesichtspunkte des Nutzens her, das heißt aus Rücksicht auf die *Folgen,* auf eventuelle Unlust, wenn der Geschädigte oder der stellvertretende Staat Ahndung und Rache erwarten läßt: nur dies kann ursprünglich den Grund abgegeben haben, solche Handlungen sich zu versagen. – Das *Mitleid* hat ebensowenig die Lust des andern zum Ziele, als wie gesagt die Bosheit den Schmerz des andern an sich. Denn es birgt mindestens zwei (vielleicht viel mehr) Elemente einer persönlichen Lust in sich und ist dergestalt Selbstgenuß: einmal als Lust der Emotion, welcher Art das Mitleid in der Tragödie ist, und dann, wenn es zur Tat treibt, als Lust der Befriedigung in der Ausübung der Macht. Steht uns überdies eine leidende Person sehr nahe, so nehmen wir durch Ausübung mitleidvoller Handlungen uns selbst ein Leid ab. – Abgesehen von einigen Philosophen, so haben die Menschen das Mitleid in der Rangfolge moralischer Empfindungen immer ziemlich tief gestellt: mit Recht.

104

Notwehr. – Wenn man überhaupt die Notwehr als moralisch gelten läßt, so muß man fast alle Äußerungen des sogenannten unmoralischen Egoismus auch gelten lassen: man tut Leid an, raubt oder tötet, um sich zu erhalten oder um sich zu schützen, dem persönlichen Unheil vorzubeugen; man lügt, wo List und Verstellung das richtige Mittel der Selbsterhaltung ist. *Absichtlich schädigen,* wenn es sich um unsere Existenz oder Sicherheit (Erhaltung unseres Wohlbefindens) handelt, wird als moralisch konzediert; der Staat schädigt selber unter diesem Gesichtspunkt, wenn er

Strafen verhängt. Im unabsichtlichen Schädigen kann natürlich das Unmoralische nicht liegen, da regiert der Zufall. Gibt es denn eine Art des absichtlichen Schädigens, wo es sich *nicht* um unsere Existenz, um die Erhaltung unseres Wohlbefindens handelt? Gibt es ein Schädigen aus reiner *Bosheit*, zum Beispiel bei der Grausamkeit? Wenn man nicht weiß, wie weh eine Handlung tut, so ist sie keine Handlung der Bosheit; so ist das Kind gegen das Tier nicht boshaft, nicht böse: es untersucht und zerstört dasselbe wie sein Spielzeug. *Weiß* man aber je völlig, wie weh eine Handlung einem andern tut? So weit unser Nervensystem reicht, hüten wir uns vor Schmerz: reichte es weiter, nämlich bis in die Mitmenschen hinein, so würden wir niemandem ein Leides tun (außer in solchen Fällen, wo wir es uns selbst tun, also wo wir uns der Heilung halber schneiden, der Gesundheit halber uns mühen und anstrengen). Wir *schließen* aus Analogie, daß etwas jemandem weh tut, und durch die Erinnerung und die Stärke der Phantasie kann es uns dabei selber übel werden. Aber welcher Unterschied bleibt immer zwischen dem Zahnschmerz und dem Schmerze (Mitleiden), welchen der Anblick des Zahnschmerzes hervorruft! Also: bei dem Schädigen aus sogenannter Bosheit ist der *Grad* des erzeugten Schmerzes uns jedenfalls unbekannt; insofern aber eine *Lust* bei der Handlung ist (Gefühl der eignen Macht, der eignen starken Erregung), geschieht die Handlung, um das Wohlbefinden des Individuums zu erhalten, und fällt somit unter einen ähnlichen Gesichtspunkt wie die Notwehr, die Notlüge. Ohne Lust kein Leben; der Kampf um die Lust ist der Kampf um das Leben. Ob der einzelne diesen Kampf so kämpft, daß die Menschen ihn *gut,* oder so, daß sie ihn böse nennen, darüber entscheidet das Maß und die Beschaffenheit seines *Intellekts.*

105

Die belohnende Gerechtigkeit. – Wer vollständig die Lehre von der völligen Unverantwortlichkeit begriffen hat, der kann die sogenannte strafende und belohnende Gerechtigkeit gar nicht mehr unter den Begriff der Gerechtigkeit unterbringen: falls diese darin besteht, daß man jedem das Seine gibt. Denn der, welcher gestraft wird, verdient die Strafe nicht: er wird nur als Mittel benutzt, um fürderhin von gewissen Handlungen abzuschrecken; ebenso verdient der, welchen man belohnt, diesen Lohn nicht: er konnte ja nicht anders handeln, als er gehandelt hat. Also hat der Lohn nur den Sinn einer Aufmunterung für ihn und andere, um also zu späteren Handlungen ein Motiv abzugeben; das Lob wird dem Laufenden in der Rennbahn zugerufen, nicht dem, welcher am Ziele ist. Weder Strafe noch Lohn sind etwas, das einem als das *Seine* zukommt; sie werden ihm aus Nützlichkeitsgründen gegeben, ohne daß er sie mit Gerechtigkeit zu beanspruchen hätte. Man muß ebenso sagen, »der Weise belohnt nicht, weil gut gehandelt worden ist«, als man gesagt hat, »der Weise straft nicht, weil schlecht gehandelt worden ist, sondern damit nicht schlecht gehandelt werde«. Wenn Strafe und Lohn fortfielen, so fielen die kräftigsten Motive, welche von gewissen Handlungen weg, zu gewissen Handlungen hin treiben, fort; der Nutzen der Menschen erheischt ihre Fortdauer; und insofern Strafe und Lohn, Tadel und Lob am empfindlichsten auf die Eitelkeit wirken, so erheischt derselbe Nutzen auch die Fortdauer der Eitelkeit.

106

Am Wasserfall. – Beim Anblick eines Wasserfalls meinen wir in den zahllosen Biegungen, Schlängelungen, Brechungen der Wellen Freiheit des Willens und Belieben zu sehen; aber alles ist notwendig, jede Bewegung mathematisch auszurechnen. So ist es auch bei den menschlichen Handlungen; man müßte jede einzelne Handlung vorher ausrechnen können, wenn man allwissend wäre, ebenso jeden Fortschritt der Erkenntnis, jeden Irrtum, jede Bosheit. Der Handelnde selbst steckt freilich in der Illusion der

Willkür; wenn in einem Augenblick das Rad der Welt still stände und ein allwissender rechnender Verstand da wäre, um diese Pause zu benutzen, so könnte er bis in die fernsten Zeiten die Zukunft jedes Wesens weitererzählen und jede Spur bezeichnen, auf der jenes Rad noch rollen wird. Die Täuschung des Handelnden über sich, die Annahme des freien Willens gehört mit hinein in diesen auszurechnenden Mechanismus.

107

Unverantwortlichkeit und Unschuld. – Die völlige Unverantwortlichkeit des Menschen für sein Handeln und sein Wesen ist der bitterste Tropfen, welchen der Erkennende schlucken muß, wenn er gewohnt war, in der Verantwortlichkeit und der Pflicht den Adelsbrief seines Menschentums zu sehen. Alle seine Schätzungen, Auszeichnungen, Abneigungen sind dadurch entwertet und falsch geworden: sein tiefstes Gefühl, das er dem Dulder, dem Helden entgegenbrachte, hat einem Irrtume gegolten; er darf nicht mehr loben, nicht tadeln, denn es ist ungereimt, die Natur und die Notwendigkeit zu loben und zu tadeln. So wie er das gute Kunstwerk liebt, aber nicht lobt, weil es nichts für sich selber kann, wie er vor der Pflanze steht, so muß er vor den Handlungen der Menschen, vor seinen eignen stehen. Er kann Kraft, Schönheit, Fülle an ihnen bewundern, aber darf keine Verdienste darin finden: der chemische Prozeß und der Streit der Elemente, die Qual des Kranken, der nach Genesung lechzt, sind ebensowenig Verdienste als jene Seelenkämpfe und Notzustände, bei denen man durch verschiedene Motive hin- und hergerissen wird, bis man sich endlich für das mächtigste entscheidet – wie man sagt (in Wahrheit aber, bis das mächtigste Motiv über uns entscheidet). Alle diese Motive aber, so hohe Namen wir ihnen geben, sind aus denselben Wurzeln gewachsen, in denen wir die bösen Gifte wohnend glauben; zwischen guten und bösen Handlungen gibt es keinen Unterschied der Gattung, sondern höchstens des Grades. Gute Handlungen sind sublimierte böse; böse Handlungen sind vergröberte, verdummte gute. Das einzige Verlangen des Individuums nach Selbstgenuß (samt der Furcht, desselben verlustig zu gehen) befriedigt sich unter allen Umständen, der Mensch mag handeln, wie er kann, das heißt wie er muß: sei es in Taten der Eitelkeit, Rache, Lust, Nützlichkeit, Bosheit, List, sei es in Taten der Aufopferung, des Mitleids, der Erkenntnis. Die Grade der Urteilsfähigkeit entscheiden, wohin jemand sich durch dies Verlangen hinziehen läßt; fortwährend ist jeder Gesellschaft, jedem einzelnen eine Rangordnung der Güter gegenwärtig, wonach er seine Handlungen bestimmt und die der anderen beurteilt. Aber dieser Maßstab wandelt sich fortwährend, viele Handlungen werden böse genannt und sind nur dumm, weil der Grad der Intelligenz, welche sich für sie entschied, sehr niedrig war. Ja in einem bestimmten Sinne sind auch jetzt noch *alle* Handlungen dumm, denn der höchste Grad von menschlicher Intelligenz, der jetzt erreicht werden kann, wird sicherlich noch überboten werden: und dann wird, bei einem Rückblick, all *unser* Handeln und Urteilen so beschränkt und übereilt erscheinen, wie uns jetzt das Handeln und Urteilen zurückgebliebener wilder Völkerschaften beschränkt und übereilt vorkommt. – Dies alles einzusehen kann tiefe Schmerzen machen, aber danach gibt es einen Trost: solche Schmerzen sind Geburtswehen. Der Schmetterling will seine Hülle durchbrechen, er zerrt an ihr, er zerreißt sie: da blendet und verwirrt ihn das unbekannte Licht, das Reich der Freiheit. In solchen Menschen, welche jener Traurigkeit *fähig* sind – wie wenige werden es sein! –, wird der erste Versuch gemacht, ob die Menschheit aus einer *moralischen* sich in eine *weise Menschheit umwandeln könne*. Die Sonne eines neuen Evangeliums wirft ihren ersten Strahl auf die höchsten Gipfel in der Seele jener einzelnen: da ballen sich die Nebel dichter als je, und nebeneinander lagert der hellste Schein und die trübste Dämmerung. Alles ist Notwendigkeit – so sagt die neue Erkenntnis; und diese Erkenntnis selber ist Notwendigkeit. Alles ist Unschuld: und die Erkenntnis ist der Weg zur Einsicht in diese Unschuld. Sind Lust, Egoismus, Eitelkeit *notwendig* zur Erzeugung der moralischen Phänomene und ihrer höchsten Blüte, des Sinnes für Wahrheit und Gerechtigkeit der Erkenntnis, war der Irrtum und die Verirrung der Phantasie das einzige Mittel, durch welches die Menschheit sich allmählich zu diesem Grade von Selbsterleuchtung und Selbsterlösung zu erheben vermochte – wer dürfte jene Mittel geringschätzen? Wer dürfte traurig sein, wenn er das Ziel, zu dem jene Wege führen, gewahr wird? Alles auf dem Gebiete der Moral ist geworden, wandelbar, schwankend, alles ist im Flusse, es ist wahr: – aber *alles ist auch im Strome:* nach *einem* Ziele hin. Mag in uns die vererbte Gewohnheit des irrtümlichen Schätzens, Liebens, Hassens immerhin fortwalten, aber unter dem Einfluß der wachsenden Erkenntnis wird sie schwächer werden: eine neue Gewohnheit, die des Begreifens, Nicht-Liebens, Nicht-Hassens, Überschauens, pflanzt sich allmählich in uns auf demselben Boden an und wird in Tausenden von Jahren vielleicht mächtig genug sein, um der Menschheit die Kraft zu geben, den weisen, unschuldigen (unschuld-bewußten) Menschen ebenso regelmäßig hervorzubringen, wie sie jetzt den unweisen, unbilligen, schuldbewußten Menschen – *das heißt die notwendige Vorstufe, nicht den Gegensatz von jenem* – hervorbringt.

DRITTES HAUPTSTÜCK

DAS RELIGIÖSE LEBEN

108

Der doppelte Kampf gegen das Übel. – Wenn uns ein Übel trifft, so kann man entweder so über dasselbe hinwegkommen, daß man seine Ursache hebt, oder so, daß man die Wirkung, welche es auf unsere Empfindung macht, verändert: also durch ein Umdeuten des Übels in ein Gut, dessen Nutzen vielleicht erst später ersichtlich sein wird. Religion und Kunst (auch die metaphysische Philosophie) bemühen sich, auf die Änderung der Empfindung zu wirken, teils durch Änderung unsres Urteils über die Erlebnisse (zum Beispiel mit Hilfe des Satzes: »wen Gott lieb hat, den züchtigt er«), teils durch Erweckung einer Lust am Schmerz, an der Emotion überhaupt (woher die Kunst des Tragischen ihren Ausgangspunkt nimmt). Je mehr einer dazu neigt, umzudeuten und zurechtzulegen, um so weniger wird er die Ursachen des Übels ins Auge fassen und beseitigen; die augenblickliche Milderung und Narkotisierung, wie sie zum Beispiel bei Zahnschmerz gebräuchlich ist, genügt ihm auch in ernsteren Leiden. Je mehr die Herrschaft der Religionen und aller Kunst der Narkose abnimmt, um so strenger fassen die Menschen die wirkliche Beseitigung der Übel ins Auge: was freilich schlimm für die Tragödiendichter ausfällt – denn zur Tragödie findet sich immer weniger Stoff, weil das Reich des unerbittlichen, unbezwinglichen Schicksals immer enger wird –, noch schlimmer aber für die Priester: denn diese lebten bisher von der Narkotisierung menschlicher Übel.

109

Gram ist Erkenntnis. – Wie gern möchte man die falschen Behauptungen der Priester, es gebe einen Gott, der das Gute von uns verlange, Wächter und Zeuge jeder Handlung, jedes Augenblicks, jedes Gedankens sei, der uns liebe, in allem Unglück unser Bestes wolle, – wie gern möchte man diese mit Wahrheiten vertauschen, welche ebenso heilsam, beruhigend und wohltuend wären wie jene Irrtümer! Doch solche Wahrheiten gibt es nicht; die Philosophie kann ihnen höchstens wiederum metaphysische Scheinbarkeiten (im Grunde ebenfalls Unwahrheiten) entgegensetzen. Nun ist aber die Tragödie die, daß man jene Dogmen der Religion und Metaphysik nicht *glauben* kann, wenn man die strenge Methode der Wahrheit im Herzen und Kopfe hat, andrerseits durch die Entwicklung der Menschheit so zart, reizbar, leidend geworden ist, um Heil- und Trostmittel der höchsten Art nötig zu haben; woraus also die Gefahr entsteht, daß der Mensch sich an der erkannten Wahrheit verblute. Dies drückt Byron in unsterblichen Versen aus:

> Sorrow is knowledge: they who know the most
> Must mourn the deepest o'er the fatal truth,
> The tree of knowledge is not that of life.

Gegen solche Sorgen hilft kein Mittel besser, als den feierlichen Leichtsinn Horazens, wenigstens für die schlimmsten Stunden und Sonnenfinsternisse der Seele, heraufzubeschwören und mit ihm zu sich selber zu sagen:

> quid aeternis minorem
> consiliis animum fatigas?
> cur non sub alta vel platano vel hac
> pinu jacentes –

Sicherlich aber ist Leichtsinn oder Schwermut jeden Grades besser als eine romantische Rückkehr und Fahnenflucht, eine Annäherung an das Christentum in irgend einer Form: denn mit ihm kann man sich, nach dem gegenwärtigen Stande der Erkenntnis, schlechterdings nicht mehr einlassen, ohne sein *intellektuales Gewissen* heillos zu beschmutzen und vor sich und anderen preiszugeben. Jene Schmerzen mögen peinlich genug sein: aber man kann ohne Schmerzen nicht zu einem Führer und Erzieher der Menschheit werden; und wehe dem, welcher dies versuchen möchte und jenes reine Gewissen nicht mehr hätte!

110

Die Wahrheit in der Religion. – In der Periode der Aufklärung war man der Bedeutung der Religion nicht gerecht geworden, daran ist nicht zu zweifeln: aber ebenso steht fest, daß man, in dem darauffolgenden Widerspiel der Aufklärung, wiederum um ein gutes Stück über die Gerechtigkeit hinausging, indem man die Religionen mit Liebe, selbst mit Verliebtheit behandelte und ihnen zum Beispiel ein tieferes, ja das allertiefste Verständnis der Welt zuerkannte: welches die Wissenschaft nur des dogmatischen Gewandes zu entkleiden habe, um dann in unmythischer Form die »Wahrheit« zu besitzen. Religionen sollen also – dies war die Behauptung aller Gegner der Aufklärung – sensu allegorico, mit Rücksicht auf das Verstehen der Menge, jene uralte Weisheit aussprechen, welche die Weisheit an sich sei, insofern alle wahre Wissenschaft der neueren Zeit immer zu ihr hin, anstatt von ihr weg geführt habe: so daß zwischen den ältesten Weisen der Menschheit und allen späteren Harmonie, ja Gleichheit der Einsichten walte und ein Fortschritt der Erkenntnisse – falls man von einem solchen reden wolle – sich nicht auf das Wesen, sondern die Mitteilung desselben beziehe. Diese ganze Auffassung von Religion und Wissenschaft ist durch und durch irrtümlich; und niemand würde jetzt noch zu ihr sich zu bekennen wagen, wenn nicht Schopenhauers Beredsamkeit sie in Schutz genommen hätte: diese laut tönende und doch erst nach einem Menschenalter ihre Hörer erreichende Beredsamkeit. So gewiß man aus Schopenhauers religiös-

moralischer Menschen- und Weltdeutung sehr viel für das Verständnis des Christentums und anderer Religionen gewinnen
kann, so gewiß ist es auch, daß er über den *Wert der Religion für die
Erkenntnis* sich geirrt hat. Er selbst war darin ein nur zu folgsamer
Schüler der wissenschaftlichen Lehrer seiner Zeit, welche allesamt
der Romantik huldigten und dem Geiste der Aufklärung abge-
schworen hatten; in unsere jetzige Zeit hineingeboren, würde er
unmöglich vom sensus allegoricus der Religion haben reden können; er würde vielmehr der Wahrheit die Ehre gegeben haben, wie
er es pflegte, mit den Worten: *noch nie hat eine Religion, weder mit-
telbar noch unmittelbar, weder als Dogma noch als Gleichnis, eine Wahrheit enthalten.* Denn aus der Angst und dem Bedürfnis ist eine jede geboren, auf Irrgängen der Vernunft hat sie sich ins Dasein ge-
schlichen; sie hat vielleicht einmal, im Zustande der Gefährdung
durch die Wissenschaft, irgend eine philosophische Lehre in ihr
System hineingelogen, damit man sie später darin vorfinde: aber
dies ist ein Theologenkunststück, aus der Zeit, in welcher eine
Religion schon an sich selber zweifelt. Diese Kunststücke der
Theologie, welche freilich im Christentum, als der Religion eines
gelehrten, mit Philosophie durchtränkten Zeitalters, sehr früh
schon geübt wurden, haben auf jenen Aberglauben vom sensus allegoricus hingeleitet, noch mehr aber die Gewohnheit der Philosophen (namentlich der Halbwesen: der dichterischen Philosophen und der philosophierenden Künstler), alle die Empfindungen, welche sie in *sich* vorfanden, als Grundwesen des Menschen
überhaupt zu behandeln und somit auch ihren eigenen religiösen
Empfindungen einen bedeutenden Einfluß auf den Gedankenbau
ihrer Systeme zu gestatten. Weil die Philosophen vielfach unter
dem Herkommen religiöser Gewohnheiten, oder mindestens unter der altvererbten Macht jenes »metaphysischen Bedürfnisses«,
philosophierten, so gelangten sie zu Lehrmeinungen, welche in
der Tat den jüdischen oder christlichen oder indischen Religions-
meinungen sehr ähnlich sahen – ähnlich nämlich, wie Kinder den

Müttern zu sehen pflegen: nur daß in diesem Falle die Väter sich nicht über jene Mutterschaft klar waren, wie dies wohl vorkommt –, sondern in der Unschuld ihrer Verwunderung von einer Familien-Ähnlichkeit aller Religion und Wissenschaft fabelten. In der Tat besteht zwischen der Religion und der wirklichen Wissenschaft nicht Verwandtschaft, noch Freundschaft, noch selbst Feindschaft: sie leben auf verschiedenen Sternen. Jede Philosophie, welche einen religiösen Kometenschweif in die Dunkelheit ihrer letzten Aussichten hinaus erglänzen läßt, macht alles an sich verdächtig, was sie als Wissenschaft vorträgt: es ist dies alles vermutlich ebenfalls Religion, wenngleich unter dem Aufputz der Wissenschaft. – Übrigens: wenn alle Völker über gewisse religiöse Dinge, zum Beispiel die Existenz eines Gottes, übereinstimmten (was beiläufig gesagt in betreff dieses Punktes nicht der Fall ist), so würde dies doch eben nur ein *Gegenargument* gegen jene behaupteten Dinge, zum Beispiel die Existenz eines Gottes, sein: der consensus gentium und überhaupt hominum kann billigerweise nur einer Narrheit gelten. Dagegen gibt es einen consensus omnium sapientium gar nicht, in bezug auf kein einziges Ding, mit jener Ausnahme, von welcher der Goethesche Vers spricht:

> Alle die Weisesten aller der Zeiten
> Lächeln und winken und stimmen mit ein:
> Töricht, auf Bess'rung der Toren zu harren!
> Kinder der Klugheit, o habet die Narren
> Eben zum Narren auch, wie sich's gehört!

Ohne Vers und Reim gesprochen und auf unseren Fall angewendet: der consensus sapientium besteht darin, daß der consensus gentium einer Narrheit gilt.

III

Ursprung des religiösen Kultus. – Versetzen wir uns in die Zeiten zurück, in welchen das religiöse Leben am kräftigsten aufblühte, so finden wir eine Grundüberzeugung vor, welche wir jetzt nicht mehr teilen und derentwegen wir ein für allemal die Tore zum religiösen Leben uns verschlossen sehen: sie betrifft die Natur und den Verkehr mit ihr. Man weiß in jenen Zeiten noch nichts von Naturgesetzen; weder für die Erde noch für den Himmel gibt es ein Müssen; eine Jahreszeit, der Sonnenschein, der Regen kann kommen oder auch ausbleiben. Es fehlt überhaupt jeder Begriff der *natürlichen* Kausalität. Wenn man rudert, ist es nicht das Rudern, was das Schiff bewegt, sondern Rudern ist nur eine magische Zeremonie, durch welche man einen Dämon zwingt, das Schiff zu bewegen. Alle Erkrankungen, der Tod selbst ist Resultat magischer Einwirkungen. Es geht bei Krankwerden und Sterben nie natürlich zu; die ganze Vorstellung vom »natürlichen Hergang« fehlt, – sie dämmert erst bei den älteren Griechen, das heißt in einer sehr späten Phase der Menschheit, in der Konzeption der über den Göttern thronenden Moira. Wenn einer mit dem Bogen schießt, so ist immer noch eine irrationelle Hand und Kraft dabei; versiegen plötzlich die Quellen, so denkt man zuerst an unterirdische Dämonen und deren Tücken; der Pfeil eines Gottes muß es sein, unter dessen unsichtbarer Wirkung ein Mensch auf einmal niedersinkt. In Indien pflegt (nach Lubbock) ein Tischler seinem Hammer, seinem Beil und den übrigen Werkzeugen Opfer darzubringen; ein Brahmane behandelt den Stift, mit dem er schreibt, ein Soldat die Waffen, die er im Felde braucht, ein Maurer seine Kelle, ein Arbeiter seinen Pflug in gleicher Weise. Die ganze Natur ist in der Vorstellung religiöser Menschen eine Summe von Handlungen bewußter und wollender Wesen, ein ungeheurer Komplex von *Willkürlichkeiten*. Es ist in bezug auf alles was außer uns ist, kein Schluß gestattet, daß irgend etwas so und so sein *werde,* so und so kommen *müsse;* das ungefähr Sichere, Berechenbare sind wir: der Mensch ist die Regel, die Natur die *Regellosigkeit* – dieser Satz enthält die Grundüberzeugung, welche rohe, religiös produktive Urkulturen beherrscht. Wir jetzigen Menschen empfinden gerade völlig umgekehrt: je reicher jetzt der Mensch sich innerlich fühlt, je polyphoner sein Subjekt ist, um so gewaltiger wirkt auf ihn das Gleichmaß der Natur; wir alle erkennen mit Goethe in der Natur das große Mittel der Beschwichtigung für die moderne Seele, wir hören den Pendelschlag der größten Uhr mit einer Sehnsucht nach Ruhe, nach Heimisch- und Stillewerden an, als ob wir dieses Gleichmaß in uns hineintrinken und dadurch zum Genuß unser selbst erst kommen könnten. Ehemals war es umgekehrt: denken wir an rohe, frühe Zustände von Völkern zurück oder sehen wir die jetzigen Wilden in der Nähe, so finden wir sie auf das stärkste durch das *Gesetz,* das *Herkommen* bestimmt: das Individuum ist fast automatisch an dasselbe gebunden und bewegt sich mit der Gleichförmigkeit eines Pendels. Ihm muß die Natur – die unbegriffene, schreckliche, geheimnisvolle Natur – als das *Reich der Freiheit,* der Willkür, der höheren Macht erscheinen, ja gleichsam als eine übermenschliche Stufe des Daseins, als Gott. Nun aber fühlt jeder einzelne solcher Zeiten und Zustände, wie von jenen Willkürlichkeiten der Natur seine Existenz, sein Glück, das der Familie, des Staates, das Gelingen aller Unternehmungen abhängen: einige Naturvorgänge müssen zur rechten Zeit eintreten, andere zur rechten Zeit ausbleiben. Wie kann man einen Einfluß auf diese furchtbaren Unbekannten ausüben, wie kann man das Reich der Freiheit binden? so fragt er sich, so forscht er ängstlich: gibt es denn keine Mittel, jene Mächte ebenso durch ein Herkommen und Gesetz regelmäßig zu machen, wie du selber regelmäßig bist? – Das Nachdenken der magie- und wundergläubigen Menschen geht dahin, *der Natur ein Gesetz aufzulegen –*: und kurz gesagt, der religiöse Kultus ist das Ergebnis dieses Nachdenkens. Das Problem, welches jene Menschen sich vorlegen, ist auf das engste verwandt mit diesem: wie kann der *schwächere* Stamm dem *stärkeren* doch Gesetze diktieren, ihn bestimmen, seine Handlungen (im Verhalten zum schwächeren) leiten? Man wird zuerst sich der harmlosesten Art eines Zwanges erinnern, jenes Zwanges, den man ausübt, wenn man jemandes *Neigung* erworben hat. Durch Flehen und Gebete, durch Unterwerfung, durch die Verpflichtung zu regelmäßigen Abgaben und Geschenken, durch schmeichelhafte Verherrlichungen ist es also auch möglich, auf die Mächte der Natur einen Zwang auszuüben, insofern man sie sich geneigt macht: Liebe bindet und wird gebunden. Dann kann man *Verträge* schließen, wobei man sich zu bestimmtem Verhalten gegenseitig verpflichtet, Pfänder stellt und Schwüre wechselt. Aber viel wichtiger ist eine Gattung gewaltsameren Zwanges, durch Magie und Zauberei. Wie der Mensch mit Hilfe des Zauberers einem stärkeren Feind doch zu schaden weiß und ihn vor sich in Angst erhält, wie der Liebeszauber in die Ferne wirkt, so glaubt der schwächere Mensch auch die mächtigeren Geister der Natur bestimmen zu können. Das Hauptmittel aller Zauberei ist, daß man etwas in Gewalt bekommt, das jemandem zu eigen ist, Haare, Nägel, etwas Speise von seinem Tisch, ja selbst sein Bild, seinen Namen. Mit solchem Apparate kann man dann zaubern; denn die Grundvoraussetzung lautet: zu allem Geistigen gehört etwas Körperliches; mit dessen Hilfe vermag man den Geist zu binden, zu schädigen, zu vernichten; das Körperliche gibt die Handhabe ab, mit der man das Geistige fassen kann. So wie nun der Mensch den Menschen bestimmt, so bestimmt er auch irgend einen Naturgeist; denn dieser hat auch sein Körperliches, an dem er zu fassen ist. Der Baum und, verglichen mit ihm, der Keim, aus dem er entstand, – dieses rätselhafte Nebeneinander scheint zu beweisen, daß in beiden Formen sich ein und derselbe Geist eingekörpert habe, bald klein, bald groß. Ein Stein, der plötzlich rollt, ist der Leib, in welchem ein Geist wirkt; liegt auf einsamer Heide ein Block, erscheint es unmöglich, an Menschenkraft zu denken, die ihn hierher gebracht habe, so muß also der Stein sich selbst hinbewegt haben, das heißt: er muß einen Geist beherbergen. Alles, was einen Leib hat, ist der Zauberei zugänglich, also auch die Naturgeister. Ist ein Gott geradezu an sein Bild gebunden, so kann man auch ganz direkten Zwang (durch Verweigerung der Opfernahrung, Geißeln, In-Fesseln-legen und ähnliches) gegen ihn ausüben. Die geringen Leute in China umwinden, um die fehlende Gunst ihres Gottes zu ertrotzen, das Bild desselben, der sie in Stich gelassen hat, mit Stricken, reißen es nieder, schleifen es über die Straßen durch Lehm- und Düngerhaufen; »du Hund von einem Geiste«, sagen sie, »wir ließen dich in einem prächtigen Tempel wohnen, wir vergoldeten dich hübsch, wir fütterten dich gut, wir brachten dir Opfer und doch bist du so undankbar.« Ähnliche Gewaltmaßregeln gegen Heiligen-und Muttergottesbilder, wenn sie etwa bei Pestilenzen oder Regenmangel ihre Schuldigkeit nicht tun wollten, sind noch während dieses Jahrhunderts in katholischen Ländern vorgekommen. – Durch alle diese zauberischen Beziehungen zur Natur sind unzählige Zeremonien ins Leben gerufen: und endlich, wenn der Wirrwarr derselben zu groß geworden ist, bemüht man sich, sie zu ordnen, zu systematisieren, so daß man den günstigen Verlauf des gesamten Ganges der Natur, namentlich des großen Jahres-Kreislaufs, sich durch einen entsprechenden Verlauf eines Prozeduren-Systems zu verbürgen meint. Der Sinn des religiösen Kultus ist, die Natur zu menschlichem Vorteil zu bestimmen und zu bannen, also ihr eine *Gesetzlichkeit einzuprägen, die sie von vornherein nicht hat;* während in der jetzigen Zeit man die Gesetzlichkeit der Natur *erkennen* will, um sich in sie zu schicken. Kurz, der religiöse Kultus ruht auf den Vorstellungen der Zauberei zwischen Mensch und Mensch; und der Zauberer ist älter als der Priester. Aber *ebenso* ruht er auf anderen und edleren Vorstellungen; er setzt das sympathische Verhältnis von Mensch zu Mensch, das Dasein von Wohlwollen, Dankbarkeit, Erhörung Bittender, von Verträgen zwischen Feinden, von Verleihung der Unterpfänder, von Anspruch auf Schutz des Eigentums voraus. Der Mensch steht auch in sehr niederen Kulturstufen nicht der Natur als ohnmächtiger Sklave gegenüber, er ist *nicht* notwendig der willenlose Knecht derselben: auf der *griechischen* Stufe der Religion, besonders im Verhalten zu den olympischen Göttern, ist sogar an ein Zusammenleben von zwei Kasten, einer vornehmeren, mächtigeren und einer weniger vornehmen zu denken; aber beide gehören ihrer Herkunft nach irgendwie zusammen und sind *einer* Art, sie brauchen sich voreinander nicht zu schämen. Das ist das Vornehme in der griechischen Religiosität.

112

Beim Anblick gewisser antiker Opfergerätschaften. – Wie manche Empfindungen uns verloren gehen, ist zum Beispiel an der Vereinigung des *Possenhaften,* selbst des Obszönen mit dem *religiösen* Gefühl zu sehen: die Empfindung für die Möglichkeit dieser Mischung schwindet, wir begreifen es nur noch historisch, daß sie existierte, bei den Demeter- und Dionysosfesten, bei den christlichen Osterspielen und Mysterien: aber auch wir kennen noch das Erhabene im Bunde mit dem Burlesken und dergleichen, das Rührende mit dem Lächerlichen verschmolzen: was vielleicht eine spätere Zeit auch nicht mehr verstehen wird.

113

Christentum als Altertum. – Wenn wir eines Sonntag Morgens die alten Glocken brummen hören, da fragen wir uns: ist es nur möglich! dies gilt einem vor zwei Jahrtausenden gekreuzigten Juden, welcher sagte, er sei Gottes Sohn. Der Beweis für eine solche Behauptung fehlt. – Sicherlich ist innerhalb unserer Zeiten die christliche Religion ein aus ferner Vorzeit hereinragendes Altertum, und daß man jene Behauptung glaubt – während man sonst so streng in der Prüfung von Ansprüchen ist –, ist vielleicht das älteste Stück dieses Erbes. Ein Gott, der mit einem sterblichen Weibe Kinder erzeugt; ein Weiser, der auffordert, nicht mehr zu arbeiten, nicht mehr Gericht zu halten, aber auf die Zeichen des bevorstehenden Weltuntergangs zu achten; eine Gerechtigkeit, die den Unschuldigen als stellvertretendes Opfer annimmt; jemand, der seine Jünger sein Blut trinken heißt; Gebete um Wundereingriffe; Sünden an einem Gott verübt, durch einen Gott gebüßt; Furcht vor einem Jenseits, zu welchem der Tod die Pforte ist; die Gestalt des Kreuzes als Symbol inmitten einer Zeit, welche die Bestimmung und die Schmach des Kreuzes nicht mehr kennt – wie schauerlich weht uns dies alles, wie aus dem Grabe uralter Vergangenheit an! Sollte man glauben, daß so etwas noch geglaubt wird?

114

Das Ungriechische im Christentum. – Die Griechen sahen über sich die homerischen Götter nicht als Herren und sich unter ihnen nicht als Knechte, wie die Juden. Sie sahen gleichsam nur das Spiegelbild der gelungensten Exemplare ihrer eignen Kaste, also ein Ideal, keinen Gegensatz des eignen Wesens. Man fühlt sich miteinander verwandt, es besteht ein gegenseitiges Interesse, eine Art Symmachie. Der Mensch denkt vornehm von sich, wenn er sich solche Götter gibt, und stellt sich in ein Verhältnis, wie das des niedrigeren Adels zum höheren ist; während die italischen Völker eine rechte Bauern-Religion haben, mit fortwährender Ängstlichkeit gegen böse und launische Machtinhaber und Quälgeister. Wo die olympischen Götter zurücktraten, da war auch das griechische Leben düsterer und ängstlicher. – Das Christentum dagegen zerdrückte und zerbrach den Menschen vollständig und versenkte ihn wie in tiefen Schlamm: in das Gefühl völliger Verworfenheit ließ es dann mit einem Male den Glanz eines göttlichen Erbarmens hineinleuchten, so daß der Überraschte, durch Gnade Betäubte einen Schrei des Entzückens ausstieß und für einen Augenblick den ganzen Himmel in sich zu tragen glaubte. Auf diesen krankhaften Exzeß des Gefühls, auf die dazu nötige tiefe Kopf- und Herz-Korruption wirken alle psychologischen Erfindungen des Christentums hin: es will vernichten, zerbrechen, betäuben, berauschen, es will nur eins nicht: das *Maß*, – und deshalb ist es im tiefsten Verstande barbarisch, asiatisch, unvornehm, ungriechisch.

115

Mit Vorteil religiös sein. – Es gibt nüchterne und gewerbstüchtige Leute, denen die Religion wie ein Saum höheren Menschentums angestickt ist: diese tun sehr wohl, religiös zu bleiben, es verschönert sie. – Alle Menschen, welche sich nicht auf irgend ein Waffenhandwerk verstehen – Mund und Feder als Waffen eingerechnet –, werden servil: für solche ist die christliche Religion sehr nützlich, denn die Servilität nimmt darin den Anschein einer christlichen Tugend an und wird erstaunlich verschönert. – Leute, welchen ihr tägliches Leben zu leer und eintönig vorkommt, werden leicht religiös: dies ist begreiflich und verzeihlich; nur haben sie kein Recht, Religiosität von denen zu fordern, denen das tägliche Leben nicht leer und eintönig verfließt.

116

Der Alltags-Christ. – Wenn das Christentum mit seinen Sätzen vom rächenden Gotte, der allgemeinen Sündhaftigkeit, der Gnadenwahl und der Gefahr einer ewigen Verdammnis recht hätte, so wäre es ein Zeichen von Schwachsinn und Charakterlosigkeit, *nicht* Priester, Apostel oder Einsiedler zu werden und mit Furcht und Zittern einzig am eignen Heile zu arbeiten; es wäre unsinnig, den ewigen Vorteil gegen die zeitliche Bequemlichkeit so aus dem Auge zu lassen. Vorausgesetzt, daß überhaupt *geglaubt* wird, so ist der Alltags-Christ eine erbärmliche Figur, ein Mensch, der wirklich nicht bis drei zählen kann, und der übrigens, gerade wegen seiner geistigen Unzurechnungsfähigkeit, es nicht verdiente, so hart bestraft zu werden, wie das Christenum ihm verheißt.

117

Von der Klugheit des Christentums. – Es ist ein Kunstgriff des Christentums, die völlige Unwürdigkeit, Sündhaftigkeit und Verächtlichkeit des Menschen überhaupt so laut zu lehren, daß die Verachtung der Mitmenschen dabei nicht mehr möglich ist. »Er mag sündigen, wie er wolle, er unterscheidet sich doch nicht wesentlich von mir: ich bin es, der in jedem Grade unwürdig und verächtlich ist«, – so sagt sich der Christ. Aber auch dieses Gefühl hat seinen spitzigsten Stachel verloren, weil der Christ nicht an seine individuelle Verächtlichkeit glaubt: er ist böse als Mensch überhaupt und beruhigt sich ein wenig bei dem Satze: wir alle sind *einer* Art.

118

Personenwechsel. – Sobald eine Religion *herrscht,* hat sie alle die zu ihren Gegnern, welche ihre ersten Jünger gewesen wären.

119

Schicksal des Christentums. – Das Christentum entstand, um das Herz zu erleichtern; aber jetzt muß es das Herz erst beschweren, um es nachher erleichtern zu können. Folglich wird es zugrunde gehen.

120

Der Beweis der Lust. – Die angenehme Meinung wird als wahr angenommen: dies ist der Beweis der Lust (oder, wie die Kirche sagt, der Beweis der Kraft), auf welchen alle Religionen so stolz sind, während sie sich dessen doch schämen sollten. Wenn der Glaube nicht selig machte, so würde er nicht geglaubt werden: wie wenig wird er also wert sein!

121

Gefährliches Spiel. – Wer jetzt der religiösen Empfindung wieder in sich Raum gibt, der muß sie dann auch wachsen lassen, er kann nicht anders. Da verändert sich allmählich sein Wesen, es bevorzugt das dem religiösen Element Anhängende, Benachbarte, der ganze Umkreis des Urteilens und Empfindens wird umwölkt, mit religiösen Schatten überflogen. Die Empfindung kann nicht stillstehen; man nehme sich also in acht.

122

Die blinden Schüler. – Solange einer sehr gut die Stärke und Schwäche seiner Lehre, seiner Kunstart, seiner Religion kennt, ist deren Kraft noch gering. Der Schüler und Apostel, welcher für die Schwächen der Lehre, der Religion und so weiter kein Auge hat, geblendet durch das Ansehen des Meisters und durch seine Pietät gegen ihn, hat deshalb gewöhnlich mehr Macht als der Meister. Ohne die blinden Schüler ist noch nie der Einfluß eines Mannes und seines Werkes groß geworden. Einer Erkenntnis zum Siege verhelfen heißt oft nur: sie so mit der Dummheit verschwistern, daß das Schwergewicht der letzteren auch den Sieg für die erstere erzwingt.

123

Abbruch der Kirchen. – Es ist nicht genug an Religion in der Welt, um die Religionen auch nur zu vernichten.

124

Sündlosigkeit des Menschen. – Hat man begriffen, wie »die Sünde in die Welt gekommen« ist, nämlich durch Irrtümer der Vernunft, vermöge deren die Menschen untereinander, ja der einzelne Mensch sich selbst für viel schwärzer und böser nimmt, als es tatsächlich der Fall ist, so wird die ganze Empfindung sehr erleichtert, und Menschen und Welt erscheinen mitunter in einer Glorie von Harmlosigkeit, daß es einem von Grund aus wohl dabei wird. Der Mensch ist inmitten der Natur immer das Kind an sich. Dies Kind träumt wohl einmal einen schweren beängstigenden

Traum; wenn es aber die Augen aufschlägt, so sieht es sich immer wieder im Paradiese.

125

Irreligiosität der Künstler. – Homer ist unter seinen Göttern so zu Hause und hat als Dichter ein solches Behagen an ihnen, daß er jedenfalls tief unreligiös gewesen sein muß; mit dem, was der Volksglaube ihm entgegenbrachte – einen dürftigen, rohen, zum Teil schauerlichen Aberglauben –, verkehrte er so frei, wie der Bildhauer mit seinem Ton, also mit derselben Unbefangenheit, welche Äschylus und Aristophanes besaßen und durch welche sich in neuerer Zeit die großen Künstler der Renaissance sowie Shakespeare und Goethe auszeichneten.

126

Kunst und Kraft der falschen Interpretation. – Alle die Visionen, Schrecken, Ermattungen, Entzückungen des Heiligen sind bekannte Krankheitszustände, welche von ihm auf Grund eingewurzelter religiöser und psychologischer Irrtümer nur ganz anders, nämlich nicht als Krankheiten *gedeutet* werden. – So ist vielleicht auch das Dämonion des Sokrates ein Ohrenleiden, das er sich gemäß seiner herrschenden moralischen Denkungsart nur anders, als es jetzt geschehen würde, *auslegt.* Nicht anders steht es mit dem Wahnsinn und Wahnreden der Propheten und Orakelpriester; es ist immer der Grad von Wissen, Phantasie, Bestrebung, Moralität in Kopf und Herz der *Interpreten,* welcher daraus so viel *gemacht* hat. Zu den größten Wirkungen *der* Menschen, welche man Genies und Heilige nennt, gehört es, daß sie sich Interpreten erzwingen, welche sie zum Heile der Menschheit *mißverstehen.*

127

Verehrung des Wahnsinns. – Weil man bemerkte, daß eine Erregung häufig den Kopf heller machte und glückliche Einfälle hervorrief, so meinte man, durch die höchsten Erregungen werde man der glücklichsten Einfälle und Eingebungen teilhaftig: und so verehrte man den Wahnsinnigen als den Weisen und Orakelgebenden. Hier liegt ein falscher Schluß zugrunde.

128

Verheißungen der Wissenschaft. – Die moderne Wissenschaft hat als Ziel: so wenig Schmerz wie möglich, so lange leben wie möglich – also eine Art von ewiger Seligkeit, freilich eine sehr bescheidene im Vergleich mit den Verheißungen der Religionen.

129

Verbotene Freigebigkeit. – Es ist nicht genug Liebe und Güte in der Welt, um noch davon an eingebildete Wesen wegschenken zu dürfen.

130

Fortleben des religiösen Kultus im Gemüt. – Die katholische Kirche, und vor ihr aller antike Kultus, beherrschte das ganze Bereich von Mitteln, durch welche der Mensch in ungewöhnliche Stimmungen versetzt wird und der kalten Berechnung des Vorteils oder dem reinen Vernunft-Denken entrissen wird. Eine durch tiefe Töne erzitternde Kirche, dumpfe, regelmäßige, zurückhaltende Anrufe einer priesterlichen Schar, welche ihre Spannung unwillkürlich auf die Gemeinde überträgt und sie fast angstvoll lauschen läßt, wie als wenn eben ein Wunder sich vorbereitete, der Anhauch der Architektur, welche als Wohnung einer Gottheit sich ins Unbestimmte ausreckt und in allen dunklen Räumen das Sich-Regen derselben fürchten läßt, – wer wollte solche Vorgänge den Menschen zurückbringen, wenn die Voraussetzungen dazu nicht mehr geglaubt werden? Aber die *Resultate* von dem allen sind trotzdem nicht verloren: die innere Welt der erhabenen, gerührten, ahnungsvollen, tiefzerknirschten, hoffnungsseligen

Stimmungen ist den Menschen vornehmlich durch den Kultus eingeboren worden; was jetzt davon in der Seele existiert, wurde damals, als er keimte, wuchs und blühte, großgezüchtet.

131

Religiöse Nachwehen. – Glaubt man sich noch so sehr der Religion entwöhnt zu haben, so ist es doch nicht in dem Grade geschehen, daß man nicht Freude hätte, religiösen Empfindungen und Stimmungen ohne begrifflichen Inhalt zu begegnen, zum Beispiel in der Musik; und wenn eine Philosophie uns die Berechtigung von metaphysischen Hoffnungen, von dem dorther zu erlangenden tiefen Frieden der Seele aufzeigt und zum Beispiel von »dem ganzen sicheren Evangelium im Blick der Madonnen bei Raffael« spricht, so kommen wir solchen Aussprüchen und Darlegungen mit besonders herzlicher Stimmung entgegen: der Philosoph hat es hier leichter, zu beweisen, er entspricht mit dem, was er geben will, einem Herzen, welches gern nehmen will. Daran bemerkt man, wie die weniger bedachtsamen Freigeister eigentlich nur an den Dogmen Anstoß nehmen, aber recht wohl den Zauber der religiösen Empfindung kennen; es tut ihnen wehe, letztere fahren zu lassen, um der ersteren willen. – Die wissenschaftliche Philosophie muß sehr auf der Hut sein, nicht auf Grund jenes Bedürfnisses eines gewordenen und folglich auch vergänglichen Bedürfnisses – Irrtümer einzuschmuggeln: selbst Logiker sprechen von »Ahnungen« der Wahrheit in Moral und Kunst (zum Beispiel von der Ahnung, »daß das Wesen der Dinge *eins* ist«): was ihnen doch verboten sein sollte. Zwischen den sorgsam erschlossenen Wahrheiten und solchen »geahnten« Dingen bleibt unüberbrückbar die Kluft, daß jene dem Intellekt, diese dem Bedürfnis verdankt werden. Der Hunger beweist nicht, daß es zu seiner Sättigung eine Speise *gibt,* aber er wünscht die Speise. »Ahnen« bedeutet nicht das Dasein einer Sache in irgend einem Grade erkennen, sondern dasselbe für möglich halten, insofern man sie wünscht oder fürchtet; die »Ahnung« trägt keinen Schritt weit ins Land der Gewißheit. – Man glaubt unwillkürlich, die religiös gefärbten Abschnitte einer Philosophie seien besser bewiesen als die anderen; aber es ist im Grunde umgekehrt, man hat nur den inneren Wunsch, daß es so sein *möge,* – also daß das Beseligende auch das Wahre sei. Dieser Wunsch verleitet uns, schlechte Gründe als gute einzukaufen.

132

Von dem christlichen Erlösungsbedürfnis. – Bei sorgsamer Überlegung muß es möglich sein, dem Vorgang in der Seele eines Christen, welchen man Erlösungsbedürfnis nennt, eine Erklärung abzugewinnen, die frei von Mythologie ist: also eine rein psychologische. Bis jetzt sind freilich die psychologischen Erklärungen religiöser Zustände und Vorgänge in einigem Verrufe gewesen, insoweit eine sich frei nennende Theologie auf diesem Gebiete ihr unersprießliches Wesen trieb: denn bei ihr war es von vornherein, so wie es der Geist ihres Stifters, Schleiermachers, vermuten läßt, auf die Erhaltung der christlichen Religion und das Fortbestehen der christlichen Theologie abgesehn; als welche in der psychologischen Analyse der religiösen »Tatsachen« einen neuen Ankergrund und vor allem eine neue Beschäftigung gewinnen sollten. Unbeirrt von solchen Vorgängern wagen wir folgende Auslegung des bezeichneten Phänomens. – Der Mensch ist sich gewisser Handlungen bewußt, welche in der gebräuchlichen Rangordnung der Handlungen tief stehen, ja er entdeckt in sich einen Hang zu dergleichen Handlungen, der ihm fast so unveränderlich wie sein ganzes Wesen erscheint. Wie gern versuchte er sich in jener andern Gattung von Handlungen, welche in der allgemeinen Schätzung als die obersten und höchsten anerkannt sind, wie gern fühlte er sich voll des guten Bewußtseins, welches einer selbstlosen Denkweise folgen soll! Leider aber bleibt es eben bei diesem Wunsche: die Unzufriedenheit darüber, demselben nicht genügen zu können, kommt zu allen übrigen Arten von Unzufriedenheit hinzu, welche sein Lebenslos überhaupt oder die Folgen jener böse genannten Handlungen in ihm erregt haben; so daß eine tiefe Verstimmung entsteht mit dem Ausblick nach einem Arztes, der diese und alle ihre Ursachen zu heben vermöchte. – Dieser Zustand würde nicht so bitter empfunden werden, wenn der Mensch sich nur mit anderen Menschen unbefangen vergliche: dann nämlich hätte er keinen Grund, mit sich in einem besonderen Maße unzufrieden zu sein, er trüge eben nur an der allgemeinen Last der menschlichen Unbefriedigung und Unvollkommenheit. Aber er vergleicht sich mit einem Wesen, welches allein jener Handlungen fähig ist, die unegoistisch genannt werden, und im fortwährenden Bewußtsein einer selbstlosen Denkweise lebt, mit Gott; dadurch, daß er in diesen hellen Spiegel schaut, erscheint ihm sein Wesen so trübe, so ungewöhnlich verzerrt. Sodann ängstigt ihn der Gedanke an dasselbe Wesen, insofern dieses als strafende Gerechtigkeit vor seiner Phantasie schwebt: in allen möglichen kleinen und großen Erlebnissen glaubt er seinen Zorn, seine Drohungen zu erkennen, ja die Geißelschläge seines Richter- und Henkertums schon vorzuempfinden. Wer hilft ihm in dieser Gefahr, welche durch den Hinblick auf eine unermeßliche Zeitdauer der Strafe an Gräßlichkeit alle anderen Schrecknisse der Vorstellung überbietet?

133

Bevor wir diesen Zustand in seinen weiteren Folgen uns vorlegen, wollen wir uns doch eingestehen, daß der Mensch in diesen Zustand nicht durch seine »Schuld« und »Sünde«, sondern durch eine Reihe von Irrtümern der Vernunft geraten ist, daß es der Fehler des Spiegels war, wenn ihm sein Wesen in jenem Grade dunkel und hassenswert vorkam, und daß jener Spiegel *sein* Werk, das sehr unvollkommene Werk der menschlichen Phantasie und Urteilskraft war. Erstens ist ein Wesen, welches einzig rein unegoistischer Handlungen fähig wäre, noch fabelhafter als der Vogel Phönix; es ist deutlich nicht einmal vorzustellen, schon deshalb, weil der ganze Begriff »unegoistische Handlung« bei strenger Untersuchung in die Luft verstiebt. Nie hat ein Mensch etwas getan, das allein für andere und ohne jeden persönlichen Beweggrund getan wäre; ja wie sollte er etwas tun *können,* das ohne Bezug zu ihm wäre, also ohne innere Nötigung (welche ihren Grund doch in einem persönlichen Bedürfnis haben müßte)? Wie vermöchte das ego ohne ego zu handeln? – Ein Gott, der dagegen *ganz* Liebe ist, wie gelegentlich angenommen wird, wäre keiner einzigen unegoistischen Handlung fähig: wobei man sich an einen Gedanken Lichtenbergs, der freilich einer etwas niedrigeren Sphäre entnommen ist, erinnern sollte: »Wir können unmöglich für andere *fühlen,* wie man zu sagen pflegt; wir fühlen nur für uns. Der Satz klingt hart, er ist es aber nicht, wenn er nur recht verstanden wird. Man liebt weder Vater, noch Mutter, noch Frau, noch Kind, sondern die angenehmen Empfindungen, die sie uns machen«, oder wie Larochefoucauld sagt: »si on croit aimer sa maîtresse pour l'amour d'elle, on est bien trompé.« Weshalb Handlungen der Liebe höher *geschätzt* werden als andere, nämlich nicht ihres Wesens, sondern ihrer *Nützlichkeit* halber, darüber vergleiche man die schon vorher erwähnten Untersuchungen »über den Ursprung der moralischen Empfindungen«. Sollte aber ein Mensch wünschen, ganz wie jener Gott Liebe zu sein, alles für andre, nichts für sich zu tun, zu wollen, so ist letzteres schon deshalb unmöglich, weil er *sehr viel* für sich tun muß, um überhaupt anderen etwas zuliebe tun zu können. Sodann setzt es voraus, daß der andre Egoist genug ist, um jene Opfer, jenes Leben für ihn, immer und immer wieder anzunehmen: so daß die Menschen der Liebe und Aufopferung ein Interesse an dem Fortbestehen der lieblosen und aufopferungsunfähigen Egoisten haben, und die höchste Moralität, um bestehn zu können, förmlich die Existenz der Unmoralität *erzwingen* müßte (wodurch sie sich freilich selber aufheben würde). – Weiter: die Vorstellung eines Gottes beunruhigt und demütigt so lange, als sie geglaubt wird, aber wie sie *entstanden* ist, darüber kann bei dem jetzigen Stande der völkervergleichenden Wissenschaft kein Zweifel mehr sein; und mit der Einsicht in diese Entstehung fällt jener Glaube dahin. Es geht dem Christen, welcher sein Wesen mit dem Gottes vergleicht, so wie dem Don Quixote, der seine eigene Tapferkeit unterschätzt, weil er die Wundertaten der Helden aus den Ritterromanen im Kopfe hat: der Maßstab, mit welchem in beiden Fällen gemessen wird, gehört ins Reich der Fabel. Fällt aber die Vorstellung Gottes weg, so auch das Gefühl der »Sünde« als eines Vergehens gegen göttliche Vorschriften, als eines Fleckens an einem gottgeweihten Geschöpfe. Dann bleibt wahrscheinlich noch jener Unmut übrig, welcher mit der Furcht vor Strafen der weltlichen Gerechtigkeit oder vor der Mißachtung der Menschen sehr verwachsen und verwandt ist; der Unmut der Gewissensbisse, der schärfste Stachel im Gefühl der Sünde, ist immerhin abgebrochen, wenn man einsieht, daß man sich durch seine Handlungen wohl gegen menschliches Herkommen, menschliche Satzungen und Ordnungen vergangen habe, aber damit noch nicht das »ewige Heil der Seele« und ihre Beziehung zur Gottheit gefährdet habe. Gelingt es dem Menschen zuletzt noch, die philosophische Überzeugung von der unbedingten Notwendigkeit aller Handlungen und ihrer völligen Unverantwortlichkeit zu gewinnen und in Fleisch und Blut aufzunehmen, so verschwindet auch jener Rest von Gewissensbissen.

134

Ist nun der Christ, wie gesagt, durch einige Irrtümer in das Gefühl der Selbstverachtung geraten, also durch eine falsche, unwissenschaftliche Auslegung seiner Handlungen und Empfindungen, so muß er mit höchstem Erstaunen bemerken, wie jener Zustand der Verachtung, der Gewissensbisse, der Unlust überhaupt, nicht anhält, wie gelegentlich Stunden kommen, wo ihm dies alles von der Seele weggeweht ist und er sich wieder frei und mutig fühlt. In Wahrheit hat die Lust an sich selber, das Wohlbehagen an der eigenen Kraft, im Bunde mit der notwendigen Abschwächung jeder tiefen Erregung den Sieg davongetragen: der Mensch liebt sich wieder, er fühlt es, – aber gerade diese Liebe, diese neue Selbstschätzung kommt ihm unglaublich vor, er kann in ihr allein das gänzlich unverdiente Herabströmen eines Gnadenglanzes von oben sehen. Wenn er früher in allen Begebnissen Warnungen, Drohungen, Strafen und jede Art von Anzeichen des göttlichen Zornes zu erblicken glaubte, so *deutet* er jetzt in seine Erfahrungen die göttliche Güte hinein: dies Ereignis kommt ihm liebevoll, jenes wie ein hilfreicher Fingerzeig, ein drittes und namentlich seine ganze freudige Stimmung als Beweis vor, daß Gott gnädig sei. Wie er früher im Zustande des Unmutes namentlich seine Handlungen falsch ausdeutete, so jetzt namentlich seine Erlebnisse; die getröstete Stimmung faßt er als Wirkung einer außer ihm waltenden Macht auf, die Liebe, mit der er sich im Grunde selbst liebt, erscheint als göttliche Liebe; das, was er Gnade und Vorspiel der Erlösung nennt, ist in Wahrheit Selbstbegnadigung, Selbsterlösung.

135

Also: eine bestimmte falsche Psychologie, eine gewisse Art von Phantastik in der Ausdeutung der Motive und Erlebnisse ist die notwendige Voraussetzung davon, daß einer zum Christen werde und das Bedürfnis der Erlösung empfinde. Mit der Einsicht in diese Verirrung der Vernunft und Phantasie hört man auf, Christ zu sein.

136

Von der christlichen Askese und Heiligkeit. – So sehr einzelne Denker sich bemüht haben, in den seltenen Erscheinungen der Moralität, welche man Askese und Heiligkeit zu nennen pflegt, ein

Wunderding hinzustellen, dem die Leuchte einer vernünftigen Erklärung ins Gesicht zu halten beinahe schon Frevel und Entweihung sei: so stark ist hinwiederum die Verführung zu diesem Frevel. Ein mächtiger Antrieb der *Natur* hat zu allen Zeiten dazu geführt, gegen jene Erscheinungen überhaupt zu protestieren; die Wissenschaft, insofern sie, wie gesagt, eine Nachahmung der Natur ist, erlaubt sich wenigstens gegen die behauptete Unerklärbarkeit, ja Unnahbarkeit derselben Einsprache zu erheben. Freilich gelang es ihr bis jetzt nicht: jene Erscheinungen sind immer noch unerklärt, zum großen Vergnügen der erwähnten Verehrer des Moralisch-Wunderbaren. Denn, allgemein gesprochen: das Unerklärte soll durchaus unerklärlich, das Unerklärliche durchaus unnatürlich, übernatürlich, wunderhaft sein – so lautet die Forderung in den Seelen aller Religiösen und Metaphysiker (auch der Künstler, falls sie zugleich Denker sind); während der wissenschaftliche Mensch in dieser Forderung das »böse Prinzip« sieht. – Die allgemeine erste Wahrscheinlichkeit, auf welche man bei Betrachtung von Heiligkeit und Askese zuerst gerät, ist diese, daß ihre Natur eine *komplizierte* ist: denn fast überall, innerhalb der physischen Welt sowohl wie in der moralischen, hat man mit Glück das angeblich Wunderbare auf das Komplizierte, mehrfach Bedingte zurückgeführt. Wagen wir es also, einzelne Antriebe in der Seele der Heiligen und Asketen zunächst zu isolieren und zum Schluß sie uns ineinander verwachsen zu denken.

137

Es gibt *einen Trotz gegen sich selbst,* zu dessen sublimiertesten Äußerungen manche Formen der Askese gehören. Gewisse Menschen haben nämlich ein so hohes Bedürfnis, ihre Gewalt und Herrschsucht auszuüben, daß sie, in Ermangelung anderer Objekte oder weil es ihnen sonst immer mißlungen ist, endlich darauf verfallen, gewisse Teile ihres eigenen Wesens, gleichsam Ausschnitte oder Stufen ihrer selbst, zu tyrannisieren. So bekennt sich mancher Denker zu Ansichten, welche ersichtlich nicht dazu dienen, seinen Ruf zu vermehren oder zu verbessern; mancher beschwört förmlich die Mißachtung anderer auf sich herab, während er es leicht hätte, durch Stillschweigen ein geachteter Mann zu bleiben; andere widerrufen frühere Meinungen und scheuen es nicht, fürderhin inkonsequent genannt zu werden: im Gegenteil, sie bemühen sich darum und benehmen sich wie übermütige Reiter, welche das Pferd, erst wenn es wild geworden, mit Schweiß bedeckt, scheu geworden ist, am liebsten mögen. So steigt der Mensch auf gefährlichen Wegen in die höchsten Gebirge, um über seine Ängstlichkeit und seine schlotternden Knie Hohn zu lachen; so bekennt sich der Philosoph zu Ansichten der Askese, Demut und Heiligkeit, in deren Glanze sein eigenes Bild auf das ärgste verhäßlicht wird. Dieses Zerbrechen seiner selbst, dieser Spott über die eigene Natur, dieses *spernere se sperni*, aus dem die Religionen soviel gemacht haben, ist eigentlich ein sehr hoher Grad der Eitelkeit. Die ganze Moral der Bergpredigt gehört hierher: der Mensch hat eine wahre Wollust darin, sich durch übertriebene Ansprüche zu vergewaltigen und dieses tyrannisch fordernde Etwas in seiner Seele nachher zu vergöttern. In jeder asketischen Moral betet der Mensch einen Teil von sich als Gott an und hat dazu nötig, den übrigen Teil zu diabolisieren. –

138

Der Mensch ist nicht zu allen Stunden gleich moralisch, dies ist bekannt: beurteilt man seine Moralität nach der Fähigkeit zu großer aufopfernder Entschließung und Selbstverleugnung (welche, dauernd und zur Gewohnheit geworden, Heiligkeit ist), so ist er im *Affekt* am moralischsten; die höhere Erregung reicht ihm ganz neue Motive dar, welcher er, nüchtern und kalt wie sonst, vielleicht nicht einmal fähig zu sein glaubte. Wie kommt dies? Wahrscheinlich aus der Nachbarschaft alles Großen und Hocherregenden; ist der Mensch einmal in eine außerordentliche Spannung gebracht, so kann er ebensowohl zu einer furchtbaren Rache, als zu einer furchtbaren Brechung seines Rachebedürfnisses sich entschließen. Er will unter dem Einflusse der gewaltigen Emotion jedenfalls das Große, Gewaltige, Ungeheure, und wenn er zufällig merkt, daß ihm die Aufopferung seiner selbst ebenso oder noch mehr genugtut, als die Opferung des anderen, so wählt er sie. Eigentlich liegt ihm also nur an der Entladung seiner Emotion: da faßt er wohl, um seine Spannung zu erleichtern, die Speere der Feinde zusammen und begräbt sie in seine Brust. Daß in der Selbstverleugnung, und nicht nur in der Rache, etwas Großes liege, mußte der Menschheit erst in langer Gewöhnung anerzogen werden: eine Gottheit, welche sich selbst opfert, war das stärkste, wirkungsvollste Symbol dieser Art von Größe. Als die Besiegung des schwerst zu besiegenden Feindes, die plötzliche Bemeisterung eines Affektes – als dies *erscheint* diese Verleugnung; und insofern gilt sie als der Gipfel des Moralischen. In Wahrheit handelt es sich bei ihr um die Vertauschung der einen Vorstellung mit der andern, während das Gemüt seine gleiche Höhe, seinen gleichen Flutstand behält. Ernüchterte, vom Affekt ausruhende Menschen verstehen die Moralität jener Augenblicke nicht mehr, aber die Bewunderung aller, die jene miterlebten, hält sie aufrecht; der Stolz ist ihr Trost, wenn der Affekt und das Verständnis ihrer Tat weicht. Also: im Grunde sind auch jene Handlungen der Selbstverleugnung nicht moralisch, insofern sie nicht streng in Hinsicht auf andere getan sind; vielmehr gibt der andere dem hochgespannten Gemüte nur eine Gelegenheit, sich zu erleichtern durch jene Verleugnung.

139

In mancher Hinsicht sucht sich auch der Asket das Leben leichter zu machen: und zwar gewöhnlich durch die vollkommene Unterordnung unter einen fremden Willen oder unter ein umfängliches Gesetz und Ritual; etwa in der Art, wie der Brahmane durchaus nichts seiner eigenen Bestimmung überläßt und sich in jeder Minute durch eine heilige Vorschrift bestimmt. Diese Unterordnung ist ein mächtiges Mittel, um über sich Herr zu werden; man ist beschäftigt, also ohne Langeweile, und hat doch keine Anregung des Eigenwillens und der Leidenschaft dabei; nach vollbrachter Tat fehlt das Gefühl der Verantwortung und damit die Qual der Reue. Man hat ein für allemal auf eigenen Willen verzichtet, und dies ist leichter, als nur gelegentlich einmal zu verzichten; so wie es auch leichter ist, einer Begierde ganz zu entsagen, als in ihr Maß zu halten. Wenn wir uns der jetzigen Stellung des Mannes zum Staate erinnern, so finden wir auch da, daß der unbedingte Gehorsam bequemer ist als der bedingte. Der Heilige also erleichtert sich durch jenes völlige Aufgeben der Persönlichkeit sein Leben, und man täuscht sich, wenn man in jenem Phänomen das höchste Heldenstück der Moralität bewundert. Es ist in jedem Falle schwerer, seine Persönlichkeit ohne Schwanken und Unklarheit durchzusetzen, als sich von ihr in der erwähnten Weise zu lösen; überdies verlangt es viel mehr Geist und Nachdenken.

140

Nachdem ich in vielen der schwerer erklärbaren Handlungen Äußerungen jener Lust an der *Emotion an sich* gefunden habe, möchte ich auch in betreff der Selbstverachtung, welche zu den Merkmalen der Heiligkeit gehört, und ebenso in den Handlungen der Selbstquälerei (durch Hunger und Geißelschläge, Verrenkungen der Glieder, Erheuchelung des Wahnsinns) ein Mittel erkennen, durch welches jene Naturen gegen die allgemeine Ermüdung ihres Lebenswillens (ihrer Nerven) ankämpfen: sie bedienen sich der schmerzhaftesten Reizmittel und Grausamkeiten, um für Zeiten wenigstens aus jener Dumpfheit und Langenweile aufzutauchen, in welche ihre große geistige Indolenz und jene geschilderte Unterordnung unter einen fremden Willen sie so häufig verfallen läßt.

141

Das gewöhnlichste Mittel, welches der Asket und Heilige anwendet, um sich das Leben doch noch erträglich und unterhaltend zu machen, besteht in gelegentlichem Kriegführen und in dem Wechsel von Sieg und Niederlage. Dazu braucht er einen Gegner und findet ihn in dem sogenannten »inneren Feinde«. Namentlich nützt er seinen Hang zur Eitelkeit, Ehr- und Herrschsucht, sodann seine sinnlichen Begierden aus, um sein Leben wie eine fortgesetzte Schlacht und sich wie ein Schlachtfeld ansehen zu dürfen, auf dem gute und böse Geister mit wechselndem Erfolge ringen. Bekanntlich wird die sinnliche Phantasie durch die Regelmäßigkeit des geschlechtlichen Verkehrs gemäßigt, ja fast unterdrückt, umgekehrt durch Enthaltsamkeit oder Unordnung im Verkehre entfesselt und wüst. Die Phantasie vieler christlichen Heiligen war in ungewöhnlichem Maße schmutzig; vermöge jener Theorie, daß diese Begierden wirkliche Dämonen seien, die in ihnen wüteten, fühlten sie sich nicht allzusehr verantwortlich dabei; diesem Gefühle verdanken wir die so belehrende Aufrichtigkeit ihrer Selbstzeugnisse. Es war in ihrem Interesse, daß dieser Kampf in irgend einem Grade immer unterhalten wurde, weil durch ihn, wie gesagt, ihr ödes Leben unterhaltend wurde. Damit der Kampf aber wichtig genug erscheine, um andauernde Teilnahme und Bewunderung bei den Nicht-Heiligen zu erregen, mußte die Sinnlichkeit immer mehr verketzert und gebrandmarkt werden, ja die Gefahr ewiger Verdammnis wurde so eng an diese Dinge geknüpft, daß höchstwahrscheinlich durch ganze Zeitalter hindurch die Christen mit bösem Gewissen Kinder zeugten; wodurch gewiß der Menschheit ein großer Schaden angetan worden ist. Und doch steht hier die Wahrheit ganz auf dem Kopfe: was für die Wahrheit besonders unschicklich ist. Zwar hatte das Christentum gesagt: jeder Mensch sei in Sünden empfangen und geboren, und im unausstehlichen Superlativ Christentum des Calderon hatte sich dieser Gedanke noch einmal zusam-

mengeknotet und verschlungen, so daß er die verdrehteste Paradoxie wagte, die es gibt, in dem bekannten Verse:

> die größte Schuld des Menschen
> ist, daß er geboren ward.

In allen pessimistischen Religionen wird der Zeugungsakt als
schlecht an sich empfunden, aber keineswegs ist diese Empfindung eine allgemein menschliche, selbst nicht einmal das Urteil
aller Pessimisten ist sich hierin gleich. Empedokles zum Beispiel
weiß gar nichts vom Beschämenden, Teuflischen, Sündhaften in
allen erotischen Dingen; er sieht vielmehr auf der großen Wiese
des Unheils nur eine einzige heil- und hoffnungsvolle Erscheinung, die Aphrodite; sie gilt ihm als Bürgschaft, daß der Streit
nicht ewig herrschen, sondern einem milderen Dämon einmal
das Szepter überreichen werde. Die christlichen Pessimisten der
Praxis hatten, wie gesagt, ein Interesse daran, daß eine andere
Meinung in der Herrschaft blieb; sie brauchten für die Einsamkeit und die geistige Wüstenei ihres Lebens einen immer lebendigen Feind: und einen allgemein anerkannten Feind, durch dessen Bekämpfung und Überwältigung sie dem Nicht-Heiligen
sich immer von neuem wieder als halb unbegreifliche, übernа-
türliche Wesen darstellten. Wenn dieser Feind endlich, infolge ihrer Lebensweise und ihrer zerstörten Gesundheit, die Flucht für
immer ergriff, so verstanden sie es sofort, ihr Inneres mit neuen
Dämonen bevölkert zu *sehen*. Das Auf- und Niederschwanken
der Wagschalen Hochmut und Demut unterhielt ihre grübelnden Köpfe so gut wie der Wechsel von Begierde und Seelenruhe. Damals diente die Psychologie dazu, alles Menschliche nicht
nur zu verdächtigen, sondern zu lästern, zu geißeln, zu kreuzigen: man *wollte* sich möglichst schlecht und böse finden, man
suchte die Angst um das Heil der Seele, die Verzweiflung an der
eignen Kraft. Alles Natürliche, an welches der Mensch die Vorstellung des Schlechten, Sündhaften anhängt (wie er es zum Bei-

spiel noch jetzt in betreff des Erotischen gewöhnt ist), belästigt, verdüstert die Phantasie, gibt einen scheuen Blick, läßt den Menschen mit sich selber hadern und macht ihn unsicher und vertrauenslos; selbst seine Träume bekommen einen Beigeschmack des gequälten Gewissens. Und doch ist dieses Leiden am Natürlichen in der Realität der Dinge völlig unbegründet: es ist nur die Folge von Meinungen *über* die Dinge. Man erkennt leicht, wie die Menschen dadurch schlechter werden, daß sie das Unvermeidlich-Natürliche als schlecht bezeichnen und später immer als so beschaffen empfinden. Es ist der Kunstgriff der Religion und jener Metaphysiker, welche den Menschen als böse und sündhaft von Natur wollen, ihm die Natur zu verdächtigen und so ihn selber schlecht zu *machen:* denn so lernt er sich als schlecht empfinden, da er das Kleid der Natur nicht ausziehen kann. Allmählich fühlt er sich, bei einem langen Leben im Natürlichen, von einer solchen Last von Sünden bedrückt, daß übernatürliche Mächte nötig werden, um diese Last heben zu können: und damit ist das schon besprochene Erlösungsbedürfnis auf den Schauplatz getreten, welches gar keiner wirklichen, sondern nur einer eingebildeten Sündhaftigkeit entspricht. Man gehe die einzelnen moralischen Aufstellungen der Urkunden des Christentums durch und man wird überall finden, daß die Anforderungen überspannt sind, damit der Mensch ihnen nicht genügen *könne:* die Absicht ist nicht, daß er moralischer *werde,* sondern daß er sich möglichst *sündhaft* fühle. Wenn dem Menschen dies Gefühl nicht *angenehm* gewesen wäre, – wozu hätte er eine solche Vorstellung erzeugt und sich so lange an sie gehängt? Wie in der antiken Welt eine unermeßliche Kraft von Geist und Erfindungsgabe verwendet worden ist, um die Freude am Leben durch festliche Kulte zu mehren: so ist in der Zeit des Christentums ebenfalls unermeßlich viel Geist einem anderen Streben geopfert worden: der Mensch sollte auf alle Weise sich sündhaft fühlen und dadurch überhaupt erregt, belebt, beseelt werden. Erregen, beleben, beseelen, um jeden Preis – ist das nicht das Losungswort einer erschlafften, überreifen, überkultivierten Zeit? Der Kreis aller natürlichen Empfindungen war hundertmal durchlaufen, die Seele war ihrer müde geworden: da erfanden der Heilige und der Asket eine neue Gattung von Lebensreizen. Sie stellten sich vor aller Augen hin, nicht eigentlich zur Nachahmung für viele, sondern als schauderhaftes und doch entzückendes Schauspiel, welches an jenen Grenzen zwischen Welt und Überwelt aufgeführt werde, wo jedermann damals bald himmlische Lichtblicke, bald unheimliche, aus der Tiefe lodernde Flammenzungen zu erblicken glaubte. Das Auge des Heiligen, hingerichtet auf die in jedem Betracht furchtbare Bedeutung des kurzen Erdenlebens, auf die Nähe der letzten Entscheidung über endlose neue Lebensstrecken, dies verkohlende Auge in einem halb vernichteten Leibe machte die Menschen der alten Welt bis in alle Tiefen erzittern; hinblicken, schaudernd wegblicken, von neuem den Reiz des Schauspiels spüren, ihm nachgeben, sich an ihm ersättigen, bis die Seele in Glut und Fieberfrost erbebt, – das war die letzte *Lust, welche das Altertum erfand,* nachdem es selbst gegen den Anblick von Tier- und Menschenkämpfen stumpf geworden war.

142

Um das Gesagte zusammenzufassen: jener Seelenzustand, dessen sich der Heilige oder Heiligwerdende erfreut, setzt sich aus Elementen zusammen, welche wir alle recht wohl kennen, nur daß sie sich, unter dem Einfluß anderer als religiöser Vorstellungen, anders gefärbt zeigen und dann den Tadel der Menschen ebenso stark zu erfahren pflegen, wie sie, in jener Verbrämung mit Religion und letzter Bedeutsamkeit des Daseins, auf Bewunderung, ja Anbetung rechnen dürfen, – mindestens in früheren Zeiten rechnen durften. Bald übt der Heilige jenen Trotz gegen sich selbst, der ein naher Verwandter der Herrschsucht ist und auch dem Einsamsten noch das Gefühl der Macht gibt; bald springt seine angeschwellte Empfindung aus dem Verlangen, seine Leidenschaften dahinschießen zu lassen, über in das Verlangen, sie wie wilde Rosse zusammenstürzen zu machen, unter dem mächtigen Druck einer stolzen Seele; bald will er ein völliges Aufhören aller störenden, quälenden, reizenden Empfindungen, einen wachen Schlaf, ein dauerndes Ausruhen im Schoße einer dumpfen, tier- und pflanzenhaften Indolenz; bald sucht er den Kampf und entzündet ihn in sich, weil ihm die Langeweile ihr gähnendes Gesicht entgegenhält: er geißelt seine Selbstvergötterung mit Selbstverachtung und Grausamkeit, er freut sich an dem wilden Aufruhr seiner Begierden, an dem scharfen Schmerz der Sünde, ja an der Vorstellung des Verlorenseins; er versteht es, seinem Affekt, zum Beispiel dem der äußersten Herrschsucht, einen Fallstrick zu legen, so daß er in den der äußersten Erniedrigung übergeht und seine aufgehetzte Seele durch diesen Kontrast aus allen Fugen gerissen wird; und zuletzt, wenn es ihn gar nach Visionen, Gesprächen mit Toten oder göttlichen Wesen gelüstet, so ist es im Grunde eine seltene Art von Wollust, welche er begehrt, aber vielleicht jene Wollust, in der alle anderen in einen Knoten zusammengeschlungen sind. Novalis, eine der Autoritäten in Fragen der Heiligkeit durch Erfahrung und Instinkt, spricht das ganze Geheimnis einmal mit naiver Freude aus: »Es ist wunderbar genug, daß nicht längst die Assoziation von Wollust, Religion und Grausamkeit die Menschen aufmerksam auf ihre innige Verwandtschaft und gemeinschaftliche Tendenz gemacht hat.«

143

Nicht das, was der Heilige ist, sondern das, was er in den Augen der Nicht-Heiligen *bedeutet,* gibt ihm seinen welthistorischen Wert. Dadurch, daß man sich über ihn irrte, daß man seine Seelenzustände falsch auslegte und ihn von sich so stark als möglich abtrennte, als etwas durchaus Unvergleichliches und Fremdartig-Übermenschliches: dadurch gewann er die außerordentliche

Kraft, mit welcher er die Phantasie ganzer Völker, ganzer Zeiten beherrschen konnte. Er selbst kannte sich nicht; er selbst verstand die Schriftzüge seiner Stimmungen, Neigungen, Handlungen nach einer Kunst der Interpretation, welche ebenso überspannt und künstlich war, wie die pneumatische Interpretation der Bibel. Das Verschrobene und Kranke in seiner Natur, mit ihrer Zusammenkoppelung von geistiger Armut, schlechtem Wissen, verdorbener Gesundheit, überreizten Nerven, blieb seinem Blick ebenso wie dem seiner Beschauer verborgen. Er war kein besonders guter Mensch, noch weniger ein besonders weiser Mensch: aber er *bedeutete* etwas, das über menschliches Maß in Güte und Weisheit hinausreiche. Der Glaube an ihn unterstützte den Glauben an Göttliches und Wunderhaftes, an einen religiösen Sinn alles Daseins, an einen bevorstehenden letzten Tag des Gerichtes. In dem abendlichen Glanze einer Weltuntergangs-Sonne, welche über die christlichen Völker hinleuchtete, wuchs die Schattengestalt des Heiligen ins Ungeheure: ja bis zu einer solchen Höhe, daß selbst in unserer Zeit, die nicht mehr an Gott glaubt, es noch Denker gibt, welche an den Heiligen glauben.

144

Es versteht sich von selbst, daß dieser Zeichnung des Heiligen, welche nach dem Durchschnitt der ganzen Gattung entworfen ist, manche Zeichnung entgegengestellt werden kann, welche eine angenehmere Empfindung hervorbringen möchte. Einzelne Ausnahmen jener Gattung heben sich heraus, sei es durch große Milde und Menschenfreundlichkeit, sei es durch den Zauber ungewöhnlicher Tatkraft; andere sind im höchsten Grade anziehend, weil bestimmte Wahnvorstellungen über ihr ganzes Wesen Lichtströme ausgießen: wie es zum Beispiel mit dem berühmten Stifter des Christentums der Fall ist, der sich für den eingebornen Sohn Gottes hielt und deshalb sich sündlos fühlte; so daß er durch eine Einbildung – die man nicht zu hart beurteilen möge, weil das ganze Altertum von Göttersöhnen wimmelt – dasselbe Ziel erreichte, das Gefühl völliger Sündlosigkeit, völliger Unverantwortlichkeit, welches jetzt durch die Wissenschaft jedermann sich erwerben kann. – Ebenfalls habe ich abgesehn von den indischen Heiligen, welche auf einer Zwischenstufe zwischen dem christlichen Heiligen und dem griechischen Philosophen stehen und insofern keinen reinen Typus darstellen; die Erkenntnis, die Wissenschaft – soweit es eine solche gab –, die Erhebung über die anderen Menschen durch die logische Zucht und Schulung des Denkens wurde bei den Buddhisten als ein Kennzeichen der Heiligkeit ebenso gefordert, wie dieselben Eigenschaften in der christlichen Welt, als Kennzeichen der Unheiligkeit, abgelehnt und verketzert werden.

VIERTES HAUPTSTÜCK

AUS DER SEELE DER KÜNSTLER UND SCHRIFTSTELLER

145

Das Vollkommene soll nicht geworden sein. – Wir sind gewöhnt, bei allem Vollkommenen die Frage nach dem Werden zu unterlassen: sondern uns des Gegenwärtigen zu freuen, wie als ob es auf einen Zauberschlag aus dem Boden aufgestiegen sei. Wahrscheinlich stehen wir hier noch unter der Nachwirkung einer uralten mythologischen Empfindung. Es ist uns *beinahe* noch so zumute (zum Beispiel in einem griechischen Tempel wie der von Pästum), als ob eines Morgens ein Gott spielend aus solchen ungeheuren Lasten sein Wohnhaus gebaut habe: andere Male, als ob eine Seele urplötzlich in einen Stein hineingezaubert sei und nun durch ihn reden wolle. Der Künstler weiß, daß sein Werk nur voll wirkt, wenn es den Glauben an eine Improvisation, an eine wundergleiche Plötzlichkeit der Entstehung erregt; und so hilft er wohl dieser Illusion nach und führt jene Elemente der begeisterten Unruhe, der blind greifenden Unordnung, des aufhorchenden Träumens beim Beginn der Schöpfung in die Kunst ein, als Trugmittel, um die Seele des Schauers oder Hörers so zu stimmen, daß sie an das plötzliche Hervorspringen des Vollkommenen glaubt. – Die Wissenschaft der Kunst hat dieser Illusion, wie es sich von selbst versteht, auf das bestimmteste zu widersprechen und die Fehlschlüsse und Verwöhnungen des Intellekts aufzuzeigen, vermöge welcher er dem Künstler in das Netz läuft.

146

Der Wahrheitssinn des Künstlers. – Der Künstler hat in Hinsieht auf das Erkennen der Wahrheiten eine schwächere Moralität als der Denker; er will sich die glänzenden, tiefsinnigen Deutungen des Lebens durchaus nicht nehmen lassen und wehrt sich gegen nüchterne, schlichte Methoden und Resultate. Scheinbar kämpft er für die höhere Würde und Bedeutung des Menschen; in Wahrheit will er die für seine Kunst *wirkungsvollsten* Voraussetzungen nicht aufgeben, also das Phantastische, Mythische, Unsichere, Extreme, den Sinn für das Symbolische, die Überschätzung der Person, den Glauben an etwas Wunderartiges im Genius: er hält also die Fortdauer seiner Art des Schaffens für wichtiger als die wissenschaftliche Hingebung an das Wahre in jeder Gestalt, erscheint diese auch noch so schlicht.

147

Die Kunst als Totenbeschwörerin. – Die Kunst versieht nebenbei die Aufgabe, zu konservieren, auch wohl erloschene, verblichene Vorstellungen ein wenig wieder aufzufärben; sie flicht, wenn sie diese Aufgabe löst, ein Band um verschiedene Zeitalter und macht deren Geister wiederkehren. Zwar ist es nur ein Scheinleben wie über Gräbern, welches hierdurch entsteht, oder wie die Wiederkehr geliebter Toten im Traume: aber wenigstens auf Augenblicke wird die alte Empfindung noch einmal rege und das Herz klopft nach einem sonst vergessenen Takte. Nun muß man wegen dieses allgemeinen Nutzens der Kunst dem Künstler selber es nachsehen, wenn er nicht in den vordersten Reihen der Aufklärung und der fortschreitenden *Vermännlichung* der Menschheit steht: er ist zeitlebens ein Kind oder ein Jüngling geblieben und auf dem Standpunkt zurückgehalten, auf welchem er von seinem Kunsttriebe überfallen wurde; Empfindungen der ersten Lebensstufen stehen aber zugestandenermaßen denen früherer Zeitläufe näher als denen des gegenwärtigen Jahrhunderts.

Unwillkürlich wird es zu seiner Aufgabe, die Menschheit zu ver-kindlichen: dies ist sein Ruhm und seine Begrenztheit.

148

Dichter als Erleichterer des Lebens. – Die Dichter, insofern auch sie das Leben der Menschen erleichtern wollen, wenden den Blick weder von der mühseligen Gegenwart ab oder verhelfen der Ge-genwart durch ein Licht, das sie von der Vergangenheit herstrah-len machen, zu neuen Farben. Um dies zu können, müssen sie selbst in manchen Hinsichten rückwärts gewendete Wesen sein: so daß man sie als Brücken zu ganz fernen Zeiten und Vorstel-lungen, zu absterbenden oder abgestorbenen Religionen und Kulturen gebrauchen kann. Sie sind eigentlich immer und not-wendig *Epigonen.* Es ist freilich von ihren Mitteln zur Erleichte-rung des Lebens einiges Ungünstige zu sagen: sie beschwichtigen und heilen nur vorläufig, nur für den Augenblick; sie halten so-gar die Menschen ab, an einer wirklichen Verbesserung ihrer Zu-stände zu arbeiten, indem sie gerade die Leidenschaft der Unbe-friedigten, welche zur Tat drängen, aufheben und palliativisch entladen.

149

Der langsame Pfeil der Schönheit. – Die edelste Art der Schönheit ist die, welche nicht auf einmal hinreißt, welche nicht stürmische und berauschende Angriffe macht (eine solche erweckt leicht Ekel), sondern jene langsam einsickernde, welche man fast unbe-merkt mit sich fortträgt und die einem im Traum einmal wieder-begegnet, endlich aber, nachdem sie lange mit Bescheidenheit an unserem Herzen gelegen, von uns ganz Besitz nimmt, unser Au-ge mit Tränen, unser Herz mit Sehnsucht füllt. – Wonach sehnen wir uns beim Anblick der Schönheit? Danach, schön zu sein: wir wähnen, es müsse viel Glück damit verbunden sein. – Aber das ist ein Irrtum.

150

Beseelung der Kunst. – Die Kunst erhebt ihr Haupt, wo die Religionen nachlassen. Sie übernimmt eine Menge durch die Religion erzeugter Gefühle und Stimmungen, legt sie an ihr Herz und wird jetzt selber tiefer, seelenvoller, so daß sie Erhebung und Begeisterung mitzuteilen vermag, was sie vordem noch nicht konnte. Der zum Strome angewachsene Reichtum des religiösen Gefühls bricht immer wieder aus und will sich neue Reiche erobern: aber die wachsende Aufklärung hat die Dogmen der Religion erschüttert und ein gründliches Mißtrauen eingeflößt: so wirft sich das Gefühl, durch die Aufklärung aus der religiösen Sphäre hinausgedrängt, in die Kunst; in einzelnen Fällen auch auf das politische Leben, ja selbst direkt auf die Wissenschaft. Überall, wo man an menschlichen Bestrebungen eine höhere düstere Färbung wahrnimmt, darf man vermuten, daß Geistergrauen, Weihrauchduft und Kirchenschatten daran hängengeblieben sind.

151

Wodurch das Metrum verschönert. – Das Metrum legt Flor über die Realität; es veranlaßt einige Künstlichkeit des Geredes und Unreinheit des Denkens; durch den Schatten, den es auf den Gedanken wirft, verdeckt es bald, bald hebt es hervor. Wie Schatten nötig ist, um zu verschönern, so ist das »Dumpfe« nötig, um zu verdeutlichen. – Die Kunst macht den Anblick des Lebens erträglich, dadurch, daß sie den Flor des unreinen Denkens über dasselbe legt.

152

Kunst der häßlichen Seele. – Man zieht der Kunst viel zu enge Schranken, wenn man verlangt, daß nur die geordnete, sittlich im Gleichgewicht schwebende Seele sich in ihr aussprechen dürfe. Wie in den bildenden Künsten so auch gibt es in der Musik und

Dichtung eine Kunst der häßlichen Seele, neben der Kunst der schönen Seele; und die mächtigsten Wirkungen der Kunst, das Seelen-Brechen, Steine-Bewegen und Tiere-Vermenschlichen ist vielleicht gerade jener Kunst am meisten gelungen.

153

Die Kunst macht dem Denker das Herz schwer. — Wie stark das metaphysische Bedürfnis ist, und wie sich noch zuletzt die Natur den Abschied von ihm schwer macht, kann man daraus entnehmen, daß noch im Freigeiste, wenn er sich alles Metaphysischen entschlagen hat, die höchsten Wirkungen der Kunst leicht ein Miterklingen der lange verstummten, ja zerrissenen metaphysischen Saite hervorbringen, sei es zum Beispiel, daß er bei einer Stelle der neunten Symphonie Beethovens sich über der Erde in einem Sternendome schweben fühlt, mit dem Traume der *Unsterblichkeit* im Herzen: alle Sterne scheinen um ihn zu flimmern und die Erde immer tiefer hinabzusinken. — Wird er sich dieses Zustandes bewußt, so fühlt er wohl einen tiefen Stich im Herzen und seufzt nach dem Menschen, welcher ihm die verlorene Geliebte, nenne man sie nun Religion oder Metaphysik, zurückführe. In solchen Augenblicken wird sein intellektualer Charakter auf die Probe gestellt.

154

Mit dem Leben spielen. — Die Leichtigkeit und Leichtfertigkeit der homerischen Phantasie war nötig, um das übermäßig leidenschaftliche Gemüt und den überscharfen Verstand der Griechen zu beschwichtigen und zeitweilig aufzuheben. Spricht bei ihnen der Verstand: wie herbe und grausam erscheint dann das Leben! Sie täuschen sich nicht, aber sie umspielen absichtlich das Leben mit Lügen. Simonides riet seinen Landsleuten, das Leben wie ein Spiel zu nehmen; der Ernst war ihnen als Schmerz allzu bekannt (das Elend der Menschen ist ja das Thema, über welches die Götter so gern singen hören), und sie wußten, daß einzig durch die Kunst selbst das Elend zum Genusse werden könne. Zur Strafe für diese Einsicht waren sie aber von der Lust zu fabulieren so geplagt, daß es ihnen im Alltagsleben schwer wurde, sich von Lug und Trug frei zu halten, wie alles Poetenvolk eine solche Lust an der Lüge hat und obendrein noch die Unschuld dabei. Die benachbarten Völker fanden das wohl mitunter zum Verzweifeln.

155

Glaube an Inspiration. – Die Künstler haben ein Interesse daran, daß man an die plötzlichen Eingebungen, die sogenannten Inspirationen glaubt; als ob die Idee des Kunstwerks, der Dichtung, der Grundgedanke einer Philosophie wie ein Gnadenschein vom Himmel herableuchte. In Wahrheit produziert die Phantasie des guten Künstlers oder Denkers fortwährend, Gutes, Mittelmäßiges und Schlechtes, aber seine *Urteilskraft,* höchst geschärft und geübt, verwirft, wählt aus, knüpft zusammen; wie man jetzt aus den Notizbüchern Beethovens ersieht, daß er die herrlichsten Melodien allmählich zusammengetragen und aus vielfachen Ansätzen gewissermaßen ausgelesen hat. Wer weniger streng scheidet und sich der nachbildenden Erinnerung gern überläßt, der wird unter Umständen ein großer Improvisator werden können; aber die künstlerische Improvisation steht tief im Verhältnis zum ernst und mühevoll erlesenen Kunstgedanken. Alle Großen waren große Arbeiter, unermüdlich nicht nur im Erfinden, sondern auch im Verwerfen, Sichten, Umgestalten, Ordnen.

156

Nochmals die Inspiration. – Wenn sich die Produktionskraft eine Zeitlang angestaut hat und am Ausfließen durch ein Hemmnis gehindert worden ist, dann gibt es endlich einen so plötzlichen Erguß, als ob eine unmittelbare Inspiration, ohne vorhergegangenes inneres Arbeiten, also ein Wunder sich vollziehe. Dies macht die bekannte Täuschung aus, an deren Fortbestehen, wie gesagt, das Interesse aller Künstler ein wenig zu sehr hängt. Das Kapital hat sich eben nur *angehäuft,* es ist nicht auf einmal vom Himmel gefallen. Es gibt übrigens auch anderwärts solche scheinbare Inspiration, zum Beispiel im Bereiche der Güte, der Tugend, des Lasters.

157

Die Leiden des Genius und ihr Wert. – Der künstlerische Genius will Freude machen, aber wenn er auf einer sehr hohen Stufe steht, so fehlen ihm leicht die Genießenden; er bietet Speisen, aber man will sie nicht. Das gibt ihm ein unter Umständen lächerlich-rührendes Pathos; denn im Grunde hat er kein Recht, die Menschen zum Vergnügen zu zwingen. Seine Pfeife tönt, aber niemand will tanzen: kann das tragisch sein? Vielleicht doch. – Zuletzt hat er als Kompensation für diese Entbehrung mehr Vergnügen beim Schaffen, als die übrigen Menschen bei allen andern Gattungen der Tätigkeit haben. Man empfindet seine Leiden übertrieben, weil der Ton seiner Klage lauter, sein Mund beredter ist; und *mitunter* sind seine Leiden wirklich sehr groß, aber nur deshalb, weil sein Ehrgeiz, sein Neid so groß ist. Der wissende Genius, wie Kepler und Spinoza, ist für gewöhnlich nicht so begehrlich und macht von seinen wirklich größeren Leiden und Entbehrungen kein solches Aufheben. Er darf mit größerer Sicherheit auf die Nachwelt rechnen und sich der Gegenwart entschlagen, während ein Künstler, der dies tut, immer ein verzweifeltes Spiel spielt, bei dem ihm wehe ums Herz werden muß. In ganz seltenen Fällen – dann, wenn im selben Individuum der Genius des Könnens und des Erkennens und der moralische Genius sich verschmelzen – kommt zu den erwähnten Schmerzen noch die Gattung von Schmerzen hinzu, welche als die absonderlichsten Ausnahmen in der Welt zu nehmen sind: die außer- und überpersönlichen, einem Volke, der Menschheit, der gesamten Kultur, allem leidenden Dasein zugewandten Empfindungen:

welche ihren Wert durch die Verbindung mit besonders schwierigen und entlegenen Erkenntnissen erlangen (Mitleid an sich ist wenig wert). – Aber welchen Maßstab, welche Goldwaage gibt es für deren Echtheit? Ist es nicht fast geboten, mißtrauisch gegen alle zu sein, welche von Empfindungen dieser Art bei sich *reden?*

158

Verhängnis der Größe. – Jeder großen Erscheinung folgt die Entartung nach, namentlich im Bereiche der Kunst. Das Vorbild des Großen reizt die eitleren Naturen zum äußerlichen Nachmachen oder zum Überbieten; dazu haben alle großen Begabungen das Verhängnisvolle an sich, viele schwächere Kräfte und Keime zu erdrücken und um sich herum gleichsam die Natur zu veröden. Der glücklichste Fall in der Entwicklung einer Kunst ist der, daß mehrere Genies sich gegenseitig in Schranken halten; bei diesem Kampfe wird gewöhnlich den schwächeren und zarteren Naturen auch Luft und Licht gegönnt.

159

Die Kunst dem Künstler gefährlich. – Wenn die Kunst ein Individuum gewaltig ergreift, dann zieht es dasselbe zu Anschauungen solcher Zeiten zurück, wo die Kunst am kräftigsten blühte, sie wirkt dann zurückbildend. Der Künstler kommt immer mehr in eine Verehrung der plötzlichen Erregungen, glaubt an Götter und Dämonen, durchseelt die Natur, haßt die Wissenschaft, wird wechselnd in seinen Stimmungen wie die Menschen des Altertums und begehrt einen Umsturz aller Verhältnisse, welche der Kunst nicht günstig sind, und zwar dies mit der Heftigkeit und Unbilligkeit eines Kindes. An sich ist nun der Künstler schon ein zurückbleibendes Wesen, weil er beim Spiel stehenbleibt, welches zur Jugend und Kindheit gehört: dazu kommt noch, daß er allmählich in andere Zeiten zurückgebildet wird. So entsteht zuletzt ein heftiger Antagonismus zwischen ihm und den gleichalterigen Menschen seiner Periode und ein trübes Ende; so wie, nach den Erzählungen der Alten, Homer und Äschylus in Melancholie zuletzt lebten und starben.

160

Geschaffene Menschen. – Wenn man sagt, der Dramatiker (und der Künstler überhaupt) *schaffe* wirklich Charaktere, so ist dies eine schöne Täuschung und Übertreibung, in deren Dasein und Verbreitung die Kunst einen ihrer ungewollten, gleichsam überschüssigen Triumphe feiert. In der Tat verstehen wir von einem wirklichen lebendigen Menschen nicht viel und generalisieren sehr oberflächlich, wenn wir ihm diesen und jenen Charakter zuschreiben: dieser unsrer *sehr unvollkommenen* Stellung zum Menschen entspricht nun der Dichter, indem er ebenso *oberflächliche* Entwürfe zu Menschen macht (in diesem Sinne »schafft«), als unsere Erkenntnis der Menschen oberflächlich ist. Es ist viel Blendwerk bei diesen geschaffenen Charakteren der Künstler; es sind durchaus keine leibhaftigen Naturprodukte, sondern ähnlich wie die gemalten Menschen ein wenig allzu dünn, sie vertragen den Anblick aus der Nähe nicht. Gar wenn man sagt, der Charakter des gewöhnlichen lebendigen Menschen widerspreche sich häufig, der vom Dramatiker geschaffene sei das Urbild, welches der Natur vorgeschwebt habe, so ist dies ganz falsch. Ein wirklicher Mensch ist etwas ganz und gar *Notwendiges* (selbst in jenen sogenannten Widersprüchen), aber wir erkennen diese Notwendigkeit nicht immer. Der erdichtete Mensch, das Phantasma, will etwas Notwendiges bedeuten, doch nur vor solchen, welche auch einen wirklichen Menschen nur in einer rohen, unnatürlichen Simplifikation verstehen: so daß ein paar starke, oft wiederholte Züge, mit sehr viel Licht darauf und sehr viel Schatten und Halbdunkel herum, ihren Ansprüchen vollständig genügen. Sie sind also leicht bereit, das Phantasma als wirklichen, notwendigen Menschen zu behandeln, weil sie gewöhnt sind, beim wirklichen

Menschen ein Phantasma, einen Schattenriß, eine willkürliche Abbreviatur für das Ganze zu nehmen. – Daß gar der Maler und der Bildhauer die »Idee« des Menschen ausdrücke, ist eitel Phantasterei und Sinnentrug: man wird vom Auge tyrannisiert, wenn man so etwas sagt, da dieses vom menschlichen Leibe selbst nur die Oberfläche, die Haut sieht; der innere Leib gehört aber ebensosehr zur Idee. Die bildende Kunst will Charaktere auf der Haut sichtbar werden lassen; die redende Kunst nimmt das Wort zu demselben Zwecke, sie bildet den Charakter im Laute ab. Die Kunst geht von der natürlichen *Unwissenheit* des Menschen über sein Innres (in Leib und Charakter) aus: sie ist nicht für Physiker und Philosophen da.

161

Selbstüberschätzung im Glauben an Künstler und Philosophen. – Wir alle meinen, es sei die Güte eines Kunstwerks, eines Künstlers bewiesen, wenn er uns ergreift, erschüttert. Aber da müßte doch erst *unsere eigne Güte* in Urteil und Empfindung bewiesen sein: was nicht der Fall ist. Wer hat mehr im Reiche der bildenden Kunst ergriffen und entzückt als Bernini, wer mächtiger gewirkt als jener nachdemosthenische Rhetor, welcher den asianischen Stil einführte und durch zwei Jahrhunderte zur Herrschaft brachte? Diese Herrschaft über ganze Jahrhunderte beweist nichts für die Güte und dauernde Gültigkeit eines Stils; deshalb soll man nicht zu sicher in seinem guten Glauben an irgend einen Künstler sein: ein solcher ist ja nicht nur der Glaube an die Wahrhaftigkeit unserer Empfindung, sondern auch an die Unfehlbarkeit unseres Urteils, während Urteil oder Empfindung oder beides selber zu grob oder zu fein geartet, überspannt oder roh sein können. Auch die Segnungen und Beseligungen einer Philosophie, einer Religion beweisen für ihre Wahrheit nichts: ebensowenig als das Glück, welches der Irrsinnige von seiner fixen Idee her genießt, etwas für die Vernünftigkeit dieser Idee beweist.

162

Kultus des Genius aus Eitelkeit. – Weil wir gut von uns denken, aber doch durchaus nicht von uns erwarten, daß wir je den Entwurf eines Raffaelischen Gemäldes oder eine solche Szene wie die eines Shakespeareschen Dramas machen könnten, reden wir uns ein, das Vermögen dazu sei ganz übermäßig wunderbar, ein ganz seltner Zufall, oder, wenn wir noch religiös empfinden, eine Begnadigung von oben. So fördert unsere Eitelkeit, unsere Selbstliebe den Kultus des Genius: denn nur wenn dieser ganz fern von uns gedacht ist, als ein miraculum, verletzt er nicht (selbst Goethe, der Neidlose, nannte Shakespeare seinen Stern der fernsten Höhe; wobei man sich jenes Verses erinnern mag: »die Sterne die begehrt man nicht«). Aber von jenen Einflüsterungen unserer Eitelkeit abgesehen, so erscheint die Tätigkeit des Genies durchaus nicht als etwas Grundverschiedenes von der Tätigkeit des mechanischen Erfinders, des astronomischen oder historischen Gelehrten, des Meisters der Taktik. Alle diese Tätigkeiten erklären sich, wenn man sich Menschen vergegenwärtigt, deren Denken in *einer* Richtung tätig ist, die alles als Stoff benutzen, die immer ihrem inneren Leben und dem anderer mit Eifer zusehen, die überall Vorbilder, Anreizungen erblicken, die in der Kombination ihrer Mittel nicht müde werden. Das Genie tut auch nichts, als daß es erst Steine setzen, dann bauen lernt, daß es immer nach Stoff sucht und immer an ihm herumformt. Jede Tätigkeit des Menschen ist zum Verwundern kompliziert, nicht nur die des Genies: aber keine ist ein »Wunder«. – Woher nun der Glaube, daß es allein beim Künstler, Redner und Philosophen Genie gebe? daß nur sie »Intuition« haben? (womit man ihnen eine Art von Wunder-Augenglas zuschreibt, mit dem sie direkt ins »Wesen« sehen!). Die Menschen sprechen ersichtlich dort allein von Genius, wo ihnen die Wirkungen des großen Intellekts am angenehmsten sind und sie wiederum nicht Neid empfinden wollen. Jemanden »göttlich« nennen heißt: »hier brauchen wir nicht zu wetteifern«. Sodann: alles Fertige, Vollkommene wird angestaunt, alles Werdende unterschätzt. Nun kann niemand beim Werk des Künstlers zusehen, wie es *geworden* ist; das ist sein Vorteil, denn überall, wo man das Werden sehen kann, wird man etwas abgekühlt. Die vollendete Kunst der Darstellung weist alles Denken an das Werden ab; es tyrannisiert als gegenwärtige Vollkommenheit. Deshalb gelten die Künstler der Darstellung vornehmlich als genial, nicht aber die wissenschaftlichen Menschen. In Wahrheit ist jene Schätzung und diese Unterschätzung nur eine Kinderei der Vernunft.

163

Der Ernst des Handwerks. – Redet nur nicht von Begabung, angeborenen Talenten! Es sind große Männer aller Art zu nennen, welche wenig begabt waren. Aber sie *bekamen* Größe, wurden »Genies« (wie man sagt), durch Eigenschaften, von deren Mangel niemand gern redet, der sich ihrer bewußt ist: sie hatten alle jenen tüchtigen Handwerker-Ernst, welcher erst lernt, die Teile vollkommen zu bilden, bis er es wagt, ein großes Ganzes zu machen; sie gaben sich Zeit dazu, weil sie mehr Lust am Gutmachen des Kleinen, Nebensächlichen hatten als an dem Effekte eines blendenden Ganzen. Das Rezept zum Beispiel, wie einer ein guter Novellist werden kann, ist leicht zu geben, aber die Ausführung setzt Eigenschaften voraus, über die man hinwegzusehen pflegt, wenn man sagt »ich habe nicht genug Talent«. Man mache nur hundert und mehr Entwürfe zu Novellen, keinen länger als zwei Seiten, doch von solcher Deutlichkeit, daß jedes Wort darin notwendig ist; man schreibe täglich Anekdoten nieder, bis man es lernt, ihre prägnanteste, wirkungsvollste Form zu finden; man sei unermüdlich im Sammeln und Ausmalen menschlicher Typen und Charaktere; man erzähle vor allem so oft es möglich ist und höre erzählen, mit scharfem Auge und Ohr für die Wirkung auf die anderen Anwesenden; man reise wie ein Landschaftsmaler und Kostümzeichner; man exzerpiere sich aus einzelnen Wissenschaften alles das, was künstlerische Wirkungen macht, wenn es gut dargestellt wird; man denke endlich über die Motive der menschlichen Handlungen nach, verschmähe keinen Fingerzeig der Belehrung hierüber und sei ein Sammler von dergleichen Dingen bei Tag und Nacht. In dieser mannigfachen Übung lasse man einige zehn Jahre vorübergehen: was dann aber in der Werkstätte geschaffen wird, darf auch hinaus in das Licht der Straße. – Wie machen es dagegen die meisten? Sie fangen nicht mit dem Teile, sondern mit dem Ganzen an. Sie tun vielleicht einmal einen guten Griff, erregen Aufmerksamkeit und tun von da an immer schlechtere Griffe, aus guten natürlichen Gründen. – Mitunter, wenn Vernunft und Charakter fehlen, um einen solchen künstlerischen Lebensplan zu gestalten, übernimmt das Schicksal und die Not die Stelle derselben und führt den zukünftigen Meister schrittweise durch alle Bedingungen seines Handwerks.

164

Gefahr und Gewinn im Kultus des Genius. – Der Glaube an große, überlegene, fruchtbare Geister ist nicht notwendig, aber sehr häufig noch mit jenem ganz- oder halbreligiösen Aberglauben verbunden, daß jene Geister übermenschlichen Ursprungs seien und gewisse wunderbare Vermögen besäßen, vermittels deren sie ihrer Erkenntnisse auf ganz anderem Wege teilhaftig würden als die übrigen Menschen. Man schreibt ihnen wohl einen unmittelbaren Blick in das Wesen der Welt, gleichsam durch ein Loch im Mantel der Erscheinung, zu und glaubt, daß sie ohne die Mühsal und Strenge der Wissenschaft, vermöge dieses wunderbaren Seherblickes, etwas Endgültiges und Entscheidendes über Mensch und Welt mitteilen könnten. So lange das Wunder im Bereiche der Erkenntnis noch Gläubige findet, kann man vielleicht zugeben, daß dabei für die Gläubigen selber ein Nutzen herauskomme, insofern diese durch ihre unbedingte Unterordnung unter die großen Geister, ihrem eigenen Geiste für die Zeit der Entwicklung die beste Disziplin und Schule verschaffen. Dagegen ist mindestens fraglich, ob der Aberglaube vom Genie, von seinen Vorrechten und Sondervermögen für das Genie selber von Nutzen sei, wenn er in ihm sich einwurzelt. Es ist jedenfalls ein gefährliches Anzeichen, wenn den Menschen jener Schauder vor sich selbst überfällt, sei es nun jener berühmte Cäsaren-Schauder oder der hier in Betracht kommende Genie-Schauder; wenn der Opferduft, welchen man billigerweise allein einem Gotte bringt, dem Genie ins Gehirn dringt, so daß er zu schwanken und sich für etwas Übermenschliches zu halten beginnt. Die langsamen Folgen sind: das Gefühl der Unverantwortlichkeit, der exzeptionellen Rechte, der Glaube, schon durch seinen Umgang zu begnadigen, wahnsinnige Wut bei dem Versuche, ihn mit anderen zu vergleichen oder gar ihn niedriger zu taxieren, das Verfehlte seines Werkes ins Licht zu setzen. Dadurch, daß er aufhört, Kritik gegen sich selbst zu üben, fällt zuletzt aus seinem Gefieder eine der Schwungfedern nach der anderen aus: jener Aberglaube gräbt die Wurzeln seiner Kraft an und macht ihn vielleicht gar zum Heuchler, nachdem seine Kraft von ihm gewichen ist. Für große Geister selbst ist es also wahrscheinlich nützlicher, wenn sie über ihre Kraft und deren Herkunft zur Einsicht kommen, wenn sie also begreifen, welche rein menschlichen Eigenschaften in ihnen zusammengeflossen sind, welche Glücksumstände hinzutraten: also einmal anhaltende Energie, entschlossene Hinwendung zu einzelnen Zielen, großer persönlicher Mut, sodann das Glück einer Erziehung, welche die besten Lehrer, Vorbilder, Methoden frühzeitig darbot. Freilich, wenn ihr Ziel ist, die größtmögliche *Wirkung* zu machen, so hat die Unklarheit über sich selbst und jene Beigabe eines halben Wahnsinns immer viel getan; denn bewundert und beneidet hat man zu allen Zeiten gerade jene Kraft an ihnen, vermöge deren sie die Menschen willenlos machen und zum Wahne fortreißen, daß übernatürliche Führer vor ihnen hergingen. Ja, es erhebt und begeistert die Menschen, jemanden im Besitz übernatürlicher Kräfte zu glauben: insofern hat der Wahnsinn, wie Plato sagt, die größten Segnungen über die Menschen gebracht. – In einzelnen seltenen Fällen mag dieses Stück Wahnsinn wohl auch das Mittel gewesen sein, durch welches eine solche nach allen Seiten hin exzessive Natur fest zusammengehalten wurde: auch im Leben der Individuen haben die Wahnvorstellungen häufig den Wert von Heilmitteln, welche an sich Gifte sind; doch zeigt sich endlich, bei jedem »Genie«, das an seine Göttlichkeit glaubt, das Gift in dem Grade, als das »Genie« alt wird: man möge sich zum Beispiel Napoleons erinnern, dessen Wesen sicherlich gerade durch seinen Glauben an sich und seinen Stern und durch die aus ihm fließende Verachtung der Menschen zu der mächtigen Einheit zusammenwuchs, welche ihn aus allen modernen Menschen heraushebt, bis endlich aber dieser selbe Glaube in einen fast wahnsinnigen Fatalismus überging, ihn seines Schnell- und Scharfblickes beraubte und die Ursache seines Unterganges wurde.

165

Das Genie und das Nichtige. – Gerade die *originellen,* aus sich schöpfenden Köpfe unter den Künstlern können unter Umständen das *ganz Leere und Schale* hervorbringen, während die abhängigeren Naturen, die sogenannten Talente, voller Erinnerungen an alles mögliche Gute stecken und auch im Zustand der Schwäche etwas Leidliches produzieren. Sind die Originellen aber von sich selber verlassen, so gibt die Erinnerung ihnen keine Hilfe: sie werden leer.

166

Das Publikum. – Von der Tragödie begehrt das Volk eigentlich nicht mehr, als recht gerührt zu werden, um sich einmal ausweinen zu können; der Artist dagegen, der die neue Tragödie sieht, hat seine Freude an den geistreichen technischen Erfindungen und Kunstgriffen, an der Handhabung und Verteilung des Stoffes, an der neuen Wendung alter Motive, alter Gedanken. – Seine Stellung ist die ästhetische Stellung zum Kunstwerk, die des Schaffenden; die erstbeschriebene, mit alleiniger Rücksicht auf den Stoff, die des Volkes. Von dem Menschen dazwischen ist nicht zu reden, er ist weder Volk noch Artist und weiß nicht, was er will: so ist auch seine Freude unklar und gering.

167

Artistische Erziehung des Publikums. – Wenn dasselbe Motiv nicht hundertfältig durch verschiedene Meister behandelt wird, lernt das Publikum nicht über das Interesse des Stoffes hinauskommen; aber zuletzt wird es selbst die Nuancen, die zarten, neuen Erfindungen in der Behandlung dieses Motivs fassen und genießen, wenn es also das Motiv längst aus zahlreichen Bearbeitungen kennt und dabei keinen Reiz der Neuheit, der Spannung mehr empfindet.

168

Künstler und sein Gefolge müssen Schritt halten. – Der Fortgang von einer Stufe des Stils zur andern muß so langsam sein, daß nicht nur die Künstler, sondern auch die Zuhörer und Zuschauer diesen Fortgang mitmachen und genau wissen, was vorgeht. Sonst entsteht auf einmal jene große Kluft zwischen dem Künstler, der auf abgelegener Höhe seine Werke schafft, und dem Publikum, welches nicht mehr zu jener Höhe hinaufkann und endlich mißmutig wieder tiefer hinabsteigt. Denn wenn der Künstler sein Publikum nicht mehr hebt, so sinkt es schnell abwärts, und zwar stürzt es um so tiefer und gefährlicher, je höher es ein Genius getragen hat, dem Adler vergleichbar, aus dessen Fängen die in die Wolken hinaufgetragene Schildkröte zu ihrem Unheil hinabfällt.

169

Herkunft des Komischen. – Wenn man erwägt, daß der Mensch manche hunderttausend Jahre lang ein im höchsten Grade der Furcht zugängliches Tier war, und daß alles Plötzliche, Unerwartete ihn kampfbereit, vielleicht todesbereit sein hieß, ja daß selbst später, in sozialen Verhältnissen, alle Sicherheit auf dem Erwarteten, auf dem Herkommen in Meinung und Tätigkeit beruhte, so darf man sich nicht wundern, daß bei allem Plötzlichen, Unerwarteten, in Wort und Tat, wenn es ohne Gefahr und Schaden hereinbricht, der Mensch ausgelassen wird, ins Gegenteil der Furcht übergeht: das vor Angst zitternde zusammengekrümmte Wesen schnellt empor, entfaltet sich weit – der Mensch lacht. Diesen Übergang aus momentaner Angst in kurzdauernden Übermut nennt man das *Komische*. Dagegen geht im Phänomen des Tragischen der Mensch schnell aus großem, dauerndem Übermut in große Angst über; da aber unter Sterblichen der große dauernde Übermut viel seltener als der Anlaß zur Angst ist, so gibt es viel mehr des Komischen als des Tragischen in der Welt; man lacht viel öfter, als daß man erschüttert ist.

170

Künstler-Ehrgeiz. – Die griechischen Künstler, zum Beispiel die Tragiker, dichteten, um zu siegen; ihre ganze Kunst ist nicht ohne Wettkampf zu denken: die hesiodische gute Eris, der Ehrgeiz, gab ihrem Genius die Flügel. Nun verlangte dieser Ehrgeiz vor allem, daß ihr Werk die höchste Vortrefflichkeit vor *ihren eigenen Augen* erhalte, so wie sie also die Vortrefflichkeit verstanden, ohne Rücksicht auf einen herrschenden Geschmack und die allgemeine Meinung über das Vortreffliche an einem Kunstwerk; und so blieben Äschylus und Euripides lange Zeit ohne Erfolg, bis sie sich endlich Kunstrichter *erzogen* hatten, welche ihr Werk nach den Maßstäben würdigten, welche sie selber anlegten. Somit erstreben sie den Sieg über Nebenbuhler nach ihrer eigenen Schätzung, vor ihrem eigenen Richterstuhl, sie wollen wirklich vortrefflicher *sein;* dann fordern sie von außen her Zustimmung zu dieser eignen Schätzung, Bestätigung ihres Urteils. Ehre erstreben heißt hier »sich überlegen machen und wünschen, daß es auch öffentlich so erscheine«. Fehlt das erstere und wird das zweite trotzdem begehrt, so spricht man von *Eitelkeit.* Fehlt das letztere und wird es nicht vermißt, so redet man von *Stolz.*

171

Das Notwendige am Kunstwerk. – Die, welche so viel von dem Notwendigen an einem Kunstwerke reden, übertreiben, wenn sie Künstler sind, in majorem artis gloriam, oder wenn sie Laien sind, aus Unkenntnis. Die Formen eines Kunstwerks, welche seine Gedanken zum Reden bringen, also seine Art zu sprechen sind, haben immer etwas Läßliches, wie alle Art Sprache. Der Bildhauer kann viele kleine Züge hinzutun oder weglassen: ebenso der Darsteller, sei es ein Schauspieler oder, in betreff der Musik, ein Virtuos oder Dirigent. Diese vielen kleinen Züge und Ausfeilungen machen ihm heute Vergnügen, morgen nicht, sie sind mehr des Künstlers als der Kunst wegen da, denn auch er bedarf, bei der Strenge und Selbstbezwingung, welche die Darstellung des Hauptgedankens von ihm fordert, gelegentlich des Zuckerbrots und der Spielsachen, um nicht mürrisch zu werden.

172

Den Meister vergessen machen. – Der Klavierspieler, der das Werk eines Meisters zum Vortrag bringt, wird am besten gespielt haben, wenn er den Meister vergessen ließ und wenn es so erschien, als ob er eine Geschichte seines Lebens erzähle oder jetzt eben etwas erlebe. Freilich: wenn er nichts Bedeutendes *ist,* wird jedermann seine Geschwätzigkeit verwünschen, mit der er uns aus seinem Leben erzählt. Also muß er verstehen, die Phantasie des Hörers für sich einzunehmen. Daraus wiederum erklären sich alle Schwächen und Narrheiten des »Virtuosentums«.

173

Corriger la fortune. – Es gibt schlimme Zufälligkeiten im Leben großer Künstler, welche zum Beispiel den Maler zwingen, sein bedeutendstes Bild nur als flüchtigen Gedanken zu skizzieren oder zum Beispiel Beethoven zwangen, uns in manchen großen Sonaten (wie in der großen B-dur) nur den ungenügenden Klavierauszug einer Symphonie zu hinterlassen. Hier soll der späterkommende Künstler das Leben der Großen nachträglich zu korrigieren suchen: was zum Beispiel der tun würde, welcher, als ein Meister aller Orchesterwirkungen, uns jene, dem Klavier-Scheintode verfallne, Symphonie zum Leben erweckte.

174

Verkleinern. – Manche Dinge, Ereignisse oder Personen vertragen es nicht, im kleinen Maßstabe behandelt zu werden. Man kann die Laokoon-Gruppe nicht zu einer Nippesfigur verkleinern; sie hat Größe notwendig. Aber viel seltener ist es, daß etwas von Natur Kleines die Vergrößerung verträgt; weshalb es Biographen immer noch eher gelingen wird, einen großen Mann klein darzustellen als einen kleinen groß.

175

Sinnlichkeit in der Kunst der Gegenwart. – Die Künstler verrechnen sich jetzt häufig, wenn sie auf eine sinnliche Wirkung ihrer Kunstwerke hinarbeiten; denn ihre Zuschauer oder Zuhörer haben nicht mehr ihre vollen Sinne und geraten, ganz wider die Absicht des Künstlers, durch sein Kunstwerk in eine »Heiligkeit« der Empfindung, welche der Langweiligkeit nahe verwandt ist. – Ihre Sinnlichkeit fängt vielleicht dort an, wo die des Künstlers gerade aufhört, sie begegnen sich also höchstens an einem Punkte.

176

Shakespeare als Moralist. – Shakespeare hat über die Leidenschaften viel nachgedacht und wohl von seinem Temperament her zu vielen einen sehr nahen Zugang gehabt (Dramatiker sind im allgemeinen ziemlich böse Menschen). Aber er vermochte nicht, wie Montaigne, darüber zu reden, sondern legte die Beobachtung *über* die Passionen den passionierten Figuren in den Mund: was zwar wider die Natur ist, aber seine Dramen so gedankenvoll macht, daß sie alle anderen leer erscheinen lassen und leicht einen allgemeinen Widerwillen gegen sie erwecken. – Die Sentenzen Schillers (welchen fast immer falsche oder unbedeutende Einfälle zugrunde liegen) sind eben Theatersentenzen und wirken als solche sehr stark: während die Sentenzen Shakespeares seinem Vorbilde Montaigne Ehre machen und ganz ernsthafte Gedanken in geschliffener Form enthalten, deshalb aber für die Augen des Theaterpublikums zu fern und zu fein, also unwirksam sind.

177

Sich gut zu Gehör bringen. – Man muß nicht nur verstehen gut zu spielen, sondern auch sich gut zu Gehör zu bringen. Die Geige in der Hand des größten Meisters gibt nur ein Gezirp von sich, wenn der Raum zu groß ist; man kann da den Meister mit jedem Stümper verwechseln.

178

Das Unvollständige als das Wirksame. – Wie Relieffiguren dadurch so stark auf die Phantasie wirken, daß sie gleichsam auf dem Wege sind, aus der Wand herauszutreten und plötzlich, irgend wodurch gehemmt, haltmachen: so ist mitunter die reliefartig unvollständige Darstellung eines Gedankens, einer ganzen Philosophie wirksamer als die erschöpfende Ausführung: man überläßt der Arbeit des Beschauers mehr, er wird aufgeregt, das, was in so starkem Licht und Dunkel vor ihm sich abhebt, fortzubilden, zu

Ende zu denken und jenes Hemmnis selber zu überwinden, welches ihrem völligen Heraustreten bis dahin hinderlich war.

179

Gegen die Originalen. – Wenn die Kunst sich in den abgetragensten Stoff kleidet, erkennt man sie am besten als Kunst.

180

Kollektivgeist. – Ein guter Schriftsteller hat nicht nur seinen eignen Geist, sondern auch noch den Geist seiner Freunde.

181

Zweierlei Verkennung. – Das Unglück scharfsinniger und klarer Schriftsteller ist, daß man sie für flach nimmt und deshalb ihnen keine Mühe zuwendet: und das Glück der unklaren, daß der Leser sich an ihnen abmüht und die Freude über seinen Eifer ihnen zugute schreibt.

182

Verhältnis zur Wissenschaft. – Alle die haben kein wirkliches Interesse an einer Wissenschaft, welche erst dann anfangen für sie warm zu werden, wenn sie selbst Entdeckungen in ihr gemacht haben.

183

Der Schlüssel. – Der *eine* Gedanke, auf den ein bedeutender Mensch, zum Gelächter und Spott der Unbedeutenden, großen Wert legt, ist für ihn ein Schlüssel zu verborgenen Schatzkammern, für jene nicht mehr als ein Stück alten Eisens.

184

Unübersetzbar. – Es ist weder das Beste noch das Schlechteste an einem Buche, was an ihm unübersetzbar ist.

185

Paradoxien des Autors. – Die sogenannten Paradoxien des Autors, an welchen ein Leser Anstoß nimmt, stehen häufig gar nicht im Buche des Autors, sondern im Kopfe des Lesers.

186

Witz. – Die witzigsten Autoren erzeugen das kaum bemerkbarste Lächeln.

187

Die Antithese. – Die Antithese ist die enge Pforte, durch welche sich am liebsten der Irrtum zur Wahrheit schleicht.

188

Denker als Stilisten. – Die meisten Denker schreiben schlecht, weil sie uns nicht nur ihre Gedanken, sondern auch das Denken der Gedanken mitteilen.

189

Gedanken im Gedicht. – Der Dichter führt seine Gedanken festlich daher, auf dem Wagen des Rhythmus: gewöhnlich deshalb, weil diese zu Fuß nicht gehen können.

190

Sünde wider den Geist des Lesers. – Wenn der Autor sein Talent verleugnet, bloß um sich dem Leser gleichzustellen, so begeht er die einzige Todsünde, welche ihm jener nie verzeiht: falls er nämlich etwas davon merkt. Man darf dem Menschen sonst alles Böse nachsagen: aber in der Art, wie man es sagt, muß man seine Eitelkeit wieder aufzurichten wissen.

191

Grenze der Ehrlichkeit. – Auch dem ehrlichsten Schriftsteller entfällt ein Wort zu viel, wenn er eine Periode abrunden will.

192

Der beste Autor. – Der beste Autor wird der sein, welcher sich schämt, Schriftsteller zu werden.

193

Drakonisches Gesetz gegen Schriftsteller. – Man sollte einen Schriftsteller als einen Missetäter ansehen, der nur in den seltensten Fällen Freisprechung oder Begnadigung verdient: das wäre ein Mittel gegen das Überhandnehmen der Bücher.

194

Die Narren der modernen Kultur. – Die Narren der mittelalterlichen Höfe entsprechen unsern *Feuilletonisten;* es ist dieselbe Gattung Menschen, halbvernünftig, witzig, übertrieben, albern, mitunter nur dazu da, das Pathos der Stimmung durch Einfälle, durch Geschwätz zu mildern und den allzu schweren, feierlichen Glockenklang großer Ereignisse durch Geschrei zu übertäuben; ehemals im Dienste der Fürsten und Adligen, jetzt im Dienste von Parteien (wie in Partei-Sinn und Partei-Zucht ein guter Teil der alten Untertänigkeit im Verkehr des Volks mit dem Fürsten jetzt noch fortlebt). Der ganze moderne Literatenstand steht aber den Feuilletonisten sehr nahe, es sind die »Narren der modernen Kultur«, welche man milder beurteilt, wenn man sie als nicht ganz zurechnungsfähig nimmt. Schriftstellerei als Lebensberuf zu betrachten, sollte billigerweise als eine Art Tollheit gelten.

195

Den Griechen nach. – Der Erkenntnis steht es gegenwärtig sehr im Wege, daß alle Worte durch hundertjährige Übertreibung des

Gefühls dunstig und aufgeblasen geworden sind. Die höhere Stufe der Kultur, welche sich unter die Herrschaft (wenn auch nicht
unter die Tyrannei) der Erkenntnis stellt, hat eine große Ernüchterung des Gefühls und eine starke Konzentration aller Worte
vonnöten; worin uns die Griechen im Zeitalter des Demosthenes vorangegangen sind. Das Überspannte bezeichnet alle modernen Schriften; und selbst wenn sie einfach geschrieben sind,
so werden die Worte in denselben noch zu exzentrisch *gefühlt.*
Strenge Überlegung, Gedrängtheit, Kälte, Schlichtheit, selbst absichtlich bis an die Grenze hinab, überhaupt An-sich-halten des
Gefühls und Schweigsamkeit – das kann allein helfen. – Übrigens
ist diese kalte Schreib- und Gefühlsart, als Gegensatz, jetzt sehr
reizvoll: und darin liegt freilich eine neue Gefahr. Denn die
scharfe Kälte ist so gut ein Reizmittel als ein hoher Wärmegrad.

196

Gute Erzähler, schlechte Erklärer. – Bei guten Erzählern steht oft eine bewunderungswürdige psychologische Sicherheit und Konsequenz, soweit diese in den Handlungen ihrer Personen hervortre-
ten kann, in einem geradezu lächerlichen Gegensatz zu der Unge-
übtheit ihres psychologischen Denkens: so daß ihre Kultur in dem
einen Augenblicke ebenso ausgezeichnet hoch als im nächsten be-
dauerlich tief erscheint. Es kommt gar zu häufig vor, daß sie ihre
eigenen Helden und deren Handlungen ersichtlich *falsch* erklären,
– es ist daran kein Zweifel, so unwahrscheinlich die Sache klingt.
Vielleicht hat der größte Klavierspieler nur wenig über die technischen Bedingungen und die spezielle Tugend, Untugend, Nutzbar-
keit und Erziehbarkeit jedes Fingers (daktylische Ethik) nachgedacht und macht grobe Fehler, wenn er von solchen Dingen redet.

197

Die Schriften von Bekannten und ihre Leser. – Wir lesen Schriften
von Bekannten (Freunden und Feinden) doppelt, insofern fort-

während unsere Erkenntnis daneben flüstert: »das ist von ihm, ein Merkmal seines inneren Wesens, seiner Erlebnisse, seiner Begabung«, und wiederum eine andere Art Erkenntnis dabei festzustellen sucht, was der Ertrag jenes Werkes an sich ist, welche Schätzung es überhaupt, abgesehn von seinem Verfasser, verdient, welche Bereicherung des Wissens es mit sich bringt. Diese beiden Arten des Lesens und Erwägens stören sich, wie das sich von selbst versteht, gegenseitig. Auch eine Unterhaltung mit einem Freunde wird dann erst gute Früchte der Erkenntnis zeitigen, wenn beide endlich nur noch an die Sache denken und vergessen, daß sie Freunde sind.

198

Rhythmische Opfer. – Gute Schriftsteller verändern den Rhythmus mancher Periode bloß deshalb, weil sie den gewöhnlichen Lesern nicht die Fähigkeit zuerkennen, den Takt, welchem die Periode in ihrer ersten Fassung folgte, zu begreifen: deshalb erleichtern sie es ihnen, indem sie bekannteren Rhythmen den Vorzug geben. – Diese Rücksicht auf das rhythmische Unvermögen der jetzigen Leser hat schon manche Seufzer entlockt, denn ihr ist viel schon zum Opfer gefallen. – Ob es guten Musikern nicht ähnlich ergeht?

199

Das Unvollständige als künstlerisches Reizmittel. – Das Unvollständige ist oft wirksamer als die Vollständigkeit, so namentlich in der Lobrede: für ihren Zweck braucht man gerade eine anreizende Unvollständigkeit, als ein irrationales Element, welches der Phantasie des Hörers ein Meer vorspiegelt und gleich einem Nebel die gegenüberliegende Küste, also die Begrenztheit des zu lobenden Gegenstandes, verdeckt. Wenn man die bekannten Verdienste eines Menschen erwähnt und dabei ausführlich und breit ist, so läßt dies immer den Argwohn aufkommen, es seien die einzigen Verdienste.

Der vollständig Lobende stellt sich über den Gelobten, er scheint ihn zu *übersehen*. Deshalb wirkt das Vollständige abschwächend.

200

Vorsicht im Schreiben und Lehren. – Wer erst geschrieben hat und die Leidenschaft des Schreibens in sich fühlt, lernt fast aus allem, was er treibt und erlebt, nur das noch heraus, was schriftstellerisch mitteilbar ist. Er denkt nicht mehr an sich, sondern an den Schriftsteller und sein Publikum: er will die Einsicht, aber nicht zum eigenen Gebrauche. Wer Lehrer ist, ist meistens unfähig, etwas Eigenes noch für sein eigenes Wohl zu treiben, er denkt immer an das Wohl seiner Schüler, und jede Erkenntnis erfreut ihn nur, soweit er sie lehren kann. Er betrachtet sich zuletzt als einen Durchweg des Wissens und überhaupt als Mittel, so daß er den Ernst für sich verloren hat.

201

Schlechte Schriftsteller notwendig. – Es wird immer schlechte Schriftsteller geben müssen, denn sie entsprechen dem Geschmack der unentwickelten, unreifen Altersklassen; diese haben so gut ihr Bedürfnis wie die reifen. Wäre das menschliche Leben länger, so würde die Zahl der reif gewordenen Individuen überwiegend oder mindestens gleich groß mit der der unreifen sein; so aber sterben bei weitem die meisten zu jung, das heißt es gibt immer viel mehr unentwickelte Intellekte mit schlechtem Geschmack. Diese begehren überdies mit der größeren Heftigkeit der Jugend nach Befriedigung ihres Bedürfnisses: und sie *erzwingen sich* schlechte Autoren.

202

Zu nah und zu fern. – Der Leser und der Autor verstehen sich häufig deshalb nicht, weil der Autor sein Thema zu gut kennt und es beinahe langweilig findet, so daß er sich die Beispiele erläßt, die er zu Hunderten weiß; der Leser aber ist der Sache fremd und findet sie leicht schlecht begründet, wenn ihm die Beispiele vorenthalten werden.

203

Eine verschwundene Vorbereitung zur Kunst. – An allem, was das Gymnasium trieb, war das Wertvollste die Übung im lateinischen Stil: diese war eben eine *Kunstübung,* während alle andren Beschäftigungen nur das Wissen zum Zweck hatten. Den deutschen Aufsatz voranzustellen ist Barbarei: denn wir haben keinen mustergültigen, an öffentlicher Beredsamkeit emporgewachsenen deutschen Stil; will man aber durch den deutschen Aufsatz die Übung im Denken fördern, so ist es gewiß besser, wenn man einstweilen von Stil dabei überhaupt absieht, also zwischen der Übung im Denken und der im Darstellen scheidet. Letztere sollte sich auf mannigfache Fassung eines gegebenen Inhalts beziehen und nicht auf selbständiges Erfinden eines Inhalts. Die bloße Darstellung bei gegebenem Inhalte war die Aufgabe des lateinischen Stils, für welchen die alten Lehrer eine längst verloren gegangene Feinheit des Gehörs besaßen. Wer ehemals gut in einer modernen Sprache schreiben lernte, verdankte es dieser Übung (jetzt muß man sich notgedrungen zu den älteren Franzosen in die Schule schicken). Aber noch mehr: er bekam einen Begriff von der Hoheit und Schwierigkeit der Form überhaupt und wurde für die Kunst auf dem einzig richtigen Wege vorbereitet, durch Praxis.

204

Dunkles und Überhelles nebeneinander. – Schriftsteller, welche im allgemeinen ihren Gedanken keine Deutlichkeit zu geben verstehen, werden im einzelnen mit Vorliebe die stärksten übertriebensten Bezeichnungen und Superlative wählen: dadurch entsteht eine Lichtwirkung, wie bei Fackelbeleuchtung auf verworrenen Waldwegen.

205

Schriftstellerisches Malertum. – Einen bedeutenden Gegenstand wird man am besten darstellen, wenn man die Farben zum Gemälde aus dem Gegenstande selber wie ein Chemiker nimmt und sie dann wie ein Artist verbraucht: so daß man die Zeichnung aus den Grenzen und Übergängen der Farben erwachsen läßt. So bekommt das Gemälde etwas von dem hinreißenden Naturelement, welches den Gegenstand selber bedeutend macht.

206

Bücher, welche tanzen lehren. – Es gibt Schriftsteller, welche dadurch, daß sie Unmögliches als möglich darstellen und vom Sittlichen und Genialen so reden, als ob beides nur eine Laune, ein Belieben sei, ein Gefühl von übermütiger Freiheit hervorbringen, wie wenn der Mensch sich auf die Fußspitzen stellte und vor innerer Lust durchaus tanzen müßte.

207

Nicht fertig gewordene Gedanken. – Ebenso wie nicht nur das Mannesalter, sondern auch Jugend und Kindheit einen Wert *an sich* haben und gar nicht nur als Durchgänge und Brücken zu schätzen sind, so haben auch die nicht fertig gewordenen Gedanken ihren Wert. Man *muß* deshalb einen Dichter nicht mit subtiler Auslegung quälen, sondern sich an der Unsicherheit seines Horizontes vergnügen, wie als ob der Weg zu mehreren Gedanken noch offen sei. Man steht an der Schwelle; man wartet wie bei der Ausgrabung eines Schatzes: es ist als ob ein Glücksfund von Tiefsinn eben gemacht werden sollte. Der Dichter nimmt etwas von der Lust des Denkers beim Finden eines Hauptgedankens vorweg und macht uns damit begehrlich, so daß wir nach diesem haschen: der aber gaukelt an unserem Kopfe vorüber und zeigt die schönsten Schmetterlingsflügel – und doch entschlüpft er uns.

208

Das Buch fast zum Menschen geworden. – Jeden Schriftsteller überrascht es von neuem, wie das Buch, sobald es sich von ihm gelöst hat, ein eigenes Leben für sich weiterlebt; es ist ihm zumute, als wäre der eine Teil eines Insektes losgetrennt und ginge nun seinen eigenen Weg weiter. Vielleicht vergißt er es fast ganz, vielleicht erhebt er sich über die darin niedergelegten Ansichten, vielleicht selbst versteht er es nicht mehr und hat jene Schwingen verloren, auf denen er damals flog, als er jenes Buch aussann: währenddem sucht es sich seine Leser, entzündet Leben, beglückt, erschreckt, erzeugt neue Werke, wird die Seele von Vorsätzen und Handlungen – kurz: es lebt wie ein mit Geist und Seele ausgestattetes Wesen und ist doch kein Mensch. – Das glücklichste Los hat der Autor gezogen, welcher, als alter Mann, sagen kann, daß alles, was von lebenzeugenden, kräftigenden, erhebenden, aufklärenden Gedanken und Gefühlen in ihm war, in seinen Schriften noch fortlebe, und daß er selber nur noch die graue Asche bedeute, während das Feuer überallhin gerettet und weitergetragen sei. – Erwägt man nun gar, daß jede Handlung eines Menschen, nicht nur ein Buch, auf irgend eine Art Anlaß zu anderen Handlungen, Entschlüssen, Gedanken wird, daß alles, was geschieht, unlösbar fest sich mit allem, was geschehen wird, verknotet, so erkennt man die wirkliche *Unsterblichkeit,* die es gibt, die der Bewegung: was einmal bewegt hat, ist in dem Gesamtverbande alles Seienden, wie in einem Bernsteine ein Insekt, eingeschlossen und verewigt.

209

Freude im Alter. – Der Denker und ebenso der Künstler, welcher sein besseres Selbst in Werke geflüchtet hat, empfindet eine fast boshafte Freude, wenn er sieht, wie sein Leib und Geist langsam von der Zeit angebrochen und zerstört werden, als ob er aus einem Winkel einen Dieb an seinem Geldschranke arbeiten sähe, während er weiß, daß dieser leer ist und alle Schätze gerettet sind.

210

Ruhige Fruchtbarkeit. – Die geborenen Aristokraten des Geistes sind nicht zu eifrig; ihre Schöpfungen erscheinen und fallen an einem ruhigen Herbstabend vom Baume, ohne hastig begehrt, gefördert, durch Neues verdrängt zu werden. Das unablässige Schaffenwollen ist gemein und zeigt Eifersucht, Neid, Ehrgeiz an. Wenn man etwas ist, so braucht man eigentlich nichts zu machen – und tut doch sehr viel. Es gibt über dem »produktiven« Menschen noch eine höhere Gattung.

211

Achilles und Homer. – Es ist immer wie zwischen Achilles und Homer: der eine *hat* das Erlebnis, die Empfindung, der andre *beschreibt* sie. Ein wirklicher Schriftsteller gibt dem Affekt und der Erfahrung anderer nur Worte, er ist Künstler, um aus dem Wenigen, was er empfunden hat, viel zu erraten. Künstler sind keineswegs die Menschen der großen Leidenschaft, aber häufig *geben* sie sich als solche, in der unbewußten Empfindung, daß man ihrer gemalten Leidenschaft mehr traut, wenn ihr eignes Leben für ihre Erfahrung auf diesem Gebiete spricht. Man braucht sich ja nur gehen zu lassen, sich nicht zu beherrschen, seinem Zorn, seiner Begierde offenen Spielraum zu gönnen: sofort schreit alle Welt: wie leidenschaftlich ist er! Aber mit der tief wühlenden, das Individuum anzehrenden und oft verschlingenden Leidenschaft hat es etwas auf sich: wer sie erlebt, beschreibt sie gewiß nicht in Dramen, Tönen oder Romanen. Künstler sind häufig *zügellose* Individuen, soweit sie eben nicht Künstler sind: aber das ist etwas anderes.

212

Alte Zweifel über die Wirkung der Kunst. – Sollten Mitleid und Furcht wirklich, wie Aristoteles will, durch die Tragödie entladen werden, so daß der Zuhörer kälter und ruhiger nach Hause zurückkehre? Sollten Geistergeschichten weniger furchtsam und abergläubisch machen? Es ist bei einigen physischen Vorgängen, zum Beispiel bei dem Liebesgenuß, wahr, daß mit der Befriedigung eines Bedürfnisses eine Linderung und zeitweilige Herabstimmung des Triebes eintritt. Aber die Furcht und das Mitleid sind nicht in diesem Sinne Bedürfnisse bestimmter Organe, welche erleichtert werden wollen. Und auf die Dauer wird selbst jeder Trieb durch Übung in seiner Befriedigung *gestärkt,* trotz jener periodischen Linderungen. Es wäre möglich, daß Mitleid und Furcht in jedem einzelnen Falle durch die Tragödie gemildert und entladen würden: trotzdem könnten sie im ganzen durch die tragische Einwirkung überhaupt größer werden, und Plato behielte doch recht, wenn er meint, daß man durch die Tragödie insgesamt ängstlicher und rührseliger werde. Der tragische Dichter selbst würde dann notwendig eine düstere, furchtvolle Weltbetrachtung und eine weiche, reizbare, tränensüchtige Seele bekommen; auch würde es zu Platos Meinung stimmen, wenn die tragischen Dichter und ebenso die ganzen Stadtgemeinden, welche sich besonders an ihnen ergötzen, zu immer größerer Maß- und Zügellosigkeit ausarten. – Aber welches Recht hat unsre Zeit überhaupt, auf die große Frage Platos nach dem moralischen Einfluß der Kunst eine Antwort zu geben? Hätten wir selbst die Kunst – wo haben wir den Einfluß, *irgend einen* Einfluß der Kunst?

213

Freude am Unsinn. – Wie kann der Mensch Freude am Unsinn haben? Soweit nämlich auf der Welt gelacht wird, ist dies der Fall; ja man kann sagen, fast überall wo es Glück gibt, gibt es Freude am Unsinn. Das Umwerfen der Erfahrung ins Gegenteil, des Zweckmäßigen ins Zwecklose, des Notwendigen ins Beliebige, doch so, daß dieser Vorgang keinen Schaden macht und nur einmal aus Übermut vorgestellt wird, ergötzt, denn es befreit uns momentan von dem Zwange des Notwendigen, Zweckmäßigen und Erfahrungsgemäßen, in denen wir für gewöhnlich unsere unerbittlichen Herren sehn; wir spielen und lachen dann, wenn das Erwartete (das gewöhnlich bange macht und spannt) sich ohne zu schädigen entladet. Es ist die Freude der Sklaven am Saturnalienfeste.

214

Veredelung der Wirklichkeit. – Dadurch, daß die Menschen in dem aphrodisischen Triebe eine Gottheit sahen und ihn mit anbetender Dankbarkeit in sich wirkend fühlten, ist im Verlaufe der Zeit jener Affekt mit höheren Vorstellungsreihen durchzogen und dadurch tatsächlich sehr veredelt worden. So haben sich einige Völker, vermöge dieser Kunst des Idealisierens, aus Krankheiten große Hilfsmächte der Kultur geschaffen: zum Beispiel die Griechen, welche in früheren Jahrhunderten an großen Nerven-Epidemien (in der Art der Epilepsie und des Veitstanzes) litten und daraus den herrlichen Typus der Bacchantin herausgebildet haben. – Die Griechen besaßen nämlich nichts weniger als eine vierschrötige Gesundheit; – ihr Geheimnis war, auch die Krankheit, wenn sie nur *Macht* hatte, als Gott zu verehren.

215

Musik. – Die Musik ist nicht an und für sich so bedeutungsvoll für unser Innres, so tief erregend, daß sie als *unmittelbare* Sprache des Gefühls gelten dürfte; sondern ihre uralte Verbindung mit der Poesie hat so viel Symbolik in die rhythmische Bewegung, in Stärke und Schwäche des Tones gelegt, daß wir jetzt *wähnen,* sie spräche direkt zum Innern und käme aus dem Innern. Die dramatische Musik ist erst möglich, wenn sich die Tonkunst ein ungeheures Bereich symbolischer Mittel erobert hat, durch Lied, Oper und hundertfältige Versuche der Tonmalerei. Die »absolute Musik« ist entweder Form an sich, im rohen Zustand der Musik, wo das Erklingen in Zeitmaß und verschiedener Stärke überhaupt Freude macht, oder die ohne Poesie schon zum Verständnis redende Symbolik der Formen, nachdem in langer Entwicklung beide Künste verbunden waren und endlich die musikalische Form ganz mit Begriffs- und Gefühlsfäden durchsponnen ist. Menschen, welche in der Entwicklung der Musik zurückgeblieben sind, können dasselbe Tonstück rein formalistisch empfinden, wo die Fortgeschrittenen alles symbolisch verstehen. An sich ist keine Musik tief und bedeutungsvoll, sie spricht nicht vom »Willen«, vom »Dinge an sich«; das konnte der Intellekt erst in einem Zeitalter wähnen, welches den ganzen Umfang des inneren Lebens für die musikalische Symbolik erobert hatte. Der Intellekt selber hat diese Bedeutsamkeit erst in den Klang *hineingelegt*: wie er in die Verhältnisse von Linien und Massen bei der Architektur ebenfalls Bedeutsamkeit gelegt hat, welche aber an sich den mechanischen Gesetzen ganz fremd ist.

216

Gebärde und Sprache. – Älter als die Sprache ist das Nachmachen von Gebärden, welches unwillkürlich vor sich geht und jetzt noch, bei einer allgemeinen Zurückdrängung der Gebärdensprache und gebildeten Beherrschung der Muskeln, so stark ist, daß wir ein bewegtes Gesicht nicht ohne Innervation unseres Gesichts ansehen können (man kann beobachten, daß fingiertes Gähnen bei einem, der es sieht, natürliches Gähnen hervorruft). Die nachgeahmte Gebärde leitete den, der nachahmte, zu der Empfindung zurück, welche sie im Gesicht oder Körper des Nachgeahmten ausdrückte. So lernte man sich verstehn: so lernt noch das Kind die Mutter verstehn. Im allgemeinen mögen schmerzhafte Empfindungen wohl auch durch Gebärden ausgedrückt worden sein, welche Schmerz ihrerseits verursachen (zum Beispiel durch Haarausraufen, Die-Brust-schlagen, gewaltsame Verzerrungen und Anspannungen der Gesichtsmuskeln). Umgekehrt: Gebärden der Lust waren selber lustvoll und eigneten sich dadurch leicht zum Mitteilen des Verständnisses (Lachen als Äußerung des Gekitzeltwerdens, welches lustvoll ist, diente wiederum zum Ausdruck anderer lustvoller Empfindungen). – Sobald man sich in Gebärden verstand, konnte wiederum eine *Symbolik der Gebärde* entstehen: ich meine, man konnte über eine Tonzeichensprache sich verständigen, so zwar, daß man zuerst Ton *und* Gebärde (zu der er symbolisch hinzutrat), später nur den Ton hervorbrachte. – Es scheint sich da in früher Zeit dasselbe oftmals ereignet zu haben, was jetzt vor unseren Augen und Ohren in der Entwicklung der Musik, namentlich der dramatischen Musik, vor sich geht: während zuerst die Musik, ohne erklärenden Tanz und Mimus (Gebärdensprache), leeres Geräusch ist, wird durch lange Gewöhnung an jenes Nebeneinander von Musik und Bewegung das Ohr zur sofortigen Ausdeutung der Tonfiguren eingeschult und kommt endlich auf eine Höhe des schnellen Verständnisses, wo es der sichtbaren Bewegung gar nicht mehr bedarf und den Tondichter ohne dieselbe *versteht*. Man redet dann von absoluter Musik, das heißt von Musik, in der alles ohne weitere Beihilfe sofort symbolisch verstanden wird.

217

Die Entsinnlichung der höheren Kunst. – Unsere Ohren sind, vermöge der außerordentlichen Übung des Intellekts durch die Kunstentwicklung der neuen Musik, immer intellektualer geworden. Deshalb ertragen wir jetzt viel größere Tonstärke, viel mehr »Lärm«, weil wir viel besser eingeübt sind, auf die *Vernunft in ihm* hinzuhorchen, als unsere Vorfahren. Tatsächlich sind nun alle unsere Sinne eben dadurch, daß sie immer gleich nach der Vernunft, also nach dem »es bedeutet« und nicht mehr nach dem »es ist« fragen, etwas abgestumpft worden: wie sich eine solche Abstumpfung zum Beispiel in der unbedingten Herrschaft der Temperatur der Töne verrät; denn jetzt gehören Ohren, welche die feineren Unterscheidungen, zum Beispiel zwischen cis und des, noch machen, zu den Ausnahmen. In dieser Hinsicht ist unser Ohr vergröbert worden. Sodann ist die häßliche, den Sinnen ursprünglich feindselige Seite der Welt für die Musik erobert worden; ihr Machtbereich namentlich zum Ausdruck des Erhabenen, Furchtbaren, Geheimnisvollen hat sich damit erstaunlich erweitert: unsere Musik bringt jetzt Dinge zum Reden, welche früher keine Zunge hatten. In ähnlicher Weise haben einige Maler das Auge intellektualer gemacht und sind weit über das hinausgegangen, was man früher Farben- und Formenfreude nannte. Auch hier ist die ursprünglich als häßlich geltende Seite der Welt vom künstlerischen Verstande erobert worden. – Was ist von alledem die Konsequenz? Je gedankenfähiger Auge und Ohr werden, um so mehr kommen sie an die Grenze, wo sie unsinnlich werden: die Freude wird ins Gehirn verlegt, die Sinnesorgane selbst werden stumpf und schwach, das Symbolische tritt immer mehr an Stelle des Seienden – und so gelangen wir auf diesem Wege so sicher zur Barbarei, wie auf irgend einem anderen. Einstweilen heißt es noch: die Welt ist häßlicher als je, aber sie *bedeutet* eine schönere Welt, als je gewesen. Aber je mehr der Ambraduft der Bedeutung sich zerstreut und verflüchtigt, um so seltener werden die, welche ihn noch wahrnehmen: und die übrigen bleiben endlich bei dem Häßlichen stehen und suchen es direkt zu genießen, was ihnen aber immer mißlingen muß. So gibt es in Deutschland eine doppelte Strömung der musikalischen Entwicklung: hier eine Schar von Zehntausend mit immer höheren zarteren Ansprüchen und immer mehr nach dem »es bedeutet« hinhörend, und dort die ungeheure Überzahl, welche alljährlich immer unfähiger wird, das Bedeutende auch in der Form der sinnlichen Häßlichkeit zu verstehen und deshalb nach dem an sich Häßlichen und Ekelhaften, das heißt dem niedrig Sinnlichen in der Musik mit immer mehr Behagen greifen lernt.

218

Der Stein ist mehr Stein als früher. – Wir verstehen im allgemeinen Architektur nicht mehr, wenigstens lange nicht in der Weise, wie wir Musik verstehen. Wir sind aus der Symbolik der Linien und Figuren herausgewachsen, wie wir der Klangwirkungen der Rhetorik entwöhnt sind, und haben diese Art von Muttermilch der Bildung nicht mehr vom ersten Augenblick unseres Lebens an eingesogen. An einem griechischen oder christlichen Gebäude bedeutete ursprünglich alles etwas, und zwar in Hinsicht auf eine höhere Ordnung der Dinge: diese Stimmung einer unausschöpflichen Bedeutsamkeit lag um das Gebäude gleich einem zauberhaften Schleier. Schönheit kam nur nebenbei in das System hinein, ohne die Grundempfindung des Unheimlich-Erhabenen, des durch Götternähe und Magie Geweihten wesentlich zu beeinträchtigen; Schönheit *milderte* höchstens das *Grauen* — aber dieses Grauen war überall die Voraussetzung. — Was ist uns jetzt die Schönheit eines Gebäudes? Dasselbe wie das schöne Gesicht einer geistlosen Frau: etwas Maskenhaftes.

219

Religiöse Herkunft der neueren Musik. — Die seelenvolle Musik entsteht in dem wiederhergestellten Katholizismus nach dem Tridentiner Konzil, durch Palestrina, welcher dem neuerwachten innigen und tiefbewegten Geiste zum Klange verhalf; später, mit Bach, auch im Protestantismus, soweit dieser durch die Pietisten vertieft und von seinem ursprünglichen dogmatischen Grundcharakter losgebunden worden war. Voraussetzung und notwendige Vorstufe für beide Entstehungen ist die Befassung mit Musik, wie sie dem Zeitalter der Renaissance und Vor-Renaissance zu eigen war, namentlich jene gelehrte Beschäftigung mit Musik, jene im Grunde wissenschaftliche Lust an den Kunststücken der Harmonik und Stimmführung. Andererseits mußte auch die Oper vorhergegangen sein: in welcher der Laie seinen Protest gegen eine zu gelehrt gewordene kalte Musik zu erkennen gab und der Polyhymnia wieder eine Seele schenken wollte. — Ohne jene tiefreligiöse Umstimmung, ohne das Ausklingen des innerlichst erregten Gemütes wäre die Musik gelehrt oder opernhaft geblieben; der Geist der Gegenreformation ist der Geist der modernen Musik (denn jener Pietismus in Bachs Musik ist auch eine Art Gegenreformation). So tief sind wir dem religiösen Leben verschuldet. – Die Musik war die *Gegenrenaissance* im Gebiete der Kunst; zu ihr gehört die spätere Malerei der Caracci und Caravaggi, zu ihr vielleicht auch der Barockstil: mehr jedenfalls als die Architektur der Renaissance oder des Altertums. Und noch jetzt dürfte man fragen: wenn unsre neuere Musik die Steine bewegen könnte, würde sie diese zu einer antiken Architektur zusammensetzen? Ich zweifle sehr. Denn das, was in dieser Musik regiert, der Affekt, die Lust an erhöhten, weitgespannten Stimmungen, das Lebendig-werden-wollen um jeden Preis, der rasche Wechsel der Empfindung, die starke Reliefwirkung in Licht und Schatten, die Nebeneinanderstellung der Ekstase und des Naiven, – das hat alles schon einmal in den bildenden Künsten regiert und neue Stilgesetze geschaffen: – es war aber weder im Altertum noch in der Zeit der Renaissance.

220

Das Jenseits in der Kunst. – Nicht ohne tiefen Schmerz gesteht man sich ein, daß die Künstler aller Zeiten in ihrem höchsten Aufschwunge gerade jene Vorstellungen zu einer himmlischen Verklärung hinaufgetragen haben, welche wir jetzt als falsch erkennen: sie sind die Verherrlicher der religiösen und philosophischen Irrtümer der Menschheit, und sie hätten dies nicht sein können ohne den Glauben an die absolute Wahrheit derselben. Nimmt nun der Glaube an eine solche Wahrheit überhaupt ab, verblassen die Regenbogenfarben um die äußersten Enden des menschlichen Erkennens und Wähnens: so kann jene Gattung von Kunst nie wieder aufblühen, welche, wie die divina commedia, die Bilder Raffaels, die Fresken Michelangelos, die gotischen Münster, nicht nur eine kosmische, sondern auch eine metaphy-

sische Bedeutung der Kunstobjekte voraussetzt. Es wird eine rührende Sage daraus werden, daß es eine solche Kunst, einen solchen Künstlerglauben gegeben habe.

221

Die Revolution in der Poesie. – Der strenge Zwang, welchen sich die
französischen Dramatiker auferlegten in Hinsicht auf Einheit der
Handlung, des Ortes und der Zeit, auf Stil, Vers- und Satzbau, Auswahl der Worte und Gedanken, war eine so wichtige Schule, wie
die des Kontrapunkts und der Fuge in der Entwicklung der modernen Musik oder wie die Gorgianischen Figuren in der griechischen Beredsamkeit. Sich so zu binden kann absurd erscheinen;
trotzdem gibt es kein anderes Mittel, um aus dem Naturalisieren
herauszukommen, als sich zuerst auf das Allerstärkste (vielleicht
Allerwillkürlichste) zu beschränken. Man lernt so allmählich mit
Grazie selbst auf den schmalen Stegen schreiten, welche schwin-
delnde Abgründe überbrücken, und bringt die höchste Geschmeidigkeit der Bewegung als Ausbeute mit heim: wie die Geschichte
der Musik vor den Augen aller Jetztlebenden beweist. Hier sieht
man, wie Schritt vor Schritt die Fesseln lockerer werden, bis sie
endlich ganz abgeworfen scheinen können: dieser *Schein* ist das
höchste Ergebnis einer notwendigen Entwicklung in der Kunst.
In der modernen Dichtkunst gab es keine so glückliche allmähliche Herauswicklung aus den selbstgelegten Fesseln. Lessing machte die französische Form, das heißt die einzige moderne Kunst-
form, zum Gespött in Deutschland und verwies auf Shakespeare;
und so verlor man die Stetigkeit jener Entfesselung und machte
einen Sprung in den Naturalismus – das heißt in die Anfänge der
Kunst zurück. Aus ihm versuchte sich Goethe zu retten, indem er
sich immer von neuem wieder auf verschiedene Art zu binden
wußte; aber auch der Begabteste bringt es nur zu einem fortwährenden Experimentieren, wenn der Faden der Entwicklung einmal abgerissen ist. Schiller verdankt die ungefähre Sicherheit sei-

ner Form dem unwillkürlich verehrten, wenn auch verleugneten Vorbilde der französischen Tragödie und hielt sich ziemlich unabhängig von Lessing (dessen dramatische Versuche er bekanntlich ablehnte). Den Franzosen selber fehlten nach Voltaire auf einmal die großen Talente, welche die Entwicklung der Tragödie aus dem Zwange zu jenem Scheine der Freiheit fortgeführt hätten; sie machten später nach deutschem Vorbilde auch den Sprung in eine Art von Rousseauschem Naturzustand der Kunst und experimentierten. Man lese nur von Zeit zu Zeit Voltaires Mahomet, um sich klar vor die Seele zu stellen, was durch jenen Abbruch der Tradition ein für allemal der europäischen Kultur verlorengegangen ist. Voltaire war der letzte der großen Dramatiker, welcher seine vielgestaltige, auch den größten tragischen Gewitterstürmen gewachsene Seele durch griechisches Maß bändigte, – er vermochte das, was noch kein Deutscher vermochte, weil die Natur des Franzosen der griechischen viel verwandter ist als die Natur des Deutschen –; wie er auch der letzte große Schriftsteller war, der in der Behandlung der Prosa-Rede griechisches Ohr, griechische Künstler-Gewissenhaftigkeit, griechische Schlichtheit und Anmut hatte; ja wie er einer der letzten Menschen gewesen ist, welche die höchste Freiheit des Geistes und eine schlechterdings unrevolutionäre Gesinnung in sich vereinigen können, ohne inkonsequent und feige zu sein. Seitdem ist der moderne Geist mit seiner Unruhe, seinem Haß gegen Maß und Schranke, auf allen Gebieten zur Herrschaft gekommen, zuerst entzügelt durch das Fieber der Revolution und dann wieder sich Zügel anlegend, wenn ihn Angst und Grauen vor sich selber anwandelte, – aber die Zügel der Logik, nicht mehr des künstlerischen Maßes. Zwar genießen wir durch jene Entfesselung eine Zeitlang die Poesien aller Völker, alles an verborgenen Stellen Aufgewachsene, Urwüchsige, Wildblühende, Wunderlich-Schöne und Riesenhaft-Unregelmäßige, vom Volksliede an bis zum »großen Barbaren« Shakespeare hinauf; wir schmecken die Freuden der Lokalfarbe und des Zeitkostüms, die allen künstlerischen Völkern bisher fremd waren; wir benutzen reichlich die »barbarischen Avantagen« unserer Zeit, welche Goethe gegen Schiller geltend machte, um die Formlosigkeit seines Faust in das günstigste Licht zu stellen. Aber auf wie lange noch? Die hereinbrechende Flut von Poesien aller Stile aller Völker *muß* ja allmählich das Erdreich hinwegschwemmen, auf dem ein stilles verborgenes Wachstum noch möglich gewesen wäre; alle Dichter *müssen* ja experimentierende Nachahmer, wagehalsige Kopisten werden, mag ihre Kraft von Anbeginn noch so groß sein; das Publikum endlich, welches verlernt hat, in der *Bändigung* der darstellenden Kraft, in der organisierenden Bewältigung aller Kunstmittel die eigentliche künstlerische Tat zu sehn, *muß* immer mehr die Kraft um der Kraft willen, die Farbe um der Farbe willen, den Gedanken um des Gedankens willen, die Inspiration um der Inspiration willen schätzen, es wird demgemäß die Elemente und Bedingungen des Kunstwerks gar nicht, wenn nicht *isoliert,* genießen und zu guter Letzt die natürliche Forderung stellen, daß der Künstler sie ihm auch isoliert darreichen *müsse.* Ja, man hat die »unvernünftigen« Fesseln der französisch-griechischen Kunst abgeworfen, aber unvermerkt sich daran gewöhnt, alle Fesseln, alle Beschränkung unvernünftig zu finden; und so bewegt sich die Kunst ihrer *Auflösung* entgegen und streift dabei – was freilich höchst belehrend ist – alle Phasen ihrer Anfänge, ihrer Kindheit, ihrer Unvollkommenheit, ihrer einstmaligen Wagnisse und Ausschreitungen: sie interpretiert, im Zugrundegehen, ihre Entstehung, ihr Werden. Einer der Großen, auf dessen Instinkt man sich wohl verlassen kann und dessen Theorie nichts weiter als ein dreißig Jahre *Mehr* von Praxis fehlte, – Lord Byron hat einmal ausgesprochen: »Was die Poesie im allgemeinen anlangt, so bin ich, je mehr ich darüber nachdenke, immer fester der Überzeugung, daß wir allesamt auf dem falschen Wege sind, einer wie der andere. Wir folgen alle einem innerlich falschen revolutionären System – unsere oder die nächste Generation wird doch zu derselben Überzeugung gelangen.« Es ist dies derselbe Byron, welcher sagt: »Ich betrachte Shakespeare als das schlechteste Vorbild, wenn auch als den außerordentlichsten Dichter.« Und sagt im Grunde Goethes gereifte künstlerische Einsicht aus der zweiten Hälfte seines Lebens nicht genau dasselbe? – jene Einsicht, mit welcher er einen solchen Vorsprung über eine Reihe von Generationen gewann, daß man im großen ganzen behaupten kann, Goethe habe noch gar nicht gewirkt und seine Zeit werde erst kommen? Gerade weil seine Natur ihn lange Zeit in der Bahn der poetischen Revolution festhielt, gerade weil er am gründlichsten auskostete, was alles indirekt durch jenen Abbruch der Tradition an neuen Funden, Aussichten, Hilfsmitteln entdeckt und gleichsam unter den Ruinen der Kunst ausgegraben worden war, so wiegt seine spätere Umwandlung und Bekehrung so viel: sie bedeutet, daß er das tiefste Verlangen empfand, die Tradition der Kunst wiederzugewinnen und den stehengebliebenen Trümmern und Säulengängen des Tempels mit der Phantasie des Auges wenigstens die alte Vollkommenheit und Ganzheit anzudichten, wenn die Kraft des Armes sich viel zu schwach erweisen sollte, zu bauen, wo so ungeheure Gewalten schon zum Zerstören nötig waren. So lebte er in der Kunst als in der Erinnerung an die wahre Kunst: sein Dichten war zum Hilfsmittel der Erinnerung, des Verständnisses alter längst entrückter Kunstzeiten geworden. Seine Forderungen waren zwar in Hinsicht auf die Kraft des neuen Zeitalters unerfüllbar; der Schmerz darüber wurde aber reichlich durch die Freude aufgewogen, daß sie einmal erfüllt *gewesen* sind und daß auch wir noch an dieser Erfüllung teilnehmen können. Nicht Individuen, sondern mehr oder weniger idealische Masken; keine Wirklichkeit, sondern eine allegorische Allgemeinheit; Zeitcharaktere, Lokalfarben zum fast Unsichtbaren abgedämpft und mythisch gemacht; das gegenwärtige Empfinden und die Probleme der gegenwärtigen Gesellschaft auf die einfachsten Formen zusammengedrängt, ihrer reizenden, spannenden, pathologischen Eigenschaften entkleidet, in jedem andern als dem artistischen Sinn *wirkungslos* gemacht; keine neuen Stoffe und Charaktere, sondern die alten, längstgewohnten in immerfort während Neubeseelung und Umbildung: das ist die Kunst, so wie sie Goethe später *verstand,* so wie sie die Griechen, ja auch die Franzosen übten.

222

Was von der Kunst übrigbleibt. – Es ist wahr, bei gewissen metaphysischen Voraussetzungen hat die Kunst viel größeren Wert, zum Beispiel wenn der Glaube gilt, daß der Charakter unveränderlich sei und das Wesen der Welt sich in allen Charakteren und Handlungen fortwährend ausspreche: da wird das Werk des Künstlers zum Bild des *ewig Beharrenden,* während für unsere Auffassung der Künstler seinem Bilde immer nur Gültigkeit für eine Zeit geben kann, weil der Mensch im ganzen geworden und wandelbar und selbst der einzelne Mensch nichts Festes und Beharrendes ist. – Ebenso steht es bei einer andern metaphysischen Voraussetzung: gesetzt, daß unsere sichtbare Welt nur Erscheinung wäre, wie es die Metaphysiker annehmen, so käme die Kunst der wirklichen Welt ziemlich nahe zu stehen: denn zwischen der Erscheinungswelt und der Traumbild-Welt des Künstlers gäbe es dann gar zu viel Ähnliches; und die übrigbleibende Verschiedenheit stellte sogar die Bedeutung der Kunst höher als die Bedeutung der Natur, weil die Kunst das Gleichförmige, die Typen und Vorbilder der Natur darstellte. – Jene Voraussetzungen sind aber falsch: welche Stellung bleibt nach dieser Erkenntnis jetzt noch der Kunst? Vor allem hat sie durch Jahrtausende hindurch gelehrt, mit Interesse und Lust auf das Leben in jeder Gestalt zu sehen und unsere Empfindung so weit zu bringen, daß wir endlich rufen: »wie es auch sei, das Leben, es ist gut!« Diese Lehre der Kunst, Lust am Dasein zu haben und das Menschenleben wie ein Stück Natur, ohne zu heftige Mitbewegung, als Gegenstand gesetzmäßiger Entwicklung anzusehen, – diese Lehre ist in uns hineingewachsen, sie kommt jetzt als allgewaltiges Bedürfnis des Erkennens wieder ans Licht. Man könnte die Kunst aufgeben, würde aber damit nicht die von ihr gelernte Fähigkeit einbüßen: ebenso wie man die Religion aufgegeben hat, nicht aber die durch sie erworbenen Gemüts-Steigerungen und -Erhebungen. Wie die bildende Kunst und die Musik der Maßstab des durch die Religion wirklich erworbenen und hinzugewonnenen Gefühls Reichtums ist, so würde nach einem Verschwinden der Kunst die von ihr gepflanzte Intensität und Vielartigkeit der Lebensfreude immer noch Befriedigung fordern. Der wissenschaftliche Mensch ist die Weiterentwicklung des künstlerischen.

223

Abendröte der Kunst. – Wie man sich im Alter der Jugend erinnert und Gedächtnisfeste feiert, so steht bald die Menschheit zur Kunst im Verhältnis einer *rührenden Erinnerung* an die Freuden der Jugend. Vielleicht daß niemals früher die Kunst so tief und seelenvoll erfaßt wurde wie jetzt, wo die Magie des Todes dieselbe zu umspielen scheint. Man denke an jene griechische Stadt in Unteritalien, welche an einem Tage des Jahres noch ihre griechischen Feste feierte, unter Wehmut und Tränen darüber, daß immer mehr die ausländische Barbarei über ihre mitgebrachten Sitten triumphiere; niemals hat man wohl das Hellenische so genossen, nirgendswo diesen goldenen Nektar mit solcher Wollust geschlürft als unter diesen absterbenden Hellenen. Den Künstler wird man bald als ein herrliches Überbleibsel ansehen und ihm, wie einem wunderbaren Fremden, an dessen Kraft und Schönheit das Glück früherer Zeiten hing, Ehren erweisen, wie wir sie nicht leicht Unsersgleichen gönnen. Das beste an uns ist vielleicht aus Empfindungen früherer Zeiten vererbt, zu denen wir jetzt auf unmittelbarem Wege kaum mehr kommen können; die Sonne ist schon hinuntergegangen, aber der Himmel unseres Lebens glüht und leuchtet noch von ihr her, ob wir sie schon nicht mehr sehen.

FÜNFTES HAUPTSTÜCK

ANZEICHEN HÖHERER UND
NIEDERER KULTUR

224

Veredelung durch Entartung. – Aus der Geschichte ist zu lernen, daß *der* Stamm eines Volkes sich am besten erhält, in dem die meisten Menschen lebendigen Gemeinsinn infolge der Gleichheit ihrer gewohnten und undiskutierbaren Grundsätze, also infolge ihres gemeinsamen Glaubens haben. Hier erstarkt die gute, tüchtige Sitte, hier wird die Unterordnung des Individuums gelernt und dem Charakter Festigkeit schon als Angebinde gegeben und nachher noch anerzogen. Die Gefahr dieser starken, auf gleichartige charaktervolle Individuen gegründeten Gemeinwesen ist die allmählich durch Vererbung gesteigerte Verdummung, welche nun einmal aller Stabilität wie ihr Schatten folgt. Es sind die ungebundeneren, viel unsichereren und moralisch schwächeren Individuen, an denen das *geistige Fortschreiten* in solchen Gemeinwesen hängt: es sind die Menschen, die neues und überhaupt vielerlei versuchen. Unzählige dieser Art gehen, ihrer Schwäche wegen, ohne sehr ersichtliche Wirkung zugrunde; aber im allgemeinen, zumal wenn sie Nachkommen haben, lockern sie auf und bringen von Zeit zu Zeit dem stabilen Elemente eines Gemeinwesens eine Wunde bei. Gerade an dieser wunden und schwach gewordenen Stelle wird dem gesamten Wesen etwas Neues gleichsam *inokuliert;* seine Kraft im ganzen muß aber stark genug sein, um dieses Neue in sein Blut aufzunehmen und sich zu assimilieren. Die abartenden Naturen sind überall da von höchster Bedeutung, wo ein Fortschritt erfolgen soll. Jedem Fortschritt im großen muß eine teilweise Schwächung vorhergehen. Die stärksten Naturen *halten* den Typus *fest,* die schwächeren helfen ihn *fortbilden.* – Etwas Ähnliches ergibt sich für den einzelnen Menschen; selten ist eine Entartung, eine Verstümmelung, selbst ein Laster und überhaupt eine körperliche oder sittliche Einbuße ohne einen Vorteil auf einer andern Seite. Der kränkere Mensch zum Beispiel wird vielleicht, inmitten eines kriegerischen und unruhigen Stammes, mehr Veranlassung haben, für sich zu sein und dadurch ruhiger und weiser zu werden, der Einäugige wird ein stärkeres Auge haben, der Blinde wird tiefer ins Innere schauen und jedenfalls schärfer hören. Insofern scheint mir der berühmte Kampf ums Dasein nicht der einzige Gesichtspunkt zu sein, aus dem das Fortschreiten oder Stärkerwerden eines Menschen, einer Rasse erklärt werden kann. Vielmehr muß zweierlei zusammenkommen: einmal die Mehrung der stabilen Kraft durch Bindung der Geister im Glauben und Gemeingefühl; sodann die Möglichkeit zu höheren Zielen zu gelangen dadurch, daß entartende Naturen und, infolge derselben, teilweise Schwächungen und Verwundungen der stabilen Kraft vorkommen; gerade die schwächere Natur, als die zartere und feinere, macht alles Fortschreiten überhaupt möglich. Ein Volk, das irgendwo anbröckelt und schwach wird, aber im ganzen noch stark und gesund ist, vermag die Infektion des Neuen aufzunehmen und sich zum Vorteil einzuverleiben. Bei dem einzelnen Menschen lautet die Aufgabe der Erziehung so: ihn so fest und sicher hinzustellen, daß er als Ganzes gar nicht mehr aus seiner Bahn abgelenkt werden kann. Dann aber hat der Erzieher ihm Wunden beizubringen oder die Wunden, welche das Schicksal ihm schlägt, zu benutzen, und wenn so der Schmerz und das Bedürfnis entstanden sind, so kann auch in die verwundeten Stellen etwas Neues und Edles inokuliert werden. Seine gesamte Natur wird es in sich hineinnehmen und später, in ihren Früchten, die Veredelung spüren lassen. – Was den Staat betrifft, so sagt Macchiavelli, daß »die Form der Regierungen von sehr geringer Bedeutung ist, obgleich halbgebildete Leute anders denken. Das große Ziel der Staatskunst sollte *Dauer* sein, welche alles andere aufwiegt, indem sie weit wertvoller ist als Freiheit«. Nur bei sicher begründeter und verbürgter größter Dauer ist stetige Entwicklung und veredelnde Inokulation überhaupt möglich. Freilich wird gewöhnlich die gefährliche Genossin aller Dauer, die Autorität, sich dagegen wehren.

225

Freigeist ein relativer Begriff. – Man nennt den einen Freigeist, welcher anders denkt, als man von ihm auf Grund seiner Herkunft, Umgebung, seines Standes und Amtes oder auf Grund der herrschenden Zeitansichten erwartet. Er ist die Ausnahme, die gebundenen Geister sind die Regel; diese werfen ihm vor, daß seine freien Grundsätze ihren Ursprung entweder in der Sucht aufzufallen haben, oder gar auf freie Handlungen, das heißt auf solche, welche mit der gebundenen Moral unvereinbar sind, schließen lassen. Bisweilen sagt man auch, diese oder jene freien Grundsätze seien aus Verschrobenheit und Überspanntheit des Kopfes herzuleiten; doch spricht so nur die Bosheit, welche selber an das nicht glaubt, was sie sagt, aber damit schaden will: denn das Zeugnis für die größere Güte und Schärfe seines Intellekts ist dem Freigeist gewöhnlich ins Gesicht geschrieben, so lesbar, daß es die gebundenen Geister gut genug verstehen. Aber die beiden andern Ableitungen der Freigeisterei sind redlich gemeint; in der Tat entstehen auch viele Freigeister auf die eine oder die andere Art. Deshalb könnten aber die Sätze, zu denen sie auf jenen Wegen gelangten, doch wahrer und zuverlässiger sein als die der gebundenen Geister. Bei der Erkenntnis der Wahrheit kommt es darauf an, daß man sie *hat,* nicht darauf, aus welchem Antriebe man sie gesucht, auf welchem Wege man sie gefunden hat. Haben die Freigeister recht, so haben die gebundenen Geister unrecht, gleichgültig, ob die ersteren aus Unmoralität zur Wahrheit

gekommen sind, die anderen aus Moralität bisher an der Unwahrheit festgehalten haben. – Übrigens gehört es nicht zum
Wesen des Freigeistes, daß er richtigere Ansichten hat, sondern
vielmehr, daß er sich von dem Herkömmlichen gelöst hat, sei es
mit Glück oder mit einem Mißerfolg. Für gewöhnlich wird er
aber doch die Wahrheit oder mindestens den Geist der Wahr-
heitsforschung auf seiner Seite haben: er fordert Gründe, die anderen Glauben.

226

Herkunft des Glaubens. – Der gebundene Geist nimmt seine Stellung nicht aus Gründen ein, sondern aus Gewöhnung; er ist zum
Beispiel Christ, nicht weil er die Einsicht in die verschiedenen
Religionen und die Wahl zwischen ihnen gehabt hätte; er ist
Engländer, nicht weil er sich für England entschieden hat, sondern er fand das Christentum und das Engländertum vor und
nahm sie an ohne Gründe, wie jemand, der in einem Weinlande
geboren wurde, ein Weintrinker wird. Später, als er Christ und
Engländer war, hat er vielleicht auch einige Gründe zugunsten
seiner Gewöhnung ausfindig gemacht; man mag diese Gründe
umwerfen, damit wirft man ihn in seiner ganzen Stellung nicht
um. Man nötige zum Beispiel einen gebundenen Geist, seine
Gründe gegen die Bigamie vorzubringen, dann wird man erfahren, ob sein heiliger Eifer für die Monogamie auf Gründen oder
auf Angewöhnung beruht. Angewöhnung geistiger Grundsätze
ohne Gründe nennt man *Glauben.*

227

Aus den Folgen auf Grund und Ungrund zurückgeschlossen. – Alle
Staaten und Ordnungen der Gesellschaft: die Stände, die Ehe, die
Erziehung, das Recht, alles dies hat seine Kraft und Dauer allein
in dem Glauben der gebundenen Geister an sie – also in der Abwesenheit der Gründe, mindestens in der Abwehr des Fragens

nach Gründen. Das wollen die gebundenen Geister nicht gern zugeben und sie fühlen wohl, daß es ein pudendum ist. Das Christentum, das sehr unschuldig in seinen intellektuellen Einfällen war, merkte von diesem pudendum nichts, forderte Glauben und nichts als Glauben und wies das Verlangen nach Gründen mit Leidenschaft ab; es zeigte auf den Erfolg des Glaubens hin: ihr werdet den Vorteil des Glaubens schon spüren, deutete es an, ihr sollt durch ihn selig werden. Tatsächlich verfährt der Staat ebenso, und jeder Vater erzieht in gleicher Weise seinen Sohn: halte dies nur für wahr, sagt er, du wirst spüren, wie gut dies tut. Dies bedeutet aber, daß aus dem persönlichen *Nutzen,* den eine Meinung einträgt, ihre *Wahrheit* erwiesen werden soll; die Zuträglichkeit einer Lehre soll für die intellektuelle Sicherheit und Begründetheit Gewähr leisten. Es ist dies so, wie wenn der Angeklagte vor Gericht spräche: mein Verteidiger sagt die ganze Wahrheit, denn seht nur zu, was aus seiner Rede folgt: ich werde freigesprochen. – Weil die gebundenen Geister ihre Grundsätze ihres Nutzens wegen haben, so vermuten sie auch beim Freigeist, daß er mit seinen Ansichten ebenfalls seinen Nutzen suche und nur das für wahr halte, was ihm gerade frommt. Da ihm aber das Entgegengesetzte von dem zu nützen scheint, was seinen Landes- oder Standesgenossen nützt, so nehmen diese an, daß seine Grundsätze *ihnen gefährlich* sind; sie sagen oder fühlen: er darf nicht recht haben, denn er ist uns schädlich.

228

Der starke, gute Charakter. – Die Gebundenheit der Ansichten, durch Gewöhnung zum Instinkt geworden, führt zu dem, was man Charakterstärke nennt. Wenn jemand aus wenigen, aber immer aus den gleichen Motiven handelt, so erlangen seine Handlungen eine große Energie; stehen diese Handlungen im Einklange mit den Grundsätzen der gebundenen Geister, so werden sie anerkannt und erzeugen nebenbei in dem, der sie tut, die Empfindung des guten Gewissens. Wenige Motive, energisches Handeln und gutes Gewissen machen das aus, was man Charakterstärke nennt. Dem Charakterstarken fehlt die Kenntnis der vielen Möglichkeiten und Richtungen des Handelns; sein Intellekt ist unfrei, gebunden, weil er ihm in einem gegebenen Falle vielleicht nur zwei Möglichkeiten zeigt; zwischen diesen muß er jetzt, gemäß seiner ganzen Natur, mit Notwendigkeit wählen, und er tut dies leicht und schnell, weil er nicht zwischen fünfzig Möglichkeiten zu wählen hat. Die erziehende Umgebung will jeden Menschen unfrei machen, indem sie ihm immer die geringste Zahl von Möglichkeiten vor Augen stellt. Das Individuum wird von seinen Erziehern behandelt, als ob es zwar etwas Neues sei, aber eine *Wiederholung* werden solle. Erscheint der Mensch zunächst als etwas Unbekanntes, nie Dagewesenes, so soll er zu etwas Bekanntem, Dagewesenem gemacht werden. Einen guten Charakter nennt man an einem Kinde das Sichtbarwerden der Gebundenheit durch das Dagewesene; indem das Kind sich auf die Seite der gebundenen Geister stellt, bekundet es zuerst seinen erwachenden Gemeinsinn; auf der Grundlage dieses Gemeinsinns aber wird es später seinem Staate oder Stande nützlich.

229

Maß der Dinge bei den gebundenen Geistern. – Von vier Gattungen der Dinge sagen die gebundenen Geister, sie seien im Rechte. Erstens: alle Dinge, welche Dauer haben, sind im Recht; zweitens: alle Dinge, welche uns nicht lästig fallen, sind im Recht; drittens: alle Dinge, welche uns Vorteil bringen, sind im Recht; viertens: alle Dinge, für welche wir Opfer gebracht haben, sind im Recht. Letzteres erklärt zum Beispiel, weshalb ein Krieg, der wider Willen des Volkes begonnen wurde, mit Begeisterung fortgeführt wird, sobald erst Opfer gebracht sind. – Die Freigeister, welche ihre Sache vor dem Forum der gebundenen Geister führen, haben nachzuweisen, daß es immer Freigeister gegeben hat, also daß die Freigeisterei Dauer hat, sodann, daß sie nicht lästig fallen wollen, und endlich, daß sie den gebundenen Geistern im ganzen Vorteil bringen; aber weil sie von diesem Letzten die gebundenen Geister nicht überzeugen können, nützt es ihnen nichts, den ersten und zweiten Punkt bewiesen zu haben.

230

Esprit fort. – Verglichen mit dem, welcher das Herkommen auf seiner Seite hat und keine Gründe für sein Handeln braucht, ist der Freigeist immer schwach, namentlich im Handeln; denn er kennt zu viele Motive und Gesichtspunkte und hat deshalb eine unsichere, ungeübte Hand. Welche Mittel gibt es nun, um ihn doch *verhältnismäßig stark* zu machen, so daß er sich wenigstens durchsetzt und nicht wirkungslos zugrunde geht? Wie entsteht der starke Geist (esprit fort)? Es ist dies in einem einzelnen Falle die Frage nach der Erzeugung des Genius. Woher kommt die Energie, die unbeugsame Kraft, die Ausdauer, mit welcher der einzelne, dem Herkommen entgegen, eine *ganz individuelle Erkenntnis der Welt* zu erwerben trachtet?

231

Die Entstehung des Genies. – Der Witz des Gefangenen, mit welchem er nach Mitteln zu seiner Befreiung sucht, die kaltblütigste und langwierigste Benutzung jedes kleinsten Vorteils kann lehren, welcher Handhabe sich mitunter die Natur bedient, um das Genie – ein Wort, das ich bitte, ohne allen mythologischen und religiösen Beigeschmack zu verstehen – zustande zu bringen: sie fängt es in einen Kerker ein und reizt seine Begierde, sich zu befreien, auf das äußerste. – Oder mit einem anderen Bilde: jemand, der sich auf seinem Wege im Walde völlig *verirrt* hat, aber mit ungemeiner Energie nach irgend einer Richtung hin ins Freie strebt, entdeckt mitunter einen neuen Weg, welchen niemand kennt: so entstehen die Genies, denen man Originalität nachrühmt. – Es wurde schon erwähnt, daß eine Verstümmelung, Verkrüppelung, ein erheblicher Mangel eines Organs häufig die Veranlassung dazu gibt, daß ein anderes Organ sich ungewöhnlich gut entwickelt, weil es seine eigene Funktion und noch eine andere zu versehen hat. Hieraus ist der Ursprung mancher glänzenden Begabung zu erraten. – Aus diesen allgemeinen Andeutungen über die Entstehung des Genius mache man die Anwendung auf den speziellen Fall, die Entstehung des vollkommenen Freigeistes.

232

Vermutung über den Ursprung der Freigeisterei. – Ebenso wie die Gletscher zunehmen, wenn in den Äquatorialgegenden die Sonne mit größerer Glut als früher auf die Meere niederbrennt, so mag auch wohl eine sehr starke, um sich greifende Freigeisterei Zeugnis dafür sein, daß irgendwo die Glut der Empfindung außerordentlich gewachsen ist.

233

Die Stimme der Geschichte. – Im allgemeinen *scheint* die Geschichte über die Erzeugung des Genius folgende Belehrung zu geben: Mißhandelt und quält die Menschen – so ruft sie den Leidenschaften Neid, Haß und Wetteifer zu –, treibt sie zum Äußersten, den einen wider den andern, das Volk gegen das Volk, und zwar durch Jahrhunderte hindurch! Dann flammt vielleicht, gleichsam aus einem beiseite fliegenden Funken der dadurch entzündeten furchtbaren Energie, auf einmal das Licht des Genius empor; der Wille, wie ein Roß durch den Sporn des Reiters wild gemacht, bricht dann aus und springt auf ein anderes Gebiet über. – Wer zum Bewußtsein über die Erzeugung des Genius käme und die Art, wie die Natur gewöhnlich dabei verfährt, auch praktisch durchführen wollte, würde gerade so böse und rücksichtslos wie die Natur sein müssen. – Aber vielleicht haben wir uns verhört.

234

Wert der Mitte des Wegs. – Vielleicht ist die Erzeugung des Genius nur einem begrenzten Zeitraume der Menschheit vorbehalten. Denn man darf von der Zukunft der Menschheit nicht zugleich alles das erwarten, was ganz bestimmte Bedingungen irgend welcher Vergangenheit allein hervorzubringen vermochten; zum Beispiel nicht die erstaunlichen Wirkungen des religiösen Gefühls. Dieses selbst hat seine Zeit gehabt und vieles sehr Gute kann nie wieder wachsen, weil es allein aus ihm wachsen konnte. So wird es nie wieder einen religiös umgrenzten Horizont des Lebens und der Kultur geben. Vielleicht ist selbst der Typus des Heiligen nur bei einer gewissen Befangenheit des Intellektes möglich, mit der es, wie es scheint, für alle Zukunft vorbei ist. Und so ist die Höhe der Intelligenz vielleicht einem einzelnen Zeitalter der Menschheit aufgespart gewesen: sie trat hervor – und tritt hervor, denn wir leben noch in diesem Zeitalter, – als eine außerordentliche, lang angesammelte Energie des Willens sich ausnahmsweise auf *geistige* Ziele durch Vererbung übertrug. Es wird mit jener Höhe vorbei sein, wenn diese Wildheit und Energie nicht mehr großgezüchtet werden. Die Menschheit kommt vielleicht auf der Mitte ihres Weges, in der mittleren Zeit ihrer Existenz, ihrem eigentlichen Ziele näher als am Ende. Es könnten Kräfte, durch welche zum Beispiel die Kunst bedingt ist, geradezu aussterben; die Lust am Lügen, am Ungenauen, am Symbolischen, am Rausche, an der Ekstase könnte in Mißachtung kommen. Ja, ist das Leben erst im vollkommenen Staate geordnet, so ist aus der Gegenwart gar kein Motiv zur Dichtung mehr zu entnehmen, und es würden allein die zurückgebliebenen Menschen sein, welche nach dichterischer Unwirklichkeit verlangten. Diese würden dann jedenfalls mit Sehnsucht rückwärts schauen, nach den Zeiten des unvollkommenen Staates, der halbbarbarischen Gesellschaft, nach *unseren* Zeiten.

235

Genius und idealer Staat in Widerspruch. – Die Sozialisten begehren für möglichst viele ein Wohlleben herzustellen. Wenn die dauernde Heimat dieses Wohllebens, der vollkommene Staat, wirklich erreicht wäre, so würde durch dieses Wohlleben der Erdboden, aus dem der große Intellekt und überhaupt das mächtige Individuum wächst, zerstört sein: ich meine die starke Energie. Die Menschheit würde zu matt geworden sein, wenn dieser Staat erreicht ist, um den Genius noch erzeugen zu können. Müßte man somit nicht wünschen, daß das Leben seinen gewaltsamen Charakter behalte und daß immer von neuem wieder wilde Kräfte und Energien hervorgerufen würden? Nun will das warme, mitfühlende Herz gerade die *Beseitigung* jenes gewaltsamen und wilden Charakters, und das wärmste Herz, das man sich denken kann, würde eben danach am leidenschaftlichsten verlangen: während doch gerade seine Leidenschaft aus jenem wilden und gewaltsamen Charakter des Lebens ihr Feuer, ihre Wärme, ja ihre Existenz genommen hat; das wärmste Herz will also Beseitigung seines Fundamentes, Vernichtung seiner selbst, das heißt doch: es will etwas Unlogisches, es ist nicht intelligent. Die höchste Intelligenz und das wärmste Herz können nicht in *einer* Person beisammen sein, und der Weise, welcher über das Leben das Urteil spricht, stellt sich auch über die Güte und betrachtet diese nur als etwas, das bei der Gesamtrechnung des Lebens mit abzuschätzen ist. Der Weise muß jenen ausschweifenden Wünschen der unintelligenten Güte *widerstreben,* weil ihm an dem Fortleben seines Typus und an dem endlichen Entstehen des höchsten Intellektes gelegen ist; mindestens wird er der Begründung des »vollkommenen Staates« nicht förderlich sein, insofern in ihm nur ermattete Individuen Platz haben. Christus dagegen, den wir uns einmal als das wärmste Herz denken wollen, förderte die Verdummung der Menschen, stellte sich auf die Seite der geistig Armen und hielt die Erzeugung des größten Intellektes auf: und

dies war konsequent. Sein Gegenbild, der vollkommene Weise –
dies darf man wohl vorhersagen – wird ebenso notwendig der
Erzeugung eines Christus hinderlich sein. – Der Staat ist eine
kluge Veranstaltung zum Schutz der Individuen gegeneinander:
übertreibt man seine Veredelung, so wird zuletzt das Individuum
durch ihn geschwächt, ja aufgelöst – also der ursprüngliche
Zweck des Staates am gründlichsten vereitelt.

236

Die Zonen der Kultur. – Man kann gleichnisweise sagen, daß die
Zeitalter der Kultur den Gürteln der verschiedenen Klimata entsprechen, nur daß diese hintereinander und nicht wie die geogra-
phischen Zonen nebeneinander liegen. Im Vergleich mit der gemäßigten Zone der Kultur, in welche überzugehen unsere Aufgabe ist, macht die vergangene im ganzen und großen den Eindruck
eines *tropischen* Klimas. Gewaltsame Gegensätze, schroffer Wechsel
von Tag und Nacht, Glut und Farbenpracht, die Verehrung alles
Plötzlichen, Geheimnisvollen, Schrecklichen, die Schnelligkeit
der hereinbrechenden Unwetter, überall das verschwenderische
Überströmen der Füllhörner der Natur: und dagegen, in unserer
Kultur, ein heller, doch nicht leuchtender Himmel, reine, ziemlich gleich verbleibende Luft, Schärfe, ja Kälte gelegentlich: so heben sich beide Zonen gegeneinander ab. Wenn wir dort sehen,
wie die wütendsten Leidenschafen durch metaphysische Vorstellungen mit unheimlicher Gewalt niedergerungen und zerbrochen werden, so ist es uns zumute, als ob vor unseren Augen in
den Tropen wilde Tiger unter den Windungen ungeheurer
Schlangen zerdrückt würden; unserem geistigen Klima fehlen solche Vorkommnisse, unsere Phantasie ist gemäßigt; selbst im Traume kommt uns das nicht bei, was frühere Völker im Wachen sahen. Aber sollten wir über diese Veränderung nicht glücklich sein
dürfen, selbst zugegeben, daß die Künstler durch das Verschwinden der tropischen Kultur wesentlich beeinträchtigt sind und uns

Nicht-Künstler ein wenig zu nüchtern finden? Insofern haben Künstler wohl das Recht, den »Fortschritt« zu leugnen, denn in der Tat: ob die letzten drei Jahrtausende in den Künsten einen fortschreitenden Verlauf zeigen, das läßt sich mindestens bezweifeln; ebenso wird ein metaphysischer Philosoph wie Schopenhauer keinen Anlaß haben, den Fortschritt zu erkennen, wenn er die letzten vier Jahrtausende in bezug auf metaphysische Philosophie und Religion überblickt. – Uns gilt aber die *Existenz* der gemäßigten Zone der Kultur selbst als Fortschritt.

237

Renaissance und Reformation. – Die italienische Renaissance barg in sich alle die positiven Gewalten, welchen man die moderne Kultur verdankt: also Befreiung des Gedankens, Mißachtung der Autoritäten, Sieg der Bildung über den Dünkel der Abkunft, Begeisterung für die Wissenschaft und die wissenschaftliche Vergangenheit der Menschen, Entfesselung des Individuums, eine Glut der Wahrhaftigkeit und Abneigung gegen Schein und bloßen Effekt (welche Glut in einer ganzen Fülle künstlerischer Charaktere hervorloderte, die Vollkommenheit in ihren Werken und nichts als Vollkommenheit mit höchster sittlicher Reinheit von sich forderten); ja die Renaissance hatte positive Kräfte, welche in unserer *bisherigen* modernen Kultur noch nicht wieder so mächtig geworden sind. Es war das goldene Zeitalter dieses Jahrtausends, trotz aller Flecken und Laster. Dagegen hebt sich nun die deutsche Reformation ab als ein energischer Protest zurückgebliebener Geister, welche die Weltanschauung des Mittelalters noch keineswegs satt hatten und die Zeichen seiner Auflösung, die außerordentliche Verflachung und Veräußerlichung des religiösen Lebens, anstatt mit Frohlocken, wie sich gebührt, mit tiefem Unmute empfanden. Sie warfen mit ihrer nordischen Kraft und Halsstarrigkeit die Menschen wieder zurück, erzwangen die Gegenreformation, das heißt ein katholisches Christentum der

Notwehr, mit den Gewaltsamkeiten eines Belagerungszustandes, und verzögerten um zwei bis drei Jahrhunderte ebenso das völlige Erwachen und Herrschen der Wissenschaften, als sie das völlige In-eins-Verwachsen des antiken und des modernen Geistes vielleicht für immer unmöglich machten. Die große Aufgabe der Renaissance konnte nicht zu Ende gebracht werden, der Protest des inzwischen zurückgebliebenen deutschen Wesens (welches im Mittelalter Vernunft genug gehabt hatte, um immer und immer wieder zu seinem Heile über die Alpen zu steigen) verhinderte dies. Es lag in dem Zufall einer außerordentlichen Konstellation der Politik, daß damals Luther erhalten blieb und jener Protest Kraft gewann: denn der Kaiser schützte ihn, um seine Neuerung gegen den Papst als Werkzeug des Druckes zu verwenden, und ebenfalls begünstigte ihn im stillen der Papst, um die protestantischen Reichsfürsten als Gegengewicht gegen den Kaiser zu benutzen. Ohne dies seltsame Zusammenspiel der Absichten wäre Luther verbrannt worden wie Huß — und die Morgenröte der Aufklärung vielleicht etwas früher und mit schönerem Glanze, als wir jetzt ahnen können, aufgegangen.

238

Gerechtigkeit gegen den werdenden Gott. — Wenn sich die ganze Geschichte der Kultur vor den Blicken auftut, als ein Gewirr von bösen und edlen, wahren und falschen Vorstellungen, und es einem beim Anblick dieses Wellenschlags fast seekrank zumute wird, so begreift man, was für ein Trost in der Vorstellung eines *werdenden Gottes* liegt: dieser enthüllt sich immer mehr in den Verwandlungen und Schicksalen der Menschheit, es ist nicht alles blinde Mechanik, sinn- und zweckloses Durcheinanderspielen von Kräften. Die Vergottung des Werdens ist ein metaphysischer Ausblick gleichsam von einem Leuchtturm am Meere der Geschichte herab —, an welchem eine allzuviel historisierende Gelehrtengeneration ihren Trost fand; darüber darf man nicht böse werden, so irrtümlich jene Vorstellung auch sein mag. Nur wer wie Schopenhauer die Entwicklung leugnet, fühlt auch nichts von dem Elend dieses historischen Wellenschlags und darf deshalb, weil er von jenem werdenden Gotte und dem Bedürfnis seiner Annahme nichts weiß, nichts fühlt, billigerweise seinen Spott auslassen.

239

Die Früchte nach der Jahreszeit. – Jede bessere Zukunft, welche man der Menschheit anwünscht, ist notwendigerweise auch in manchem Betracht eine schlechtere Zukunft: denn es ist Schwärmerei, zu glauben, daß eine höhere neue Stufe der Menschheit alle die Vorzüge früherer Stufen in sich vereinigen werde und zum Beispiel auch die höchste Gestaltung der Kunst erzeugen müsse. Vielmehr hat jede Jahreszeit ihre Vorzüge und Reize für sich und schließt die der anderen aus. Das, was aus der Religion und in ihrer Nachbarschaft gewachsen ist, kann nicht wieder wachsen, wenn diese zerstört ist; höchstens können verirrte, spät kommende Absenker zur Täuschung darüber verleiten, ebenso wie die zeitweilig ausbrechende Erinnerung an die alte Kunst: ein Zustand, der wohl das Gefühl des Verlustes, der Entbehrung verrät, aber kein Beweis für die Kraft ist, aus der eine neue Kunst geboren werden könnte.

240

Zunehmende Severität der Welt. – Je höher die Kultur eines Menschen steigt, um so mehr Gebiete entziehen sich dem Scherze, dem Spotte. Voltaire war für die Erfindung der Ehe und der Kirche von Herzen dem Himmel dankbar: als welcher damit so gut für unsere Aufheiterung gesorgt habe. Aber er und seine Zeit, und vor ihm das sechzehnte Jahrhundert, haben diese Themen zu Ende gespottet; es ist alles, was jetzt einer auf diesem Gebiete noch witzelt, verspätet und vor allem gar zu wohlfeil, als daß es die Käufer begehrlich machen könnte. Jetzt fragt man nach den Ur-

sachen; es ist das Zeitalter des Ernstes. Wem liegt jetzt noch daran, die Differenzen zwischen Wirklichkeit und anspruchsvollem
Schein, zwischen dem, was der Mensch ist und was er vorstellen
will, in scherzhaftem Lichte zu sehen; das Gefühl dieser Kontra-
ste wirkt alsbald ganz anders, wenn man nach den Gründen
sucht. Je gründlicher jemand das Leben versteht, desto weniger
wird er spotten, nur daß er zuletzt vielleicht noch über die
»Gründlichkeit seines Verstehens« spottet.

241

Genius der Kultur. – Wenn jemand einen Genius der Kultur ima-
ginieren wollte, wie würde dieser beschaffen sein? Er handhabt
die Lüge, die Gewalt, den rücksichtslosesten Eigennutz so sicher
als seine Werkzeuge, daß er nur ein böses dämonisches Wesen zu
nennen wäre; aber seine Ziele, welche hier und da durchleuch-
ten, sind groß und gut. Es ist ein Zentaur, halb Tier, halb Mensch,
und hat noch Engelsflügel dazu am Haupte.

242

Wunder-Erziehung. – Das Interesse an der Erziehung wird erst von
dem Augenblick an große Stärke bekommen, wo man den Glauben an einen Gott und seine Fürsorge aufgibt: ebenso wie die
Heilkunst erst erblühen konnte, als der Glaube an Wunderkuren
aufhörte. Bis jetzt glaubt aber alle Welt noch an die Wunder-Erziehung; aus der größten Unordnung, Verworrenheit der Ziele,
Ungunst der Verhältnisse sah man ja die fruchtbarsten mächtigsten Menschen erwachsen: wie konnte dies doch mit rechten
Dingen zugehen? – Jetzt wird man bald auch in diesen Fällen näher zusehen, sorgsamer prüfen: Wunder wird man dabei niemals
entdecken. Unter gleichen Verhältnissen gehen fortwährend zahlreiche Menschen zugrunde, das einzelne gerettete Individuum ist
dafür gewöhnlich stärker geworden, weil es diese schlimmen
Umstände vermöge unverwüstlicher, eingeborener Kraft ertrug

und diese Kraft noch geübt und vermehrt hat: so erklärt sich das Wunder. Eine Erziehung, welche an kein Wunder mehr glaubt, wird auf dreierlei zu achten haben: erstens, wieviel Energie ist vererbt? zweitens, wodurch kann noch neue Energie entzündet werden? drittens, wie kann das Individuum jenen so überaus vielartigen Ansprüchen der Kultur angepaßt werden, ohne daß diese es beunruhigen und seine Eigenartigkeit zersplittern – kurz, wie kann das Individuum in den Kontrapunkt der privaten und öffentlichen Kultur eingereiht werden, wie kann es zugleich die Melodie führen und als Melodie begleiten?

243

Die Zukunft des Arztes. – Es gibt jetzt keinen Beruf, der eine so hohe Steigerung zuließe, wie der des Arztes; namentlich nachdem die geistlichen Ärzte, die sogenannten Seelsorger, ihre Beschwörungskünste nicht mehr unter öffentlichem Beifalle treiben dürfen und ein Gebildeter ihnen aus dem Wege geht. Die höchste geistige Ausbildung eines Arztes ist jetzt nicht erreicht, wenn er die besten neuesten Methoden kennt und auf sie eingeübt ist und jene fliegenden Schlüsse von Wirkungen auf Ursachen zu machen versteht, derentwegen die Diagnostiker berühmt sind: er muß außerdem eine Beredsamkeit haben, die sich jedem Individuum anpaßt und ihm das Herz aus dem Leibe zieht, eine Männlichkeit, deren Anblick schon den Kleinmut (den Wurmfraß aller Kranken) verscheucht, eine Diplomaten-Geschmeidigkeit im Vermitteln zwischen solchen, welche Freude zu ihrer Genesung nötig haben, und solchen, die aus Gesundheitsgründen Freude machen müssen (und können), die Feinheit eines Polizeiagenten und Advokaten, die Geheimnisse einer Seele zu verstehen, ohne sie zu verraten, – kurz, ein guter Arzt bedarf jetzt der Kunstgriffe und Kunstvorrechte aller andern Berufsklassen: so ausgerüstet ist er dann imstande, der ganzen Gesellschaft ein Wohltäter zu werden durch Vermehrung guter Werke, geistiger Freude und Fruchtbarkeit, durch Verhütung von bösen Gedanken, Vorsätzen, Schurkereien (deren ekler Quell so häufig der Unterleib ist), durch Herstellung einer geistig leiblichen Aristokratie (als Ehestifter und Eheverhinderer), durch wohlwollende Abschneidung aller sogenannten Seelenqualen und Gewissensbisse: so erst wird er aus einem „Medizinmann« ein Heiland und braucht doch keine Wunder zu tun, hat auch nicht nötig, sich kreuzigen zu lassen.

244

In der Nachbarschaft des Wahnsinns. – Die Summe der Empfindungen, Kenntnisse, Erfahrungen, also die ganze Last der Kultur, ist so groß geworden, daß eine Überreizung der Nerven- und Denkkräfte die allgemeine Gefahr ist, ja daß die kultivierten Klassen der europäischen Länder durchweg neurotisch sind und fast jede ihrer größeren Familien in einem Gliede dem Irrsinn nahegerückt ist. Nun kommt man zwar der Gesundheit jetzt auf alle Weise entgegen; aber in der Hauptsache bleibt eine Verminderung jener Spannung des Gefühls, jener niederdrückenden Kulturlast vonnöten, welche, wenn sie selbst mit schweren Einbußen erkauft werden sollte, uns doch zu der großen Hoffnung einer *neuen Renaissance* Spielraum gibt. Man hat dem Christentum, den Philosophen, Dichtern, Musikern eine Überfülle tief erregter Empfindungen zu danken: damit diese uns nicht überwuchern, müssen wir den Geist der Wissenschaft beschwören, welcher im ganzen etwas kälter und skeptischer macht und namentlich den Glutstrom des Glaubens an letzte, endgültige Wahrheiten abkühlt; er ist vornehmlich durch das Christentum so wild geworden.

245

Glockenguß der Kultur. – Die Kultur ist entstanden wie eine Glocke, innerhalb eines Mantels von gröberem, gemeinerem Stoffe: Unwahrheit, Gewaltsamkeit, unbegrenzte Ausdehnung aller einzelnen Ichs, aller einzelnen Völker, waren dieser Mantel. Ist es an der Zeit, ihn jetzt abzunehmen? Ist das Flüssige erstarrt, sind die guten nützlichen Triebe, die Gewohnheiten des edleren Gemütes so sicher und allgemein geworden, daß es keiner Anlehnung an Metaphysik und die Irrtümer der Religionen mehr bedarf, keiner Härten und Gewaltsamkeiten als mächtigster Bindemittel zwischen Mensch und Mensch, Volk und Volk? – Zur Beantwortung dieser Frage ist kein Wink eines Gottes uns mehr hilfreich: unsere eigne Einsicht muß da entscheiden. Die Erdregierung des Menschen im großen hat der Mensch selber in die Hand zu nehmen, seine »Allwissenheit« muß über dem weiteren Schicksal der Kultur mit scharfem Auge wachen.

246

Die Zyklopen der Kultur. – Wer jene zerfurchten Kessel sieht, in denen Gletscher gelagert haben, hält es kaum für möglich, daß eine Zeit kommt, wo an derselben Stelle ein Wiesen- und Waldtal mit Bächen darin sich hinzieht. So ist es auch in der Geschichte der Menschheit; die wildesten Kräfte brechen Bahn, zunächst zerstörend, aber trotzdem war ihre Tätigkeit nötig, damit später eine mildere Gesittung hier ihr Haus aufschlage. Die schrecklichen Energien – das, was man das Böse nennt – sind die zyklopischen Architekten und Wegebauer der Humanität.

247

Kreislauf des Menschentums. – Vielleicht ist das ganze Menschentum nur eine Entwicklungsphase einer bestimmten Tierart von begrenzter Dauer: so daß der Mensch aus dem Affen geworden ist und wieder zum Affen werden wird, während niemand da ist, der an diesem verwunderlichen Komödien-Ausgang irgend ein Interesse nehme. So wie mit dem Verfalle der römischen Kultur und seiner wichtigsten Ursache, der Ausbreitung des Christentums, eine allgemeine Verhäßlichung des Menschen innerhalb des römischen Reiches überhandnahm, so könnte auch durch den einstmaligen Verfall der allgemeinen Erdkultur eine viel höher gesteigerte Verhäßlichung und endlich Vertierung des Menschen bis ins Affenhafte herbeigeführt werden. – Gerade weil wir diese Perspektive ins Auge fassen können, sind wir vielleicht imstande, einem solchen Ende der Zukunft vorzubeugen.

248

Trostrede eines desperaten Fortschritts. – Unsere Zeit macht den Eindruck eines Interim-Zustandes; die alten Weltbetrachtungen, die alten Kulturen sind noch teilweise vorhanden, die neuen noch nicht sicher und gewohnheitsmäßig und daher ohne Geschlossenheit und Konsequenz. Es sieht aus, als ob alles chaotisch würde, das Alte verloren ginge, das Neue nichts tauge und immer schwächlicher werde. Aber so geht es dem Soldaten, welcher marschieren lernt: er ist eine Zeitlang unsicherer und unbeholfener als je, weil die Muskeln bald nach dem alten System, bald nach dem neuen bewegt werden und noch keins entschieden den Sieg behauptet. Wir schwanken, aber es ist nötig, dadurch nicht ängstlich zu werden und das Neu-Errungene etwa preiszugeben. überdies *können* wir ins Alte nicht zurück, wir *haben* die Schiffe verbrannt; es bleibt nur übrig, tapfer zu sein, mag nun dabei dies oder jenes herauskommen. – *Schreiten* wir nur *zu,* kommen wir nur von der Stelle! Vielleicht sieht sich unser Gebaren doch einmal wie *Fortschritt* an; wenn aber nicht, so mag Friedrichs des Großen Wort auch zu uns gesagt sein, und zwar zum Troste: »Ah, mon cher Sulzer, vous ne connaissez pas assez cette race maudite, à laquelle nous appartenons.«

249

An der Vergangenheit der Kultur leiden. –Wer sich das Problem der Kultur klargemacht hat, leidet dann an einem ähnlichen Gefühle wie der, welcher einen durch unrechtmäßige Mittel erworbe-

nen Reichtum ererbt hat, oder wie der Fürst, der durch Gewalttat seiner Vorfahren regiert. Er denkt mit Trauer an seinen Ursprung und ist oft beschämt, oft reizbar. Die ganze Summe von
Kraft, Lebenswillen, Freude, welche er seinem Besitze zuwendet,
balanciert sich oft mit einer tiefen Müdigkeit: er kann seinen Ursprung nicht vergessen. Die Zukunft sieht er wehmütig an: seine
Nachkommen, er weiß es voraus, werden an der Vergangenheit
leiden wie er.

250

Manieren. – Die guten Manieren verschwinden in dem Maße, in
welchem der Einfluß des Hofes und einer abgeschlossenen Aristokratie nachläßt; man kann diese Abnahme von Jahrzehnt zu
Jahrzehnt deutlich beobachten, wenn man ein Auge für die öffentlichen Akte hat: als welche ersichtlich immer pöbelhafter werden. Niemand versteht mehr, auf geistreiche Art zu huldigen und
zu schmeicheln; daraus ergibt sich die lächerliche Tatsache, daß
man in Fällen, wo man gegenwärtig Huldigungen darbingen *muß*
(zum Beispiel einem großen Staatsmanne oder Künstler), die
Sprache des tiefsten Gefühls, der treuherzigen ehrenfesten Biederkeit borgt – aus Verlegenheit und Mangel an Geist und Grazie.
So erscheint die öffentliche, festliche Begegnung der Menschen
immer ungeschickter, aber gefühlvoller und biederer, ohne dies
zu sein. – Sollte es aber mit den Manieren immerfort bergab gehen? Es scheint mir vielmehr, daß die Manieren eine tiefe Kurve
machen und wir uns ihrem niedrigsten Stande nähern. Wenn erst
die Gesellschaft ihrer Absichten und Prinzipien sicherer geworden ist, so daß diese formbildend wirken (während jetzt die an-
gelernten Manieren früherer formenbildender Zustände immer
schwächer vererbt und angelernt werden), so wird es Manieren
des Umgangs, Gebärden und Ausdrücke des Verkehrs geben, welche so notwendig und schlicht-natürlich erscheinen müssen, als
es diese Absichten und Prinzipien sind. Die bessere Verteilung der

Zeit und Arbeit, die zur Begleiterin jeder schönen Mußezeit umgewandelte gymnastische Übung, das vermehrte und strenger gewordene Nachdenken, welches selbst dem Körper Klugheit und Geschmeidigkeit gibt, bringt dies alles mit sich. – Hier könnte man nun freilich mit einigem Spotte unserer Gelehrten gedenken, ob denn sie, die doch Vorläufer jener neuen Kultur sein wollen, sich in der Tat durch bessere Manieren auszeichnen? Es ist dies wohl nicht der Fall, obgleich ihr Geist willig genug dazu sein mag: aber ihr Fleisch ist schwach. Die Vergangenheit der Kultur ist noch zu mächtig in ihren Muskeln: sie stehen noch in einer unfreien Stellung und sind zur Hälfte weltliche Geistliche, zur Hälfte abhängige Erzieher vornehmer Leute und Stände, und überdies durch Pedanterie der Wissenschaft, durch veraltete geistlose Methoden verkrüppelt und unlebendig gemacht. Sie sind also, jedenfalls ihrem Körper nach und oft auch zu Dreiviertel ihres Geistes, immer noch die Höflinge einer alten, ja greisenhaften Kultur und als solche selber greisenhaft; der neue Geist, der gelegentlich in diesen alten Gehäusen rumort, dient einstweilen nur dazu, sie unsicherer und ängstlicher zu machen. In ihnen gehen sowohl die Gespenster der Vergangenheit als die Gespenster der Zukunft um: was Wunder, wenn sie dabei nicht die beste Miene machen, nicht die gefälligste Haltung haben?

251

Zukunft der Wissenschaft. – Die Wissenschaft gibt dem, welcher in ihr arbeitet und sucht, viel Vergnügen, dem, welcher ihre Ergebnisse *lernt,* sehr wenig. Da allmählich aber alle wichtigen Wahrheiten der Wissenschaft alltäglich und gemein werden müssen, so hört auch dieses wenige Vergnügen auf: so wie wir beim Lernen des so bewunderungswürdigen Einmaleins längst aufgehört haben, uns zu freuen. Wenn nun die Wissenschaft immer weniger Freude durch sich macht und immer mehr Freude, durch Verdächtigung der tröstlichen Metaphysik, Religion und Kunst, nimmt: so verarmt jene größte Quelle der Lust, welcher die Menschheit fast ihr gesamtes Menschentum verdankt. Deshalb muß eine höhere Kultur dem Menschen ein Doppelgehirn, gleichsam zwei Hirnkammern geben, einmal um Wissenschaft, sodann um Nicht-Wissenschaft zu empfinden: nebeneinander-liegend, ohne Verwirrung, trennbar, abschließbar; es ist dies eine Forderung der Gesundheit. Im einen Bereiche liegt die Kraft-quelle, im anderen der Regulator: mit Illusionen, Einseitigkeiten, Leidenschaften muß geheizt werden, mit Hilfe der erkennenden Wissenschaft muß den bösartigen und gefährlichen Folgen einer Überheizung vorgebeugt werden. – Wird dieser Forderung der höheren Kultur nicht genügt, so ist der weitere Verlauf der menschlichen Entwicklung fast mit Sicherheit vorherzusagen: das Interesse am Wahren hört auf, je weniger es Lust gewährt; die Illusion, der Irrtum, die Phantastik erkämpfen sich Schritt um Schritt, weil sie mit Lust verbunden sind, ihren ehemals behaup-teten Boden: der Ruin der Wissenschaften, das Zurücksinken in Barbarei ist die nächste Folge; von neuem muß die Menschheit wieder anfangen, ihr Gewebe zu weben, nachdem sie es, gleich Penelope, des Nachts zerstört hat. Aber wer bürgt uns dafür, daß sie immer wieder die Kraft dazu findet?

252

Die Lust am Erkennen. – Weshalb ist das Erkennen, das Element des Forschers und Philosophen, mit Lust verknüpft? Erstens und vor allem, weil man sich dabei seiner Kraft bewußt wird, also aus demselben Grunde, aus dem gymnastische Übungen, auch ohne Zuschauer, lustvoll sind. Zweitens, weil man, im Verlauf der Er-kenntnis, über ältere Vorstellungen und deren Vertreter hinaus-kommt, Sieger wird oder wenigstens es zu sein glaubt. Drittens, weil wir uns durch eine noch so kleine neue Erkenntnis über *al-le* erhaben und uns als die einzigen fühlen, welche hierin das Richtige wissen. Diese drei Gründe zur Lust sind die wichtigsten, doch gibt es, je nach der Natur des Erkennenden, noch viele Nebengründe. – Ein nicht unbeträchtliches Verzeichnis von solchen gibt, an einer Stelle, wo man es nicht suchen würde, meine paränetische Schrift über Schopenhauer: mit deren Aufstellungen sich jeder erfahrene Diener der Erkenntnis zufrieden geben kann, sei es auch, daß er den ironischen Anflug, der auf jenen Seiten zu liegen scheint, wegwünschen wird. Denn wenn es wahr ist, daß zum Entstehen des Gelehrten »eine Menge sehr menschlicher Triebe und Triebchen zusammengegossen werden muß«, daß der Gelehrte zwar ein sehr edles, aber kein reines Metall ist und »aus einem verwickelten Geflecht sehr verschiedener Antriebe und Reize besteht«: so gilt doch dasselbe ebenfalls von Entstehung und Wesen des Künstlers, Philosophen, moralischen Genies – und wie die in jener Schrift glorifizierten großen Namen lauten. *Alles* Menschliche verdient in Hinsicht auf seine *Entstehung* die ironische Betrachtung: deshalb ist die Ironie in der Welt so *überflüssig*.

253

Treue als Beweis der Stichhaltigkeit. – Es ist ein vollkommenes Zeichen für die Güte einer Theorie, wenn ihr Urheber *vierzig Jahre* lang kein Mißtrauen gegen sie bekommt; aber ich behaupte, daß es noch keinen Philosophen gegeben hat, welcher auf die Philosophie, die seine Jugend erfand, nicht endlich mit Geringschätzung – mindestens mit Argwohn – herabgesehen hätte. – Vielleicht hat er aber nicht öffentlich von dieser Umstimmung gesprochen, aus Ehrsucht oder – wie es bei edlen Naturen wahrscheinlicher ist – aus zarter Schonung seiner Anhänger.

254

Zunahme des Interessanten. – Im Verlaufe der höhern Bildung wird dem Menschen alles interessant, er weiß die belehrende Seite einer Sache rasch zu finden und den Punkt anzugeben, wo eine

Lücke seines Denkens mit ihr ausgefüllt oder ein Gedanke durch sie bestätigt werden kann. Dabei verschwindet immer mehr die Langeweile, dabei auch die übermäßige Erregbarkeit des Gemüts. Er geht zuletzt, wie ein Naturforscher unter Pflanzen, so unter Menschen herum und nimmt sich selber als ein Phänomen wahr, welches nur seinen erkennenden Trieb stark anregt.

255

Aberglaube im Gleichzeitigen. – Etwas Gleichzeitiges hängt zusammen, meint man. Ein Verwandter stirbt in der Ferne, zu gleicher Zeit träumen wir von ihm – also! Aber zahllose Verwandte sterben, und wir träumen nicht von ihnen. Es ist wie bei den Schiffbrüchigen, welche Gelübde tun: man sieht später im Tempel die Votivtafeln derer, welche zugrunde gingen, nicht. – Ein Mensch stirbt, eine Eule krächzt, eine Uhr steht still, alles in *einer* Nachtstunde: sollte da nicht ein Zusammenhang sein? Eine solche Vertraulichkeit mit der Natur, wie diese Ahnung sie annimmt, schmeichelt den Menschen. – Diese Gattung des Aberglaubens findet sich in verfeinerter Form bei Historikern und Kulturmalern wieder, welche vor allem sinnlosen Nebeneinander, an dem doch das Leben der einzelnen und der Völker so reich ist, eine Art Wasserscheu zu haben pflegen.

256

Das Können, nicht das Wissen, durch die Wissenschaft geübt. – Der Wert davon, daß man zeitweilig eine strenge Wissenschaft streng betrieben hat, beruht nicht gerade in deren Ergebnissen: denn diese werden, im Verhältnis zum Meere des Wissenswerten, ein verschwindend kleiner Tropfen sein. Aber es ergibt einen Zuwachs an Energie, an Schlußvermögen, an Zähigkeit der Ausdauer; man hat gelernt, einen *Zweck zweckmäßig* zu erreichen. Insofern ist es sehr schätzbar, in Hinsicht auf alles, was man später treibt, einmal ein wissenschaftlicher Mensch gewesen zu sein.

257

Jugendreiz der Wissenschaft. – Das Forschen nach Wahrheit hat jetzt noch den Reiz, daß sie sich überall stark gegen den grau und langweilig gewordenen Irrtum abhebt; dieser Reiz verliert sich immer mehr. Jetzt zwar leben wir noch im Jugendzeitalter der Wissenschaft und pflegen der Wahrheit wie einem schönen Mädchen nachzugehen; wie aber, wenn sie eines Tages zum ältlichen, mürrisch blickenden Weibe geworden ist? Fast in allen Wissenschaften ist die Grundeinsicht entweder erst in jüngster Zeit gefunden oder wird noch gesucht; wie anders reizt dies an, als wenn alles Wesentliche gefunden ist und nur noch eine kümmerliche Herbstnachlese dem Forscher übrigbleibt (welche Empfindung man in einigen historischen Disziplinen kennenlernen kann).

258

Die Statue der Menschheit. – Der Genius der Kultur verfährt wie Cellini, als dieser den Guß seiner Perseus-Statue machte: die flüssige Masse drohte nicht auszureichen, aber sie *sollte* es: so warf er Schüsseln und Teller und was ihm sonst in die Hände kam, hinein. Und ebenso wirft jener Genius Irrtümer, Laster, Hoffnungen, Wahnbilder und andere Dinge von schlechterem wie von edlerem Metalle hinein, denn die Statue der Menschheit muß herauskommen und fertig werden; was liegt daran, daß hier und da geringerer Stoff verwendet wurde?

259

Eine Kultur der Männer. – Die griechische Kultur der klassischen Zeit ist eine Kultur der Männer. Was die Frauen anlangt, so sagt Perikles in der Grabrede alles mit den Worten: sie seien am besten, wenn unter Männern so wenig als möglich von ihnen gesprochen werde. – Die erotische Beziehung der Männer zu den Jünglingen war in einem unserem Verständnis unzugänglichen Grade die notwendige, einzige Voraussetzung aller männlichen

Erziehung (ungefähr wie lange Zeit alle höhere Erziehung der Frauen bei uns erst durch die Liebschaft und Ehe herbeigeführt wurde); aller Idealismus der Kraft der griechischen Natur warf sich auf jenes Verhältnis, und wahrscheinlich sind junge Leute niemals wieder so aufmerksam, so liebevoll, so durchaus in Hinsicht auf ihr Bestes (virtus) behandelt worden wie im sechsten und fünften Jahrhundert – also gemäß dem schönen Spruche Hölderlins: »denn liebend gibt der Sterbliche vom Besten«. Je höher dieses Verhältnis genommen wurde, um so tiefer sank der Verkehr mit der Frau: der Gesichtspunkt der Kindererzeugung und der Wollust – nichts weiter kam hier in Betracht; es gab keinen geistigen Verkehr, nicht einmal eine eigentliche Liebschaft. Erwägt man ferner, daß sie selbst vom Wettkampfe und Schauspiele jeder Art ausgeschlossen waren, so bleiben nur die religiösen Kulte als einzige höhere Unterhaltung der Weiber. – Wenn man nun allerdings in der Tragödie Elektra und Antigone vorführte, so *ertrug* man dies eben in der Kunst, obschon man es im Leben nicht mochte: so wie wir jetzt alles Pathetische im *Leben* nicht vertragen, aber in der Kunst gern sehen. – Die Weiber hatten weiter keine Aufgabe, als schöne machtvolle Leiber hervorzubringen, in denen der Charakter des Vaters möglichst ungebrochen weiterlebte, und damit der überhandnehmenden Nervenüberreizung einer so hochentwickelten Kultur entgegenzuwirken. Dies hielt die griechische Kultur verhältnismäßig so lange jung; denn in den griechischen Müttern kehrte immer wieder der griechische Genius zur Natur zurück.

260

Das Vorurteil zugunsten der Größe. – Die Menschen überschätzen ersichtlich alles Große und Hervorstechende. Dies kommt aus der bewußten oder unbewußten Einsicht her, daß sie es sehr nützlich finden, wenn einer alle Kraft auf *ein* Gebiet wirft und aus sich gleichsam ein monströses Organ macht. Sicherlich ist dem

Menschen selber eine *gleichmäßige* Ausbildung seiner Kräfte nützlicher und glückbringender; denn jedes Talent ist ein Vampir, welcher den übrigen Kräften Blut und Kraft aussaugt, und eine übertriebene Produktion kann den begabtesten Menschen fast zur Tollheit bringen. Auch innerhalb der Künste erregen die extremen Naturen viel zu sehr die Aufmerksamkeit; aber es ist auch eine viel geringere Kultur nötig, um von ihnen sich fesseln zu lassen. Die Menschen unterwerfen sich aus Gewohnheit allem, was Macht haben will.

261

Die Tyrannen des Geistes. – Nur wohin der Strahl des Mythus fällt, da leuchtet das Leben der Griechen; sonst ist es düster. Nun berauben sich die griechischen Philosophen eben dieses Mythus: ist es nicht, als ob sie aus dem Sonnenschein sich in den Schatten, in die Düsterkeit setzen wollten? Aber keine Pflanze geht dem Lichte aus dem Wege; im Grunde suchten jene Philosophen nur eine *hellere* Sonne, der Mythus war ihnen nicht rein, nicht leuchtend genug. Sie fanden dies Licht in ihrer Erkenntnis, in dem, was jeder von ihnen seine »Wahrheit« nannte. Damals aber hatte die Erkenntnis noch einen größeren Glanz; sie war noch jung und wußte noch wenig von allen Schwierigkeiten und Gefahren ihrer Pfade; sie konnte damals noch hoffen, mit einem einzigen Sprung an den Mittelpunkt alles Seins zu kommen und von dort aus das Rätsel der Welt zu lösen. Diese Philosophen hatten einen handfesten Glauben an sich und ihre »Wahrheit« und warfen mit ihr alle ihre Nachbarn und Vorgänger nieder; jeder von ihnen war ein streitbarer gewalttätiger *Tyrann*. Vielleicht war das Glück im Glauben an den Besitz der Wahrheit nie größer in der Welt, aber auch nie die Härte, der Übermut, das Tyrannische und Böse eines solchen Glaubens. Sie waren Tyrannen, also das, was jeder Grieche sein wollte und was jeder war, wenn er es sein *konnte*. Vielleicht macht nur Solon eine Ausnahme; in seinen Gedichten sagt er es, wie er die persönliche Tyrannis verschmäht habe. Aber er tat es aus Liebe zu seinem Werke, zu seiner Gesetzgebung; und Gesetzgeber sein ist eine sublimiertere Form des Tyrannentums. Auch Parmenides gab Gesetze, wohl auch Pythagoras und Empedokles; Anaximander gründete eine Stadt. Plato war der fleischgewordene Wunsch, der höchste philosophische Gesetzgeber und Staatengründer zu werden; er scheint schrecklich an der Nichterfüllung seines Wesens gelitten zu haben, und seine Seele wurde gegen sein Ende hin voll der schwärzesten Galle. Je mehr das griechische Philosophentum an Macht verlor, um so mehr litt es innerlich durch diese Galligkeit und Schmähsucht; als erst die verschiedenen Sekten ihre Wahrheiten auf den Straßen verfochten, da waren die Seelen aller dieser Freier der Wahrheit durch Eifer- und Geifersucht völlig verschlammt, das tyrannische Element wütete jetzt als Gift in ihrem eigenen Körper. Diese vielen kleinen Tyrannen hätten sich roh fressen mögen; es war kein Funke mehr von Liebe und allzuwenig Freude an ihrer eigenen Erkenntnis in ihnen übriggeblieben. – Überhaupt gilt der Satz, daß Tyrannen meistens ermordet werden und daß ihre Nachkommenschaft kurz lebt, auch von den Tyrannen des Geistes. Ihre Geschichte ist kurz, gewaltsam, ihre Nachwirkung bricht plötzlich ab. Fast von allen großen Hellenen kann man sagen, daß sie zu spät gekommen scheinen, so von Äschylus, von Pindar, von Demosthenes, von Thukydides; ein Geschlecht nach ihnen – und dann ist es immer völlig vorbei. Das ist das Stürmische und Unheimliche in der griechischen Geschichte. Jetzt zwar bewundert man das Evangelium der Schildkröte. Geschichtlich denken heißt jetzt fast so viel, als ob zu allen Zeiten nach dem Satze Geschichte gemacht worden wäre: »möglichst wenig in möglichst langer Zeit!« Ach, die griechische Geschichte läuft so rasch! Es ist nie wieder so verschwenderisch, so maßlos gelebt worden. Ich kann mich nicht überzeugen, daß die Geschichte der Griechen jenen *natürlichen* Verlauf genommen habe, der so an ihr gerühmt wird.

Sie waren viel zu mannigfach begabt dazu, um in jener schrittweisen Manier *allmählich* zu sein, wie es die Schildkröte im Wett-
lauf mit Achilles ist: und das nennt man ja natürliche Entwicklung. Bei den Griechen geht es schnell vorwärts, aber ebenso
schnell abwärts; die Bewegung der ganzen Maschine ist so gestei-
gert, daß ein einziger Stein, in ihre Räder geworfen, sie zerspring-
en macht. Ein solcher Stein war zum Beispiel Sokrates; in einer
Nacht war die bis dahin so wunderbar regelmäßige, aber freilich
allzu schleunige Entwicklung der philosophischen Wissenschaft
zerstört. Es ist keine müßige Frage, ob nicht Plato, von der sokratischen Verzauberung frei geblieben, einen noch höheren Typus
des philosophischen Menschen gefunden hätte, der uns auf immer verloren ist. Man sieht in die Zeiten vor ihm wie in eine
Bildner-Werkstätte solcher Typen hinein. Das sechste und fünfte
Jahrhundert scheint aber doch noch mehr und Höheres zu verheißen, als es selber hervorgebracht hat; aber es blieb bei dem Verheißen und Ankündigen. Und doch gibt es kaum einen schwereren Verlust als den Verlust eines Typus, einer neuen, bis dahin un-
entdeckt gebliebenen höchsten Möglichkeit des philosophischen
Lebens. Selbst von den älteren Typen sind die meisten schlecht
überliefert; es scheinen mir alle Philosophen von Thales bis Demokrit außerordentlich schwer erkennbar; wem es aber gelingt,
diese Gestalten nachzuschaffen, der wandelt unter Gebilden von
mächtigstem und reinstem Typus. Diese Fähigkeit ist freilich selten, sie fehlte selbst den späteren Griechen, welche sich mit der
Kunde der älteren Philosophie befaßten; Aristoteles zumal
scheint seine Augen nicht im Kopfe zu haben, wenn er vor den
Bezeichneten steht. Und so scheint es, als ob diese herrlichen
Philosophen umsonst gelebt hätten, oder als ob sie gar nur die
streit- und redelustigen Scharen der sokratischen Schulen hätten
vorbereiten sollen. Es ist hier wie gesagt eine Lücke, ein Bruch in
der Entwicklung; irgend ein großes Unglück muß geschehen
sein, und die einzige Statue, an welcher man Sinn und Zweck je-

ner großen bildnerischen Vorübung erkannt haben würde, zerbrach oder mißlang: was eigentlich geschehen ist, ist für immer ein Geheimnis der Werkstätte geblieben. – Das, was bei den Griechen sich ereignete – daß jeder große Denker im Glauben daran, Besitzer der absoluten Wahrheit zu sein, zum Tyrannen wurde, so daß auch die Geschichte des Geistes bei den Griechen jenen gewaltsamen, übereilten und gefährlichen Charakter bekommen hat, den ihre politische Geschichte zeigt –, diese Art von Ereignissen war damit nicht erschöpft: es hat sich vieles Gleiche bis in die neueste Zeit hinein begeben, obwohl allmählich seltener und jetzt schwerlich mehr mit dem reinen naiven Gewissen der griechischen Philosophen. Denn im ganzen redet jetzt die Gegenlehre und die Skepsis zu mächtig, zu laut. Die Periode der Tyrannen des Geistes ist vorbei. In den Sphären der höheren Kultur wird es freilich immer eine Herrschaft geben müssen – aber diese Herrschaft liegt von jetzt ab in den Händen der *Oligarchen des Geistes.* Sie bilden, trotz aller räumlichen und politischen Trennung, eine zusammengehörige Gesellschaft, deren Mitglieder sich *erkennen* und *anerkennen,* was auch die öffentliche Meinung und die Urteile der auf die Masse wirkenden Tages- und Zeitschriftsteller für Schätzungen der Gunst und Abgunst in Umlauf bringen mögen. Die geistige Überlegenheit, welche früher trennte und verfeindete, pflegt jetzt zu *binden:* wie könnten die einzelnen sich selbst behaupten und auf eigener Bahn, allen Strömungen entgegen, durch das Leben schwimmen, wenn sie nicht ihresgleichen hier und dort unter gleichen Bedingungen leben sähen und deren Hand ergriffen, im Kampfe ebensosehr gegen den ochlokratischen Charakter des Halbgeistes und der Halbbildung, als gegen die gelegentlichen Versuche, mit Hilfe der Massenwirkung eine Tyrannei aufzurichten? Die Oligarchen sind einander nötig, sie haben aneinander ihre beste Freude, sie verstehen ihre Abzeichen – aber trotzdem ist ein jeder von ihnen frei, er kämpft und siegt an *seiner* Stelle und geht lieber unter, als sich zu unterwerfen.

262

Homer. – Die größte Tatsache in der griechischen Bildung bleibt doch die, daß Homer so frühzeitig panhellenisch wurde. Alle geistige und menschliche Freiheit, die die Griechen erreichten, geht auf diese Tatsache zurück. Aber zugleich ist es das eigentliche Verhängnis der griechischen Bildung gewesen, denn Homer verflachte, indem er zentralisierte, und löste die ernsteren Instinkte der Unabhängigkeit auf. Von Zeit zu Zeit erhob sich aus dem tiefsten Grunde des Hellenischen der Widerspruch gegen Homer; aber er blieb immer siegreich. Alle großen geistigen Mächte üben neben ihrer befreienden Wirkung auch eine unterdrückende aus; aber freilich ist es ein Unterschied, ob Homer oder die Bibel oder die Wissenschaft die Menschen tyrannisieren.

263

Begabung. – In einer so hochentwickelten Menschheit, wie die jetzige ist, bekommt von Natur jeder den Zugang zu vielen Talenten mit. Jeder *hat angeborenes Talent,* aber nur wenigen ist der Grad von Zähigkeit, Ausdauer, Energie angeboren und anerzogen, so daß er wirklich ein Talent wird, also *wird,* was er *ist,* das heißt: es in Werken und Handlungen entladet.

264

Der Geistreiche entweder überschätzt oder unterschätzt. – Unwissenschaftliche aber begabte Menschen schätzen jedes Anzeichen von Geist, sei es nun, daß er auf wahrer oder falscher Fährte ist; sie wollen vor allem, daß der Mensch, der mit ihnen verkehrt, sie gut mit seinem Geist unterhalte, sie ansporne, entflamme, zu Ernst und Scherz fortreiße und jedenfalls vor der Langeweile als kräftigstes Amulet schütze. Die wissenschaftlichen Naturen wissen dagegen, daß die Begabung, allerhand Einfälle zu haben, auf das strengste durch den Geist der Wissenschaft gezügelt werden müsse; nicht das, was glänzt, scheint, erregt, sondern die oft unscheinbare Wahrheit ist die Frucht, welche er vom Baume der Erkenntnis zu schütteln wünscht. Er darf, wie Aristoteles, zwischen »Langweiligen« und »Geistreichen« keinen Unterschied machen, sein Dämon führt ihn durch die Wüste ebenso wie durch tropische Vegetation, damit er überall nur an dem Wirklichen, Haltbaren, Echten seine Freude habe. – Daraus ergibt sich, bei unbedeutenden Gelehrten, eine Mißachtung und Verdächtigung des Geistreichen überhaupt, und wiederum haben geistreiche Leute häufig eine Abneigung gegen die Wissenschaft: wie zum Beispiel fast alle Künstler.

265

Die Vernunft in der Schule. – Die Schule hat keine wichtigere Aufgabe, als strenges Denken, vorsichtiges Urteilen, konsequentes Schließen zu lehren; deshalb hat sie von allen Dingen abzusehen, die nicht für diese Operationen tauglich sind, zum Beispiel von der Religion. Sie kann ja darauf rechnen, daß menschliche Unklarheit, Gewöhnung und Bedürfnis später doch wieder den Bogen des allzu straffen Denkens abspannen. Aber so lange ihr Einfluß reicht, soll sie das erzwingen, was das Wesentliche und Auszeichnende am Menschen ist: »Vernunft und Wissenschaft, des Menschen allerhöchste Kraft« – wie wenigstens Goethe urteilt. Der große Naturforscher von Baer findet die Überlegenheit aller Europäer im Vergleich zu Asiaten in der eingeschulten Fähigkeit, daß sie Gründe für das, was sie glauben, angeben können, wozu diese aber völlig unfähig sind. Europa ist in die Schule des konsequenten und kritischen Denkens gegangen, Asien weiß immer noch nicht zwischen Wahrheit und Dichtung zu unterscheiden und ist sich nicht bewußt, ob seine Überzeugungen aus eigener Beobachtung und regelrechtem Denken oder aus Phantasien stammen. – Die Vernunft in der Schule hat Europa zu Europa gemacht: im Mittelalter war es auf dem Wege, wieder zu einem

Stück und Anhängsel Asiens zu werden – also den wissenschaftlichen Sinn, welchen es den Griechen verdankte, einzubüßen.

266

Unterschätzte Wirkung des gymnasialen Unterrichts. – Man sucht den Wert des Gymnasiums selten in den Dingen, welche wirklich dort gelernt und von ihm unverlierbar heimgebracht werden, sondern in denen, welche man lehrt, welche der Schüler sich aber nur mit Widerwillen aneignet, um sie so schnell er darf von sich abzuschütteln. Das Lesen der Klassiker – das gibt jeder Gebildete zu – ist so, wie es überall getrieben wird, eine monströse Prozedur: vor jungen Menschen, welche in keiner Beziehung dazu reif sind, von Lehrern, welche durch jedes Wort, oft durch ihr Erscheinen schon einen Mehltau über einen guten Autor legen. Aber darin liegt der Wert, der gewöhnlich verkannt wird – daß diese Lehrer die *abstrakte Sprache der höheren Kultur* reden, schwerfällig und schwer zum Verstehen, wie sie ist, aber eine hohe Gymnastik des Kopfes; daß Begriffe, Kunstausdrücke, Methoden, Anspielungen in ihrer Sprache fortwährend vorkommen, welche die jungen Leute im Gespräche ihrer Angehörigen und auf der Gasse fast nie hören. Wenn die Schüler nur *hören,* so wird ihr Intellekt zu einer wissenschaftlichen Betrachtungsweise unwillkürlich präformiert. Es ist nicht möglich, aus dieser Zucht, völlig unberührt von der Abstraktion, als reines Naturkind herauszukommen.

267

Viele Sprachen lernen. – Viele Sprachen lernen füllt das Gedächtnis mit Worten statt mit Tatsachen und Gedanken, während dies ein Behältnis ist, welches bei jedem Menschen nur eine bestimmte begrenzte Masse von Inhalt aufnehmen kann. Sodann schadet das Lernen vieler Sprachen, insofern es den Glauben, Fertigkeiten zu haben, erweckt und tatsächlich auch ein gewisses verführerisches Ansehen im Verkehr verleiht; es schadet sodann auch indirekt dadurch, daß es dem Erwerben gründlicher Kenntnisse und der Absicht, auf redliche Weise die Achtung der Menschen zu verdienen, entgegenwirkt. Endlich ist es die Axt, welche dem feineren Sprachgefühl innerhalb der Muttersprache an die Wurzel gelegt wird: dies wird dadurch unheilbar beschädigt und zugrunde gerichtet. Die beiden Völker, welche die größten Stilisten erzeugten, Griechen und Franzosen, lernten keine fremden Sprachen. – Weil aber der Verkehr der Menschen immer kosmopolitischer werden muß und zum Beispiel ein rechter Kaufmann in London jetzt schon sich in acht Sprachen schriftlich und mündlich verständlich zu machen hat, so ist freilich das Viele-Sprachen-lernen ein notwendiges *Übel;* welches aber, zuletzt zum Äußersten kommend, die Menschheit zwingen wird, ein Heilmittel zu finden: und in irgend einer fernen Zukunft wird es eine neue Sprache, zuerst als Handelssprache, dann als Sprache des geistigen Verkehrs überhaupt, für alle geben, so gewiß als es einmal Luftschiffahrt gibt. Wozu hätte auch die Sprachwissenschaft ein Jahrhundert lang die Gesetze der Sprache studiert und das Notwendige, Wertvolle, Gelungene an jeder einzelnen Sprache abgeschätzt!

268

Zur Kriegsgeschichte des Individuums. – Wir finden in ein einzelnes Menschenleben, welches durch mehrere Kulturen geht, den Kampf zusammengedrängt, welcher sich sonst zwischen zwei Generationen, zwischen Vater und Sohn, abspielt: die Nähe der Verwandtschaft *verschärft* diesen Kampf, weil jede Partei schonungslos das ihr so gut bekannte Innre der anderen Partei mit hineinzieht; und so wird dieser Kampf im einzelnen Individuum am erbittertsten sein; hier schreitet jede neue Phase über die frühere mit grausamer Ungerechtigkeit und Verkennung von deren Mitteln und Zielen hinweg.

269

Um eine Viertelstunde früher. – Man findet gelegentlich einen, der mit seinen Ansichten über seiner Zeit steht, aber doch nur um so viel, daß er die Vulgäransichten des nächsten Jahrzehnts vorwegnimmt. Er hat die öffentliche Meinung eher, als sie öffentlich ist, das heißt: er ist einer Ansicht, die es verdient trivial zu werden, eine Viertelstunde eher in die Arme gefallen als andere. Sein Ruhm pflegt aber viel lauter zu sein als der Ruhm der wirklich Großen und Überlegenen.

270

Die Kunst zu lesen. – Jede starke Richtung ist einseitig; sie nähert sich der Richtung der geraden Linie und ist wie diese ausschließend; das heißt sie berührt nicht viele andere Richtungen, wie dies schwache Parteien und Naturen in ihrem wellenhaften Hin- und Hergehen tun: das muß man also auch den Philologen nachsehen, daß sie einseitig sind. Herstellung und Reinhaltung der Texte, nebst der Erklärung derselben, in einer Zunft jahrhundertelang fortgetrieben, hat endlich jetzt die richtigen Methoden finden lassen; das ganze Mittelalter war tief unfähig zu einer streng philologischen Erklärung, das heißt zum einfachen Verstehenwollen dessen, was der Autor sagt, – es war etwas, diese Methoden zu finden, man unterschätze es nicht! Alle Wissenschaft hat dadurch erst Kontinuität und Stetigkeit gewonnen, daß die Kunst des richtigen Lesens, das heißt die Philologie, auf ihre Höhe kam.

271

Die Kunst, zu schließen. – Der größte Fortschritt, den die Menschen gemacht haben, liegt darin, daß sie *richtig schließen* lernen. Das ist gar nicht so etwas Natürliches, wie Schopenhauer annimmt, wenn er sagt: »zu schließen sind alle, zu urteilen wenige fähig«, sondern ist spät erlernt und jetzt noch nicht zur Herrschaft gelangt. Das falsche Schließen ist in älteren Zeiten die Regel: und die Mythologien aller Völker, ihre Magie und ihr Aberglaube, ihr religiöser Kultus, ihr Recht sind die unerschöpflichen Beweis-Fundstätten für diesen Satz.

272

Jahresringe der individuellen Kultur. – Die Stärke und Schwäche der geistigen Produktivität hängt lange nicht so an der angeerbten Begabung, als an dem mitgegebenen Maße von *Spannkraft.* Die meisten jungen Gebildeten von dreißig Jahren gehen um diese Frühsonnenwende ihres Lebens zurück und sind für neue geistige Wendungen von da an unlustig. Deshalb ist dann gleich wieder zum Heile einer fort und fort wachsenden Kultur eine neue Generation nötig, die es nun aber ebenfalls nicht weit bringt: denn um die Kultur des Vaters *nachzuholen,* muß der Sohn die angeerbte Energie, welche der Vater auf jener Lebensstufe, als er den Sohn zeugte, selber besaß, fast aufbrauchen; mit dem kleinen Überschuß kommt er weiter (denn weil hier der Weg zum zweiten Male gemacht wird, geht es ein wenig leichter und schneller vorwärts; der Sohn verbraucht, um dasselbe zu lernen, was der Vater wußte, nicht ganz so viel Kraft). Sehr spannkräftige Männer wie zum Beispiel Goethe durchmessen so viel, als kaum vier Generationen hintereinander vermögen; deshalb kommen sie aber zu schnell voraus, so daß die anderen Menschen sie erst in dem nächsten Jahrhundert einholen, vielleicht nicht einmal völlig, weil durch die häufigen Unterbrechungen die Geschlossenheit der Kultur, die Konsequenz der Entwicklung geschwächt worden ist. – Die gewöhnlichen Phasen der geistigen Kultur, welche im Verlauf der Geschichte errungen ist, holen die Menschen immer schneller nach. Sie beginnen gegenwärtig in die Kultur als religiös bewegte Kinder einzutreten und bringen es vielleicht im zehnten Lebensjahre zur höchsten Lebhaftigkeit dieser Empfindungen, gehen dann in abgeschwächtere Formen (Pantheismus) über, während sie sich der Wissenschaft nähern; kommen über Gott, Unsterblichkeit und dergleichen ganz hinaus, aber verfallen den Zaubern einer metaphysischen Philosophie. Auch diese wird ihnen endlich unglaubwürdig; die Kunst scheint dagegen immer mehr zu gewähren, so daß eine Zeitlang die Metaphysik kaum noch in einer Umwandlung zur Kunst oder als künstlerisch verklärende Stimmung übrigbleibt und fortlebt. Aber der wissenschaftliche Sinn wird immer gebieterischer und führt den Mann hin zur Naturwissenschaft und Historie und namentlich zu den strengsten Methoden des Erkennens, während der Kunst eine immer mildere und anspruchslosere Bedeutung zufällt. Dies alles pflegt sich jetzt innerhalb der ersten dreißig Jahre eines Mannes zu ereignen. Es ist die Rekapitulation eines Pensums, an welchem die Menschheit vielleicht dreißigtausend Jahre sich abgearbeitet hat.

273

Zurückgegangen, nicht zurückgeblieben. – Wer gegenwärtig seine Entwicklung noch aus religiösen Empfindungen heraus anhebt und vielleicht längere Zeit nachher in Metaphysik und Kunst weiterlebt, der hat sich allerdings ein gutes Stück zurückbegeben und beginnt sein Wettrennen mit anderen modernen Menschen unter ungünstigen Voraussetzungen: er verliert scheinbar Raum und Zeit. Aber dadurch, daß er sich in jenen Bereichen aufhielt, wo Glut und Energie entfesselt werden und fortwährend Macht als vulkanischer Strom aus unversiegter Quelle strömt, kommt er dann, sobald er sich nur zur rechten Zeit von jenen Gebieten getrennt hat, um so schneller vorwärts, sein Fuß ist beflügelt, seine Brust hat ruhiger, länger, ausdauernder atmen gelernt. – Er hat sich nur zurückgezogen, um zu seinem Sprunge genügenden Raum zu haben: so kann selbst etwas Fürchterliches, Drohendes in diesem Rückgange liegen.

274

Ein Ausschnitt unseres Selbst als künstlerisches Objekt. – Es ist ein Zeichen überlegener Kultur, gewisse Phasen der Entwicklung, welche die geringeren Menschen fast gedankenlos durchleben und von der Tafel ihrer Seele dann wegwischen, mit Bewußtsein festzuhalten und ein getreues Bild davon zu entwerfen: denn dies ist die höhere Gattung der Malerkunst, welche nur wenige verstehen. Dazu wird es nötig, jene Phasen künstlich zu isolieren. Die historischen Studien bilden die Befähigung zu diesem Malertum aus, denn sie fordern uns fortwährend auf, bei Anlaß eines Stückes Geschichte – eines Volkes oder Menschenlebens – uns einen ganz bestimmten Horizont von Gedanken, eine bestimmte Stärke von Empfindungen, das Vorwalten dieser, das Zurücktreten jener vorzustellen. Darin, daß man solche Gedanken- und Gefühlssysteme aus gegebenen Anlässen schnell rekonstruieren kann, wie den Eindruck eines Tempels aus einigen zufällig stehengebliebenen Säulen und Mauerresten, besteht der historische Sinn. Das nächste Ergebnis desselben ist, daß wir unsere Mitmenschen als ganz bestimmte solche Systeme und Vertreter verschiedener Kulturen verstehen, das heißt als notwendig, aber als veränderlich. Und wiederum: daß wir in unserer eigenen Entwicklung Stücke heraustrennen und selbständig hinstellen können.

275

Zyniker und Epikureer. – Der Zyniker erkennt den Zusammenhang zwischen den vermehrten und stärkeren Schmerzen des höher kultivierten Menschen und der Fülle von Bedürfnissen; er begreift also, daß die Menge von Meinungen über das Schöne, Schickliche, Geziemende, Erfreuende ebensosehr reiche Genuß-, aber auch Unlustquellen entspringen lassen mußte. Gemäß dieser Einsicht bildet er sich zurück, indem er viele dieser Meinungen aufgibt und sich gewissen Anforderungen der Kultur entzieht; damit gewinnt er ein Gefühl der Freiheit und der

Kräftigung, und allmählich, wenn die Gewohnheit ihm seine Lebensweise erträglich macht, hat er in der Tat seltnere und schwächere Unlustempfindungen als die kultivierten Menschen und nähert sich dem Haustier an; überdies empfindet er alles im Reiz des Kontrastes und – schimpfen kann er ebenfalls nach Herzenslust: so daß er dadurch wieder hoch über die Empfindungswelt des Tieres hinauskommt. – Der Epikureer hat denselben Gesichtspunkt wie der Zyniker; zwischen ihm und jenem ist gewöhnlich nur ein Unterschied des Temperamentes. Sodann benutzt der Epikureer seine höhere Kultur, um sich von den herrschenden Meinungen unabhängig zu machen; er erhebt sich über dieselben, während der Zyniker nur in der Negation bleibt. Er wandelt gleichsam in windstillen, wohlgeschützten, halbdunklen Gängen, während über ihm, im Winde, die Wipfel der Bäume brausen und ihm verraten, wie heftig bewegt da draußen die Welt ist. Der Zyniker dagegen geht gleichsam nackt draußen im Windeswehen umher und härtet sich bis zur Gefühllosigkeit ab.

276

Mikrokosmus und Makrokosmus der Kultur. – Die besten Entdeckungen über die Kultur macht der Mensch in sich selbst, wenn er darin zwei heterogene Mächte waltend findet. Gesetzt, es lebe einer ebensosehr in der Liebe zur bildenden Kunst oder zur Musik, als er vom Geiste der Wissenschaft fortgerissen wird, und er sehe es als unmöglich an, diesen Widerspruch durch Vernichtung der einen und volle Entfesselung der anderen Macht aufzuheben: so bleibt ihm nur übrig, ein so großes Gebäude der Kultur aus sich zu gestalten, daß jene beiden Mächte, wenn auch an verschiedenen Enden desselben, in ihm wohnen können, während zwischen ihnen versöhnende Mittelmächte, mit überwiegender Kraft, um nötigenfalls den ausbrechenden Streit zu schlichten, ihre Herberge haben. Ein solches Gebäude der Kultur im einzelnen Individuum wird aber die größte Ähnlichkeit mit dem Kulturbau in ganzen Zeitperioden haben und eine fortgesetzte analogische Belehrung über denselben abgeben. Denn überall, wo sich die große Architektur der Kultur entfaltet hat, war ihre Aufgabe, die einander widerstrebenden Mächte zur Eintracht vermöge einer übermächtigen Ansammlung der weniger unverträglichen übrigen Mächte zu zwingen, ohne sie deshalb zu unterdrücken und in Fesseln zu schlagen.

277

Glück und Kultur. – Der Anblick der Umgebungen unserer Kindheit erschüttert uns: das Gartenhaus, die Kirche mit den Gräbern, der Teich und der Wald – dies sehen wir immer als Leidende wieder. Mitleid mit uns selbst ergreift uns, denn was haben wir seitdem alles durchgelitten! Und hier steht jegliches noch so still, so ewig da: nur wir sind so anders, so bewegt; selbst etliche Menschen finden wir wieder, an welchen die Zeit nicht mehr ihren Zahn gewetzt hat als an einem Eichbaume: Bauern, Fischer, Waldbewohner – sie sind dieselben. – Erschütterung, Selbstmitleid im Angesicht der niederen Kultur ist das Zeichen der höheren Kultur; woraus sich ergibt, daß durch diese das Glück jedenfalls nicht gemehrt worden ist. Wer eben Glück und Behagen vom Leben ernten will, der mag nur immer der höheren Kultur aus dem Wege gehen.

278

Gleichnis vom Tanze. – Jetzt ist es als das entscheidende Zeichen großer Kultur zu betrachten, wenn jemand jene Kraft und Biegsamkeit besitzt, um ebenso rein und streng im Erkennen zu sein als, in anderen Momenten, auch befähigt, der Poesie, Religion und Metaphysik gleichsam hundert Schritt vorzugeben und ihre Gewalt und Schönheit nachzuempfinden. Eine solche Stellung zwischen zwei so verschiedenen Ansprüchen ist sehr schwierig, denn die Wissenschaft drängt zur absoluten Herrschaft ihrer Methode, und wird diesem Drängen nicht nachgegeben, so entsteht die andere Gefahr eines schwächlichen Auf- und Niederschwankens zwischen verschiedenen Antrieben. Indessen: um wenigstens mit einem Gleichnis einen Blick auf die Lösung dieser Schwierigkeit zu eröffnen, möge man sich doch daran erinnern, daß der *Tanz* nicht dasselbe wie ein mattes Hin- und Hertaumeln zwischen verschiedenen Antrieben ist. Die hohe Kultur wird einem kühnen Tanze ähnlich sehen: weshalb, wie gesagt, viel Kraft und Geschmeidigkeit not tut.

279

Von der Erleichterung des Lebens. – Ein Hauptmittel, um sich das Leben zu erleichtern, ist das Idealisieren aller Vorgänge desselben; man soll sich aber aus der Malerei recht deutlich machen, was idealisieren heißt. Der Maler verlangt, daß der Zuschauer nicht zu genau, zu scharf zusehe, er zwingt ihn in eine gewisse Ferne zurück, damit er von dort aus betrachte; er ist genötigt, eine ganz bestimmte Entfernung des Betrachters vom Bilde vorauszusetzen; ja er muß sogar ein ebenso bestimmtes Maß von Schärfe des Auges bei seinem Betrachter annehmen; in solchen Dingen darf er durchaus nicht schwanken. Jeder also, der sein Leben idealisieren will, muß es nicht zu genau sehen wollen und seinen Blick immer in eine gewisse Entfernung zurückbannen. Dieses Kunststück verstand zum Beispiel Goethe.

280

Erschwerung als Erleichterung und umgekehrt. –Vieles, was auf gewissen Stufen des Menschen Erschwerung des Lebens ist, dient einer höheren Stufe als Erleichterung, weil solche Menschen stärkere Erschwerungen des Lebens kennengelernt haben. Ebenso kommt das Umgekehrte vor: so hat zum Beispiel die Religion ein doppeltes Gesicht, je nachdem ein Mensch zu ihr hinaufblickt, um von ihr sich seine Last und Not abnehmen zu lassen, oder auf sie hinabsieht, wie auf die Fessel, welche ihm angelegt ist, damit er nicht zu hoch in die Lüfte steige.

281

Die höhere Kultur wird notwendig mißverstanden. – Wer sein Instrument nur mit zwei Saiten bespannt hat wie die Gelehrten, welche außer dem *Wissenstriebe* nur noch einen anerzogenen *religiösen* haben, der versteht solche Menschen nicht, welche auf mehr Saiten spielen können. Es liegt im Wesen der höheren, *vielsaitigeren* Kultur, daß sie von der niederen immer falsch gedeutet wird; wie dies zum Beispiel geschieht, wenn die Kunst als eine verkappte Form des Religiösen gilt. Ja Leute, die nur religiös sind, verstehen selbst die Wissenschaft als Suchen des religiösen Gefühls, so wie Taubstumme nicht wissen, was Musik ist, wenn nicht sichtbare Bewegung.

282

Klagelied. – Es sind vielleicht die Vorzüge unserer Zeiten, welche ein Zurücktreten und eine gelegentliche Unterschätzung der vita contemplativa mit sich bringen. Aber eingestehen muß man es sich, daß unsere Zeit arm ist an großen Moralisten, daß Pascal, Epiktet, Seneca, Plutarch wenig noch gelesen werden, daß Arbeit und Fleiß – sonst im Gefolge der großen Göttin Gesundheit – mitunter wie eine Krankheit zu wüten scheinen. Weil Zeit zum Denken und Ruhe im Denken fehlt, so erwägt man abweichende Ansichten nicht mehr: man begnügt sich sie zu hassen. Bei der ungeheuren Beschleunigung des Lebens wird Geist und Auge an ein halbes oder falsches Sehen und Urteilen gewöhnt, und jedermann gleicht den Reisenden, welche Land und Volk von der Eisenbahn aus kennenlernen. Selbständige und vorsichtige Haltung der Erkenntnis schätzt man beinahe als eine Art Verrücktheit ab; der Freigeist ist in Verruf gebracht, namentlich durch Gelehrte, welche an seiner Kunst, die Dinge zu betrachten, ihre Gründlichkeit und ihren Ameisenfleiß vermissen und ihn gern in einen einzelnen Winkel der Wissenschaft bannen möchten: während er die ganz andere und höhere Aufgabe hat, von einem einsam gelegenen Standorte aus den ganzen Heerbann der wissenschaftlichen und gelehrten Menschen zu befehligen und ihnen die Wege und Ziele der Kultur zu zeigen. – Eine solche Klage, wie die eben abgesungene, wird wahrscheinlich ihre Zeit haben und von selber einmal bei einer gewaltigen Rückkehr des Genius der Meditation Verstummen.

283

Hauptmangel der tätigen Menschen. – Den Tätigen fehlt gewöhnlich die höhere Tätigkeit: ich meine die *individuelle.* Sie sind als Beamte, Kaufleute, Gelehrte, das heißt als Gattungswesen tätig, aber nicht als ganz bestimmte einzelne und *einzige* Menschen; in dieser Hinsicht sind sie faul. – Es ist das Unglück der Tätigen, daß ihre Tätigkeit fast immer ein wenig unvernünftig ist. Man darf zum Beispiel bei dem geldsammelnden Bankier nach dem Zweck seiner rastlosen Tätigkeit nicht fragen: sie ist unvernünftig. Die Tätigen rollen, wie der Stein rollt, gemäß der Dummheit der Mechanik. – Alle Menschen zerfallen, wie zu allen Zeiten so auch jetzt noch, in Sklaven und Freie; denn wer von seinem Tage nicht zwei Drittel für sich hat, ist ein Sklave, er sei übrigens wer er wolle: Staatsmann, Kaufmann, Beamter, Gelehrter.

284

Zugunsten der Müßigen. – Zum Zeichen dafür, daß die Schätzung des beschaulichen Lebens abgenommen hat, wetteifern die Gelehrten jetzt mit den tätigen Menschen in einer Art von hastigem Genusse, so daß sie also diese Art zu genießen höher zu schätzen scheinen als die, welche ihnen eigentlich zukommt und welche in der Tat viel mehr Genuß ist. Die Gelehrten schämen sich des otium. Es ist aber ein edel Ding um Muße und Müßiggehen. – Wenn Müßiggang wirklich der *Anfang* aller Laster ist, so befindet er sich also wenigstens in der nächsten Nähe aller Tugenden; der müßige Mensch ist immer noch ein besserer Mensch als der tätige. – Ihr meint doch nicht, daß ich mit Muße und Müßiggehen auf euch ziele, ihr Faultiere? –

285

Die moderne Unruhe. – Nach dem Westen zu wird die moderne Bewegtheit immer größer, so daß den Amerikanern die Bewohner Europas insgesamt sich als ruheliebende und genießende Wesen darstellen, während diese doch selbst wie Bienen und Wespen durcheinanderfliegen. Diese Bewegtheit wird so groß, daß die höhere Kultur ihre Früchte nicht mehr zeitigen kann: es ist, als ob die Jahreszeiten zu rasch aufeinander folgten. Aus Mangel an Ruhe läuft unsere Zivilisation in eine neue Barbarei aus. Zu keiner Zeit haben die Tätigen, das heißt die Ruhelosen, mehr gegolten. Es gehört deshalb zu den notwendigen Korrekturen, welche man am Charakter der Menschheit vornehmen muß, das beschauliche Element in großem Maße zu verstärken. Doch hat schon jeder einzelne, welcher in Herz und Kopf ruhig und stetig ist, das Recht zu glauben, daß er nicht nur ein gutes Temperament, sondern eine allgemein nützliche Tugend besitze und durch die Bewahrung dieser Tugend sogar eine höhere Aufgabe erfülle.

286

Inwiefern der Tätige faul ist. – Ich glaube, daß jeder über jedes Ding, über welches Meinungen möglich sind, eine eigene Meinung haben muß, weil er selber ein eigenes nur einmaliges Ding ist, das zu allen andern Dingen eine neue, nie dagewesene Stellung einnimmt. Aber die Faulheit, welche im Grunde der Seele des Tätigen liegt, verhindert den Menschen, das Wasser aus seinem eigenen

Brunnen zu schöpfen. – Mit der Freiheit der Meinungen steht es wie mit der Gesundheit: beide sind individuell, von beiden kann kein allgemeingültiger Begriff aufgestellt werden. Das, was das eine Individuum zu seiner Gesundheit nötig hat, ist für ein anderes schon Grund zur Erkrankung, und manche Mittel und Wege zur Freiheit des Geistes dürfen höher entwickelten Naturen als Wege und Mittel zur Unfreiheit gelten.

287

Censor vitae. – Der Wechsel von Liebe und Haß bezeichnet für eine lange Zeit den inneren Zustand eines Menschen, welcher frei in seinem Urteil über das Leben werden will; er vergißt nicht und trägt den Dingen alles nach, Gutes und Böses. Zuletzt, wenn die ganze Tafel seiner Seele mit Erfahrungen vollgeschrieben ist, wird er das Dasein nicht verachten und hassen, aber es auch nicht lieben, sondern über ihm liegen, bald mit dem Auge der Freude, bald mit dem der Trauer, und wie die Natur bald sommerlich, bald herbstlich gesinnt sein.

288

Nebenerfolg. – Wer ernstlich frei werden will, wird dabei ohne allen Zwang die Neigung zu Fehlern und Lastern mit verlieren; auch Ärger und Verdruß werden ihn immer seltener anfallen. Sein Wille nämlich will nichts angelegentlicher als Erkennen und das Mittel dazu, das heißt: den andauernden Zustand, in dem er am tüchtigsten zum Erkennen ist.

289

Wert der Krankheit. – Der Mensch, der krank zu Bette liegt, kommt mitunter dahinter, daß er für gewöhnlich an seinem Amte, Geschäfte oder an seiner Gesellschaft krank ist und durch sie jede Besonnenheit über sich verloren hat: er gewinnt diese Weisheit aus der Muße, zu welcher ihn seine Krankheit zwingt.

290

Empfindung auf dem Lande. – Wenn man nicht feste, ruhige Linien am Horizonte seines Lebens hat, Gebirgs- und Waldlinien gleichsam, so wird der innerste Wille des Menschen selber unruhig, zerstreut und begehrlich wie das Wesen des Städters: er hat kein Glück und gibt kein Glück.

291

Vorsicht der freien Geister. – Freigesinnte, der Erkenntnis allein lebende Menschen werden ihr äußerliches Lebensziel, ihre endgültige Stellung zu Gesellschaft und Staat bald erreicht finden und zum Beispiel mit einem kleinen Amte oder einem Vermögen, das gerade zum Leben ausreicht, gern sich zufrieden geben; denn sie werden sich einrichten so zu leben, daß eine große Verwandlung der äußeren Güter, ja ein Umsturz der politischen Ordnungen ihr Leben nicht mit umwirft. Auf alle diese Dinge verwenden sie sowenig wie möglich an Energie, damit sie mit der ganzen angesammelten Kraft und gleichsam mit einem langen Atem in das Element des Erkennens hinabtauchen. So können sie hoffen, tief zu tauchen und auch wohl auf den Grund zu sehen. – Von einem Ereignis wird ein solcher Geist gern nur einen Zipfel nehmen, er liebt die Dinge in der ganzen Breite und Weitschweifigkeit ihrer Falten nicht: denn er will sich nicht in diese verwickeln. – Auch er kennt die Wochentage der Unfreiheit, der Abhängigkeit, der Dienstbarkeit. Aber von Zeit zu Zeit muß ihm ein Sonntag der Freiheit kommen, sonst wird er das Leben nicht aushalten. – Es ist wahrscheinlich, daß selbst seine Liebe zu den Menschen vorsichtig und etwas kurzatmig sein wird, denn er will sich nur, soweit es zum Zweck der Erkenntnis nötig ist, mit der Welt der Neigungen und der Blindheit einlassen. Er muß darauf vertrauen, daß der Genius der Gerechtigkeit etwas für seinen Jünger und Schützling sagen wird, wenn anschuldigende Stimmen ihn arm an Liebe nennen sollten. – Es gibt in seiner Lebens- und

Denkweise einen *verfeinerten Heroismus,* welcher es verschmäht, sich der großen Massen-Verehrung, wie sein gröberer Bruder es tut, anzubieten, und still durch die Welt und aus der Welt zu gehen pflegt. Was für Labyrinthe er auch durchwandert, unter welchen Felsen sich auch sein Strom zeitweilig durchgequält hat – kommt er ans Licht, so geht er hell, leicht und fast geräuschlos seinen Gang und läßt den Sonnenschein bis in seinen Grund hinab spielen.

292

Vorwärts. – Und damit vorwärts auf der Bahn der Weisheit, guten Schrittes, guten Vertrauens! Wie du auch bist, so diene dir selber als Quell der Erfahrung! Wirf das Mißvergnügen über dein Wesen ab, verzeihe dir dein eignes Ich: denn in jedem Falle hast du an dir eine Leiter mit hundert Sprossen, auf welchen du zur Erkenntnis steigen kannst. Das Zeitalter, in welches du dich mit Leidwesen geworfen fühlst, preist dich selig dieses Glückes wegen; es ruft dir zu, daß dir jetzt noch an Erfahrungen zuteil werde, was Menschen späterer Zeit vielleicht entbehren müssen. Mißachte es nicht, noch religiös gewesen zu sein; ergründe es völlig, wie du noch einen echten Zugang zur Kunst gehabt hast. Kannst du nicht gerade mit Hilfe dieser Erfahrungen ungeheuren Wegstrecken der früheren Menschheit verständnisvoller nachgehen? Sind nicht gerade auf dem Boden, welcher dir mitunter so mißfällt, auf dem Boden des unreinen Denkens, viele der herrlichsten Früchte älterer Kultur aufgewachsen? Man muß Religion und Kunst wie Mutter und Amme geliebt haben – sonst kann man nicht weise werden. Aber man muß über sie hinaus sehen, ihnen entwachsen können; bleibt man in ihrem Banne, so versteht man sie nicht. Ebenso muß dir die Historie vertraut sein und das vorsichtige Spiel mit den Waagschalen »einerseits – andererseits«. Wandle zurück, in die Fußtapfen tretend, in welchen die Menschheit ihren leidvollen großen Gang durch die Wüste der

Vergangenheit machte: so bist du am gewissesten belehrt, wohin alle spätere Menschheit nicht wieder gehen kann oder darf. Und indem du mit aller Kraft voraus erspähen willst, wie der Knoten der Zukunft noch geknüpft wird, bekommt dein eigenes Leben den Wert eines Werkzeuges und Mittels zur Erkenntnis. Du hast es in der Hand zu erreichen, daß all dein Erlebtes: die Versuche, Irrwege, Fehler, Täuschungen, Leidenschaften, deine Liebe und deine Hoffnung, in deinem Ziele ohne Rest aufgehen. Dieses Ziel ist, selber eine notwendige Kette von Kultur-Ringen zu werden und von dieser Notwendigkeit aus auf die Notwendigkeit im Gange der allgemeinen Kultur zu schließen. Wenn dein Blick stark genug geworden ist, den Grund in dem dunklen Brunnen deines Wesens und deiner Erkenntnisse zu sehen, so werden dir vielleicht auch in seinem Spiegel die fernen Sternbilder zukünftiger Kulturen sichtbar werden. Glaubst du, ein solches Leben mit einem solchen Ziele sei zu mühevoll, zu ledig aller Annehmlichkeiten? So hast du noch nicht gelernt, daß kein Honig süßer als der der Erkenntnis ist, und daß die hängenden Wolken der Trübsal dir noch zum Euter dienen müssen, aus dem du die Milch zu deiner Labung melken wirst. Kommt das Alter, so merkst du erst recht, wie du der Stimme der Natur Gehör gegeben, jener Natur, welche die ganze Welt durch Lust beherrscht: dasselbe Leben, welches seine Spitze im Alter hat, hat auch seine Spitze in der Weisheit, in jenem milden Sonnenglanz einer beständigen geistigen Freudigkeit; beiden, dem Alter und der Weisheit, begegnest du auf einem Bergrücken des Lebens: so wollte es die Natur. Dann ist es Zeit und kein Anlaß zum Zürnen, daß der Nebel des Todes naht. Dem Lichte zu – deine letzte Bewegung; ein Jauchzen der Erkenntnis – dein letzter Laut.

SECHSTES HAUPTSTÜCK

DER MENSCH IM
VERKEHR

293

Wohlwollende Verstellung. – Es ist häufig im Verkehr mit Menschen eine wohlwollende Verstellung nötig, als ob wir die Motive ihres Handelns nicht durchschauten.

294

Kopien. – Nicht selten begegnet man Kopien bedeutender Menschen; und den meisten gefallen, wie bei Gemälden so auch hier, die Kopien besser als die Originale.

295

Der Redner. – Man kann höchst passend reden und doch so, daß alle Welt über das Gegenteil schreit: nämlich dann, wenn man nicht zu aller Welt redet.

296

Mangel an Vertraulichkeit. – Mangel an Vertraulichkeit unter Freunden ist ein Fehler, der nicht gerügt werden kann, ohne unheilbar zu werden.

297

Zur Kunst des Schenkens. – Eine Gabe ausschlagen zu müssen, bloß weil sie nicht auf die rechte Weise angeboten wurde, erbittert gegen den Geber.

298

Der gefährlichste Parteimann. – In jeder Partei ist einer, der durch sein gar zu gläubiges Aussprechen der Parteigrundsätze die übrigen zum Abfall reizt.

299

Ratgeber des Kranken. – Wer einem Kranken seine Ratschläge gibt, erwirbt sich ein Gefühl von Überlegenheit über ihn, sei es, daß sie angenommen oder daß sie verworfen werden. Deshalb hassen reizbare und stolze Kranke die Ratgeber noch mehr als ihre Krankheit.

300

Doppelte Art der Gleichheit. – Die Sucht nach Gleichheit kann sich so äußern, daß man entweder alle anderen zu sich hinunterziehen möchte (durch Verkleinern, Sekretieren, Beinstellen) oder sich mit allen hinauf (durch Anerkennen, Helfen, Freude an fremdem Gelingen).

301

Gegen Verlegenheit. – Das beste Mittel, sehr verlegenen Leuten zu Hilfe zu kommen und sie zu beruhigen, besteht darin, daß man sie entschieden lobt.

302

Vorliebe für einzelne Tugenden. – Wir legen nicht eher besonderen Wert auf den Besitz einer Tugend, bis wir deren völlige Abwesenheit an unserem Gegner wahrnehmen.

303

Warum man widerspricht. – Man widerspricht oft einer Meinung, während uns eigentlich nur der Ton, mit dem sie vorgetragen wurde, unsympathisch ist.

304

Vertrauen und Vertraulichkeit. – Wer die Vertraulichkeit mit einer anderen Person geflissentlich zu erzwingen sucht, ist gewöhnlich nicht sicher darüber, ob er ihr Vertrauen besitzt. Wer des Vertrauens sicher ist, legt auf Vertraulichkeit wenig Wert.

305

Gleichgewicht der Freundschaft. – Manchmal kehrt, im Verhältnis von uns zu einem andern Menschen, das rechte Gleichgewicht der Freundschaft zurück, wenn wir in unsre eigne Waagschale einige Gran Unrecht legen.

306

Die gefährlichsten Ärzte. – Die gefährlichsten Ärzte sind die, welche es dem geborenen Arzte als geborene Schauspieler mit vollkommener Kunst der Täuschung nachmachen.

307

Wann Paradoxien am Platze sind. – Geistreichen Personen braucht man mitunter, um sie für einen Satz zu gewinnen, denselben nur in der Form einer ungeheuerlichen Paradoxie vorzulegen.

308

Wie mutige Leute gewonnen werden. – Mutige Leute überredet man dadurch zu einer Handlung, daß man dieselbe gefährlicher darstellt als sie ist.

309

Artigkeiten. – Unbeliebten Personen rechnen wir die Artigkeiten, welche sie uns erweisen, zum Vergehen an.

310

Warten lassen. – Ein sicheres Mittel, die Leute aufzubringen und ihnen böse Gedanken in den Kopf zu setzen, ist: sie lange warten zu lassen. Dies macht unmoralisch.

311

Gegen die Vertraulichen. – Leute, welche uns ihr volles Vertrauen schenken, glauben dadurch ein Recht auf das unsrige zu haben. Dies ist ein Fehlschluß; durch Geschenke erwirbt man keine Rechte.

312

Ausgleichsmittel. – Es genügt oft, einem andern, dem man einen Nachteil zugefügt hat, Gelegenheit zu einem Witz über uns zu geben, um ihm persönlich Genugtuung zu schaffen, ja um ihn für uns gut zu stimmen.

313

Eitelkeit der Zunge. – Ob der Mensch seine schlechten Eigenschaften und Laster verbirgt oder mit Offenheit sie eingesteht, so wünscht doch in beiden Fällen seine Eitelkeit einen Vorteil dabei zu haben: man beachte nur, wie fein er unterscheidet, vor wem er jene Eigenschaften verbirgt, vor wem er ehrlich und offenherzig wird.

314

Rücksichtsvoll. – Niemanden kränken, niemanden beeinträchtigen wollen kann ebensowohl das Kennzeichen einer gerechten als einer ängstlichen Sinnesart sein.

315

Zum Disputieren erforderlich. – Wer seine Gedanken nicht auf Eis zu legen versteht, der soll sich nicht in die Hitze des Streites begeben.

316

Umgang und Anmaßung. – Man verlernt die Anmaßung, wenn man sich immer unter verdienten Menschen weiß; allein sein pflanzt Übermut. Junge Leute sind anmaßend, denn sie gehen mit ihresgleichen um, welche alle nichts sind, aber gern viel bedeuten.

317

Motiv des Angriffs. – Man greift nicht nur an, um jemandem weh zu tun, ihn zu besiegen, sondern vielleicht auch nur, um sich seiner Kraft bewußt zu werden.

318

Schmeichelei. – Personen, welche unsere Vorsicht im Verkehr mit ihnen durch Schmeicheleien betäuben wollen, wenden ein gefährliches Mittel an, gleichsam einen Schlaftrunk, welcher, wenn er nicht einschläfert, nur um so mehr wach erhält.

319

Guter Briefschreiber. – Der, welcher keine Bücher schreibt, viel denkt und in unzureichender Gesellschaft lebt, wird gewöhnlich ein guter Briefschreiber sein.

320

Am häßlichsten. – Es ist zu bezweifeln, ob ein Vielgereister irgendwo in der Welt häßlichere Gegenden gefunden hat als im menschlichen Gesicht.

321

Die Mitleidigen. – Die mitleidigen, im Unglück jederzeit hilfreichen Naturen sind selten zugleich die sich mitfreuenden: beim Glück der anderen haben sie nichts zu tun, sind überflüssig, fühlen sich nicht im Besitz ihrer Überlegenheit und zeigen deshalb leicht Mißvergnügen.

322

Verwandte eines Selbstmörders. – Verwandte eines Selbstmörders rechnen es ihm übel an, daß er nicht aus Rücksicht auf ihren Ruf am Leben geblieben ist.

323

Undank vorauszusehen. – Der, welcher etwas Großes schenkt, findet keine Dankbarkeit; denn der Beschenkte hat schon durch das Annehmen zu viel Last.

324

In geistloser Gesellschaft. – Niemand dankt dem geistreichen Menschen die Höflichkeit, wenn er sich einer Gesellschaft gleichsteht, in der es nicht höflich ist, Geist zu zeigen.

325

Gegenwart von Zeugen. – Man springt einem Menschen, der ins Wasser fällt, noch einmal so gern nach, wenn Leute zugegen sind, die es nicht wagen.

326

Schweigen. – Die für beide Parteien unangenehmste Art, eine Polemik zu erwidern, ist, sich ärgern und schweigen: denn der Angreifende erklärt sich das Schweigen gewöhnlich als Zeichen der Verachtung.

327

Das Geheimnis des Freundes. – Es wird wenige geben, welche, wenn sie um Stoff zur Unterhaltung verlegen sind, nicht die geheimeren Angelegenheiten ihrer Freunde preisgeben.

328

Humanität. – Die Humanität der Berühmtheiten des Geistes besteht darin, im Verkehr mit Unberühmten auf eine verbindliche Art Unrecht zu behalten.

329

Der Befangene. – Menschen, die sich in der Gesellschaft nicht sicher fühlen, benutzen jede Gelegenheit, um an einem Nahegestellten, dem sie überlegen sind, diese Überlegenheit öffentlich, vor der Gesellschaft, zu zeigen, zum Beispiel durch Neckereien.

330

Dank. – Eine feine Seele bedrückt es, sich jemanden zum Dank verpflichtet zu wissen; eine grobe, sich jemandem.

331

Merkmal der Entfremdung. – Das stärkste Anzeichen von Entfremdung der Ansichten bei zwei Menschen ist dies, daß beide sich gegenseitig einiges Ironische sagen, aber keiner von beiden das Ironische daran fühlt.

332

Anmaßung bei Verdiensten. – Anmaßung bei Verdiensten beleidigt noch mehr als Anmaßung von Menschen ohne Verdienst: denn schon das Verdienst beleidigt.

333

Gefahr in der Stimme. – Mitunter macht uns im Gespräche der Klang der eigenen Stimme verlegen und verleitet uns zu Behauptungen, welche gar nicht unserer Meinung entsprechen.

334

Im Gespräche. – Ob man im Gespräche dem andern vornehmlich recht gibt oder unrecht, ist durchaus die Sache der Angewöhnung: das eine wie das andre hat Sinn.

335

Furcht vor dem Nächsten. – Wir fürchten die feindselige Stimmung des Nächsten, weil wir befürchten, daß er durch diese Stimmung hinter unsere Heimlichkeiten kommt.

336

Durch Tadel auszeichnen. – Sehr angesehene Personen erteilen selbst ihren Tadel so, daß sie uns damit auszeichnen wollen. Es soll uns aufmerksam machen, wie angelegentlich sie sich mit uns beschäftigen. Wir verstehen sie ganz falsch, wenn wir ihren Tadel sachlich nehmen und uns gegen ihn verteidigen; wir ärgern sie dadurch und entfremden uns ihnen.

337

Verdruß am Wohlwollen anderer. – Wir irren uns über den Grad, in welchem wir uns gehaßt, gefürchtet glauben: weil wir selber zwar gut den Grad unserer Abweichung von einer Person, Richtung, Partei kennen, jene andern aber uns sehr oberflächlich kennen und deshalb auch nur oberflächlich hassen. Wir begegnen oft einem Wohlwollen, welches uns unerklärlich ist; verstehen wir es aber, so beleidigt es uns, weil es zeigt, daß man uns nicht ernst, nicht wichtig genug nimmt.

338

Sich kreuzende Eitelkeiten. – Zwei sich begegnende Personen, deren Eitelkeit gleich groß ist, behalten hinterdrein voneinander einen schlechten Eindruck, weil jede so mit dem Eindruck beschäftigt war, den sie bei der andern hervorbringen wollte, daß die an-

dre auf sie keinen Eindruck machte; beide merken endlich, daß ihr
Bemühen verfehlt ist, und schieben je der andern die Schuld zu.

339

Unarten als gute Anzeichen. – Der überlegene Geist hat an den
Taktlosigkeiten, Anmaßungen, ja Feindseligkeiten ehrgeiziger
Jünglinge gegen ihn sein Vergnügen; es sind die Unarten feuriger
Pferde, welche noch keinen Reiter getragen haben und doch in
kurzem so stolz sein werden, ihn zu tragen.

340

Wann es ratsam ist, Unrecht zu behalten. – Man tut gut, gemachte
Anschuldigungen, selbst wenn sie uns Unrecht tun, ohne Widerlegung hinzunehmen, im Fall der Anschuldigende darin ein noch
größeres Unrecht unserseits sehen würde, wenn wir ihm wider-
sprächen und etwa gar ihn widerlegten. Freilich kann einer auf
diese Weise immer Unrecht haben und immer Recht behalten
und zuletzt mit dem besten Gewissen von der Welt der unerträg-
lichste Tyrann und Quälgeist werden; und was vom einzelnen
gilt, kann auch bei ganzen Klassen der Gesellschaft vorkommen.

341

Zu wenig geehrt. – Sehr eingebildete Personen, denen man Zeichen von geringerer Beachtung gegeben hat, als sie erwarteten,
versuchen lange sich selbst und andere darüber irre zu führen und
werden spitzfindige Psychologiker, um herauszubekommen, daß
der andere sie doch genügend geehrt hat: erreichen sie ihr Ziel
nicht, reißt der Schleier der Täuschung, so geben sie sich nun um
so größerem Unmute hin.

342

Urzustände in der Rede nachklingend. – In der Art, wie jetzt die
Männer im Verkehre Behauptungen aufstellen, erkennt man oft

einen Nachklang der Zeiten, wo dieselben sich besser auf Waffen als auf irgend etwas verstanden: sie handhaben ihre Behauptungen bald wie zielende Schützen ihr Gewehr, bald glaubt man das Sausen und Klirren der Klingen zu hören; und bei einigen Männern poltert eine Behauptung herab wie ein derber Knüttel. – Frauen dagegen sprechen so wie Wesen, welche Jahrtausende lang am Webstuhl saßen oder die Nadel führten oder mit Kindern kindisch waren.

343

Der Erzähler. – Wer etwas erzählt, läßt leicht merken, ob er erzählt, weil ihn das Faktum interessiert, oder weil er durch die Erzählung interessieren will. Im letzteren Falle wird er übertreiben, Superlative gebrauchen und Ähnliches tun. Er erzählt dann gewöhnlich schlechter, weil er nicht so sehr an die Sache als an sich denkt.

344

Der Vorleser. – Wer dramatische Dichtungen vorliest, macht Entdeckungen über seinen Charakter: er findet für gewisse Stimmungen und Szenen seine Stimme natürlicher als für andere, etwa für alles Pathetische oder für das Skurrile, während er vielleicht im gewöhnlichen Leben nur nicht Gelegenheit hatte, Pathos oder Skurrilität zu zeigen.

345

Eine Lustspiel-Szene, welche im Leben vorkommt. – Jemand denkt sich eine geistreiche Meinung über ein Thema aus, um sie in einer Gesellschaft vorzutragen. Nun würde man im Lustspiel anhören und ansehen, wie er mit allen Segeln an den Punkt zu kommen und die Gesellschaft dort einzuschiffen sucht, wo er seine Bemerkung machen kann: wie er fortwährend die Unterhaltung nach *einem* Ziele schiebt, gelegentlich die Richtung verliert, sie wiedergewinnt, endlich den Augenblick erreicht: fast versagt ihm der Atem – und da nimmt ihm einer aus der Gesellschaft die Bemerkung vom Munde weg. Was wird er tun? Seiner eigenen Meinung opponieren?

346

Wider Willen unhöflich. – Wenn jemand wider Willen einen andern unhöflich behandelt, zum Beispiel nicht grüßt, weil er ihn nicht erkennt, so wurmt ihn dies, obschon er nicht seiner Gesinnung einen Vorwurf machen kann: ihn kränkt die schlechte Meinung, welche er bei dem andern erregt hat, oder er fürchtet die Folgen einer Verstimmung, oder ihn schmerzt es, den andern verletzt zu haben – also Eitelkeit, Furcht oder Mitleid können rege werden, vielleicht auch alles zusammen.

347

Verräter-Meisterstück. – Gegen den Mitverschworenen den kränkenden Argwohn zu äußern, ob man nicht von ihm verraten werde, und dies gerade in dem Augenblick, wo man selbst Verrat übt, ist ein Meisterstück der Bosheit, weil es den andern persönlich okkupiert und ihn zwingt, eine Zeitlang sich sehr unverdächtig und offen zu benehmen, so daß der wirkliche Verräter sich freie Hand gemacht hat.

348

Beleidigen und beleidigt werden. – Es ist weit angenehmer, zu beleidigen und später um Verzeihung zu bitten als beleidigt zu werden und Verzeihung zu gewähren. Der, welcher das erste tut, gibt ein Zeichen von Macht und nachher von Güte des Charakters. Der andre, wenn er nicht als inhuman gelten will, *muß* schon verzeihen; der Genuß an der Demütigung des andern ist dieser Nötigung wegen gering.

349

Im Disput. – Wenn man zugleich einer anderen Meinung widerspricht und dabei seine eigene entwickelt, so verrückt gewöhnlich die fortwährende Rücksicht auf die andere Meinung die natürliche Haltung der eigenen: sie erscheint absichtlicher, schärfer,
vielleicht etwas übertrieben.

350

Kunstgriff. – Wer etwas Schwieriges von einem anderen erlangen
will, muß die Sache überhaupt nicht als Problem fassen, sondern
schlicht seinen Plan hinlegen, als sei er die einzige Möglichkeit;
er muß es verstehen, wenn im Auge des Gegners der Einwand,
der Widerspruch dämmert, schnell abzubrechen und ihm keine
Zeit zu geben.

351

Gewissensbisse nach Gesellschaften. – Warum haben wir nach gewöhnlichen Gesellschaften Gewissensbisse? Weil wir wichtige
Dinge leicht genommen haben, weil wir bei der Besprechung
von Personen nicht mit voller Treue gesprochen oder weil wir
geschwiegen haben, wo wir reden sollten, weil wir gelegentlich
nicht aufgesprungen und fortgelaufen sind, – kurz, weil wir uns
in der Gesellschaft benahmen, als ob wir zu ihr gehörten.

352

Man wird falsch beurteilt. – Wer immer danach hinhorcht, wie er
beurteilt wird, hat immer Ärger. Denn wir werden schon von
denen, welche uns am nächsten stehen (»am besten kennen«),
falsch beurteilt. Selbst gute Freunde lassen ihre Verstimmung
mitunter in einem mißgünstigen Worte aus; und würden sie
unsre Freunde sein, wenn sie uns genau kennten? – Die Urteile
der Gleichgültigen tun sehr weh, weil sie so unbefangen, fast
sachlich klingen. Merken wir aber gar, daß jemand, der uns feind

ist, uns in einem geheim gehaltenen Punkte so gut kennt, wie
wir uns, wie groß ist dann erst der Verdruß!

353

Tyrannei des Porträts. – Künstler und Staatsmänner, die schnell aus
einzelnen Zügen das ganze Bild eines Menschen oder Ereignis-
ses kombinieren, sind am meisten dadurch ungerecht, daß sie
hinterdrein verlangen, das Ereignis oder der Mensch müsse wirklich so sein, wie sie es malten; sie verlangen geradezu, daß einer
so begabt, so verschlagen, so ungerecht sei, wie er in ihrer Vorstellung lebt.

354

Der Verwandte als der beste Freund. – Die Griechen, die so gut wußten, was ein Freund sei – sie allein von allen Völkern haben eine
tiefe, vielfache philosophische Erörterung der Freundschaft; so
daß ihnen zuerst, und bis jetzt zuletzt, der Freund als ein lösens-
wertes Problem erschienen ist –, diese selben Griechen haben die
Verwandten mit einem Ausdrucke bezeichnet, welcher der Superlativ des Wortes »Freund« ist. Dies bleibt mir unerklärlich.

355

Verkannte Ehrlichkeit. – Wenn jemand im Gespräche sich selber zi-
tiert (»ich sagte damals«, »ich pflege zu sagen«), so macht dies den
Eindruck der Anmaßung, während es häufig gerade aus der entgegengesetzten Quelle hervorgeht, mindestens aus Ehrlichkeit, welche den Augenblick nicht mit den Einfällen schmücken und her-
ausputzen will, welche einem früheren Augenblicke angehören.

356

Der Parasit. – Es bezeichnet einen völligen Mangel an vornehmer
Gesinnung, wenn jemand lieber in Abhängigkeit, auf anderer Kosten leben will, um nur nicht arbeiten zu müssen, gewöhnlich mit

einer heimlichen Erbitterung gegen die, von denen er abhängt. –
Eine solche Gesinnung ist viel häufiger bei Frauen als bei Männern,
auch viel verzeihlicher (aus historischen Gründen).

357

Auf dem Altar der Versöhnung. – Es gibt Umstände, wo man eine
Sache von einem Menschen nur so erlangt, daß man ihn beleidigt und sich verfeindet: dieses Gefühl, einen Feind zu haben,
quält ihn so, daß er gern das erste Anzeichen einer milderen
Stimmung zur Versöhnung benutzt und jene Sache auf dem Altar
dieser Versöhnung opfert, an der ihm früher so viel gelegen war,
daß er sie um keinen Preis geben wollte.

358

Mitleid fordern als Zeichen der Anmaßung. – Es gibt Menschen, welche, wenn sie in Zorn geraten und die anderen beleidigen, dabei
erstens verlangen, daß man ihnen nichts übelnehme, und zweitens,
daß man mit ihnen Mitleid habe, weil sie so heftigen Paroxysmen
unterworfen sind. Soweit geht die menschliche Anmaßung.

359

Köder. – »Jeder Mensch hat seinen Preis« – das ist nicht wahr. Aber
es findet sich wohl für jeden ein Köder, an den er anbeißen muß.
So braucht man, um manche Personen für eine Sache zu gewinnen, dieser Sache nur den Glanz des Menschenfreundlichen, Edlen, Mildtätigen, Aufopfernden zu geben – und welcher Sache
könnte man ihn nicht geben! –: es ist das Zuckerwerk und die Nä-
scherei *ihrer* Seele; andere haben anderes.

360

Verhalten beim Lobe. – Wenn gute Freunde die begabte Natur loben, so wird sie sich öfters aus Höflichkeit und Wohlwollen darüber erfreut zeigen, aber in Wahrheit ist es ihr gleichgültig. Ihr ei-

gentliches Wesen ist ganz träge dagegen und um keinen Schritt dadurch aus der Sonne oder dem Schatten, in dem sie liegt, herauszuwälzen; aber die Menschen wollen durch Lob eine Freude machen und man würde sie betrüben, wenn man sich über ihr Lob nicht freute.

361

Die Erfahrung des Sokrates. – Ist man in einer Sache Meister geworden, so ist man gewöhnlich eben dadurch in den meisten anderen Sachen ein völliger Stümper geblieben; aber man urteilt gerade umgekehrt, wie dies schon Sokrates erfuhr. Dies ist der Übelstand, welcher den Umgang mit Meistern unangenehm macht.

362

Mittel der Verteidigung. – Im Kampf mit der Dummheit werden die billigsten und sanftesten Menschen zuletzt brutal. Sie sind damit vielleicht auf dem rechten Wege der Verteidigung; denn an die dumme Stirn gehört, als Argument, von Rechts wegen die geballte Faust. Aber weil, wie gesagt, ihr Charakter sanft und billig ist, so leiden sie durch diese Mittel der Notwehr mehr, als sie Leid zufügen.

363

Neugierde. – Wenn die Neugierde nicht wäre, würde wenig für das Wohl des Nächsten getan werden. Aber die Neugierde schleicht sich unter dem Namen der Pflicht oder des Mitleidens in das Haus des Unglücklichen und Bedürftigen. – Vielleicht ist selbst an der vielberühmten Mutterliebe ein gut Stück Neugierde.

364

Verrechnung in der Gesellschaft. – Dieser wünscht interessant zu sein durch seine Urteile, jener durch seine Neigungen und Abneigungen, der Dritte durch seine Bekanntschaften, ein Vierter durch seine Vereinsamung – und sie verrechnen sich alle. Denn der, vor dem das Schauspiel aufgeführt wird, meint selber dabei das einzig in Betracht kommende Schauspiel zu sein.

365

Duell. – Zugunsten aller Ehrenhändel und Duelle ist zu sagen, daß, wenn einer ein so reizbares Gefühl hat, nicht leben zu wollen, wenn der und der das und das über ihn sagt oder denkt, er ein Recht hat, die Sache auf den Tod des einen oder des anderen ankommen zu lassen. Darüber, daß er so reizbar ist, ist gar nicht zu rechten, damit sind wir die Erben der Vergangenheit, ihrer Größe sowohl wie ihrer Übertreibungen, ohne welche es nie eine Größe gab. Existiert nun ein Ehrenkanon, welcher Blut an Stelle des Todes gelten läßt, so daß nach einem regelmäßigen Duell das Gemüt erleichtert ist, so ist dies eine große Wohltat, weil sonst viele Menschenleben in Gefahr wären. – So eine Institution erzieht übrigens die Menschen in Vorsicht auf ihre Äußerungen und macht den Umgang mit ihnen möglich.

366

Vornehmheit und Dankbarkeit. – Eine vornehme Seele wird sich gern zur Dankbarkeit verpflichtet fühlen und den Gelegenheiten, bei denen sie sich verpflichtet, nicht ängstlich aus dem Wege gehen; ebenso wird sie nachher gelassen in den Äußerungen der Dankbarkeit sein; während niedere Seelen sich gegen alles Verpflichtetwerden sträuben oder nachher in den Äußerungen ihrer Dankbarkeit übertrieben und allzusehr beflissen sind. Letzteres kommt übrigens auch bei Personen von niederer Herkunft oder gedrückter Stellung vor: eine Gunst, ihnen erwiesen, deucht ihnen ein Wunder von Gnade.

367

Die Stunden der Beredsamkeit. – Der eine hat, um gut zu sprechen, jemanden nötig, der ihm entschieden und anerkannt überlegen ist, der andere kann nur vor einem, den er überragt, völlige Freiheit der Rede und glückliche Wendungen der Beredsamkeit finden: in beiden Fällen ist es derselbe Grund; jeder von ihnen redet nur gut, wenn er sans gene redet, der eine, weil er vor dem Höheren den Antrieb der Konkurrenz, des Wettbewerbs nicht fühlt, der andere ebenfalls deshalb, angesichts des Niederen. – Nun gibt es eine ganz andere Gattung von Menschen, die nur gut reden, wenn sie im Wetteifer, mit der Absicht zu siegen, reden. Welche von beiden Gattungen ist die ehrgeizigere: die, welche aus erregter Ehrsucht gut, oder die, welche aus eben diesem Motive schlecht oder gar nicht spricht?

368

Das Talent zur Freundschaft. – Unter den Menschen, welche eine besondere Begabung zur Freundschaft haben, treten zwei Typen hervor. Der eine ist in einem fortwährenden Aufsteigen und findet für jede Phase seiner Entwicklung einen genau zugehörigen Freund. Die Reihe von Freunden, welche er auf diese Weise erwirbt, ist unter sich selten im Zusammenhang, mitunter in Mißhelligkeit und Widerspruch: ganz dem entsprechend, daß die späteren Phasen in seiner Entwicklung die früheren Phasen aufheben oder beeinträchtigen. Ein solcher Mensch mag im Scherz eine *Leiter* heißen. – Den anderen Typus vertritt der, welcher eine Anziehungskraft auf sehr verschiedene Charaktere und Begabungen ausübt, so daß er einen ganzen Kreis von Freunden gewinnt; diese aber kommen dadurch selber untereinander in freundschaftliche Beziehung, trotz aller Verschiedenheit. Einen solchen Menschen nenne man einen *Kreis:* denn in ihm muß jene Zusammengehörigkeit so verschiedener Anlagen und Naturen irgendwie vorgebildet sein. – Übrigens ist die Gabe, gute Freunde zu haben, in manchem Menschen größer als die Gabe, ein guter Freund zu sein.

369

Taktik im Gespräch. – Nach einem Gespräch mit jemandem ist man am besten auf den Mitunterredner zu sprechen, wenn man Gelegenheit hatte, seinen Geist, seine Liebenswürdigkeit vor ihm im ganzen Glanze zu zeigen. Dies benutzen kluge Menschen, welche jemanden sich günstig stimmen wollen, indem sie bei der Unterredung ihm die besten Gelegenheiten zu einem guten Witz und dergleichen zuschieben. Es wäre ein lustiges Gespräch zwischen zwei sehr Klugen zu denken, welche sich gegenseitig günstig stimmen wollen und sich deshalb die *schönen Gelegenheiten* im Gespräch hin und her zu werfen, während keiner sie annimmt: so daß das Gespräch im ganzen geistlos und unliebenswürdig verliefe, weil jeder dem anderen die Gelegenheit zu Geist und Liebenswürdigkeit zuwiese.

370

Entladung des Unmuts. – Der Mensch, dem etwas mißlingt, führt dies Mißlingen lieber auf den bösen Willen eines anderen als auf den Zufall zurück. Seine gereizte Empfindung wird dadurch erleichtert, eine Person und nicht eine Sache sich als Grund seines Mißlingens zu denken; denn an Personen kann man sich rächen, die Unbilden des Zufalls muß man hinunterwürgen. Die Umgebung eines Fürsten pflegt deshalb, wenn diesem etwas mißlungen ist, einen einzelnen Menschen als angebliche Ursache ihm zu bezeichnen und im Interesse aller Höflinge aufzuopfern; denn der Mißmut des Fürsten würde sich sonst an ihnen allen auslassen, da er ja an der Schicksalsgöttin selber keine Rache nehmen kann.

371

Die Farbe der Umgebung annehmen. – Warum ist Neigung und Abneigung so ansteckend, daß man kaum in der Nähe einer stark empfindenden Person leben kann, ohne wie ein Gefäß mit ihrem Für und Wider angefüllt zu werden? Erstens ist die völlige Enthaltung des Urteils sehr schwer, mitunter für unsere Eitelkeit geradezu unerträglich; sie trägt da gleiche Farbe mit der Gedanken- und Empfindungsarmut oder mit der Ängstlichkeit, der Unmännlichkeit: und so werden wir wenigstens dazu fortgerissen, Partei zu nehmen, vielleicht gegen die Richtung unserer Umgebung, wenn diese Stellung unserem Stolze mehr Vergnügen macht. Gewöhnlich aber – das ist das zweite – bringen wir uns den Übergang von Gleichgültigkeit zu Neigung oder Abneigung gar nicht zum Bewußtsein, sondern allmählich gewöhnen wir uns an die Empfindungsweise unserer Umgebung, und weil sympathisches Zustimmen und Sichverstehen so angenehm ist, tragen wir bald alle Zeichen und Parteifarben dieser Umgebung.

372

Ironie. – Die Ironie ist nur als pädagogisches Mittel am Platze, von seiten eines Lehrers im Verkehr mit Schülern irgend welcher Art: ihr Zweck ist Demütigung, Beschämung, aber von jener heilsamen Art, welche gute Vorsätze erwachen läßt und dem, welcher uns so behandelte, Verehrung, Dankbarkeit als einem Arzte entgegenbringen heißt. Der Ironische stellt sich unwissend, und zwar so gut, daß die sich mit ihm unterredenden Schüler getäuscht sind und in ihrem guten Glauben an ihr eigenes Besserwissen dreist werden und sich Blößen aller Art geben; sie verlieren die Behutsamkeit und zeigen sich, wie sie sind, – bis in einem Augenblick die Leuchte, die sie dem Lehrer ins Gesicht hielten, ihre Strahlen sehr demütigend auf sie selbst zurückfallen läßt. – Wo ein solches Verhältnis, wie zwischen Lehrer und Schüler, nicht stattfindet, ist sie eine Unart, ein gemeiner Affekt. Alle ironischen Schriftsteller rechnen auf die alberne Gattung von Menschen, welche sich gern allen anderen mit dem Autor zusammen überlegen fühlen wollen, als welchen sie für das Mundstück ihrer Anmaßung ansehen. – Die Gewöhnung an Ironie, ebenso wie die an Sarkasmus verdirbt übrigens den Charakter, sie verleiht allmählich die Eigenschaft einer schadenfrohen Überlegenheit: man ist zuletzt einem bissigen Hunde gleich, der noch das Lachen gelernt hat, außer dem Beißen.

373

Anmaßung. – Vor nichts soll man sich so hüten als vor dem Aufwachsen jenes Unkrauts, welches Anmaßung heißt und uns jede gute Ernte verdirbt; denn es gibt Anmaßung in der Herzlichkeit, in der Ehrenbezeigung, in der wohlwollenden Vertraulichkeit, in der Liebkosung, im freundschaftlichen Rate, im Eingestehen von Fehlern, in dem Mitleid für andere, und alle diese schönen Dinge erregen Widerwillen, wenn jenes Kraut dazwischen wächst. Der Anmaßende, das heißt der, welcher mehr bedeuten will, als er ist *oder gilt,* macht immer eine falsche Berechnung. Zwar hat er den augenblicklichen Erfolg für sich, insofern die Menschen, vor denen er anmaßend ist, ihm gewöhnlich das Maß von Ehre zollen, welches er fordert, aus Angst oder Bequemlichkeit; aber sie nehmen eine schlimme Rache dafür, insofern sie ebensoviel, als er über das Maß forderte, von dem Werte subtrahieren, den sie ihm bis jetzt beilegten. Es ist nichts, was die Menschen sich teurer bezahlen lassen, als Demütigung. Der Anmaßende kann sein wirkliches großes Verdienst so in den Augen der andern verdächtigen und klein machen, daß man mit staubigen Füßen darauf tritt. – Selbst ein stolzes Benehmen sollte man sich nur dort erlauben, wo man ganz sicher sein kann, nicht mißverstanden und als anmaßend betrachtet zu werden, zum Beispiel vor Freunden und Gattinnen. Denn es gibt im Verkehr mit Menschen keine größere Torheit, als sich den Ruf der Anmaßung zuzuziehn; es ist noch schlimmer, als wenn man nicht gelernt hat, höflich zu lügen.

374

Zwiegespräch. – Das Zwiegespräch ist das vollkommene Gespräch, weil alles, was der eine sagt, seine bestimmte Farbe, seinen

Klang, seine begleitende Gebärde *in strenger Rücksicht auf den anderen,* mit dem gesprochen wird, erhält, also dem entsprechend, was beim Briefverkehr geschieht, daß ein und derselbe zehn Arten des seelischen Ausdrucks zeigt, je nachdem er bald an diesen, bald an jenen schreibt. Beim Zwiegespräch gibt es nur eine einzige Strahlenbrechung des Gedankens: diese bringt der Mitunterredner hervor, als der Spiegel, in welchem wir unsere Gedanken möglichst schön wiedererblicken wollen. Wie aber ist es bei zweien, bei dreien und mehr Mitunterrednern? Da verliert notwendig das Gespräch an individualisierender Feinheit, die verschiedenen Rücksichten kreuzen sich, heben sich auf; die Wendung, welche dem einen wohltut, ist nicht der Sinnesart des andern gemäß. Deshalb wird der Mensch im Verkehr mit mehreren gezwungen, sich auf sich zurückzuziehen, die Tatsachen hinzustellen, wie sie sind, aber jenen spielenden Äther der Humanität den Gegenständen zu nehmen, welcher ein Gespräch zu den angenehmsten Dingen der Welt macht. Man höre nur den Ton, in welchem Männer im Verkehre mit ganzen Gruppen von Männern zu reden pflegen, es ist als ob der Grundbaß aller Rede der sei: »das bin *ich,* das sage *ich,* nun haltet davon was ihr wollt!« Dies ist der Grund, weshalb geistreiche Frauen bei dem, welcher sie in der Gesellschaft kennenlernte, meistens einen befremdenden, peinlichen, abschreckenden Eindruck hinterlassen: es ist das Reden zu vielen, vor vielen, welches sie aller geistigen Liebenswürdigkeit beraubt und nur das bewußte Beruhen auf sich selbst, ihre Taktik und die Absicht auf öffentlichen Sieg in grellem Lichte zeigt: während dieselben Frauen im Zwiegespräche wieder zu Weibern werden und ihre geistige Anmut wiederfinden.

375

Nachruhm. – Auf die Anerkennung einer fernen Zukunft hoffen hat nur Sinn, wenn man die Annahme macht, daß die Menschheit wesentlich unverändert bleibe und daß alles Große nicht für eine, sondern für alle Zeiten als groß empfunden werden müsse. Dies ist aber ein Irrtum; die Menschheit, in allem Empfinden und Urteilen über das, was schön und gut ist, verwandelt sich sehr stark: es ist Phantasterei, von sich zu glauben, daß man eine Meile Wegs voraus sei und daß die gesamte Menschheit *unsere* Straße ziehe. Zudem: ein Gelehrter, der verkannt wird, darf jetzt bestimmt darauf rechnen, daß seine Entdeckung von anderen auch gemacht wird und daß ihm bestenfalls einmal später von einem Historiker zuerkannt wird, er habe dies und jenes auch schon gewußt, sei aber nicht imstande gewesen, seiner Sache Glauben zu verschaffen. Nicht anerkannt werden wird von der Nachwelt immer als Mangel an Kraft ausgelegt. – Kurz, man soll der hochmütigen Vereinsamung nicht so leicht das Wort reden. Es gibt übrigens Ausnahmefälle; aber zumeist sind es unsere Fehler, Schwächen und Narrheiten, welche die Anerkennung unserer großen Eigenschaften verhindern.

376

Von den Freunden. – Überlege nur mit dir selber einmal, wie verschieden die Empfindungen, wie geteilt die Meinungen, selbst unter den nächsten Bekannten sind; wie selbst gleiche Meinungen in den Köpfen deiner Freunde eine ganz andere Stellung oder Stärke haben als in deinem; wie hundertfältig der Anlaß kommt zum Mißverstehen, zum feindseligen Auseinanderfliehen. Nach alledem wirst du dir sagen: wie unsicher ist der Boden, auf dem alle unsere Bündnisse und Freundschaften ruhen, wie nahe sind kalte Regengüsse oder böse Wetter, wie vereinsamt ist jeder Mensch! Sieht einer dies ein und noch dazu, daß alle Meinungen und deren Art und Stärke bei seinen Mitmenschen ebenso notwendig und unverantwortlich sind wie ihre Handlungen, gewinnt er das Auge für diese innere *Notwendigkeit der Meinungen* aus der unlösbaren Verflechtung von Charakter, Beschäftigung, Talent, Umgebung – so wird er vielleicht die Bitterkeit und Schärfe der Empfindung los, mit der jener Weise rief: »Freunde, es gibt keine Freunde!« Er wird sich vielmehr eingestehen: ja es gibt Freunde, aber der Irrtum, die Täuschung über dich führte sie dir zu; und Schweigen müssen sie gelernt haben, um dir Freund zu bleiben; denn fast immer beruhen solche menschliche Beziehungen darauf, daß irgend ein paar Dinge nie gesagt werden, ja daß an sie nie gerührt wird: kommen diese Steinchen aber ins Rollen, so folgt die Freundschaft hinterdrein und zerbricht. Gibt es Menschen, welche nicht tödlich zu verletzen sind, wenn sie erführen, was ihre vertrautesten Freunde im Grunde von ihnen wissen? – Indem wir uns selbst erkennen und unser Wesen selber als eine wandelnde Sphäre der Meinungen und Stimmungen ansehen und somit ein wenig geringschätzen lernen, bringen wir uns wieder ins Gleichgewicht mit den übrigen. Es ist wahr, wir haben gute Gründe, jeden unserer Bekannten, und seien es die Größten, gering zu achten; aber ebenso gute, diese Empfindung gegen uns selber zu kehren. – Und so wollen wir es miteinander aushalten, da wir es ja mit uns aushalten; und vielleicht kommt jedem auch einmal die freudigere Stunde, wo er sagt:

»Freunde, es gibt keine Freunde!« so rief der sterbende Weise;
»Feinde, es gibt keinen Feind!« – ruf' ich, der lebende Tor.

SIEBENTES HAUPTSTÜCK

WEIB UND KIND

377

Das vollkommene Weib. – Das vollkommene Weib ist ein höherer Typus des Menschen als der vollkommene Mann: auch etwas viel Seltneres. – Die Naturwissenschaft der Tiere bietet ein Mittel, diesen Satz wahrscheinlich zu machen.

378

Freundschaft und Ehe. – Der beste Freund wird wahrscheinlich die beste Gattin bekommen, weil die gute Ehe auf dem Talent zur Freundschaft beruht.

379

Fortleben der Eltern. – Die unaufgelösten Dissonanzen im Verhältnis von Charakter und Gesinnung der Eltern klingen in dem Wesen des Kindes fort und machen seine innere Leidensgeschichte aus.

380

Von der Mutter her. – Jedermann trägt ein Bild des Weibes von der Mutter her in sich: davon wird er bestimmt, die Weiber überhaupt zu verehren oder sie geringzuschätzen oder gegen sie im allgemeinen gleichgültig zu sein.

381

Die Natur korrigieren. – Wenn man keinen guten Vater hat, so soll man sich einen anschaffen.

382

Väter und Söhne. – Väter haben viel zu tun, um es wieder gutzumachen, daß sie Söhne haben.

383

Irrtum vornehmer Frauen. – Die vornehmen Frauen denken, daß eine Sache gar nicht da ist, wenn es nicht möglich ist, von ihr in der Gesellschaft zu sprechen.

384

Eine Männer-Krankheit. – Gegen die Männer-Krankheit der Selbstverachtung hilft es am sichersten, von einem klugen Weibe geliebt zu werden.

385

Eine Art der Eifersucht. – Mütter sind leicht eifersüchtig auf die Freunde ihrer Söhne, wenn diese besondere Erfolge haben. Gewöhnlich liebt eine Mutter *sich* mehr in ihrem Sohne als den Sohn selber.

386

Vernünftige Unvernunft. – In der Reife des Lebens und des Verstandes überkommt den Menschen das Gefühl, daß sein Vater unrecht hatte, ihn zu zeugen.

387

Mütterliche Güte. – Manche Mutter braucht glückliche, geehrte Kinder, manche unglückliche: sonst kann sich ihre Güte als Mutter nicht zeigen.

388

Verschiedene Seufzer. – Einige Männer haben über die Entführung ihrer Frauen geseufzt, die meisten darüber, daß niemand sie ihnen entführen wollte.

389

Liebesheiraten. – Die Ehen, welche aus Liebe geschlossen werden (die sogenannten Liebesheiraten), haben den Irrtum zum Vater und die Not (das Bedürfnis) zur Mutter.

390

Frauenfreundschaft. – Frauen können recht gut mit einem Manne Freundschaft schließen; aber um diese aufrechtzuerhalten – dazu muß wohl eine kleine physische Antipathie mithelfen.

391

Langeweile. – Viele Menschen, namentlich Frauen, empfinden die Langeweile nicht, weil sie niemals ordentlich arbeiten gelernt haben.

392

Ein Element der Liebe. – In jeder Art der weiblichen Liebe kommt auch etwas von der mütterlichen Liebe zum Vorschein.

393

Die Einheit des Orts und das Drama. – Wenn die Ehegatten nicht beisammen lebten, würden die guten Ehen häufiger sein.

394

Gewöhnliche Folgen der Ehe. – Jeder Umgang der nicht hebt, zieht nieder und umgekehrt; deshalb sinken gewöhnlich die Männer etwas, wenn sie Frauen nehmen, während die Frauen etwas gehoben werden. Allzu geistige Männer bedürfen ebensosehr der Ehe, als sie ihr wie einer widrigen Medizin widerstreben.

395

Befehlen lehren. – Kinder aus bescheidenen Familien muß man ebensosehr das Befehlen durch Erziehung lehren wie andere Kinder das Gehorchen.

396

Verliebt werden wollen. – Verlobte, welche die Konvenienz zusammengefügt hat, bemühen sich häufig, verliebt zu *werden,* um über den Vorwurf der kalten, berechnenden Nützlichkeit hinwegzukommen. Ebenso bemühen sich solche, die ihres Vorteils wegen zum Christentum umlenken, wirklich fromm zu werden; denn so wird das religiöse Mienenspiel ihnen leichter.

397

Kein Stillstand in der Liebe. – Ein Musiker, der das langsame Tempo *liebt,* wird dieselben Tonstücke immer langsamer nehmen. So gibt es in keiner Liebe ein Stillstehen.

398

Schamhaftigkeit. – Mit der Schönheit der Frauen nimmt im allgemeinen ihre Schamhaftigkeit zu.

399

Ehe von gutem Bestand. – Eine Ehe, in der jedes durch das andere ein individuelles Ziel erreichen will, hält gut zusammen, zum Beispiel wenn die Frau durch den Mann berühmt, der Mann durch die Frau beliebt werden will.

400

Proteus-Natur. – Weiber werden aus Liebe ganz zu dem, als was sie in der Vorstellung der Männer, von denen sie geliebt werden, leben.

401

Lieben und besitzen. – Frauen lieben meistens einen bedeutenden Mann so, daß sie ihn allein haben wollen. Sie würden ihn gern in Verschluß legen, wenn nicht ihre Eitelkeit widerriete: diese will, daß er auch vor anderen bedeutend erscheine.

402

Probe einer guten Ehe. – Die Güte einer Ehe bewährt sich dadurch, daß sie einmal eine »Ausnahme« verträgt.

403

Mittel, alle zu allem zu bringen. – Man kann jedermann so durch Unruhen, Ängste, Überhäufung von Arbeit und Gedanken abmatten und schwach machen, daß er einer Sache, die den Schein des Komplizierten hat, nicht mehr widersteht, sondern ihr nachgibt, – das wissen die Diplomaten und die Weiber.

404

Ehrbarkeit und Ehrlichkeit. – Jene Mädchen, welche allein ihrem Jugendreize die Versorgung fürs ganze Leben verdanken wollen und deren Schlauheit die gewitzigten Mütter noch soufflieren, wollen ganz dasselbe wie die Hetären, nur daß sie klüger und unehrlicher als diese sind.

405

Masken. – Es gibt Frauen, die, wo man bei ihnen auch nachsucht, kein Inneres haben, sondern reine Masken sind. Der Mann ist zu beklagen, der sich mit solchen fast gespenstischen, notwendig unbefriedigenden Wesen einläßt, aber gerade sie vermögen das Verlangen des Mannes auf das stärkste zu erregen: er sucht nach ihrer Seele – und sucht immerfort.

406

Die Ehe als langes Gespräch. – Man soll sich beim Eingehen einer Ehe die Frage vorlegen: glaubst du, dich mit dieser Frau bis ins Alter hinein gut zu unterhalten? Alles andere in der Ehe ist transitorisch, aber die meiste Zeit des Verkehrs gehört dem Gespräche an.

407

Mädchenträume. – Unerfahrene Mädchen schmeicheln sich mit der Vorstellung, daß es in ihrer Macht stehe, einen Mann glücklich zu machen; später lernen sie, daß es soviel heißt als: einen Mann geringschätzen, wenn man annimmt, daß es nur eines Mädchens bedürfe, um ihn glücklich zu machen. – Die Eitelkeit der Frauen verlangt, daß ein Mann mehr sei als ein glücklicher Gatte.

408

Aussterben von Faust und Gretchen. – Nach der sehr einsichtigen Bemerkung eines Gelehrten ähneln die gebildeten Männer des gegenwärtigen Deutschlands einer Mischung von Mephistopheles und Wagner, aber durchaus nicht Fausten: welchen die Großväter (in ihrer Jugend wenigstens) in sich rumoren fühlten. Zu ihnen passen also – um jenen Satz fortzusetzen – aus zwei Gründen die *Gretchen* nicht. Und weil sie nicht mehr begehrt werden, so sterben sie, scheint es, aus.

409

Mädchen als Gymnasiasten. – Um alles in der Welt nicht noch unsere Gymnasialbildung auf die Mädchen übertragen! Sie, die häufig aus geistreichen, wißbegierigen, feurigen Jungen – Abbilder ihrer Lehrer macht!

410

Ohne Nebenbuhlerinnen. – Frauen merken es einem Mann leicht an, ob seine Seele schon in Besitz genommen ist; sie wollen ohne Nebenbuhlerinnen geliebt sein und verargen ihm die Ziele seines Ehrgeizes, seine politischen Aufgaben, seine Wissenschaften und Künste, wenn er eine Leidenschaft zu solchen Sachen hat. Es sei denn, daß er durch diese glänze, – dann erhoffen sie, im Falle einer Liebesverbindung mit ihm, zugleich einen Zuwachs *ihres* Glanzes; wenn es so steht, begünstigen sie den Liebhaber.

411

Der weibliche Intellekt. – Der Intellekt der Weiber zeigt sich als vollkommene Beherrschung, Gegenwärtigkeit des Geistes, Benutzung aller Vorteile. Sie vererben ihn als ihre Grundeigenschaft auf ihre Kinder, und der Vater gibt den dunkleren Hintergrund des Willens dazu. Sein Einfluß bestimmt gleichsam Rhythmus und Harmonie, mit denen das neue Leben abgespielt werden soll; aber die Melodie desselben stammt vom Weibe. – Für solche gesagt, welche etwas sich zurechtzulegen wissen: die Weiber haben den Verstand, die Männer das Gemüt und die Leidenschaft. Dem widerspricht nicht, daß die Männer tatsächlich es mit ihrem Verstande so viel weiter bringen: sie haben die tieferen, gewaltigeren Antriebe; diese tragen ihren Verstand, der an sich etwas Passives ist, so weit. Die Weiber wundern sich im stillen oft über die große Verehrung, welche die Männer ihrem Gemüte zollen. Wenn die Männer vor allem nach einem tiefen, gemütvollen Wesen, die Weiber aber nach einem klugen, geistesgegenwärtigen und glänzenden Wesen bei der Wahl ihres Ehegenossen suchen, so sieht man im Grunde deutlich, wie der Mann nach dem idealisierten Manne, das Weib nach dem idealisierten Weibe sucht, also nicht nach Ergänzung, sondern nach Vollendung der eigenen Vorzüge.

412

Ein Urteil Hesiods bekräftigt. – Ein Zeichen für die Klugheit der Weiber ist es, daß sie es fast überall verstanden haben, sich ernähren zu lassen, wie Drohnen im Bienenkorbe. Man erwäge doch aber, was das ursprünglich bedeuten will und warum die Männer sich nicht von den Frauen ernähren lassen. Gewiß weil die männliche Eitelkeit und Ehrsucht größer als die weibliche Klugheit ist; denn die Frauen haben es verstanden, sich durch Unterordnung doch den überwiegenden Vorteil, ja die Herrschaft zu sichern. Selbst das Pflegen der Kinder könnte ursprünglich von der Klugheit der Weiber als Vorwand benutzt sein, um sich der Arbeit möglichst zu entziehen. Auch jetzt noch verstehen sie, wenn sie wirklich tätig sind, zum Beispiel als Haushälterinnen, davon ein sinnverwirrendes Aufheben zu machen: so daß von den Männern das Verdienst ihrer Tätigkeit zehnfach überschätzt zu werden pflegt.

413

Die Kurzsichtigen sind verliebt. – Mitunter genügt schon eine stärkere Brille, um den Verliebten zu heilen; und wer die Kraft der Einbildung hätte, um ein Gesicht, eine Gestalt sich zwanzig Jahre älter vorzustellen, ginge vielleicht sehr ungestört durch das Leben.

414

Frauen im Haß. – Im Zustande des Hasses sind Frauen gefährlicher als Männer; zuvörderst weil sie durch keine Rücksicht auf Billigkeit in ihrer einmal erregten feindseligen Empfindung gehemmt werden, sondern ungestört ihren Haß bis zu den letzten Konsequenzen anwachsen lassen, sodann weil sie darauf eingeübt sind, wunde Stellen (die jeder Mensch, jede Partei hat) zu finden und dort hineinzustechen: wozu ihnen ihr dolchspitzer Verstand treffliche Dienste leistet (während die Männer beim Anblick von Wunden zurückhaltend, oft großmütig und versöhnlich gestimmt werden).

415

Liebe. – Die Abgötterei, welche die Frauen mit der Liebe treiben, ist im Grunde und ursprünglich eine Erfindung der Klugheit, insofern sie ihre Macht durch alle jene Idealisierungen der Liebe erhöhen und sich in den Augen der Männer als immer begehrenswerter darstellen. Aber durch die jahrhundertlange Gewöhnung an diese übertriebene Schätzung der Liebe ist es geschehen, daß sie in ihr eigenes Netz gelaufen sind und jenen Ursprung vergessen haben. Sie selber sind jetzt noch mehr die Getäuschten als die Männer, und leiden deshalb auch mehr an der Enttäuschung, welche fast notwendig im Leben jeder Frau eintreten wird – sofern sie überhaupt Phantasie und Verstand genug hat, um getäuscht und enttäuscht werden zu können.

416

Zur Emanzipation der Frauen. – Können die Frauen überhaupt gerecht sein, wenn sie so gewohnt sind zu lieben, gleich für oder wider zu empfinden? Daher sind sie auch seltener für Sachen, mehr für Personen eingenommen: sind sie es aber für Sachen, so werden sie sofort deren Parteigänger und verderben damit die reine unschuldige Wirkung derselben. So entsteht eine nicht geringe Gefahr, wenn ihnen die Politik und einzelne Teile der Wissenschaft anvertraut werden (zum Beispiel Geschichte). Denn was wäre seltener als eine Frau, welche wirklich wüßte, was Wissenschaft ist? Die besten nähren sogar im Busen gegen sie eine heimliche Geringschätzung, als ob sie irgend wodurch ihr überlegen wären. Vielleicht kann dies alles anders werden, einstweilen ist es so.

417

Die Inspiration im Urteile der Frauen. – Jene plötzlichen Entscheidungen über das Für oder Wider, welche Frauen zu geben pflegen, die blitzschnellen Erhellungen persönlicher Beziehungen durch ihre hervorbrechenden Neigungen und Abneigungen, kurz die Beweise der weiblichen Ungerechtigkeit sind von liebenden Männern mit einem Glanz umgeben worden, als ob alle Frauen Inspirationen von Weisheit hätten, auch ohne den delphischen Kessel und die Lorbeerbinde: und ihre Aussprüche werden noch lange nachher wie sibyllinische Orakel interpretiert und zurechtgelegt. Wenn man aber erwägt, daß für jede Person, für jede Sache sich etwas geltend machen läßt, aber ebensogut auch etwas gegen sie, daß alle Dinge nicht nur zwei-, sondern drei- und vierseitig sind, so ist es beinahe schwer, mit solchen plötzlichen Entscheidungen gänzlich fehlzugreifen; ja man könnte sagen: die Natur der Dinge ist so eingerichtet, daß die Frauen immer recht behalten.

418

Sich lieben lassen. − Weil die eine von zwei liebenden Personen gewöhnlich die liebende, die andere die geliebte Person ist, so ist der Glaube entstanden, es gäbe in jedem Liebeshandel ein gleichbleibendes Maß von Liebe: je mehr eine davon an sich reiße, um so weniger bleibe für die andere Person übrig. Ausnahmsweise kommt es vor, daß die Eitelkeit jede der beiden Personen überredet, *sie* sei die, welche geliebt werden müsse; so daß sich beide lieben lassen wollen: woraus sich namentlich in der Ehe mancherlei halb drollige, halb absurde Szenen ergeben.

419

Widersprüche in weiblichen Köpfen. − Weil die Weiber soviel mehr persönlich als sachlich sind, vertragen sich in ihrem Gedankenkreise Richtungen, die logisch miteinander im Widerspruche sind: sie pflegen sich eben für die Vertreter dieser Richtungen der Reihe nach zu begeistern und nehmen deren Systeme in Bausch und Bogen an; doch so, daß überall dort eine tote Stelle entsteht, wo eine neue Persönlichkeit später das Übergewicht bekommt. Es kommt vielleicht vor, daß die ganze Philosophie im Kopf einer alten Frau aus lauter solchen toten Stellen besteht.

420

Wer leidet mehr? – Nach einem persönlichen Zwiespalt und Zanke zwischen einer Frau und einem Manne leidet der eine Teil am meisten bei der Vorstellung, dem anderen wehe getan zu haben; während jener am meisten bei der Vorstellung leidet, dem anderen nicht genug wehe getan zu haben, weshalb er sich bemüht, durch Tränen, Schluchzen und verstörte Mienen, ihm noch hinterdrein das Herz schwer zu machen.

421

Gelegenheit zu weiblicher Großmut. – Wenn man sich über die Ansprüche der Sitte einmal in Gedanken hinwegsetzt, so könnte man wohl erwägen, ob nicht Natur und Vernunft den Mann auf mehrfache Verheiratung nacheinander anweist, etwa in der Gestalt, daß er zuerst im Alter von zweiundzwanzig Jahren ein älteres Mädchen heiratet, das ihm geistig und sittlich überlegen ist und seine Führerin durch die Gefahren der zwanziger Jahre (Ehrgeiz, Haß, Selbstverachtung, Leidenschaften aller Art) werden kann. Die Liebe dieser würde später ganz in das Mütterliche übertreten, und sie ertrüge es nicht nur, sondern förderte es auf die heilsamste Weise, wenn der Mann in den dreißiger Jahren mit einem ganz jungen Mädchen eine Verbindung einginge, dessen Erziehung er selber in die Hand nähme. – Die Ehe ist für die zwanziger Jahre ein nötiges, für die dreißiger ein nützliches, aber nicht nötiges Institut: für das spätere Leben wird sie oft schädlich und befördert die geistige Rückbildung des Mannes.

422

Tragödie der Kindheit. – Es kommt vielleicht nicht selten vor, daß edel- und hochstrebende Menschen ihren härtesten Kampf in der Kindheit zu bestehen haben: etwa dadurch, daß sie ihre Gesinnung gegen einen niedrig denkenden, dem Schein und der Lügnerei ergebenen Vater durchsetzen müssen oder fortwährend,

wie Lord Byron, im Kampfe mit einer kindischen und zornwü-
tigen Mutter leben. Hat man so etwas erlebt, so wird man sein
Leben lang es nicht verschmerzen, zu wissen, wer einem eigentlich der größte, der gefährlichste Feind gewesen ist.

423

Eltern-Torheit. – Die größten Irrtümer in der Beurteilung eines
Menschen werden von dessen Eltern gemacht: dies ist eine Tatsache, aber wie soll man sie erklären? Haben die Eltern zu viele Erfahrung von dem Kinde und können sie diese nicht mehr zu einer Einheit zusammenbringen? Man bemerkt, daß Reisende unter fremden Völkern nur in der ersten Zeit ihres Aufenthaltes die
allgemeinen unterscheidenden Züge eines Volkes richtig erfassen;
je mehr sie das Volk kennenlernen, desto mehr verlernen sie, das
Typische und Unterscheidende an ihm zu sehen. Sobald sie nah-
sichtig werden, hören ihre Augen auf, fern-sichtig zu sein. Sollten die Eltern deshalb falsch über das Kind urteilen, weil sie ihm
nie fern genug gestanden haben? – Eine ganz andere Erklärung
wäre folgende: die Menschen pflegen über das Nächste, was sie
umgibt, nicht mehr nachzudenken, sondern es nur hinzunehmen. Vielleicht ist die gewohnheitsmäßige Gedankenlosigkeit der
Eltern der Grund, weshalb sie, einmal genötigt über ihre Kinder
zu urteilen, so schief urteilen.

424

Aus der Zukunft der Ehe. – Jene edlen, freigesinnten Frauen, welche die Erziehung und Erhebung des weiblichen Geschlechts
sich zur Aufgabe stellen, sollen einen Gesichtspunkt nicht übersehen: die Ehe in ihrer höheren Auffassung gedacht, als Seelen-
freundschaft zweier Menschen verschiedenen Geschlechts, also
so, wie sie von der Zukunft erhofft wird, zum Zweck der Erzeugung und Erziehung einer neuen Generation geschlossen, – eine
solche Ehe, welche das Sinnliche gleichsam nur als ein seltnes ge-

legentliches Mittel für einen größern Zweck gebraucht, bedarf
wahrscheinlich, wie man besorgen muß, einer natürlichen Beihilfe, des *Konkubinats.* Denn wenn aus Gründen der Gesundheit
des Mannes das Eheweib auch zur alleinigen Befriedigung des
geschlechtlichen Bedürfnisses dienen soll, so wird bei der Wahl
einer Gattin schon ein falscher, den angedeuteten Zielen entgegengesetzter Gesichtspunkt maßgebend sein: die Erzielung der
Nachkommenschaft wird zufällig, die glückliche Erziehung
höchst unwahrscheinlich. Eine gute Gattin, welche Freundin,
Gehilfin, Gebärerin, Mutter, Familienhaupt, Verwalterin sein soll,
ja vielleicht abgesondert von dem Manne ihrem eigenen Ge-
schäft und Amte vorzustehen hat, – kann nicht zugleich Konku-
bine sein: es hieße im allgemeinen zu viel von ihr verlangen. Somit könnte in Zukunft das Umgekehrte dessen eintreten, was zu
Perikles' Zeiten sich in Athen begab: die Männer, welche damals
an ihren Eheweibern nicht viel mehr als Konkubinen hatten,
wandten sich nebenbei zu den Aspasien, weil sie nach den Reizen einer kopf- und herzbefreienden Geselligkeit verlangten, wie
eine solche nur die Anmut und geistige Biegsamkeit der Frauen
zu schaffen vermag. Alle menschlichen Institutionen, wie die
Ehe, gestatten nur einen mäßigen Grad von praktischer Idealisie-
rung, widrigenfalls sofort grobe Remeduren nötig werden.

425

Sturm- und Drangperiode der Frauen. – Man kann in den drei oder
vier zivilisierten Ländern Europas aus den Frauen durch einige
Jahrhunderte von Erziehung alles machen, was man will, selbst
Männer, freilich nicht in geschlechtlichem Sinne, aber doch in jedem anderen Sinne. Sie werden unter einer solchen Einwirkung
einmal alle männlichen Tugenden und Stärken angenommen haben, dabei allerdings auch deren Schwächen und Laster mit in
den Kauf nehmen müssen: so viel, wie gesagt, kann man erzwingen. Aber wie werden wir den dadurch herbeigeführten Zwi-

schenzustand aushalten, welcher vielleicht selber ein paar Jahrhunderte dauern kann, während denen die weiblichen Narrheiten und Ungerechtigkeiten, ihr uraltes Angebinde, noch die Übermacht über alles Hinzugewonnene, Angelernte behaupten? Diese Zeit wird es sein, in welcher der Zorn den eigentlich männlichen Affekt ausmacht, der Zorn darüber, daß alle Künste und Wissenschaften durch einen unerhörten Dilettantismus überschwemmt und verschlammt sind, die Philosophie durch sinnverwirrendes Geschwätz zu Tode geredet, die Politik phantastischer und parteiischer als je, die Gesellschaft in voller Auflösung ist, weil die Bewahrerinnen der alten Sitte sich selber lächerlich geworden und in jeder Beziehung außer der Sitte zu stehen bestrebt sind. Hatten nämlich die Frauen ihre größte Macht in der Sitte, wonach werden sie greifen müssen, um eine ähnliche Fülle der Macht wiederzugewinnen, nachdem sie die Sitte aufgegeben haben?

426

Freigeist und Ehe. – Ob die Freigeister mit Frauen leben werden? Im allgemeinen glaube ich, daß sie, gleich den wahrsagenden Vögeln des Altertums, als die Wahrdenkenden, Wahrheit-Redenden der Gegenwart es vorziehen müssen, *allein zu fliegen.*

427

Glück der Ehe. – Alles Gewohnte zieht ein immer fester werdendes Netz von Spinneweben um uns zusammen; und alsobald merken wir, daß die Fäden zu Stricken geworden sind und daß wir selber als Spinne in der Mitte sitzen, die sich hier gefangen hat und von ihrem eignen Blute zehren muß. Deshalb haßt der Freigeist alle Gewöhnungen und Regeln, alles Dauernde und Definitive, deshalb reißt er, mit Schmerz, das Netz um sich immer wieder auseinander: wiewohl er infolgedessen an zahlreichen kleinen und großen Wunden leiden wird – denn jene Fäden muß er *von sich,* von seinem Leibe, seiner Seele abreißen. Er muß dort lieben lernen, wo er bisher haßte: und umgekehrt. Ja es darf für ihn nichts Unmögliches sein, auf dasselbe Feld Drachenzähne auszusäen, auf welches er vorher die Füllhörner seiner Güte ausströmen ließ. – Daraus läßt sich abnehmen, ob er für das Glück der Ehe geschaffen ist.

428

Zu nahe. – Leben wir zu nahe mit einem Menschen zusammen, so geht es uns so, wie wenn wir einen guten Kupferstich immer wieder mit bloßen Fingern anfassen: eines Tages haben wir schlechtes, beschmutztes Papier und nichts weiter mehr in den Händen. Auch die Seele eines Menschen wird durch beständiges Angreifen endlich abgegriffen; mindestens *erscheint* sie uns endlich so – wir sehen ihre ursprüngliche Zeichnung und Schönheit nie wieder. – Man verliert immer durch den allzu vertraulichen Umgang mit Frauen und Freunden; und mitunter verliert man die Perle seines Lebens dabei.

429

Die goldene Wiege. – Der Freigeist wird immer aufatmen, wenn er sich endlich entschlossen hat, jenes mutterhafte Sorgen und Bewachen, mit welchem die Frauen um ihn walten, von sich abzuschütteln. Was schadet ihm denn ein rauherer Luftzug, den man so ängstlich von ihm wehrte, was bedeutet ein wirklicher Nachteil, Verlust, Unfall, eine Erkrankung, Verschuldung, Betörung mehr oder weniger in seinem Leben, verglichen mit der Unfreiheit der goldnen Wiege, des Pfauenschweif-Wedels und der drückenden Empfindung, noch dazu dankbar sein zu müssen, weil er wie ein Säugling gewartet und verwöhnt wird? Deshalb kann sich ihm die Milch, welche die mütterliche Gesinnung der ihn umgebenden Frauen reicht, so leicht in Galle verwandeln.

430

Freiwilliges Opfertier. – Durch nichts erleichtern bedeutende Frauen ihren Männern, falls diese berühmt und groß sind, das Leben so sehr, als dadurch, daß sie gleichsam das Gefäß der allgemeinen Ungunst und gelegentlichen Verstimmung der übrigen Menschen werden. Die Zeitgenossen pflegen ihren großen Männern viel Fehlgriffe und Narrheiten, ja Handlungen grober Ungerechtigkeit nachzusehen, wenn sie nur jemanden finden, den sie als eigentliches Opfertier zur Erleichterung ihres Gemütes mißhandeln und schlachten dürfen. Nicht selten findet eine Frau den Ehrgeiz in sich, sich zu dieser Opferung anzubieten, und dann kann freilich der Mann sehr zufrieden sein, – falls er nämlich Egoist genug ist, um sich einen solchen freiwilligen Blitz-, Sturm- und Regenableiter in seiner Nähe gefallen zu lassen.

431

Angenehme Widersacher. – Die naturgemäße Neigung der Frauen zu ruhigem, gleichmäßigem, glücklich zusammenstimmendem Dasein und Verkehren, das Ölgleiche und Beschwichtigende ihrer Wirkungen auf dem Meere des Lebens arbeitet unwillkürlich dem heroischeren inneren Drange des Freigeistes entgegen. Ohne daß sie es merken, handeln die Frauen so, als wenn man dem wandernden Mineralogen die Steine vom Wege nimmt, damit sein Fuß nicht daran stoße – während er gerade ausgezogen ist, um daran zu stoßen.

432

Mißklang zweier Konsonanzen. – Die Frauen wollen dienen und haben darin ihr Glück: und der Freigeist will nicht bedient sein und hat darin sein Glück.

433

Xanthippe. – Sokrates fand eine Frau, wie er sie brauchte – aber auch er hätte sie nicht gesucht, falls er sie gut genug gekannt hätte: so weit wäre auch der Heroismus dieses freien Geistes nicht gegangen. Tatsächlich trieb ihn Xanthippe in seinen eigentümlichen Beruf immer mehr hinein, indem sie ihm Haus und Heim unhäuslich und unheimlich machte: sie lehrte ihn, auf den Gassen und überall dort zu leben, wo man schwatzen und müßig sein konnte, und bildete ihn damit zum größten athenischen Gassen-Dialektiker aus: der sich zuletzt selber mit einer zudringlichen Bremse vergleichen mußte, welche dem schönen Pferde Athen von einem Gotte auf den Nacken gesetzt sei, um es nicht zur Ruhe kommen zu lassen.

434

Für die Ferne blind. – Ebenso wie die Mütter eigentlich nur Sinn und Auge für die augen- und sinnfälligen Schmerzen ihrer Kinder haben, so vermögen die Gattinnen hochstrebender Männer es nicht über sich zu gewinnen, ihre Ehegenossen leidend, darbend und gemißachtet zu sehen, – während vielleicht alles dies nicht nur die Wahrzeichen einer richtigen Wahl ihrer Lebenshaltung, sondern schon die Bürgschaften dafür sind, daß ihre großen Ziele irgendwann einmal erreicht werden *müssen*. Die Frauen intrigieren im stillen immer gegen die höhere Seele ihrer Männer; sie wollen dieselbe um ihre Zukunft, zugunsten einer schmerzlosen, behaglichen Gegenwart, betrügen.

435

Macht und Freiheit. – So hoch Frauen ihre Männer ehren, so ehren sie doch die von der Gesellschaft anerkannten Gewalten und Vorstellungen noch mehr: sie sind seit Jahrtausenden gewohnt, vor allem Herrschenden gebückt, die Hände auf die Brust gefaltet, einherzugehen und mißbilligen alle Auflehnung gegen die öffentliche Macht. Deshalb hängen sie sich, ohne es auch nur zu beabsichtigen, vielmehr wie aus Instinkt, als Hemmschuh in die Räder eines freigeisterischen unabhängigen Strebens und machen unter Umständen ihre Gatten aufs höchste ungeduldig, zumal wenn diese sich noch vorreden, daß Liebe es sei, was die Frauen im Grunde dabei antreibe. Die Mittel der Frauen mißbilligen und großmütig die Motive dieser Mittel ehren – das ist Männer-Art und oft genug Männer-Verzweiflung.

436

Ceterum censeo. – Es ist zum Lachen, wenn eine Gesellschaft von Habenichtsen die Abschaffung des Erbrechts dekretiert, und nicht minder zum Lachen ist es, wenn Kinderlose an der praktischen Gesetzgebung eines Landes arbeiten: – sie haben ja nicht genug Schwergewicht in ihrem Schiffe, um sicher in den Ozean der Zukunft hineinsegeln zu können. Aber ebenso ungereimt erscheint es, wenn der, welcher die allgemeinste Erkenntnis und die Abschätzung des gesamten Daseins zu seiner Aufgabe erkoren hat, sich mit persönlichen Rücksichten auf eine Familie, auf Ernährung, Sicherung, Achtung von Weib und Kind, belastet und vor sein Teleskop jenen trüben Schleier aufspannt, durch welchen kaum einige Strahlen der fernen Gestirnwelt hindurchzudringen vermögen. So komme auch ich zu dem Satze, daß in den Angelegenheiten der höchsten philosophischen Art alle Verheirateten verdächtig sind.

437

Zuletzt. – Es gibt mancherlei Arten von Schierling, und gewöhnlich findet das Schicksal eine Gelegenheit, dem Freigeiste einen Becher dieses Giftgetränkes an die Lippen zu setzen – um ihn zu »strafen«, wie dann alle Welt sagt. Was tun dann die Frauen um ihn? Sie werden schreien und wehklagen und vielleicht die Sonnenuntergangs-Ruhe des Denkers stören: wie sie es im Gefängnis von Athen taten. »O Kriton, heiße doch jemanden diese Weiber da fortführen!« sagte endlich Sokrates. –

ACHTES HAUPTSTÜCK

EIN BLICK AUF DEN STAAT

438

Um das Wort bitten. – Der demagogische Charakter und die Absicht, auf die Massen zu wirken, ist gegenwärtig allen politischen Parteien gemeinsam: sie alle sind genötigt, der genannten Absicht wegen, ihre Prinzipien zu großen Al-fresco-Dummheiten umzuwandeln und sie so an die Wand zu malen. Daran ist nichts mehr zu ändern, ja es ist überflüssig, auch nur einen Finger dagegen aufzuheben; denn auf diesem Gebiete gilt, was Voltaire sagt: quand la populace se mêle de raisonner, tout est perdu. Seitdem dies geschehen ist, muß man sich den neuen Bedingungen fügen, wie man sich fügt, wenn ein Erdbeben die alten Grenzen und Umrisse der Bodengestalt verrückt und den Wert des Besitzes verändert hat. Überdies: wenn es sich nun einmal bei aller Politik darum handelt, möglichst vielen das Leben erträglich zu machen, so mögen immerhin diese Möglichst-Vielen auch bestimmen, was sie unter einem erträglichen Leben verstehen; trauen sie sich den Intellekt zu, auch die richtigen Mittel zu diesem Ziele zu finden, was hülfe es daran zu zweifeln? Sie *wollen* nun einmal ihres Glücks und Unglücks eigene Schmiede sein; und wenn dieses Gefühl der Selbstbestimmung, der Stolz auf die fünf, sechs Begriffe, welche ihr Kopf birgt und zutage bringt, ihnen in der Tat das Leben so angenehm macht, daß sie die fatalen Folgen ihrer Beschränktheit gern ertragen: so ist wenig einzuwenden, vorausgesetzt, daß die Beschränktheit nicht so weit geht, zu verlangen, es solle *alles* in diesem Sinne zur Politik werden, es solle *jeder* nach solchem Maßstabe leben und wirken. Zuerst nämlich muß es einigen mehr als je erlaubt sein, sich der Politik zu enthalten und ein wenig beiseite zu treten: dazu treibt auch sie die Lust an der Selbstbestimmung; und auch ein kleiner Stolz mag damit verbunden sein, zu schweigen, wenn zu viele oder überhaupt nur viele reden. Sodann muß man es diesen wenigen nachsehen, wenn sie das Glück der vielen, verstehe man nun darunter Völker oder Bevölkerungsschichten, nicht so wichtig nehmen und sich hier und da eine ironische Miene zuschulden kommen lassen; denn ihr Ernst liegt anderswo, ihr Glück ist ein anderer Begriff, ihr Ziel ist nicht von jeder plumpen Hand, welche eben nur fünf Finger hat, zu umspannen. Endlich kommt – was ihnen gewiß am schwersten zugestanden wird, aber ebenfalls zugestanden werden muß – von Zeit zu Zeit ein Augenblick, wo sie aus ihrer schweigsamen Vereinsamung heraustreten und die Kraft ihrer Lungen wieder einmal versuchen: dann rufen sie nämlich einander zu wie Verirrte in einem Walde, um sich einander zu erkennen zu geben und zu ermutigen; wobei freilich mancherlei laut wird, was den Ohren, für welche es nicht bestimmt ist, übel klingt. – Nun, bald darauf ist es wieder stille im Walde, so stille, daß man das Schwirren, Summen und Flattern der zahllosen Insekten, welche in, über und unter ihm leben, wieder deutlich vernimmt. –

439

Kultur und Kaste. – Eine höhere Kultur kann allein dort entstehen, wo es zwei unterschiedene Kasten der Gesellschaft gibt: die der Arbeitenden und die der Müßigen, zu wahrer Muße Befähigten; oder mit stärkerem Ausdruck: die Kaste der Zwangs-Arbeit und die Kaste der Frei-Arbeit. Der Gesichtspunkt der Verteilung des Glücks ist nicht wesentlich, wenn es sich um die Erzeugung einer höheren Kultur handelt; jedenfalls aber ist die Kaste der Müßigen die leidensfähigere, leidendere, ihr Behagen am Dasein ist geringer, ihre Aufgabe größer. Findet nun gar ein Austausch der beiden Kasten statt, so daß die stumpferen, ungeistigeren Familien und Einzelnen aus der oberen Kaste in die niedere herabgesetzt werden und wiederum die freieren Menschen aus dieser den Zutritt zur höheren erlangen: so ist ein Zustand erreicht, über den hinaus man nur noch das offene Meer unbestimmter Wünsche sieht. – So redet die verklingende Stimme der alten Zeit zu uns; aber wo sind noch Ohren, sie zu hören?

440

Von Geblüt. – Das, was Männer und Frauen von Geblüt vor anderen voraus haben und was ihnen unzweifelhaftes Anrecht auf höhere Schätzung gibt, sind zwei durch Vererbung immer mehr gesteigerte Künste: die Kunst, befehlen zu können, und die Kunst des stolzen Gehorsams. – Nun entsteht überall, wo das Befehlen zum Tagesgeschäft gehört (wie in der großen Kaufmanns- und Industriewelt), etwas Ähnliches wie jene Geschlechter »von Geblüt«, aber ihnen fehlt die vornehme Haltung im Gehorsam, welche bei jenen eine Erbschaft feudaler Zustände ist und die in unserem Kulturklima nicht mehr wachsen will.

441

Subordination. – Die Subordination, welche im Militär- und Beamtenstaate so hoch geschätzt wird, wird uns bald ebenso unglaublich werden, wie die geschlossene Taktik der Jesuiten es bereits geworden ist; und wenn diese Subordination nicht mehr möglich ist, läßt sich eine Menge der erstaunlichsten Wirkungen nicht mehr erreichen, und die Welt wird ärmer sein. Sie muß schwinden, denn ihr Fundament schwindet: der Glaube an die unbedingte Autorität, an die endgültige Wahrheit; selbst in Militärstaaten ist der physische Zwang nicht ausreichend, sie hervorzubringen, sondern die angeerbte Adoration vor dem Fürstlichen wie vor etwas Übermenschlichem. – In *freieren* Verhältnissen ordnet man sich nur auf Bedingungen unter, infolge gegenseitigen Vertrages, also mit allen Vorbehalten des Eigennutzes.

442

Volksheere. – Der größte Nachteil der jetzt so verherrlichten Volksheere besteht in der Vergeudung von Menschen der höchsten Zivilisation; nur durch die Gunst aller Verhältnisse gibt es deren überhaupt, – wie sparsam und ängstlich sollte man mit ihnen umgehn, da es großer Zeiträume bedarf, um die zufälligen Bedingungen zur Erzeugung so zart organisierter Gehirne zu schaffen! Aber wie die Griechen in Griechenblut wüteten, so die Europäer jetzt in Europäerblut: und zwar werden relativ am meisten immer die Höchstgebildeten zum Opfer gebracht, die, welche eine reichliche und gute Nachkommenschaft verbürgen: solche nämlich stehen im Kampfe voran, als Befehlende, und setzen sich überdies, ihres höheren Ehrgeizes wegen, den Gefahren am meisten aus. – Der grobe Römer-Patriotismus ist jetzt, wo ganz andere und höhere Aufgaben gestellt sind als patria und honor, entweder etwas Unehrliches oder ein Zeichen der Zurückgebliebenheit.

443

Hoffnung als Anmaßung. – Unsere gesellschaftliche Ordnung wird langsam wegschmelzen, wie es alle früheren Ordnungen getan haben, sobald die Sonnen neuer Meinungen mit neuer Glut über die Menschen hinleuchteten. *Wünschen* kann man dies Wegschmelzen nur, indem man hofft: und hoffen darf man vernünftigerweise nur, wenn man sich und seinesgleichen mehr Kraft in Kopf und Herz zutraut als den Vertretern des Bestehenden. Gewöhnlich also wird diese Hoffnung eine *Anmaßung,* eine *Überschätzung* sein.

444

Krieg. – Zuungunsten des Krieges kann man sagen: er macht den Sieger dumm, den Besiegten boshaft. Zugunsten des Krieges: er barbarisiert in beiden eben genannten Wirkungen und macht dadurch natürlicher; er ist für die Kultur Schlaf oder Winterszeit, der Mensch kommt kräftiger zum Guten und Bösen aus ihm heraus.

445

Im Dienste des Fürsten. – Ein Staatsmann wird, um völlig rücksichtslos handeln zu können, am besten tun, nicht für sich, sondern für einen Fürsten sein Werk auszuführen. Von dem Glanze dieser allgemeinen Uneigennützigkeit wird das Auge des Beschauers geblendet, so daß er jene Tücken und Härten, welche das Werk des Staatsmannes mit sich bringt, nicht sieht.

446

Eine Frage der Macht, nicht des Rechtes. – Für Menschen, welche bei jeder Sache den höheren Nutzen ins Auge fassen, gibt es bei dem Sozialismus, falls er *wirklich* die Erhebung der jahrtausendelang Gedrückten, Niedergehaltenen gegen ihre Unterdrücker ist, kein Problem des *Rechtes* (mit der lächerlichen, weichlichen Frage: »wieweit *soll* man seinen Forderungen nachgeben?«), sondern nur ein Problem der *Macht* (»wieweit *kann* man seine Forderungen benutzen?«); also wie bei einer Naturmacht, zum Beispiel dem Dampfe, welcher entweder von dem Menschen in seine Dienste, als Maschinengott, gezwungen wird oder, bei Fehlern der Maschine, das heißt Fehlern der menschlichen Berechnung im Bau derselben, sie und den Menschen mit zertrümmert. Um jene Machtfrage zu lösen, muß man wissen, wie stark der Sozialismus ist, in welcher Modifikation er noch als mächtiger Hebel innerhalb des jetzigen politischen Kräftespiels benutzt werden kann; unter Umständen müßte man selbst alles tun, ihn zu kräftigen. Die Menschheit muß bei jeder großen Kraft – und sei es die gefährlichste – daran denken, aus ihr ein Werkzeug ihrer Absichten zu machen. – Ein Recht gewinnt sich der Sozialismus erst dann, wenn es zwischen den beiden Mächten, den Vertretern des Alten und Neuen, zum Kriege gekommen zu sein scheint, wenn aber

dann das kluge Rechnen auf möglichste Erhaltung und Zuträglichkeit auf Seiten beider Parteien das Verlangen nach einem Vertrag entstehen läßt. Ohne Vertrag kein Recht. Bis jetzt gibt es aber
auf dem bezeichneten Gebiete weder Krieg noch Verträge, also
auch keine Rechte, kein »Sollen«.

447

Benutzung der kleinsten Unredlichkeit. – Die Macht der Presse besteht darin, daß jeder einzelne, der ihr dient, sich nur ganz wenig
verpflichtet und verbunden fühlt. Er sagt für gewöhnlich *seine*
Meinung, aber sagt sie einmal auch *nicht,* um seiner Partei oder
der Politik seines Landes oder endlich sich selbst zu nützen. Solche kleine Vergehen der Unredlichkeit oder vielleicht nur einer
unredlichen Verschwiegenheit sind von dem einzelnen nicht
schwer zu tragen, doch sind die Folgen außerordentlich, weil diese kleinen Vergehen von vielen zu gleicher Zeit begangen werden. Jeder von diesen sagt sich: »für so geringe Dienste lebe ich
besser, kann ich mein Auskommen finden; durch den Mangel solcher kleinen Rücksichten mache ich mich unmöglich.« Weil es
beinahe sittlich gleichgültig erscheint, eine Zeile, noch dazu vielleicht ohne Namensunterschrift, mehr zu schreiben oder nicht zu
schreiben, so kann einer, der Geld und Einfluß hat, jede Meinung
zur öffentlichen machen. Wer da weiß, daß die meisten Menschen
in Kleinigkeiten schwach sind, und seine eigenen Zwecke durch
sie erreichen will, ist immer ein gefährlicher Mensch.

448

Allzu lauter Ton bei Beschwerden. – Dadurch, daß ein Notstand
(zum Beispiel die Gebrechen einer Verwaltung, Bestechlichkeit
und Gunstwillkür in politischen oder gelehrten Körperschaften)
stark übertrieben dargestellt wird, verliert zwar die Darstellung
bei den Einsichtigen ihre Wirkung, aber wirkt um so stärker auf
die Nichteinsichtigen (welche bei einer sorgsamen, maßvollen

Darlegung gleichgültig geblieben wären). Da diese aber bedeutend in der Mehrzahl sind und stärkere Willenskräfte, ungestümere Lust zum Handeln in sich beherbergen, so wird jene Übertreibung zum Anlaß von Untersuchungen, Bestrafungen, Versprechen, Reorganisationen. – Insofern ist es nützlich, Notstände übertrieben darzustellen.

449

Die anscheinenden Wettermacher der Politik. – Wie das Volk bei dem, welcher sich auf das Wetter versteht und es um einen Tag voraussagt, im stillen annimmt, daß er das Wetter mache, so legen selbst Gebildete und Gelehrte mit einem Aufwand von abergläubischem Glauben großen Staatsmännern alle die wichtigen Veränderungen und Konjunkturen, welche während ihrer Regierung eintraten, als deren eigenstes Werk bei, wenn es nur ersichtlich ist, daß jene etwas davon eher wußten als andere und ihre Berechnung danach machten: sie werden also ebenfalls als Wettermacher genommen und dieser Glaube ist nicht das geringste Werkzeug ihrer Macht.

450

Neuer und alter Begriff der Regierung. – Zwischen Regierung und Volk so zu scheiden, als ob hier zwei getrennte Machtsphären, eine stärkere, höhere mit einer schwächeren, niederen, verhandelten und sich vereinbarten, ist ein Stück vererbter politischer Empfindung, welches der historischen Feststellung der Machtverhältnisse in den *meisten* Staaten noch jetzt genau entspricht. Wenn zum Beispiel Bismarck die konstitutionelle Form als einen Kompromiß zwischen Regierung und Volk bezeichnet, so redet er gemäß einem Prinzip, welches seine Vernunft in der Geschichte hat (ebendaher freilich auch den Beisatz von Unvernunft, ohne den nichts Menschliches existieren kann). Dagegen soll man nun lernen – gemäß einem Prinzip, welches rein aus dem *Kopfe* entsprungen ist und erst Geschichte *machen* soll –, daß Regierung nichts als ein Organ des Volkes sei, nicht ein vorsorgliches, verehrungswürdiges »Oben« im Verhältnis zu einem an Bescheidenheit gewöhnten »Unten«. Bevor man diese bis jetzt unhistorische und willkürliche, wenn auch logischere Aufstellung des Begriffs Regierung annimmt, möge man doch ja die Folgen erwägen: denn das Verhältnis zwischen Volk und Regierung ist das stärkste vorbildliche Verhältnis, nach dessen Muster sich unwillkürlich der Verkehr zwischen Lehrer und Schüler, Hausherrn und Dienerschaft, Vater und Familie, Heerführer und Soldat, Meister und Lehrling bildet. Alle diese Verhältnisse gestalten sich jetzt, unter dem Einflusse der herrschenden konstitutionellen Regierungsform, ein wenig um: sie *werden* Kompromisse. Aber wie müssen sie sich verkehren und verschieben, Namen und Wesen wechseln, wenn jener allerneuste Begriff überall sich der Köpfe bemeistert hat! – wozu es aber wohl ein Jahrhundert noch brauchen dürfte. Hierbei ist nichts *mehr* zu wünschen als Vorsicht und langsame Entwicklung.

451

Gerechtigkeit als Parteien-Lockruf. – Wohl können edle (wenn auch nicht gerade sehr einsichtsvolle) Vertreter der herrschenden Klasse sich geloben: wir wollen die Menschen als gleich behandeln, ihnen gleiche Rechte zugestehen. Insofern ist eine sozialistische Denkungsweise, welche auf *Gerechtigkeit* ruht, möglich; aber wie gesagt nur innerhalb der herrschenden Klasse, welche in diesem Falle die Gerechtigkeit mit Opfern und Verleugnungen *übt*. Dagegen Gleichheit der Rechte *fordern,* wie es die Sozialisten der unterworfenen Kaste tun, ist nimmermehr der Ausfluß der Gerechtigkeit, sondern der Begehrlichkeit. – Wenn man der Bestie blutige Fleischstücke aus der Nähe zeigt und wieder wegzieht, bis sie endlich brüllt: meint ihr, daß dies Gebrüll Gerechtigkeit bedeute?

452

Besitz und Gerechtigkeit. – Wenn die Sozialisten nachweisen, daß die Eigentums-Verteilung in der gegenwärtigen Menschheit die Konsequenz zahlloser Ungerechtigkeiten und Gewaltsamkeiten ist, und in summa die Verpflichtung gegen etwas so unrecht Begründetes ablehnen: so sehen sie nur etwas Einzelnes. Die ganze Vergangenheit der alten Kultur ist auf Gewalt, Sklaverei, Betrug, Irrtum aufgebaut; wir können aber uns selbst, die Erben aller dieser Zustände, ja die Konkreszenzen aller jener Vergangenheit, nicht wegdekretieren und dürfen nicht ein einzelnes Stück herausziehn wollen. Die ungerechte Gesinnung steckt in den Seelen der Nicht-Besitzenden auch, sie sind nicht besser als die Besitzenden und haben kein moralisches Vorrecht, denn irgendwann sind ihre Vorfahren Besitzende gewesen. Nicht gewaltsame neue Verteilungen, sondern allmähliche Umschaffungen des Sinnes tun not, die Gerechtigkeit muß in allen größer werden, der gewalttätige Instinkt schwächer.

453

Der Steuermann der Leidenschaften. – Der Staatsmann erzeugt öffentliche Leidenschaften, um den Gewinn von der dadurch erweckten Gegenleidenschaft zu haben. Um ein Beispiel zu nehmen: so weiß ein deutscher Staatsmann wohl, daß die katholische Kirche niemals mit Rußland gleiche Pläne haben wird, ja sich viel lieber mit den Türken verbünden würde als mit ihm; ebenso weiß er, daß Deutschland alle Gefahr von einem Bündnisse Frankreichs mit Rußland droht. Kann er es nun dazu bringen, Frankreich zum Herd und Hort der katholischen Kirche zu machen, so hat er diese Gefahr auf eine lange Zeit beseitigt. Er hat demnach ein Interesse daran, Haß gegen die Katholiken zu zeigen und durch Feindseligkeiten aller Art die Bekenner der Autorität des Papstes in eine leidenschaftliche politische Macht zu verwandeln, welche der deutschen Politik feindlich ist und sich naturgemäß mit Frankreich als dem Widersacher Deutschlands verschmelzen muß: sein Ziel ist ebenso notwendig die Katholisierung Frankreichs, als Mirabeau in der Dekatholisierung das Heil seines Vaterlandes sah. – Der eine Staat will also die Verdunkelung von Millionen Köpfen eines anderen Staates, um seinen Vorteil aus dieser Verdunkelung zu ziehen. Es ist dies dieselbe Gesinnung, welche die republikanische Regierungsform des nachbarlichen Staates, – le désordre organisé, wie Mérimée sagt – aus dem alleinigen Grunde unterstützt, weil sie von dieser annimmt, daß sie das Volk schwächer, zerrissener und kriegsunfähiger mache.

454

Die Gefährlichen unter den Umsturz-Geistern. – Man teile die, welche auf einen Umsturz der Gesellschaft bedacht sind, in solche ein, welche für sich selbst, und in solche, welche für ihre Kinder und Enkel etwas erreichen wollen. Die letzteren sind die Gefährlicheren; denn sie haben den Glauben und das gute Gewissen der Uneigennützigkeit. Die anderen kann man abspeisen: dazu ist die herrschende Gesellschaft immer noch reich und klug genug. Die Gefahr beginnt, sobald die Ziele unpersönlich werden; die Revolutionäre aus unpersönlichem Interesse dürfen alle Verteidiger des Bestehenden als persönlich interessiert ansehen und sich deshalb ihnen überlegen fühlen.

455

Politischer Wert der Vaterschaft. – Wenn der Mensch keine Söhne hat, so hat er kein volles Recht, über die Bedürfnisse eines einzelnen Staatswesens mitzureden. Man muß selber mit den anderen sein Liebstes daran gewagt haben: das erst bindet an den Staat fest; man muß das Glück seiner Nachkommen ins Auge fassen, also vor allem Nachkommen haben, um an allen Institutionen und deren Veränderung rechten natürlichen Anteil zu nehmen. Die

Entwicklung der höheren Moral hängt daran, daß einer Söhne hat; dies stimmt ihn unegoistisch, oder richtiger: es erweitert seinen Egoismus der Zeitdauer nach und läßt ihn Ziele über seine individuelle Lebenslänge hinaus mit Ernst verfolgen.

456

Ahnenstolz. – Auf eine ununterbrochene Reihe *guter* Ahnen bis zum Vater herauf darf man mit Recht stolz sein – nicht aber auf die Reihe; denn diese hat jeder. Die Herkunft von guten Ahnen macht den echten Geburtsadel aus; eine einzige Unterbrechung in jener Kette, ein böser Vorfahr also, hebt den Geburtsadel auf. Man soll jeden, welcher von seinem Adel redet, fragen: hast du keinen gewalttätigen, habsüchtigen, ausschweifenden, boshaften, grausamen Menschen unter deinen Vorfahren? Kann er darauf in gutem Wissen und Gewissen mit Nein antworten, so bewerbe man sich um seine Freundschaft.

457

Sklaven und Arbeiter. – Daß wir mehr Wert auf Befriedigung der Eitelkeit als auf alles übrige Wohlbefinden (Sicherheit, Unterkommen, Vergnügen aller Art) legen, zeigt sich in einem lächerlichen Grade daran, daß jedermann (abgesehen von politischen Gründen) die Aufhebung der Sklaverei wünscht und es aufs ärgste verabscheut, Menschen in diese Lage zu bringen: während jeder sich sagen muß, daß die Sklaven in allen Beziehungen sicherer und glücklicher leben als der moderne Arbeiter, daß Sklavenarbeit sehr wenig Arbeit im Verhältnis zu der des »Arbeiters« ist. Man protestiert im Namen der »Menschenwürde«: das ist aber, schlichter ausgedrückt, jene liebe Eitelkeit, welche das Nicht-gleichgestellt-sein, das Öffentlich-niedriger-geschätzt-werden als das härteste Los empfindet. – Der Zyniker denkt anders darüber, weil er die Ehre verachtet: – und so war Diogenes eine Zeitlang Sklave und Hauslehrer.

458

Leitende Geister und ihre Werkzeuge. – Wir sehen große Staatsmänner und überhaupt alle die, welche sich vieler Menschen zur Durchführung ihrer Pläne bedienen müssen, bald so, bald so verfahren: entweder wählen sie sehr fein und sorgsam die zu ihren Plänen passenden Menschen aus und lassen ihnen dann verhältnismäßige große Freiheit, weil sie wissen, daß die Natur dieser Ausgewählten sie eben dahin treibt, wohin sie selber jene haben wollen; oder sie wählen schlecht, ja nehmen, was ihnen unter die Hand kommt, formen aber aus jedem Tone etwas für ihre Zwecke Taugliches. Diese letzte Art ist die gewaltsamere, sie begehrt auch unterwürfigere Werkzeuge, ihre Menschenkenntnis ist gewöhnlich viel geringer, ihre Menschenverachtung größer als bei den erstgenannten Geistern, aber die Maschine, welche sie konstruieren, arbeitet gemeinhin besser als die Maschine aus der Werkstätte jener.

459

Willkürliches Recht notwendig. – Die Juristen streiten, ob das am vollständigsten durchgedachte Recht oder das am leichtesten zu verstehende in einem Volke zum Siege kommen solle. Das erste, dessen höchstes Muster das römische ist, erscheint dem Laien als unverständlich und deshalb nicht als Ausdruck seiner Rechtsempfindung. Die Volksrechte, zum Beispiel die germanischen, waren grob, abergläubisch, unlogisch, zum Teil albern, aber sie entsprachen ganz bestimmten vererbten heimischen Sitten und Empfindungen. – Wo aber Recht nicht mehr, wie bei uns, Herkommen ist, da kann es nur *befohlen,* Zwang sein; wir haben alle kein herkömmliches Rechtsgefühl mehr, deshalb müssen wir uns *Willkürsrechte* gefallen lassen, die der Ausdruck der Notwendigkeit sind, daß es ein Recht *geben müsse.* Das Logischste ist dann jedenfalls das Annehmbarste, weil es das *Unparteilichste* ist: zugegeben selbst, daß in jedem Falle die kleinste Maßeinheit im Verhältnis von Vergehen und Strafe willkürlich angesetzt ist.

460

Der große Mann der Masse. – Das Rezept zu dem, was die Masse
einen großen Mann nennt, ist leicht gegeben. Unter allen Umständen verschaffe man ihr etwas, das ihr sehr angenehm ist, oder
setze ihr erst in den Kopf, daß dies und jenes sehr angenehm wäre, und gebe es ihr dann. Doch um keinen Preis sofort: sondern
man erkämpfe es mit größter Anstrengung oder scheine es zu erkämpfen. Die Masse muß den Eindruck haben, daß eine mächtige, ja unbezwingliche Willenskraft da sei; mindestens muß sie
da zu sein scheinen. Den starken Willen bewundert jedermann,
weil niemand ihn hat und jedermann sich sagt, daß, wenn er ihn
hätte, es für ihn und seinen Egoismus keine Grenze mehr gäbe.
Zeigt sich nun, daß ein solcher starker Wille etwas der Masse
sehr Angenehmes bewirkt, statt auf die Wünsche seiner Begehrlichkeit zu hören, so bewundert man noch einmal und wünscht
sich selber Glück. Im übrigen habe er alle Eigenschaften der
Masse: um so weniger schämt sie sich vor ihm, um so mehr ist er
populär. Also: er sei gewalttätig, neidisch, ausbeuterisch, intri-
gant, schmeichlerisch, kriechend, aufgeblasen, je nach Umständen alles.

461

Fürst und Gott. – Die Menschen verkehren mit ihren Fürsten
vielfach in ähnlicher Weise wie mit ihrem Gotte, wie ja vielfach
auch der Fürst der Repräsentant des Gottes, mindestens sein
Oberpriester war. Diese fast unheimliche Stimmung von Verehrung und Angst und Scham war und ist viel schwächer geworden, aber mitunter lodert sie auf und heftet sich an mächtige Personen überhaupt. Der Kultus des Genius ist ein Nachklang dieser Götter-Fürsten-Verehrung. Überall, wo man sich bestrebt,
einzelne Menschen in das Übermenschliche hinaufzuheben, entsteht auch die Neigung, ganze Schichten des Volkes sich roher
und niedriger vorzustellen, als sie wirklich sind.

462

Meine Utopie. – In einer besseren Ordnung der Gesellchaft wird die schwere Arbeit und Not des Lebens dem zuzumessen sein, welcher am wenigsten durch sie leidet, also dem Stumpfsten, und so schritt-weise aufwärts bis zu dem, welcher für die höchsten sublimierte-sten Gattungen des Leidens am empfindlichsten ist und deshalb selbst noch bei der größten Erleichterung des Lebens leidet.

463

Ein Wahn in der Lehre vom Umsturz. – Es gibt politische und so-ziale Phantasten, welche feurig und beredt zu einem Umsturz al-ler Ordnungen auffordern, in dem Glauben, daß dann sofort das stolzeste Tempelhaus schönen Menschentums gleichsam von selbst sich erheben werde. In diesen gefährlichen Träumen klingt noch der Aberglaube Rousseaus nach, welcher an eine wunder-gleiche ursprüngliche, aber gleichsam *verschüttete* Güte der menschlichen Natur glaubt und den Institutionen der Kultur, in Gesellschaft, Staat, Erziehung, alle Schuld jener Verschüttung bei-mißt. Leider weiß man aus historischen Erfahrungen, daß jeder solche Umsturz die wildesten Energien als die längst begrabenen Furchtbarkeiten und Maßlosigkeiten fernster Zeitalter von neu-em zur Auferstehung bringt: daß also ein Umsturz wohl eine Kraftquelle in einer matt gewordenen Menschheit sein kann, nimmermehr aber ein Ordner, Baumeister, Künstler, Vollender der menschlichen Natur. – Nicht *Voltaires* maßvolle, dem Ord-nen, Reinigen und Umbauen zugeneigte Natur, sondern *Rousse-aus* leidenschaftliche Torheiten und Halblügen haben den opti-mistischen Geist der Revolution wachgerufen, gegen den ich ru-fe: »Écrasez l'infâme!« Durch ihn ist *der Geist der Aufklärung und der fortschreitenden Entwicklung* auf lange verscheucht worden: se-hen wir zu – ein jeder bei sich selber – ob es möglich ist, ihn wie-der zurückzurufen!

464

Maß. – Die volle Entschiedenheit des Denkens und Forschens, also die Freigeisterei zur Eigenschaft des Charakters geworden, macht im Handeln mäßig: denn sie schwächt die Begehrlichkeit, zieht viel von der vorhandenen Energie an sich, zur Förderung geistiger Zwecke, und zeigt das Halbnützliche oder Unnütze und Gefährliche aller plötzlichen Veränderungen.

465

Auferstehung des Geistes. – Auf dem politischen Krankenbette verjüngt ein Volk gewöhnlich sich selbst und findet seinen Geist wieder, den es im Suchen und Behaupten der Macht allmählich verlor. Die Kultur verdankt das Allerhöchste den politisch geschwächten Zeiten.

466

Neue Meinungen im alten Hause. – Dem Umsturz der Meinungen folgt der Umsturz der Institutionen nicht sofort nach, vielmehr wohnen die neuen Meinungen lange Zeit im verödeten und unheimlich gewordenen Hause ihrer Vorgängerinnen und konservieren es selbst, aus Wohnungsnot.

467

Schulwesen. – Das Schulwesen wird in großen Staaten immer höchstens mittelmäßig sein, aus demselben Grunde, aus dem in großen Küchen bestenfalls mittelmäßig gekocht wird.

468

Unschuldige Korruption. – In allen Instituten, in welche nicht die scharfe Luft der öffentlichen Kritik hineinweht, wächst eine unschuldige Korruption auf, wie ein Pilz (also zum Beispiel in gelehrten Körperschaften und Senaten).

469

Gelehrte als Politiker. – Gelehrten, welche Politiker werden, wird gewöhnlich die komische Rolle zugeteilt, das gute Gewissen einer Politik sein zu müssen.

470

Der Wolf hinter dem Schafe versteckt. – Fast jeder Politiker hat unter gewissen Umständen einmal einen ehrlichen Mann so nötig, daß er gleich einem heißhungrigen Wolfe in einen Schafstall bricht: nicht aber, um dann den geraubten Widder zu fressen, sondern um sich hinter seinen wolligen Rücken zu verstecken.

471

Glückszeiten. – Ein glückliches Zeitalter ist deshalb gar nicht möglich, weil die Menschen es nur wünschen wollen, aber nicht haben wollen, und jeder einzelne, wenn ihm gute Tage kommen, förmlich um Unruhe und Elend beten lernt. Das Schicksal der Menschen ist auf *glückliche Augenblicke* eingerichtet – jedes Leben hat solche –, aber nicht auf glückliche Zeiten. Trotzdem werden diese als »das Jenseits der Berge« in der Phantasie des Menschen bestehen bleiben, als Erbstück der Urväter; denn man hat wohl den Begriff des Glückszeitalters seit uralten Zeiten her jenem Zustande entnommen, in dem der Mensch, nach gewaltiger Anstrengung durch Jagd und Krieg, sich der Ruhe übergibt, die Glieder streckt und die Fittige des Schlafes um sich rauschen hört. Es ist ein falscher Schluß, wenn der Mensch jener alten Gewöhnung gemäß sich vorstellt, daß er nun auch *nach ganzen Zeiträumen* der Not und Mühsal jenes Zustandes des Glücks in *entsprechender Steigerung und Dauer* teilhaftig werden könne.

472

Religion und Regierung. – So lange der Staat oder, deutlicher, die Regierung sich als Vormund zugunsten einer unmündigen Menge bestellt weiß und um ihretwillen die Frage erwägt, ob die Religion zu erhalten oder zu beseitigen sei: wird sie höchstwahrscheinlich sich immer für die Erhaltung der Religion entscheiden. Denn die Religion befriedigt das einzelne Gemüt in Zeiten des Verlustes, der Entbehrung, des Schreckens, des Mißtrauens, also da, wo die Regierung sich außerstande fühlt, direkt etwas zur Linderung der seelischen Leiden des Privatmanns zu tun: ja selbst bei allgemeinen, unvermeidlichen und zunächst unabwendbaren Übeln (Hungersnöten, Geldkrisen, Kriegen) gewährt die Religion eine beruhigte, abwartende, vertrauende Haltung der Menge. überall, wo die notwendigen oder zufälligen Mängel der Staatsregierung oder die gefährlichen Konsequenzen dynastischer Interessen dem Einsichtigen sich bemerklich machen und ihn widerspenstig stimmen, werden die Nicht-Einsichtigen den Finger Gottes zu sehen meinen und sich in Geduld den Anordnungen von *oben* (in welchem Begriff göttliche und menschliche Regierungsweise gewöhnlich verschmelzen) unterwerfen: so wird der innre bürgerliche Friede und die Kontinuität der Entwicklung gewahrt. Die Macht, welche in der Einheit der Volksempfindung, in gleichen Meinungen und Zielen für alle liegt, wird durch die Religion beschützt und besiegelt, jene seltnen Fälle abgerechnet, wo eine Priesterschaft mit der Staatsgewalt sich über den Preis nicht einigen kann und in Kampf tritt. Für gewöhnlich wird der Staat sich die Priester zu gewinnen wissen, weil er ihrer allerprivatesten, verborgenen Erziehung der Seelen benötigt ist und Diener zu schätzen weiß, welche scheinbar und äußerlich ein ganz anderes Interesse vertreten. Ohne Beihilfe der Priester kann auch jetzt noch keine Macht »legitim« werden: wie Napoleon begriff. – So gehen absolute vormundschaftliche Regierung und sorgsame Erhaltung der Religion notwendig miteinander. Dabei ist vorauszusetzen, daß die regierenden Personen und Klassen über den Nutzen, welchen ihnen die Religion gewährt, aufgeklärt werden und somit bis zu einem Grade sich ihr überlegen fühlen, insofern sie dieselbe als Mittel gebrauchen; weshalb hier die Freigeisterei ihren Ursprung hat. – Wie aber, wenn jene ganz verschiedene Auffassung des Begriffes der Regierung, wie sie in *demokratischen* Staaten gelehrt wird, durchzudringen anfängt? Wenn man in ihr nichts als das Werkzeug des Volkswillens sieht, kein Oben im Vergleich zu einem Unten, sondern lediglich eine Funktion des alleinigen Souveräns, des Volkes? Hier kann auch nur dieselbe Stellung, welche das Volk zur Religion einnimmt, von der Regierung eingenommen werden; jede Verbreitung von Aufklärung wird bis in ihre Vertreter hineinklingen müssen, eine Benutzung und Ausbeutung der religiösen Triebkräfte und Tröstungen zu staatlichen Zwecken wird nicht so leicht möglich sein (es sei denn, daß mächtige Parteiführer zeitweilig einen Einfluß üben, welcher dem des aufgeklärten Despotismus ähnlich sieht). Wenn aber der Staat keinen Nutzen mehr aus der Religion selber ziehen darf oder das Volk viel zu mannigfach über religiöse Dinge denkt, als daß es der Regierung ein gleichartiges, einheitliches Vorgehen bei religiösen Maßregeln gestatten dürfte, – so wird notwendig sich der Ausweg zeigen, die Religion als Privatsache zu behandeln und dem Gewissen und der Gewohnheit eines jeden einzelnen zu überantworten. Die Folge ist zu allererst diese, daß das religiöse Empfinden verstärkt erscheint, insofern versteckte und unterdrückte Regungen desselben, welchen der Staat unwillkürlich oder absichtlich keine Lebensluft gönnte, jetzt hervorbrechen und bis ins Extreme ausschweifen; später erweist sich, daß die Religion von Sekten überwuchert wird und daß eine Fülle von Drachenzähnen in dem Augenblick gesät worden ist, als man die Religion zur Privatsache machte. Der Anblick des Streites, die feindselige Bloßlegung aller Schwächen religiöser Bekenntnisse läßt endlich keinen Ausweg mehr zu, als daß jeder Bessere und Begabtere die Irreligiosität zu seiner Privatsache macht: als welche Gesinnung nun auch in dem Geiste der regierenden Personen die Oberhand bekommt und, fast wider ihren Willen, ihren Maßregeln einen religionsfeindlichen Charakter gibt. Sobald dies eintritt, wandelt sich die Stimmung der noch religiös bewegten Menschen, welche früher den Staat als etwas halb oder ganz Heiliges adorierten, in eine entschieden *staatsfeindliche* um; sie lauern den Maßregeln der Regierung auf, suchen zu hemmen, zu kreuzen, zu beunruhigen soviel sie können, und treiben dadurch die Gegenpartei, die irreligiöse, durch die Hitze ihres Widerspruchs in eine fast fanatische Begeisterung *für* den Staat hinein; wobei im stillen noch mitwirkt, daß in diesen Kreisen die Gemüter seit der Trennung von der Religion eine Leere spüren und sich vorläufig durch die Hingebung an den Staat einen Ersatz, eine Art von Ausfüllung zu schaffen suchen. Nach diesen vielleicht lange dauernden Übergangskämpfen entscheidet es sich endlich, ob die religiösen Parteien noch stark genug sind, um einen alten Zustand heraufzubringen und das Rad zurückzudrehen: in welchem Falle unvermeidlich der aufgeklärte Despotismus (vielleicht weniger aufgeklärt und ängstlicher als früher) den Staat in die Hände bekommt, – oder ob die religionslosen Parteien sich durchsetzen und die Fortpflanzung ihrer Gegnerschaft, einige Generationen hindurch, etwa durch Schule und Erziehung, untergraben und endlich unmöglich machen. Dann aber läßt auch bei ihnen jene Begeisterung für den Staat nach: immer deutlicher tritt hervor, daß mit jener religiösen Adoration, für welche er ein Mysterium, eine überweltliche Stiftung ist, auch das ehrfürchtige und pietätvolle Verhältnis zu ihm erschüttert ist. Fürderhin sehen die einzelnen immer nur die Seite an ihm, wo er ihnen nützlich oder schädlich werden kann, und drängen sich mit allen Mitteln heran, um Einfluß auf ihn zu bekommen. Aber diese Konkurrenz wird bald zu groß, die Menschen und Parteien wechseln zu schnell, stürzen sich gegenseitig zu wild vom Berge wieder herab, nachdem sie kaum oben angelangt sind. Es fehlt allen Maßregeln, welche von einer Regierung durchgesetzt werden, die Bürgschaft ihrer Dauer; man scheut vor Unternehmungen zurück, welche auf

Jahrzehnte, Jahrhunderte hinaus ein stilles Wachstum haben müßten, um reife Früchte zu zeitigen. Niemand fühlt eine andere Verpflichtung gegen ein Gesetz mehr als die, sich augenblicklich der Gewalt, welche ein Gesetz einbrachte, zu beugen: sofort geht man aber daran, es durch eine neue Gewalt, eine neu zu bildende Majorität zu unterminieren. Zuletzt – man kann es mit Sicherheit aussprechen – muß das Mißtrauen gegen alles Regierende, die Einsicht in das Nutzlose und Aufreibende dieser kurzatmigen Kämpfe die Menschen zu einem ganz neuen Entschlusse drängen: zur Abschaffung des Staatsbegriffs, zur Aufhebung des Gegensatzes »privat und öffentlich«. Die Privatgesellschaften ziehen Schritt vor Schritt die Staatsgeschäfte in sich hinein: selbst der zäheste Rest, welcher von der alten Arbeit des Regierens übrigbleibt (jene Tätigkeit zum Beispiel, welche die Privaten gegen die Privaten sicherstellen soll), wird zu allerletzt einmal durch Privatunternehmer besorgt werden. Die Mißachtung, der Verfall und *der Tod des Staates,* die Entfesselung der Privatperson (ich hüte mich zu sagen: des Individuums) ist die Konsequenz des demokratischen Staatsbegriffs; hier liegt seine Mission. Hat er seine Aufgabe erfüllt – die wie alles Menschliche viel Vernunft und Unvernunft im Schoße trägt –, sind alle Rückfälle der alten Krankheit überwunden, so wird ein neues Blatt im Fabelbuche der Menschheit entrollt, auf dem man allerlei seltsame Historien und vielleicht auch einiges Gute lesen wird. – Um das Gesagte noch einmal kurz zu sagen: das Interesse der vormundschaftlichen Regierung und das Interesse der Religion gehen miteinander Hand in Hand, so daß, wenn letztere abzusterben beginnt, auch die Grundlage des Staates erschüttert wird. Der Glaube an eine göttliche Ordnung der politischen Dinge, an ein Mysterium in der Existenz des Staates ist religiösen Ursprungs: schwindet die Religion, so wird der Staat unvermeidlich seinen alten Isisschleier verlieren und keine Ehrfurcht mehr erwecken. Die Souveränität des Volkes, in der Nähe gesehen, dient dazu, auch den letzten Zauber und Aberglauben auf dem Gebiete dieser Empfindungen zu verscheuchen; die moderne Demokratie ist die historische Form vom *Verfall des Staates.* − Die Aussicht, welche sich durch diesen sichern Verfall ergibt, ist aber nicht in jedem Betracht eine unglückselige: die Klugheit und der Eigennutz der Menschen sind von allen ihren Eigenschaften am besten ausgebildet; wenn den Anforderungen dieser Kräfte der Staat nicht mehr entspricht, so wird am wenigsten das Chaos eintreten, sondern eine noch zweckmäßigere Erfindung, als der Staat es war, zum Siege über den Staat kommen. Wie manche organisierende Gewalt hat die Menschheit schon absterben sehen: − zum Beispiel die der Geschlechtsgenossenschaft, als welche Jahrtausende lang viel mächtiger war als die Gewalt der Familie, ja längst, bevor diese bestand, schon waltete und ordnete. Wir selber sehen den bedeutenden Rechts- und Machtgedanken der Familie, welcher einmal, so weit wie römisches Wesen reichte, die Herrschaft besaß, immer blasser und ohnmächtiger werden. So wird ein späteres Geschlecht auch den Staat in einzelnen Strecken der Erde bedeutungslos werden sehen − eine Vorstellung, an welche viele Menschen der Gegenwart kaum ohne Angst und Abscheu denken können. An der Verbreitung und Verwirklichung dieser Vorstellung zu *arbeiten,* ist freilich ein ander Ding: man muß sehr anmaßend von seiner Vernunft denken und die Geschichte kaum halb verstehen, um schon jetzt die Hand an den Pflug zu legen, − während noch niemand die Samenkörner aufzeigen kann, welche auf das zerrissene Erdreich nachher gestreut werden sollen. Vertrauen wir also »der Klugheit und dem Eigennutz der Menschen«, daß *jetzt noch* der Staat eine gute Weile bestehen bleibt und zerstörerische Versuche übereifriger und voreiliger Halbwisser abgewiesen werden!

473

Der Sozialismus in Hinsicht auf seine Mittel. − Der Sozialismus ist der phantastische jüngere Bruder des fast abgelebten Despotismus, den er beerben will; seine Bestrebungen sind also im tiefsten Verstande reaktionär. Denn er begehrt eine Fülle der Staatsgewalt, wie sie nur je der Despotismus gehabt hat, ja er überbietet alles Vergangene dadurch, daß er die förmliche Vernichtung des Individuums anstrebt: als welches ihm wie ein unberechtigter Luxus der Natur vorkommt und durch ihn in ein zweckmäßiges *Organ des Gemeinwesens* umgebessert werden soll. Seiner Verwandtschaft wegen erscheint er immer in der Nähe aller exzessiven Machtentfaltungen, wie der alte typische Sozialist Plato am Hofe des sizilischen Tyrannen; er wünscht (und befördert unter Umständen) den cäsarischen Gewaltstaat dieses Jahrhunderts, weil er, wie gesagt, sein Erbe werden möchte. Aber selbst diese Erbschaft würde für seine Zwecke nicht ausreichen, er braucht die alleruntertänigste Niederwerfung aller Bürger vor dem unbedingten Staat, wie niemals etwas Gleiches existiert hat; und da er nicht einmal auf die alte religiöse Pietät gegen den Staat mehr rechnen darf, vielmehr an deren Beseitigung unwillkürlich fortwährend arbeiten muß – nämlich weil er an der Beseitigung aller bestehenden *Staaten* arbeitet –, so kann er sich nur auf kurze Zeiten, durch den äußersten Terrorismus, hier und da einmal auf Existenz Hoffnung machen. Deshalb bereitet er sich im stillen zu Schreckensherrschaften vor und treibt den halbgebildeten Massen das Wort »Gerechtigkeit« wie einen Nagel in den Kopf, um sie ihres Verstandes völlig zu berauben (nachdem dieser Verstand schon durch die Halbbildung sehr gelitten hat) und ihnen für das böse Spiel, das sie spielen sollen, ein gutes Gewissen zu schaffen. – Der Sozialismus kann dazu dienen, die Gefahr aller Anhäufungen von Staatsgewalt recht brutal und eindringlich zu lehren und insofern vor dem Staate selbst Mißtrauen einzuflößen. Wenn seine rauhe Stimme in das Feldgeschrei: *»so viel Staat wie möglich«* einfällt, so wird dieses zunächst dadurch lärmender als je: aber bald dringt auch das Entgegengesetzte mit um so größerer Kraft hervor: *»so wenig Staat wie möglich«.*

474

Die Entwicklung des Geistes, vom Staate gefürchtet. – Die griechische Polis war, wie jede organisierende politische Macht, ausschließend und mißtrauisch gegen das Wachstum der Bildung; ihr gewaltiger Grundtrieb zeigte sich fast nur lähmend und hemmend für dieselbe. Sie wollte keine Geschichte, kein Werden in der Bildung gelten lassen; die in dem Staatsgesetz festgestellte Erziehung sollte alle Generationen verpflichten und auf *einer* Stufe festhalten. Nicht anders wollte es später auch noch Plato für seinen idealen Staat. *Trotz* der Polis entwickelte sich also die Bildung: indirekt freilich und wider Willen half sie mit, weil die Ehrsucht des einzelnen in der Polis aufs höchste angereizt wurde, so daß er, einmal auf die Bahn geistiger Ausbildung geraten, auch in ihr bis ins letzte Extrem fortging. Dagegen soll man sich nicht auf die Verherrlichungsrede des Perikles berufen: denn sie ist nur ein großes optimistisches Trugbild über den angeblich notwendigen Zusammenhang von Polis und athenischer Kultur; Thukydides läßt sie, unmittelbar bevor die Nacht über Athen kommt (die Pest und der Abbruch der Tradition), noch einmal wie eine verklärende Abendröte aufleuchten, bei der man den schlimmen Tag vergessen soll, der ihr voranging.

475

Der europäische Mensch und die Vernichtung der Nationen. – Der Handel und die Industrie, der Bücher- und Briefverkehr, die Gemeinsamkeit aller höheren Kultur, das schnelle Wechseln von Haus und Landschaft, das jetzige Nomadenleben aller Nicht-Landbesitzer – diese Umstände bringen notwendig eine Schwächung und zuletzt eine Vernichtung der Nationen, mindestens der europäischen, mit sich: so daß aus ihnen allen, infolge fortwährender Kreuzungen, eine Mischrasse, die des europäischen Menschen, entstehen muß. Diesem Ziele wirkt jetzt, bewußt oder unbewußt, die Abschließung der Nationen durch Erzeu-

gung *nationaler* Feindseligkeiten entgegen, aber langsam geht der
Gang jener Mischung dennoch vorwärts, trotz jener zeitweiligen
Gegenströmungen: dieser künstliche Nationalismus ist übrigens
so gefährlich, wie der künstliche Katholizismus es gewesen ist,
denn er ist in seinem Wesen ein gewaltsamer Not- und Belagerungszustand, welcher von wenigen über viele verhängt ist, und
braucht List, Lüge und Gewalt, um sich in Ansehen zu halten.
Nicht das Interesse der vielen (der Völker), wie man wohl sagt,
sondern vor allem das Interesse bestimmter Fürstendynastien, sodann das bestimmter Klassen des Handels und der Gesellschaft,
treibt zu diesem Nationalismus; hat man dies einmal erkannt, so
soll man sich nur ungescheut als *guten Europäer* ausgeben und
durch die Tat an der Verschmelzung der Nationen arbeiten: wobei die Deutschen durch ihre alte bewährte Eigenschaft, *Dolmetscher und Vermittler der Völker* zu sein, mitzuhelfen vermögen. Beiläufig: das ganze Problem der *Juden* ist nur innerhalb der nationalen Staaten vorhanden, insofern hier überall ihre Tatkräftigkeit
und höhere Intelligenz, ihr in langer Leidensschule von Geschlecht zu Geschlecht angehäuftes Geist- und Willens-Kapital in
einem neid- und haßerweckenden Maße zum Übergewicht
kommen muß, so daß die literarische Unart fast in allen jetzigen
Nationen überhand nimmt – und zwar je mehr diese sich wieder
national gebärden –, die Juden als Sündenböcke aller möglichen
öffentlichen und inneren Übelstände zur Schlachtbank zu führen. Sobald es sich nicht mehr um Konservierung von Nationen,
sondern um die Erzeugung einer möglichst kräftigen europäischen Mischrasse handelt, ist der Jude als Ingredienz ebenso
brauchbar und erwünscht als irgend ein anderer nationaler Rest.
Unangenehme, ja gefährliche Eigenschaften hat jede Nation, jeder Mensch: es ist grausam, zu verlangen, daß der Jude eine Ausnahme machen solle. Jene Eigenschaften mögen sogar bei ihm in
besonderem Maße gefährlich und abschreckend sein; und vielleicht ist der jugendliche Börsen-Jude die widerlichste Erfindung

des Menschengeschlechts überhaupt. Trotzdem möchte ich wissen, wieviel man bei einer Gesamtabrechnung einem Volke nachsehen muß, welches, nicht ohne unser aller Schuld, die leidvollste Geschichte unter allen Völkern gehabt hat, und dem man den edelsten Menschen (Christus), den reinsten Weisen (Spinoza), das mächtigste Buch und das wirkungsvollste Sittengesetz der Welt verdankt. Überdies: in den dunkelsten Zeiten des Mittelalters, als sich die asiatische Wolkenschicht schwer über Europa gelagert hatte, waren es jüdische Freidenker, Gelehrte und Ärzte, welche das Banner der Aufklärung und der geistigen Unabhängigkeit unter dem härtesten persönlichen Zwange festhielten und Europa gegen Asien verteidigten; ihren Bemühungen ist es nicht am wenigsten zu danken, daß eine natürlichere, vernunftgemäßere und jedenfalls unmythische Erklärung der Welt endlich wieder zum Siege kommen konnte und daß der Ring der Kultur, welcher uns jetzt mit der Aufklärung des griechisch-römischen Altertums zusammenknüpft, unzerbrochen blieb. Wenn das Christentum alles getan hat, um den Okzident zu orientalisieren, so hat das Judentum wesentlich mit dabei geholfen, ihn immer wieder zu okzidentalisieren: was in einem bestimmten Sinne so viel heißt, als Europas Aufgabe und Geschichte zu einer *Fortsetzung der griechischen* zu machen.

476

Scheinbare Überlegenheit des Mittelalters. – Das Mittelalter zeigt in der Kirche ein Institut mit einem ganz universalen, die gesamte Menschheit in sich begreifenden Ziele, noch dazu einem solchen, welches den – vermeintlich – höchsten Interessen derselben galt: dagegen gesehen machen die Ziele der Staaten und Nationen, welche die neuere Geschichte zeigt, einen beklemmenden Eindruck; sie erscheinen kleinlich, niedrig, materiell, räumlich beschränkt. Aber dieser verschiedne Eindruck auf die Phantasie soll unser Urteil ja nicht bestimmen; denn jenes universale

Institut entsprach erkünstelten, auf Fiktionen beruhenden Bedürfnissen, welche es, wo sie noch nicht vorhanden waren, erst
erzeugen mußte (Bedürfnis der Erlösung); die neuen Institute
helfen wirklichen Notzuständen ab; und die Zeit kommt, wo Institute entstehen, um den gemeinsamen wahren Bedürfnissen aller Menschen zu dienen und das phantastische Urbild, die katholische Kirche, in Schatten und Vergessenheit zu stellen.

477

Der Krieg unentbehrlich. – Es ist eitel Schwärmerei und Schönsee-
lentum, von der Menschheit noch viel (oder gar: erst recht viel)
zu erwarten, wenn sie verlernt hat Kriege zu führen. Einstweilen
kennen wir keine anderen Mittel, wodurch mattwerdenden Völkern jene rauhe Energie des Feldlagers, jener tiefe unpersönliche
Haß, jene Mörder-Kaltblütigkeit mit gutem Gewissen, jene gemeinsame organisierende Glut in der Vernichtung des Feindes,
jene stolze Gleichgültigkeit gegen große Verluste, gegen das eigene Dasein und das der Befreundeten, jenes dumpfe erdbebenhaf-
te Erschüttern der Seele ebenso stark und sicher mitgeteilt werden könnte, wie dies jeder große Krieg tut: von den hier hervorbrechenden Bächen und Strömen, welche freilich Steine und
Unrat aller Art mit sich wälzen und die Wiesen zarter Kulturen
zugrunde richten, werden nachher unter günstigen Umständen
die Räderwerke in den Werkstätten des Geistes mit neuer Kraft
umgedreht. Die Kultur kann die Leidenschaften, Laster und Bosheiten durchaus nicht entbehren. – Als die kaiserlich gewordenen
Römer der Kriege etwas müde wurden, versuchten sie aus Tier-
hetzen, Gladiatorenkämpfen und Christenverfolgungen sich
neue Kraft zu gewinnen. Die jetzigen Engländer, welche im ganzen auch dem Kriege abgesagt zu haben scheinen, ergreifen ein
anderes Mittel, um jene entschwindenden Kräfte neu zu erzeugen: jene gefährlichen Entdeckungsreisen, Durchschiffungen, Er-
kletterungen, zu wissenschaftlichen Zwecken, wie es heißt, un-

ternommen, in Wahrheit, um überschüssige Kraft aus Abenteuern und Gefahren aller Art mit nach Hause zu bringen. Man wird noch vielerlei solche Surrogate des Krieges ausfindig machen, aber vielleicht durch sie immer mehr einsehen, daß eine solche hochkultivierte und daher notwendig matte Menschheit, wie die der jetzigen Europäer, nicht nur der Kriege, sondern der größten und furchtbarsten Kriege – also zeitweiliger Rückfälle in die Barbarei – bedarf, um nicht an den Mitteln der Kultur ihre Kultur und ihr Dasein selber einzubüßen.

478

Fleiß im Süden und Norden. – Der Fleiß entsteht auf zwei ganz verschiedene Arten. Die Handwerker im Süden werden fleißig, nicht aus Erwerbstrieb, sondern aus der beständigen Bedürftigkeit der anderen. Weil immer einer kommt, der ein Pferd beschlagen, einen Wagen ausbessern lassen will, so ist der Schmied fleißig. Käme niemand, so würde er auf dem Markte herumlungern. Sich zu ernähren, das hat in einem fruchtbaren Lande wenig Not, dazu brauchte er nur ein sehr geringes Maß von Arbeit, jedenfalls keinen Fleiß; schließlich würde er betteln und zufrieden sein. – Der Fleiß englischer Arbeiter hat dagegen den Erwerbssinn hinter sich: er ist sich seiner selbst und seiner Ziele bewußt und will mit dem Besitz die Macht, mit der Macht die größtmögliche Freiheit und individuelle Vornehmheit.

479

Reichtum als Ursprung eines Geblütsadels. – Der Reichtum erzeugt notwendig eine Aristokratie der Rasse, denn er gestattet die schönsten Weiber zu wählen, die besten Lehrer zu besolden, er gönnt dem Menschen Reinlichkeit, Zeit zu körperlichen Übungen, und vor allem Abwendung von verdumpfender körperlicher Arbeit. Soweit verschafft er alle Bedingungen, um, in einigen Generationen, die Menschen vornehm und schön sich bewegen, ja selbst handeln zu machen: die größere Freiheit des Gemüts, die Abwesenheit des Erbärmlich-Kleinen, der Erniedrigung vor Brotgebern, der Pfennig-Sparsamkeit. – Gerade diese negativen Eigenschaften sind das reichste Angebinde des Glücks für einen jungen Menschen; ein ganz Armer richtet sich gewöhnlich durch Vornehmheit der Gesinnung zugrunde, er kommt nicht vorwärts und erwirbt nichts, seine Rasse ist nicht lebensfähig. – Dabei ist aber zu bedenken, daß der Reichtum fast die gleichen Wirkungen ausübt, wenn einer 300 Taler oder 30000 jährlich verbrauchen darf: es gibt nachher keine wesentliche Progression der begünstigenden Umstände mehr. Aber weniger zu haben, als Knabe zu betteln und sich zu erniedrigen, ist furchtbar: obwohl für solche, welche ihr Glück im Glanze der Höfe, in der Unterordnung unter Mächtige und Einflußreiche suchen oder welche Kirchenhäupter werden wollen, es der rechte Ausgangspunkt sein mag. (– Es lehrt, gebückt sich in die Höhlengänge der Gunst einzuschleichen.)

480

Neid und Trägheit in verschiedener Richtung. – Die beiden gegnerischen Parteien, die sozialistische und die nationale – oder wie die Namen in den verschiedenen Ländern Europas lauten mögen –, sind einander würdig: Neid und Faulheit sind die bewegenden Mächte in ihnen beiden. In jenem Heerlager will man so wenig als möglich mit den Händen arbeiten, in diesem so wenig als möglich mit dem Kopf; in letzterem haßt und neidet man die hervorragenden, aus sich wachsenden Einzelnen, welche sich nicht gutwillig in Reih und Glied zum Zwecke einer Massenwirkung stellen lassen; in ersterem die bessere, äußerlich günstiger gestellte Kaste der Gesellschaft, deren eigentliche Aufgabe, die Erzeugung der höchsten Kulturgüter, das Leben innerlich um soviel schwerer und schmerzensreicher macht. Gelingt es freilich, jenen Geist der Massenwirkung zum Geiste der höheren Klassen der Gesellschaft zu machen, so sind die sozialistischen Scharen ganz im Rechte, wenn sie auch äußerlich zwischen sich und jenen zu nivellieren suchen, da sie ja innerlich, in Kopf und Herz, schon miteinander nivelliert sind. – Lebt als höhere Menschen und tut immerfort die Taten der höheren Kultur, – so gesteht euch alles, was da lebt, euer Recht zu, und die Ordnung der Gesellschaft, deren Spitze ihr seid, ist gegen jeden bösen Blick und Griff gefeit!

481

Große Politik und ihre Einbußen. – Ebenso wie ein Volk die größten Einbußen, welche Krieg und Kriegsbereitschaft mit sich bringen, nicht durch die Unkosten des Kriegs, die Stauungen in Handel und Wandel erleidet, ebenso nicht durch die Unterhaltung der stehenden Heere – so groß diese Einbußen auch jetzt sein mögen, wo acht Staaten Europas jährlich die Summe von zwei bis drei Milliarden darauf verwenden –, sondern dadurch, daß jahraus, jahrein die tüchtigsten, kräftigsten, arbeitsamsten Männer in außerordentlicher Anzahl ihren eigentlichen Beschäftigungen und Berufen entzogen werden, um Soldaten zu sein: ebenso erleidet ein Volk, welches sich anschickt, große Politik zu treiben und unter den mächtigsten Staaten sich eine entscheidende Stimme zu sichern, seine größten Einbußen nicht darin, worin man sie gewöhnlich findet. Es ist wahr, daß es von diesem Zeitpunkte ab fortwährend eine Menge der hervorragendsten Talente auf dem »Altar des Vaterlandes« oder der nationalen Ehrsucht opfert, während früher diesen Talenten, welche jetzt die Politik verschlingt, andere Wirkungskreise offenstanden. Aber abseits von diesen öffentlichen Hekatomben, und im Grunde viel grauenhafter als diese, begibt sich ein Schauspiel, welches fortwährend in hunderttausend Akten gleichzeitig sich abspielt: jeder tüchtige, arbeitsame, geistvolle, strebende Mensch eines solchen nach politischen Ruhmeskränzen lüsternen Volkes wird von dieser Lüsternheit beherrscht und gehört seiner eigenen Sache nicht mehr wie früher völlig an: die täglich neuen Fragen und Sorgen des öffentlichen Wohls verschlingen eine tägliche Abgabe von dem Kopf- und Herz-Kapitale jedes Bürgers: die Summe aller dieser Opfer und Einbußen an individueller Energie und Arbeit ist so ungeheuer, daß das politische Aufblühen eines Volkes eine geistige Verarmung und Ermattung, eine geringere Leistungsfähigkeit zu Werken, welche große Konzentration und Einseitigkeit verlangen, fast mit Notwendigkeit nach sich zieht. Zuletzt darf man fragen: *lohnt* sich denn alle diese Blüte und Pracht des Ganzen (welche ja doch nur als Furcht der anderen Staaten vor dem neuen Koloß und als dem Auslande abgerungene Begünstigung der nationalen Handels- und Verkehrs-Wohlfahrt zutage tritt), wenn dieser groben und buntschillernden Blume der Nation alle die edleren, zarteren, geistigeren Pflanzen und Gewächse, an welchen ihr Boden bisher so reich war, zum Opfer gebracht werden müssen?

482

Und nochmals gesagt. – Öffentliche Meinungen – private Faulheiten.

NEUNTES HAUPTSTÜCK

DER MENSCH MIT SICH ALLEIN

483

Feinde der Wahrheit. – Überzeugungen sind gefährlichere Feinde der Wahrheit als Lügen.

484

Verkehrte Welt. – Man kritisiert einen Denker schärfer, wenn er einen uns unangenehmen Satz hinstellt; und doch wäre es vernünftiger, dies zu tun, wenn sein Satz uns angenehm ist.

485

Charaktervoll. – Charaktervoll erscheint ein Mensch weit häufiger, weil er immer seinem Temperament, als weil er immer seinen Prinzipien folgt.

486

Das eine, was not tut. – Eins muß man haben: entweder einen von Natur leichten Sinn oder einen durch Kunst und Wissen *erleichterten Sinn*.

487

Die Leidenschaft für Sachen. – Wer seine Leidenschaft auf Sachen (Wissenschaften, Staatswohl, Kulturinteressen, Künste) richtet, entzieht seiner Leidenschaft für Personen viel Feuer (selbst wenn sie Vertreter jener Sachen sind, wie Staatsmänner, Philosophen, Künstler Vertreter ihrer Schöpfungen sind).

488

Die Ruhe in der Tat. – Wie ein Wasserfall im Sturz langsamer und schwebender wird, so pflegt der große Mensch der Tat mit mehr Ruhe zu handeln, als seine stürmische Begierde vor der Tat es erwarten ließ.

489

Nicht zu tief. – Personen, welche eine Sache in aller Tiefe erfassen, bleiben ihr selten auf immer treu. Sie haben eben die Tiefe ans Licht gebracht: da gibt es immer viel Schlimmes zu sehen.

490

Wahn der Idealisten. – Alle Idealisten bilden sich ein, die Sachen, welchen sie dienen, seien wesentlich besser als die anderen Sachen in der Welt, und wollen nicht glauben, daß, wenn ihre Sache überhaupt gedeihen soll, sie genau desselben übelriechenden Düngers bedarf, welchen alle anderen menschlichen Unternehmungen nötig haben.

491

Selbstbeobachtung. – Der Mensch ist gegen sich selbst, gegen Auskundschaftung und Belagerung durch sich selber sehr gut verteidigt, er vermag gewöhnlich nicht mehr von sich als seine Außenwerke wahrzunehmen. Die eigentliche Festung ist ihm unzugänglich, selbst unsichtbar, es sei denn, daß Freunde und Feinde die Verräter machen und ihn selber auf geheimem Wege hineinführen.

492

Der richtige Beruf. – Männer halten selten einen Beruf aus, von dem sie nicht glauben oder sich einreden, er sei im Grunde wichtiger als alle anderen. Ebenso geht es Frauen mit ihren Liebhabern.

493

Adel der Gesinnung. – Der Adel der Gesinnung besteht zu einem großen Teil aus Gutmütigkeit und Mangel an Mißtrauen, und enthält also gerade das, worüber sich die gewinnsüchtigen und erfolgreichen Menschen so gern mit Überlegenheit und Spott ergehen.

494

Ziel und Wege. – Viele sind hartnackig in bezug auf den einmal eingeschlagenen Weg, wenige in bezug auf das Ziel.

495

Das Empörende an einer individuellen Lebensart. – Alle sehr individuellen Maßregeln des Lebens bringen die Menschen gegen den, der sie ergreift, auf; sie fühlen sich durch die außergewöhnliche Behandlung, welche jener sich angedeihen läßt, erniedrigt, als gewöhnliche Wesen.

496

Vorrecht der Größe. – Es ist das Vorrecht der Größe, mit geringen Gaben hoch zu beglücken.

497

Unwillkürlich vornehm. – Der Mensch beträgt sich unwillkürlich vornehm, wenn er sich gewöhnt hat, von den Menschen nichts zu wollen und ihnen immer zu geben.

498

Bedingung des Heroentums. – Wenn einer zum Helden werden will, so muß die Schlange vorher zum Drachen geworden sein, sonst fehlt ihm sein rechter Feind.

499

Freund. – Mitfreude, nicht Mitleiden, macht den Freund.

500

Ebbe und Flut zu benutzen. – Man muß zum Zwecke der Erkenntnis jene innere Strömung zu benutzen wissen, welche uns zu einer Sache hinzieht, und wiederum jene, welche uns, nach einer Zeit, von der Sache fortzieht.

501

Freude an sich. – »Freude an der Sache« so sagt man: aber in Wahrheit ist es Freude an sich vermittels einer Sache.

502

Der Bescheidene. – Wer gegen Personen bescheiden ist, zeigt gegen Sachen (Stadt, Staat, Gesellschaft, Zeit, Menschheit) um so stärker seine Anmaßung. Das ist seine Rache.

503

Neid und Eifersucht. – Neid und Eifersucht sind die Schamteile der menschlichen Seele. Die Vergleichung kann vielleicht fortgesetzt werden.

504

Der vornehmste Heuchler. – Gar nicht von sich zu reden, ist eine sehr vornehme Heuchelei.

505

Verdruß. – Der Verdruß ist eine körperliche Krankheit, welche keineswegs dadurch schon gehoben ist, daß die Veranlassung zum Verdrusse hinterdrein beseitigt wird.

506

Vertreter der Wahrheit. – Nicht wenn es gefährlich ist die Wahrheit zu sagen, findet sie am seltensten Vertreter, sondern wenn es langweilig ist.

507

Beschwerlicher noch als Feinde. – Die Personen, von deren sympathischem Verhalten wir nicht unter allen Umständen überzeugt sind, während uns irgend ein Grund (z. B. Dankbarkeit) verpflichtet, den Anschein der unbedingten Sympathie unserseits aufrecht zu erhalten, quälen unsere Phantasie viel mehr als unsere Feinde.

508

Die freie Natur. – Wir sind so gern in der freien Natur, weil diese keine Meinung über uns hat.

509

Jeder in seiner Sache überlegen. – In zivilisierten Verhältnissen fühlt sich jeder jedem andern in einer Sache wenigstens überlegen: darauf beruht das allgemeine Wohlwollen, insofern jeder einer ist, der unter Umständen helfen kann und deshalb sich ohne Scham helfen lassen darf.

510

Trostgründe. – Bei einem Todesfall braucht man zumeist Trostgründe, nicht sowohl um die Gewalt des Schmerzes zu lindern, als um zu entschuldigen, daß man sich so leicht getröstet fühlt.

511

Die Überzeugungstreuen. – Wer viel zu tun hat, behält seine allgemeinen Ansichten und Standpunkte fast unverändert bei. Ebenso jeder, der im Dienst einer Idee arbeitet: er wird die Idee selber nie mehr prüfen, dazu hat er keine Zeit mehr; ja es geht gegen sein Interesse, sie überhaupt noch für diskutierbar zu halten.

512

Moralität und Quantität. – Die höhere Moralität des einen Menschen im Vergleich zu der eines anderen liegt oft nur darin, daß die Ziele quantitativ größer sind. Jenen zieht die Beschäftigung mit dem Kleinen, im engen Kreise, nieder.

513
Das Leben als Ertrag des Lebens. – Der Mensch mag sich noch so weit mit seiner Erkenntnis ausrecken, sich selber noch so objektiv vorkommen: zuletzt trägt er doch nichts davon als seine eigne Biographie.

514
Die eherne Notwendigkeit. – Die eherne Notwendigkeit ist ein Ding, von dem die Menschen im Verlauf der Geschichte einsehen, daß es weder ehern noch notwendig ist.

515
Aus der Erfahrung. – Die Unvernunft einer Sache ist kein Grund gegen ihr Dasein, vielmehr eine Bedingung desselben.

516
Wahrheit. – Niemand stirbt jetzt an tödlichen Wahrheiten: es gibt zu viele Gegengifte.

517
Grundeinsicht. – Es gibt keine prästabilierte Harmonie zwischen der Förderung der Wahrheit und dem Wohle der Menschheit.

518
Menschenlos. – Wer tiefer denkt, weiß, daß er immer Unrecht hat, er mag handeln und urteilen, wie er will.

519

Wahrheit als Circe. − Der Irrtum hat aus Tieren Menschen gemacht; sollte die Wahrheit imstande sein, aus dem Menschen wieder ein Tier zu machen?

520

Gefahr unsrer Kultur. − Wir gehören einer Zeit an, deren Kultur in Gefahr ist, an den Mitteln der Kultur zugrunde zu gehen.

521

Größe heißt: Richtung-geben. − Kein Strom ist durch sich selber groß und reich: sondern daß er so viele Nebenflüsse aufnimmt und fortführt, das macht ihn dazu. So steht es auch mit allen Größen des Geistes. Nur darauf kommt es an, daß einer die Richtung angibt, welcher dann so viele Zuflüsse folgen müssen; nicht darauf, ob er von Anbeginn arm oder reich begabt ist.

522

Schwaches Gewissen. − Menschen, welche von ihrer Bedeutung für die Menschheit sprechen, haben in bezug auf gemeine bürgerliche Rechtlichkeit, im Halten von Verträgen, Versprechungen ein schwaches Gewissen.

523

Geliebt sein wollen. − Die Forderung, geliebt zu werden, ist die größte der Anmaßungen.

524

Menschenverachtung. − Das unzweideutigste Anzeichen von einer Geringschätzung der Menschen ist dies, daß man jedermann nur als Mittel zu *seinem* Zwecke oder gar nicht gelten läßt.

525

Anhänger aus Widerspruch. – Wer die Menschen zur Raserei gegen sich gebracht hat, hat sich immer auch eine Partei zu seinen Gunsten erworben.

526

Erlebnisse vergessen. – Wer viel denkt, und zwar sachlich denkt, vergißt leicht seine eigenen Erlebnisse, aber nicht so die Gedanken, welche durch jene hervorgerufen wurden.

527

Festhalten einer Meinung. – Der eine hält eine Meinung fest, weil er sich etwas darauf einbildet, von selbst auf sie gekommen zu sein, der andre, weil er sie mit Mühe gelernt hat und stolz darauf ist, sie begriffen zu haben: beide also aus Eitelkeit.

528

Das Licht scheuen. – Die gute Tat scheut ebenso ängstlich das Licht als die böse Tat: diese fürchtet, durch das Bekanntwerden komme der Schmerz (als Strafe), jene fürchtet, durch das Bekanntwerden schwinde die Lust (jene reine Lust an sich selbst nämlich, welche sofort aufhört, sobald eine Befriedigung der Eitelkeit hinzutritt).

529

Die Länge des Tages. – Wenn man viel hineinzustecken hat, so hat ein Tag hundert Taschen.

530

Tyrannengenie. – Wenn in der Seele eine unbezwingliche Lust dazu rege ist, sich tyrannisch durchzusetzen, und das Feuer beständig unterhält, so wird selbst eine geringe Begabung (bei Politikern, Künstlern) allmählich zu einer fast unwiderstehlichen Naturgewalt.

531

Das Leben des Feindes. – Wer davon lebt, einen Feind zu bekämpfen, hat ein Interesse daran, daß er am Leben bleibt.

532

Wichtiger. – Man nimmt die unerklärte undeutliche Sache wichtiger als die erklärte helle.

533

Abschätzung erwiesener Dienste. – Dienstleistungen, die uns jemand erweist, schätzen wir nach dem Werte, den jener darauf legt, nicht nach dem, welchen sie für uns haben.

534

Unglück. – Die Auszeichnung, welche im Unglück liegt (als ob es ein Zeichen von Flachheit, Anspruchslosigkeit, Gewöhnlichkeit sei, sich glücklich zu fühlen), ist so groß, daß, wenn jemand einem sagt: »aber wie glücklich Sie sind!« – man gewöhnlich protestiert.

535

Phantasie der Angst. – Die Phantasie der Angst ist jener böse, äffische Kobold, der dem Menschen gerade dann noch auf den Rücken springt, wenn er schon am schwersten zu tragen hat.

536

Wert abgeschmackter Gegner. – Man bleibt mitunter einer Sache nur deshalb treu, weil ihre Gegner nicht aufhören, abgeschmackt zu sein.

537

Wert eines Berufs. – Ein Beruf macht gedankenlos; darin liegt sein größter Segen. Denn er ist eine Schutzwehr, hinter welche man sich, wenn Bedenken und Sorgen allgemeiner Art einen anfallen, erlaubtermaßen zurückziehen kann.

538

Talent. – Das Talent manches Menschen erscheint geringer, als es ist, weil er sich immer zu große Aufgaben gestellt hat.

539

Jugend. – Die Jugend ist unangenehm; denn in ihr ist es nicht möglich oder nicht vernünftig, produktiv zu sein, in irgend einem Sinne.

540

Zu große Ziele. – Wer sich öffentlich große Ziele stellt und hinterdrein im geheimen einsieht, daß er dazu zu schwach ist, hat gewöhnlich auch nicht Kraft genug, jene Ziele öffentlich zu widerrufen und wird dann unvermeidlich zum Heuchler.

541

Im Strome. – Starke Wasser reißen viel Gestein und Gestrüpp mit sich fort, starke Geister viel dumme und verworrene Köpfe.

542

Gefahren der geistigen Befreiung. – Bei der ernstlich gemeinten geistigen Befreiung eines Menschen hoffen im stillen auch seine Leidenschaften und Begierden ihren Vorteil sich zu ersehen.

543

Verkörperung des Geistes. – Wenn einer viel und klug denkt, so bekommt nicht nur sein Gesicht, sondern auch sein Körper ein kluges Aussehen.

544

Schlecht sehen und schlecht hören. – Wer wenig sieht, sieht immer weniger; wer schlecht hört, hört immer einiges noch dazu.

545

Selbstgenuß in der Eitelkeit. – Der Eitle will nicht sowohl hervorragen, als sich hervorragend fühlen; deshalb verschmäht er kein Mittel des Selbstbetrugs und der Selbstüberlistung. Nicht die Meinung der anderen, sondern seine Meinung von deren Meinung liegt ihm am Herzen.

546

Ausnahmsweise eitel. – Der für gewöhnlich Selbstgenügsame ist ausnahmsweise eitel und für Ruhm und Lobsprüche empfänglich, wenn er körperlich krank ist. In dem Maße, in welchem er sich verliert, muß er sich aus fremder Meinung, von außen her, wieder zu gewinnen suchen.

547

Die »Geistreichen«. – Der hat keinen Geist, welcher den Geist sucht.

548

Wink für Parteihäupter. – Wenn man die Leute dazu treiben kann, sich öffentlich für etwas zu erklären, so hat man sie meistens auch dazu gebracht, sich innerlich dafür zu erklären; sie wollen fürderhin als konsequent erfunden werden.

549

Verachtung. – Die Verachtung durch andere ist dem Menschen empfindlicher als die durch sich selbst.

550

Schnur der Dankbarkeit. – Es gibt sklavische Seelen, welche die Erkenntlichkeit für erwiesene Wohltaten so weit treiben, daß sie sich mit der Schnur der Dankbarkeit selbst erdrosseln.

551

Kunstgriffe des Propheten. – Um die Handlungsweise gewöhnlicher Menschen im voraus zu erraten, muß man annehmen, daß sie immer den mindesten Aufwand an Geist machen, um sich aus einer unangenehmen Lage zu befreien.

552

Das einzige Menschenrecht. – Wer vom Herkömmlichen abweicht, ist das Opfer des Außergewöhnlichen; wer im Herkömmlichen bleibt, ist der Sklave desselben. Zugrunde gerichtet wird man auf jeden Fall.

553

Unter das Tier hinab. – Wenn der Mensch vor Lachen wiehert, übertrifft er alle Tiere durch seine Gemeinheit.

554

Halbwissen. – Der, welcher eine fremde Sprache wenig spricht, hat mehr Freude daran als der, welcher sie gut spricht. Das Vergnügen ist bei den Halbwissenden.

555

Gefährliche Hilfsbereitschaft. – Es gibt Leute, welche das Leben den Menschen erschweren wollen, aus keinem andern Grunde, als um ihnen hinterdrein ihre Rezepte zur Erleichterung des Lebens, zum Beispiel ihr Christentum, anzubieten.

556

Fleiß und Gewissenhaftigkeit. – Fleiß und Gewissenhaftigkeit sind oftmals dadurch Antagonisten, daß der Fleiß die Früchte sauer vom Baume nehmen will, die Gewissenhaftigkeit sie aber zu lange hängen läßt, bis sie herabfallen und sich zerschlagen.

557

Verdächtigen. – Menschen, welche man nicht leiden kann, sucht man sich zu verdächtigen.

558

Die Umstände fehlen. – Viele Menschen warten ihr Leben lang auf die Gelegenheit, auf *ihre* Art gut zu sein.

559

Mangel an Freunden. – Der Mangel an Freunden läßt auf Neid oder Anmaßung schließen. Mancher verdankt seine Freunde nur dem glücklichen Umstande, daß er keinen Anlaß zum Neide hat.

560

Gefahr in der Vielheit. – Mit einem Talente mehr steht man oft unsicherer, als mit einem weniger: wie der Tisch besser auf drei als auf vier Füßen steht.

561

Den andern zum Vorbild. – Wer ein gutes Beispiel geben will, muß seiner Tugend ein Gran Narrheit zusetzen: dann ahmt man nach und erhebt sich zugleich über den Nachgeahmten, – was die Menschen lieben.

562

Zielscheibe sein. – Die bösen Reden anderer über uns gelten oft nicht eigentlich uns, sondern sind die Äußerungen eines Ärgers, einer Verstimmung aus ganz anderen Gründen.

563

Leicht resigniert. – Man leidet wenig an versagten Wünschen, wenn man seine Phantasie geübt hat, die Vergangenheit zu verhäßlichen.

564

In Gefahr. – Man ist am meisten in Gefahr, überfahren zu werden, wenn man eben einem Wagen ausgewichen ist.

565

Je nach der Stimme die Rolle. – Wer gezwungen ist lauter zu reden, als er gewohnt ist (etwa vor einem Halbtauben oder vor einem großen Auditorium), übertreibt gewöhnlich die Dinge, welche er mitzuteilen hat. – Mancher wird zum Verschwörer, böswilligen Nachredner, Intriganten, bloß weil seine Stimme sich am besten zu einem Geflüster eignet.

566

Liebe und Haß. – Liebe und Haß sind nicht blind, aber geblendet vom Feuer, das sie selber mit sich tragen.

567

Mit Vorteil angefeindet. – Menschen, welche der Welt ihre Verdienste nicht völlig deutlich machen können, suchen sich eine starke Feindschaft zu erwecken. Sie haben dann den Trost, zu denken, daß diese zwischen ihren Verdiensten und deren Anerkennung stehe – und daß mancher andere dasselbe vermute: was sehr vorteilhaft für ihre Geltung ist.

568

Beichte. – Man vergißt seine Schuld, wenn man sie einem andern gebeichtet hat, aber gewöhnlich vergißt der andere sie nicht.

569

Selbstgenügsamkeit. – Das goldene Vlies der Selbstgenügsamkeit schützt gegen Prügel, aber nicht gegen Nadelstiche.

570

Schatten in der Flamme. – Die Flamme ist sich selber nicht so hell als den andern, denen sie leuchtet: so auch der Weise.

571

Eigene Meinungen. – Die erste Meinung, welche uns einfällt, wenn wir plötzlich über eine Sache befragt werden, ist gewöhnlich nicht unsere eigene, sondern nur die landläufige, unsrer Kaste, Stellung, Abkunft zugehörige; die eignen Meinungen schwimmen selten obenauf.

572

Herkunft des Mutes. – Der gewöhnliche Mensch ist mutig und unverwundbar, wie ein Held, wenn er die Gefahr nicht sieht, für sie keine Augen hat. Umgekehrt: der Held hat die einzig verwundbare Stelle auf dem Rücken, also dort, wo er keine Augen hat.

573

Gefahr im Arzte. – Man muß für seinen Arzt geboren sein, sonst geht man an seinem Arzt zugrunde.

574

Wunderliche Eitelkeit. – Wer dreimal mit Dreistigkeit das Wetter prophezeit hat und Erfolg hatte, der glaubt im Grunde seiner Seele ein wenig an seine Prophetengabe. Wir lassen das Wunderliche, Irrationelle gelten, wenn es unserer Selbstschätzung schmeichelt.

575
Beruf. – Ein Beruf ist das Rückgrat des Lebens.

576
Gefahr persönlichen Einflusses. – Wer fühlt, daß er auf einen andern einen großen innerlichen Einfluß ausübt, muß ihm ganz freie Zügel lassen, ja gelegentliches Widerstreben gern sehen und selbst herbeiführen: sonst wird er unvermeidlich sich einen Feind machen.

577
Den Erben gelten lassen. – Wer etwas Großes in selbstloser Gesinnung begründet hat, sorgt dafür, sich Erben zu erziehen. Es ist das Zeichen einer tyrannischen und unedlen Natur, in allen möglichen Erben seines Werks seine Gegner zu sehen und gegen sie im Stande der Notwehr zu leben.

578
Halbwissen. – Das Halbwissen ist siegreicher als das Ganzwissen: es kennt die Dinge einfacher, als sie sind, und macht daher seine Meinung faßlicher und überzeugender.

579
Nicht geeignet zum Parteimann. – Wer viel denkt, eignet sich nicht zum Parteimann: er denkt sich zu bald durch die Partei hindurch.

580
Schlechtes Gedächtnis. – Der Vorteil des schlechten Gedächtnisses ist, daß man dieselben guten Dinge mehrere Male zum *erstenmal* genießt.

581

Sich Schmerzen machen. – Rücksichtslosigkeit des Denkens ist oft das Zeichen einer unfriedlichen inneren Gesinnung, welche Betäubung begehrt.

582

Märtyrer. – Der Jünger eines Märtyrers leidet mehr als der Märtyrer.

583

Rückständige Eitelkeit. – Die Eitelkeit mancher Menschen, die es nicht nötig hätten eitel zu sein, ist die übrig gebliebene und groß gewachsene Gewohnheit aus der Zeit her, wo sie noch kein Recht hatten, an sich zu glauben, und diesen Glauben erst von anderen in kleiner Münze einbettelten.

584

Punctum saliens der Leidenschaft. – Wer im Begriff ist, in Zorn oder in einen heftigen Liebesaffekt zu geraten, erreicht einen Punkt, wo die Seele voll ist wie ein Gefäß: aber doch muß ein Wassertropfen noch hinzukommen, der gute Wille zur Leidenschaft (den man gewöhnlich auch den bösen nennt). Es ist nur dies Pünktchen nötig, dann läuft das Gefäß über.

585

Gedanke des Unmuts. – Es ist mit den Menschen wie mit den Kohlenmeilern im Walde. Erst wenn die jungen Menschen ausgeglüht haben und verkohlt sind gleich jenen, dann werden sie *nützlich.* Solange sie dampfen und rauchen, sind sie vielleicht interessanter, aber unnütz und gar zu häufig unbequem. – Die Menschheit verwendet schonungslos jeden einzelnen als Material zum Heizen ihrer großen Maschinen: aber wozu dann die Maschinen, wenn alle einzelnen (das heißt die Menschheit) nur dazu nützen, sie zu unterhalten? Maschinen, die sich selbst Zweck sind – ist das die umana commedia?

586

Vom Stundenzeiger des Lebens. – Das Leben besteht aus seltenen einzelnen Momenten von höchster Bedeutsamkeit und unzählig vielen Intervallen, in denen uns bestenfalls die Schattenbilder jener Momente umschweben. Die Liebe, der Frühling, jede schöne Melodie, das Gebirge, der Mond, das Meer – alles redet nur einmal ganz zum Herzen: wenn es überhaupt je ganz zu Worte kommt. Denn viele Menschen haben jene Momente gar nicht und sind selber Intervalle und Pausen in der Symphonie des wirklichen Lebens.

587

Angreifen oder eingreifen. – Wir machen häufig den Fehler, eine Richtung oder Partei oder Zeit lebhaft anzufeinden, weil wir zufällig nur ihre veräußerlichte Seite, ihre Verkümmerung oder die ihnen notwendig anhaftenden »Fehler ihrer Tugenden« zu sehen bekommen, – vielleicht weil wir selbst an diesen vornehmlich teilgenommen haben. Dann wenden wir ihnen den Rücken und suchen eine entgegengesetzte Richtung; aber das bessere wäre, die starken guten Seiten aufzusuchen oder an sich selber auszubilden. Freilich gehört ein kräftigerer Blick und besserer Wille dazu, das Werdende und Unvollkommene zu fördern, als es in seiner Unvollkommenheit zu durchschauen und zu verleugnen.

588

Bescheidenheit. – Es gibt wahre Bescheidenheit (das heißt die Erkenntnis, daß wir nicht unsere eigenen Werke sind); und recht wohl geziemt sie dem großen Geiste, weil gerade er den Gedanken der völligen Unverantwortlichkeit (auch für das Gute, was er schafft) fassen kann. Die Unbescheidenheit des Großen haßt man nicht, insofern er seine Kraft fühlt, sondern weil er seine Kraft dadurch erst erfahren will, daß er die anderen verletzt, herrisch behandelt und zusieht, wieweit sie es aushalten. Gewöhnlich beweist dies sogar den Mangel an sicherem Gefühl der Kraft und macht somit die Menschen an seiner Größe zweifeln. Insofern ist Unbescheidenheit vom Gesichtspunkte der Klugheit aus sehr zu widerraten.

589

Des Tages erster Gedanke. – Das beste Mittel, jeden Tag gut zu beginnen, ist: beim Erwachen daran zu denken, ob man nicht wenigstens einem Menschen an diesem Tage eine Freude machen könne. Wenn dies als ein Ersatz für die religiöse Gewöhnung des Gebetes gelten dürfte, so hätten die Mitmenschen einen Vorteil bei dieser Änderung.

590

Anmaßung als letztes Trostmittel. – Wenn man ein Mißgeschick, seinen intellektuellen Mangel, seine Krankheit sich so zurechtlegt, daß man hierin sein vorgezeichnetes Schicksal, seine Prüfung oder die geheimnisvolle Strafe für früher Begangenes sieht, so macht man sich sein eigenes Wesen dadurch interessant und erhebt sich in der Vorstellung über seine Mitmenschen. Der stolze Sünder ist eine bekannte Figur in allen kirchlichen Sekten.

591

Vegetation des Glücks. – Dicht neben dem Wehe der Welt, und oft auf seinem vulkanischen Boden, hat der Mensch seine kleinen Gärten des Glücks angelegt. Ob man das Leben mit dem Blicke dessen betrachtet, der vom Dasein Erkenntnis allein will, oder dessen, der sich ergibt und resigniert, oder dessen, der an der überwundenen Schwierigkeit sich freut, – überall wird er etwas

Glück neben dem Unheil aufgesproßt finden – und zwar um so mehr Glück, je vulkanischer der Boden war –; nur wäre es lächerlich, zu sagen, daß mit diesem Glück das Leiden selbst gerechtfertigt sei.

592

Die Straße der Vorfahren. – Es ist vernünftig, wenn jemand das Talent, auf welches sein Vater oder Großvater Mühe verwendet hat, an sich selbst weiter ausbildet und nicht zu etwas ganz Neuem umschlägt; er nimmt sich sonst die Möglichkeit, zum Vollkommenen in irgend einem Handwerk zu gelangen. Deshalb sagt das Sprichwort: »Welche Straße sollst du reiten? – die deiner Vorfahren.«

593

Eitelkeit und Ehrgeiz als Erzieher. – Solange einer noch nicht zum Werkzeug des allgemeinen menschlichen Nutzens geworden ist, mag ihn der Ehrgeiz peinigen; ist jenes Ziel aber erreicht, arbeitet er mit Notwendigkeit wie eine Maschine zum Besten aller, so mag dann die Eitelkeit kommen; sie wird ihn im kleinen vermenschlichen, geselliger, erträglicher, nachsichtiger machen dann, wenn der Ehrgeiz die grobe Arbeit (ihn nützlich zu machen) an ihm vollendet hat.

594

Philosophische Neulinge. – Hat man die Weisheit eines Philosophen eben eingenommen, so geht man durch die Straßen mit dem Gefühle, als sei man umgeschaffen und ein großer Mann geworden; denn man findet lauter solche, welche diese Weisheit nicht kennen, hat also über alles eine neue unbekannte Entscheidung vorzutragen: weil man ein Gesetzbuch anerkennt, meint man, jetzt auch sich als Richter gebärden zu müssen.

595

Durch Mißfallen gefallen. – Die Menschen, welche lieber auffallen und dabei mißfallen wollen, begehren dasselbe wie die, welche nicht auffallen und gefallen wollen, nur in einem viel höheren Grade und indirekt, vermittels einer Stufe, durch welche sie sich scheinbar von ihrem Ziele entfernen. Sie wollen Einfluß und Macht, und zeigen deshalb ihre Überlegenheit, selbst so, daß sie unangenehm empfunden wird; denn sie wissen, daß der, welcher endlich zur Macht gelangt ist, fast in allem, was er tut und sagt, gefällt und daß, selbst wo er mißfällt, er doch noch zu gefallen scheint. – Auch der Freigeist, und ebenso der Gläubige, wollen Macht, um durch sie einmal zu gefallen; wenn ihnen ihrer Lehre wegen ein übles Schicksal, Verfolgung, Kerker, Hinrichtung droht, so freuen sie sich des Gedankens, daß ihre Lehre auf diese Weise der Menschheit eingeritzt und eingebrannt wird; sie nehmen es hin als ein schmerzhaftes aber kräftiges, wenngleich spät wirkendes Mittel, um doch noch zur Macht zu gelangen.

596

Casus belli und Ähnliches. – Der Fürst, welcher zu dem gefaßten Entschlusse, Krieg mit dem Nachbar zu führen, einen casus belli ausfindig macht, gleicht dem Vater, der seinem Kinde eine Mutter unterschiebt, welche fürderhin als solche gelten soll. Und sind nicht fast alle öffentlich bekanntgemachten Motive unserer Handlungen solche untergeschobene Mütter?

597

Leidenschaft und Recht. – Niemand spricht leidenschaftlicher von seinem Rechte als der, welcher im Grunde seiner Seele einen Zweifel an seinem Rechte hat. Indem er die Leidenschaft auf seine Seite zieht, will er den Verstand und dessen Zweifel betäuben: so gewinnt er das gute Gewissen und mit ihm den Erfolg bei den Mitmenschen.

598

Kunstgriff des Entsagenden. – Wer gegen die Ehe protestiert, nach
Art der katholischen Priester, wird diese nach ihrer niedrigsten
gemeinsten Auffassung zu verstehen suchen. Ebenso wer die Ehre bei den Zeitgenossen von sich abweist, wird deren Begriff niedrig fassen; so erleichtert er sich die Entbehrung und den Kampf
dagegen. Übrigens wird der, welcher sich im ganzen viel versagt,
sich im kleinen leicht Indulgenz geben. Es wäre möglich, daß der,
welcher über den Beifall der Zeitgenossen erhaben ist, doch die
Befriedigung kleiner Eitelkeiten sich nicht versagen will.

599

Lebensalter der Anmaßung. – Zwischen dem 26. und dem 30. Jahre liegt bei begabten Menschen die eigentliche Periode der Anmaßung; es ist die Zeit der ersten Reife, mit einem starken Rest
von Säuerlichkeit. Man fordert auf Grund dessen, was man in sich
fühlt, von Menschen, welche nichts oder wenig davon sehen, Ehre und Demütigung, und rächt sich, weil diese zunächst ausbleiben, durch jenen Blick, jene Gebärde der Anmaßung, jenen Ton
der Stimme, die ein feines Ohr und Auge an allen Produktionen
jenes Alters, seien es Gedichte, Philosophien oder Bilder und
Musik, wiedererkennt. Ältere erfahrene Männer lächeln dazu,
und mit Rührung gedenken sie dieses schönen Lebensalters, in
dem man böse über das Geschick ist, so viel zu *sein* und so wenig
zu *scheinen*. Später *scheint* man wirklich *mehr* – aber man hat vielleicht den guten Glauben verloren, viel zu *sein:* man bleibe denn
zeitlebens ein unverbesserlicher Narr der Eitelkeit.

600

Trügerisch und doch haltbar. – Wie man, um an einem Abgrund vor-
beizugehen oder einen tiefen Bach auf einem Balken zu über-
schreiten, eines Geländers bedarf, nicht um sich daran festzuhalten – denn es würde sofort mit einem zusammenbrechen –, son-

dern um die Vorstellung der Sicherheit für das Auge zu erwekken: so bedarf man als Jüngling solcher Personen, welche uns unbewußt den Dienst jenes Geländers erweisen. Es ist wahr, sie würden uns nicht helfen, wenn wir uns wirklich in großer Gefahr auf sie stützen wollten, aber sie geben die beruhigende Empfindung des Schutzes in der Nähe (zum Beispiel Väter, Lehrer, Freunde, wie sie, alle drei, gewöhnlich sind).

601

Lieben lernen. – Man muß lieben lernen, gütig sein lernen, und dies von Jugend auf; wenn Erziehung und Zufall uns keine Gelegenheit zur Übung dieser Empfindungen geben, so wird unsere Seele trocken und selbst zu einem Verständnis jener zarten Erfindungen liebevoller Menschen ungeeignet. Ebenso muß der Haß gelernt und genährt werden, wenn einer ein tüchtiger Hasser werden will: sonst wird auch der Keim dazu allmählich absterben.

602

Die Ruine als Schmuck. – Solche, die viele geistige Wandlungen durchmachen, behalten einige Ansichten und Gewohnheiten früherer Zustände bei, welche dann wie ein Stück unerklärlichen Altertums und grauen Mauerwerks in ihr neues Denken und Handeln hineinragen: oft zur Zierde der ganzen Gegend.

603

Liebe und Ehre. – Die Liebe begehrt, die Furcht meidet. Daran liegt es, daß man nicht zugleich von derselben Person, wenigstens in demselben Zeitraume geliebt und geehrt werden kann. Denn der Ehrende erkennt die Macht an, das heißt er fürchtet sie: sein Zustand ist Ehrfurcht. Die Liebe aber erkennt keine Macht an, nichts, was trennt, abhebt, über- und unterordnet. Weil sie nicht ehrt, so sind ehrsüchtige Menschen insgeheim oder öffentlich gegen das Geliebtwerden widerspenstig.

604

Vorurteil für die kalten Menschen. – Menschen, welche rasch Feuer fangen, werden schnell kalt und sind daher im ganzen unzuverlässig. Deshalb gibt es für alle die, welche immer kalt sind oder sich so stellen, das günstige Vorurteil, daß es besonders vertrauenswerte, zuverlässige Menschen seien: man verwechselt sie mit denen, welche langsam Feuer fangen und es lange festhalten.

605

Das Gefährliche in freien Meinungen. – Das leichte Befassen mit freien Meinungen gibt einen Reiz wie eine Art Jucken; gibt man ihm mehr nach, so fängt man an, die Stellen zu reiben; bis zuletzt eine offene schmerzende Wunde entsteht, das heißt: bis die freie Meinung uns in unserer Lebensstellung, unsern menschlichen Beziehungen zu stören, zu quälen beginnt.

606

Begierde nach tiefem Schmerz. – Die Leidenschaft läßt, wenn sie vorüber ist, eine dunkle Sehnsucht nach sich selber zurück und wirft, im Verschwinden noch, einen verführerischen Blick zu. Es muß doch eine Art von Lust gewährt haben, mit ihrer Geißel geschlagen worden zu sein. Die mäßigeren Empfindungen erscheinen dagegen schal; man will, wie es scheint, die heftigere Unlust immer noch lieber als die matte Lust.

607

Unmut über andere und die Welt. – Wenn wir, wie so häufig, unsern Unmut an anderen auslassen, während wir ihn eigentlich über uns empfinden, erstreben wir im Grunde eine Umnebelung und Täuschung unseres Urteils: wir wollen diesen Unmut a posteriori motivieren, durch die Versehen, Mängel der anderen, und uns selber so aus den Augen verlieren. – Die religiös strengen Menschen, welche gegen sich selber unerbittliche Richter sind, haben zugleich am meisten Übles der Menschheit überhaupt nachgesagt: ein Heiliger, welcher sich die Sünden und den anderen die Tugenden vorbehält, hat nie gelebt: ebensowenig wie jener, welcher nach Buddhas Vorschrift sein Gutes vor den Leuten verbirgt und sie sein Böses allein sehen läßt.

608

Ursache und Wirkung verwechselt. – Wir suchen unbewußt die Grundsätze und Lehrmeinungen, welche unserem Temperamente angemessen sind, so daß es zuletzt so aussieht, als ob die Grundsätze und Lehrmeinungen unseren Charakter geschaffen, ihm haltvolle Sicherheit gegeben hätten: während es gerade umgekehrt zugegangen ist. Unser Denken und Urteilen soll nachträglich, so scheint es, zur Ursache unseres Wesens gemacht werden: aber tatsächlich ist unser Wesen die Ursache, daß wir so und so denken und urteilen. – Und was bestimmt uns zu dieser fast unbewußten Komödie? Die Trägheit und Bequemlichkeit und nicht am wenigsten der Wunsch der Eitelkeit, durch und durch als konsistent, in Wesen und Denken einartig erfunden zu werden: denn dies erwirbt Achtung, gibt Vertrauen und Macht.

609

Lebensalter und Wahrheit. – Junge Leute lieben das Interessante und Absonderliche, gleichgültig wie wahr oder falsch es ist. Reifere Geister lieben das an der Wahrheit, was an ihr interessant und absonderlich ist. Ausgereifte Köpfe endlich lieben die Wahrheit auch in dem, wo sie schlicht und einfältig erscheint und dem gewöhnlichen Menschen Langeweile macht, weil sie gemerkt haben, daß die Wahrheit das Höchste an Geist, was sie besitzt, mit der Miene der Einfalt zu sagen pflegt.

610

Die Menschen als schlechte Dichter. – So wie schlechte Dichter im zweiten Teil des Verses zum Reime den Gedanken suchen, so pflegen die Menschen in der zweiten Hälfte des Lebens, ängstlicher geworden, die Handlungen, Stellungen, Verhältnisse zu suchen, welche zu denen ihres früheren Lebens passen, so daß äußerlich alles wohl zusammenklingt: aber ihr Leben ist nicht mehr von einem starken Gedanken beherrscht und immer wieder neu bestimmt, sondern an die Stelle desselben tritt die Absicht, einen Reim zu finden.

611

Langeweile und Spiel. – Das Bedürfnis zwingt uns zur Arbeit, mit deren Ertrage das Bedürfnis gestillt wird; das immer neue Erwachen der Bedürfnisse gewöhnt uns an die Arbeit. In den Pausen aber, in welchen die Bedürfnisse gestillt sind und gleichsam schlafen, überfällt uns die Langeweile. Was ist diese? Es ist die Gewöhnung an Arbeit überhaupt, welche sich jetzt als neues, hinzukommendes Bedürfnis geltend macht; sie wird um so stärker sein, je stärker jemand gewöhnt ist zu arbeiten, vielleicht sogar, je stärker jemand an Bedürfnissen gelitten hat. Um der Langenweile zu entgehen, arbeitet der Mensch entweder über das Maß seiner sonstigen Bedürfnisse hinaus oder er erfindet das Spiel, das heißt die Arbeit, welche kein anderes Bedürfnis stillen soll als das nach Arbeit überhaupt. Wer des Spieles überdrüssig geworden ist und durch neue Bedürfnisse keinen Grund zur Arbeit hat, den überfällt mitunter das Verlangen nach einem dritten Zustand, welcher sich zum Spiel verhält wie Schweben zum Tanzen, wie Tanzen zum Gehen – nach einer seligen ruhigen Bewegtheit: es ist die Vision der Künstler und Philosophen von dem Glück.

612

Lehre aus Bildern. – Betrachtet man eine Reihe Bilder von sich selber, von den Zeiten der letzten Kindheit bis zu der der Mannesreife, so findet man mit einer angenehmen Verwunderung, daß der Mann dem Kinde ähnlicher sieht als der Mann dem Jünglinge: daß also wahrscheinlich, diesem Vorgange entsprechend, inzwischen eine zeitweilige Alienation vom Grundcharakter eingetreten ist, über welche die gesammelte geballte Kraft des Mannes wieder Herr wurde. Dieser Wahrnehmung entspricht die andre, daß alle die starken Einwirkungen von Leidenschaften, Lehrern, politischen Ereignissen, welche in dem Jünglingsalter uns herumziehen, später wieder auf ein festes Maß zurückgeführt erscheinen: gewiß, sie leben und wirken in uns fort, aber das Grundempfinden und Grundmeinen hat doch die Übermacht und benutzt sie wohl als Kraftquellen, nicht aber mehr als Regulatoren, wie dies wohl in den zwanziger Jahren geschieht. So erscheint auch das Denken und Empfinden des Mannes dem seines kindlichen Lebensalters wieder gemäßer, – und diese innere Tatsache spricht sich in der erwähnten äußeren aus.

613

Stimmklang der Lebensalter. – Der Ton, in dem Jünglinge reden, loben, tadeln, dichten, mißfällt dem Ältergewordenen, weil er zu laut ist, und zwar zugleich dumpf und undeutlich wie der Ton in einem Gewölbe, der durch die Leerheit eine solche Schallkraft bekommt; denn das meiste, was Jünglinge denken, ist nicht aus der Fülle ihrer eigenen Natur herausgeströmt, sondern ist Anklang, Nachklang von dem, was in ihrer Nähe gedacht, geredet, gelobt, getadelt worden ist. Weil aber die Empfindungen (der Neigung und Abneigung) viel stärker als die Gründe für jene in ihnen nachklingen, so entsteht, wenn sie ihre Empfindung wieder laut werden lassen, jener dumpfe, hallende Ton, welcher für die Abwesenheit oder die Spärlichkeit von Gründen das Kennzeichen abgibt. Der Ton des reiferen Alters ist streng, kurz abgebrochen, mäßig laut, aber, wie alles deutlich Artikulierte, sehr weit tragend. Das Alter endlich bringt häufig eine gewisse Milde und

Nachsicht in den Klang und verzuckert ihn gleichsam: in manchen Fällen freilich versäuert sie ihn auch.

614

Zurückgebliebene und vorwegnehmende Menschen. – Der unangenehme Charakter, welcher voller Mißtrauen ist, alles glückliche Gelingen der Mitbewerbenden und Nächsten mit Neid fühlt, gegen abweichende Meinungen gewalttätig und aufbrausend ist, zeigt, daß er einer frühern Stufe der Kultur zugehört, also ein Überbleibsel ist: denn die Art, in welcher er mit den Menschen verkehrt, war die rechte und zutreffende für die Zustände eines Faustrecht-Zeitalters; es ist ein zurückgebliebener Mensch. Ein anderer Charakter, welcher reich an Mitfreude ist, überall Freunde gewinnt, alles Wachsende und Werdende liebevoll empfindet, alle Ehren und Erfolge anderer mitgenießt und kein Vorrecht, das Wahre allein zu erkennen, in Anspruch nimmt, sondern voll eines bescheidenen Mißtrauens ist, – das ist ein vorwegnehmender Mensch, welcher einer höheren Kultur der Menschen entgegenstrebt. Der unangenehme Charakter stammt aus den Zeiten, wo die rohen Fundamente des menschlichen Verkehrs erst zu bauen waren, der andere lebt auf deren höchsten Stockwerken, möglichst entfernt von dem wilden Tier, welches in den Kellern, unter den Fundamenten der Kultur eingeschlossen, wütet und heult.

615

Trost für Hypochonder. – Wenn ein großer Denker zeitweilig hypochondrischen Selbstquälereien unterworfen ist, so mag er sich zum Troste sagen: »es ist deine eigene große Kraft, von der dieser Parasit sich nährt und wächst; wäre sie geringer, so würdest du weniger zu leiden haben«. Ebenso mag der Staatsmann sprechen, wenn Eifersucht und Rachegefühl, überhaupt die Stimmung des bellum omnium contra omnes, zu der er als Vertreter einer Nation notwendig eine starke Begabung haben muß, sich gelegent-

lich auch in seine persönlichen Beziehungen eindrängt und ihm
das Leben schwer macht.

616

Der Gegenwart entfremdet. – Es hat große Vorteile, seiner Zeit sich
einmal in stärkerem Maße zu entfremden und gleichsam von ihrem Ufer zurück in den Ozean der vergangnen Weltbetrachtungen getrieben zu werden. Von dort aus nach der Küste zu blik-
kend, überschaut man wohl zum ersten Male ihre gesamte Gestaltung und hat, wenn man sich ihr wieder nähert, den Vorteil,
sie besser im ganzen zu verstehen als die, welche sie nie verlassen
haben.

617

Auf persönlichen Mängeln säen und ernten. – Menschen wie Rousseau verstehen es, ihre Schwächen, Lücken, Laster gleichsam als
Dünger ihres Talentes zu benutzen. Wenn jener die Verdorbenheit
und Entartung der Gesellschaft als leidige Folge der Kultur be-
klagt, so liegt hier eine persönliche Erfahrung zugrunde; deren
Bitterkeit gibt ihm die Schärfe seiner allgemeinen Verurteilung
und vergiftet die Pfeile, mit denen er schießt; er entlastet sich zunächst als Individuum und denkt ein Heilmittel zu suchen, das
direkt der Gesellschaft, aber indirekt und vermittels jener, auch
ihm zunutze ist.

618

Philosophisch gesinnt sein. Gewöhnlich strebt man danach, für alle
Lebenslagen und Ereignisse *eine* Haltung des Gemüts, *eine* Gattung von Ansichten zu erwerben, – das nennt man vornehmlich
philosophisch gesinnt sein. Aber für die Bereicherung der Erkenntnis mag es höheren Wert haben, nicht in dieser Weise sich
zu uniformieren, sondern auf die leise Stimme der verschiednen
Lebenslagen zu hören; diese bringen ihre eigenen Ansichten mit

sich. So nimmt man erkennenden Anteil am Leben und Wesen vieler, indem man sich selber nicht als starres beständiges *eines* Individuum behandelt.

619

Im Feuer der Verachtung. – Es ist ein neuer Schritt zum Selbständigwerden, wenn man erst Ansichten zu äußern wagt, die als schmählich für den gelten, welcher sie hegt; da pflegen auch die Freunde und Bekannten ängstlich zu werden. Auch durch dieses Feuer muß die begabte Natur hindurch; sie gehört sich hinterdrein noch viel mehr selber an.

620

Aufopferung. – Die große Aufopferung wird, im Falle der Wahl, einer kleinen Aufopferung vorgezogen: weil wir für die große uns durch Selbstbewunderung entschädigen, was uns bei der kleinen nicht möglich ist.

621

Liebe als Kunstgriff. – Wer etwas Neues wirklich *kennen* lernen will (sei es ein Mensch, ein Ereignis, ein Buch), der tut gut, dieses Neue mit aller möglichen Liebe aufzunehmen, von allem, was ihm daran feindlich, anstößig, falsch vorkommt, schnell das Auge abzuwenden, ja es zu vergessen: so daß man zum Beispiel dem Autor eines Buches den größten Vorsprung gibt und geradezu, wie bei einem Wettrennen, mit klopfendem Herzen danach begehrt, daß er sein Ziel erreiche. Mit diesem Verfahren dringt man nämlich der neuen Sache bis an ihr Herz, bis an ihren bewegenden Punkt: und dies heißt eben sie kennen lernen. Ist man soweit, so macht der Verstand hinterdrein seine Restriktionen; jene Überschätzung, jenes zeitweilige Aushängen des kritischen Pendels war eben nur der Kunstgriff, die Seele einer Sache herauszulocken.

622

Zu gut und zu schlecht von der Welt denken. – Ob man zu gut oder zu schlecht von den Dingen denkt, man hat immer den Vorteil dabei, eine höhere Lust einzuernten: denn bei einer vorgefaßten zu guten Meinung legen wir gewöhnlich mehr Süßigkeit in die Dinge (Erlebnisse) hinein, als sie eigentlich enthalten. Eine vorgefaßte zu schlechte Meinung verursacht eine angenehme Enttäuschung: das Angenehme, das an sich in den Dingen lag, bekommt einen Zuwachs durch das Angenehme der Überraschung. – Ein finsteres Temperament wird übrigens in beiden Fällen die umgekehrte Erfahrung machen.

623

Tiefe Menschen. – Diejenigen, welche ihre Stärke in der Vertiefung der Eindrücke haben – man nennt sie gewöhnlich tiefe Menschen –, sind bei allem Plötzlichen verhältnismäßig gefaßt und entschlossen: denn im ersten Augenblick war der Eindruck noch flach, er *wird* dann erst tief. Lange vorhergesehene, erwartete Dinge oder Personen regen aber solche Naturen am meisten auf und machen sie fast unfähig, bei der endlichen Ankunft derselben noch Gegenwärtigkeit des Geistes zu haben.

624

Verkehr mit dem höheren Selbst. – Ein jeder hat seinen guten Tag, wo er sein höheres Selbst findet; und die wahre Humanität verlangt, jemanden nur nach diesem Zustande und nicht nach den Werktagen der Unfreiheit und Knechtung zu schätzen. Man soll zum Beispiel einen Maler nach seiner höchsten Vision, die er zu sehen und darzustellen vermochte, taxieren und verehren. Aber die Menschen selber verkehren sehr verschieden mit diesem ihrem höheren Selbst und sind häufig ihre eigenen Schauspieler, insofern sie das, was sie in jenen Augenblicken sind, später immer wieder nachmachen. Manche leben in Scheu und Demut vor ihrem Ideale und möchten es verleugnen: sie fürchten ihr höheres Selbst, weil es, wenn es redet, anspruchsvoll redet. Dazu hat es eine geisterhafte Freiheit zu kommen und fortzubleiben wie es will; es wird deswegen häufig eine Gabe der Götter genannt, während eigentlich alles andere Gabe der Götter (des Zufalls) ist; jenes aber ist der Mensch selber.

625

Einsame Menschen. – Manche Menschen sind so sehr an das Alleinsein mit sich selber gewöhnt, daß sie sich gar nicht mit anderen vergleichen, sondern in einer ruhigen, freudigen Stimmung, unter guten Gesprächen mit sich, ja mit Lachen ihr monologisches Leben fortspinnen. Bringt man sie aber dazu, sich mit anderen zu vergleichen, so neigen sie zu einer grübelnden Unterschätzung ihrer selbst: so daß sie gezwungen werden müssen, eine gute, gerechte Meinung über sich erst von andern wieder zu *lernen:* und auch von dieser erlernten Meinung werden sie immer wieder etwas abziehen und abhandeln wollen. – Man muß also gewissen Menschen ihr Alleinsein gönnen und nicht so albern sein, wie es häufig geschieht, sie deswegen zu bedauern.

626

Ohne Melodie. – Es gibt Menschen, denen ein stätiges Beruhen in sich selbst und ein harmonisches Sich-zurecht-legen aller ihrer Fähigkeiten so zu eigen ist, daß ihnen jede Ziele setzende Tätigkeit widerstrebt. Sie gleichen einer Musik, welche aus lauter langgezogenen harmonischen Akkorden besteht, ohne daß je auch nur der Ansatz zu einer gegliederten bewegten Melodie sich zeigte. Alle Bewegung von außen her dient nur, dem Kahne sofort wieder sein neues Gleichgewicht auf dem See harmonischen Wohlklangs zu geben. Moderne Menschen werden gewöhnlich aufs äußerste ungeduldig, wenn sie solchen Naturen begegnen, aus denen nichts *wird,* ohne daß man von ihnen sagen dürfte, daß sie nichts *sind*. Aber in einzelnen Stimmungen erregt ihr Anblick jene ungewöhnliche Frage: wozu überhaupt Melodie? Warum genügt es uns nicht, wenn das Leben sich ruhevoll in einem tiefen See spiegelt? – Das Mittelalter war reicher an solchen Naturen als unsere Zeit. Wie selten trifft man noch auf einen, der so recht friedlich und froh mit sich auch im Gedränge fortleben kann, zu sich redend wie Goethe: »das beste ist die tiefe Stille, in der ich gegen die Welt lebe und wachse und gewinne, was sie mir mit Feuer und Schwert nicht nehmen können.«

627

Leben und Erleben. – Sieht man zu, wie einzelne mit ihren Erlebnissen – ihren unbedeutenden alltäglichen Erlebnissen – umzugehen wissen, so daß diese zu einem Ackerland werden, das dreimal des Jahres Frucht trägt; während andere – und wie viele! – durch den Wogenschlag der aufregendsten Schicksale, der mannigfaltigsten Zeit- und Volksströmungen hindurchgetrieben werden und doch immer leicht, immer obenauf, wie Kork, bleiben: so ist man endlich versucht, die Menschheit in eine Minorität (Minimalität) solcher einzuteilen, welche aus Wenigem viel zu machen verstehen, und in eine Majorität derer, welche aus Vielem wenig zu machen verstehen; ja man trifft auf jene umgekehrten Hexenmeister, welche, anstatt die Welt aus Nichts, aus der Welt ein Nichts schaffen.

628

Ernst im Spiele. – In Genua hörte ich zur Zeit der Abenddämmerung von einem Turme her ein langes Glockenspiel: das wollte nicht enden und klang wie unersättlich an sich selber, über das Geräusch der Gassen in den Abendhimmel und die Meerluft hinaus, so schauerlich, so kindisch zugleich, so wehmutsvoll. Da gedachte ich der Worte Platos und fühlte sie auf einmal im Herzen: *Alles Menschliche insgesamt ist des großen Ernstes nicht wert; trotzdem – –*

629

Von der Überzeugung und der Gerechtigkeit. − Das, was der Mensch
in der Leidenschaft sagt, verspricht, beschließt, nachher in Kälte
und Nüchternheit zu vertreten − diese Forderung gehört zu den
schwersten Lasten, welche die Menschheit drücken. Die Folgen
des Zornes, der aufflammenden Rache, der begeisterten Hingebung in alle Zukunft hin anerkennen zu müssen das kann zu einer um so größeren Erbitterung gegen diese Empfindungen reizen, je mehr gerade mit ihnen allerwärts und namentlich von den
Künstlern ein Götzendienst getrieben wird. Diese züchten die
Schätzung der Leidenschaften groß und haben es immer getan; freilich verherrlichen sie auch die furchtbaren Genugtuungen der
Leidenschaft, welche einer an sich selber nimmt, jene Racheaus-
brüche mit Tod, Verstümmelung, freiwilliger Verbannung im Gefolge, und jene Resignation des zerbrochnen Herzens. Jedenfalls
halten sie die Neugierde nach den Leidenschaften wach, es ist als
ob sie sagen wollten: »ihr habt ohne Leidenschaften gar nichts erlebt«. − Weil man Treue geschworen, vielleicht gar einem rein fin-
gierten Wesen wie einem Gotte, weil man sein Herz hingegeben
hat, einem Fürsten, einer Partei, einem Weibe, einem priesterlichen Orden, einem Künstler, einem Denker, im Zustande eines
verblendeten Wahnes, welcher Entzückung über uns legte und
jene Wesen als jeder Verehrung, jedes Opfers würdig erscheinen
ließ − ist man nun unentrinnbar fest gebunden? Ja, haben wir uns
denn damals nicht selbst betrogen? War es nicht ein hypothetisches Versprechen, unter der freilich nicht laut gewordnen Voraussetzung, daß jene Wesen, denen wir uns weihten, wirklich die
Wesen sind, als welche sie in unserer Vorstellung erschienen? Sind
wir verpflichtet, unsern Irrtümern treu zu sein, selbst mit der
Einsicht, daß wir durch diese Treue an unserm höheren Selbst
Schaden stiften? − Nein, es gibt kein Gesetz, keine Verpflichtung
der Art; wir *müssen* Verräter werden, Untreue üben, unsere Ideale immer wieder preisgeben. Aus einer Periode des Lebens in die

andere schreiten wir nicht, ohne diese Schmerzen des Verrates zu machen und auch daran wieder zu leiden. Wäre es nötig, daß wir uns, um diesen Schmerzen zu entgehen, vor den Aufwallungen unserer Empfindung hüten müßten? Würde dann die Welt nicht zu öde, zu gespenstisch für uns werden? Vielmehr wollen wir uns fragen, ob diese Schmerzen bei einem Wechsel der Überzeugung *notwendig* sind oder ob sie nicht von einer *irrtümlichen* Meinung und Schätzung abhängen. – Warum bewundert man den, welcher seiner Überzeugung treu bleibt, und verachtet den, welcher sie wechselt? Ich fürchte, die Antwort muß sein: weil jedermann voraussetzt, daß nur Motive gemeineren Vorteils oder persönlicher Angst einen solchen Wechsel veranlassen. Das heißt: man glaubt im Grunde, daß niemand seine Meinungen verändert, solange sie ihm vorteilhaft sind, oder wenigstens solange sie ihm keinen Schaden bringen. Steht es aber so, so liegt darin ein schlimmes Zeugnis über die *intellektuelle* Bedeutung aller Überzeugungen. Prüfen wir einmal, wie Überzeugungen entstehen, und sehen wir zu, ob sie nicht bei weitem überschätzt werden: dabei wird sich ergeben, daß auch der *Wechsel* von Überzeugungen unter allen Umständen nach falschem Maße bemessen wird und daß wir bisher zuviel an diesem Wechsel zu leiden pflegten.

630

Überzeugung ist der Glaube, in irgend einem Punkte der Erkenntnis im Besitze der unbedingten Wahrheit zu sein. Dieser Glaube setzt also voraus, daß es unbedingte Wahrheiten gebe; ebenfalls, daß jene vollkommenen Methoden gefunden seien, um zu ihnen zu gelangen; endlich, daß jeder, der Überzeugungen habe, sich dieser vollkommenen Methoden bediene. Alle drei Aufstellungen beweisen sofort, daß der Mensch der Überzeugungen nicht der Mensch des wissenschaftlichen Denkens ist; er steht im Alter der theoretischen Unschuld vor uns und ist ein Kind, wie erwachsen er auch sonst sein möge. Ganze Jahrtausende aber haben in jenen kindlichen Voraussetzungen gelebt, und aus ihnen sind die mächtigsten Kraftquellen der Menschheit herausgeströmt. Jene zahllosen Menschen, welche sich für ihre Überzeugungen opferten, meinten es für die unbedingte Wahrheit zu tun. Sie alle hatten unrecht darin: wahrscheinlich hat noch nie ein Mensch sich für die Wahrheit geopfert; mindestens wird der dogmatische Ausdruck seines Glaubens unwissenschaftlich oder halbwissenschaftlich gewesen sein. Aber eigentlich wollte man recht behalten, weil man meinte, recht haben zu *müssen*. Seinen Glauben sich entreißen lassen, das bedeutete vielleicht seine ewige Seligkeit in Frage stellen. Bei einer Angelegenheit von dieser äußersten Wichtigkeit war der »Wille« gar zu hörbar der Souffleur des Intellekts. Die Voraussetzung jedes Gläubigen jeder Richtung war, nicht widerlegt werden zu *können;* erwiesen sich die Gegengründe als sehr stark, so blieb ihm immer noch übrig, die Vernunft überhaupt zu verlästern und vielleicht gar das »credo quia absurdum est« als Fahne des äußersten Fanatismus aufzupflanzen. Es ist nicht der Kampf der Meinungen, welcher die Geschichte so gewalttätig gemacht hat, sondern der Kampf des Glaubens an die Meinungen, das heißt der Überzeugungen. Wenn doch alle die, welche so groß von ihrer Überzeugung dachten, Opfer aller Art ihr brachten und Ehre, Leib und Leben in ihrem Dienst nicht schonten, nur die Hälfte ihrer Kraft der Untersuchung gewidmet hätten, mit welchem Rechte sie an dieser oder jener Überzeugung hingen, auf welchem Wege sie zu ihr gekommen seien: wie friedfertig sähe die Geschichte der Menschheit aus! Wieviel mehr des Erkannten würde es geben! Alle die grausamen Szenen bei der Verfolgung der Ketzer jeder Art wären uns aus zwei Gründen erspart geblieben: einmal weil die Inquisitoren vor allem in sich selbst inquiriert hätten und über die Anmaßung, die unbedingte Wahrheit zu verteidigen, hinausgekommen wären; sodann weil die Ketzer selber so schlecht begründeten Sätzen, wie die Sätze aller religiösen Sek-

tierer und »Rechtgläubigen« sind, keine weitere Teilnahme geschenkt haben würden, nachdem sie dieselben untersucht hätten.

631

Aus den Zeiten her, in welchen die Menschen daran gewöhnt
waren, an den Besitz der unbedingten Wahrheit zu glauben,
stammt ein tiefes *Mißbehagen* an allen skeptischen und relativisti-
schen Stellungen zu irgendwelchen Fragen der Erkenntnis; man
zieht meistens vor, sich einer Überzeugung, welche Personen von
Autorität haben (Väter, Freunde, Lehrer, Fürsten), auf Gnade
oder Ungnade zu ergeben, und hat, wenn man dies nicht tut, eine Art von Gewissensbissen. Dieser Hang ist ganz begreiflich, und
seine Folgen geben kein Recht zu heftigen Vorwürfen gegen die
Entwicklung der menschlichen Vernunft. Allmählich muß aber
der wissenschaftliche Geist im Menschen jene Tugend der *vorsichtigen Enthaltung* zeitigen, jene weise Mäßigung, welche im Gebiet
des praktischen Lebens bekannter ist als im Gebiet des theoretischen Lebens, und welche zum Beispiel Goethe im Antonio dargestellt hat, als einen Gegenstand der Erbitterung für alle Tassos,
das heißt für die unwissenschaftlichen und zugleich tatlosen Naturen. Der Mensch der Überzeugung hat in sich ein Recht, jenen Menschen des vorsichtigen Denkens, den theoretischen Antonio, nicht zu begreifen; der wissenschaftliche Mensch hinwiederum hat kein Recht, jenen deshalb zu tadeln: er übersieht ihn
und weiß außerdem, im bestimmten Falle, daß jener sich an ihn
noch anklammern wird, so wie es Tasso zuletzt mit Antonio tut.

632

Wer nicht durch verschiedene Überzeugungen hindurchgegan-
gen ist, sondern in dem Glauben hängenbleibt, in dessen Netz er
sich zuerst verfing, ist unter allen Umständen eben wegen dieser
Unwandelbarkeit ein Vertreter *zurückgebliebener* Kulturen; er ist
gemäß diesem Mangel an Bildung (welche immer Bildbarkeit

voraussetzt) hart, unverständig, unbelehrbar, ohne Milde, ein ewiger Verdächtiger, ein Unbedenklicher, der zu allen Mitteln greift, seine Meinung durchzusetzen, weil er gar nicht begreifen kann, daß es andere Meinungen geben müsse; er ist, in solchem Betracht, vielleicht eine Kraftquelle und in allzu frei und schlaff gewordenen Kulturen sogar heilsam, aber doch nur, weil er kräftig anreizt, ihm Widerpart zu halten: denn dabei wird das zartere Gebilde der neuen Kultur, welche zum Kampf mit ihm gezwungen ist, selber stark.

633

Wir sind im wesentlichen noch dieselben Menschen, wie die des Reformations-Zeitalters: wie sollte es auch anders sein? Aber daß wir uns einige Mittel nicht mehr erlauben, um mit ihnen unserer Meinung zum Siege zu verhelfen, das hebt uns gegen jene Zeit ab und beweist, daß wir einer höheren Kultur angehören. Wer jetzt noch, in der Art der Reformations-Menschen, Meinungen mit Verdächtigungen, mit Wutausbrüchen bekämpft und niederwirft, verrät deutlich, daß er seine Gegner verbrannt haben würde, falls er in anderen Zeiten gelebt hätte, und daß er zu allen Mitteln der Inquisition seine Zuflucht genommen haben würde, wenn er als Gegner der Reformation gelebt hätte. Diese Inquisition war damals vernünftig, denn sie bedeutete nichts anderes als den allgemeinen Belagerungszustand, welcher über den ganzen Bereich der Kirche verhängt werden mußte, und der, wie jeder Belagerungszustand, zu den äußersten Mitteln berechtigte, unter der Voraussetzung nämlich (welche wir jetzt nicht mehr mit jenen Menschen teilen), daß man die Wahrheit, in der Kirche, *habe* und um jeden Preis mit jedem Opfer, zum Heile der Menschheit, bewahren *müsse*. Jetzt aber gibt man niemandem so leicht mehr zu, daß er die Wahrheit habe: die strengen Methoden der Forschung haben genug Mißtrauen und Vorsicht verbreitet, so daß jeder, welcher gewalttätig in Wort und Werk Meinungen vertritt,

als ein Feind unserer jetzigen Kultur, mindestens als ein Zurückgebliebener empfunden wird. In der Tat: das Pathos, daß man die
Wahrheit *habe,* gilt jetzt sehr wenig im Verhältnis zu jenem freilich milderen und klanglosen Pathos des Wahrheit-Suchens,
welches nicht müde wird, umzulernen und neu zu prüfen.

634

Übrigens ist das methodische Suchen der Wahrheit selber das
Resultat jener Zeiten, in denen die Überzeugungen miteinander
in Fehde lagen. Wenn nicht dem einzelnen an *seiner* »Wahrheit«,
das heißt an seinem Rechtbehalten gelegen hätte, so gäbe es
überhaupt keine Methode der Forschung; so aber, bei dem ewigen Kampf der Ansprüche verschiedener einzelner auf unbedingte Wahrheit, ging man Schritt für Schritt weiter, um unumstößli-
che Prinzipien zu finden, nach denen das Recht der Ansprüche
geprüft und der Streit geschlichtet werden könne. Zuerst entschied man nach Autoritäten, später kritisierte man sich gegenseitig die Wege und Mittel, mit denen die angebliche Wahrheit
gefunden worden war; dazwischen gab es eine Periode, wo man
die Konsequenzen des gegnerischen Satzes zog und vielleicht sie
als schädlich und unglücklich machend erfand: woraus dann sich
für jedermanns Urteil ergeben sollte, daß die Überzeugung des
Gegners einen Irrtum enthalte. *Der persönliche Kampf der Denker*
hat schließlich die Methoden so verschärft, daß wirklich Wahrheiten entdeckt werden konnten und daß die Irrgänge früherer
Methoden vor jedermanns Blicken bloßgelegt sind.

635

Im ganzen sind die wissenschaftlichen Methoden mindestens ein
ebenso wichtiges Ergebnis der Forschung, als irgend ein sonstiges
Resultat: denn auf der Einsicht in die Methode beruht der wissenschaftliche Geist, und alle Resultate der Wissenschaft könnten,
wenn jene Methoden verloren gingen, ein erneutes Überhand-

nehmen des Aberglaubens und des Unsinns nicht verhindern. Es mögen geistreiche Leute von den Ergebnissen der Wissenschaft *lernen* so viel sie wollen: man merkt es immer noch ihrem Gespräche und namentlich den Hypothesen in demselben an, daß ihnen der wissenschaftliche Geist fehlt: sie haben nicht jenes instinktive Mißtrauen gegen die Abwege des Denkens, welches in der Seele jedes wissenschaftlichen Menschen infolge langer Übung seine Wurzeln eingeschlagen hat. Ihnen genügt es, über eine Sache überhaupt irgend eine Hypothese zu finden, dann sind sie Feuer und Flamme für dieselbe und meinen, damit sei es getan. Eine Meinung haben heißt bei ihnen schon: dafür sich fanatisieren und sie als Überzeugung fürderhin sich ans Herz legen. Sie erhitzen sich bei einer unerklärten Sache für den ersten Einfall ihres Kopfes, der einer Erklärung derselben ähnlich sieht: woraus sich, namentlich auf dem Gebiete der Politik, fortwährend die schlimmsten Folgen ergeben. – Deshalb sollte jetzt jedermann mindestens *eine* Wissenschaft von Grund aus kennengelernt haben: dann wüßte er doch, was Methode heißt und wie nötig die äußerste Besonnenheit ist. Namentlich ist den Frauen dieser Rat zu geben; als welche jetzt rettungslos die Opfer aller Hypothesen sind, zumal wenn diese den Eindruck des Geistreichen, Hinreißenden, Belebenden, Kräftigenden machen. Ja bei genauerem Zusehen bemerkt man, daß der allergrößte Teil aller Gebildeten noch jetzt von einem Denker Überzeugungen und nichts als Überzeugungen begehrt, und daß allein eine geringe Minderheit *Gewißheit* will. Jene wollen stark fortgerissen werden, um dadurch selber einen Kraftzuwachs zu erlangen; diese wenigen haben jenes sachliche Interesse, welches von persönlichen Vorteilen, auch von dem des erwähnten Kraftzuwachses, absieht. Auf jene bei weitem überwiegende Klasse wird überall dort gerechnet, wo der Denker sich als *Genie* benimmt und bezeichnet, also wie ein höheres Wesen dreinschaut, welchem Autorität zukommt. Insofern das Genie jener Art die Glut der Überzeugungen unterhält und Mißtrauen gegen den vorsichtigen und bescheidenen Sinn der Wissenschaft weckt, ist es ein Feind der Wahrheit, und wenn es sich auch noch so sehr als deren Freier glauben sollte.

636

Es gibt freilich auch eine ganz andere Gattung der Genialität, die der Gerechtigkeit; und ich kann mich durchaus nicht entschließen, dieselbe niedriger zu schätzen als irgend eine philosophische, politische oder künstlerische Genialität. Ihre Art ist es, mit herzlichem Unwillen allem aus dem Wege zu gehen, was das Urteil über die Dinge blendet und verwirrt; sie ist folglich eine *Gegnerin der Überzeugungen,* denn sie will jedem, sei es ein Belebtes oder Totes, Wirkliches oder Gedachtes, das Seine geben – und dazu muß sie es rein erkennen; sie stellt daher jedes Ding in das beste Licht und geht um dasselbe mit sorgsamem Auge herum. Zuletzt wird sie selbst ihrer Gegnerin, der blinden oder kurzsichtigen »Überzeugung« (wie Männer sie nennen: – bei Weibern heißt sie »Glaube«), geben, was der Überzeugung ist – um der Wahrheit willen.

637

Aus den *Leidenschaften* wachsen die Meinungen; die *Trägheit des Geistes* läßt diese zu *Überzeugungen* erstarren. – Wer sich aber *freien,* rastlos lebendigen Geistes fühlt, kann durch beständigen Wechsel diese Erstarrung verhindern; und ist er gar insgesamt ein denkender Schneeballen, so wird er überhaupt nicht Meinungen, sondern nur Gewißheiten und genau bemessene Wahrscheinlichkeiten in seinem Kopfe haben. – Aber wir, die wir gemischten Wesens sind und bald vom Feuer durchglüht, bald vom Geiste durchkältet sind, wollen vor der Gerechtigkeit knien, als der einzigen Göttin, welche wir über uns anerkennen. *Das Feuer* in uns macht uns für gewöhnlich ungerecht und, im Sinne jener

Göttin, unrein; nie dürfen wir in diesem Zustande ihre Hand fassen, nie liegt dann das ernste Lächeln ihres Wohlgefallens auf uns. Wir verehren sie als die verhüllte Isis unseres Lebens; beschämt bringen wir ihr unsern Schmerz als Buße und Opfer dar, wenn das Feuer uns brennt und verzehren will. *Der Geist* ist es, der uns rettet, daß wir nicht ganz verglühen und verkohlen; er reißt uns hier und da fort von dem Opferaltare der Gerechtigkeit oder hüllt uns in ein Gespinnst aus Asbest. Vom Feuer erlöst, schreiten wir dann, durch den Geist getrieben, von Meinung zu Meinung, durch den Wechsel der Parteien, als edle *Verräter* aller Dinge, die überhaupt verraten werden können, – und dennoch ohne ein Gefühl von Schuld.

638

Der Wanderer. – Wer nur einigermaßen zur Freiheit der Vernunft gekommen ist, kann sich auf Erden nicht anders fühlen, denn als Wanderer, – wenn auch nicht als Reisender *nach* einem letzten Ziele: denn dieses gibt es nicht. Wohl aber will er zusehen und die Augen dafür offen haben, was alles in der Welt eigentlich vorgeht: deshalb darf er sein Herz nicht allzufest an alles Einzelne anhängen; es muß in ihm selber etwas Wanderndes sein, das seine Freude an dem Wechsel und der Vergänglichkeit habe. Freilich werden einem solchen Menschen böse Nächte kommen, wo er müde ist und das Tor der Stadt, welche ihm Rast bieten sollte, verschlossen findet; vielleicht, daß noch dazu, wie im Orient, die Wüste bis an das Tor reicht, daß die Raubtiere bald ferner, bald näher her heulen, daß ein starker Wind sich erhebt, daß Räuber ihm seine Zugtiere wegführen. Dann sinkt für ihn wohl die schreckliche Nacht wie eine zweite Wüste auf die Wüste, und sein Herz wird des Wanderns müde. Geht ihm dann die Morgensonne auf, glühend wie eine Gottheit des Zorns, öffnet sich die Stadt, so sieht er in den Gesichtern der hier Hausenden vielleicht noch mehr Wüste, Schmutz, Trug, Unsicherheit als vor den Toren – und der Tag ist fast schlimmer als die Nacht. So mag es wohl einmal dem Wanderer ergehen; aber dann kommen, als Entgelt, die wonnevollen Morgen anderer Gegenden und Tage, wo er schon im Grauen des Lichtes die Musenschwärme im Nebel des Gebirges nahe an sich vorübertanzen sieht, wo ihm nachher, wenn er still, in dem Gleichmaß der Vormittagsseele, unter Bäumen sich ergeht, aus deren Wipfeln und Laubverstecken heraus lauter gute und helle Dinge zugeworfen werden, die Geschenke aller jener freien Geister, die in Berg, Wald und Einsamkeit zu Hause sind und welche, gleich ihm, in ihrer bald fröhlichen, bald nachdenklichen Weise, Wanderer und Philosophen sind. Geboren aus den Geheimnissen der Frühe, sinnen sie darüber nach, wie der Tag zwischen dem zehnten und zwölften Glockenschlage ein so reines, durchleuchtetes, verklärt heiteres Gesicht haben könne: – sie suchen die *Philosophie des Vormittages.*

UNTER FREUNDEN

Ein Nachspiel

1

Schön ist's, miteinander schweigen,
Schöner, miteinander lachen, –
Unter seidenem Himmels-Tuche
Hingelehnt zu Moos und Buche
Lieblich laut mit Freunden lachen
Und sich weiße Zähne zeigen.

Macht' ich's gut, so woll'n wir schweigen;
Macht' ich's schlimm –, so woll'n wir lachen
Und es immer schlimmer machen,
Schlimmer machen, schlimmer lachen,
Bis wir in die Grube steigen.

Freunde! Ja! So soll's geschehn?
Amen! Und auf Wiedersehn!

2

Kein Entschuld'gen! Kein Verzeihen!
Gönnt ihr Frohen, Herzens-Freien
Diesem unvernüft'gen Buche
Ohr und Herz und Unterkunft!
Glaubt mir, Freunde, nicht zum Fluche
Ward mir meine Unvernunft!

Was *ich* finde, was *ich* suche –,
Stand das je in einem Buche?
Ehrt in mir die Narren-Zunft!
Lernt aus diesem Narrenbuche,
Wie Vernunft kommt – »zur Vernunft«!

Also, Freunde, soll's geschehn? –
Amen! Und auf Wiedersehn!

MENSCHLICHES, ALLZUMENSCHLICHES

EIN BUCH FÜR FREIE GEISTER

ZWEITER BAND

VORREDE

Man soll nur reden, wo man nicht schweigen darf; und nur von dem reden, was man *überwunden* hat, – alles andere ist Geschwätz, »Literatur«, Mangel an Zucht. Meine Schriften reden nur von meinen Überwindungen: »ich« bin darin, mit allem, was mir feind war, ego ipsissimus, ja sogar, wenn ein stolzerer Ausdruck erlaubt wird, ego ipsissi*mum*. Man errät: ich habe schon viel – *unter* mir … Aber es bedurfte immer erst der Zeit, der Genesung, der Ferne, der Distanz, bis die Lust bei mir sich regte, etwas Erlebtes und Überlebtes, irgend ein eigenes Faktum oder Fatum nachträglich für die Erkenntnis abzuhäuten, auszubeuten, bloßzulegen, »darzustellen« (oder wie man's heißen will). Insofern sind alle meine Schriften, mit einer einzigen, allerdings wesentlichen Ausnahme, *zurückzudatieren* – sie reden immer von einem »Hinter-mir« –: einige sogar, wie die drei ersten Unzeitgemäßen Betrachtungen, noch zurück hinter die Entstehungs- und Erlebniszeit eines vorher herausgegebenen Buches (der »Geburt der Tragödie« im gegebenen Falle: wie es einem feineren Beobachter und Vergleicher nicht verborgen bleiben darf). Jener zornige Ausbruch gegen die Deutschtümelei, Behäbigkeit und Sprach-Verlumpung des alt gewordenen David Strauß, der Inhalt der ersten Unzeitgemäßen, machte Stimmungen Luft, mit denen ich lange vorher, als Student, inmitten deutscher Bildung und Bildungsphilisterei gesessen hatte (ich mache Anspruch auf die Vaterschaft des jetzt viel gebrauchten und mißbrauchten Wortes »Bildungsphilister« –); und was ich gegen die »historische Krankheit« gesagt habe, das sagte ich als einer, der von ihr langsam, mühsam genesen lernte und ganz und gar nicht willens war, fürderhin auf »Historie« zu verzichten, weil er einstmals an ihr gelitten hatte. Als ich sodann, in der dritten Unzeitgemäßen Betrachtung, meine Ehrfurcht vor meinem ersten und einzigen Erzieher, vor dem *großen* Arthur Schopenhauer zum Ausdruck brachte – ich würde sie jetzt noch viel stärker, auch persönlicher ausdrükken –, war ich für meine eigne Person schon mitten in der moralistischen Skepsis und Auflösung drin, *das heißt ebensosehr in der Kritik als der Vertiefung alles bisherigen Pessimismus –*, und glaubte bereits »an gar nichts mehr«, wie das Volk sagt, auch an Schopenhauer nicht: eben in jener Zeit entstand ein geheim gehaltenes Schriftstück »über Wahrheit und Lüge im außermoralischen Sinne«. Selbst meine Sieges- und Festrede zu Ehren Richard Wagners, bei Gelegenheit seiner Bayreuther Siegesfeier 1876 – Bayreuth bedeutet den größten Sieg, den je ein Künstler errungen hat –, ein Werk, welches den stärksten *Anschein* der »Aktualität« an sich trägt, war im Hintergrunde eine Huldigung und Dankbarkeit gegen ein Stück Vergangenheit von mir, gegen die schönste, auch gefährlichste Meeresstille meiner Fahrt ... und tatsächlich eine Loslösung, ein Abschiednehmen. (Täuschte Richard Wagner sich vielleicht selbst darüber? Ich glaube es nicht. Solange man noch liebt, malt man gewiß keine solchen Bilder; man »betrachtet« noch nicht, man stellt sich nicht dergestalt in die Ferne, wie es der Betrachtende tun muß. »Zum Betrachten gehört schon eine geheimnisvolle *Gegnerschaft,* die des Entgegenschauens« – heißt es auf Seite 342 der genannten Schrift selbst [Kap. 7, Anf.], mit einer verräterischen und schwermütigen Wendung, welche vielleicht nur für wenige Ohren war.) Die Gelassenheit, um über lange Zwischenjahre innerlichsten Alleinseins und Entbehrens reden zu *können,* kam mir erst mit dem Buche »Menschliches, Allzumenschliches«, dem auch dies zweite Für- und Vorwort gewidmet sein soll. Auf ihm, als einem Buche »für freie Geister«, liegt etwas von der beinahe heiteren und neugierigen Kälte des Psychologen, welche eine Menge schmerzlicher Dinge, die er *unter* sich hat, *hinter* sich hat, nachträglich für sich noch feststellt und gleichsam mit irgend einer Nadelspitze *feststicht:* – was Wunders, wenn, bei einer so spitzen und kitzlichen Arbeit, gelegentlich auch etwas Blut fließt, wenn der Psychologe Blut dabei an den Fingern und nicht immer nur – an den Fingern hat? ...

2

Die Vermischten Meinungen und Sprüche sind, ebenso wie der Wanderer und sein Schatten, zuerst *einzeln* als Fortsetzungen und Anhänge jenes eben genannten menschlich-allzumenschlichen »Buchs für freie Geister« herausgegeben worden: zugleich als Fortsetzung und Verdoppelung einer geistigen Kur, nämlich der *antiromantischen* Selbstbehandlung, wie sie mir mein gesund gebliebener Instinkt wider eine zeitweilige Erkrankung an der gefährlichsten Form der Romantik selbst erfunden, selbst verordnet hatte. Möge man sich nunmehr, nach sechs Jahren der Genesung, die gleichen Schriften *vereinigt* gefallen lassen, als zweiten Band von Menschliches, Allzumenschliches: vielleicht lehren sie, zusammen betrachtet, ihre Lehre stärker und deutlicher, – eine *Gesundheitslehre,* welche den geistigeren Naturen des eben heraufkommenden Geschlechts zur disciplina voluntatis empfohlen sein mag. Aus ihnen redet ein Pessimist, der oft genug aus der Haut gefahren, aber immer wieder in sie hineingefahren ist, ein Pessimist also mit dem guten Willen *zum* Pessimismus, – somit jedenfalls kein Romantiker mehr: wie? sollte ein Geist, der sich auf diese Schlangenklugheit versteht, *die Haut zu wechseln,* nicht den heutigen Pessimisten eine Lektion geben dürfen, welche allesamt noch in der Gefahr der Romantik sind? Und ihnen zum mindesten zeigen, wie man das – *macht?* ...

3

– Es war in der Tat damals die höchste Zeit, *Abschied zu nehmen:* alsbald schon bekam ich den Beweis dafür. Richard Wagner, scheinbar der Siegreichste, in Wahrheit ein morsch gewordener, verzweifelter Romantiker, sank plötzlich, hilflos und zerbrochen, vor dem christlichen Kreuze nieder … Hat denn kein Deutscher für dieses schauerliche Schauspiel damals Augen im Kopfe, Mitgefühl in seinem Gewissen gehabt? War ich der einzige, der an ihm – litt? Genug, mir selbst gab dies unerwartete Ereignis wie ein Blitz Klarheit über den Ort, den ich verlassen hatte, – und auch jenen nachträglichen Schrecken, wie ihn jeder empfindet, der unbewußt durch eine ungeheure Gefahr gelaufen ist. Als ich allein weiterging, zitterte ich; nicht lange darauf, und ich war krank, mehr als krank, nämlich müde, aus der unaufhaltsamen Enttäuschung über alles, was uns modernen Menschen zur Begeisterung übrigblieb, über die allerorts *vergeudete* Kraft, Arbeit, Hoffnung, Jugend, Liebe; müde aus Ekel vor dem Femininischen und Schwärmerisch-Zuchtlosen dieser Romantik, vor der ganzen idealistischen Lügnerei und Gewissens-Verweichlichung, die hier wieder einmal den Sieg über einen der Tapfersten davongetragen hatte; müde endlich, und nicht am wenigsten, aus dem Gram eines unerbittlichen Argwohns, – daß ich, nach dieser Enttäuschung, verurteilt sei, tiefer zu mißtrauen, tiefer zu verachten, tiefer allein zu sein als je vorher. Meine *Aufgabe* – wohin war sie? Wie? schien es jetzt nicht, als ob sich meine Aufgabe von mir zurückziehe, als ob ich nun für lange kein Recht mehr auf sie habe? Was tun, um *diese* größte Entbehrung auszuhalten? – Ich begann damit, daß ich mir gründlich und grundsätzlich alle romantische Musik *verbot,* diese zweideutige, großtuerische, schwüle Kunst, welche den Geist um seine Strenge und Lustigkeit bringt und jede Art unklarer Sehnsucht, schwammichter Begehrlichkeit wuchern macht. »Cave musicam« ist auch heute noch mein Rat an alle, die Manns genug sind, um in Dingen des Geistes auf Reinlichkeit zu halten; solche Musik entnervt, erweicht, verweiblicht, ihr »Ewig-Weibliches« zieht *uns* – hinab! … *Gegen* die romantische Musik wendete sich damals mein erster Argwohn, meine nächste Vorsicht; und wenn ich überhaupt noch etwas von der Musik hoffte, so war es in der Erwartung, es möchte ein Musiker kommen, kühn, fein, boshaft, südlich, übergesund genug, um an jener Musik auf eine unsterbliche Weise *Rache zu nehmen*. –

4

Einsam nunmehr und schlimm mißtrauisch gegen mich, nahm ich, nicht ohne Ingrimm, dergestalt Partei *gegen* mich und *für* alles, was gerade *mir* wehe tat und hart fiel: – so fand ich den Weg zu jenem tapferen Pessimismus wieder, der der Gegensatz aller romantischen Verlogenheit ist, und auch, wie mir heute scheinen will, den Weg zu »mir« selbst, zu *meiner* Aufgabe. Jenes verborgene und herrische Etwas, für das wir lange keinen Namen haben, bis es sich endlich als unsre *Aufgabe* erweist, – dieser Tyrann in uns nimmt eine schreckliche Wiedervergeltung für jeden Versuch, den wir machen, ihm auszuweichen oder zu entschlüpfen, für jede vorzeitige Bescheidung, für jede Gleichsetzung mit solchen, zu denen wir nicht gehören, für jede noch so achtbare Tätigkeit, falls sie uns von unsrer Hauptsache ablenkt, ja für jede Tugend selbst, welche uns gegen die Härte der eigensten Verantwortlichkeit schützen möchte. Krankheit ist jedesmal die Antwort, wenn wir an unsrem Rechte auf *unsre* Aufgabe zweifeln wollen, – wenn wir anfangen, es uns irgendworin leichter zu machen. Sonderbar und furchtbar zugleich! Unsre *Erleichterungen* sind es, die wir am härtesten büßen müssen! Und wollen wir hinterdrein zur Gesundheit zurück, so bleibt uns keine Wahl: wir müssen uns *schwerer* belasten, als wir je vorher belastet waren …

5

– Damals lernte ich erst jenes einsiedlerische Reden, auf welches sich nur die Schweigendsten und Leidendsten verstehn: ich redete, ohne Zeugen oder vielmehr gleichgültig gegen Zeugen, um nicht am Schweigen zu leiden, ich sprach von lauter Dingen, die mich nichts angingen, aber so, als ob sie mich etwas angingen.

Damals lernte ich die Kunst, mich heiter, objektiv, neugierig, vor allem gesund und boshaft zu *geben,* – und bei einem Kranken ist dies, wie mir scheinen will, sein »guter Geschmack«? Einem feineren Auge und Mitgefühl wird es trotzdem nicht entgehn, was vielleicht den Reiz dieser Schriften ausmacht, – daß hier ein Leidender und Entbehrender redet, wie als ob er *nicht* ein Leidender und Entbehrender sei. Hier *soll* das Gleichgewicht, die Gelassenheit, sogar die Dankbarkeit gegen das Leben aufrechterhalten werden, hier waltet ein strenger, stolzer, beständig wacher, beständig reizbarer Wille, der sich die Aufgabe gestellt hat, das Leben *wider* den Schmerz zu verteidigen und alle Schlüsse abzuknicken, welche aus Schmerz, Enttäuschung, Überdruß, Vereinsamung und andrem Moorgrunde gleich giftigen Schwämmen aufzuwachsen pflegen. Dies gibt vielleicht gerade unsern Pessimisten Fingerzeige zur eignen Prüfung? – denn damals war es, wo ich mir den Satz abgewann: »ein Leidender hat auf Pessimismus *noch kein Recht!«,* damals führte ich mit mir einen langwierig geduldigen Feldzug gegen den Unwissenschaftlichen Grundhang jedes romantischen Pessimismus, einzelne persönliche Erfahrungen zu allgemeinen Urteilen, ja Welt-Verurteilungen aufzubauschen, auszudeuten … kurz, damals drehte ich meinen Blick *herum.* Optimismus, zum Zweck der Wiederherstellung, um irgendwann einmal wieder Pessimist sein zu *dürfen:* versteht ihr das? Gleich wie ein Arzt seinen Kranken in eine völlig fremde Umgebung stellt, damit er seinem ganzen »Bisher«, seinen Sorgen, Freunden, Briefen, Pflichten, Dummheiten und Gedächtnismartern entrückt wird und Hände und Sinne nach neuer Nahrung, neuer Sonne, neuer Zukunft ausstrecken lernt, so zwang ich mich, als Arzt und Kranker in *einer* Person, zu einem umgekehrten, unerprobten *Klima der Seele,* und namentlich zu einer abziehenden Wanderung in die Fremde, in *das* Fremde, zu einer Neugierde nach aller Art von Fremdem … Ein langes Herumziehn, Suchen, Wechseln folgte hieraus, ein Widerwille gegen alles Festbleiben, gegen jedes plumpe Bejahen und Verneinen; ebenfalls eine Diätetik und Zucht, welche es dem Geiste so leicht als möglich machen wollte, weit zu laufen, hoch zu fliegen, vor allem immer wieder fortzufliegen. Tatsächlich ein minimum von Leben, eine Loskettung von allen gröberen Begehrlichkeiten, eine Unabhängigkeit inmitten aller Art äußerer Ungunst, samt dem Stolze, leben zu *können* unter dieser Ungunst; etwas Zynismus vielleicht, etwas »Tonne«, aber ebenso gewiß viel Grillen-Glück, Grillen-Munterkeit, viel Stille, Licht, feinere Torheit, verborgenes Schwärmen – das alles ergab zuletzt eine große geistige Erstarkung, eine wachsende Lust und Fülle der Gesundheit. Das Leben selbst *belohnt* uns für unsern zähen Willen zum Leben, für einen solchen langen Krieg, wie ich ihn damals mit mir gegen den Pessimismus der Lebensmüdigkeit führte, schon für jeden aufmerksamen Blick unsrer Dankbarkeit, der sich die kleinsten, zartesten, flüchtigsten Geschenke des Lebens nicht entgehn läßt. Wir bekommen endlich dafür seine *großen* Geschenke, vielleicht auch sein größtes, das es zu geben vermag, – wir bekommen *unsre Aufgabe* wieder zurück. – –

6

– Sollte mein Erlebnis – die Geschichte einer Krankheit und Genesung, denn es lief auf eine Genesung hinaus – nur *mein* persönliches Erlebnis gewesen sein? Und gerade nur mein »Menschliches-Allzumenschliches«? Ich möchte heute das Umgekehrte glauben; das Zutrauen kommt mir wieder und wieder dafür, daß meine Wanderbücher doch nicht nur für mich aufgezeichnet waren, wie es bisweilen den Anschein hatte –. Darf ich nunmehr, nach sechs Jahren wachsender Zuversicht, sie von neuem zu einem Versuche auf die Reise schicken? Darf ich sie denen sonderlich ans Herz und Ohr legen, welche mit irgend einer »Vergangenheit« behaftet sind und Geist genug übrig haben, um auch noch am *Geiste* ihrer Vergangenheit zu leiden? Vor allem aber *euch,* die ihr es am schwersten habt, ihr Seltenen, Gefährdetsten, Geistigsten, Mutigsten, die ihr das *Gewissen* der modernen Seele sein müßt und als solche ihr *Wissen* haben müßt, in denen, was es nur heute von Krankheit, Gift und Gefahr geben kann, zusammenkommt, – deren Los es will, daß ihr kränker sein müßt als irgend ein einzelner, weil ihr nicht *»nur* einzelne« seid ..., deren Trost es ist, den Weg zu einer *neuen* Gesundheit zu wissen, ach! und zu gehen, einer Gesundheit von Morgen und Übermorgen, ihr Vorherbestimmten, ihr Siegreichen, ihr Zeit-Überwinder, ihr Gesündesten, ihr Stärksten, ihr *guten Europäer! – –*

7

– Daß ich schließlich meinen Gegensatz gegen den *romantischen Pessimismus,* das heißt zum Pessimismus der Entbehrenden, Mißglückten, Überwundenen, noch in eine Formel bringe: es gibt einen Willen zum Tragischen und zum Pessimismus, der das Zeichen ebensosehr der Strenge als der Stärke des Intellektes (Geschmacks, Gefühls, Gewissens) ist. Man fürchtet, mit diesem Willen in der Brust, nicht das Furchtbare und Fragwürdige, das allem Dasein eignet; man sucht es selbst auf. Hinter einem solchen Willen steht der Mut, der Stolz, das Verlangen nach einem *großen* Feinde. – Dies war *meine* pessimistische Perspektive von Anbeginn, eine neue Perspektive, wie mich dünkt? eine solche, die auch heute noch neu und fremd ist? Bis zu diesem Augenblick halte ich an ihr fest, und, wenn man mir glauben will, ebensowohl *für* mich als, gelegentlich wenigstens, *gegen* mich ... Wollt ihr dies erst bewiesen? Aber was sonst wäre mit dieser langen Vorrede – bewiesen?

Sils-Maria, Oberengadin, im September 1886

ERSTE ABTEILUNG

VERMISCHTE MEINUNGEN
UND SPRÜCHE

1

An die Enttäuschten der Philosophie. – Wenn ihr bisher an den höchsten Wert des Lebens geglaubt habt und euch nun enttäuscht seht, müßt ihr es denn jetzt zum niedrigsten Preise losschlagen?

2

Verwöhnt. – Man kann sich auch in bezug auf die Helligkeit der Begriffe verwöhnen: wie ekelhaft wird da der Verkehr mit den Halbklaren, Dunstigen, Strebenden, Ahnenden! Wie lächerlich und doch nicht erheiternd wirkt ihr ewiges Flattern und Haschen und doch nicht Fliegen- und Fangen-können!

3

Die Freier der Wirklichkeit. – Wer endlich merkt, wie sehr und wie lange er genarrt worden ist, umarmt aus Trotz selbst die häßlichste Wirklichkeit: so daß dieser, den Verlauf der Welt im ganzen gesehen, zu allen Zeiten die allerbesten Freier zugefallen sind, denn die Besten sind immer am besten und längsten getäuscht worden.

4

Fortschritt der Freigeisterei. – Man kann den Unterschied der früheren und der gegenwärtigen Freigeisterei nicht besser verdeutlichen, als wenn man jenes Satzes gedenkt, den zu erkennen und auszusprechen die ganze Unerschrockenheit des vorigen Jahrhunderts nötig war und der dennoch, von der jetzigen Einsicht aus bemessen, zu einer unfreiwilligen Naivität herabsinkt, ich meine den Satz Voltaires: »croyez-moi, mon ami, l'erreur aussi a son mérite.«

5

Eine Erbsünde der Philosophen. – Die Philosophen haben zu allen Zeiten die Sätze der Menschenprüfer (Moralisten) sich angeeignet und *verdorben* dadurch, daß sie dieselben unbedingt nahmen und das als notwendig beweisen wollten, was von jenen nur als ungefährer Fingerzeig oder gar als land- oder stadtsässige Wahrheit eines Jahrzehnts gemeint war, – während sie gerade dadurch sich über jene zu erheben meinten. So wird man als Grundlage der berühmten Lehren Schopenhauers vom Primat des Willens vor dem Intellekt, von der Unveränderlichkeit des Charakters, von der Negativität der Lust – welche alle, so wie er sie versteht, Irrtümer sind – populäre Weisheiten finden, welche Moralisten aufgestellt haben. Schon das Wort »Wille«, welches Schopenhauer zur gemeinsamen Bezeichnung vieler menschlichen Zustände umbildete und in eine Lücke der Sprache hineinstellte, zum großen Vorteil für ihn selber, soweit er Moralist war – da es ihm nun freistand, vom »Willen« zu reden, wie Pascal von ihm geredet hatte –, schon der »Wille« Schopenhauers ist unter den Händen seines Urhebers, durch die Philosophen-Wut der Verallgemeinerung, zum Unheil für die Wissenschaft ausgeschlagen: denn dieser Wille ist zu einer poetischen Metapher gemacht, wenn behauptet wird, alle Dinge in der Natur hätten Willen; endlich ist er, zum Zwecke einer Verwendung bei allerhand mystischem Unfuge, zu einer falschen Verdinglichung gemißbraucht worden – und alle Modephilosophen sagen es nach und scheinen es ganz genau zu wissen, daß alle Dinge *einen* Willen hätten, ja dieser *eine* Wille wären (was, nach der Abschilderung, die man von diesem All-Eins-Willen macht, so viel bedeutet, als ob man durchaus den *dummen Teufel* zum Gotte haben wolle).

6

Wider die Phantasten. – Der Phantast verleugnet die Wahrheit vor sich, der Lügner nur vor andern.

7

Licht-Feindschaft. – Macht man jemandem klar, daß er, streng verstanden, nie von Wahrheit, sondern immer nur von Wahrscheinlichkeit und deren Graden reden könne, so entdeckt man gewöhnlich an der unverhohlenen Freude des also Belehrten, wieviel lieber den Menschen die Unsicherheit des geistigen Horizontes ist und wie sie die Wahrheit im Grunde ihrer Seele wegen ihrer Bestimmtheit *hassen.* – Liegt es daran, daß sie alle insgeheim selber Furcht davor haben, daß man einmal das Licht der Wahrheit zu hell auf sie fallen lasse? Sie wollen etwas bedeuten, folglich darf man nicht genau wissen, was sie *sind?* Oder ist es nur die Scheu vor dem allzu hellen Licht, an welches ihre dämmernden, leicht zu blendenden Fledermaus-Seelen nicht gewöhnt sind, so daß sie es hassen müssen?

8

Christen-Skepsis. – Pilatus, mit seiner Frage: was ist Wahrheit!, wird jetzt gern als Advokat Christi eingeführt, um alles Erkannte und Erkennbare als Schein zu verdächtigen und auf dem schauerlichen Hintergrunde des Nichts-wissen-könnens das Kreuz aufzurichten.

9

»Naturgesetz« ein Wort des Aberglaubens. – Wenn ihr so entzückt von der Gesetzmäßigkeit in der Natur redet, so müßt ihr doch entweder annehmen, daß aus freiem, sich selbst unterwerfendem Gehorsam alle natürlichen Dinge ihrem Gesetze folgen – in welchem Falle ihr also die Moralität der Natur bewundert –; oder euch entzückt die Vorstellung eines schaffenden Mechanikers, der

die kunstvollste Uhr, mit lebenden Wesen als Zierat daran, gemacht hat. – Die Notwendigkeit in der Natur wird durch den Ausdruck »Gesetzmäßigkeit« menschlicher und ein letzter Zufluchtswinkel der mythologischen Träumerei.

10

Der Historie verfallen. – Die Schleier-Philosophen und Welt-Verdunkler, also alle Metaphysiker feineren und gröberen Korns, ergreift Augen-, Ohren- und Zahnschmerz, wenn sie zu argwöhnen beginnen, daß es mit dem Satze: die ganze Philosophie sei von jetzt ab der Historie verfallen, seine Richtigkeit habe. Es ist ihnen, ihrer Schmerzen wegen, zu verzeihen, daß sie nach jenem, der so spricht, mit Steinen und Unflat werfen: die Lehre selbst kann aber dadurch eine Zeitlang schmutzig und unansehnlich werden und an Wirkung verlieren.

11

Der Pessimist des Intellekts. – Der wahrhaft Freie im Geiste wird auch über den Geist selber frei denken und sich einiges Furchtbare in Hinsicht auf Quelle und Richtung desselben nicht verhehlen. Deshalb werden ihn die andern vielleicht als den ärgsten Gegner der Freigeisterei bezeichnen und mit dem Schimpf- und Schreckwort »Pessimist des Intellekts« belegen: gewohnt, wie sie sind, jemanden nicht nach seiner hervorragenden Stärke und Tugend zu nennen, sondern nach dem, was ihnen am fremdesten an ihm ist.

12

Schnappsack der Metaphysiker. – Allen denen, welche so großtuerisch von der Wissenschaftlichkeit ihrer Metaphysik reden, soll man gar nicht antworten; es genügt, sie an dem Bündel zu zupfen, welches sie, einigermaßen scheu, hinter ihrem Rücken verborgen halten; gelingt es, dasselbe zu lüpfen, so kommen die Resultate jener Wissenschaftlichkeit, zu ihrem Erröten, ans Licht:

»ein kleiner lieber Herrgott, eine artige Unsterblichkeit, vielleicht etwas Spiritismus und jedenfalls ein ganzer verschlungener Haufen von Armen-Sünder-Elend und Pharisäer-Hochmut.

13

Gelegentliche Schädlichkeit der Erkenntnis. – Die Nützlichkeit, welche die unbedingte Erforschung des Wahren mit sich bringt, wird fortwährend so hundertfach neu bewiesen, daß man die feinere und seltnere Schädlichkeit, an der Einzelne ihrethalben zu leiden haben, unbedingt mit in den Kauf nehmen muß. Man kann es nicht verhindern, daß der Chemiker bei seinen Versuchen sich gelegentlich vergiftet und verbrennt. Was vom Chemiker gilt, gilt von unsrer gesamten Kultur: woraus sich, nebenbei gesagt, deutlich ergibt, wie sehr dieselbe für Heilsalben bei Verbrennungen und für das stete Vorhandensein von Gegengiften zu sorgen hat.

14

Philister-Notdurft. – Der Philister meint einen Purpurfetzen oder Turban von Metaphysik am nötigsten zu haben und will ihn durchaus nicht schlüpfen lassen: und doch würde man ihn ohne diesen Putz weniger lächerlich finden.

15

Die Schwärmer. – Mit allem, was Schwärmer zugunsten ihres Evangeliums oder ihres Meisters sagen, verteidigen sie sich selbst, so sehr sie sich auch als Richter (und nicht als Angeklagte) gebärden, weil sie unwillkürlich und fast in jedem Augenblick daran erinnert werden, daß sie Ausnahmen sind, die sich legitimieren müssen.

16

Das Gute verführt zum Leben. – Alle guten Dinge sind starke Reizmittel zum Leben, selbst jedes gute Buch, das gegen das Leben geschrieben ist.

17

Glück des Historikers. – »Wenn wir die spitzfindigen Metaphysiker und Hinterweltler reden hören, fühlen wir anderen freilich, daß wir die ›Armen im Geist‹ sind, aber auch, daß unser das Himmelreich des Wechsels, mit Frühling und Herbst, Winter und Sommer, und jener die Hinterwelt ist – mit ihren grauen, frostigen, unendlichen Nebeln und Schatten.« – So sprach einer zu sich bei einem Gange in der Morgensonne: einer, dem bei der Historie nicht nur der Geist, sondern auch das Herz sich immer neu verwandelt und der, im Gegensatze zu den Metaphysikern, glücklich darüber ist, nicht »eine unsterbliche Seele«, sondern *viele sterbliche Seelen* in sich zu beherbergen.

18

Drei Arten von Denkern. – Es gibt strömende, fließende, tröpfelnde Mineralquellen; und dementsprechend drei Arten von Denkern. Der Laie schätzt sie nach der Masse des Wassers, der Kenner nach dem Gehalt des Wassers ab, also nach dem, was eben *nicht* Wasser in ihnen ist.

19

Das Bild des Lebens. – Die Aufgabe, das Bild des Lebens zu malen, so oft sie auch von Dichtern und Philosophen gestellt wurde, ist trotzdem unsinnig: auch unter den Händen der größten Maler Denker sind immer nur Bilder und Bildchen aus *einem* Leben, nämlich aus ihrem Leben, entstanden – und nichts anderes ist auch nur möglich. Im Werdenden kann sich ein Werdendes nicht als fest und dauernd, nicht als ein »das« spiegeln.

20

Wahrheit will keine Götter neben sich. – Der Glaube an die Wahrheit beginnt mit dem Zweifel an allen bis dahin geglaubten Wahrheiten.

21

Worüber Schweigen verlangt wird. – Wenn man von der Freigeisterei wie von einer höchst gefährlichen Gletscher- und Eismeer-Wanderung redet, so sind die, welche jenen Weg nicht gehen wollen, beleidigt, als ob man ihnen Zaghaftigkeit und schwache Knie zum Vorwurf gemacht hätte. Das Schwere, dem wir uns nicht gewachsen fühlen, soll nicht einmal vor uns genannt werden.

22

Historia in nuce. – Die ernsthafteste Parodie, die ich je hörte, ist diese: »im Anfang war der Unsinn, und der Unsinn *war* bei Gott!, und Gott (göttlich) war der Unsinn.«

23

Unheilbar. – Ein Idealist ist unverbesserlich: wirft man ihn aus seinem Himmel, so macht er sich aus der Hölle ein Ideal zurecht. Man enttäuschte ihn und siehe! – er wird die Enttäuschung nicht minder brünstig umarmen, als er noch jüngst die Hoffnung umarmt hat. Insofern sein Hang zu den großen unheilbaren Hängen der menschlichen Natur gehört, kann er tragische Schicksale herbeiführen und später Gegenstand von Tragödien werden: als welche es eben mit dem Unheilbaren, Unabwendbaren, Unentfliehbaren in Menschenlos und -Charakter zu tun haben.

24

Der Beifall selber als Fortsetzung des Schauspiels. – Strahlende Augen und ein wohlwollendes Lächeln ist die Art des Beifalls, welcher der ganzen großen Welt- und Daseinskomödie gezollt wird, – aber zugleich eine Komödie in der Komödie, welche die andern Zuschauer zum »plaudite amici« verführen soll.

25

Mut zur Langweiligkeit. – Wer den Mut nicht hat, sich und sein Werk langweilig finden zu lassen, ist gewiß kein Geist ersten Ranges, sei es in Künsten oder Wissenschaften. – Ein Spotter, der ausnahmsweise auch ein Denker wäre, könnte, bei einem Blick auf Welt und Geschichte, hinzufügen: »Gott hatte diesen Mut nicht; er hat die Dinge insgesamt zu interessant machen wollen und gemacht.«

26

Aus der innersten Erfahrung des Denkers. – Nichts wird dem Menschen schwerer, als eine Sache unpersönlich zu fassen: ich meine, in ihr eben eine Sache und *keine Person* zu sehen: ja man kann fragen, ob es ihm überhaupt möglich ist, das Uhrwerk seines personenbildenden, personendichtenden Triebes auch nur einen Augenblick auszuhängen. Verkehrt er doch selbst mit *Gedanken,* und seien es die abstraktesten, so, als wären es Individuen, mit denen man kämpfen, an die man sich anschließen, welche man behüten, pflegen, aufnähren müsse. Belauern und belauschen wir uns nur selber, in jenen Minuten, wo wir einen uns neuen Satz hören oder finden. Vielleicht mißfällt er uns, weil er so trotzig, so selbstherrlich dasteht: unbewußt fragen wir uns, ob wir ihm nicht einen Gegensatz als Feind zur Seite ordnen, ob wir ihm ein »Vielleicht«, ein »Mitunter« anhängen können; selbst das Wörtchen »wahrscheinlich« gibt uns eine Genugtuung, weil es die persönlich lästige Tyrannei des Unbedingten bricht. Wenn dagegen jener neue Satz in milder Form einherzieht, fein duldsam und demütig und dem Widerspruche gleichsam in die Arme sinkend, so versuchen wir es mit einer andern Probe unsrer Selbstherrlichkeit: wie, können wir diesem schwachen Wesen nicht zu Hilfe kommen, es streicheln und nähren, ihm Kraft und Fülle, ja Wahrheit und selbst Unbedingtheit geben? Ist es möglich, uns elternhaft oder ritterlich oder mitleidig gegen dasselbe zu benehmen? Dann wieder sehen wir hier ein Urteil und dort ein Urteil, entfernt voneinander, ohne sich anzusehen, ohne sich aufeinander zuzubewegen: da kitzelt uns der Gedanke, ob hier nicht eine Ehe zu stiften, ein *Schluß* zu ziehen sei, mit dem Vorgefühle, daß im Falle sich eine Folge aus diesem Schlusse ergibt, nicht nur die beiden ehelich verbundenen Urteile, sondern auch die Ehestifter die Ehre davon haben. Kann man aber weder auf dem Wege des Trotzes und Übelwollens, noch auf dem des Wohlwollens jenem Gedanken etwas anhaben (hält man ihn für *wahr* –), dann unterwirft man sich und huldigt ihm als einem Führer und Herzoge, gibt ihm einen Ehrenstuhl und spricht nicht ohne Gepränge und Stolz von ihm; denn in *seinem* Glanze glänzt man mit. Wehe dem, der diesen verdunkeln will; es sei denn, daß er selber uns eines Tages bedenklich wird: – dann stoßen wir, die unermüdlichen »Königsmacher« (king-makers) der Geschichte des Geistes, ihn vom Throne und heben flugs seinen Gegner hinauf. Dies erwäge man und denke noch ein Stück weiter: gewiß wird niemand dann von einem »Erkenntnistriebe an und für sich« reden! – Weshalb zieht also der Mensch das Wahre dem Unwahren vor, in diesem *heimlichen* Kampfe mit Gedanken Personen, in dieser meist versteckt bleibenden Gedanken-Ehestiftung, Gedanken-Staatenbegründung, Gedanken-Kinderzucht, Gedanken-Armen- und Krankenpflege? Aus dem gleichen Grunde, aus dem er die Gerechtigkeit im Verkehre mit wirklichen Personen übt: *jetzt* aus Gewohnheit, Vererbung und Anerziehung, *ursprünglich,* weil das Wahre – wie auch das Billige und Gerechte – *nützlicher* und *ehrbringender* ist als das Unwahre. Denn im Reiche des Denkens sind *Macht* und *Ruf* schlecht zu behaupten, die sich auf dem Irrtum oder der Lüge aufbauen: das Gefühl, daß ein solcher Bau irgend einmal zusammenbrechen könne, ist *demütigend* für das Selbstbewußtsein seines Baumeisters; er schämt sich der Zerbrechlichkeit seines Materials und möchte, weil er sich selber *wichtiger* als die übrige Welt nimmt, nichts tun, was nicht *dauernder* als die übrige Welt wäre. Im Verlangen nach der Wahrheit umarmt er den Glauben an die persönliche Unsterblichkeit, das heißt den hochmütigsten und trotzigsten Gedanken, den es gibt, verschwistert wie er ist mit dem Hintergedanken »pereat mundus, dum ego salvus sim!« Sein Werk ist ihm zu seinem ego geworden, er schafft sich selber ins Unvergängliche, allem Trotz-Bietende um. Sein unermeßlicher Stolz ist es, der nur die besten härtesten Steine zum Werke verwenden will, Wahrheiten also oder das, was er dafür hält. Mit Recht hat man zu allen Zeiten als »das Laster des Wissenden« den *Hochmut* genannt – doch würde es ohne dieses triebkräftige Laster erbärmlich um die Wahrheit und deren Geltung auf Erden bestellt sein. Darin, daß wir uns vor unsern eigenen Gedanken, Begriffen, Worten *fürchten,* daß wir aber auch in ihnen uns selber *ehren,* ihnen unwillkürlich die Kraft zuschreiben, uns belohnen, verachten, loben und tadeln zu können, darin, daß wir also mit ihnen wie mit freien geistigen Personen, mit unabhängigen Mächten verkehren, als Gleiche mit Gleichen – darin hat das seltsame Phänomen seine Wurzel, welches ich »intellektuales Gewissen« genannt habe. – So ist auch hier etwas Moralisches höchster Gattung aus einer Schwarzwurzel herausgeblüht.

27

Die Obskuranten. – Das Wesentliche an der schwarzen Kunst des Obskurantismus ist nicht, daß er die Köpfe verdunkeln will, sondern daß er das Bild der Welt anschwärzen, unsere *Vorstellung vom Dasein verdunkeln* will. Dazu dient ihm zwar häufig jenes Mittel, die Aufhellung der Geister zu hintertreiben: mitunter aber gebraucht er gerade das entgegengesetzte Mittel und sucht durch die höchste Verfeinerung des Intellekts einen *Überdruß* an dessen Früchten zu erzeugen. Spitzfindige Metaphysiker, welche die Skepsis vorbereiten und durch ihren übermäßigen Scharfsinn zum Mißtrauen gegen den Scharfsinn auffordern, sind gute Werkzeuge eines feineren Obskurantismus. – Ist es möglich, daß selbst Kant in dieser Absicht verwendet werden kann? ja daß er, nach seiner eignen berüchtigten Erklärung, etwas Derartiges, wenigstens zeitweilig, *gewollt hat:* dem *Glauben* Bahn machen dadurch, daß er dem *Wissen* seine Schranken wies? – was ihm nun freilich nicht gelungen ist, ihm sowenig wie seinen Nachfolgern auf den Wolfs- und Fuchsgängen dieses höchst verfeinerten und gefährlichen Obskurantismus, ja des gefährlichsten: denn die schwarze Kunst erscheint hier in einer Lichthülle.

28

An welcher Art von Philosophie die Kunst verdirbt. – Wenn es den Nebeln einer metaphysisch-mystischen Philosophie gelingt, alle ästhetischen Phänomene *undurchsichtbar* zu machen, so folgt dann, daß sie auch untereinander *unabschätzbar* sind, weil jedes einzelne unerklärlich wird. Dürfen sie aber nicht einmal mehr miteinander zum Zwecke der Abschätzung verglichen werden, so ensteht zuletzt eine vollständige *Unkritik,* ein blindes Gewähren-lassen: daraus aber wiederum eine stetige Abnahme des *Genusses* an der Kunst (welcher nur durch ein höchst verschärftes Schmek-ken und Unterscheiden sich von der rohen Stillung eines Bedürf-nisses unterscheidet). Je mehr aber der Genuß abnimmt, um so mehr wandelt sich das Kunstverlangen zum gemeinen Hunger um und zurück, dem nun der Künstler durch immer gröbere Kost abzuhelfen sucht.

29

Auf Gethsemane. – Das Schmerzlichste, was der Denker zu den Künstlern sagen kann, lautet: »könnt ihr denn nicht eine Stunde *mit mir wachen?*«

30

Am Webstuhle. – Den wenigen, welche eine Freude daran haben, den Knoten der Dinge zu lösen und sein Gewebe aufzutrennen, arbeiten viele entgegen (zum Beispiel alle Künstler und Frauen), ihn immer wieder neu zu knüpfen und zu verwickeln und so das Begriffne ins Unbegriffne, womöglich Unbegreifliche umzubilden. Was dabei auch sonst herauskomme – das Gewebte und Verknotete wird immer etwas unreinlich aussehen müssen, weil zu viele Hände daran arbeiten und ziehen.

31

In der Wüste der Wissenschft. – Dem wissenschaftlichen Menschen erscheinen auf seinen bescheidenen und mühsamen Wanderungen, die oft genug Wüstenreisen sein müssen, jene glänzenden Lufterscheinungen, die man »philosophische Systeme« nennt: sie zeigen mit zauberischer Kraft der Täuschung die Lösung aller Rätsel und den frischesten Trunk wahren Lebenswassers in der Nähe; das Herz schwelgt, und der Ermüdete berührt das Ziel aller wissenschaftlichen Ausdauer und Not beinahe schon mit den Lippen, so daß er wie unwillkürlich vorwärts drängt. Freilich bleiben andere Naturen, von der schönen Täuschung wie betäubt, stehen: die Wüste verschlingt sie, für die Wissenschaft sind sie tot. Wieder andere Naturen, welche jene subjektiven Tröstungen schon öfter erfahren haben, werden wohl aufs äußerste mißmutig und verfluchen den Salzgeschmack, welchen jene Erscheinungen im Munde hinterlassen und aus dem ein rasender Durst entsteht – ohne daß man nur einen Schritt damit irgend einer Quelle näher gekommen wäre.

32

Die angebliche »wirkliche Wirklichkeit«. – Der Dichter stellt sich so, wenn er die einzelnen Berufsarten, z. B. die des Feldherrn, des Seidenwebers, des Seemanns schildert, als ob er diese Dinge von Grund aus kenne und ein *Wissender* sei; ja bei der Auseinandersetzung menschlicher Handlungen und Geschicke benimmt er sich, wie als ob er beim Ausspinnen des ganzen Weltennetzes zugegen gewesen sei; insofern ist er ein Betrüger. Und zwar betrügt er vor lauter *Nichtwissenden* – und deshalb gelingt es ihm: diese bringen ihm das Lob seines echten und tiefen Wissens entgegen und verleiten ihn endlich zu dem Wahne, er wisse die Dinge wirklich so gut wie der einzelne Kenner und Macher, ja wie die große Welten-Spinne selber. Zuletzt also wird der Betrüger ehrlich und glaubt an seine Wahrhaftigkeit. Ja die empfindenden Menschen sagen es ihm sogar ins Gesicht, er habe die *höhere* Wahrheit und Wahrhaftigkeit, – sie sind nämlich der Wirklichkeit zeitweilig müde und nehmen den dichterischen Traum als eine wohltätige Ausspannung und Nacht für Kopf und Herz. Was dieser Traum ihnen zeigt, erscheint ihnen jetzt mehr wert, weil sie es, wie gesagt, wohltätiger empfinden: und immer haben die Menschen gemeint, das wertvoller Scheinende sei das Wahrere, Wirklichere. Die Dichter, die sich dieser Macht *bewußt* sind, gehen absichtlich darauf aus, das, was für gewöhnlich Wirklichkeit genannt wird, zu verunglimpfen und zum Unsichern, Scheinbaren, Unechten, Sünd-, Leid- und Trugvollen umzubilden; sie benutzen alle Zweifel über die Grenzen der Erkenntnis, alle skeptischen Ausschreitungen, um die faltigen Schleier der Unsicherheit über die Dinge zu breiten: damit dann, nach dieser Verdunkelung, ihre Zauberei und Seelenmagie recht unbedenklich als Weg zur »wahren Wahrheit«, zur »wirklichen Wirklichkeit« verstanden werde.

33

Gerecht sein wollen und Richter sein wollen. – Schopenhauer, dessen große Kennerschaft für Menschliches und Allzumenschliches, dessen ursprünglicher Tatsachen-Sinn nicht wenig durch das bunte Leoparden-Fell seiner Metaphysik beeinträchtigt worden ist (welches man ihm erst abziehen muß, um ein wirkliches Moralisten-Genie darunter zu entdecken) – Schopenhauer macht jene treffliche Unterscheidung, mit der er viel mehr recht behalten wird, als er sich selber eigentlich zugestehen durfte: »die Einsicht in die strenge Notwendigkeit der menschlichen Handlungen ist die Grenzlinie, welche die *philosophischen* Köpfe von *den andern* scheidet.« Dieser mächtigen Einsicht, welcher er zuzeiten offen stand, wirkte er bei sich selber durch jenes Vorurteil entgegen, welches er mit den moralischen Menschen *(nicht* mit den Moralisten) noch gemein hatte und das er ganz harmlos und gläubig so ausspricht: »der letzte und wahre Aufschluß über das innere Wesen des Ganzen der Dinge muß notwendig eng zusammenhängen mit dem über die ethische Bedeutsamkeit des menschlichen Handelns« – was eben durchaus nicht »notwendig« ist, vielmehr durch jenen Satz von der strengen Notwendigkeit der menschlichen Handlungen, das heißt der unbedingten Willens-Unfreiheit und -Unverantwortlichkeit, eben abgelehnt wird. Die philosophischen Köpfe werden sich also von den andern durch den Unglauben an die metaphysische Bedeutsamkeit der Moral unterscheiden: und das dürfte eine Kluft zwischen sie legen, von deren Tiefe und Unüberbrückbarkeit die so beklagte Kluft zwischen »Gebildet« und »Ungebildet«, wie sie jetzt existiert, kaum einen Begriff gibt. Freilich muß noch manche Hintertüre, welche sich die »philosophischen Köpfe«, gleich Schopenhauern selbst, gelassen haben, als nutzlos erkannt werden: *keine* führt ins Freie, in die Luft des freien Willens; *jede,* durch welche man bisher geschlüpft ist, zeigte dahinter wieder die ehern blinkende Mauer des Fatums: wir *sind* im Gefängnis, frei können wir uns nur *träumen,* nicht machen. Daß dieser Erkenntnis nicht lange mehr widerstrebt werden kann, das zeigen die verzweifelten und unglaublichen Stellungen und Verzerrungen derer an, welche gegen sie andringen, mit ihr noch den Ringkampf fortsetzen. – So ungefähr geht es bei ihnen jetzt zu: »also kein Mensch verantwortlich? Und alles voll Schuld und Schuldgefühl? Aber irgendwer muß doch der Sünder sein: ist es unmöglich und nicht mehr erlaubt, den einzelnen, die arme Welle im notwendigen Wellenspiele des Werdens anzuklagen und zu richten – nun denn: so sei das Wellenspiel selbst, das Werden, der Sünder: hier ist der freie Wille, hier darf angeklagt, verurteilt, gebüßt und gesühnt werden: so sei *Gott der Sünder und der Mensch sein Erlöser:* so sei die Weltgeschichte Schuld, Selbstverurteilung und Selbstmord; so werde der Missetäter zum eigenen Richter, der Richter zum eigenen Henker.« – Dieses *auf den Kopf gestellte Christentum* – was ist es denn sonst? – ist der letzte Fechter-Ausfall im Kampfe der Lehre von der unbedingten Moralität mit der von der unbedingten Unfreiheit – ein schauerliches Ding, wenn es mehr wäre als eine *logische Grimasse,* mehr als eine häßliche Gebärde des unterliegenden Gedankens – etwa der Todeskrampf des verzweifelnden und heilsüchtigen Herzens, dem der Wahnsinn zuflüstert: »Siehe, du bist das Lamm, das Gottes Sünde trägt«. – Der Irrtum steckt nicht nur im Gefühle »ich bin verantwortlich«, sondern ebenso in jenem Gegensatze »ich bin es nicht, aber irgendwer muß es doch sein«. – Dies ist eben nicht wahr: der Philosoph hat also zu sagen, wie Christus, »richtet nicht!«, und der letzte Unterschied zwischen den philosophischen Köpfen und den andern wäre der, daß die ersten *gerecht sein* wollen, die andern *Richter sein* wollen.

34

Aufopferung. – Ihr meint, das Kennzeichen der moralischen Handlung sei die Aufopferung? – Denkt doch nach, ob nicht bei *jeder* Handlung, die mit Überlegung getan wird, Aufopferung dabei ist, bei der schlechtesten wie bei der besten.

35

Gegen die Nierenprüfer der Sittlichkeit. – Man muß das Beste und das Schlechteste kennen, dessen ein Mensch fähig ist, im Vorstellen und Ausführen, um zu beurteilen, wie stark seine sittliche Natur ist und wurde. Aber jenes zu erfahren ist unmöglich.

36

Schlangenzahn. – Ob man einen Schlangenzahn habe oder nicht, weiß man nicht eher, als bis jemand die Ferse auf uns gesetzt hat. Eine Frau oder Mutter würde sagen: bis jemand die Ferse auf unsern Liebling, unser Kind gesetzt hat. – Unser Charakter wird noch mehr durch den Mangel gewisser Erlebnisse als durch das, was man erlebt, bestimmt.

37

Der Betrug in der Liebe. – Man vergißt manches aus seiner Vergangenheit und schlägt es sich absichtlich aus dem Sinn: das heißt, man will, daß unser Bild, welches von der Vergangenheit her uns anstrahlt, uns belüge, unserm Dünkel schmeichele – wir arbeiten fortwährend an diesem Selbstbetruge. – Und nun meint ihr, die ihr so viel vom ,,Sichselbstvergessen in der Liebe«, vom »Aufgehen des Ich in der anderen Person« redet und rühmt, dies sei etwas wesentlich anderes? Also man zerbricht den Spiegel, dichtet sich in eine Person hinein, die man bewundert, und genießt nun das neue Bild seines Ich, ob man es schon mit dem Namen der andern Person nennt – und dieser ganze Vorgang soll *nicht* Selbstbetrug, *nicht* Selbstsucht sein, ihr – Wunderlichen! – Ich denke, die, welche etwas von sich *vor sich* verhehlen und die, welche sich als Ganzes vor sich verhehlen, sind darin gleich, daß sie in der Schatzkammer der Erkenntnis einen *Diebstahl* verüben: woraus sich ergibt, vor welchem Vergehen der Satz »erkenne dich selbst« warnt.

38

An den Leugner seiner Eitelkeit. – Wer die Eitelkeit bei sich leugnet, besitzt sie gewöhnlich in so brutaler Form, daß er instinktiv vor ihr das Auge schließt, um sich nicht verachten zu müssen.

39

Weshalb die Dummen so oft boshaft werden. – Auf Einwände des Gegners, gegen welche sich unser Kopf zu schwach fühlt, antwortet unser Herz durch Verdächtigung der Motive seiner Einwände.

40

Die Kunst der moralischen Ausnahmen. – Einer Kunst, welche die Ausnahmefälle der Moral zeigt und verherrlicht dort, wo das Gute schlecht, das Ungerechte gerecht wird –, darf man nur selten Gehör geben: wie man von Zigeunern ab und zu etwas kauft, doch mit Scheu, daß sie nicht viel mehr entwenden, als der Gewinn beim Kaufe ist.

41

Genuß und Nicht-Genuß von Giften. – Das einzige entscheidende Argument, welches zu allen Zeiten die Menschen abgehalten hat, ein Gift zu trinken, ist nicht, daß es tötete, sondern daß es schlecht schmeckte.

42

Die Welt ohne Sündengefühle. – Wenn nur solche Taten getan würden, welche kein schlechtes Gewissen erzeugen, so sähe die menschliche Welt immer noch schlecht und schurkenhaft genug aus: aber nicht so kränklich und erbärmlich wie jetzt. – Es lebten genug Böse *ohne* Gewissen zu allen Zeiten: und vielen Guten und Braven fehlt das Lustgefühl des guten Gewissens.

43

Die Gewissenhaften. – Seinem Gewissen folgen ist bequemer als seinem Verstande: denn es hat bei jedem Mißerfolg eine Entschuldigung und Aufheiterung in sich. Darum gibt es immer noch so viele Gewissenhafte gegen so wenig Verständige.

44

Entgegengesetzte Mittel, das Bitterwerden zu verhüten. – Dem einen Temperament ist es von Nutzen, seinen Verdruß in Worten auslassen zu können: im Reden versüßt es sich. Ein anderes Temperament kommt erst durch Aussprechen zu seiner vollen Bitterkeit: ihm ist es rätlicher, etwas hinunterschlucken zu müssen: der Zwang, den Menschen solcher Art sich vor Feinden oder Vorgesetzten antun, verbessert ihren Charakter und verhütet, daß er allzu scharf und sauer wird.

45

Nicht zu schwer nehmen. – Sich wund liegen ist unangenehm, aber doch kein Beweis gegen die Güte der Kur, nach der man bestimmt wurde, sich zu Bett zu legen. – Menschen, die lange außer sich lebten und endlich sich dem philosophischen Innen- und Binnenleben zuwandten, wissen, daß es auch ein Sich-wund-liegen von Gemüt und Geist gibt. Dies ist also kein Argument gegen die gewählte Lebensweise im ganzen, macht aber einige kleine Ausnahmen und scheinbare Rückfälligkeiten nötig.

46

Das menschliche »Ding an sich«. – Das verwundbarste Ding und doch das unbesiegbarste ist die menschliche Eitelkeit: ja, durch die Verwundung wächst seine Kraft und kann zuletzt riesengroß werden.

47

Die Posse vieler Arbeitsamen. – Sie erkämpfen durch ein Übermaß von Anstrengung sich freie Zeit und wissen nachher nichts mit ihr anzufangen als die Stunden abzuzählen, bis sie abgelaufen sind.

48

Viel Freude haben. – Wer viel Freude hat, muß ein guter Mensch sein: aber vielleicht ist er nicht der klügste, obwohl er gerade das erreicht, was der Klügste mit aller seiner Klugheit erstrebt.

49

Im Spiegel der Natur. – Ist ein Mensch nicht ziemlich genau beschrieben, wenn man hört, daß er gern zwischen gelben hohen Kornfeldern geht, daß er die Waldes- und Blumenfarben des abglühenden und vergilbten Herbstes allen andern vorzieht, weil sie auf Schöneres hindeuten als der Natur je gelingt, daß er unter großen fettblättrigen Nußbäumen sich ganz heimisch wie unter Blutsverwandten fühlt, daß im Gebirge seine größte Freude ist, jenen kleinen abgelegenen Seen zu begegnen, aus denen ihn die Einsamkeit selber mit ihren Augen anzusehen scheint, daß er jene graue Ruhe der Nebel-Dämmerung liebt, welche an Herbst- und Frühwinter-Abenden an die Fenster heranschleicht und jedes seelenlose Geräusch wie mit Samtvorhängen ausschließt, daß er unbehauenes Gestein als übrig gebliebene, der Sprache begierige Zeugen der Vorzeit empfindet und von Kind an verehrt, und zuletzt, daß ihm das Meer mit seiner beweglichen Schlangenhaut und Raubtier-Schönheit fremd ist und bleibt? – Ja, *etwas* von diesem Menschen ist allerdings damit beschrieben: aber der Spiegel der Natur sagt nichts darüber, daß derselbe Mensch, bei aller seiner idyllischen Empfindsamkeit (und nicht einmal »trotz ihrer«), ziemlich lieblos, knauserig und eingebildet sein könnte. Horaz, der sich auf dergleichen Dinge verstand, hat das zarteste Gefühl für das Landleben einem römischen *Wucherer* in Mund und Seele gelegt, in dem berühmten »beatus ille qui procul negotiis«.

50

Macht ohne Siege. – Die stärkste Erkenntnis (die von der völligen Unfreiheit des menschlichen Willens) ist doch die ärmste an Erfolgen: denn sie hat immer den stärksten Gegner, die menschliche Eitelkeit.

51

Lust und Irrtum. – Der eine teilt sich unwillkürlich durch sein Wesen an seine Freunde wohltätig mit, der andere willkürlich durch einzelne Handlungen. Ob gleich das erstere als das Höhere gilt, so ist doch nur das zweite mit dem guten Gewissen und der Lust verknüpft – nämlich mit der Lust der Werkheiligkeit, welche auf dem Glauben an die Willkür unsres Gut- und Schlimmtuns, das heißt auf einem Irrtum ruht.

52

Es ist töricht, Unrecht zu tun. – Eignes Unrecht, das man zugefügt hat, ist viel schwerer zu tragen als fremdes, das einem zugefügt wurde (nicht gerade aus moralischen Gründen, wohlgemerkt –); der Täter ist eigentlich immer der Leidende, *wenn* er nämlich entweder den Gewissensbissen zugänglich ist oder der Einsicht, daß er die Gesellschaft gegen sich durch seine Handlung bewaffnet und sich isoliert habe. Deshalb sollte man sich, schon seines inneren Glückes wegen, also um seines Wohlbehagens nicht verlustig zu gehen, ganz abgesehen von allem, was Religion und Moral gebieten, vor dem Unrecht-Tun in acht nehmen, mehr noch als vor dem Unrecht-Erfahren: denn letzteres hat den Trost des guten Gewissens, der Hoffnung auf Rache, auf Mitleiden und Beifall der Gerechten, ja der ganzen Gesellschaft, welche sich vor dem Übeltäter fürchtet. – Nicht wenige verstehen sich auf die unsaubere Selbstüberlistung, jedes eigne Unrecht in ein fremdes, ihnen zugefügtes umzumünzen und für das, was sie selber getan haben, sich das Ausnahmerecht der Notwehr zur Entschuldigung vorzubehalten: um auf diese Weise viel leichter an ihrer Last zu tragen.

53

Neid mit oder ohne Mundstück. – Der gewöhnliche Neid pflegt zu gackern, sobald das beneidete Huhn ein Ei gelegt hat: er erleichtert sich dabei und wird milder. Es gibt aber einen noch tieferen

Neid: der wird in solchem Falle totenstill, und wünschend, daß jetzt jeder Mund versiegelt würde, immer wütender darüber, daß dies gerade nicht geschieht. Der schweigende Neid wächst im Schweigen.

54

Der Zorn als Spion. – Der Zorn schöpft die Seele aus und bringt selbst den Bodensatz ans Licht. Man muß deshalb, wenn man sonst sich nicht Klarheit zu schaffen weiß, seine Umgebung, seine Anhänger und Gegner in Zorn zu versetzen wissen, um zu erfahren, was im Grunde alles wider uns geschieht und gedacht wird.

55

Die Verteidigung moralisch schwieriger als der Angriff. – Das wahre Helden- und Meisterstück des guten Menschen liegt nicht darin, daß er die Sache angreift und die Person fortfährt zu lieben, sondern in dem viel schwereren, seine *eigne* Sache zu *verteidigen,* ohne daß man der angreifenden Person bitteres Herzeleid mache und machen wolle. Das Schwert des Angriffs ist ehrlich und breit, das der Verteidigung läuft gewöhnlich in eine Nadel aus.

56

Ehrlich gegen die Ehrlichkeit. – Einer, der gegen sich öffentlich ehrlich ist, bildet sich zu allerletzt etwas auf diese Ehrlichkeit ein: denn er weiß nur zu gut, warum er ehrlich ist – aus demselben Grunde, aus dem ein anderer den Schein und die Verstellung vorzieht.

57

Glühende Kohlen. – Glühende Kohlen auf des andern Haupt sammeln wird gewöhnlich mißverstanden und schlägt fehl, weil der andere sich ebenfalls im Besitze des Rechts weiß und auch seinerseits an das Kohlensammeln gedacht hat.

58

Gefährliche Bücher. – Da sagt einer »ich merke es an mir selber: dies Buch ist schädlich«. Aber er warte nur ab und vielleicht gesteht er sich eines Tages, daß dasselbe Buch ihm einen großen Dienst erwies, indem es die versteckte Krankheit seines Herzens hervortrieb und in die Sichtbarkeit brachte. – Veränderte Meinungen verändern den Charakter eines Menschen nicht (oder ganz wenig); wohl aber beleuchten sie einzelne Seiten des Gestirns seiner Persönlichkeit, welche bisher, bei einer andern Konstellation von Meinungen, dunkel und unerkennbar geblieben waren.

59

Geheucheltes Mitleiden. – Man heuchelt Mitleiden, wenn man über das Gefühl der Feindseligkeit sich erhaben zeigen will: aber gewöhnlich umsonst. Dies bemerkt man nicht ohne ein starkes Zunehmen jener feindseligen Empfindung.

60

Offner Widerspruch oft versöhnend. – Im Augenblick, wo einer seine Differenz der Lehrmeinung in Hinsicht auf einen berühmten Parteiführer oder Lehrer öffentlich zu erkennen gibt, glaubt alle Welt, er müsse ihm gram sein. Mitunter hört er aber gerade da auf, ihm gram zu sein: er wagt es, sich selber neben ihn aufzustellen, und ist die Qual der unausgesprochenen Eifersucht los.

61

Sein Licht leuchten sehen. – Im verfinsterten Zustande von Trübsal, Krankheit, Verschuldung sehen wir es gern, wenn wir anderen noch leuchten und sie an uns die helle Mondesscheibe wahrnehmen. Auf diesem Umwege nehmen wir an unserer eigenen Fähigkeit zu erhellen Anteil.

62

Mitfreude. – Die Schlange, die uns sticht, meint uns wehe zu tun und freut sich dabei; das niedrigste Tier kann sich fremden *Schmerz* vorstellen. Aber fremde Freude sich vorstellen und sich dabei freuen ist das höchste Vorrecht der höchsten Tiere und wieder unter ihnen nur den ausgesuchtesten Exemplaren zugänglich – also ein seltenes humanum: so daß es Philosophen gegeben hat, welche die Mitfreude geleugnet haben.

63

Nachträgliche Schwangerschaft. – Die, welche zu ihren Werken und Taten gekommen sind, sie wissen nicht wie, gehen gewöhnlich hinterher um so mehr mit ihnen schwanger: wie, um nachträglich zu beweisen, daß es ihre Kinder und nicht die des Zufalls sind.

64

Aus Eitelkeit hartherzig. – Wie Gerechtigkeit so häufig der Deckmantel der Schwäche ist, so greifen billig denkende, aber schwache Menschen mitunter aus Ehrgeiz zur Verstellung und benehmen sich ersichtlich ungerecht und hart, um den Eindruck der Stärke zu hinterlassen.

65

Demütigung. – Findet jemand in einem geschenkten Sack Vorteil auch nur ein Korn Demütigung, so macht er doch noch eine böse Miene zum guten Spiele.

66

Äußerstes Herostratentum. – Es könnte Herostrate geben, welche den eignen Tempel anzündeten, in dem ihre Bilder verehrt werden.

67

Die Diminutiv-Welt. – Der Umstand, daß alles Schwache und Hilfsbedürftige zu Herzen spricht, bringt die Gewohnheit mit

sich, daß wir alles, was uns zu Herzen spricht, mit Verkleinerungs-
und Abschwächungsworten bezeichnen – also, für unsere Empfindung, schwach und hilfsbedürftig *machen*.

68

Üble Eigenschaft des Mitleidens. – Das Mitleiden hat eine eigene
Unverschämtheit als Gefährtin: denn weil es durchaus helfen
möchte, ist es weder über die Mittel der Heilung, noch über Art
und Ursache der Krankheit in Verlegenheit und quacksalbert
mutig auf die Gesundheit und den Ruf seines Patienten los.

69

Zudringlichkeit. – Es gibt auch eine Zudringlichkeit gegen *Werke;*
und sich als Jüngling schon nachahmend zu den erlauchtesten
Werken aller Zeiten mit der Vertraulichkeit des Du und Du zu
gesellen, beweist einen völligen Mangel an Scham. – Andre sind
nur aus Ignoranz zudringlich: sie wissen nicht, mit wem sie es zu
tun haben – so nicht selten junge und alte Philologen im Verhältnis zu den Werken der Griechen.

70

Der Wille schämt sich des Intellektes. – Mit aller Kälte machen wir
vernünftige Entwürfe gegen unsre Affekte: dann aber begehen
wir die gröbsten Fehler dagegen, weil wir uns häufig im Augenblick, wo der Vorsatz ausgeführt werden sollte, jener Kälte und
Besonnenheit schämen, mit der wir ihn faßten. Und so tut man
dann gerade das Unvernünftige, aus jener Art trotziger Großherzigkeit, welche jeder Affekt mit sich bringt.

71

Warum die Skeptiker der Moral mißfallen. – Wer seine Moralität hoch
und schwer nimmt, zürnt den Skeptikern auf dem Gebiete der
Moral: denn dort, wo er alle seine Kraft aufwendet, soll man stau-

nen, aber nicht untersuchen und zweifeln. – Dann gibt es Naturen, deren letzter Rest von Moralität eben der Glaube an Moral ist: sie benehmen sich ebenso gegen die Skeptiker, womöglich noch leidenschaftlicher.

72

Schüchternheit. – Alle Moralisten sind schüchtern, weil sie wissen, daß sie mit Spionierern und Verrätern verwechselt werden, sobald man ihren Hang ihnen anmerkt. Sodann sind sie sich überhaupt bewußt, im Handeln unkräftig zu sein: denn mitten im Werke ziehen die Motive ihres Tuns ihre Aufmerksamkeit fast vom Werke ab.

73

Eine Gefahr für die allgemeine Moralität. – Menschen, die zugleich edel und ehrlich sind, bringen es zu Wege, jede Teufelei, welche ihre Ehrlichkeit ausheckt, zu vergöttlichen und die Waage des moralischen Urteils eine Zeitlang stillzustellen.

74

Bitterster Irrtum. – Es beleidigt unversöhnlich, zu entdecken, daß man dort, wo man überzeugt war geliebt zu sein, nur als Hausgerät und Zimmerschmuck betrachtet wurde, an dem der Hausherr vor Gästen seine Eitelkeit auslassen kann.

75

Liebe und Zweiheit. – Was ist denn Liebe anders als verstehen und sich darüber freuen, daß ein andrer in andrer und entgegengesetzter Weise als wir lebt, wirkt und empfindet? Damit die Liebe die Gegensätze durch Freude überbrücke, darf sie dieselben nicht aufheben, nicht leugnen. – Sogar die Selbsthilfe enthält die unvermischbare Zweiheit (oder Vielheit) in einer Person als Voraussetzung.

76

Aus dem Traume deuten. – Was man mitunter im Wachen nicht genau weiß und fühlt – ob man gegen eine Person ein gutes oder ein schlechtes Gewissen habe – darüber belehrt völlig unzweideutig der Traum.

77

Ausschweifung. – Die Mutter der Ausschweifung ist nicht die Freude, sondern die Freudlosigkeit.

78

Strafen und belohnen. – Niemand klagt an, ohne den Hintergedanken an Strafe und Rache zu haben – selbst wenn man sein Schicksal, ja sich selber anklagt. – Alles Klagen ist Anklagen, alles Sich-freuen ist Loben: wir mögen das eine oder das andere tun, immer machen wir jemanden verantwortlich.

79

Zweimal ungerecht. – Wir fördern mitunter die Wahrheit durch eine doppelte Ungerechtigkeit, dann nämlich, wenn wir die beiden Seiten einer Sache, die wir nicht imstande sind zusammen zu sehen, hintereinander sehen und darstellen, doch so, daß wir jedesmal die andre Seite verkennen oder leugnen, im Wahne, das, was wir sehen, sei die ganze Wahrheit.

80

Mißtrauen. – Das Mißtrauen an sich selber geht nicht mehr unsicher und scheu daher, sondern mitunter wie tollwütig: es hat sich berauscht, um nicht zu zittern.

81

Philosophie des Parvenu. – Will man einmal eine Person sein, so muß man auch seinen Schatten in Ehren halten.

82

Sich rein zu waschen verstehen. – Man muß lernen, aus unreinlichen Verhältnissen reinlicher hervorzugehen, und sich, wenn es not tut, auch mit schmutzigem Wasser waschen.

83

Sich gehen lassen. – Je mehr sich einer gehen läßt, um so weniger lassen ihn die andern gehen.

84

Der unschuldige Schuft. – Es gibt einen langsamen schrittweisen Weg zu Laster und Schurkenhaftigkeit jeder Art. Am Ende desselben haben den, welcher ihn geht, die Insekten-Schwärme des schlechten Gewissens völlig verlassen, und er wandelt, obschon ganz verrucht, doch in Unschuld.

85

Pläne machen. – Pläne machen und Vorsätze fassen bringt viel gute Empfindungen mit sich; und wer die Kraft hätte, sein ganzes Leben lang nichts als ein Pläne-Schmiedender zu sein, wäre ein sehr glücklicher Mensch; aber er wird sich gelegentlich von dieser Tätigkeit ausruhen müssen dadurch, daß er einen Plan ausführt – und da kommt der Ärger und die Ernüchterung.

86

Womit wir das Ideal sehen. – Jeder tüchtige Mensch ist verrannt in seine Tüchtigkeit und kann aus ihr nicht frei hinausblicken. Hätte er sonst nicht sein gut Teil von Unvollkommenheit, er könnte seiner Tugend halber zu keiner geistig-sittlichen Freiheit kommen. Unsre Mängel sind die Augen, mit denen wir das Ideal sehen.

87

Unehrliches Lob. – Unehrliches Lob macht hinterdrein viel mehr Gewissensbisse als unehrlicher Tadel, wahrscheinlich nur deshalb, weil wir durch zu starkes Loben unsere Urteilsfähigkeit viel stärker bloßgestellt haben als durch zu starkes, selbst ungerechtes Tadeln.

88

Wie man stirbt, ist gleichgültig. – Die ganze Art, wie ein Mensch während seines vollen Lebens, seiner blühenden Kraft an den Tod denkt, ist freilich sehr sprechend und zeugnisgebend für das, was man seinen Charakter nennt; aber die Stunde des Sterbens selber, seine Haltung auf dem Totenbette ist fast gleichgültig dafür. Die Erschöpfung des ablaufenden Daseins, namentlich wenn alte Leute sterben, die unregelmäßige oder unzureichende Ernährung des Gehirns während dieser letzten Zeit, das gelegentlich sehr Gewaltsame des Schmerzes, das Unerprobte und Neue des ganzen Zustandes und gar zu häufig der An- und Rückfall von abergläubischen Eindrücken und Beängstigungen, als ob am Sterben viel gelegen sei und hier Brücken schauerlichster Art überschritten würden, – dies alles *erlaubt* es nicht, das Sterben als Zeugnis über den Lebenden zu benutzen. Auch ist es nicht wahr, daß der Sterbende im allgemeinen *ehrlicher* wäre als der Lebende: vielmehr wird fast jeder durch die feierliche Haltung der Umgebenden, die zurückgehaltnen oder fließenden Tränen- und Gefühlsbäche zu einer bald bewußten, bald unbewußten Komödie der Eitelkeit verführt. Der Ernst, mit dem jeder Sterbende behandelt wird, ist gewiß gar manchem armen verachteten Teufel der feinste Genuß seines ganzen Lebens und eine Art Schadenersatz und Abschlagszahlung für viele Entbehrungen gewesen.

89

Die Sitte und ihr Opfer. – Der Ursprung der Sitte geht auf zwei Gedanken zurück: »die Gemeinde ist mehr wert als der einzelne« und »der dauernde Vorteil ist dem flüchtigen vorzuziehen«; woraus sich der Schluß ergibt, daß der dauernde Vorteil der Gemeinde unbedingt dem Vorteile des einzelnen, namentlich seinem momentanen Wohlbefinden, aber auch seinem dauernden Vorteile und selbst seinem Weiterleben voranzustellen sei. Ob nun der einzelne von einer Einrichtung leide, die dem Ganzen frommt, ob er an ihr verkümmre, ihretwegen zugrunde gehe – die Sitte muß erhalten, das Opfer gebracht werden. Eine solche Gesinnung *entsteht* aber nur in denen, welche *nicht* das Opfer sind – denn dieses macht in seinem Falle geltend, daß der einzelne mehr wert sein könne als viele, ebenso daß der gegenwärtige Genuß, der Augenblick im Paradiese vielleicht höher anzuschlagen sei als eine matte Fortdauer von leidlichen oder wohlhäbigen Zuständen. Die Philosophie des Opfertiers wird aber immer zu spät laut: und so bleibt es bei der Sitte und der *Sittlichkeit:* als welche eben nur die Empfindung für den ganzen Inbegriff von Sitten ist, unter denen man lebt und erzogen wurde – und zwar erzogen nicht als einzelner, sondern als Glied eines Ganzen, als Ziffer einer Majorität. – So kommt es fortwährend vor, daß der einzelne sich selbst, vermittels seiner Sittlichkeit, *majorisiert.*

90

Das Gute und das gute Gewissen. – Ihr meint, alle guten Dinge hätten zu aller Zeit ein gutes Gewissen gehabt? – Die Wissenschaft, also gewißlich etwas sehr Gutes, ist ohne ein solches und ganz bar alles Pathos in die Welt getreten, vielmehr heimlich, auf Umwegen, mit verhülltem oder maskiertem Haupte einherziehend, gleich einer Verbrecherin, und immer mindestens mit dem *Gefühle* einer Schleichhändlerin. Das gute Gewissen hat als Vorstufe das böse Gewissen – nicht als Gegensatz: denn alles Gute ist einmal neu, folglich ungewohnt, wider die Sitte, *unsittlich* gewesen und nagte im Herzen des glücklichen Erfinders wie ein Wurm.

91

Der Erfolg heiligt die Absichten. – Man scheue sich nicht, den Weg zu einer Tugend zu gehen, selbst wenn man deutlich einsieht, daß nichts als Egoismus – also Nutzen, persönliches Behagen, Furcht, Rücksicht auf Gesundheit, auf Ruf oder Ruhm – die dazu treibenden Motive sind. Man nennt diese Motive unedel und selbstisch: gut, aber wenn sie uns zu einer Tugend, zum Beispiel Entsagung, Pflichttreue, Ordnung, Sparsamkeit, Maß und Mitte anreizen, so höre man ja auf sie, wie auch ihre Beiworte lauten mögen! Erreicht man nämlich das, wozu sie rufen, so *veredelt* die *erreichte* Tugend, vermöge der reinen Luft, die sie atmen läßt, und des seelischen Wohlgefühls, das sie mitteilt, immerfort die ferneren Motive unseres Handelns, und wir tun dieselben Handlungen später nicht mehr aus den gleichen gröbern Motiven, welche uns früher dazu führten. – Die Erziehung soll deshalb die Tugenden, so gut es geht, *erzwingen,* je nach der Natur des Zöglings: die Tugend selber, als die Sonnen- und Sommerluft der Seele, mag dann ihr eigenes Werk daran tun und Reife und Süßigkeit hinzuschenken.

92

Christentümler, nicht Christen. – Das wäre also euer Christentum! – Um Menschen zu *ärgern,* preist ihr »Gott und seine Heiligen«; und wiederum, wenn ihr Menschen *preisen* wollt, so treibt ihr es so weit, daß Gott und seine Heiligen sich ärgern müssen. – Ich wollte, ihr lerntet wenigstens die christlichen Manieren, da es euch so an der Manierlichkeit des christlichen Herzens gebricht.

93

Natureindruck der Frommen und Unfrommen. – Ein ganz frommer Mensch muß uns ein Gegenstand der Verehrung sein: aber ebenso ein ganzer aufrichtiger durchdrungener Unfrommer. Ist man bei Menschen der letzteren Art wie in der Nähe des Hochgebirges, wo die kräftigsten Ströme ihren Ursprung haben, so bei den Frommen wie unter saftvollen, breitschattigen, ruhigen Bäumen.

94

Justizmorde. – Die zwei größten Justizmorde in der Weltgeschichte sind, ohne Umschweife gesprochen, verschleierte und gut verschleierte Selbstmorde. In beiden Fällen *wollte* man sterben; in beiden Fällen ließ man sich das Schwert durch die Hand der menschlichen Ungerechtigkeit in die Brust stoßen.

95

»Liebe«. – Der feinste Kunstgriff, welchen das Christentum vor den übrigen Religionen voraushat, ist ein Wort: es redete von *Liebe.* So wurde es die *lyrische* Religion (während in seinen beiden anderen Schöpfungen das Semitentum der Welt heroisch-epische Religionen geschenkt hat). Es ist in dem Worte Liebe etwas so Vieldeutiges, Anregendes, zur Erinnerung, zur Hoffnung Sprechendes, daß auch die niedrigste Intelligenz und das kälteste Herz noch etwas von dem Schimmer dieses Wortes fühlt. Das klügste Weib und der gemeinste Mann denken dabei an die verhältnismäßig uneigennützigsten Augenblicke ihres gesamten Lebens, selbst wenn Eros nur einen niedrigen Flug bei ihnen genommen hat; und jene Zahllosen, welche Liebe *vermissen,* von Seiten der Eltern, Kinder oder Geliebten, namentlich aber die Menschen der sublimierten Geschlechtlichkeit, haben im Christentum ihren Fund gemacht.

96

Das erfüllte Christentum. – Es gibt auch innerhalb des Christentums eine epikureische Gesinnung, ausgehend von dem Gedanken, daß Gott von dem Menschen, seinem Geschöpf und Ebenbilde, nur verlangen könne, was diesem zu erfüllen *möglich* sein müsse, daß also christliche Tugend und Vollkommenheit erreichbar und oft erreicht sei. Nun macht zum Beispiel der *Glaube,* seine Feinde zu *lieben* – selbst wenn es eben nur Glaube, Einbildung und durchaus keine psychologische Wirklichkeit (also keine Liebe) ist –, unbedingt *glücklich,* solange er wirklich geglaubt wird (warum? darüber werden freilich Psycholog und Christ verschieden denken). Und so möchte das *irdische Leben* durch den Glauben, ich meine die Einbildung, nicht nur jenem Anspruche, seine Feinde zu lieben, sondern allen übrigen christlichen Ansprüchen zu genügen und die göttliche Vollkommenheit nach der Aufforderung »seid vollkommen, wie euer Vater im Himmel vollkommen ist« wirklich sich angeeignet und einverleibt zu haben, in der Tat zu einem *seligen Leben* werden. Der Irrtum kann also die *Verheißung* Christi zur Wahrheit machen.

97

Von der Zukunft des Christentums. – Über das Verschwinden des Christentums und darüber, in welchen Gegenden es am langsamsten weichen wird, kann man sich eine Vermutung gestatten, wenn man erwägt, aus welchen *Gründen* und wo der Protestantismus so ungestüm um sich griff. Er verhieß bekanntlich alles dasselbe weit billiger zu leisten, was die alte Kirche leistete, also ohne kostspielige Seelenmessen, Wallfahrten, Priester-Prunk und -Üppigkeit; er verbreitete sich namentlich bei den nördlichen Nationen, welche nicht so tief in der Symbolik und Formenlust der alten Kirche eingewurzelt waren als die des Südens: bei diesen lebte ja im Christentum das viel mächtigere religiöse Heidentum fort, während im Norden das Christentum einen Gegensatz und Bruch mit dem Altheimischen bedeutete und deshalb mehr gedankenhaft als sinnfällig von Anfang an war, eben deshalb aber auch, zu Zeiten der Gefahr, fanatischer und trotziger. Gelingt es, vom Gedanken aus das Christentum zu entwurzeln, so liegt auf der Hand, wo es anfangen wird, zu verschwinden: also gerade dort, wo es auch am allerhärtesten sich wehren wird. Anderwärts wird es sich beugen, aber nicht brechen, entblättert werden, aber wieder Blätter ansetzen – weil dort die *Sinne* und nicht die Gedanken für dasselbe Partei genommen haben. Die Sinne aber sind es, welche auch den Glauben unterhalten, daß mit allem Kostenaufwand der Kirche doch immer noch billiger und bequemer gewirtschaftet werde als mit den strengen Verhältnissen von Arbeit und Lohn: denn welches Preises hält man die Muße (oder die halbe Faulheit) für wert, wenn man sich erst an sie gewöhnt hat! Die Sinne wenden gegen eine entchristlichte Welt ein, daß in ihr zu viel gearbeitet werden müsse, und der Ertrag an Muße zu klein sei: sie nehmen die Partei der Magie, daß heißt sie lassen lieber Gott für sich arbeiten (oremus nos, deus laborabit!).

98

Schauspielerei und Ehrlichkeit der Ungläubigen. – Es gibt kein Buch, welches das, was jedem Menschen gelegentlich wohltut, – schwärmerische, opfer- und todbereite Glücks-Innigkeit im Glauben und Schauen *seiner* »Wahrheit« – so reichlich enthielte, so treuherzig ausdrückte als das Buch, welches von Christus redet: aus ihm kann ein Kluger alle Mittel lernen, wodurch ein Buch zum Weltbuch, zum Jedermanns-Freund gemacht werden kann, namentlich jenes Meister-Mittel, alles als gefunden, nichts als kommend und ungewiß hinzustellen. Alle wirkungsvollen Bücher versuchen, einen ähnlichen Eindruck zu hinterlassen, als ob der weiteste geistige und seelische Horizont hier umschrieben sei und um die hier laufende Sonne sich jedes gegenwärtige und zukünftige Gestirn drehen müsse. – Muß also nicht aus demselben Grunde, aus dem solche Bücher wirkungsvoll sind, jedes *rein wissenschaftliche* Buch wirkungsarm sein? Ist es nicht verurteilt, niedrig und unter Niedrigen zu leben, um endlich gekreuzigt zu werden und nie wieder aufzuerstehen? Sind im Verhältnis zu dem, was die Religiösen von ihrem »Wissen«, von ihrem »heiligen« Geiste verkünden, nicht alle Redlichen der Wissenschaft

»arm im Geiste«? Kann irgend eine Religion mehr Entsagung verlangen, unerbittlicher den Selbstsüchtigen aus sich hinausziehen als die Wissenschaft? – – So und ähnlich und jedenfalls mit einiger Schauspielerei mögen *wir* reden, wenn wir uns vor den Gläubigen zu verteidigen haben; denn es ist kaum möglich, eine Verteidigung ohne etwas Schauspielerei zu führen. Unter uns aber muß die Sprache ehrlicher sein: wir bedienen uns da einer Freiheit, welche jene nicht einmal, ihres eigenen Interesses halber, verstehen dürfen. Weg also mit der Kapuze der Entsagung! der Miene der Demut! Viel mehr und viel besser: so klingt unsere Wahrheit! Wenn die Wissenschaft nicht an die *Lust* der Erkenntnis, an den *Nutzen* des Erkannten geknüpft wäre, was läge uns an der Wissenschaft? Wenn nicht ein wenig Glaube, Liebe und Hoffnung unsere Seele zur Erkenntnis hinführte, was zöge uns sonst zur Wissenschaft? Und wenn zwar in der Wissenschaft das Ich nichts zu bedeuten hat, so bedeutet das erfinderische glückliche Ich, ja selbst schon jedes redliche und fleißige Ich, sehr viel in der Republik der Wissenschafts-Menschen. Achtung der Achtung-Gebenden, Freude solcher, welchen wir wohlwollen oder die wir verehren, unter Umständen Ruhm und eine mäßige Unsterblichkeit der Person ist der persönliche Preis für jene Entpersönlichung, von geringeren Aussichten und Belohnungen hier zu schweigen, obschon gerade ihrethalben die meisten den Gesetzen jener Republik und überhaupt der Wissenschaft zugeschworen haben und immerfort zuzuschwören pflegen. Wenn wir nicht in irgend einem Maße *unwissenschaftliche* Menschen geblieben wären, was könnte uns auch nur an der Wissenschaft liegen! Alles in allem genommen und rund, glatt und voll ausgesprochen: *für ein rein erkennendes Wesen wäre die Erkenntnis gleichgültig.* – Von den Frommen und Gläubigen unterscheidet uns nicht die Qualität, sondern die Quantität Glaubens und Frommseins; wir sind mit wenigerem zufrieden. Aber werden jene uns zurufen – so seid auch zufrieden und gebt euch auch als zufrieden! – worauf wir leicht antworten dürften: »In der Tat, wir gehören nicht zu den Unzufriedensten. Ihr aber, wenn euer Glaube euch selig macht, so gebt euch auch als selig! Eure Gesichter sind immer eurem Glauben schädlicher gewesen als unsere Gründe! Wenn jene frohe Botschaft eurer Bibel euch ins Gesicht geschrieben wäre, ihr brauchtet den Glauben an die Autorität dieses Buches nicht so halsstarrig zu fordern: eure Worte, eure Handlungen sollte die Bibel fortwährend überflüssig machen, eine neue Bibel sollte durch euch fortwährend entstehen! So aber hat alle eure Apologie des Christentums ihre Wurzel in eurem Unchristentum; mit eurer Verteidigung schreibt ihr eure eigne Anklageschrift. Solltet ihr aber wünschen, aus diesem eurem Ungenügen am Christentum herauszukommen, so bringt euch doch die Erfahrung von zwei Jahrtausenden zur Erwägung: welche, in bescheidene Frageform gekleidet, so klingt: ›wenn Christus wirklich die Absicht hatte, die Welt zu erlösen, sollte es ihm nicht mißlungen sein?‹«

99

Der Dichter als Wegzeiger für die Zukunft. – So viel noch überschüssige dichterische Kraft unter den jetzigen Menschen vorhanden ist, welche bei der Gestaltung des Lebens nicht verbraucht wird, so viel sollte, ohne jeden Abzug, *einem* Ziele sich weihen, nicht etwa der Abmalung des Gegenwärtigen, der Wiederbeseelung und Verdichtung der Vergangenheit, sondern dem Wegweisen für die Zukunft: – und dies nicht in dem Verstande, als ob der Dichter gleich einem phantastischen Nationalökonomen günstigere Volks- und Gesellschafts-Zustände und deren Ermöglichung im Bilde vorwegnehmen sollte. Vielmehr wird er, wie früher die Künstler an den Götterbildern fortdichteten, so an dem schönen Menschenbilde *fortdichten* und jene Fälle auswittern, wo *mitten* in unserer modernen Welt und Wirklichkeit, wo ohne jede künstliche Abwehr und Entziehung von derselben, die schöne große Seele noch möglich ist, dort wo sie sich auch jetzt noch in harmonische, ebenmäßige Zustände einzuverleiben vermag, durch sie Sichtbarkeit, Dauer und Vorbildlichkeit bekommt und also, durch Erregung von Nachahmung und Neid, die Zukunft schaffen hilft. Dichtungen solcher Dichter würden dadurch sich auszeichnen, daß sie gegen die Luft und Glut der *Leidenschaften* abgeschlossen und verwahrt erschienen: der unverbesserliche Fehlgriff, das Zertrümmern des ganzen menschlichen Saitenspiels, Hohnlachen und Zähneknirschen und alles tragische und Komische im alten gewohnten Sinne würde in der Nähe dieser neuen Kunst als lästige archaisierende Vergröberung des Menschen-Bildes empfunden werden. Kraft, Güte, Milde, Reinheit und ungewolltes, eingeborenes Maß in den Personen und deren Handlungen: ein geebneter Boden, welcher dem Fuße Ruhe und Lust gibt: ein leuchtender Himmel auf Gesichtern und Vorgängen sich abspiegelnd: das Wissen und die Kunst zu neuer Einheit zusammengeflossen: der Geist ohne Anmaßung und Eifersucht mit seiner Schwester, der Seele, zusammenwohnend und aus dem Gegensätzlichen die Grazie des Ernstes, nicht die Ungeduld des Zwiespaltes herauslockend: – dies alles wäre das Umschließende, Allgemeine, Goldgrundhafte, auf dem jetzt erst die zarten *Unterschiede* der verkörperten Ideale das eigentliche *Gemälde* – das der immer wachsenden menschlichen Hoheit – machen würden. – Von *Goethe* aus führt mancher Weg in diese Dichtung der Zukunft: aber es bedarf guter Pfadfinder und vor allem einer weit größern Macht, als die jetzigen Dichter, das heißt die unbedenklichen Darsteller des Halbtiers und der mit Kraft und Natur verwechselten Unreife und Unmäßigkeit, besitzen.

100

Die Muse als Penthesilea. – »Lieber verwesen als ein Weib sein, das nicht reizt.« Wenn die Muse erst einmal so denkt, so ist das Ende ihrer Kunst wieder in der Nähe. Aber es kann ein Tragödien- und auch ein Komödien-Ausgang sein.

101

Was der Umweg zum Schönen ist. – Wenn das Schöne gleich dem
Erfreuenden ist – und so sangen es ja einmal die Musen –, so ist
das Nützliche der oftmals notwendige *Umweg zum Schönen* und
kann den kurzsichtigen Tadel der Augenblicks-Menschen, die
nicht warten wollen und alles Gute ohne Umwege zu erreichen
denken, mit gutem Rechte zurückweisen.

102

Zur Entschuldigung mancher Schuld. – Das unablässige Schaffen-
Wollen und Nach-außen-Spähen des Künstlers hält ihn davon
ab, als Person schöner und besser zu werden, also *sich selber* zu
schaffen – es sei denn, daß seine Ehrsucht groß genug ist, um ihn
zu zwingen, daß er sich auch im Leben mit andern der wachsenden Schönheit und Größe seiner Werke immer entsprechend gewachsen zeige. In allen Fällen hat er nur ein bestimmtes Maß von
Kraft: was er davon auf *sich* verwendet – wie könnte dies noch
seinem *Werke* zugute kommen? – Und umgekehrt.

103

Den Besten genug tun. – Wenn man mit seiner Kunst »den Besten
seiner Zeit genug getan«, so ist dies ein Anzeichen davon, daß
man den Besten der nächsten Zeit mit ihr *nicht genug tun wird:*
»gelebt« freilich »hat man für alle Zeiten« – der Beifall der Besten
sichert den Ruhm.

104

Aus einem Stoffe. – Ist man aus einem Stoffe mit einem Buche
oder Kunstwerk, so meint man ganz innerlich, es müsse vortreff-
lich sein, und ist beleidigt, wenn andere es häßlich, überwürzt
oder großtuerisch finden.

105

Sprache und Gefühl. – Daß die Sprache uns nicht zur Mitteilung des *Gefühls* gegeben ist, sieht man daraus, daß alle einfachen Menschen sich schämen, Worte für ihre tieferen Erregungen zu suchen: die Mitteilung derselben äußert sich nur in Handlungen, und selbst hier gibt es ein Erröten darüber, wenn der andere ihre Motive zu erraten scheint. Unter den Dichtern, welchen im allgemeinen die Gottheit diese Scham versagte, sind doch die edleren in der Sprache des Gefühls einsilbiger und lassen einen Zwang merken: während die eigentlichen Gefühls-Dichter im praktischen Leben meistens unverschämt sind.

106

Irrtum über eine Entbehrung. – Wer sich nicht von einer Kunst lange Zeit völlig entwöhnt hat, sondern immer in ihr zu Hause ist, kann nicht von ferne begreifen, wie *wenig* man entbehrt, wenn man ohne diese Kunst lebt.

107

Dreiviertelskraft. – Ein Werk, das den Eindruck des Gesunden machen soll, darf höchstens mit Dreiviertel der Kraft seines Urhebers hervorgebracht sein. Ist er dagegen bis an seine äußerste Grenze gegangen, so regt das Werk den Betrachtenden auf und ängstigt ihn durch seine Spannung. Alle guten Dinge haben etwas Lässiges und liegen wie Kühe auf der Wiese.

108

Den Hunger als Gast abweisen. – Weil dem Hungrigen die feinere Speise so gut und um nichts besser als die gröbste dient, so wird der anspruchvollere Künstler nicht darauf denken, den Hungrigen zu seiner Mahlzeit einzuladen.

109

Ohne Kunst und Wein leben. – Mit den Werken der Kunst steht es wie mit dem Weine: noch besser ist es, wenn man beide nicht nötig hat, sich an Wasser hält und das Wasser aus innerem Feuer, innerer Süße der Seele immer wieder von selber in Wein verwandelt.

110

Das Raub-Genie. – Das Raub-Genie in den Künsten, das selbst feine Geister zu täuschen weiß, entsteht, wenn jemand unbedenklich von jung an alles Gute, welches nicht geradezu vom Gesetz als Eigentum einer bestimmten Person in Schutz genommen ist, als freie Beute betrachtet. Nun liegt alles Gute vergangener Zeiten und Meister frei umher, eingehegt und behütet durch die verehrende Scheu der wenigen, die es erkennen: diesen wenigen bietet jenes Genie, kraft seines Mangels an Scham, Trotz und häuft sich einen Reichtum auf, der selber wieder Verehrung und Scheu erzeugt.

111

An die Dichter der großen Städte. – Den Gärten der heutigen Poesie merkt man es an, daß die großstädtischen Kloaken zu nahe dabei sind: mitten in den Blütengeruch mischt sich etwas, das Ekel und Fäulnis verrät. – Mit Schmerz frage ich: habt ihr es so nötig, ihr Dichter, den Witz und den Schmutz immer zu Gevatter zu bitten, wenn irgend eine unschuldige schöne Empfindung von euch getauft werden soll? Müßt ihr durchaus eurer edlen Göttin eine Fratzen- und Teufelskappe aufsetzen? Woher aber diese Not, dieses Müssen? – Eben daher, daß ihr den Kloaken zu nahe wohnt.

112

Vom Salz der Rede. – Niemand hat noch erklärt, warum die griechischen Schriftsteller von den Mitteln des Ausdrucks, welche ihnen in unerhörter Fülle und Kraft zu Gebote standen, nur so übersparsamen Gebrauch gemacht haben, daß jedes nachgriechische Buch dagegen grell, bunt und überspannt erscheint. – Man hört, daß dem Nordpol-Eise zu ebenso wie in den heißesten Ländern der Gebrauch des Salzes spärlicher werde, daß dagegen die Ebenen- und Küstenanwohner im Erdgürtel der mäßigeren Sonnenwärme am reichlichsten Gebrauch von ihm machen. Sollten die Griechen aus doppelten Gründen, weil zwar ihr Intellekt kälter und klarer, ihre leidenschaftliche Grundnatur aber um vieles tropischer war als die unsrige, des Salzes und Gewürzes nicht in dem Maße nötig gehabt haben als wir?

113

Der freieste Schriftsteller. – Wie dürfte in einem Buche für freie Geister Lorenz Sterne ungenannt bleiben, er, den Goethe als den freiesten Geist seines Jahrhunderts geehrt hat! Möge er hier mit der Ehre fürlieb nehmen, der freieste Schriftsteller aller Zeiten genannt zu werden, in Vergleich mit welchem alle anderen steif, vierschrötig, unduldsam und bäurisch-geradezu erscheinen. An ihm dürfte nicht die geschlossene klare, sondern die »unendliche Melodie« gerühmt werden: wenn mit diesem Worte ein Stil der Kunst zu einem Namen kommt, bei dem die bestimmte Form fortwährend gebrochen, verschoben, in das Unbestimmte zurückübersetzt wird, so daß sie das eine und zugleich das andere bedeutet. Sterne ist der große Meister der *Zweideutigkeit* – dies Wort billigerweise viel weiter genommen als man gemeinhin tut, wenn man dabei an geschlechtliche Beziehungen denkt. Der Leser ist verloren zu geben, der jederzeit genau wissen will, was Sterne eigentlich über eine Sache denkt, ob er bei ihr ein ernsthaftes oder ein lächelndes Gesicht macht: denn er versteht sich auf beides in *einer* Faltung seines Gesichts; er versteht es ebenfalls und will es sogar, zugleich recht und unrecht zu haben, den Tiefsinn und die Posse zu verknäueln. Seine Abschweifungen sind zugleich Forterzählungen und Weiterentwicklungen der Geschichte; seine Sentenzen enthalten zugleich eine Ironie auf alles Sentenziöse, sein Widerwille gegen das Ernsthafte ist einem Hange angeknüpft, keine Sache nur flach und äußerlich nehmen zu können. So bringt er bei dem rechten Leser ein Gefühl von Unsicherheit darüber hervor, ob man gehe, stehe oder liege: ein Gefühl, welches dem des Schwebens am verwandtesten ist. Er, der geschmeidigste Autor, teilt auch seinem Leser etwas von dieser Geschmeidigkeit mit. Ja, Sterne verwechselt unversehens die Rollen und ist bald ebenso Leser, als er Autor ist; sein Buch gleicht einem Schauspiel im Schauspiel, einem Theaterpublikum vor einem andern Theaterpublikum. Man muß sich der Sternischen Laune auf Gnade und Ungnade ergeben – und kann übrigens erwarten, daß sie gnädig, immer gnädig ist. Seltsam und belehrend ist es, wie ein so großer Schriftsteller wie Diderot sich zu dieser allgemeinen Zweideutigkeit Sternes gestellt hat: nämlich ebenfalls zweideutig – und das eben ist echt Sternischer Überhumor. Hat er jenen, in seinem Jacques le fataliste, nachgeahmt, bewundert, verspottet, parodiert? – man kann es nicht völlig herausbekommen, – und vielleicht hat gerade dies sein Autor gewollt. Gerade dieser Zweifel macht die Franzosen gegen das Werk eines ihrer ersten Meister (der sich vor keinem Alten und Neuen zu schämen braucht) *ungerecht*. Die Franzosen sind eben zum Humor – und namentlich zu diesem Humoristischnehmen des Humors selber – zu ernsthaft. – Sollte es nötig sein hinzuzufügen, daß Sterne unter allen großen Schriftstellern das schlechteste Muster und der eigentlich unvorbildliche Autor ist, und daß selbst Diderot sein Wagnis büßen mußte? Das, was die guten Franzosen und vor ihnen einzelne Griechen als Prosaiker wollten und konnten, ist genau das Gegenteil von dem, was Sterne will und kann: er erhebt sich eben als meisterhafte Ausnahme über das, was alle schriftstellerischen Künstler von sich fordern: Zucht, Geschlossenheit, Charakter, Beständigkeit der Absichten, Überschaulichkeit, Schlichtheit, Haltung in Gang und Miene. – Leider

scheint der Mensch Sterne mit dem Schriftsteller Sterne nur zu
verwandt gewesen zu sein: seine Eichhorn-Seele sprang mit un-
beständiger Unruhe von Zweig zu Zweig; was nur zwischen Erhaben und Schuftig liegt, war ihm bekannt; auf jeder Stelle hatte
er gesessen, immer mit dem unverschämten wäßrigen Auge und
dem empfindsamen Mienenspiele. Er war, wenn die Sprache von
einer solchen Zusammenstellung nicht erschrecken wollte, von
einer hartherzigen Gutmütigkeit und hatte in den Genüssen einer barocken, ja verderbten Einbildungskraft fast die blöde Anmut der Unschuld. Eine solche fleisch- und seelenhafte Zweideutigkeit, eine solche Freigeisterei bis in jede Faser und Muskel
des Leibes hinein, wie er diese Eigenschaften hatte, besaß vielleicht kein anderer Mensch.

114

Gewählte Wirklichkeit. – Wie der gute Prosaschriftsteller nur Worte nimmt, welche der Umgangssprache angehören, doch lange
nicht alle Worte derselben – wodurch eben der gewählte Stil
entsteht –, so wird der gute Dichter der Zukunft *nur Wirkliches*
darstellen und von allen phantastischen, abergläubischen, halb-
redlichen, abgeklungenen Gegenständen, an denen frühere
Dichter ihre Kraft zeigten, völlig absehen. Nur Wirklichkeit,
aber lange nicht jede Wirklichkeit! – sondern eine gewählte
Wirklichkeit!

115

Abarten der Kunst. – Neben den echten Gattungen der Kunst, der
der großen Ruhe und der der großen Bewegung, gibt es Abarten
– die ruhesüchtige, blasierte Kunst und die aufgeregte Kunst: beide wünschen, daß man ihre Schwäche für Stärke nehme und sie
mit den echten Gattungen verwechsele.

116

Zum Heros fehlt jetzt die Farbe. – Die eigentlichen Dichter und Künstler der Gegenwart lieben es, ihre Gemälde auf einen rot, grün, grau und goldig flackernden Grund aufzutragen, auf den Grund der *nervösen Sinnlichkeit:* auf diese verstehen sich ja die Kinder dieses Jahrhunderts. Dies hat den Nachteil – wenn man nämlich nicht mit den Augen des Jahrhunderts auf jene Gemälde sieht –, daß die größten Gestalten, welche jene hinmalen, etwas Flimmerndes, Zitterndes, Wirbelndes an sich zu haben scheinen: so daß man ihnen heroische Taten eigentlich nicht zutraut, sondern höchstens heorisierende, prahlerische Untaten.

117

Stil der Überladung. – Der überladene Stil in der Kunst ist die Folge einer Verarmung der organisierenden Kraft bei verschwenderischem Vorhandensein von Mitteln und Absichten. – In den Anfängen der Kunst findet sich mitunter das gerade Gegenstück dazu.

118

Pulchrum est paucorum hominum. – Die Historie und die Erfahrung sagt uns, daß die bedeutsame Ungeheuerlichkeit, welche die Phantasie geheimnisvoll anregt und über das Wirkliche und Alltägliche fortträgt, *älter* ist und reichlicher wächst als das Schöne in der Kunst und dessen Verehrung – und daß es sofort wieder in Überfülle ausschlägt, wenn der Sinn für Schönheit sich verdunkelt. Es scheint für die Mehr- und Überzahl der Menschen ein höheres Bedürfnis zu sein als das Schöne: wohl deshalb, weil es das gröbere Narcoticum enthält.

119

Ursprünge des Geschmacks an Kunstwerken. – Denkt man an die anfänglichen Keime des künstlerischen Sinnes und fragt sich, welche verschiedentlichen Arten der Freude durch die Erstlinge der

Kunst, zum Beispiel bei wilden Völkerschaften, hervorgebracht werden, so findet man zuerst die Freude, zu *verstehen,* was ein andrer *meint;* die Kunst ist hier eine Art Rätselaufgeben, das dem Erratenden Genuß am eigenen Schnell- und Scharfsinn verschafft. – Sodann erinnert man sich beim rohesten Kunstwerk an das, was einem in der Erfahrung angenehm *war* und hat insofern Freude, zum Beispiel wenn der Künstler auf Jagd, Sieg, Hochzeit hingedeutet hat. – Wiederum kann man sich durch das Dargestellte erregt, gerührt, entflammt fühlen, beispielsweise bei Verherrlichung von Rache und Gefahr. Hier liegt der Genuß in der Erregung selber, im Siege über die Langeweile. – Auch die Erinnerung an das Unangenehme, insofern es überwunden ist, oder insofern es uns selber als Gegenstand der Kunst vor dem Zuhörer interessant erscheinen läßt (wie wenn der Sänger die Unfälle eines verwegenen Seefahrers beschreibt), kann große Freude machen, welche man dann der Kunst zugute rechnet. – Feinerer Art ist schon jene Freude, welche beim Anblick alles Regelmäßigen und Symmetrischen, in Linien, Punkten, Rhythmen, entsteht; denn durch eine gewisse Ähnlichkeit wird die Empfindung für alles Geordnete und Regelmäßige im Leben, dem man ja ganz allein alles Wohlbefinden zu danken hat, wachgerufen: im Kultus des Symmetrischen verehrt man also unbewußt die Regel und das Gleichmaß als Quelle seines bisherigen Glücks; die Freude ist eine Art Dankgebet. Erst bei einer gewissen Übersättigung an dieser letzterwähnten Freude entsteht das noch feinere Gefühl, daß auch im Durchbrechen des Symmetrischen und Geregelten Genuß liegen könne; wenn es zum Beispiel anreizt, Vernunft in der scheinbaren Unvernunft zu suchen: wodurch es dann, als eine Art ästhetischen Rätselratens, wie eine höhere Gattung der zuerst erwähnten Kunstfreude dasteht. – Wer dieser Betrachtung weiter nachhängt, wird wissen, *auf welche Art von Hypothesen* hier zur Erklärung der ästhetischen Erscheinungen grundsätzlich verzichtet wird.

120

Nicht zu nahe. – Es ist ein Nachteil für gute Gedanken, wenn sie zu rasch aufeinander folgen; sie verdecken sich gegenseitig die Aussicht. – Deshalb haben die größten Künstler und Schriftsteller reichlichen Gebrauch vom Mittelmäßigen gemacht.

121

Roheit und Schwäche. – Die Künstler aller Zeiten haben die Entdeckung gemacht, daß in der *Roheit* eine gewisse Kraft liegt und daß nicht jeder roh sein kann, der es wohl sein möchte; ebenso daß manche Arten von *Schwäche* stark auf das Gefühl wirken. Hieraus sind nicht wenig Kunstmittel-Surrogate abgeleitet worden, deren sich völlig zu enthalten selbst den größten und gewissenhaftesten Künstlern schwer wird.

122

Das gute Gedächtnis. – Mancher wird nur deshalb kein Denker, weil sein Gedächtnis zu gut ist.

123

Hungermachen statt Hungerstillen. – Große Künstler wähnen, sie hätten durch ihre Kunst eine Seele völlig in Besitz genommen und ausgefüllt: in Wahrheit, und oft zu ihrer schmerzlichen Enttäuschung, ist jene Seele dadurch nur um so umfänglicher und unausfüllbarer geworden, so daß zehn größere Künstler sich nur in ihre Tiefe hinabstürzen könnten, ohne sie zu sättigen.

124

Künstler-Angst. – Die Angst, man möchte ihren Figuren nicht glauben, daß sie *leben,* kann Künstler des absinkenden Geschmacks verführen, diese so zu bilden, daß sie sich wie *toll* benehmen: wie andererseits aus derselben Angst griechische Künstler des ersten Aufgangs selbst Sterbenden und Schwerverwundeten jenes Lächeln geben, welches sie als lebhaftestes Zeichen des Lebens kannten, – unbekümmert darum, was die Natur in solchem Falle des Noch-Lebens, des Fast-nicht-mehr-Lebens bildet.

125

Der Kreis soll fertig werden. – Wer einer Philosophie oder Kunstart bis an das Ende ihrer Bahn und um das Ende herum nachgegangen ist, begreift aus einem innern Erlebnis, warum die nachfolgenden Meister und Lehrer sich von ihr, oft mit abschätziger Miene, zu einer neuen Bahn fortwandten. Der Kreis muß eben umschrieben werden – aber der Einzelne, und sei es der Größte, sitzt auf seinem Punkte der Peripherie fest, mit einer unerbittlichen Miene der Hartnäckigkeit, als ob der Kreis nie geschlossen werden dürfe.

126

Ältere Kunst und die Seele der Gegenwart. – Weil jede Kunst zum Ausdruck seelischer Zustände, der bewegteren, zarteren, drastischeren, leidenschaftlicheren, immer befähigter wird, so empfinden die späteren Meister, durch diese Ausdrucks-Mittel verwöhnt, ein Unbehagen bei den Kunstwerken der älteren Zeit, wie als ob es den Alten eben nur an den Mitteln gefehlt habe, ihre Seele deutlich reden zu lassen, vielleicht gar an einigen technischen Vorbedingungen; und sie meinen hier nachhelfen zu müssen – denn sie glauben an die Gleichheit, ja Einheit aller Seelen. In Wahrheit ist aber die Seele jener Meister selber noch eine andere gewesen, *größer* vielleicht, aber kälter und dem Reizvoll-Lebendigen noch abhold: das Maß, die Symmetrie, die Geringachtung des Holden und Wonnigen, eine unbewußte Herbe und Morgenkühle, ein Ausweichen vor der Leidenschaft, wie als ob an ihr die Kunst zugrunde gehen werde, – dies macht die Gesinnung und Moralität aller älteren Meister aus, welche ihre Ausdrucks-Mittel nicht zufällig, sondern notwendig mit der gleichen Moralität wählten und durchgeisteten. – Soll man aber, bei dieser Erkenntnis, den später Kommenden das Recht versagen, die älteren Werke nach ihrer Seele zu beseelen? Nein, denn nur dadurch, daß wir ihnen unsere Seele geben, vermögen sie fortzuleben: erst *unser* Blut bringt sie dazu, zu *uns* zu reden. Der wirklich »historische« Vortrag würde gespenstisch zu Gespenstern reden. – Man ehrt die großen Künstler der Vergangenheit weniger durch jene unfruchtbare Scheu, welche jedes Wort, jede Note so liegen läßt, wie sie gestellt ist, als durch tätige Versuche, ihnen immer von neuem wieder zum Leben zu verhelfen. – Freilich: dächte man sich Beethoven plötzlich wiederkommend und eins seiner Werke gemäß der modernsten Beseeltheit und Nerven-Verfeinerung, welche unsern Meistern des Vortrags zum Ruhme dient, vor ihm ertönend: er würde wahrscheinlich lange stumm sein, schwankend, ob er die Hand zum Fluchen oder Segnen erheben solle, endlich aber vielleicht sprechen: »Nun! Nun! Das ist weder Ich noch Nicht-Ich, sondern etwas Drittes – es scheint mir auch etwas Rechtes, wenn es gleich nicht *das Rechte* ist. Ihr mögt aber zusehen, wie ihr's treibt, da ihr ja jedenfalls zuhören müßt, – und der Lebende hat recht, sagt ja unser Schiller. So *habt* denn recht und laßt mich wieder hinab.«

127

Gegen die Tadler der Kürze. – Etwas Kurz-Gesagtes kann die Frucht und Ernte von vielem Lang-Gedachten sein: aber der Leser, der auf diesem Felde Neuling ist und hier noch gar nicht nachgedacht hat, sieht in allem Kurz-Gesagten etwas Embryonisches, nicht ohne einen tadelnden Wink an den Autor, daß er dergleichen Unausgewachsenes, Ungereiftes ihm zur Mahlzeit mit auf den Tisch setze.

128

Gegen die Kurzsichtigen. – Meint ihr denn, es müsse Stückwerk sein, weil man es euch in Stücken gibt (und geben muß)?

129

Sentenzen-Leser. – Die schlechtesten Leser von Sentenzen sind die Freunde ihres Urhebers, im Fall sie beflissen sind, aus dem Allgemeinen wieder auf das Besondere zurückzuraten, dem die Sentenz ihren Ursprung verdankt: denn durch diese Topfguckerei machen sie die ganze Mühe des Autors zunichte, so daß sie nun verdientermaßen anstatt einer philosophischen Stimmung und Belehrung besten- oder schlimmstenfalls nichts als die Befriedigung der gemeinen Neugierde zum Gewinn erhalten.

130

Unarten des Lesers. – Die doppelte Unart des Lesers gegen den Autor besteht darin, das zweite Buch desselben auf Unkosten des ersten zu loben (oder umgekehrt) und dabei zu verlangen, daß der Autor ihm dankbar sei.

131

Das Aufregende in der Geschichte der Kunst. –Verfolgt man die Geschichte einer Kunst, zum Beispiel die der griechischen Beredsamkeit, so gerät man, von Meister zu Meister fortgehend, bei dem Anblick dieser immer gesteigerten Besonnenheit, um den alten und neu hinzugefügten Gesetzen und Selbstbeschränkungen insgesamt zu gehorchen, zuletzt in eine peinliche Spannung: man begreift, daß der Bogen brechen *muß* und daß die sogenannte unorganische Komposition, mit den wundervollsten Mitteln des Ausdrucks überhängt und maskiert – in jenem Falle der Barockstil des Asianismus –, einmal eine Notwendigkeit und fast eine *Wohltat* war.

132

An die Großen der Kunst. – Jene Begeisterung für eine Sache, welche du Großer in die Welt hineinträgst, läßt den Verstand vieler *verkrüppeln*. Dies zu wissen demütigt. Aber der Begeisterte trägt seinen Höcker mit Stolz und Lust: insofern hast du den Trost, daß durch dich das Glück in der Welt *vermehrt* ist.

133

Die ästhetisch Gewissenlosen. – Die eigentlichen Fanatiker einer künstlerischen Partei sind jene völlig unkünstlerischen Naturen, welche selbst in die Elemente der Kunstlehre und des Kunstkönnens nicht eingedrungen sind, aber auf das stärkste von allen *elementarischen* Wirkungen einer Kunst ergriffen werden. Für sie gibt es kein ästhetisches Gewissen – und daher nichts, was sie vom Fanatismus zurückhalten könnte.

134

Wie nach der neueren Musik sich die Seele bewegen soll. – Die künstlerische Absicht, welche die neuere Musik in dem verfolgt, was jetzt, sehr stark aber undeutlich, als »unendliche Melodie« bezeichnet wird, kann man sich dadurch klarmachen, daß man ins Meer geht, allmählich den sicheren Schritt auf dem Grunde verliert und sich endlich dem wogenden Elemente auf Gnade und Ungnade übergibt: man soll *schwimmen.* In der bisherigen älteren Musik mußte man, im zierlichen oder feierlichen oder feurigen Hin und Wieder, Schneller und Langsamer, *tanzen:* wobei das hierzu nötige Maß, das Einhalten bestimmter gleichwiegender Zeit- und Kraftgrade von der Seele des Zuhörers eine fortwährende *Besonnenheit* erzwang: auf dem Widerspiele dieses kühleren Luftzuges, welcher von der Besonnenheit herkam, und des durchwärmten Atems musikalischer Begeisterung ruhte der Zauber jener Musik. – Richard Wagner wollte eine andere Art *Bewegung der Seele,* welche, wie gesagt, dem Schwimmen und Schweben verwandt ist. Vielleicht ist dies das wesentlichste seiner Neuerungen. Sein berühmtes Kunstmittel, diesem Wollen entsprungen und angepaßt – die »unendliche Melodie« – bestrebt sich, alle mathematische Zeit- und Kraft-Ebenmäßigkeit zu brechen, mitunter selbst zu verhöhnen; und er ist überreich in der Erfindung solcher Wirkungen, welche dem älteren Ohre wie rhythmische Paradoxien und Lästerreden klingen. Er fürchtet die Versteinerung, die Kristallisation, den Übergang der Musik in das Architektonische – und so stellt er dem zweitaktigen Rhythmus einen dreitaktigen entgegen, führt nicht selten den Fünf- und Siebentakt ein, wiederholt dieselbe Phrase sofort, aber mit einer Dehnung, daß sie die doppelte und dreifache Zeitdauer bekommt. Aus einer bequemen Nachahmung solcher Kunst kann eine große Gefahr für die Musik entstehen: immer hat neben der Überreife des rhythmischen Gefühls die Verwilderung, der Verfall der Rhythmik im Versteck gelauert. Sehr groß wird zumal diese Gefahr, wenn eine solche Musik sich immer enger an eine ganz naturalistische, durch keine höhere Plastik erzogene und beherrschte Schauspielerkunst und Gebärdensprache anlehnt, welche in sich kein Maß hat und dem sich ihr anschmiegenden Elemente, dem *allzuweiblichen* Wesen der Musik, auch kein Maß mitzuteilen vermag.

135

Dichter und Wirklichkeit. – Die Muse des Dichters, der nicht in die Wirklichkeit *verliebt* ist, wird eben nicht die Wirklichkeit sein und ihm hohläugige und allzu zartknochichte Kinder gebären.

136

Mittel und Zweck. – In der Kunst heiligt der Zweck die Mittel nicht: aber heilige Mittel können hier den Zweck heiligen.

137

Die schlechtesten Leser. – Die schlechtesten Leser sind die, welche wie plündernde Soldaten verfahren: sie nehmen sich einiges, was sie brauchen können, heraus, beschmutzen und verwirren das übrige und lästern auf das Ganze.

138

Merkmale des guten Schriftstellers. – Die guten Schriftsteller haben zweierlei gemeinsam; sie ziehen vor, lieber verstanden als angestaunt zu werden; und sie schreiben nicht für die spitzen und überscharfen Leser.

139

Die gemischten Gattungen. – Die gemischten Gattungen in den Künsten legen Zeugnis über das Mißtrauen ab, welches ihre Urheber gegen ihre eigne Kraft empfanden; sie suchten Hilfsmächte, Anwälte, Verstecke – so der Dichter, der die Philosophie, der Musiker, der das Drama, der Denker, der die Rhetorik zu Hilfe ruft.

140

Mund halten. – Der Autor hat den Mund zu halten, wenn sein Werk den Mund auftut.

141

Abzeichen des Ranges. – Alle Dichter und Schriftsteller, welche in den Superlativ verliebt sind, wollen mehr als sie können.

142

Kalte Bücher. – Der gute Denker rechnet auf Leser, welche das Glück nachempfinden, das im guten Denken liegt: so daß ein Buch, welches sich kalt und nüchtern ausnimmt, durch die rechten Augen gesehen, vom Sonnenscheine der geistigen Heiterkeit umspielt und als ein rechter Seelentrost erscheinen kann.

143

Kunstgriff der Schwerfälligen. – Der schwerfällige Denker wählt gewöhnlich die Geschwätzigkeit oder die Feierlichkeit zur Bundesgenossin: durch die erstere meint er sich Beweglichkeit und leichten Fluß anzuzeigen, durch die letztere erweckt er den Schein, als ob seine Eigenschaft eine Wirkung des freien Willens, der künstlerischen Absicht sei, zum Zwecke der Würde, welche Langsamkeit der Bewegung fordert.

144

Vom Barockstile. – Wer sich als Denker und Schriftsteller zur Dialektik und Auseinanderfaltung der Gedanken nicht geboren oder erzogen weiß, wird unwillkürlich nach dem *Rhetorischen* und *Dramatischen* greifen: denn zuletzt kommt es ihm darauf an, sich *verständlich* zu machen und dadurch Gewalt zu gewinnen, gleichgültig ob er das Gefühl auf ebenem Pfade zu sich leitet oder unversehens überfällt – als Hirt oder als Räuber. Dies gilt auch in den bildenden wie musischen Künsten; wo das Gefühl mangelnder Dialektik oder des Ungenügens in Ausdruck und Erzählung, zusammen mit einem überreichen, drängenden Formentriebe, jene Gattung des Stiles zutage fördert, welche man *Barockstil* nennt. Nur die Schlechtunterrichteten und Anmaßenden werden übrigens bei diesem Wort sogleich eine abschätzige Empfindung haben. Der Barockstil entsteht jedesmal beim Abblühen jeder großen Kunst, wenn die Anforderungen in der Kunst des klassischen Ausdrucks allzu groß geworden sind, als ein Natur-Ereignis, dem man wohl mit Schwermut – weil es der Nacht voranläuft – zusehen wird, aber zugleich mit Bewunderung für die ihm eigentümlichen Ersatzkünste des Ausdrucks und der Erzählung. Dahin gehört schon die Wahl von Stoffen und Vorwürfen höchster dramatischer Spannung, bei denen auch ohne Kunst das Herz zittert, weil Himmel und Hölle der Empfindung allzu nahe sind: dann die Beredsamkeit der starken Affekte und Gebärden, des Häßlich-Erhabenen, der großen Massen, überhaupt der Quantität an sich – wie dies sich schon bei Michelangelo, dem Vater oder Großvater der italienischen Barockkünstler, ankündigt –: die Dämmerungs-, Verklärungs- oder Feuerbrunstlichter auf so starkgebildeten Formen: dazu fortwährend neue Wagnisse in Mitteln und Absichten, vom Künstler für die Künstler kräftig unterstrichen, während der Laie wähnen muß, das beständige unfreiwillige Überströmen aller Füllhörner einer ursprünglichen Natur-Kunst zu sehen: diese Eigenschaften alle, in denen jener Stil seine Größe hat, sind in den früheren, vorklassischen und klassischen Epochen einer Kunstart nicht möglich, nicht erlaubt: solche Köstlichkeiten hängen lange als verbotene Früchte am Baume. – Gerade jetzt, wo die *Musik* in diese letzte Epoche übergeht, kann man das Phänomen des Barockstils in einer besonderen Pracht kennenlernen und vieles durch Vergleichung daraus für frühere Zeiten lernen: denn es hat von den griechischen Zeiten ab schon oftmals einen Barockstil gegeben, in der Poesie, Beredsamkeit, im Prosastile, in der Skulptur ebensowohl als bekanntermaßen in der Architektur – und jedesmal hat dieser Stil, ob es ihm gleich am höchsten Adel, an dem einer unschuldigen, unbewußten, sieghaften Vollkommenheit gebricht, auch vielen von den Besten und Ernstesten seiner Zeit wohlgetan: – weshalb es, wie gesagt, anmaßend ist, ohne weiteres ihn abschätzig zu beurteilen; so sehr sich jeder glücklich preisen darf, dessen Empfindung durch ihn nicht für den reineren und größeren Stil unempfindlich gemacht wird.

145

Wert ehrlicher Bücher. – Ehrliche Bücher machen den Leser ehrlich, wenigstens indem sie seinen Haß und Widerwillen herauslocken, welchen die verschmitzte Klugheit sonst am besten zu verstecken weiß. Gegen ein Buch aber läßt man sich gehen, wenn man sich auch noch so sehr gegen Menschen zurückhält.

146

Wodurch die Kunst Partei macht. – Einzelne schöne Stellen, ein erregender Gesamtverlauf und hinreißende erschütternde Schlußstimmungen – so *viel* wird auch den meisten Laien von einem

Kunstwerk noch zugänglich sein: und in einer Periode der Kunst, in der man die große Masse der Laien auf die Seite der Künstler *hinüberziehen,* also eine Partei, vielleicht zur Erhaltung der Kunst überhaupt, machen will, wird der Schaffende gut tun, auch nicht *mehr* zu geben: damit er nicht zum Verschwender seiner Kraft werde auf Gebieten, wo niemand ihm Dank weiß. Das übrige nämlich zu leisten – die Natur in ihrem *organischen* Bilden und Wachsenlassen nachzuahmen – hieße in jenem Falle: auf Wasser säen.

147

Zum Schaden der Historie groß werden. – Jeder spätere Meister, welcher den Geschmack der Kunst-Genießenden in seine Bahn lenkt, bringt unwillkürlich eine Auswahl und Neu-Abschätzung der älteren Meister und ihrer Werke hervor: das *ihm* Gemäße und Verwandte, das *ihn* Vorschmeckende und Ankündigende in jenen gilt von jetzt ab als das eigentlich *Bedeutende* an ihnen und ihren Werken – eine Frucht, in der gewöhnlich ein großer *Irrtum* als Wurm verborgen steckt.

148

Wie ein Zeitalter zur Kunst geködert wird. – Man lerne mit Hilfe aller Künstler- und Denker-Zaubereien die Menschen an, vor ihren Mängeln, ihrer geistigen Armut, ihren unsinnigen Verblendungen und Leidenschaften Verehrung zu empfinden – und dies ist möglich –, man zeige vom Verbrechen und vom Wahne nur die erhabene Seite, von der Schwäche der Willenlosen und Blind-Ergebnen nur das Rührende und Zu-Herzen-Sprechende eines solchen Zustandes – auch dies ist oft genug geschehen –: so hat man das Mittel angewendet, auch einem ganz unkünstlerischen und unphilosophischen Zeitalter schwärmerische *Liebe* zu Philosophie und Kunst (namentlich zu den Künstlern und Denkern als Personen) einzuflößen, und, in schlimmen Umständen, vielleicht das einzige Mittel, die Existenz so zarter und gefährdeter Gebilde zu wahren.

149

Kritik und Freude. – Kritik, einseitige und ungerechte ebensogut wie verständige, macht dem, der sie übt, so viel Vergnügen, daß die Welt jedem Werk, jeder Handlung Dank schuldig ist, welche viel und viele zur Kritik auffordert: denn hinter ihr her zieht sich ein blitzender Schweif von Freude, Witz, Selbstbewunderung, Stolz, Belehrung, Vorsatz zum Bessermachen. – Der Gott der Freude schuf das Schlechte und Mittelmäßige aus dem gleichen Grunde, aus dem er das Gute schuf.

150

Über seine Grenze hinaus. – Wenn ein Künstler mehr sein will als ein Künstler, zum Beispiel der moralische Erwecker seines Volkes, so verliebt er sich, zur Strafe, zuletzt in ein Ungetüm von moralischem Stoff – und die Muse lacht dazu: denn diese so gutherzige Göttin kann aus Eifersucht auch boshaft werden. Man denke an Milton und Klopstock.

151

Gläsernes Auge. – Die Richtung des Talentes auf *moralische* Stoffe, Personen, Motive, auf die schöne Seele des Kunstwerks ist mitunter nur das gläserne Auge, welches der Künstler, dem es an der schönen Seele *gebricht,* sich einsetzt: mit dem sehr seltenen Erfolge, daß dies Auge zuletzt doch lebendige Natur wird, wenn auch etwas verkümmert blickende Natur, – aber mit dem gewöhnlichen Erfolge, daß alle Welt Natur zu sehen meint, wo kaltes Glas ist.

152

Schreiben und Siegen-wollen. – Schreiben sollte immer einen Sieg anzeigen, und zwar eine Überwindung *seiner selbst,* welche anderen zum Nutzen mitgeteilt werden muß; aber es gibt dyspeptische Autoren, welche gerade nur schreiben, wenn sie etwas nicht verdauen können, ja wenn dies ihnen schon in den Zähnen hängengeblieben ist: sie suchen unwillkürlich mit ihrem Ärger auch dem Leser Verdruß zu machen und so eine Gewalt über ihn auszuüben, das heißt: auch sie wollen siegen, aber über andere.

153

»*Gut Buch will Weile haben.*« – Jedes gute Buch schmeckt herb, wenn es erscheint: es hat den Fehler der Neuheit. Zudem schadet ihm sein lebender Autor, falls er bekannt ist und manches von ihm verlautet: denn alle Welt pflegt den Autor und sein Werk zu verwechseln. Was in diesem an Geist, Süße und Goldglanz ist, muß sich erst mit den Jahren entwickeln, unter der Pflege wachsender, dann alter, zuletzt überlieferter Verehrung. Manche Stunde muß darüber hinlaufen, manche Spinne ihr Netz daran gewoben haben. Gute Leser machen ein Buch immer besser und gute Gegner klären es ab.

154

Maßlosigkeit als Kunstmittel. – Künstler verstehen wohl, was es sagen will: die Maßlosigkeit als Kunstmittel zu benutzen, um den Eindruck des Reichtums hervorzubringen. Es gehört das zu den unschuldigen Listen der Seelenverführung, auf welche sich die Künstler verstehen müssen: denn in ihrer Welt, in der es auf Schein abgesehen ist, brauchen auch die Mittel des Scheins nicht notwendig echt zu sein.

155

Der versteckte Leierkasten. – Die Genies verstehen sich besser als die Talente darauf, den Leierkasten zu verstecken, vermöge ihres umfänglicheren Faltenwurfs; aber im Grunde können sie auch nicht mehr, als ihre alten sieben Stücke immer wieder spielen.

156

Der Name auf dem Titelblatt. – Daß der Name des Autors auf dem Buche steht, ist zwar jetzt Sitte und fast Pflicht; doch ist es eine

Hauptursache davon, daß Bücher so wenig wirken. Sind sie nämlich gut, so sind sie mehr wert als die Personen, als deren Quint-
essenzen; sobald aber der Autor sich durch den Titel zu erkennen
gibt, wird die Quintessenz wieder von seiten des Lesers mit dem
Persönlichen, ja Persönlichsten diluiert und somit der Zweck des
Buches vereitelt. Es ist der Ehrgeiz des Intellektes, nicht mehr individuell zu erscheinen.

157

Schärfste Kritik. – Man kritisiert einen Menschen, ein Buch am
schärfsten, wenn man das Ideal desselben hinzeichnet.

158

Wenig und ohne Liebe. – Jedes gute Buch ist für einen bestimmten Leser und dessen Art geschrieben und wird eben deshalb
von allen übrigen Lesern, der großen Mehrzahl, ungünstig angesehn: weshalb sein Ruf auf schmaler Grundlage ruht und nur
langsam aufgebaut werden kann. – Das mittelmäßige und
schlechte Buch ist es eben dadurch, daß es vielen zu gefallen
sucht und auch gefällt.

159

Musik und Krankheit. – Die Gefahr in der neuen Musik liegt darin, daß sie uns den Becher des Wonnigen und Großartigen so
hinreißend und mit einem Anscheine von sittlicher Ekstase an die
Lippen setzt, daß auch der Mäßige und Edle immer einige Tropfen zu viel von ihr trinkt. Diese Minimal-Ausschweifung, fortwährend wiederholt, kann aber zuletzt eine tiefere Erschütterung
und Untergrabung der geistigen Gesundheit zuwege bringen, als
irgend ein grober Exzeß es vermöchte: so daß nichts übrigbleibt,
als eines Tages die Nymphengrotte zu fliehen und, durch Mee-
reswogen und Gefahren, nach dem Rauch von Ithaka und nach
den Umarmungen der schlichteren und menschlicheren Gattin
sich den Weg zu bahnen.

160

Vorteil für die Gegner. – Ein Buch voller Geist teilt auch an seine Gegner davon mit.

161

Jugend und Kritik. – Ein Buch kritisieren – das heißt für die Jungen nur: keinen einzigen produktiven Gedanken desselben an sich herankommen lassen und sich, mit Händen und Füßen, seiner Haut wehren. Der Jüngling lebt gegen alles Neue, das er nicht in Bausch und Bogen lieben kann, im Stande der Notwehr und begeht jedesmal dabei, so oft er nur kann, ein überflüssiges Verbrechen.

162

Wirkung der Quantität. – Die größte Paradoxie in der Geschichte der Dichtkunst liegt darin, daß in allem, worin die alten Dichter ihre Größe haben, einer ein Barbar, nämlich fehlerhaft und verwachsen vom Wirbel bis zur Zehe, sein kann und dennoch der größte Dichter bleibt. So steht es ja mit Shakespeare, der, mit Sophokles zusammengehalten, einem Bergwerke voll einer Unermeßlichkeit an Gold, Blei und Geröll gleicht, während jener nicht nur Gold, sondern Gold in der edelsten Gestaltung ist, die seinen Wert als Metall fast vergessen macht. Aber die Quantität, in ihren höchsten Steigerungen, *wirkt* als Qualität. Das kommt Shakespeare zugute.

163

Aller Anfang ist Gefahr. – Der Dichter hat die Wahl, entweder das Gefühl von einer Stufe zur andern zu heben und es so zuletzt sehr hoch zu steigern – oder es mit einem Überfalle zu versuchen und gleich von Beginn an mit aller Gewalt am Glockenstrang zu ziehn. Beides hat seine Gefahren: im ersten Falle läuft ihm vielleicht sein Zuhörer vor Langerweile, im zweiten vor Schrecken davon.

164

Zugunsten der Kritiker. – Die Insekten stechen, nicht aus Bosheit, sondern weil sie auch leben wollen: ebenso unsere Kritiker; sie wollen unser Blut, nicht unseren Schmerz.

165

Erfolg von Sentenzen. – Die Unerfahrnen meinen immer, wenn ihnen eine Sentenz sofort durch ihre schlichte Wahrheit einleuchtet, sie sei alt und bekannt, und blicken dabei scheel auf den Urheber, als habe er das Gemeingut aller stehlen wollen: während sie an gewürzten Halbwahrheiten Freude haben und dies dem Autor zu erkennen geben. Dieser weiß einen solchen Wink zu würdigen und errät daraus leicht, wo es ihm gelungen und wo mißlungen ist.

166

Siegen-wollen. – Ein Künstler, der in allem, was er unternimmt, über seine Kräfte hinausgeht, wird doch zuletzt, durch das Schauspiel des gewaltigen Ringens, das er gewährt, die Menge mit sich fortreißen: denn der Erfolg ist nicht immer nur beim Siege, sondern mitunter schon beim Siegen-wollen.

167

Sibi scribere. – Der vernünftige Autor schreibt für keine andere Nachwelt als für seine eigene, das heißt für sein Alter, um auch dann noch an sich Freude haben zu können.

168

Lob der Sentenz. – Eine gute Sentenz ist zu hart für den Zahn der Zeit und wird von allen Jahrtausenden nicht aufgezehrt, obwohl sie jeder Zeit zur Nahrung dient: dadurch ist sie das große Paradoxon in der Literatur, das Unvergängliche inmitten des Wechselnden, die Speise, welche immer geschätzt bleibt wie das Salz, und niemals, wie selbst dieses, dumm wird.

169

Kunstbedürfnis zweiten Ranges. – Das Volk hat wohl etwas von dem, was man Kunstbedürfnis nennen darf, aber es ist wenig und wohlfeil zu befriedigen. Im Grunde genügt hierfür der Abfall der Kunst: das soll man ehrlich sich eingestehen. Man erwäge doch nur zum Beispiel, an was für Melodien und Liedern jetzt unsere kraftvollsten, unverdorbensten, treuherzigsten Schichten der Bevölkerung ihre rechte Herzensfreude haben, man lebe unter Hirten, Sennen, Bauern, Jägern, Soldaten, Seeleuten und gebe sich die Antwort. Und wird nicht in der kleinen Stadt, gerade in den Häusern, welche der Sitz altvererbter Bürgertugend sind, jene allerschlechteste Musik geliebt, ja gehätschelt, welche überhaupt jetzt hervorgebracht wird? Wer von tieferm Bedürfnisse, von unausgefülltem Begehren nach Kunst in Beziehung auf das Volk, *wie es ist,* redet, der faselt oder schwindelt. Seid ehrlich! Nur bei *Ausnahme-Menschen* gibt es jetzt ein Kunstbedürfnis in *hohem Stile* – weil die Kunst überhaupt wieder einmal im Rückgange ist und die menschlichen Kräfte und Hoffnungen sich für eine Zeit auf andere Dinge geworfen haben. – Außerdem, nämlich abseits vom Volke, besteht freilich noch ein breiteres, umfänglicheres Kunstbedürfnis, aber *zweiten Ranges,* in den höheren und höchsten Schichten der Gesellschaft: hier ist etwas wie eine künstlerische Gemeinde, die es aufrichtig meint, möglich. Aber man sehe sich die Elemente an! Es sind im allgemeinen die feineren Unzufriednen, die an sich zu keiner rechten Freude kommen: der Gebildete, der nicht frei genug geworden ist, um der Tröstungen der Religion entraten zu können, und doch ihre Öle nicht wohlriechend genug findet: der Halbedle, der zu schwach ist, den einen Grundfehler seines Lebens oder den schädlichen Hang seines Charakters zu brechen, durch heroisches Umkehren oder Verzichtleisten: der Reichbegabte, der zu vornehm von sich denkt, um durch bescheidene Tätigkeit zu nützen, und zu träge zur ernsten aufopfernden Arbeit ist: das Mädchen, welches sich keinen genügenden

Kreis von Pflichten zu schaffen weiß: die Frau, die durch eine leichtsinnige oder frevelhafte Ehe sich band und nicht genug gebunden weiß: der Gelehrte, Arzt, Kaufmann, Beamte, der zu zeitig in das einzelne eingekehrt und seiner ganzen Natur niemals vollen Lauf gegönnt hat, dafür aber mit einem Wurm im Herzen seine immerhin tüchtige Arbeit tut: endlich alle unvollständigen Künstler – dies sind *jetzt* die noch wahrhaften Kunstbedürftigen! Und was begehren sie eigentlich von der Kunst? Sie soll ihnen für Stunden und Augenblicke das Unbehagen, die Langeweile, das halbschlechte Gewissen verscheuchen und womöglich den Fehler ihres Lebens und Charakters als Fehler des Welten-Schicksals ins Große umdeuten – sehr verschieden von den Griechen, welche in ihrer Kunst das Aus- und Überströmen ihres eignen Wohl- und Gesundseins empfanden und es liebten, ihre Vollkommenheit *noch einmal* außer sich zu sehen: – sie führte der Selbstgenuß zur Kunst, diese unsere Zeitgenossen – der Selbstverdruß.

170

Die Deutschen im Theater. – Das eigentliche Theatertalent der Deutschen war Kotzebue; er und seine Deutschen, die der höheren sowohl als die der mittleren Gesellschaft, gehörten notwendig zusammen, und die Zeitgenossen hätten von ihm im Ernste sagen dürfen: »in ihm leben, weben und sind wir.« Hier war nichts Erzwungenes, Angebildetes, Halb- und Angenießendes: was er wollte und konnte, wurde verstanden, ja bis jetzt ist der *ehrliche* Theater-Erfolg auf deutschen Bühnen im Besitze der verschämten oder unverschämten Erben Kotzebueischer Mittel und Wirkungen, namentlich soweit das Lustspiel noch in einiger Blüte steht; woraus sich ergibt, daß viel von dem damaligen Deutschtum, zumal abseits von der großen Stadt, immer noch fortlebt. Gutmütig, in kleinen Genüssen unenthaltsam, tränenlüstern, mit dem Wunsche, wenigstens im Theater sich der eingebornen pflichtstrengen Nüchternheit entschlagen zu dürfen und hier lächelnde, ja lachende

Duldung zu üben, das Gute und das Mitleid verwechselnd und in eins zusammenwerfend – wie es das Wesentliche der deutschen Sentimentalität ist –, überglücklich bei einer schönen großmütigen Handlung, im übrigen unterwürfig nach oben, neidisch gegeneinander, und doch im Innersten sich selbst genügend – so waren sie, so war er. – Das zweite Theatertalent war Schiller: dieser entdeckte eine Klasse von Zuhörern, welche bis dahin nicht in Betracht gekommen waren; er fand sie in den unreifen Lebensaltern, im deutschen Mädchen und Jüngling. Ihren höheren, edleren, stürmischeren, wenn auch unklareren Regungen, ihrer Lust am Klingklang sittlicher Worte (welche in den dreißiger Jahren des Lebens zu verschwinden pflegt) kam er mit seinen Dichtungen entgegen und errang sich dadurch, gemäß der Leidenschaftlichkeit und Parteisucht jener Altersklasse, einen Erfolg, der allmählich auch auf die reiferen Lebensalter mit Vorteil einwirkte: Schiller hat im allgemeinen die Deutschen *verjüngt*. – Goethe stand über den Deutschen in jeder Beziehung und steht es auch jetzt noch: er wird ihnen nie angehören. Wie könnte auch je ein Volk der Goethischen *Geistigkeit* im *Wohl-Sein und Wohl-Wollen* gewachsen sein! Wie Beethoven über die Deutschen weg Musik machte, wie Schopenhauer über die Deutschen weg philosophierte, so dichtete Goethe seinen Tasso, seine Iphigenie über die Deutschen weg. Ihm folgte eine *sehr kleine* Schar Höchstgebildeter, durch Altertum, Leben und Reisen Erzogener, über deutsches Wesen hinaus Gewachsener: er selber wollte es nicht anders. – Als dann die Romantiker ihren zweckbewußten Goethe-Kultus aufrichteten, als ihre erstaunliche Kunstfertigkeit des Anschmeckens dann auf die Schüler Hegels, die eigentlichen Erzieher der Deutschen dieses Jahrhunderts, überging, als der erwachende nationale Ehrgeiz auch dem Ruhme der deutschen Dichter zugute kam und der eigentliche Maßstab des Volkes, ob es sich *ehrlich* an etwas *freuen* könne, unerbittlich dem Urteile der einzelnen und jenem nationalen Ehrgeize untergeordnet wurde – das heißt, als man anfing sich freuen zu *müssen* –, da entstand jene Verlogenheit und Unechtheit der deutschen Bildung, welche sich Kotzebues schämte, welche Sophokles, Calderon und selbst Goethes Faust-Fortsetzung auf die Bühne brachte und welche ihrer belegten Zunge, ihres verschleimten Magens wegen, zuletzt nicht mehr weiß, was ihr schmeckt, was ihr langweilig ist. – Selig sind die, welche Geschmack haben, wenn es auch ein schlechter Geschmack ist! – Und nicht nur selig, auch weise kann man nur vermöge dieser Eigenschaft werden: weshalb die Griechen, die in solchen Dingen sehr fein waren, den Weisen mit einem Wort bezeichneten, das den *Mann des Geschmacks* bedeutet, und Weisheit, künstlerische sowohl wie erkennende, geradezu »Geschmack« (sophia) benannten.

171

Die Musik als Spätling jeder Kultur. – Die Musik kommt von allen Künsten, welche auf einem bestimmten Kultur-Boden, unter bestimmten sozialen und politischen Verhältnissen jedesmal aufzuwachsen pflegen, als die *letzte* aller Pflanzen zum Vorschein, im Herbst und Abblühen der zu ihr gehörigen Kultur: während gewöhnlich die ersten Boten und Anzeichen eines neuen Frühlings schon bemerkbar sind; ja mitunter läutet die Musik wie die Sprache eines versunkenen Zeitalters in eine erstaunte und neue Welt hinein und kommt zu spät. Erst in der Kunst der Niederländer Musiker fand die Seele des christlichen Mittelalters ihren vollen Klang: ihre Ton-Baukunst ist die nachgeborne, aber echt- und ebenbürtige Schwester der Gotik. Erst in Händels Musik erklang das beste von Luthers und seiner Verwandten Seele, der große jüdisch-heroische Zug, welcher die ganze Reformations-Bewegung schuf. Erst Mozart gab dem Zeitalter Ludwig des Vierzehnten und der Kunst Racines und Claude Lorrains in *klingendem* Golde heraus. Erst in Beethovens und Rossinis Musik sang sich das achtzehnte Jahrhundert aus, das Jahrhundert der Schwärmerei, der zerbrochnen Ideale und des flüchtigen Glücks. So möchte denn ein

Freund empfindsamer Gleichnisse sagen, jede wahrhaft bedeutende Musik sei Schwanengesang. – Die Musik ist eben *nicht* eine allgemeine überzeitliche Sprache, wie man so oft zu ihrer Ehre gesagt hat, sondern entspricht genau einem Gefühls-, Wärme- und Zeitmaß, welches eine ganz bestimmte einzelne, zeitlich und örtlich gebundene Kultur als inneres Gesetz in sich trägt: die Musik Palestrinas würde für einen Griechen völlig unzugänglich sein, und wiederum – was würde Palestrina bei der Musik Rossinis hören? – Vielleicht, daß auch unsere neueste deutsche Musik, so sehr sie herrscht und herrschlustig ist, in kurzer Zeitspanne nicht mehr verstanden wird: denn sie entsprang aus einer Kultur, die im raschen Absinken begriffen ist; ihr Boden ist jene Reaktions- und Restaurations-Periode, in welcher ebenso ein gewisser *Katholizismus des Gefühls* wie die Lust an allem *heimisch-nationalen Wesen und Unwesen* zur Blüte kam und über Europa einen gemischten Duft ausgoß: welche beide Richtungen des Empfindens, in größter Stärke erfaßt und bis in die entferntesten Enden fortgeführt, in der Wagnerischen Kunst zuletzt zum Erklingen gekommen sind. Wagners Aneignung der altheimischen Sagen, sein veredelndes Schalten und Walten unter deren so fremdartigen Göttern und Helden – welche eigentlich souveräne Raubtiere sind, mit Anwandlungen von Tiefsinn, Großherzigkeit und Lebensüberdruß –, die Neubeseelung dieser Gestalten, denen er den christlich-mittelalterlichen Durst nach verzückter Sinnlichkeit und Entsinnlichung dazugab, dieses ganze Wagnerische Nehmen und Geben in Hinsicht auf Stoffe, Seelen, Gestalten und Worte spricht deutlich auch den *Geist seiner Musik* aus, wenn diese, wie alle Musik, von sich selber nicht völlig unzweideutig zu reden vermöchte: dieser Geist führt den *allerletzten* Kriegs- und Reaktionszug an gegen den Geist der Aufklärung, welcher aus dem vorigen Jahrhundert in dieses hineinwehte, ebenso gegen die übernationalen Gedanken der französischen Umsturz-Schwärmerei und der englisch amerikanischen Nüchternheit im Umbau von Staat und Gesellschaft. Ist es aber

nicht ersichtlich, daß die hier – bei Wagner selbst und seinem An-
hange – noch zurückgedrängt erscheinenden Gedanken- und
Empfindungskreise längst von neuem wieder Gewalt bekommen
haben, und daß jener späte musikalische Protest gegen sie zumeist
in Ohren hineinklingt, die andere und entgegengesetzte Töne lieber hören? so daß eines Tages jene wunderbare und hohe Kunst
ganz plötzlich unverständlich werden und sich Spinnweben und
Vergessenheit über sie legen könnten. – Man darf sich über diese
Sachlage nicht durch jene flüchtigen Schwankungen beirren lassen, welche als Reaktion innerhalb der Reaktion, als ein zeitweiliges Einsinken des Wellenbergs inmitten der gesamten Bewegung
erscheinen; so mag dieses Jahrzehnt der nationalen Kriege, des ul-
tramontanen Martyriums und der sozialistischen Beängstigung in
seinen feineren Nachwirkungen auch der genannten Kunst zu einer plötzlichen Glorie verhelfen – ohne ihr damit die Bürgschaft
dafür zu geben, daß sie »Zukunft habe«, oder gar, daß sie *die Zukunft* habe. – Es liegt im Wesen der Musik, daß die Früchte ihrer
großen Kultur-Jahrgänge zeitiger unschmackhaft werden und ra-
scher verderben als die Früchte der bildenden Kunst oder gar die
auf dem Baume der Erkenntnis gewachsenen: unter allen Erzeug-
nissen des menschlichen Kunstsinns sind nämlich *Gedanken* das
Dauerhafteste und Haltbarste.

172

Die Dichter keine Lehrer mehr. – So fremd es unserer Zeit klingen
mag: es gab Dichter und Künstler, deren Seele über die Leidenschaften und deren Krämpfe und Entzückungen hinaus war und
die deshalb an reinlicheren Stoffen, würdigeren Menschen, zarteren Verknüpfungen und Lösungen ihre Freude hatten. Sind die
jetzigen großen Künstler meistens Entfesseler des Willens und unter Umständen eben dadurch Befreier des Lebens, so waren jene
– Willens-Bändiger, Tier-Verwandeler, Menschen-Schöpfer und
überhaupt Bildner, Um- und Fortbildner des Lebens: während der

Ruhm der jetzigen im Abschirren, Kettenlösen, Zertrümmern liegen mag. – Die älteren Griechen verlangten vom Dichter, er solle der Lehrer der Erwachsenen sein: aber wie müßte sich jetzt ein Dichter schämen, wenn man dies von ihm verlangte, – er, der selber sich kein guter Lehrer war und daher selbst kein gutes Gedicht, kein schönes Gebilde wurde, sondern im günstigen Falle gleichsam der scheue, anziehende Trümmerhaufen eines Tempels, aber zugleich eine Höhle der Begierden, mit Blumen, Stechpflanzen, Giftkräutern ruinenhaft überwachsen, von Schlangen, Gewürm, Spinnen und Vögeln bewohnt und besucht – ein Gegenstand zum trauernden Nachsinnen darüber, warum jetzt das Edelste und Köstlichste sogleich als Ruine, ohne die Vergangenheit und Zukunft des Vollkommenseins, emporwachsen muß? –

173

Vor- und Rückblick. – Eine Kunst, wie sie aus Homer, Sophokles, Theokrit, Calderon, Racine, Goethe *ausströmt,* als *Überschuß* einer weisen und harmonischen Lebensführung – das ist das Rechte, nach dem wir endlich greifen lernen, wenn wir selber weiser und harmonischer geworden sind: nicht jene barbarische, wenngleich noch so entzückende Aussprudelung hitziger und bunter Dinge aus einer ungebändigten, chaotischen Seele, welche wir früher als Jünglinge unter Kunst verstanden. Es begreift sich aber aus sich selber, daß für gewisse Lebenszeiten eine Kunst der Überspannung, der Erregung, des Widerwillens gegen das Geregelte, Eintönige, Einfache, Logische ein notwendiges Bedürfnis ist, welchem Künstler entsprechen *müssen,* damit die Seele solcher Lebenszeiten sich nicht auf anderem Weg, durch allerlei Unfug und Unart, entlade. So bedürfen die Jünglinge, wie sie meistens sind, voll, gärend, von nichts *mehr* als von der Langeweile gepeinigt, – so bedürfen Frauen, denen eine gute, die Seele füllende Arbeit fehlt, jener Kunst der entzückenden Unordnung. Um so heftiger noch entflammt Sehnsucht nach Genügen ohne Wechsel, einem Glück ohne Betäubung und Rausch.

174

Gegen die Kunst der Kunstwerke. – Die Kunst soll vor allem und zuerst das Leben *verschönern,* also *uns* selber den anderen erträglich, womöglich angenehm machen: mit dieser Aufgabe vor Augen mäßigt sie und hält uns im Zaume, schafft Formen des Umgangs, bindet die Unerzogenen an Gesetze des Anstands, der Reinlichkeit, der Höflichkeit, des Redens und Schweigens zur rechten Zeit. Sodann soll die Kunst alles Häßliche *verbergen* oder *umdeuten,* jenes Peinliche, Schreckliche, Ekelhafte, welches trotz allem Bemühen immer wieder, gemäß der Herkunft der menschlichen Natur, herausbrechen wird: sie soll so namentlich in Hinsicht auf die Leidenschaften und seelischen Schmerzen und Ängste verfahren und im unvermeidlich oder unüberwindlich Häßlichen das *Bedeutende* durchschimmern lassen. Nach dieser großen, ja übergroßen Aufgabe der Kunst ist die sogenannte eigentliche Kunst, *die der Kunstwerke,* nur ein *Anhängsel.* Ein Mensch, der einen Überschuß von solchen verschönernden, verbergenden und umdeutenden Kräften in sich fühlt, wird sich zuletzt noch in Kunstwerken dieses Überschusses zu entladen suchen; ebenso, unter besonderen Umständen, ein ganzes Volk. – Aber gewöhnlich fängt man jetzt die Kunst am Ende an, hängt sich an ihren Schweif und meint, die Kunst der Kunstwerke sei das Eigentliche, von ihr aus solle das Leben verbessert und umgewandelt werden – wir Toren! Wenn wir die Mahlzeit mit dem Nachtisch beginnen und Süßigkeiten über Süßigkeiten kosten, was wunders, wenn wir uns den Magen und selbst den Appetit für die gute, kräftige, nährende Mahlzeit, zu der uns die Kunst einladet, verderben!

175

Fortbestehen der Kunst. – Wodurch besteht jetzt im Grunde eine Kunst der Kunstwerke fort? Dadurch, daß die meisten, welche Mußestunden haben – und nur für diese gibt es ja eine solche

Kunst –, nicht glauben, ohne Musik, Theater- und Galerien-Besuch, ohne Roman- und Gedichte-lesen mit ihrer Zeit fertig zu werden. Gesetzt, man könnte sie von dieser Befriedigung *abhalten,* so würden sie entweder nicht so eifrig nach Muße streben und der neiderregende Anblick der Reichen würde *seltener* – ein großer Gewinn für den Bestand der Gesellschaft; oder sie hätten Muße, lernten aber *nachdenken* – was man lernen und verlernen kann –, über ihre Arbeit zum Beispiel, ihre Verbindungen, über Freuden, die sie erweisen könnten: alle Welt, mit Ausnahme der Künstler, hätte in beiden Fällen den Vorteil davon. Es gibt gewiß manchen kraft- und sinnvollen Leser, der hier einen guten Einwand zu machen versteht. Der Plumpen und Böswilligen halber soll es doch einmal gesagt werden, daß es hier wie so oft in diesem Buche dem Autor eben auf den Einwand ankommt, und daß manches in ihm zu lesen ist, was nicht gerade darin geschrieben steht.

176

Das Mundstück der Götter. – Der Dichter spricht die allgemeinen höheren Meinungen aus, welche ein Volk hat, er ist deren Mundstück und Flöte – aber er spricht sie, vermöge des Metrums und aller anderen künstlerischen Mittel so aus, daß das Volk sie wie etwas ganz Neues und Wunderhaftes nimmt und es vom Dichter allen Ernstes glaubt, er sei das Mundstück der Götter. Ja, in der Umwölkung des Schaffens vergißt der Dichter selber, wo er alle seine geistige Weisheit her hat – von Vater und Mutter, von Lehrern und Büchern aller Art, von der Straße und namentlich von den Priestern; ihn täuscht seine eigene Kunst und er glaubt wirklich, in naiver Zeit, daß *ein Gott* durch ihn rede, daß er im Zustande einer religiösen Erleuchtung schaffe – während er eben nur sagt, was er gelernt hat, Volks-Weisheit und Volks-Torheit miteinander. Also: insofern der Dichter wirklich vox populi ist, gilt er als vox dei.

177

Was alle Kunst will und nicht kann. – Die schwerste und letzte Aufgabe des Künstlers ist die Darstellung des Gleichbleibenden, in sich Ruhenden, Hohen, Einfachen, vom Einzelreiz weit Absehenden; deshalb werden die höchsten Gestaltungen sittlicher Vollkommenheit den schwächeren Künstlern selbst als unkünstlerische Vorwürfe abgelehnt, weil ihrem Ehrgeize der Anblick dieser Früchte gar zu peinlich ist: sie glänzen ihnen aus äußersten Ästen der Kunst entgegen, aber es fehlt ihnen Leiter, Mut und Handgriff, um sich so hoch wagen dürfen. An sich ist ein Phidias *als Dichter* recht wohl möglich, aber, in Anbetracht der modernen Kraft, nur im Sinne des Wortes, daß bei Gott kein Ding unmöglich ist. Schon der Wunsch nach einem dichterischen Claude Lorrain ist ja gegenwärtig eine Unbescheidenheit, so sehr einen das Herz danach verlangen heißt. – Der Darstellung des höchsten Menschen, *das heißt des einfachsten und zugleich vollsten,* war bis jetzt kein Künstler gewachsen; vielleicht aber haben die Griechen, im *Ideal der Athene,* am weitesten von allen bisherigen Menschen den Blick geworfen.

178

Kunst und Restauration. – Die rückläufigen Bewegungen in der Geschichte, die sogenannten Restaurationszeiten, welche einem geistigen und gesellschaftlichen Zustand, der vor dem zuletzt bestehenden lag, wieder Leben zu geben suchen und denen eine kurze Toten-Erweckung auch wirklich zu gelingen scheint, haben den Reiz gemütvoller Erinnerung, sehnsüchtigen Verlangens nach fast Verlorenem, hastigen Umarmens von minutenlangem Glücke. Wegen dieser seltsamen Vertiefung der Stimmung finden gerade in solchen flüchtigen, fast traumhaften Zeiten Kunst und Dichtung einen natürlichen Boden: wie an steil absinkenden Bergeshängen die zartesten und seltensten Pflanzen wachsen. – So treibt es manchen guten Künstler unvermerkt zu einer Restaurations-Denkweise in Politik und Gesellschaft, für welche er sich, auf eigene Faust, ein stilles Winkelchen und Gärtchen zurechtmacht: wo er dann die menschlichen Überreste jener ihn anheimelnden Geschichtsepoche um sich sammelt und vor lauter Toten, Halbtoten und Sterbensmüden sein Saitenspiel ertönen läßt, vielleicht mit dem erwähnten Erfolge einer kurzen Toten-Erweckung.

179

Glück der Zeit. – In zwei Beziehungen ist unsere Zeit glücklich zu preisen. In Hinsicht auf die *Vergangenheit* genießen wir alle Kulturen und deren Hervorbringungen und nähren uns mit dem edelsten Blute aller Zeiten, wir stehen noch dem Zauber der Gewalten, aus deren Schoße jene geboren wurden, nahe genug, um uns vorübergehend ihnen mit Lust und Schauder unterwerfen zu können: während frühere Kulturen nur sich selber zu genießen vermochten und nicht über sich hinaussahen, vielmehr wie von einer weiter oder enger gewölbten Glocke überspannt waren, aus welcher zwar Licht auf sie herabströmte, durch welche aber kein Blick hindurchdrang. In Hinsicht auf die *Zukunft* erschließt sich uns zum ersten Male in der Geschichte der ungeheure Weitblick menschlich-ökumenischer, die ganze bewohnte Erde umspannender Ziele. Zugleich fühlen wir uns der Kräfte bewußt, diese neue Aufgabe ohne Anmaßung selber in die Hand nehmen zu dürfen, ohne übernatürlicher Beistände zu bedürfen; ja, möge unser Unternehmen ausfallen wie es wolle, mögen wir unsere Kräfte überschätzt haben, jedenfalls gibt es niemanden, dem wir Rechenschaft schuldeten als uns selbst: die Menschheit kann von nun an durchaus mit sich anfangen, was sie will. – Es gibt freilich sonderbare Menschen-Bienen, welche aus dem Kelche aller Dinge immer nur das Bitterste und Ärgerlichste zu saugen verstehen; – und in der Tat, alle Dinge enthalten etwas von diesem Nicht-Honig in sich. Diese mögen über das geschilderte Glück unseres Zeitalters in ihrer Art empfinden und an ihrem Bienen-Korb des Mißbehagens weiterbauen.

180

Eine Vision. – Lehr- und Betrachtungsstunden für Erwachsene, Reife und Reifste, und diese täglich, ohne Zwang, aber nach dem Gebot der Sitte von jedermann besucht: die Kirchen als die würdigsten und erinnerungsreichsten Stätten dazu: gleichsam alltägliche Festfeiern der erreichten und erreichbaren menschlichen Vernunftwürde: ein neueres und volleres Auf- und Ausblühen des Lehrer-Ideals, in welches der Geistliche, der Künstler und der Arzt, der Wissende und der Weise hineinverschmelzen, wie deren Einzel-Tugenden als Gesamt-Tugend auch in der Lehre selber, in ihrem Vortrag, ihrer Methode zum Vorschein kommen müßten, – dies ist meine Vision, die mir immer wiederkehrt und von der ich fest glaube, daß sie einen Zipfel des Zukunfts-Schleiers gehoben hat.

181

Erziehung Verdrehung. – Die außerordentliche Unsicherheit alles Unterrichtswesens, auf Grund deren jetzt jeder Erwachsene das Gefühl bekommt, sein einziger Erzieher sei der Zufall gewesen, – das Windfahnenhafte der erzieherischen Methoden und Absichten erklärt sich daraus, daß jetzt die *ältesten* und die *neuesten* Kulturmächte wie in einer wilden Volksversammlung mehr gehört als verstanden werden wollen und um jeden Preis durch ihre Stimme, ihr Geschrei beweisen wollen, daß sie *noch existieren* oder daß sie *schon existieren.* Die armen Lehrer und Erzieher sind bei diesem widersinnigen Lärm erst betäubt, dann still und endlich stumpf geworden und lassen alles über sich ergehen, wie sie nun wieder auch alles über ihre Zöglinge ergehen lassen. Sie selbst sind nicht erzogen: wie sollten sie erziehen? Sie selbst sind keine gerade gewachsenen, kräftigen, saftvollen Stämme: wer sich an sie anschließen will, wird sich winden und krümmen müssen und zuletzt verdreht und verwachsen erscheinen.

182

Philosophen und Künstler der Zeit. – Wüstheit und Kaltsinn, Brand der Begierden, Abkühlung des Herzens – dies widerliche Nebeneinander findet sich im Bilde der höheren europäischen Gesellschaft der Gegenwart. Da glaubt der Künstler schon viel zu erreichen, wenn er durch seine Kunst *neben* dem Brande der Begierde auch einmal den Brand des Herzens aufflammen macht: und ebenso der Philosoph, wenn er bei der Kühle des Herzens, die er mit seiner Zeit gemein hat, auch die Hitze der Begierde durch sein weltverneinendes Urteilen in sich und jener Gesellschaft abkühlt.

183

Nicht ohne Not Soldat der Kultur sein. – Endlich, endlich lernt man, was nicht zu wissen einem in jüngeren Jahren so viel Einbuße macht: daß man zuerst das Vortreffliche *tun,* zuzweit das Vortreffliche *aufsuchen* müsse, wo und unter welchen Namen es auch zu finden sei: daß man dagegen allem Schlechten und Mittelmäßigen sofort aus dem Wege gehe, *ohne es zu bekämpfen,* und daß schon der Zweifel an der Güte einer Sache – wie er bei geübterem Geschmacke schnell entsteht – uns als Argument gegen sie und als Anlaß, ihr völlig auszuweichen, gelten dürfe: auf die Gefahr hin, einige Male dabei zu irren und das schwerer zugängliche Gute mit dem Schlechten und Unvollkommenen zu verwechseln. Nur wer nichts Besseres kann, soll den Schlechtigkeiten der Welt zu Leibe gehn, als der Soldat der Kultur. Aber der Nähr- und Lehrstand derselben richtet sich zugrunde, wenn er in Waffen einhergehen will und den Frieden seines Berufs und Hauses durch Vorsorge, Nachtwachen und böse Träume in unheimliche Friedlosigkeit umkehrt.

184

Wie Naturgeschichte zu erzählen ist. – Die Naturgeschichte, als die Kriegs- und Siegesgeschichte der sittlich geistigen Kraft im Widerstande gegen Angst, Einbildung, Trägheit, Aberglaube, Narrheit, sollte so erzählt werden, daß jeder, der sie hört, zum Streben nach geistig-leiblicher Gesundheit und Blüte, zum Frohgefühl, Erbe und Fortsetzer des Menschlichen zu sein, und zu einem immer edleren Unternehmungs-Bedürfnis unaufhaltsam fortgerissen würde. Bis jetzt hat sie ihre rechte Sprache noch nicht gefunden, weil die spracherfinderischen und beredten Künstler – denn deren bedarf es hierzu – gegen sie ein verstocktes Mißtrauen nicht loswerden und vor allem nicht gründlich von ihr lernen wollen. Immerhin ist den Engländern zuzugestehen, daß sie in ihren naturwissenschaftlichen Lehrbüchern für die niederen Volksschichten bewunderungswürdige Schritte nach jenem Ideale hin gemacht haben: dafür werden diese auch von ihren ausgezeichnetsten Gelehrten – ganzen, vollen und füllenden Naturen – gemacht, nicht, wie bei uns, von den Mittelmäßigkeiten der Forschung.

185

Genialität der Menschheit. – Wenn Genialität, nach Schopenhauers Beobachtung, in der zusammenhängenden und lebendigen Erinnerung an das Selbst-Erlebte besteht, so möchte im Streben nach Erkenntnis des gesamten historischen Gewordenseins – welches immer mächtiger die neuere Zeit gegen alle früheren abhebt und zum ersten Male zwischen Natur und Geist, Mensch und Tier, Moral und Physik die alten Mauern zerbrochen hat – ein Streben nach Genialität der Menschheit im ganzen zu erkennen sein. Die vollendet gedachte Historie wäre kosmisches Selbstbewußtsein.

186

Kultus der Kultur. – Großen Geistern ist das abschreckende Allzumenschliche ihres Wesens, ihrer Blindheiten, Verkrümmungen, Maßlosigkeiten beigegeben, damit ihr mächtiger, leicht allzumächtiger Einfluß fortwährend durch das Mißtrauen, welches jene Eigenschaften einflößen, in Schranken gehalten wer-

de. Denn das System alles dessen, was die Menschheit zu ihrem
Fortbestehen nötig hat, ist so umfassend und nimmt so ver-
schiedenartige und zahlreiche Kräfte in Anspruch, daß für jede
einseitige Bevorzugung, sei es der Wissenschaft oder des Staates
oder der Kunst oder des Handels, wozu jene Einzelnen treiben,
die Menschheit als Ganzes harte Buße zahlen muß. Es ist immer das größte Verhängnis der Kultur gewesen, wenn Menschen
angebetet wurden: in welchem Sinn man sogar mit dem Spruche des mosaischen Gesetzes zusammenfühlen darf, welcher
verbietet, neben Gott andere Götter zu haben. – Dem Kultus
des Genius und der Gewalt muß man, als Ergänzung und Heilmittel, immer den Kultus der Kultur zur Seite stellen: welcher
auch dem Stofflichen, Geringen, Niedrigen, Verkannten,
Schwachen, Unvollkommnen, Einseitigen, Halben, Unwahren,
Scheinenden, ja dem Bösen und Furchtbaren eine verständnis-
volle Würdigung und das Zugeständnis, *daß dies alles nötig sei,* zu
schenken weiß; denn der Zusammen- und Fortklang alles
Menschlichen, durch erstaunliche Arbeiten und Glücksfälle erreicht, und ebensosehr das Werk von Zyklopen und Ameisen als
von Genies, soll nicht wieder verloren gehen: wie dürften wir
da des gemeinsamen tiefen, oft unheimlichen Grundbasses entraten können, ohne den ja Melodie nicht Melodie zu sein vermag?

187

Die alte Welt und die Freude. – Die Menschen der alten Welt
wußten sich besser zu *freuen:* wir, uns *weniger zu betrüben;* jene
machten immerfort neue Anlässe, sich wohl zu fühlen und Feste zu feiern, ausfindig, mit allem ihrem Reichtum von Scharfsinn und Nachdenken: während wir unsern Geist auf Lösung
von Aufgaben verwenden, welche mehr die Schmerzlosigkeit,
die Beseitigung von Unlustquellen im Auge haben. In betreff
des leidenden Daseins suchten die Alten zu vergessen oder die

Empfindung ins Angenehme irgendwie umzubiegen: so daß sie hierin palliativisch zu helfen suchten, während wir den Ursachen des Leidens zu Leibe gehen und im ganzen lieber prophylaktisch wirken. – Vielleicht bauen wir nur die Grundlagen, auf denen spätere Menschen auch wieder den Tempel der Freude errichten.

188

Die Musen als Lügnerinnen. – »Wir verstehen uns darauf, viele Lügen zu sagen« – so sangen einstmals die Musen, als sie sich vor Hesiod offenbarten. – Es führt zu wesentlichen Entdeckungen, wenn man den Künstler einmal als Betrüger faßt.

189

Wie paradox Homer sein kann. – Gibt es etwas Verwegeneres, Schauerlicheres, Unglaublicheres, das über Menschenschicksal, gleich der Wintersonne, so hinleuchtet, wie jener Gedanke, der sich bei Homer findet:

das ja fügte der Götter Beschluß und verhängte den Menschen
Untergang, daß es wär' ein Gesang auch späten Geschlechtern.

Also: wir leiden und gehen zugrunde, damit es den Dichtern nicht an *Stoff* fehle – und dies ordnen geradeso die Götter Homers an, welchen an der Lustbarkeit der kommenden Geschlechter sehr viel gelegen scheint, aber allzu wenig an uns, den Gegenwärtigen. – Daß je solche Gedanken in den Kopf eines Griechen gekommen sind!

190

Nachträgliche Rechtfertigung des Daseins. – Manche Gedanken sind als Irrtümer und Phantasmen in die Welt getreten, aber zu Wahrheiten geworden, weil die Menschen ihnen hinterdrein ein wirkliches Substrat untergeschoben haben.

191

Pro und Contra nötig. – Wer nicht begriffen hat, daß jeder große Mann nicht nur gefördert, sondern auch, der allgemeinen Wohlfahrt wegen, *bekämpft* werden muß, ist gewiß noch ein großes Kind – oder selber ein großer Mann.

192

Ungerechtigkeit des Genies. – Das Genie ist am ungerechtesten gegen die Genies, falls sie seine Zeitgenossen sind: einmal glaubt es sie nicht nötig zu haben und hält sie deshalb überhaupt für überflüssig – denn es ist ohne sie, was es ist –, sodann kreuzt ihr Einfluß die Wirkung *seines* elektrischen Stroms: weshalb es sie sogar *schädlich* nennt.

193

Schlimmstes Schicksal eines Propheten. – Er arbeitete zwanzig Jahre daran, seine Zeitgenossen von sich zu überzeugen – es gelingt ihm endlich; aber inzwischen war es seinen Gegnern auch gelungen: er war nicht mehr von sich überzeugt.

194

Drei Denker gleich einer Spinne. – In jeder philosophischen Sekte folgen drei Denker in diesem Verhältnisse aufeinander: der erste erzeugt aus sich den Saft und Samen, der zweite zieht ihn zu Fäden aus und spinnt ein künstliches Netz, der dritte lauert in diesem Netz auf Opfer, die sich hier verfangen – und sucht von der Philosophie zu leben.

195

Aus dem Verkehr mit Autoren. – Es ist eine ebenso schlechte Manier, mit einem Autor umzugehn, wenn man ihn an der Nase faßt, wie wenn man ihn an seinem Horne faßt – und jeder Autor hat sein Horn.

196

Zweigespann. – Unklarheit des Denkens und Gefühlsschwärmerei sind ebenso häufig mit dem rücksichtslosen Willen, sich selber mit allen Mitteln durchzusetzen, sich allein gelten zu lassen, verbunden wie herzhaftes Helfen, Gönnen und Wohlwollen mit dem Triebe nach Helle und Reinlichkeit des Denkens, nach Mäßigung und Ansichhalten des Gefühls.

197

Das Bindende und das Trennende. – Liegt nicht im Kopfe das, was die Menschen verbindet – das Verständnis für gemeinsamen Nutzen und Nachteil –, und im Herzen das, was sie trennt – das blinde Auswählen und Zutappen in Liebe und Haß, die Hinwendung zu einem auf Unkosten aller und die daraus entspringende Verachtung des allgemeinen Nutzens?

198

Schützen und Denker. – Es gibt kuriose Schützen, welche zwar das Ziel verfehlen, aber mit dem heimlichen Stolz vom Schießstande abtreten, daß ihre Kugel jedenfalls sehr weit (allerdings über das Ziel hinaus) geflogen ist, oder daß sie zwar nicht das Ziel, aber etwas anderes getroffen haben. Und ebensolche Denker gibt es.

199

Von zwei Seiten aus. – Man feindet eine geistige Richtung und Bewegung an, wenn man ihr überlegen ist und ihr Ziel mißbilligt, oder wenn ihr Ziel zu hoch und unserem Auge unerkennbar, also wenn sie uns überlegen ist. So kann dieselbe Partei von zwei Seiten aus, von oben und von unten her, bekämpft werden; und nicht selten schließen die Angreifenden aus gemeinsamem Haß ein Bündnis miteinander, das widerlicher ist als alles, was sie hassen.

200

Original. – Nicht daß man etwas Neues zuerst sieht, sondern daß man das Alte, Altbekannte, von jedermann Gesehene und übersehene *wie neu* sieht, zeichnet die eigentlich originalen Köpfe aus. Der erste Entdecker ist gemeinhin jener ganz gewöhnliche und geistlose Phantast – der Zufall.

201

Irrtum der Philosophen. – Der Philosoph glaubt, der Wert seiner Philosophie liege im Ganzen, im Bau: die Nachwelt findet ihn im Stein, mit dem er baute und mit dem, von da an, noch oft und besser gebaut wird: also darin, daß jener Bau zerstört werden kann und *doch noch* als Material Wert hat.

202

Witz. – Der Witz ist das Epigramm auf den Tod eines Gefühls.

203

Im Augenblicke vor der Lösung. – In der Wissenschaft kommt es alle Tage und Stunden vor, daß einer unmittelbar vor der Lösung stehen bleibt, überzeugt, jetzt sei sein Bemühen völlig umsonst gewesen, – gleich einem, der, eine Schleife aufziehend, im Augenblicke, wo sie der Lösung am nächsten ist, zögert: denn da gerade sieht sie einem Knoten am ähnlichsten.

204

Unter die Schwärmer gehen. – Der besonnene und seines Verstandes sichere Mensch kann mit Gewinnst ein Jahrzehnt unter die Phantasten gehen und sich in dieser heißen Zone einer bescheidenen Tollheit überlassen. Damit hat er ein gutes Stück Wegs gemacht, um zuletzt zu jenem Kosmopolitismus des Geistes zu gelangen, welcher ohne Anmaßung sagen darf: »nichts Geistiges ist mir mehr fremd.«

205

Scharfe Luft. – Das Beste und Gesündeste in der Wissenschaft wie im Gebirge ist die scharfe Luft, die in ihnen weht. – Die Geistig-Weichlichen (wie die Künstler) scheuen und verlästern dieser Luft halber die Wissenschaft.

206

Warum Gelehrte edler als Künstler sind. – Die Wissenschaft bedarf *edlerer* Naturen als die Dichtkunst: sie müssen einfacher, weniger ehrgeizig, enthaltsamer, stiller, nicht so auf Nachruhm bedacht sein und sich über Sachen vergessen, welche selten dem Auge vieler eines solchen Opfers der Persönlichkeit würdig erscheinen. Dazu kommt eine andre Einbuße, deren sie sich bewußt sind: die Art ihrer Beschäftigung, die fortwährende Aufforderung zur größten Nüchternheit schwächt ihren *Willen,* das Feuer wird nicht so stark unterhalten wie auf dem Herde der dichterischen Naturen: und deshalb verlieren sie häufig in früheren Lebensjahren als jene ihre höchste Kraft und Blüte – und, wie gesagt, sie *wissen* um diese Gefahr. Unter allen Umständen *erscheinen* sie unbegabter, weil sie weniger glänzen, und werden für weniger gelten, als sie sind.

207

Inwiefern die Pietät verdunkelt. – Dem großen Manne macht man, in späteren Jahrhunderten, alle großen Eigenschaften und Tugenden seines Jahrhunderts zum Geschenk – und so wird alles Beste fortwährend durch die Pietät *verdunkelt,* welche es als ein heiliges Bild ansieht, an dem man Weihgeschenke aller Art aufhängt und aufstellt – bis es endlich ganz durch dieselben verdeckt und umhüllt wird und fürderhin mehr ein Gegenstand des Glaubens als des Schauens ist.

208

Auf dem Kopfe stehen. – Wenn wir die Wahrheit auf den Kopf stellen, bemerken wir gewöhnlich nicht, daß auch unser Kopf nicht dort steht, wo er stehen sollte.

209

Ursprung und Nutzen der Mode. – Die ersichtliche Selbstzufriedenheit des *Einzelnen* mit seiner Form macht die Nachahmung rege und erschafft allmählich die Form der *Vielen,* das heißt die Mode: diese Vielen wollen durch die Mode eben jene so wohltuende Selbstzufriedenheit mit der Form und erlangen sie auch. – Wenn man erwägt, wie viel Gründe zur Ängstlichkeit und schüchternem Sichverstecken jeder Mensch hat und wie Dreiviertel seiner Energie und seines guten Willens durch jene Gründe gelähmt und unfruchtbar werden können, so muß man der Mode vielen Dank zollen, insofern sie jenes Dreiviertel entfesselt und Selbstvertrauen und gegenseitiges heiteres Entgegenkommen denen mitteilt, welche sich untereinander an ihr Gesetz gebunden wissen. Auch törichte Gesetze geben Freiheit und Ruhe des Gemüts, sofern sich nur viele ihnen unterworfen haben.

210

Zungenlöser. – Der Wert mancher Menschen und Bücher beruht allein in der Eigenschaft, jedermann zum Aussprechen des Verborgensten, Innersten zu nötigen: es sind Zungenlöser und Brecheisen für die verbissensten Zähne. Auch manche Ereignisse und Übeltaten, welche scheinbar nur zum Fluche der Menschheit da sind, haben jenen Wert und Nutzen.

211

Freizügige Geister. – Wer von uns würde sich einen freien Geist zu nennen wagen, wenn er nicht auf seine Art jenen Männern, denen man diesen Namen als *Schimpf* anhängt, eine Huldigung darbringen möchte, indem er etwas von jener Last der öffentlichen Mißgunst und Beschimpfung auf seine Schultern ladet? Wohl aber dürften wir uns »freizügige Geister« in allem Ernste (und ohne diesen hoch- oder großmütigen Trotz) nennen, weil wir den Zug zur Freiheit als stärksten Trieb unseres Geistes fühlen und im Gegensatz zu den gebundenen und festgewurzelten Intellekten unser Ideal fast in einem geistigen Nomadentum sehen – um einen bescheidenen und fast abschätzigen Ausdruck zu gebrauchen.

212

Ja die Gunst der Musen! – Was Homer darüber sagt, greift ins Herz, so wahr, so schrecklich ist es: »herzlich liebt' ihn die Muse und gab ihm Gutes und Böses; denn die Augen entnahm sie und gab ihm süßen Gesang ein.« – Dies ist ein Text ohne Ende für den Denkenden: Gutes *und* Böses gibt sie, das ist *ihre* Art von herzlicher Liebe! Und jeder wird es sich besonders auslegen, warum wir Denker und Dichter unsre *Augen* darangeben *müssen*.

213

Gegen die Pflege der Musik. – Die künstlerische Ausbildung des Auges von Kindheit an, durch Zeichnen und Malen, durch Skizzieren von Landschaften, Personen, Vorgängen, bringt nebenbei den für das Leben unschätzbaren Gewinn mit sich, das Auge zum Beobachten von Menschen und Lagen *scharf, ruhig* und *ausdauernd* zu machen. Ein ähnlicher Neben-Vorteil erwächst aus der künstlerischen Pflege des Ohres nicht: weshalb Volksschulen im allgemeinen gut tun werden, der Kunst des Auges vor der des Ohres den Vorzug zu geben.

214

Die Entdecker von Trivialitäten. – Subtile Geister, denen nichts ferner liegt als eine Trivialität, entdecken oft nach allerlei Umschweifen und Gebirgspfaden eine solche und haben große Freude daran, zur Verwunderung der Nicht-Subtilen.

215

Moral der Gelehrten. – Ein regelmäßiger und schneller Fortschritt der Wissenschaften ist nur möglich, wenn der einzelne *nicht zu mißtrauisch* sein muß, um jede Rechnung und Behauptung anderer nachzuprüfen, auf Gebieten, die ihm ferner liegen: dazu aber ist die Bedingung, daß jeder auf seinem eigenen Felde Mitbewerber hat, die *äußerst mißtrauisch* sind und ihm scharf auf die Finger sehen. Aus diesem Nebeneinander von »nicht zu mißtrauisch« und »äußerst mißtrauisch« entsteht die Rechtschaffenheit in der Gelehrten-Republik.

216

Grund der Unfruchtbarkeit. – Es gibt höchst begabte Geister, welche nur deshalb immer unfruchtbar sind, weil sie, aus einer Schwäche des Temperamentes, zu ungeduldig sind, ihre Schwangerschaft abzuwarten.

217

Verkehrte Welt der Tränen. – Das vielfache Mißbehagen, welches die Ansprüche der höheren Kultur dem Menschen machen, verkehrt endlich die Natur so weit, daß er für gewöhnlich starr und stoisch sich hält und nur noch für die seltenen Anfälle des Glücks die Tränen übrig hat, ja daß mancher schon bei dem Genusse der Schmerzlosigkeit weinen muß: – nur im Glücke schlägt sein Herz noch.

218

Die Griechen als Dolmetscher. – Wenn wir von den Griechen reden, reden wir unwillkürlich zugleich von heute und gestern: ihre allbekannte Geschichte ist ein blanker Spiegel, der immer etwas widerstrahlt, das nicht im Spiegel selbst ist. Wir benutzen die Freiheit, von ihnen zu reden, um von anderen schweigen zu dürfen – damit jene nun selber dem sinnenden Leser etwas ins Ohr sagen.

So erleichtern die Griechen dem modernen Menschen das Mitteilen von mancherlei schwer Mitteilbarem und Bedenklichem.

219

Vom erworbenen Charakter der Griechen. – Wir lassen uns leicht durch die berühmte griechische Helle, Durchsichtigkeit, Einfachheit und Ordnung, durch das Kristallhaft Natürliche und zugleich KristallhaftKünstliche griechischer Werke verführen zu glauben, das sei alles den Griechen geschenkt: sie hätten zum Beispiel gar nicht anders gekonnt als gut schreiben, wie dies Lichtenberg einmal ausspricht. Aber nichts ist voreiliger und unhaltbarer. Die Geschichte der Prosa von Gorgias bis Demosthenes zeigt ein Arbeiten und Ringen aus dem Dunklen, Überladnen, Geschmacklosen heraus zum Lichte hin, daß man an die Mühsal der Heroen erinnert wird, welche die ersten Wege durch Wald und Sümpfe zu bahnen hatten. Der Dialog der Tragödie ist die eigentliche Tat der Dramatiker, wegen seiner ungemeinen Helle und Bestimmtheit, bei einer Volksanlage, welche im Symbolischen und Andeutenden schwelgte und durch die große chorische Lyrik dazu noch eigens erzogen war: wie es die Tat Homers ist, die Griechen von dem asiatischen Pomp und dem dumpfen Wesen befreit und die Helle der Architektur, im großen und einzelnen, errungen zu haben. Es galt auch keineswegs für leicht, etwas recht rein und leuchtend zu sagen; woher sonst die hohe Bewunderung für das Epigramm des Simonides, das ja so schlicht sich gibt, ohne vergoldete Spitzen, ohne Arabesken des Witzes – aber es sagt, was es zu sagen hat, deutlich, mit der Ruhe der Sonne, nicht mit der Effekthascherei eines Blitzes. Weil das Zustreben zum Lichte aus einer gleichsam eingeborenen Dämmerung griechisch ist, so geht ein Frohlocken durch das Volk beim Hören einer lakonischen Sentenz, bei der Sprache der Elegie, den Sprüchen der sieben Weisen. Deshalb wurde das Vorschriftengeben in Versen, das uns anstößig ist, so geliebt, als eigentliche apollinische Aufgabe für den hellenischen

Geist, um über die Gefahren des Metrons, über die Dunkelheit, welche der Poesie sonst eigen ist, Sieger zu werden. Die Schlichtheit, die Geschmeidigkeit, die Nüchternheit sind der Volksanlage *angerungen,* nicht mitgegeben – die Gefahr eines Rückfalls ins Asiatische schwebte immer über den Griechen, und wirklich kam es von Zeit zu Zeit über sie wie ein dunkler überschwemmender Strom mystischer Regungen, elementarer Wildheit und Finsternis. Wir sehen sie untertauchen, wir sehen Europa gleichsam weggespült, überflutet – denn Europa war damals sehr klein –, aber immer kommen sie auch wieder ans Licht, gute Schwimmer und Taucher wie sie sind, das Volk des Odysseus.

220

Das eigentlich Heidnische. – Vielleicht gibt es nichts Befremdenderes für den, welcher sich die griechische Welt ansieht, als zu entdecken, daß die Griechen allen ihren Leidenschaften und bösen Naturhängen von Zeit zu Zeit gleichsam Feste gaben und sogar eine Art Festordnung ihres Allzumenschlichen von Staats wegen einrichteten: es ist dies das eigentlich Heidnische ihrer Welt, vom Christentume aus nie begriffen, nie zu begreifen und stets auf das härteste bekämpft und verachtet. – Sie nahmen jenes Allzumenschliche als unvermeidlich und zogen vor, statt es zu beschimpfen, ihm eine Art Recht zweiten Ranges durch Einordnung in die Bräuche der Gesellschaft und des Kultus zu geben: ja alles, was im Menschen *Macht* hat, nannten sie göttlich und schrieben es an die Wände ihres Himmels. Sie leugnen den Naturtrieb, der in den schlimmen Eigenschaften sich ausdrückt, nicht ab, sondern ordnen ihn ein und beschränken ihn auf bestimmte Kulte und Tage, nachdem sie genug Vorsichtsmaßregeln erfunden haben, um jenen wilden Gewässern einen möglichst unschädlichen Abfluß geben zu können. Dies ist die Wurzel aller moralistischen Freisinnigkeit des Altertums. Man gönnte dem Bösen und Bedenklichen, dem Tierisch-Rückständigen ebenso wie dem Barbaren, Vor-Griechen und Asiaten, welcher im Grunde des griechischen Wesens noch lebte, eine mäßige Entladung und strebte nicht nach seiner völligen Vernichtung. Das ganze System solcher Ordnungen umfaßte der Staat, der nicht auf einzelne Individuen oder Kasten, sondern auf die gewöhnlichen menschlichen Eigenschaften hin konstruiert war. In seinem Bau zeigen die Griechen jenen wunderbaren Sinn für das Typisch-Tatsächliche, der sie später befähigte, Naturforscher, Historiker, Geographen und Philosophen zu werden. Es war nicht ein beschränktes priesterliches oder kastenmäßiges Sittengesetz, welches bei der Verfassung des Staates und Staats-Kultus zu entscheiden hatte: sondern die umfänglichste Rücksicht auf die *Wirklichkeit alles Menschlichen*. – Woher haben die Griechen diese Freiheit, diesen Sinn für das Wirkliche? Vielleicht von Homer und den Dichtern vor ihm; denn gerade die Dichter, deren Natur nicht die gerechteste und weiseste zu sein pflegt, besitzen dafür jene Lust am Wirklichen, Wirkenden *jeder Art* und wollen selbst das Böse nicht völlig verneinen: es genügt ihnen, daß es sich mäßige und nicht alles totschlage oder innerlich giftig mache – das heißt, sie denken ähnlich wie die griechischen Staatenbildner und sind deren Lehrmeister und Wegebahner gewesen.

221

Ausnahme-Griechen. – In Griechenland waren die tiefen, gründlichen, ernsten Geister die Ausnahme: der Instinkt des Volkes ging vielmehr dahin, das Ernste und Gründliche als eine Art von Verzerrung zu empfinden. Die Formen aus der Fremde entlehnen, nicht schaffen, aber zum schönsten Schein umbilden – das ist griechisch: nachahmen, nicht zum Gebrauch, sondern zur künstlerischen Täuschung, über den aufgezwungenen Ernst immer wieder Herr werden, ordnen, verschönern, verflachen – so geht es fort von Homer bis zu den Sophisten des dritten und vierten Jahrhunderts der neuen Zeitrechnung, welche ganz Außenseite, pomphaftes Wort, begeisterte Gebärde sind und sich an lauter ausgehöhlte schein-, klang- und effektlüsterne Seelen wenden. – Und nun würdige man die Größe jener Ausnahme-Griechen, welche die *Wissenschaft* schufen! Wer von ihnen erzählt, erzählt die heldenhafteste Geschichte des menschlichen Geistes!

222

Das Einfache nicht das erste, noch das letzte der Zeit nach. – In die Geschichte der religiösen Vorstellungen wird viel falsche Entwicklung und Allmählichkeit hineingedichtet, bei Dingen, die in Wahrheit nicht aus- und hintereinander, sondern nebeneinander und getrennt aufgewachsen sind; namentlich ist das Einfache viel zu sehr noch im Rufe, das Älteste und Anfänglichste zu sein. Nicht wenig Menschliches entsteht durch Subtraktion und Division und gerade nicht durch Verdopplung, Zusatz, Zusammenbildung. – Man glaubt zum Beispiel immer noch an eine allmähliche Entwicklung der *Götterdarstellung* von jenen ungefügen Holzklötzen und Steinen aus bis zur vollen Vermenschlichung hinauf: und doch steht es gerade so, daß, *solange* die Gottheit in Bäume, Holzstücke, Steine, Tiere hinein verlegt und empfunden wurde, man sich vor einer Anmenschlichung ihrer Gestalt wie vor einer Gottlosigkeit scheute. Erst die Dichter haben, abseits vom Kultus und dem Banne der religiösen *Scham,* die innere Phantasie der Menschen daran gewöhnen, dafür willig machen müssen; überwogen aber wieder frömmere Stimmungen und Augenblicke, so trat dieser befreiende Einfluß der Dichter wieder zurück und die Heiligkeit verblieb nach wie vor auf Seite des Ungetümlichen, Unheimlichen, ganz eigentlich Unmenschlichen. Selbst aber vieles von dem, was die innere Phantasie sich zu bilden wagt, würde doch noch, in äußere leibhafte Darstellung übersetzt, peinlich wirken: das innere Auge ist um vieles kühner und weniger schamhaft als das äußere (woraus sich die bekannte Schwierigkeit und teilweise Unmöglichkeit ergibt, epische Stoffe in dramatische umzuwandeln). Die religiöse Phantasie *will* lange Zeit durchaus nicht an die Identität des Gottes mit einem Bilde glauben: das Bild soll das Numen der Gottheit in irgend einer geheimnisvollen, nicht völlig auszudenkenden Weise hier als tätig, als örtlich gebannt erscheinen lassen. Das älteste Götterbild soll den Gott *bergen und zugleich verbergen* – ihn andeuten, aber nicht zur Schau stellen. Kein Grieche hat je innerlich seinen Apollo als Holz-Spitzsäule, seinen Eros als Steinklumpen *angeschaut;* es waren Symbole, welche gerade Angst vor der Veranschaulichung machen sollten. Ebenso steht es noch mit jenen Hölzern, denen mit dürftigster Schnitzerei einzelne Glieder, mitunter in der Überzahl, angebildet waren: wie ein lakonischer Apollo vier Hände und vier Ohren hatte. In dem Unvollständigen, Andeutenden oder Übervollständigen liegt eine grausenhafte Heiligkeit, welche *abwehren* soll, an Menschliches, Menschenartiges zu denken. Es ist nicht eine embryonische Stufe der Kunst, in der man so etwas bildet: als ob man in der Zeit, wo man solche Bilder verehrte, nicht hätte deutlicher reden, sinnfälliger darstellen *können*. Vielmehr scheut man gerade eines: das direkte Heraussagen. Wie die Cella das Allerheiligste, das eigentliche Numen der Gottheit birgt und in geheimnisvolles Halbdunkel versteckt, *doch nicht ganz;* wie wiederum der peripterische Tempel die Cella birgt, gleichsam mit einem Schirm und Schleier vor dem ungescheuten Auge schützt, *aber nicht ganz:* so ist das Bild die Gottheit und zugleich Versteck der Gottheit. – Erst als außerhalb des Kultus, in der profanen Welt des Wettkampfes, die Freude an dem Sieger im Kampfe so hoch gestiegen war, daß die hier erregten Wellen in den See der religiösen Empfindungen hinüberschlugen, erst als das Standbild des Siegers in den Tempelhöfen aufgestellt wurde und der fromme Besucher des Tempels freiwillig oder unfreiwillig sein Auge wie seine Seele an diesen unumgänglichen Anblick *menschlicher* Schönheit und Überkraft gewöhnen mußte, so daß, bei der räumlichen und seelischen Nachbarschaft, Mensch- und Gottverehrung ineinander überklangen: da erst verliert sich auch die Scheu vor der eigentlichen Vermenschlichung des Götterbildes, und der große Tummelplatz für die große Plastik wird aufgetan: auch jetzt noch mit der Beschränkung, daß überall, wo *angebetet* werden soll, die uralte Form und Häßlichkeit bewahrt und vorsichtig nachgebildet wird. Aber der *weihende und schenkende Hellene* darf seiner Lust, Gott Mensch werden zu lassen, jetzt in aller Seligkeit nachhängen.

223

Wohin man reisen muß. – Die unmittelbare Selbstbeobachtung reicht lange nicht aus, um sich kennen zu lernen: wir brauchen Geschichte, denn die Vergangenheit strömt in hundert Wellen in uns fort; wir selber sind ja nichts als das, was wir in jedem Augenblick von diesem Fortströmen empfinden. Auch hier sogar, wenn wir in den Fluß unseres anscheinend eigensten und persönlichsten Wesens hinabsteigen wollen, gilt Heraklits Satz: man steigt nicht zweimal in denselben Fluß. – Das ist eine Weisheit, die allmählich zwar altbacken geworden, aber trotzdem ebenso kräftig und nahrhaft geblieben ist, wie sie es je war: ebenso wie jene, daß, um Geschichte zu verstehen, man die lebendigen Überreste geschichtlicher Epochen aufsuchen müsse – daß man *reisen* müsse, wie Altvater Herodot reiste, zu Nationen – diese sind ja nur festgewordene ältere *Kulturstufen,* auf die man sich *stellen* kann –, zu sogenannten wilden und halbwilden Völkerschaften namentlich, dorthin, wo der Mensch das Kleid Europas ausgezogen oder noch nicht angezogen hat. Nun gibt es aber noch eine *feinere* Kunst und Absicht des Reisens, welche es nicht immer nötig macht, von Ort zu Ort und über Tausende von Meilen hin den Fuß zu setzen. Es leben sehr wahrscheinlich die letzten drei Jahrhunderte in allen ihren Kulturfärbungen und -Strahlenbrechungen auch in unsrer Nähe noch fort: sie wollen nur *entdeckt* werden. In manchen Familien, ja in einzelnen Men-

schen liegen die Schichten schön und übersichtlich noch übereinander: anderswo gibt es schwieriger zu verstehende Verwer-
fungen des Gesteins. Gewiß hat sich in abgelegenen Gegenden,
in weniger bekannten Gebirgstälern, umschlossenern Gemeinwesen ein ehrwürdiges Musterstück sehr viel älterer Empfindung leichter erhalten können und muß hier aufgespürt werden:
während es zum Beispiel unwahrscheinlich ist, in Berlin, wo der
Mensch ausgelaugt und abgebrüht zur Welt kommt, solche Entdeckungen zu machen. Wer, nach langer Übung in dieser Kunst
des Reisens, zum hundertäugigen Argos geworden ist, der wird
seine Jo – ich meine sein *ego* – endlich überall hinbegleiten und
in Ägypten und Griechenland, Byzanz und Rom, Frankreich
und Deutschland, in der Zeit der wandernden oder der festsit-
zenden Völker, in Renaissance und Reformation, in Heimat und
Fremde, ja in Meer, Wald, Pflanze und Gebirge die Reise-Aben-
teuer dieses werdenden und verwandelten ego wieder entdek-
ken. – So wird Selbst-Erkenntnis zur All-Erkenntnis in Hinsicht
auf alles Vergangene: wie, nach einer anderen, hier nur anzudeu-
tenden Betrachtungskette, Selbstbestimmung und Selbsterzie-
hung in den freiesten und weitest blickenden Geistern einmal
zur All-Bestimmung, in Hinsicht auf alles zukünftige Menschentum, werden könnte.

224

Balsam und Gift. – Man kann es nicht gründlich genug erwägen:
das Christentum ist die Religion des altgewordenen Altertums,
seine Voraussetzung sind entartete alte Kulturvölker; auf diese
vermochte und vermag es wie ein Balsam zu wirken. In Zeitaltern, wo die Ohren und Augen »voller Schlamm« sind, so daß sie
die Stimme der Vernunft und Philosophie nicht mehr zu verneh-
men, die leibhaft wandelnde Weisheit, trage sie nun den Namen
Epiktet oder Epikur, nicht mehr zu sehen vermögen: da mag
vielleicht noch das aufgerichtete Marterkreuz und die »Posaune

des jüngsten Gerichts« wirken, um solche Völker noch zu einem *anständigen* Ausleben zu bewegen. Man denke an das Rom Juvenals, an diese Giftkröte mit den Augen der Venus: – da lernt man, was es heißt, ein Kreuz vor der »Welt« schlagen, da verehrt man die stille christliche Gemeinde und ist dankbar für ihr Überwuchern des griechisch-römischen Erdreichs. Wenn die meisten Menschen damals gleich mit der Verknechtung der Seele, mit der Sinnlichkeit von Greisen geboren wurden: welche Wohltat, jenen Wesen zu begegnen, die mehr Seelen als Leiber waren und welche die griechische Vorstellung von den Hadesschatten zu verwirklichen schienen: scheue, dahinhuschende, zirpende, wohlwollende Gestalten, mit einer Anwartschaft auf das »bessere Leben« und dadurch so anspruchslos, so stillverachtend, so stolz-geduldig geworden! – Dies Christentum als Abendläuten des *guten* Altertums, mit zersprungener müder und doch wohltönender Glocke, ist selbst noch für den, welcher jetzt jene Jahrhunderte nur historisch durchwandert, ein Ohrenbalsam: was muß es für jene Menschen selber gewesen sein! – Dagegen ist das Christentum für junge, frische Barbarenvölker *Gift;* in die Helden-, Kinder- und Tierseele des alten Deutschen zum Beispiel die Lehre von der Sündhaftigkeit und Verdammnis hineinpflanzen, heißt nichts anderes als sie vergiften; eine ganz ungeheuerliche chemische Gärung und Zersetzung, ein Durcheinander von Gefühlen und Urteilen, ein Wuchern und Bilden des Abenteuerlichsten mußte die Folge sein und also im weiteren Verlaufe eine gründliche Schwächung solcher Barbarenvölker. – Freilich: was hätten wir, ohne diese Schwächung, noch von der griechischen Kultur! was von der ganzen Kultur-Vergangenheit des Menschengeschlechts! – denn die vom Christentume *unangetasteten* Barbaren verstanden gründlich mit alten Kulturen aufzuräumen: wie es zum Beispiel die heidnischen Eroberer des romanisierten Britannien mit furchtbarer Deutlichkeit bewiesen haben. Das Christentum hat wider seinen Willen helfen müssen, die antike »Welt« unsterblich zu machen. – Nun bleibt auch hier wieder eine Gegenfrage und die Möglichkeit einer Gegenrechnung übrig: wäre vielleicht, ohne jene Schwächung durch das erwähnte Gift, eine oder die andere jener frischen Völkerschaften, etwa die deutsche, imstande gewesen, allmählich von selber eine höhere Kultur zu finden, eine eigene, neue? – von welcher somit der Menschheit selbst der entfernteste Begriff verloren gegangen wäre? – So steht es auch hier wie überall: man weiß nicht, christlich zu reden, ob Gott dem Teufel oder der Teufel Gott mehr Dank dafür schuldig ist, daß alles so gekommen ist, wie es ist.

225

Glaube macht selig und verdammt. – Ein Christ, der auf unerlaubte Gedankengänge gerät, könnte sich wohl einmal fragen: ist es eigentlich *nötig,* daß es einen Gott, nebst einem stellvertretenden Sündenlamme, wirklich *gibt,* wenn schon der *Glaube an das Dasein* dieser Wesen ausreicht, um die gleichen Wirkungen hervorzubringen? Sind es nicht *überflüssige* Wesen, falls sie doch existieren sollten? Denn alles Wohltuende, Tröstliche, Versittlichende, ebenso wie alles Verdüsternde und Zermalmende, welches die christliche Religion der menschlichen Seele gibt, geht von jenem Glauben aus und nicht von den Gegenständen jenes Glaubens. Es steht hier nicht anders als bei dem bekannten Falle: zwar hat es keine Hexen gegeben, aber die furchtbaren Wirkungen des Hexenglaubens sind dieselben gewesen, wie wenn es wirklich Hexen gegeben hätte. Für alle jene Gelegenheiten, wo der Christ das unmittelbare Eingreifen eines Gottes erwartet, aber umsonst erwartet – weil es keinen Gott gibt – ist seine Religion erfinderisch genug in Ausflüchten und Gründen zur Beruhigung: hierin ist es sicherlich eine geistreiche Religion. – Zwar hat der Glaube bisher noch keine wirklichen Berge versetzen können, obschon dies ich weiß nicht wer behauptet hat; aber er vermag Berge dorthin zu setzen, wo keine sind.

226

Tragikomödie von Regensburg. – Hier und da kann man mit einer erschreckenden Deutlichkeit das Possenspiel der Fortuna sehen, wie sie an wenig Tage, an einen Ort, an die Zustände und Meinungen eines Kopfes das Seil der nächsten Jahrhunderte anknüpft, an dem sie diese tanzen lassen will. So liegt das Verhängnis der neueren deutschen Geschichte in den Tagen jener Disputation von Regensburg: der friedliche Ausgang der kirchlichen und sittlichen Dinge, ohne Religionskriege, Gegenreformation, schien gewährleistet, ebenso die Einheit der deutschen Nation; der tiefe milde Sinn des Contarini schwebte einen Augenblick über dem theologischen Gezänk, siegreich, als Vertreter der reiferen italienischen Frömmigkeit, welche die Morgenröte der geistigen Freiheit auf ihren Schwingen widerstrahlte. Aber der knöcherne Kopf Luthers, voller Verdächtigungen und unheimlicher Ängste, sträubte sich: weil die Rechtfertigung durch die Gnade ihm als *sein* größter Fund und Wahlspruch erschien, glaubte er diesem Satze nicht im Munde von Italienern: während diese ihn, wie es bekannt ist, schon viel früher gefunden und durch ganz Italien in tiefer Stille verbreitet hatten. Luther sah in dieser scheinbaren Übereinstimmung die Tücken des Teufels und verhinderte das Friedenswerk, so gut er konnte: wodurch er die Absichten der Feinde des Reiches ein gutes Stück vorwärts brachte. – Und nun nehme man, um den Eindruck des schauerlich Possenhaften noch mehr zu haben, hinzu, daß keiner der Sätze, über welche man sich damals in Regensburg stritt, weder der von der Erbsünde, noch der von der Erlösung durch Stellvertretung, noch der von der Rechtfertigung im Glauben, irgendwie wahr ist, oder auch nur mit der Wahrheit zu tun hat, daß sie alle jetzt als undiskutierbar erkannt sind: – und doch wurde darüber die Welt in Flammen gesetzt, also über Meinungen, denen gar keine Dinge und Realitäten entsprechen; während in betreff von rein philologischen Fragen, zum Beispiel nach der Erklärung der Einsetzungs-Worte des Abendmahls, doch wenigstens ein Streit erlaubt ist, weil hier die Wahrheit gesagt werden kann. Aber wo nichts ist, da hat auch die Wahrheit ihr Recht verloren. – Zuletzt bleibt nichts übrig zu sagen, als daß damals allerdings *Kraftquellen* entsprungen sind, so mächtig, daß ohne sie alle Mühlen der modernen Welt nicht mit gleicher Stärke getrieben würden. Und erst kommt es auf Kraft an, dann erst auf Wahrheit, oder auch dann noch lange nicht – nicht wahr, meine lieben Zeitgemäßen?

227

Goethes Irrungen. – Goethe ist darin die große Ausnahme unter den großen Künstlern, daß er nicht in der *Borniertheit seines wirklichen Vermögens* lebte, als ob dasselbe an ihm selber und für alle Welt das Wesentliche und Auszeichnende, das Unbedingte und Letzte sein müsse. Er meinte zweimal etwas Höheres zu besitzen, als er wirklich besaß – und irrte sich, in der *zweiten* Hälfte seines Lebens, wo er ganz durchdrungen von der Überzeugung erscheint, einer der größten *wissenschaftlichen* Entdecker und Lichtbringer zu sein. Und ebenso schon in der *ersten* Hälfte seines Lebens: er *wollte* von sich etwas Höheres, als die Dichtkunst ihm schien – und irrte sich schon darin. Die Natur habe aus ihm einen *bildenden* Künstler machen wollen – das war sein innerlich glühendes und versengendes Geheimnis, das ihn endlich nach Italien trieb, damit er sich in diesem Wahne noch recht austobe und ihm jedes Opfer bringe. Endlich entdeckte er, der Besonnene, allem Wahnschaffnen an sich ehrlich Abholde, wie ein trügerischer Kobold von Begierde ihn zum Glauben an diesen Beruf gereizt habe, wie er von der größten Leidenschaft seines Wollens sich losbinden und *Abschied* nehmen müsse. Die schmerzlich schneidende und wühlende Überzeugung, es sei nötig, *Abschied zu nehmen,* ist völlig in der Stimmung des Tasso ausgeklungen: über ihm, dem »gesteigerten Werther«, liegt das Vorgefühl von Schlimmerem als der Tod ist, wie wenn sich einer sagt: »nun ist es aus – nach diesem Abschiede; wie soll man weiter leben, ohne wahnsinnig zu werden!« – Diese beiden Grundirrtümer seines Lebens gaben Goethe angesichts einer rein literarischen Stellung zur Poesie, wie damals die Welt allein sie kannte, eine so unbefangene und fast willkürlich erscheinende Haltung. Abgesehn von der Zeit, wo Schiller – der arme Schiller, der keine Zeit hatte und keine Zeit ließ – ihn aus der enthaltsamen Scheu vor der Poesie, aus der Furcht vor allem literarischen Wesen und Handwerk heraustrieb, erscheint Goethe wie ein Grieche, der hier und da eine Geliebte besucht, mit dem Zweifel, ob es nicht eine Göttin sei, der er keinen rechten Namen zu geben wisse. Allem seinem Dichten merkt man die anhauchende Nähe der Plastik und der Natur an: die Züge dieser ihm vorschwebenden Gestalten – und er meinte vielleicht immer nur den Verwandlungen einer Göttin auf der Spur zu sein – wurden ohne Willen und Wissen die Züge sämtlicher Kinder seiner Kunst. Ohne die *Umschweife des Irrtums* wäre er nicht Goethe geworden: das heißt, der einzige deutsche Künstler der Schrift, der jetzt noch nicht veraltet ist – weil er ebensowenig Schriftsteller als Deutscher von Beruf sein wollte.

228

Reisende und ihre Grade. – Unter den Reisenden unterscheide man nach fünf Graden: die des ersten niedrigsten Grades sind solche, welche reisen und dabei gesehen *werden* – sie werden eigentlich gereist und sind gleichsam blind; die nächsten sehen wirklich selber in die Welt; die dritten erleben etwas infolge des Sehens; die vierten leben das Erlebte in sich hinein und tragen es mit sich fort; endlich gibt es einige Menschen der höchsten Kraft, welche alles Gesehene, nachdem es erlebt und eingelebt worden ist, endlich auch notwendig wieder aus sich herausleben müssen, in Handlungen und Werken, sobald sie nach Hause zurückgekehrt sind. – Diesen fünf Gattungen von Reisenden gleich gehen überhaupt alle Menschen durch die ganze Wanderschaft des Lebens, die niedrigsten als reine Passiva, die höchsten als die Handelnden und Auslebenden ohne allen Rest zurückbleibender innerer Vorgänge.

229

Im Höher-Steigen. – Sobald man höher steigt als die, welche einen bisher bewunderten, so erscheint man eben denen als gesunken und herabgefallen: denn sie vermeinten unter allen Umständen, bisher *mit* uns (sei es auch durch uns) *auf der Höhe* zu sein.

230

Maß und Mitte. – Von zwei ganz hohen Dingen: Maß und Mitte, redet man am besten nie. Einige wenige kennen ihre Kräfte und Anzeichen, aus den Mysterien-Pfaden innerer Erlebnisse und Umkehrungen: sie verehren in ihnen etwas Göttliches und scheuen das laute Wort. Alle übrigen hören kaum zu, wenn davon gesprochen wird, und wähnen, es handele sich um Langeweile und Mittelmäßigkeit: jene etwa noch ausgenommen, welche einen anmahnenden Klang aus jenem Reiche einmal vernommen, aber gegen ihn sich die Ohren verstopft haben. Die Erinnerung daran macht sie nun böse und aufgebracht.

231

Humanität der Freund- und Meisterschaft. – »Gehe du gen Morgen: so werde ich gen Abend ziehen« – so zu empfinden ist das hohe Merkmal von Humanität im engeren Verkehre: ohne diese Empfindung wird jede Freundschaft, jede Jünger- und Schülerschaft irgendwann einmal zur Heuchelei.

232

Die Tiefen. – Tiefdenkende Menschen kommen sich im Verkehr mit anderen als Komödianten vor, weil sie sich da, um verstanden zu werden, immer erst eine Oberfläche anheucheln müssen.

233

Für die Verächter der »Herden-Menschheit«. – Wer die Menschen als Herde betrachtet und vor ihnen so schnell er kann flieht, den werden sie gewiß einholen und mit ihren Hörnern stoßen.

234

Hauptvergehen gegen den Eitlen. – Wer einem anderen in der Gesellschaft Gelegenheiten macht, sein Wissen, Fühlen, Erfahren glücklich darzulegen, stellt sich über ihn und begeht also, falls er nicht als Höherstehender von jenem ohne Einschränkung empfunden wird, ein Attentat auf dessen Eitelkeit – während er gerade derselben Befriedigung zu geben glaubte.

235

Enttäuschung. – Wenn ein langes Leben und Tun samt Reden und Schriften von einer Person öffentlich Zeugnis ablegt, so pflegt der Umgang mit ihr zu enttäuschen, aus doppeltem Grunde: einmal weil man zuviel von einer kurzen Zeitspanne Verkehrs erwartet – nämlich alles das, was erst die tausend Gelegenheiten des Lebens sichtbar werden ließen –, und sodann weil jeder Anerkannte sich keine Mühe gibt, im einzelnen noch um Anerkennung zu buhlen. Er ist zu nachlässig – und wir sind zu gespannt.

236

Zwei Quellen der Güte. – Alle Menschen mit gleichmäßigem Wohlwollen behandeln und ohne Unterschied der Person gütig sein kann ebensosehr der Ausfluß tiefer Menschenverachtung als gründlicher Menschenliebe sein.

237

Der Wanderer im Gebirge zu sich selber. – Es gibt sichere Anzeichen dafür, daß du vorwärts und höher hinauf gekommen bist: es ist jetzt freier und aussichtsreicher um dich als vordem, die Luft weht dich kühler, aber auch milder an – du hast ja die Torheit verlernt, Milde und Wärme zu verwechseln –, dein Gang ist lebhafter und fester geworden, Mut und Besonnenheit sind zusammen gewachsen: – aus allen diesen Gründen wird dein Weg jetzt einsamer sein dürfen und jedenfalls gefährlicher sein als dein früherer, wenn auch gewiß nicht in dem Maße, als die glauben, welche dich Wanderer vom dunstigen Tale aus auf dem Gebirge schreiten sehen.

238

Ausgenommen der Nächste. – Offenbar steht mein Kopf nur auf meinem eigenen Halse nicht recht; denn jeder andere weiß bekanntlich besser, was ich zu tun und zu lassen habe: nur mir selber weiß ich armer Schelm nicht zu helfen. Sind wir nicht *alle* wie Bildsäulen, denen falsche Köpfe aufgesetzt wurden? Nicht wahr, mein geliebter Nachbar? – Doch nein, du gerade bist die Ausnahme.

239

Vorsicht. – Mit Personen, denen die Scheu vor dem Persönlichen fehlt, muß man nicht umgehen oder unerbittlich ihnen vorher die Handschellen der Konvenienz anlegen.

240

Eitel erscheinen wollen. – Im Gespräche mit Unbekannten oder Halbbekannten nur ausgewählte Gedanken äußern, von seinen berühmten Bekanntschaften, bedeutenden Erlebnissen und Reisen reden, ist ein Anzeichen davon, daß man nicht stolz ist, mindestens daß man nicht so scheinen möchte. Die Eitelkeit ist die Höflichkeits-Maske des Stolzen.

241

Die gute Freundschaft. – Die gute Freundschaft entsteht, wenn man den anderen sehr achtet, und zwar mehr als sich selbst, wenn man ebenfalls ihn liebt, jedoch nicht so sehr als sich, und wenn man

endlich, zur Erleichterung des Verkehrs, den zarten Anstrich und
Flaum der Intimität hinzuzutun versteht, zugleich aber sich der
wirklichen und eigentlichen Intimität und der Verwechslung von
Ich und Du weislich enthält.

242

Die Freunde als Gespenster. — Wenn wir uns stark verwandeln, dann
werden unsere Freunde, die nicht verwandelten, zu Gespenstern
unserer eignen Vergangenheit: ihre Stimme tönt schattenhaft
schauerlich zu uns heran – als ob wir uns selber hörten, aber jünger, härter, ungereifter.

243

Ein Auge und zwei Blicke. – Dieselben Personen, welche das Naturspiel des gunst- und gönnersuchenden Blicks haben, haben
gewöhnlich auch, infolge ihrer häufigen Demütigungen und Ra-
chegefühle, den unverschämten Blick.

244

Die blaue Ferne. – Zeitlebens ein Kind – das klingt sehr rührend,
ist aber nur das Urteil aus der Ferne; in der Nähe gesehen und erlebt, heißt es immer: zeitlebens knabenhaft.

245

Vorteil und Nachteil im gleichen Mißverständnis. – Die verstummen-
de Verlegenheit des feinen Kopfes wird gewöhnlich von seiten
der Unfeinen als schweigende Überlegenheit gedeutet und sehr
gefürchtet: während die Wahrnehmung von Verlegenheit Wohlwollen erzeugen würde.

246

Der Weise sich als Narren gebend. – Die Menschenfreundlichkeit
des Weisen bestimmt ihn mitunter, sich erregt, erzürnt, erfreut zu

stellen, um seiner Umgebung durch die Kälte und Besonnenheit seines *wahren* Wesens nicht weh zu tun.

247
Sich zur Aufmerksamkeit zwingen. – Sobald wir merken, daß jemand im Umgange und Gespräche mit uns sich zur Aufmerksamkeit *zwingen* muß, haben wir einen vollgültigen Beweis dafür, daß er uns nicht oder nicht mehr liebt.

248
Weg zu einer christlichen Tugend. – Von seinen Feinden zu lernen ist der beste Weg dazu, sie zu lieben: denn es stimmt uns dankbar gegen sie.

249
Kriegslist des Zudringlichen. – Der Zudringliche gibt auf unsre Konventionsmünze in Goldmünze heraus und will uns dadurch nachträglich nötigen, unsre Konvention als Versehen und ihn als Ausnahme zu behandeln.

250
Grund der Abneigung. – Wir werden manchem Künstler oder Schriftsteller feindlich, nicht weil wir endlich merken, daß er uns hintergangen hat, sondern weil er nicht feinere Mittel für nötig befand, um uns zu fangen.

251
Im Scheiden. – Nicht darin, wie eine Seele sich der andern nähert, sondern wie sie sich von ihr entfernt, erkenne ich ihre Verwandtschaft und Zusammengehörigkeit mit der andern.

252

Silentium. – Man darf über seine Freunde nicht reden: sonst verredet man sich das Gefühl der Freundschaft.

253

Unhöflichkeit. – Unhöflichkeit ist häufig das Merkmal einer ungeschickten Bescheidenheit, welche bei einer Überraschung den Kopf verliert und durch Grobheit dies verbergen möchte.

254

Verrechnung in der Ehrlichkeit. – Das bisher von uns Verschwiegene erfahren mitunter gerade unsere neuesten Bekannten zuerst: wir meinen dabei törichterweise, es sei unser Vertrauens-Beweis die stärkste Fessel, mit welcher wir sie festhalten könnten, – aber sie wissen nicht genug von uns, um das Opfer unseres Aussprechens so stark zu empfinden, und verraten unsere Geheimnisse an andere, ohne an Verrat zu denken: so daß wir vielleicht darüber unsere alten Bekannten verlieren.

255

Im Vorzimmer der Gunst. – Alle Menschen, die man lange im Vorzimmer seiner Gunst stehen läßt, geraten in Gärung und werden sauer.

256

Warnung an die Verachteten. – Wenn man unverkennbar in der Achtung der Menschen gesunken ist, so halte man mit den Zähnen an der Scham im Verkehre fest; sonst verrät man den andern, daß man auch in seiner eigenen Achtung gesunken ist. Der Zynismus im Verkehre ist ein Anzeichen, daß der Mensch in der Einsamkeit sich selber als Hund behandelt.

257

Manche Unkenntnis adelt. – In Hinsicht auf die Achtung der Achtung-Gebenden ist es vorteilhafter, gewisse Dinge ersichtlich *nicht* zu verstehen. Auch die Unwissenheit gibt Vorrechte.

258

Der Widersacher der Grazie. – Der Unduldsame und Hochmütige mag die Grazie nicht und empfindet sie wie einen leibhaft sichtbaren Vorwurf gegen sich; denn sie ist Toleranz des Herzens in Bewegung und Gebärde.

259

Beim Wiedersehen. – Wenn alte Freunde nach langer Trennung einander wiedersehen, ereignet es sich oft, daß sie sich bei Erwähnung von Dingen teilnahmsvoll stellen, die für sie ganz gleichgültig geworden sind: und mitunter merken es beide, wagen aber nicht den Schleier zu heben – aus einem traurigen Zweifel. So entstehen Gespräche wie im Totenreiche.

260

Nur Arbeitsame sich zu Freunden machen. – Der Müßige ist seinen Freunden gefährlich: denn weil er nicht genug zu tun hat, redet er davon, was seine Freunde tun und nicht tun, mischt sich endlich hinein und macht sich beschwerlich: weshalb man klugerweise nur mit Arbeitsamen Freundschaft schließen soll.

261

Eine Waffe doppelt soviel als zwei. – Es ist ein ungleicher Kampf, wenn der eine mit Kopf *und* Herz, der andre nur mit dem Kopfe für seine Sache spricht: der erstere hat gleichsam Sonne und Wind gegen sich und seine beiden Waffen stören sich gegenseitig: er verliert den Preis – in den Augen der *Wahrheit*. Dafür ist freilich der Sieg des zweiten mit seiner einen Waffe selten ein Sieg nach dem Herzen aller *andern* Zuschauer und macht bei ihnen unbeliebt.

262

Tiefe und Trübe. – Das Publikum verwechselt leicht den, welcher im Trüben fischt, mit dem, welcher aus der Tiefe schöpft.

263

An Freund und Feind seine Eitelkeit demonstrieren. – Mancher mißhandelt aus Eitelkeit selbst seine Freunde, wenn Zeugen zugegen sind, denen er sein Übergewicht deutlich machen will: und andere übertreiben den Wert ihrer Feinde, um mit Stolz darauf hinzuweisen, daß sie solcher Feinde wert sind.

264

Abkühlung. – Die Erhitzung des Herzens ist gewöhnlich mit der Krankheit von Kopf und Urteil verbunden. Wem für einige Zeit an der Gesundheit des letzteren gelegen ist, der muß also wissen, was er abzukühlen hat: unbesorgt für die Zukunft seines Herzens! Denn ist man überhaupt der Erwärmung fähig, so wird man auch wieder warm werden und seinen Sommer haben müssen.

265

Zur Mischung der Gefühle. – Gegen die Wissenschaft empfinden Frauen und selbstsüchtige Künstler etwas, das aus Neid und Sentimentalität zusammengesetzt ist.

266

Wenn die Gefahr am größten ist. – Man bricht das Bein selten, solange man im Leben mühsam aufwärts steigt – aber wenn man anfängt, es sich leicht zu machen und die bequemen Wege zu wählen.

267

Nicht zu zeitig. – Man muß sich in acht nehmen, nicht zu zeitig scharf zu werden, – weil man zugleich damit zu zeitig dünn wird.

268

Freude am Widerspenstigen. – Der gute Erzieher kennt Fälle, wo er stolz darauf ist, daß sein Zögling *wider ihn* sich selber treu bleibt: da nämlich, wo der Jüngling den Mann nicht verstehen darf oder zu seinem Schaden verstehen würde.

269

Versuch der Ehrlichkeit. – Jünglinge, die ehrlicher werden wollen als sie waren, suchen sich einen anerkannt Ehrlichen zum Opfer, das sie zuerst anfallen, indem sie sich zu seiner Höhe hinaufzuschimpfen suchen – mit dem Hintergedanken, daß dieser erste Versuch jedenfalls ungefährlich sei; denn gerade jener dürfe die Unverschämtheit des Ehrlichen nicht züchtigen.

270

Das ewige Kind. – Wir meinen, das Märchen und das Spiel gehöre zur Kindheit: wir Kurzsichtigen! Als ob wir in irgend einem Lebensalter ohne Märchen und Spiel leben möchten! Wir meinen's und empfinden's freilich anders, aber gerade dies spricht dafür, daß es dasselbe ist – denn auch das Kind empfindet das Spiel als seine Arbeit und das Märchen als seine Wahrheit. Die Kürze des Lebens sollte uns vor dem pedantischen Scheiden der Lebensalter bewahren – als ob jedes etwas Neues brächte – und ein Dichter einmal den Menschen von zweihundert Jahren, den, der wirklich ohne Märchen und Spiel lebt, vorführen.

271

Jede Philosophie ist Philosophie eines Lebensalters. – Das Lebensalter, in dem ein Philosoph seine Lehre fand, klingt aus ihr heraus, er kann es nicht verhüten, so erhaben er sich auch über Zeit und Stunde fühlen mag. So bleibt Schopenhauers Philosophie das Spiegelbild der hitzigen und schwermütigen *Jugend* – es ist keine Denkweise für ältere Menschen; so erinnert Platos Philosophie an die mittlern dreißiger Jahre, wo ein kalter und ein heißer Strom aufeinander zuzubrausen pflegen, so daß Staub und zarte Wölkchen und, unter günstigen Umständen und Sonnenblicken, ein bezauberndes Regenbogenbild entsteht.

272

Vom Geiste der Frauen. – Die geistige Kraft einer Frau wird am besten dadurch bewiesen, daß sie aus Liebe zu einem Manne und dessen Geiste ihren eigenen zum Opfer bringt und daß trotzdem ihr auf dem neuen, ihrer Natur ursprünglich fremden Gebiete, wohin die Sinnesart des Mannes sie drängt, *sofort ein zweiter Geist* nachwächst.

273

Erhöhung und Erniedrigung im Geschlechtlichen. – Der Sturm der Begierde reißt den Mann mitunter in eine Höhe hinauf, wo alle Begierde schweigt: dort wo er wirklich liebt und noch mehr in einem besseren Sein als besserem Wollen lebt. Und wiederum steigt ein gutes Weib häufig aus wahrer Liebe bis hinab zur Begierde und *erniedrigt* sich dabei vor sich selber. Namentlich das letztere gehört zu dem Herzbewegendsten, was die Vorstellung einer guten Ehe mit sich zu bringen vermag.

274

Das Weib erfüllt, der Mann verheißt. – Durch das Weib zeigt die Natur, womit sie bis jetzt bei ihrer Arbeit am Menschenbilde fertig wurde; durch den Mann zeigt sie, was sie dabei zu überwinden hatte, aber auch, was sie noch alles mit dem Menschen *vorhat.* – Das vollkommene Weib jeder Zeit ist der Müßiggang des Schöpfers an jedem siebenten Tage der Kultur, das Ausruhen des Künstlers in seinem Werke.

275

Umpflanzung. – Hat man seinen Geist verwendet, um über die Maßlosigkeit der Affekte Herr zu werden, so geschieht es vielleicht mit dem leidigen Erfolge, daß man die Maßlosigkeit auf den Geist überträgt und fürderhin im Denken und Erkennenwollen ausschweift.

276

Das Lachen als Verräterei. – Wie und wann eine Frau lacht, das ist ein Merkmal ihrer Bildung: aber im Klange des Lachens enthüllt sich ihre Natur, bei sehr gebildeten Frauen vielleicht sogar der letzte unlösbare Rest ihrer Natur. – Deshalb wird der Menschenprüfer sagen wie Horaz, aber aus verschiedenem Grunde: ridete puellae.

277

Aus der Seele der Jünglinge. – Jünglinge wechseln in bezug auf dieselbe Person mit Hingebung und Unverschämtheit ab: weil sie im Grunde nur sich in dem andern verehren und verachten, und zwischen beiden Empfindungen in bezug auf sich selber hin und her taumeln müssen, solange sie noch nicht in der Erfahrung das Maß ihres Wollens und Könnens gefunden haben.

278

Zur Verbesserung der Welt. – Wenn man den Unzufriedenen, Schwarzgalligen und Murrköpfen die Fortpflanzung verwehrte, so könnte man schon die Erde in einen Garten des Glücks verzaubern. – Dieser Satz gehört in eine praktische Philosophie für das weibliche Geschlecht.

279

Seinem Gefühle nicht mißtrauen. – Die frauenhafte Wendung, man solle seinem Gefühle nicht mißtrauen, bedeutet nicht viel mehr als: man solle essen, was einem gut schmeckt. Dies mag auch, namentlich für maßvolle Naturen, eine gute Alltagsregel sein. Andere Naturen müssen aber nach einem anderen Satze leben: »du mußt nicht nur mit dem Munde, sondern auch mit dem Kopfe essen, damit dich nicht die Naschhaftigkeit des Mundes zugrunde richte.«

280

Grausamer Einfall der Liebe. – Jede große Liebe bringt den grausamen Gedanken mit sich, den Gegenstand der Liebe zu töten, damit er ein für allemal dem frevelhaften Spiele des Wechsels entrückt sei: denn vor dem Wechsel graut der Liebe mehr als vor der Vernichtung.

281

Türen. – Das Kind sieht ebenso wie der Mann in allem, was erlebt, erlernt wird, Türen: aber jenem sind es *Zugänge,* diesem immer nur *Durchgänge.*

282

Mitleidige Frauen. – Das Mitleiden der Frauen, welches geschwätzig ist, trägt das Bett des Kranken auf offnen Markt.

283

Frühzeitiges Verdienst. – Wer jung schon sich ein Verdienst erwirbt, verlernt gewöhnlich dabei die Scheu vor dem Alter und dem Älteren, und schließt sich damit, zu seinem größten Nachteile, von der Gesellschaft der Reifen, Reife Gebenden aus: so daß er trotz frühzeitigerem Verdienste länger als andre grün, zudringlich und knabenhaft bleibt.

284

Bausch- und Bogen-Seelen. – Die Frauen und die Künstler meinen, daß, wo man ihnen nicht widerspreche, man nicht widersprechen könne; Verehrung in zehn Punkten und stillschweigende Nicht-billigung in anderen zehn scheint ihnen nebeneinander unmöglich, weil sie Bausch- und Bogen-Seelen haben.

285

Junge Talente. – In Hinsicht auf junge Talente muß man streng nach der Goetheschen Maxime verfahren, daß man oft dem Irrtume nicht schaden dürfe, um der Wahrheit nicht zu schaden. Ihr Zustand ist gleich den Krankheiten der Schwangerschaft und bringt seltsame Gelüste mit sich: welche man ihnen, so gut es gehen will, befriedigen und nachsehen sollte, um der Frucht willen, die man von ihnen hofft. Freilich muß man, als Krankenwärter dieser wunderlichen Kranken, die schwere Kunst der freiwilligen Selbst-Demütigung verstehen.

286

Ekel an der Wahrheit. – Die Frauen sind so geartet, daß alle Wahrheit (in bezug auf Mann, Liebe, Kind, Gesellschaft, Lebensziel) ihnen Ekel macht – und daß sie sich an jedem zu rächen suchen, welcher ihnen das Auge öffnet.

287

Die Quelle der großen Liebe. – Woher die plötzlichen Leidenschaften eines Mannes für ein Weib entstehen, die tiefen, innerlichen? Aus Sinnlichkeit allein am wenigsten: aber wenn der Mann Schwäche, Hilfsbedürftigkeit und zugleich Übermut in einem Wesen zusammen findet, so geht etwas in ihm vor, wie wenn seine Seele überwallen wollte: er ist im selben Augenblick gerührt und beleidigt. Auf diesem Punkte entspringt die Quelle der großen Liebe.

288

Reinlichkeit. – Man soll den Sinn für Reinlichkeit im Kinde bis
zur Leidenschaft entfachen: später erhebt er sich, in immer neu-
en Verwandlungen, fast zu jeder Tugend hinauf und erscheint zuletzt, als Kompensation alles Talents, wie eine Lichtfülle von
Reinheit, Mäßigkeit, Milde, Charakter – Glück in sich tragend,
Glück um sich verbreitend.

289

Von eitlen alten Männern. – Der Tiefsinn gehört der Jugend, der
Klarsinn dem Alter zu: wenn trotzdem alte Männer mitunter in
der Art der Tiefsinnigen reden und schreiben, so tun sie es aus Eitelkeit, in dem Glauben, daß sie damit den Reiz des Jugendli-
chen, Schwärmerischen, Werdenden, Ahnungs- und Hoffnungs-
vollen annehmen.

290

Benutzung des Neuen. – Männer benutzen Neu-Erlerntes oder
-Erlebtes fürderhin als Pflugschar, vielleicht auch als Waffe; aber
Weiber machen sofort daraus einen Putz für sich zurecht.

291

Recht haben bei den zwei Geschlechtern. – Gibt man einem Weibe
zu, daß es recht habe, so kann es sich nicht versagen, erst noch die
Ferse triumphierend auf den Nacken des Unterworfenen zu setzen, – es muß den Sieg auskosten; während Mann gegen Mann
sich in solchem Falle gewöhnlich des Rechthabens schämt. Dafür ist der Mann an das Siegen gewöhnt, das Weib erlebt damit eine Ausnahme.

292

Entsagung im Willen zur Schönheit. – Um schön zu werden, darf ein
Weib nicht für hübsch gelten wollen: das heißt, es muß in neun-

undneunzig Fällen, wo es gefallen könnte, es verschmähen und hintertreiben, zu gefallen, um einmal das Entzücken dessen einzuernten, dessen Seelenpforte groß genug ist, um Großes aufzunehmen.

293

Unbegreiflich, unausstehlich. – Ein Jüngling kann nicht begreifen, daß ein Älterer seine Entzückungen, Gefühls-Morgenröten, Gedanken-Wendungen, und -Aufschwünge auch einmal durchlebt habe: es beleidigt ihn schon zu denken, daß sie zweimal existiert hätten, – aber ganz feindselig stimmt es ihn zu hören, daß, um *fruchtbar* zu werden, er jene Blüten verlieren, ihren Duft entbehren müsse.

294

Partei mit der Miene der Dulderin. – Jede Partei, die sich die Miene der Dulderin zu geben weiß, zieht die Herzen der Gutmütigen zu sich hinüber und gewinnt dadurch selber die Miene der Gutmütigkeit – zu ihrem größten Vorteil.

295

Behaupten sicherer als beweisen. – Eine Behauptung wirkt stärker als ein Argument, wenigstens bei der Mehrzahl der Menschen: denn das Argument weckt Mißtrauen. Deshalb suchen die Volksredner die Argumente ihrer Partei durch Behauptungen zu sichern.

296

Die besten Hehler. – Alle regelmäßig Erfolgreichen besitzen eine tiefe Verschlagenheit darin, ihre Fehler und Schwächen immer nur als anscheinende Stärken zum Vorschein zu bringen; weshalb sie dieselben ungewöhnlich gut und deutlich kennen müssen.

297

Von Zeit zu Zeit. – Er setzte sich in das Stadttor und sagte zu einem, der hindurchging, dies eben sei das Stadttor. Jener entgegnete, es sei das eine Wahrheit, aber man dürfe nicht zu viel recht haben, wenn man Dank dafür haben wolle. O, antwortete er, ich will auch keinen Dank; aber von Zeit zu Zeit ist es doch sehr angenehm, nicht nur recht zu haben, sondern auch recht zu behalten.

298

Die Tugend ist nicht von den Deutschen erfunden. – Goethes Vornehmheit und Neidlosigkeit, Beethovens edle einsiedlerische Resignation, Mozarts Anmut und Grazie des Herzens, Händels unbeugsame Männlichkeit und Freiheit unter dem Gesetz, Bachs getrostes und verklärtes Innenleben, welches nicht einmal nötig hat, auf Glanz und Erfolg zu verzichten, – sind denn dies *deutsche* Eigenschaften? – Wenn aber nicht, so zeigt es wenigstens, wonach Deutsche streben sollen und was sie erreichen können.

299

Pia fraus oder etwas anderes. – Möchte ich mich irren: aber mich dünkt, im gegenwärtigen Deutschland werde eine doppelte Art von Heuchelei für jedermann zur Pflicht des Augenblicks gemacht: man fordert ein Deutschtum aus reichspolitischer Besorgnis und ein Christentum aus sozialer Angst, beides aber nur in Worten und Gebärden und namentlich im Schweigen-können. Der *Anstrich* ist es, der jetzt so viel kostet, so hoch bezahlt wird: die *Zuschauer* sind es, derentwegen die Nation ihr Gesicht in deutsch- und christentümelnde Falten legt.

300

Inwiefern auch im Guten das Halbe mehr sein kann als das Ganze. – Bei allen Dingen, die auf Bestand eingerichtet werden und immer den Dienst vieler Personen erfordern, muß manches *weniger Gute* zur *Regel* gemacht werden, obschon der Organisator das Bessere und Schwerere sehr gut kennt: aber er wird darauf rechnen, daß es nie an Personen fehle, welche der Regel entsprechen

können, – und er weiß, daß das Mittelgut der Kräfte die Regel ist.
– Dies sieht ein Jüngling selten ein und glaubt dann, als Neuerer,
Wunder wie sehr er im Rechte, und wie seltsam die Blindheit der
anderen sei.

301

Der Parteimann. – Der echte Parteimann lernt nicht mehr, er er-
fährt und richtet nur noch: während Solon, der nie Parteimann
war, sondern neben und über den Parteien oder gegen sie sein
Ziel verfolgte, bezeichnenderweise der Vater jenes schlichten
Wortes ist, in welchem die Gesundheit und Unausschöpflichkeit
Athens beschlossen liegt: »alt werd' ich und immer lern' ich fort.«

302

Was, nach Goethe, deutsch ist. – Es sind die wahrhaft Unerträgli-
chen, von denen man selbst das Gute nicht annehmen mag, welche *Freiheit der Gesinnung* haben, aber nicht merken, daß es ihnen
an *Geschmacks-* und *Geistes-Freiheit* fehlt. Gerade dies ist aber,
nach Goethes wohlerwogenem Urteil, *deutsch.* – Seine Stimme
und sein Beispiel weisen darauf hin, daß der Deutsche *mehr sein*
müsse als ein Deutscher, wenn er den andern Nationen nützlich,
ja nur erträglich werden wolle – und *in welcher Richtung* er bestrebt sein solle, über sich und außer sich hinauszugehen.

303

Wann es not tut, stehen zu bleiben. – Wenn die Massen zu wüten
beginnen und die Vernunft sich verdunkelt, tut man gut, sofern
man der Gesundheit seiner Seele nicht ganz sicher ist, unter einen Torweg unterzutreten und nach dem Wetter auszuschauen.

304

Umsturzgeister und Besitzgeister. – Das einzige Mittel gegen den
Sozialismus, das noch in eurer Macht steht, ist: ihn nicht heraus-

zufordern, das heißt selber mäßig und genügsam leben, die Schaustellung jeder Üppigkeit nach Kräften verhindern und dem Staate zu Hilfe kommen, wenn er alles Überflüssige und Luxusähnliche empfindlich mit Steuern belegt. Ihr wollt dies Mittel nicht? Dann, ihr reichen Bürgerlichen, die ihr euch »liberal« nennt, gesteht es euch nur zu, eure eigne Herzensgesinnung ist es, welche ihr in den Sozialisten so furchtbar und bedrohlich findet, in euch selber aber als unvermeidlich gelten laßt, wie als ob sie dort etwas anderes wäre. Hättet ihr, so wie ihr seid, euer *Vermögen* und die Sorge um dessen Erhaltung nicht, diese eure Gesinnung würde euch zu Sozialisten machen: nur der Besitz unterscheidet zwischen euch und ihnen. Euch müßt ihr zuerst besiegen, wenn ihr irgendwie über die Gegner eures Wohlstandes siegen wollt. – Und wäre jener Wohlstand nur wirklich Wohlbefinden! Er wäre nicht so äußerlich und neidherausfordernd, er wäre mitteilender, wohlwollender, ausgleichender, nachhelfender. Aber das Unechte und Schauspielerische eurer Lebensfreuden, welche mehr im Gefühl des Gegensatzes (daß andere sie nicht haben und euch beneiden) als im Gefühle der Kraft-Erfüllung und Kraft-Erhöhung liegen – eure Wohnungen, Kleider, Wagen, Schauläden, Gaumen- und Tafel-Erfordernisse, eure lärmende Opern- und Musikbegeisterung, endlich eure Frauen, geformt und gebildet, aber aus unedlem Metall, vergoldet, aber ohne Goldklang, als Schaustücke von euch gewählt, als Schaustücke sich selber gebend: – das sind die giftträgerischen Verbreiter jener Volkskrankheit, welche als sozialistische Herzenskrätze sich jetzt immer schneller der Masse mitteilt, aber in *euch* ihren ersten Sitz und Brüteherd hat. Und wer hielte diese Pest jetzt noch auf? –

305

Taktik der Parteien. – Wenn eine Partei merkt, daß ein bisher Zugehöriger aus einem unbedingten Anhänger ein bedingter geworden ist, so erträgt sie dies so wenig, daß sie durch allerlei Aufreizungen und Kränkungen versucht, jenen zum entschiedenen Abfall zu bringen und zum Gegner zu machen: denn sie hat den Argwohn, daß die Absicht, in ihrem Glauben etwas *Relativ*-Wertvolles zu sehen, das ein Für und Wider, ein Abwägen und Ausscheiden zuläßt, ihr gefährlicher sei als ein Gegnertum in Bausch und Bogen.

306

Zur Stärkung von Parteien. – Wer eine Partei innerlich stärken will, biete ihr Gelegenheit, um ersichtlich *ungerecht* behandelt werden zu müssen; dadurch sammelt sie ein Kapital guten Gewissens, das ihr vielleicht bis dahin fehlte.

307

Für seine Vergangenheit sorgen. – Weil die Menschen eigentlich nur alles Alt-Begründete, Langsam-Gewordene achten, so muß der, welcher nach seinem Tode fortleben will, nicht nur für Nachkommenschaft, sondern noch mehr für eine *Vergangenheit* sorgen: weshalb Tyrannen jeder Art (auch tyrannenhafte Künstler und Politiker) der Geschichte gern Gewalt antun, damit diese als Vorbereitung und Stufenleiter zu ihnen hin erscheine.

308

Partei-Schriftsteller. – Der Paukenschlag, mit welchem sich junge Schriftsteller im Dienste einer Partei so wohl gefallen, klingt dem, welcher nicht zur Partei gehört, wie Kettengerassel und erweckt eher Mitleiden als Bewunderung.

309

Gegen sich Partei ergreifen. – Unsere Anhänger vergeben es uns nie, wenn wir gegen uns selbst Partei ergreifen: denn dies heißt, in ihren Augen, nicht nur ihre Liebe zurückweisen, sondern auch ihren Verstand bloßstellen.

310

Gefahr im Reichtum. – Nur wer *Geist* hat, sollte *Besitz* haben: sonst ist der Besitz *gemeingefährlich.* Der Besitzende nämlich, der von der freien Zeit, welche der Besitz ihm gewähren könnte, keinen Gebrauch zu machen versteht, wird immer *fortfahren,* nach Besitz zu streben: dieses Streben wird seine Unterhaltung, seine Kriegslist im Kampf mit der Langeweile sein. So entsteht zuletzt, aus mäßigem Besitz, welcher dem Geistigen genügen würde, der eigentliche Reichtum: und zwar als das gleißende Ergebnis geistiger Unselbständigkeit und Armut. Nur *erscheint* er eben ganz anders, als seine armselige Abkunft erwarten läßt, weil er sich mit Bildung und Kunst maskieren kann: er kann eben die Maske *kaufen.* Dadurch erweckt er Neid bei den Ärmeren und Ungebildeten – welche im Grunde immer die Bildung beneiden und in der Maske nicht die Maske sehen – und bereitet allmählich eine soziale Umwälzung vor: denn vergoldete Roheit und schauspielerisches Sich Blähen im angeblichen »Genusse der Kultur« gibt jenen den Gedanken ein »es liegt nur am Gelde«, – während allerdings *etwas* am Gelde liegt, aber *viel mehr am Geiste.*

311

Freude im Gebieten und Gehorchen. – Das Gebieten macht Freude wie das Gehorchen, ersteres wenn es noch nicht zur Gewohnheit geworden ist, letzteres aber, wenn es zur Gewohnheit geworden ist. Alte Diener unter neuen Gebietenden fördern sich gegenseitig im Freude-machen.

312

Ehrgeiz des verlornen Postens. – Es gibt einen Ehrgeiz des verlornen Postens, welcher eine Partei dahin drängt, sich in eine äußerste Gefahr zu begeben.

313

Wann Esel not tun. – Man wird die Menge nicht eher zum Hosi-anna-rufen bringen, bis man auf einem Esel in die Stadt einreitet.

314

Partei-Sitte. – Eine jede Partei versucht, das Bedeutende, das außer ihr gewachsen ist, als unbedeutend darzustellen; gelingt es ihr aber nicht, so feindet sie es um so bitterer an, je vortrefflicher es ist.

315

Leer-werden. – Von dem, der sich den Ereignissen hingibt, bleibt immer weniger übrig. Große Politiker können deshalb ganz lee-re Menschen werden und doch einmal voll und reich gewesen sein.

316

Erwünschte Feinde. – Die sozialistischen Regungen sind den dy-nastischen Regierungen jetzt immer noch eher angenehm als furchteinflößend, weil sie durch dieselben *Recht und Schwert* zu Ausnahme-Maßregeln in die Hände bekommen, mit denen sie ihre eigentlichen Schreckgestalten, die Demokraten und Anti-Dynasten, treffen können. – Zu allem, was solche Regierungen öffentlich hassen, haben sie jetzt eine heimliche Zuneigung und Innigkeit: sie müssen ihre Seele verschleiern.

317

Der Besitz besitzt. – Nur bis zu einem gewissen Grade macht der Besitz den Menschen unabhängig, freier; eine Stufe weiter – und der Besitz wird zum Herrn, der Besitzer zum Sklaven: als welcher ihm seine Zeit, sein Nachdenken zum Opfer bringen muß und sich fürderhin zu einem Verkehr verpflichtet, an einen Ort ange-nagelt, einem Staate einverleibt fühlt – alles vielleicht wider sein innerlichstes und wesentlichstes Bedürfnis.

318

Von der Herrschaft der Wissenden. – Es ist leicht, zum Spotten leicht, das Muster zur Wahl einer gesetzgebenden Körperschaft aufzustellen. Zuerst hätten die Redlichen und Vertrauenswürdigen eines Landes, welche zugleich irgendworin Meister und Sachkenner sind, sich auszuscheiden, durch gegenseitige Auswitterung und Anerkennung: aus ihnen wiederum müßten sich, in engerer Wahl, die in jeder Einzelart Sachverständigen und Wissenden ersten Ranges auswählen, gleichfalls durch gegenseitige Anerkennung und Gewährleistung. Bestünde aus ihnen die gesetzgebende Körperschaft, so müßten endlich, für jeden einzelnen Fall, nur die Stimmen und Urteile der speziellsten Sachverständigen entscheiden und die Ehrenhaftigkeit *aller* übrigen groß genug und einfach zur Sache des Anstandes geworden sein, die Abstimmung dabei auch nur jenen zu überlassen: so daß im strengsten Sinne das Gesetz aus dem Verstande der Verständigsten hervorginge. – Jetzt stimmen Parteien ab: und bei jeder Abstimmung muß es Hunderte von beschämten Gewissen geben – die der Schlecht-Unterrichteten, Urteils-Unfähigen, die der Nachsprechenden, Nachgezogenen, Fortgerissenen. Nichts erniedrigt die Würde jedes neuen Gesetzes so, als dieses anklebende Schamrot der Unredlichkeit, zu der jede Partei-Abstimmung zwingt. Aber, wie gesagt, es ist leicht, zum Spotten leicht, so etwas aufzustellen: keine Macht der Welt ist jetzt stark genug, das Bessere zu verwirklichen, – es sei denn, daß der Glaube an die höchste *Nützlichkeit der Wissenschaft und der Wissenden* endlich auch dem Böswilligsten einleuchte und dem jetzt herrschenden Glauben an die Zahl vorgezogen werde. Im Sinne dieser Zukunft sei unsere Losung: »Mehr Ehrfurcht vor dem Wissenden! Und nieder mit allen Parteien!«

319

Vom »Volke der Denker« (oder des schlechten Denkens). – Das Undeutliche, Schwebende, Ahnungsvolle, Elementarische, Intuitive

– um für unklare Dinge auch unklare Namen zu wählen –, was man dem deutschen Wesen nachsagt, wäre, wenn es tatsächlich noch bestünde, ein Beweis, daß seine Kultur um viele Schritte zurückgeblieben und noch immer von Bann und Luft des Mittelalters umschlossen wäre. – Freilich liegen in einer solchen Zurückgebliebenheit auch einige Vorteile: die Deutschen wären mit diesen Eigenschaften – wenn sie dieselben, nochmals gesagt, jetzt noch besitzen sollten – zu einigen Dingen, und namentlich zum Verständnis einiger Dinge befähigt, zu welchen andere Nationen alle Kraft verloren haben. Und sicher geht viel verloren, wenn der *Mangel an Vernunft* – das heißt eben das Gemeinsame in jenen Eigenschaften – verloren geht; aber hier gibt es auch keine Einbuße ohne den höchsten Gegengewinn, so daß jeder Grund zum Jammern fehlt, vorausgesetzt, daß man nicht wie Kinder und Leckerhafte die Früchte aller Jahreszeiten zugleich genießen will.

320

Eulen nach Athen. – Die Regierungen der großen Staaten haben zwei Mittel in den Händen, das Volk von sich abhängig zu erhalten, in Furcht und Gehorsam: ein gröberes, das Heer, ein feineres, die Schule. Mit Hilfe des ersteren bringen sie den *Ehrgeiz* der höheren und die *Kraft* der niederen Schichten, soweit beide tätigen und rüstigen Männern mittlerer und minderer Begabung zu eigen zu sein pflegen, auf ihre Seite; mit Hilfe des andern Mittels gewinnen sie die *begabte* Armut, namentlich die geistig anspruchsvolle Halbarmut der mittleren Stände für sich. Sie machen vor allem aus den Lehrern allen Grades einen unwillkürlich nach »oben« hin blickenden geistigen Hofstaat: indem sie der Privatschule und gar der ganz und gar mißliebigen Einzelerziehung Stein über Stein in den Weg legen, sichern sie sich die Verfügung über eine sehr bedeutende Anzahl von Lehrstellen, auf welche sich nun fortwährend eine gewiß fünfmal größere Anzahl von hungrig und unterwürfig blickenden Augen richten, als je Befriedigung finden können. Diese Stellungen dürfen ihren Mann aber nur *kärglich* nähren: dann unterhält sich in ihm der Fieberdurst nach *Beförderung* und schließt ihn noch enger an die Absichten der Regierung an. Denn eine mäßige Unzufriedenheit zu pflegen ist immer vorteilhafter als Zufriedenheit, die Mutter des Mutes, die Großmutter des Freisinns und des Übermutes. Vermittels dieses leiblich und geistig im Zaume gehaltenen Lehrertums wird nun, so gut es gehen will, alle Jugend des Landes auf eine gewisse, dem Staate nützliche und zweckmäßig abgestufte Bildungshöhe gehoben: vor allem aber wird jene Gesinnung fast unvermerkt auf die unreifen und ehrsüchtigen Geister aller Stände übertragen, daß nur eine vom Staate anerkannte und abgestempelte Lebensrichtung sofort *gesellschaftliche* Auszeichnung mit sich führt. Die Wirkung dieses Glaubens an Staats-Prüfungen und -Titel geht so weit, daß selbst unabhängig gebliebenen, durch Handel oder Handwerk emporgestiegenen Männern so lange ein Stachel der Unbefriedigung in der Brust bleibt, bis auch ihre Stellung durch eine begnadigende Verleihung von Rang und Orden von oben her bemerkt und anerkannt ist, – bis man »sich sehen lassen kann«. Endlich verknüpft der Staat alle jene hundert und aberhundert ihm zugehörigen Beamtungen und Erwerbsposten mit der *Verpflichtung,* durch die Staatsschulen sich bilden und abzeichnen zu lassen, wenn man je in diese Pforten eingehen wolle: Ehre bei der Gesellschaft, Brot für sich, Ermöglichung einer Familie, Schutz von oben her, Gemeingefühl der gemeinsam Gebildeten – dies alles bildet ein Netz von Hoffnungen, in welches jeder junge Mann hineinläuft: woher sollte ihm denn das Mißtrauen angeweht sein! Ist zu guter Letzt gar noch bei jedermann die Verpflichtung, einige Jahre *Soldat* zu sein, nach Ablauf weniger Generationen, zu einer gedankenlosen Gewohnheit und Voraussetzung geworden, auf welche hin man frühzeitig den Plan seines Lebens zurechtschneidet: so kann der Staat auch noch den Meistergriff wagen, Schule *und* Heer, Begabung, Ehrgeiz und

Kraft durch Vorteile *ineinander* zu flechten, das heißt den *höher Begabten* und *Gebildeten* durch günstigere Bedingungen zum Heere zu locken und mit dem Soldatengeiste des freudigen Gehorsams zu erfüllen: so daß er vielleicht dauernd zur Fahne schwört und durch seine Begabung ihr einen neuen, immer glänzenderen Ruf verschafft. – Dann fehlt nichts weiter als Gelegenheit zu großen Kriegen: und dafür sorgen, von Berufs wegen, also in aller *Unschuld,* die Diplomaten, samt Zeitungen und Börsen: denn das »Volk«, als Soldatenvolk, hat bei Kriegen immer ein gutes Gewissen, man braucht es ihm nicht erst zu machen.

321

Die Presse. – Erwägt man, wie auch jetzt noch alle großen politischen Vorgänge sich heimlich und verhüllt auf das Theater schleichen, wie sie von unbedeutenden Ereignissen verdeckt werden und in ihrer Nähe klein erscheinen, wie sie erst lange nach ihrem Geschehen ihre tiefen Einwirkungen zeigen und den Boden nachzittern lassen, – welche Bedeutung kann man da der Presse zugestehn, wie sie jetzt ist, mit ihrem täglichen Aufwand von Lunge, um zu schreien, zu übertäuben, zu erregen, zu erschrekken, – ist sie mehr als der *permanente blinde Lärm,* der die Ohren und Sinne nach einer falschen Richtung ablenkt?

322

Nach einem großen Ereignis. – Ein Volk und Mensch, dessen Seele bei einem großen Ereignis zutage gekommen ist, fühlt gewöhnlich darauf das Bedürfnis nach einer *Kinderei* oder *Roheit,* ebenso aus Scham als um sich zu erholen.

323

Gut deutsch sein heißt sich entdeutschen. – Das, worin man die nationalen Unterschiede findet, ist viel mehr, als man bis jetzt eingesehen hat, nur der Unterschied verschiedener *Kulturstufen* und zum geringsten Teile etwas Bleibendes (und auch dies nicht in einem strengen Sinne). Deshalb ist alles Argumentieren aus dem National-Charakter so wenig verpflichtend für den, welcher an der *Umschaffung* der Überzeugungen, das heißt an der Kultur arbeitet. Erwägt man zum Beispiel, was alles schon deutsch *gewesen ist,* so wird man die theoretische Frage: was *ist* deutsch? sofort durch die Gegenfrage verbessern: »was ist *jetzt* deutsch?« – und jeder *gute* Deutsche wird sie praktisch, gerade durch Überwindung seiner deutschen Eigenschaften, lösen. Wenn nämlich ein Volk vorwärts geht und wächst, so sprengt es jedesmal den Gürtel, der ihm bis dahin sein *nationales* Ansehen gab; bleibt es stehen, verkümmert es, so schließt sich ein neuer Gürtel um seine Seele; die immer härter werdende Kruste baut gleichsam ein Gefängnis herum, dessen Mauern immer wachsen. Hat ein Volk also sehr viel Festes, so ist dies ein Beweis, daß es versteinern will und ganz und gar *Monument* werden möchte: wie es von einem bestimmten Zeitpunkte an das Ägyptertum war. Der also, welcher den Deutschen wohlwill, mag für seinen Teil zusehen, wie er immer mehr aus dem, was deutsch ist, hinauswachse. *Die Wendung zum Undeutschen* ist deshalb immer das Kennzeichen der Tüchtigen unseres Volkes gewesen.

324

Ausländereien. – Ein Ausländer, der in Deutschland reiste, mißfiel und gefiel durch einige Behauptungen, je nach den Gegenden, in denen er sich aufhielt. Alle Schwaben, die Geist haben, – pflegte er zu sagen – sind kokett. – Die anderen Schwaben aber meinten noch immer, Uhland sei ein Dichter und Goethe unmoralisch gewesen. – Das Beste an den deutschen Romanen, welche jetzt berühmt würden, sei, daß man sie nicht zu lesen brauche: man kenne sie schon. – Der Berliner erscheine gutmütiger als der Süddeutsche, denn er sei allzusehr spottlustig und vertrage deshalb Spott: was Süddeutschen nicht begegne. – Der

Geist der Deutschen werde durch ihr Bier und ihre Zeitungen niedergehalten: er empfehle ihnen Tee und Pamphlete, zur Kur natürlich. – Man sehe sich, so riet er, doch die verschiedenen Völker des altgewordenen Europa daraufhin an, wie ein jedes eine bestimmte Eigenschaft des Alters besonders gut zur Schau trägt, zum Vergnügen für die, welche vor dieser großen Bühne sitzen: wie die Franzosen das Kluge und Liebenswürdige des Alters, die Engländer das Erfahrene und Zurückhaltende, die Italiener das Unschuldige und Unbefangene mit Glück vertreten. Sollten denn die anderen Masken des Alters fehlen? Wo ist der hochmütige Alte? Wo der herrschsüchtige Alte? Wo der habsüchtige Alte? – Die gefährlichste Gegend in Deutschland sei Sachsen und Thüringen: nirgends gäbe es mehr geistige Rührigkeit und Menschenkenntnis, nebst Freigeisterei, und alles sei so bescheiden durch die häßliche Sprache und die eifrige Dienstbeflissenheit dieser Bevölkerung versteckt, daß man kaum merke, hier mit den geistigen Feldwebeln Deutschlands und seinen Lehrmeistern in Gutem und Schlimmem zu tun zu haben. Der Hochmut der Norddeutschen werde durch ihren Hang, zu gehorchen, der der Süddeutschen durch ihren Hang, sich's bequem zu machen, in Schranken gehalten. – Es schiene ihm, daß die deutschen Männer in ihren Frauen ungeschickte, aber sehr von sich überzeugte Hausfrauen hätten: sie redeten so beharrlich gut von sich, daß sie fast die Welt und jedenfalls ihre Männer von der eigens deutschen Hausfrauen-Tugend überzeugt hätten. – Wenn sich dann das Gespräch auf Deutschlands Politik nach außen und innen wendete, so pflegte er zu erzählen – er nannte es: verraten –, das Deutschlands größter Staatsmann nicht an große Staatsmänner glaube. – Die Zukunft der Deutschen fand er bedroht und bedrohlich: denn sie hätten verlernt, sich zu *freuen* (was die Italiener so gut verstünden), aber sich durch das große Hazardspiel von Kriegen und dynastischen Revolutionen an die *Emotion gewöhnt,* folglich würden sie eines Tages die Erneute haben. Denn dies sei die stärkste Emotion, welche ein Volk sich verschaffen könne. – Der deutsche Sozialist sei eben deshalb am gefährlichsten, weil ihn keine *bestimmte* Not treibe; sein Leiden sei, nicht zu wissen, was er wolle; so werde er, wenn er auch viel erreiche, doch noch im Genusse vor Begierde verschmachten, ganz wie Faust, aber vermutlich wie ein sehr pöbelhafter Faust. »Den *Faust-Teufel* nämlich«, rief er zuletzt, »von dem die gebildeten Deutschen so geplagt wurden, hat Bismarck ihnen ausgetrieben: nun ist der Teufel aber in die Säue gefahren und schlimmer als je vorher!«

325

Meinungen. – Die meisten Menschen sind nichts und gelten nichts, bis sie sich in allgemeine Überzeugungen und öffentliche Meinungen eingekleidet haben – nach der Schneider-Philosophie: Kleider machen Leute. Von den Ausnahme-Menschen aber muß es heißen: *erst der Träger macht die Tracht;* hier hören die Meinungen auf, öffentlich zu sein, und werden etwas anderes als Masken, Putz und Verkleidung.

326

Zwei Arten der Nüchternheit. – Um Nüchternheit aus Erschöpfung des Geistes nicht mit Nüchternheit aus Mäßigung zu verwechseln, muß man darauf acht haben, daß die erstere übellaunig, die andere frohmütig ist.

327

Verfälschung der Freude. – Keinen Tag länger eine Sache gut heißen, als sie uns gut scheint, und vor allem: *keinen Tag früher* – das ist das einzige Mittel, sich die *Freude* echt zu erhalten: die sonst allzu leicht fade und faul im Geschmacke wird und jetzt für ganze Schichten des Volkes zu den verfälschten Lebensmitteln gehört.

328

Der Tugend-Bock. – Beim Allerbesten, was einer tut, suchen die, welche ihm wohlwollen, aber seiner Tat nicht gewachsen sind, schleunigst einen Bock, um ihn zu schlachten, wähnend, es sei der Sündenbock – aber es ist der Tugend-Bock.

329

Souveränität. – Auch das Schlechte ehren und sich zu ihm bekennen, wenn es einem *gefällt,* und keinen Begriff davon haben, wie man sich seines Gefallens schämen könne, ist das Merkmal der Souveränität, im großen und kleinen.

330

Der Wirkende ein Phantom, keine Wirklichkeit. – Der bedeutende Mensch lernt allmählich, daß er, *sofern er wirkt,* ein *Phantom* in den Köpfen anderer ist, und gerät vielleicht in die feine Seelenqual, sich zu fragen, ob er das Phantom von sich zum *Besten* seiner Mitmenschen nicht aufrechterhalten müsse.

331

Nehmen und geben. – Wenn man einem das Geringste weg (oder vorweg) genommen hat, so ist er blind dafür, daß man ihm viel Größeres, ja das Größte gegeben hat.

332

Der gute Acker. – Alles Abweisen und Negieren zeigt einen Mangel an Fruchtbarkeit an: im Grunde, wenn wir nur gutes Ackerland wären, dürften wir nichts unbenutzt umkommen lassen und in jedem Dinge, Ereignisse und Menschen willkommenen Dünger, Regen oder Sonnenschein sehen.

333

Verkehr als Genuß. – Hält sich einer, mit entsagendem Sinne, absichtlich in der Einsamkeit, so kann er sich dadurch den Verkehr mit Menschen, selten genossen, zum Leckerbissen machen.

334

Öffentlich zu leiden verstehen. – Man muß sein Unglück affichieren und von Zeit zu Zeit hörbar seufzen, sichtbar ungeduldig sein: denn ließe man die andern merken, wie sicher und glücklich in sich man trotz Schmerz und Entbehrung ist, wie neidisch und böswillig würde man sie machen! – Aber wir müssen Sorge dafür tragen, daß wir unsre Mitmenschen nicht verschlechtern; überdies würden sie uns in jenem Falle harte Steuern auferlegen, und unser *öffentliches Leiden* ist jedenfalls auch unser *privater Vorteil.*

335

Wärme in den Höhen. – Auf den Höhen ist es wärmer, als man in den Tälern meint, namentlich im Winter. Der Denker weiß, was alles dies Gleichnis besagt.

336

Das Gute wollen, das Schöne können. – Es genügt nicht, das *Gute* zu üben, man muß es gewollt haben und, nach dem Wort des Dichters, die Gottheit in seinen *Willen* aufnehmen. Aber das *Schöne* darf man nicht wollen, man muß es *können,* in Unschuld und Blindheit, ohne alle Neubegier der Psyche. Wer seine Laterne anzündet, um vollkommene Menschen zu finden, der achte auf dies Merkmal: es sind die, welche immer um des Guten willen handeln und immer dabei das Schöne erreichen, ohne daran zu denken. Viele der Besseren und Edleren bleiben nämlich, aus Unvermögen und Mangel der schönen Seele, mit allem ihrem guten Willen und ihren guten Werken, unerquicklich und häßlich anzusehen; sie stoßen zurück und schaden selbst der Tugend durch das widrige Gewand, welches ihr schlechter Geschmack derselben anlegt.

337

Gefahr der Entsagenden. – Man muß sich hüten, sein Leben auf einen zu schmalen Grund von Begehrlichkeit zu gründen: denn wenn man den Freuden entsagt, welche Stellungen, Ehren, Genossenschaften, Wollüste, Bequemlichkeiten, Künste mit sich bringen, so kann ein Tag kommen, wo man merkt, statt der *Weisheit,* durch diese Verzichtleistung den *Lebens-Überdruß* zum Nachbarn erlangt zu haben.

338

Letzte Meinung über Meinungen. – Entweder verstecke man seine Meinungen, oder man verstecke sich hinter seine Meinungen. Wer es anders macht, der kennt den Lauf der Welt nicht oder gehört zum Orden der heiligen Tollkühnheit.

339

»Gaudeamus igitur.« – Die Freude muß auch für die sittliche Natur des Menschen auferbauende und ausheilende Kräfte enthalten: wie käme es sonst, daß unsere Seele, sobald sie im Sonnenschein der Freude ruht, sich unwillkürlich gelobt »gut sein!« »vollkommen werden!« und daß dabei ein Vorgefühl der Vollkommenheit, gleich einem seligen Schauder, sie erfaßt?

340

An einen Gelobten. – Solange man dich lobt, glaube nur immer, daß du noch nicht auf deiner eignen Bahn, sondern auf der eines andern bist.

341

Den Meister lieben. – Anders liebt der Gesell, anders der Meister den Meister.

342

Allzuschönes und Menschliches. – »Die Natur ist zu schön für dich armen Sterblichen« – so empfindet man nicht selten, aber ein paarmal, bei einem innigen Anschauen alles Menschlichen, seiner Fülle, Kraft, Zartheit, Verflochtenheit, war es mir zumute, als ob ich sagen müßte, in aller Demut: »auch der *Mensch* ist zu schön für den betrachtenden Menschen!« – und zwar nicht etwa nur der moralische Mensch, sondern jeder.

343

Bewegliche Habe und Grundbesitz. – Wenn einen das Leben einmal recht räuberhaft behandelt hat, und an Ehren, Freuden, Anhang, Gesundheit, Besitz aller Art nahm, was es nehmen konnte, so entdeckt man vielleicht hinterdrein, nach dem ersten Schrecken, daß man *reicher* ist als zuvor. Denn jetzt erst weiß man, was einem so zu eigen ist, daß keine Räuberhand daran zu rühren vermag; so geht man vielleicht aus aller Plünderung und Verwirrung mit der Vornehmheit eines großen Grundbesitzers hervor.

344

Unfreiwillige Idealfiguren. – Das peinlichste Gefühl, das es gibt, ist, zu entdecken, daß man immer für etwas Höheres genommen wird, als man ist. Denn man muß sich dabei eingestehen: irgend etwas an dir ist Lug und Trug, dein Wort, dein Ausdruck, dein Auge, deine Handlung – und dieses trügerische Etwas ist so notwendig wie deine sonstige Ehrlichkeit, hebt aber deren Wirkung und Wert fortwährend auf.

345

Idealist und Lügner. – Man soll sich von dem schönsten Vermögen – dem, die Dinge ins Ideal zu heben – nicht tyrannisieren lassen: sonst trennt sich eines Tages die Wahrheit von uns mit dem bösen Wort »du Lügner von Grund aus, was habe ich mit dir zu schaffen?«

346

Mißverstanden werden. – Wenn man als Ganzes mißverstanden wird, so ist es unmöglich, ein einzelnes Mißverstandenwerden von Grund aus zu heben. Dies muß man einsehen, um nicht überflüssige Kraft in seiner Verteidigung zu verschwenden.

347

Der Wassertrinker spricht. – Trinke deinen Wein nur weiter, der dich dein Leben lang gelabt hat, – was geht es dich an, daß ich ein Wassertrinker sein muß? Sind Wein und Wasser nicht friedfertige brüderliche Elemente, die ohne Vorwurf beieinander wohnen?

348

Aus dem Lande der Menschenfresser. – In der Einsamkeit frißt sich der Einsame selbst auf, in der Vielsamkeit fressen ihn die vielen. Nun wähle.

349

Im Gefrierpunkt des Willens. – »Endlich einmal kommt sie doch, jene Stunde, die dich in die goldene Wolke der Schmerzlosigkeit einhüllen wird: wo die Seele ihre eigene Müdigkeit genießt und glücklich im geduldigen Spiele mit ihrer Geduld den Wellen eines Sees gleicht, die an einem ruhigen Sommertage, im Widerglanze eines buntgefärbten Abendhimmels, am Ufer schlürfen, schlürfen und wieder stille sind – ohne Ende, ohne Zweck, ohne Sättigung, ohne Bedürfnis, – ganz Ruhe, die sich am Wechsel freut, ganz Zurückebben und Einfluten in den Pulsschlag der Natur.« Dies ist Empfindung und Rede aller Kranken: erreichen sie aber jene Stunden, so kommt, nach kurzem Genusse, die Langeweile. Diese aber ist der Tauwind für den eingefrornen Willen: er erwacht, bewegt sich und zeugt wieder Wunsch auf Wunsch. – Wünschen ist ein Anzeichen von Genesung oder Besserung.

350

Das verleugnete Ideal. – Ausnahmsweise kommt es vor, daß einer das Höchste erst dann erreicht, wenn er sein Ideal verleugnet: denn dies Ideal trieb ihn bisher zu heftig an, so daß er in der Mitte der jedesmaligen Bahn außer Atem kam und stehenbleiben mußte.

351

Verräterische Neigung. – Man beachte es als Merkmal eines neidischen, aber höher strebenden Menschen, wenn er sich von dem Gedanken angezogen fühlt, daß es dem Vortrefflichen gegenüber nur *eine* Rettung gibt: Liebe.

352

Treppen-Glück. – Wie der Witz mancher Menschen nicht mit der Gelegenheit gleichen Schritt hält, so daß die Gelegenheit schon durch die Türe hindurch ist, während der Witz noch auf der Treppe steht: so gibt es bei anderen eine Art von Treppen-Glück, welches zu langsam läuft, um der schnellfüßigen Zeit immer zur Seite zu sein: das Beste, was sie von einem Erlebnis, einer ganzen Lebensstrecke zu genießen bekommen, fällt ihnen erst lange Zeit hinterher zu, oft nur als ein schwacher, gewürzter Duft, welcher Sehnsucht erweckt und Trauer – als ob es möglich gewesen wäre – irgendwann – in diesem Element sich recht satt zu trinken: nun aber ist es zu spät.

353

Würmer. – Es spricht nicht gegen die Reife eines Geistes, daß er einige Würmer hat.

354

Der siegreiche Sitz. – Eine gute Haltung zu Pferd stiehlt dem Gegner den Mut, dem Zuschauer das Herz, – wozu erst noch angreifen? Sitze wie einer, der gesiegt hat!

355

Gefahr in der Bewunderung. – Man kann aus allzu großer Bewunderung für fremde Tugenden den Sinn für seine eignen und, durch Mangel an Übung, zuletzt diese selbst verlieren, ohne die fremden dafür zum Ersatz zu erhalten.

356

Nutzen der Kränklichkeit. – Wer oft krank ist, hat nicht nur einen viel größeren Genuß am Gesundsein, wegen seines häufigen Gesundwerdens: sondern auch einen höchst geschärften Sinn für Gesundes und Krankhaftes in Werken und Handlungen, eigenen und fremden: so daß zum Beispiel gerade die kränklichen Schriftsteller – und darunter sind leider fast alle großen – in ihren Schriften einen viel sichreren und gleichmäßigeren Ton der Gesundheit zu haben pflegen, weil sie besser als die körperlich Robusten sich auf die Philosophie der seelischen Gesundheit und Genesung und ihre Lehrmeister: Vormittag, Sonnenschein, Wald und Wasserquelle, verstehen.

357

Untreue, Bedingung der Meisterschaft. – Es hilft nichts: jeder Meister hat nur *einen* Schüler – und der wird ihm untreu – denn er ist zur Meisterschaft auch bestimmt.

358

Nie umsonst. – Im Gebirge der Wahrheit kletterst du nie umsonst: entweder du kommst schon heute weiter hinauf oder du übst deine Kräfte, um morgen höher steigen zu können.

359

Vor grauen Fensterscheiben. – Ist denn das, was ihr durch dies Fenster von der Welt seht, so schön, daß ihr durchaus durch kein anderes Fenster mehr blicken wollt – ja selbst andere davon abzuhalten den Versuch macht?

360

Anzeichen starker Wandlungen. – Es ist ein Zeichen, wenn man von lange Vergessenen oder Toten träumt, daß man eine starke Wandlung in sich durchlebt hat und daß der Boden, auf dem man lebt, völlig umgegraben worden ist: da stehen die Toten auf, und unser Altertum wird Neutum.

361

Arznei der Seele. – Still-liegen und Wenig-denken ist das wohlfeilste Arzneimittel für alle Krankheiten der Seele und wird, bei gutem Willen, von Stunde zu Stunde seines Gebrauchs angenehmer.

362

Zur Rangordnung der Geister. – Es ordnet dich tief unter jenen, daß du die Ausnahmen festzustellen suchst, jener aber die Regel.

363

Der Fatalist. – Du *mußt* an das Fatum glauben, – dazu kann die Wissenschaft dich zwingen. Was dann aus diesem Glauben bei dir herauswächst – Feigheit, Ergebung oder Großartigkeit und Freimut –, das legt Zeugnis von dem Erdreich ab, in welches jenes Samenkorn gestreut wurde, nicht aber vom Samenkorn selbst – denn aus ihm kann alles und jedes werden.

364

Grund vieler Verdrießlichkeit. – Wer im Leben das Schöne dem Nützlichen vorzieht, wird sich gewiß zuletzt, wie das Kind, welches Zuckerwerk dem Brote vorzieht, den Magen verderben und sehr verdrießlich in die Welt sehen.

365

Übermaß als Heilmittel. – Man kann sich seine eigne Begabung dadurch wieder schmackhaft machen, daß man längere Zeit die entgegengesetzte übermäßig verehrt und genießt. – Das Übermaß als Heilmittel zu gebrauchen ist einer der feineren Griffe in der Lebenskunst.

366

»Wolle ein Selbst«. – Die tätigen, erfolgreichen Naturen handeln nicht nach dem Spruche »kenne dich selbst«, sondern wie als ob ihnen der Befehl vorschwebte: *wolle* ein Selbst, so *wirst* du ein Selbst. – Das Schicksal scheint ihnen immer noch die Wahl gelassen zu haben; während die Untätigen und Beschaulichen darüber nachsinnen, wie sie jenes eine Mal, beim Eintritt ins Leben, gewählt *haben*.

367

Womöglich ohne Anhang leben. – Wie wenig Anhänger zu bedeuten haben, begreift man erst, wenn man aufgehört hat, der Anhänger seiner Anhänger zu sein.

368

Sich verdunkeln. – Man muß sich zu verdunkeln verstehen, um die Mückenschwärme allzu lästiger Bewunderer loszuwerden.

369

Langeweile. – Es gibt eine Langeweile der feinsten und gebildetsten Köpfe, denen das Beste, was die Erde bietet, schal geworden ist: gewöhnt daran, ausgesuchte und immer ausgesuchtere Kost zu essen und vor der gröberen sich zu ekeln, sind sie in Gefahr, Hungers zu sterben – denn des Allerbesten ist nur wenig da, und mitunter ist es unzugänglich oder steinhart geworden, so daß es auch gute Zähne nicht mehr beißen können.

370

Die Gefahr in der Bewunderung. – Die Bewunderung einer Eigenschaft oder Kunst kann so stark sein, daß sie uns abhält, nach ihrem Besitz zu streben.

371

Was man von der Kunst will. – Der eine will vermittels der Kunst sich seines Wesens freuen, der andere will mit ihrer Hilfe zeitweilig über sein Wesen hinaus, von ihm weg. Nach beiden Bedürfnissen gibt es eine doppelte Art von Kunst und Künstlern.

372

Abfall. – Wer von uns abfällt, beleidigt damit vielleicht nicht uns, aber sicherlich unsere Anhänger.

373

Nach dem Tode. – Wir finden es gewöhnlich erst lange nach dem Tode eines Menschen unbegreiflich, daß er fehlt: bei ganz großen Menschen oft erst nach Jahrzehnten. Wer ehrlich ist, meint bei einem Todesfalle gewöhnlich, daß eigentlich nicht viel fehle und daß der feierliche Leichenredner ein Heuchler sei. Erst die Not lehrt das Nötig-sein eines einzelnen, und das rechte Epitaph ist ein später Seufzer.

374

Im Hades lassen. – Viele Dinge muß man im Hades halbbewußten Fühlens lassen und nicht aus ihrem Schatten-Dasein erlösen wollen, sonst werden sie, als Gedanke und Wort, unsere dämonischen Herren und verlangen grausam nach unsrem Blut.

375

Nähe des Bettlertums. – Auch der reichste Geist hat gelegentlich den Schlüssel zu der Kammer verloren, in der seine aufgespeicherten Schätze ruhen, und ist dann dem Ärmsten gleich, der betteln muß, um nur zu leben.

376

Ketten-Denker. – Einem, der viel gedacht hat, erscheint jeder neue Gedanke, den er hört oder liest, sofort in Gestalt einer Kette.

377

Mitleid. – In der vergoldeten Scheide des Mitleidens steckt mitunter der Dolch des Neides.

378

Was ist Genie? – Ein hohes Ziel *und* die Mittel dazu wollen.

379

Eitelkeit der Kämpfer. – Wer keine Hoffnung hat, in einem Kampfe zu siegen, oder ersichtlich unterlegen ist, will um so mehr, daß die Art seines Kämpfens bewundert werde.

380

Das philosophische Leben wird mißgedeutet. – In dem Augenblicke, wo jemand anfängt mit der Philosophie Ernst zu machen, glaubt alle Welt das Gegenteil davon.

381

Nachahmung. – Das Schlechte gewinnt durch die Nachahmung an Ansehen, das Gute verliert dabei – namentlich in der Kunst.

382

Letzte Lehre der Historie. – »Ach, daß ich damals gelebt hätte!« – das ist die Rede törichter und spielerischer Menschen. Vielmehr wird man, bei jedem Stück Geschichte, das man *ernstlich* betrachtet hat, und sei es das gelobteste Land der Vergangenheit, zuletzt ausrufen: »nur nicht dahin wieder zurück! Der Geist jener Zeit würde mit der Last von hundert Atmosphären auf dich drücken des Guten und Schönen an ihr würdest du dich nicht erfreuen, ihr Schlimmes nicht verdauen können.« – Zuverlässig wird die Nachwelt ebenso über unsere Zeit urteilen: sie sei unausstehlich, das Leben in ihr unlebebar gewesen. – Und doch hält es jeder in seiner Zeit aus? – Ja, und zwar deshalb, weil der Geist seiner Zeit nicht nur *auf* ihm liegt, sondern auch *in* ihm ist. Der Geist der Zeit leistet sich selber Widerstand, trägt sich selber.

383

Großheit als Maske. – Mit Großheit des Benehmens erbittert man seine Feinde, mit Neid, den man merken läßt, versöhnt man sie sich beinahe: denn der Neid vergleicht, setzt gleich, er ist eine unfreiwillige und stöhnende Art von Bescheidenheit. – Ob wohl hier und da, des erwähnten Vorteils halber, der Neid als Maske vorgenommen worden ist, von solchen, welche nicht neidisch waren? Vielleicht; sicherlich aber wird Großheit des Benehmens oft als Maske des Neides gebraucht, von Ehrgeizigen, welche lieber Nachteile erleiden und ihre Feinde erbittern wollen als merken lassen, daß sie sich innerlich ihnen gleichsetzen.

384

Unverzeihlich. – Du hast ihm eine Gelegenheit gegeben, Größe des Charakters zu zeigen, und er hat sie nicht benutzt. Das wird er dir nie verzeihen.

385

Gegen-Sätze. – Das Greisenhafteste, was je über den Menschen gedacht worden ist, steckt in dem berühmten Satze »das Ich ist immer hassenswert«; das Kindlichste in dem noch berühmteren »liebe deinen Nächsten, wie dich selbst«. – Bei dem einen hat die Menschenkenntnis aufgehört, bei dem andern noch gar nicht angefangen.

386

Das fehlende Ohr. – »Man gehört noch zum Pöbel, solange man immer auf andere die Schuld schiebt; man ist auf der Bahn der Weisheit, wenn man immer nur sich selber verantwortlich macht; aber der Weise findet niemanden schuldig, weder sich noch andere.« – Wer sagt dies? – Epiktet, vor achtzehnhundert Jahren. –

Man hat es gehört, aber vergessen. – Nein, man hat es nicht gehört und nicht vergessen: nicht jedes Ding vergißt sich. Aber man hatte das Ohr nicht dafür, das Ohr Epiktets. – So hat er es also sich selber ins Ohr gesagt? – So ist es: Weisheit ist das Gezischel des Einsamen mit sich auf vollem Markte.

387

Fehler des Standpunktes, nicht des Auges. – Man steht sich selber immer einige Schritte zu nah; und dem Nächsten immer einige Schritte zu fern. So kommt es, daß man ihn zu sehr in Bausch und Bogen beurteilt und sich selber zu sehr nach einzelnen gelegentlichen unbeträchtlichen Zügen und Vorkommnissen.

388

Die Ignoranz in Waffen. – Wie leicht nehmen wir es, ob ein andrer von einer Sache weiß oder nicht weiß, – während er vielleicht schon bei der Vorstellung Blut schwitzt, daß man ihn hierin für unwissend halte. Ja, es gibt ausgesuchte Narren, welche immer mit einem vollen Köcher von Bannflüchen und Machtsprüchen einhergehen, bereit, jeden niederzuschießen, der merken läßt, es gebe Dinge, worin ihr Urteil nicht in Betracht komme.

389

Am Trinktisch der Erfahrung. – Personen, welche aus angeborner Mäßigkeit jedes Glas halb ausgetrunken stehen lassen, wollen nicht zugeben, daß jedes Ding in der Welt seine Neige und Hefe habe.

390

Singvögel. – Die Anhänger eines großen Mannes pflegen sich zu blenden, um sein Lob besser singen zu können.

391

Nicht gewachsen. – Das Gute mißfällt uns, wenn wir ihm nicht gewachsen sind.

392

Die Regel als Mutter oder als Kind. – Ein anderer Zustand ist der, welcher die Regel gebiert, ein andrer der, welchen die Regel gebiert.

393

Komödie. – Wir ernten mitunter Liebe und Ehre für Taten oder Werke, welche wir längst wie eine Haut von uns abgestreift haben: da werden wir leicht verführt, die Komödianten unserer eigenen Vergangenheit zu machen und das alte Fell noch einmal über die Schultern zu werfen – und nicht nur aus Eitelkeit, sondern auch aus Wohlwollen gegen unsere Bewunderer.

394

Fehler der Biographen. – Die kleine Kraft, welche not tut, einen Kahn in den Strom hineinzustoßen, soll nicht mit der Kraft dieses Stromes, der ihn fürderhin trägt, verwechselt werden: aber es geschieht fast in allen Biographien.

395

Nicht zu teuer kaufen. – Was man zu teuer kauft, verwendet man gewöhnlich auch noch schlecht, weil ohne Liebe und mit peinlicher Erinnerung – und so hat man einen doppelten Nachteil davon.

396

Welche Philosophie immer der Gesellschaft not tut. – Der Pfeiler der gesellschaftlichen Ordnung ruht auf dem Grunde, daß ein jeder auf das, was er ist, tut und erstrebt, auf seine Gesundheit oder

Krankheit, seine Armut oder Wohlstand, seine Ehre oder Unansehnlichkeit, mit Heiterkeit hinblickt und dabei empfindet *»ich tausche doch mit keinem«.* – Wer an der Ordnung der Gesellschaft bauen will, möge nur immer diese Philosophie der heiteren Tauschablehnung und Neidlosigkeit in die Herzen einpflanzen.

397

Anzeichen der vornehmen Seele. – Eine vornehme Seele ist die nicht, welche der höchsten Aufschwünge fähig ist, sondern jene, welche sich wenig erhebt und wenig fällt, aber immer in einer freieren durchleuchteten Luft und Höhe wohnt.

398

Das Große und sein Betrachter. – Die beste Wirkung des Großen ist, daß es dem Betrachter ein vergrößerndes und abrundendes Auge einsetzt.

399

Sich genügen lassen. – Die erlangte Reife des Verstandes bekundet sich darin, daß man dorthin, wo seltene Blumen unter den spitzigsten Dornenhecken der Erkenntnis stehen, nicht mehr geht und sich an Garten, Wald, Wiese und Ackerfeld genügen läßt, in Anbetracht, wie das Leben für das Seltene und Außergewöhnliche zu kurz ist.

400

Vorteil in der Entbehrung. – Wer immerdar in der Wärme und Fülle des Herzens und gleichsam in der Sommerluft der Seele lebt, kann sich jenes schauerliche Entzücken nicht vorstellen, welches winterlichere Naturen ergreift, die ausnahmsweise von den Strahlen der Liebe und dem lauen Anhauche eines sonnigen Februartages berührt werden.

401

Rezept für den Dulder. – Dir wird die Last des Lebens zu schwer?
– So mußt du die Last deines Lebens vermehren. Wenn der Dulder endlich nach dem Flusse Lethe dürstet und sucht, – so muß er zum *Helden* werden, um ihn gewiß zu finden.

402

Der Richter. – Wer jemandes Ideal geschaut hat, ist dessen unerbittlicher Richter und gleichsam sein böses Gewissen.

403

Nutzen der großen Entsagung. – Das Nützlichste an der großen Entsagung ist, daß sie uns jenen Tugendstolz mitteilt, vermöge dessen wir von da an leicht viele kleine Entsagungen von uns erlangen.

404

Wie die Pflicht Glanz bekommt. – Das Mittel, um deine eherne Pflicht im Auge von jedermann in Gold zu verwandeln, heißt: halte immer etwas mehr als du versprichst.

405

Gebet zu Menschen. – »Vergib uns unsere Tugenden« – so soll man zu Menschen beten.

406

Schaffende und Genießende. – Jeder Genießende meint, dem Baume habe es an der Frucht gelegen; aber ihm lag am Samen. – Hierin besteht der Unterschied zwischen allen Schaffenden und Genießenden.

407

Der Ruhm aller Großen. – Was ist am Genie gelegen, wenn es nicht seinem Betrachter und Verehrer solche Freiheit und Höhe des Gefühls mitteilt, daß er des Genies nicht mehr bedarf! – *Sich überflüssig machen* – das ist der Ruhm aller Großen.

408

Die Hadesfahrt. – Auch ich bin in der Unterwelt gewesen wie Odysseus, und werde es noch öfter sein; und nicht nur Hammel habe ich geopfert, um mit einigen Toten reden zu können, sondern des eignen Blutes nicht geschont. Vier Paare waren es, welche sich mir, dem Opfernden, nicht versagten: Epikur und Montaigne, Goethe und Spinoza, Plato und Rousseau, Pascal und Schopenhauer. Mit diesen muß ich mich auseinandersetzen, wenn ich lange allein gewandert bin, von ihnen will ich mir Recht und Unrecht geben lassen, ihnen will ich zuhören, wenn sie sich dabei selber untereinander recht und unrecht geben. Was ich auch nur sage, beschließe, für mich und andere ausdenke: auf jene acht hefte ich die Augen und sehe die ihrigen auf mich geheftet. – Mögen die Lebenden es mir verzeihen, wenn *sie* mir mitunter wie die Schatten vorkommen, so verblichen und verdrießlich, so unruhig und ach! so lüstern nach Leben: während jene mir dann so lebendig scheinen, als ob sie nun, *nach* dem Tode, nimmermehr lebensmüde werden könnten. *Auf die ewige Lebendigkeit* aber kommt es an: was ist am »ewigen Leben« und überhaupt am Leben gelegen!

ZWEITE ABTEILUNG

DER WANDERER UND
SEIN SCHATTEN

Der Schatten: Da ich dich so lange nicht reden hörte, so möchte ich dir eine Gelegenheit geben.

Der Wanderer: Es redet: – wo? und wer? Fast ist es mir, als hörte ich mich selber reden, nur mit noch schwächerer Stimme als die meine ist.

Der Schatten (nach einer Weile): Freut es dich nicht, Gelegenheit zum Reden zu haben?

Der Wanderer: Bei Gott und allen Dingen, an die ich nicht glaube, mein Schatten redet; ich höre es, aber glaube es nicht.

Der Schatten: Nehmen wir es hin und denken wir nicht weiter darüber nach, in einer Stunde ist alles vorbei.

Der Wanderer: Ganz so dachte ich, als ich in einem Walde bei Pisa erst zwei und dann fünf Kamele sah.

Der Schatten: Es ist gut, daß wir beide auf gleiche Weise nachsichtig gegen uns sind, wenn einmal unsere Vernunft stille steht: so werden wir uns auch im Gespräche nicht ärgerlich werden und nicht gleich dem andern Daumenschrauben anlegen, falls sein Wort uns einmal unverständlich klingt. Weiß man gerade nicht zu antworten, so genügt es schon, etwas zu sagen: das ist die billige Bedingung, unter der ich mich mit jemandem unterrede. Bei einem längeren Gespräche wird auch der Weiseste einmal zum Narren und dreimal zum Tropf.

Der Wanderer: Deine Genügsamkeit ist nicht schmeichelhaft für den, welchem du sie eingestehst.

Der Schatten: Soll ich denn schmeicheln?

Der Wanderer: Ich dachte, der menschliche Schatten sei seine Eitelkeit; diese aber würde nie fragen: »soll ich denn schmeicheln?«

Der Schatten: Die menschliche Eitelkeit, soweit ich sie kenne, fragt auch nicht an, wie ich schon zweimal tat, ob sie reden dürfe: sie redet immer.

Der Wanderer: Ich merke erst, wie unartig ich gegen dich bin, mein geliebter Schatten: ich habe noch mit keinem Worte gesagt, wie sehr ich mich *freue,* dich zu hören und nicht bloß zu sehen. Du wirst es wissen, ich liebe den Schatten, wie ich das Licht liebe. Damit es Schönheit des Gesichts, Deutlichkeit der Rede, Güte und Festigkeit des Charakters gebe, ist der Schatten so nötig wie das Licht. Es sind nicht Gegner: sie halten sich vielmehr liebevoll an den Händen, und wenn das Licht verschwindet, schlüpft ihm der Schatten nach.

Der Schatten: Und ich hasse dasselbe, was du hassest, die Nacht; ich liebe die Menschen, weil sie Lichtjünger sind und freue mich des Leuchtens, das in ihrem Auge ist, wenn sie erkennen und entdecken, die unermüdlichen Erkenner und Entdecker. Jener Schatten, welchen alle Dinge zeigen, wenn der Sonnenschein der Erkenntnis auf sie fällt, – jener Schatten bin ich auch.

Der Wanderer: Ich glaube dich zu verstehen, ob du dich gleich etwas schattenhaft ausgedrückt hast. Aber du hattest recht: gute Freunde geben einander hier und da ein dunkles Wort als Zeichen des Einverständnisses, welches für jeden dritten ein Rätsel sein soll. Und wir sind gute Freunde. Deshalb genug des Vorredens! Ein paar hundert Fragen drücken auf meine Seele, und die Zeit, da du auf sie antworten kannst, ist vielleicht nur kurz. Sehen wir zu, worüber wir in aller Eile und Friedfertigkeit miteinander zusammenkommen.

Der Schatten: Aber die Schatten sind schüchterner als die Menschen: du wirst niemandem mitteilen, wie wir zusammen gesprochen haben!

Der Wanderer: Wie wir zusammen gesprochen haben? Der Himmel behüte mich vor langgesponnenen, schriftlichen Gesprächen! Wenn Plato weniger Lust am Spinnen gehabt hätte, würden seine Leser mehr Lust an Plato haben. Ein Gespräch, das in der Wirklichkeit ergötzt, ist, in Schrift verwandelt und gelesen, ein Gemälde mit lauter falschen Perspektiven: Alles ist zu lang oder zu kurz. – Doch werde ich vielleicht mitteilen dürfen, *worüber* wir übereingekommen sind?

Der Schatten: Damit bin ich zufrieden; denn alle werden darin nur deine Ansichten wiedererkennen: des Schattens wird niemand gedenken.

Der Wanderer: Vielleicht irrst du, Freund! Bis jetzt hat man in meinen Ansichten mehr den Schatten wahrgenommen als mich.

Der Schatten: Mehr den Schatten als das Licht? Ist es möglich?

Der Wanderer: Sei ernsthaft, lieber Narr! Gleich meine erste Frage verlangt Ernst. –

1

Vom Baum der Erkenntnis. – Wahrscheinlichkeit, aber keine Wahrheit: Freischeinlichkeit, aber keine Freiheit, – diese beiden Früchte sind es, derentwegen der Baum der Erkenntnis nicht mit dem Baum des Lebens verwechselt werden kann.

2

Die Vernunft der Welt. – Daß die Welt *nicht* der Inbegriff einer ewigen Vernünftigkeit ist, läßt sich endgültig dadurch beweisen, daß jenes *Stück Welt,* welches wir kennen – ich meine unsre menschliche Vernunft –, nicht allzu vernünftig ist. Und wenn *sie* nicht allezeit und vollständig weise und rationell ist, so wird es die übrige Welt auch nicht sein; hier gilt der Schluß a minori ad majus, a parte ad totum, und zwar mit entscheidender Kraft.

3

»Am Anfang war.« – Die Entstehung verherrlichen – das ist der metaphysische *Nachtrieb,* welcher bei der Betrachtung der Historie wieder ausschlägt und durchaus meinen macht, am Anfang aller Dinge stehe das Wertvollste und Wesentlichste.

4

Maß für den Wert der Wahrheit. – Für die Höhe der Berge ist die Mühsal ihrer Besteigung durchaus kein Maßstab. Und in der Wissenschaft soll es anders sein! – sagen uns einige, die für eingeweiht gelten wollen –, die Mühsal um die Wahrheit soll gerade über den Wert der Wahrheit entscheiden! Diese tolle Moral geht von dem Gedanken aus, daß die »Wahrheiten« eigentlich nichts weiter seien, als Turngerätschaften, an denen wir uns wacker müde zu arbeiten hätten, – eine Moral für Athleten und Festturner des Geistes.

5

Sprachgebrauch und Wirklichkeit. – Es gibt eine erheuchelte Mißachtung aller der Dinge, welche tatsächlich die Menschen am wichtigsten nehmen, *aller nächsten Dinge.* Man sagt zum Beispiel »man ißt nur, um zu leben«, – eine verfluchte *Lüge,* wie jene, welche von der Kindererzeugung als der eigentlichen Absicht aller Wollust redet. Umgekehrt ist die Hochschätzung der »wichtigsten Dinge« fast niemals ganz echt: die Priester und Metaphysiker haben uns zwar auf diesen Gebieten durchaus an einen heuchlerisch übertreibenden *Sprachgebrauch* gewöhnt, aber das Gefühl doch nicht umgestimmt, welches diese wichtigsten Dinge nicht so wichtig nimmt wie jene verachteten nächsten Dinge. – Eine leidige Folge dieser doppelten Heuchelei aber ist immerhin, daß man die nächsten Dinge, zum Beispiel Essen, Wohnen, Sich-Kleiden, Verkehren, nicht zum Objekt des stetigen unbefangenen und *allgemeinen* Nachdenkens und Umbildens macht, sondern, weil dies für herabwürdigend gilt, seinen intellektuellen und künstlerischen Ernst davon abwendet; so daß hier die Gewohnheit und die Frivolität über die Unbedachtsamen, namentlich über die unerfahrene Jugend, leichten Sieg haben: während andererseits unsere fortwährenden Verstöße gegen die einfachsten Gesetze des Körpers und Geistes uns alle, Jüngere und Ältere, in eine beschämende Abhängigkeit und Unfreiheit bringen, – ich meine in jene im Grunde überflüssige Abhängigkeit von Ärzten, Lehrern und Seelsorgern, deren Druck jetzt immer noch auf der ganzen Gesellschaft liegt.

6

Die irdische Gebrechlichkeit und ihre Hauptursache. – Man trifft, wenn man sich umsieht, immer auf Menschen, welche ihr Lebenlang Eier gegessen haben, ohne zu bemerken, daß die länglichten die wohlschmeckendsten sind, welche nicht wissen, daß ein Gewitter dem Unterleib förderlich ist, daß Wohlgerüche in kalter, klarer Luft am stärksten riechen, daß unser Geschmackssinn an verschiedenen Stellen des Mundes ungleich ist, daß jede Mahlzeit, bei der man gut spricht oder gut hört, dem Magen Nachteil bringt. Man mag mit diesen Beispielen für den Mangel an Beobachtungssinn nicht zufrieden sein, um so mehr möge man zugestehen, daß die *allernächsten Dinge* von den meisten sehr schlecht gesehen, sehr selten beachtet werden. Und ist dies gleichgültig? – Man erwäge doch, daß aus diesem Mangel sich *fast alle leiblichen und seelischen Gebrechen* der einzelnen ableiten: nicht zu wissen, was uns förderlich, was uns schädlich ist, in der Einrichtung der Lebensweise, Verteilung des Tages, Zeit und Auswahl des Verkehres, in Beruf und Muße, Befehlen und Gehorchen, Natur- und Kunstempfinden, Essen, Schlafen und Nachdenken; im *Kleinsten und Alltäglichsten unwissend* zu sein und keine scharfen Augen zu haben – das ist es, was die Erde für so viele zu einer »Wiese des Unheils« macht. Man sage nicht, es liege hier wie überall an der menschlichen *Unvernunft*: vielmehr – Vernunft genug und übergenug ist da, aber sie wird *falsch gerichtet* und *künstlich* von jenen kleinen und allernächsten Dingen *abgelenkt*. Priester und Lehrer, und die sublime Herrschsucht der Idealisten jeder Art, der gröberen und feineren, reden schon dem Kinde ein, es komme auf etwas ganz anderes an: auf das Heil der Seele, den Staatsdienst, die Förderung der Wissenschaft oder auf Ansehen und Besitz, als die Mittel, der ganzen Menschheit Dienste zu erweisen, während das Bedürfnis des einzelnen, seine große und kleine Not innerhalb der vierundzwanzig Tagesstunden etwas Verächtliches oder Gleichgültiges sei. – Sokrates schon wehrte sich mit allen Kräften gegen diese hochmütige Vernachlässigung des Menschlichen zugunsten des Menschen und liebte es, mit einem Worte Homers, an den wirklichen Umkreis und Inbegriff alles Sorgens und Nachdenkens zu mahnen: das ist es und nur das, sagte er, »was mir zu Hause an Gutem und Schlimmem begegnet«.

7

Zwei Trostmittel. – Epikur, der Seelen-Beschwichtiger des späteren Altertums, hatte jene wundervolle Einsicht, die heutzutage immer noch so selten zu finden ist, daß zur Beruhigung des Gemüts die Lösung der letzten und äußersten theoretischen Fragen gar nicht nötig sei. So genügte es ihm, solchen, welche »die Götterangst« quälte, zu sagen: »wenn es Götter gibt, so bekümmern sie sich nicht um uns«, – anstatt über die letzte Frage, ob es Götter überhaupt gebe, unfruchtbar und aus der Ferne zu disputieren. Jene Position ist viel günstiger und mächtiger: man gibt dem andern einige Schritte vor und macht ihn so zum Hören und Beherzigen gutwilliger. Sobald er sich aber anschickt, das Gegenteil zu beweisen – daß die Götter sich um uns bekümmern –, in welche Irrsale und Dorngebüsche muß der Arme geraten, ganz von selber, ohne die List des Unterredners, der nur genug Humanität und Feinheit haben muß, um sein Mitleiden an diesem Schauspiele zu verbergen. Zuletzt kommt jener andere zum Ekel, dem stärksten Argument gegen jeden Satz, zum Ekel an seiner eigenen Behauptung; er wird kalt und geht fort mit derselben Stimmung, wie sie auch der reine Atheist hat: »was gehen mich eigentlich die Götter an! hole sie der Teufel!« In anderen Fällen, namentlich wenn eine halb physische, halb moralische Hypothese das Gemüt verdüstert hatte, widerlegte er nicht diese Hypothese, sondern gestand ein, daß es wohl so sein könne: aber es gebe *noch eine zweite* Hypothese, um dieselbe Erscheinung zu erklären; vielleicht könne es sich auch noch anders verhalten. *Die Mehrheit* der Hypothesen genügt auch in unserer Zeit noch, zum Beispiel über die Herkunft der Gewissensbisse, um jenen Schatten von der Seele zu nehmen, der aus dem Nachgrübeln über eine einzige, allein sichtbare und dadurch hundertfach überschätzte Hypothese so leicht entsteht. – Wer also Trost zu spenden wünscht, an Unglückliche, Übeltäter, Hypochonder, Sterbende, möge sich der beiden beruhigenden Wendungen Epikurs erinnern, welche auf sehr viele Fragen sich anwenden lassen. In der einfachsten Form würden sie etwa lauten: erstens, gesetzt es verhält sich so, so geht es uns nichts an; zweitens: es kann so sein, es kann aber auch anders sein.

8

In der Nacht. – Sobald die Nacht hereinbricht, verändert sich unsere Empfindung über die nächsten Dinge. Da ist der Wind, der wie auf verbotenen Wegen umgeht, flüsternd, wie etwas suchend, verdrossen, weil er's nicht findet. Da ist das Lampenlicht, mit trübem rötlichem Scheine, ermüdet blickend, der Nacht ungern widerstrebend, ein ungeduldiger Sklave des wachen Menschen. Da sind die Atemzüge des Schlafenden, ihr schauerlicher Takt, zu der eine immer wiederkehrende Sorge die Melodie zu blasen scheint, – wir hören sie nicht, aber wenn die Brust des Schlafenden sich hebt, so fühlen wir uns geschnürten Herzens, und wenn der Atem sinkt und fast ins Totenstille erstirbt, sagen wir uns »ruhe ein wenig, du armer gequälter Geist!« – wir wünschen allem Lebenden, weil es so gedrückt lebt, eine ewige Ruhe; die Nacht überredet zum Tode. – Wenn die Menschen der Sonne entbehrten und mit Mondlicht und Öl den Kampf gegen die Nacht führten, welche Philosophie würde um sie ihren Schleier hüllen! Man merkt es ja dem geistigen und seelischen Wesen des Menschen schon zu sehr an, wie es durch die Hälfte Dunkelheit und Sonnen-Entbehrung, von der das Leben umflort wird, im ganzen verdüstert ist.

9

Wo die Lehre von der Freiheit des Willens entstanden ist. – Über dem einen steht die *Notwendigkeit* in der Gestalt seiner Leidenschaften, über dem andern als Gewohnheit zu hören und zu gehorchen, über dem dritten als logisches Gewissen, über dem vierten als Laune und mutwilliges Behagen an Seitensprüngen. Von diesen vieren wird aber gerade da die *Freiheit* ihres Willens gesucht, wo jeder von ihnen am festesten gebunden ist: es ist, als ob der Seidenwurm die Freiheit seines Willens gerade im Spinnen suchte. Woher kommt dies? Ersichtlich daher, daß jeder sich dort am meisten für frei hält, wo sein *Lebensgefühl* am größten ist, also, wie gesagt, bald in der Leidenschaft, bald in der Pflicht, bald in der Erkenntnis, bald im Mutwillen. Das, wodurch der einzelne Mensch stark ist, worin er sich belebt fühlt, meint er unwillkürlich, müsse auch immer das Element seiner Freiheit sein: er rechnet Abhängigkeit und Stumpfsinn, Unabhängigkeit und Lebensgefühl als notwendige Paare zusammen. – Hier wird eine Erfahrung, die der Mensch im gesellschaftlich-politischen Gebiete gemacht hat, fälschlich auf das allerletzte metaphysische Gebiet übertragen: dort ist der starke Mann auch der freie Mann, dort ist lebendiges Gefühl von Freude und Leid, Höhe des Hoffens, Kühnheit des Begehrens, Mächtigkeit des Hassens das Zubehör der Herrschenden und Unabhängigen, während der Unterworfene, der Sklave, gedrückt und stumpf lebt. – Die Lehre von der Freiheit des Willens ist eine Erfindung *herrschender* Stände.

10

Keine neuen Ketten fühlen. – So lange wir nicht *fühlen,* daß wir irgend wovon abhängen, halten wir uns für unabhängig: ein Fehlschluß, welcher zeigt, wie stolz und herrschsüchtig der Mensch ist. Denn er nimmt hier an, daß er unter allen Umständen die Abhängigkeit, sobald er sie erleide, merken und erkennen müsse, unter der Voraussetzung, daß er in der Unabhängigkeit *für gewöhnlich* lebe und sofort, wenn er sie ausnahmsweise verliere, einen Gegensatz der Empfindung spüren werde. – Wie aber, wenn das Umgekehrte wahr wäre; daß er *immer* in vielfacher Abhängigkeit lebt, sich aber *für frei* hält, wo er den Druck der Kette aus langer Gewohnheit *nicht mehr spürt?* Nur an den *neuen* Ketten leidet er noch: – »Freiheit des Willens« heißt eigentlich nichts weiter, als keine neuen Ketten fühlen.

11

Die Freiheit des Willens und die Isolation der Fakta. – Unsere gewohnte ungenaue Beobachtung nimmt eine Gruppe von Erscheinungen als eins und nennt sie ein Faktum: zwischen ihm und einem andern Faktum denkt sie sich einen leeren Raum hinzu, sie isoliert jedes Faktum. In Wahrheit aber ist all unser Handeln und Erkennen keine Folge von Fakten und leeren Zwischenräumen, sondern ein beständiger Fluß. Nun ist der Glaube an die Freiheit des Willens gerade mit der Vorstellung eines beständigen, einartigen, ungeteilten, unteilbaren Fließens unverträglich: er setzt voraus, daß *jede einzelne Handlung isoliert und unteilbar* ist; er ist eine *Atomistik* im Bereiche des Wollens und Erkennens. – Gerade so wie wir Charaktere ungenau verstehen, so machen wir es mit den Fakten: wir sprechen von gleichen Charakteren, gleichen Fakten: *beide gibt es nicht*. Nun loben und tadeln wir aber nur unter dieser falschen Voraussetzung, daß es *gleiche* Fakta gebe, daß eine abgestufte Ordnung von *Gattungen* der Fakten vorhanden sei, welcher eine abgestufte Wertordnung entspreche: also wir *isolieren* nicht nur das einzelne Faktum, sondern auch wiederum die Gruppen von angeblich kleinen Fakten (gute, böse, mitleidige, neidische Handlungen usw.) – beide Male irrtümlich. – Das Wort und der Begriff sind der sichtbarste Grund, weshalb wir an diese Isolation von Handlungen-Gruppen glauben: mit ihnen *bezeichnen* wir nicht nur die Dinge, wir meinen ursprünglich durch sie das *Wahre* derselben zu erfassen. Durch Worte und Begriffe werden wir jetzt noch fortwährend verführt, die Dinge uns einfacher zu denken, als sie sind, getrennt voneinander, unteilbar, jedes an und für sich seiend. Es liegt eine philosophische Mythologie in der *Sprache* versteckt, welche alle Augenblicke wieder herausbricht, so vorsichtig man sonst auch sein mag. Der Glaube an die Freiheit des Willens, das heißt der *gleichen* Fakten und der *isolierten* Fakten, – hat in der Sprache seinen beständigen Evangelisten und Anwalt.

12

Die Grundirrtümer. – Damit der Mensch irgend eine seelische Lust oder Unlust empfinde, muß er von einer dieser beiden Illusionen beherrscht sein: *entweder* glaubt er an die *Gleichheit* gewisser Fakta, gewisser Empfindungen: dann hat er durch die Vergleichung jetziger Zustände mit früheren und durch Gleich- oder Ungleichsetzung derselben (wie sie bei aller Erinnerung stattfindet) eine seelische Lust oder Unlust; *oder* er glaubt an die *Willens-Freiheit,* etwa wenn er denkt »dies hätte ich nicht tun müssen«, »dies hätte anders auslaufen können«, und gewinnt daraus ebenfalls Lust oder Unlust. Ohne die Irrtümer, welche bei jeder seelischen Lust und Unlust tätig sind, würde niemals ein Menschentum entstanden sein – dessen Grundempfindung ist und bleibt, daß der Mensch der Freie in der Welt der Unfreiheit sei, der ewige *Wundertäter,* sei es, daß er gut oder böse handelt, die erstaunliche Ausnahme, das Übertier, der Fast-Gott, der Sinn der Schöpfung, der Nichthinwegzudenkende, das Lösungswort des kosmischen Rätsels, der große Herrscher über die Natur und Verächter derselben, das Wesen, das *seine* Geschichte *Weltgeschichte* nennt! – Vanitas vanitatum homo.

13

Zweimal sagen. – Es ist gut, eine Sache sofort doppelt auszudrükken und ihr einen rechten und einen linken Fuß zu geben. Auf einem Bein kann die Wahrheit zwar stehen; mit zweien aber wird sie gehen und herumkommen.

14

Der Mensch der Komödiant der Welt. – Es müßte geistigere Geschöpfe geben, als die Menschen sind, bloß um den Humor ganz auszukosten, der darin liegt, daß der Mensch sich für den Zweck des ganzen Weltendaseins ansieht und die Menschheit sich ernstlich nur mit Aussicht auf eine Welt-Mission zufrieden gibt. Hat ein Gott die Welt geschaffen, so schuf er den Menschen zum *Affen Gottes,* als fortwährenden Anlaß zur Erheiterung in seinen allzulangen Ewigkeiten. Die Sphärenmusik um die Erde herum wäre dann wohl das Spottgelächter aller übrigen Geschöpfe um den Menschen herum. Mit dem *Schmerz* kitzelt jener gelangweilte Unsterbliche sein Lieblingstier, um an den tragisch-stolzen Gebärden und Auslegungen seiner Leiden, überhaupt an der geistigen Erfindsamkeit des eitelsten Geschöpfes seine Freude zu haben – als Erfinder dieses Erfinders. Denn wer den Menschen zum Spaße ersann, hatte mehr Geist als dieser, und auch mehr Freude am Geist. – Selbst hier noch, wo sich unser Menschentum einmal freiwillig demütigen will, spielt uns die Eitelkeit einen Streich, indem wir Menschen wenigstens in *dieser Eitelkeit* etwas ganz Unvergleichliches und Wunderhaftes sein möchten. Unsere Einzigkeit in der Welt! ach, es ist eine gar zu unwahrscheinliche Sache! Die Astronomen, denen mitunter wirklich ein erdentrückter Gesichtskreis zuteil wird, geben zu verstehen, daß der Tropfen *Leben* in der Welt für den gesamten Charakter des ungeheuren Ozeans von Werden und Vergehen ohne Bedeutung ist: daß ungezählte Gestirne ähnliche Bedingungen zur Erzeugung des Lebens haben wie die Erde, sehr viele also, – freilich kaum eine Handvoll im Vergleich zu den unendlich vielen, welche den lebenden Ausschlag nie gehabt haben oder von ihm längst genesen sind: daß das Leben auf jedem dieser Gestirne, gemessen an der Zeitdauer seiner Existenz, ein Augenblick, ein Aufflackern gewesen ist, mit langen, langen Zeiträumen hinterdrein, – also keineswegs das Ziel und die letzte Absicht ihrer Existenz. Vielleicht bildet sich die Ameise im Walde ebenso stark ein, daß sie Ziel und Absicht der Existenz des Waldes ist, wie wir dies tun, wenn wir an den Untergang der Menschheit in unserer Phantasie fast unwillkürlich den Erduntergang anknüpfen: ja wir sind noch bescheiden, wenn wir dabei stehnbleiben und zur Leichenfeier des letzten Menschen nicht eine allgemeine Welt- und Götterdämmerung veranstalten. Der unbefangenste Astronom selber kann die Erde ohne Leben kaum anders empfinden als wie den leuchtenden und schwebenden Grabhügel der Menschheit.

15

Bescheidenheit des Menschen. – Wie wenig Lust genügt den meisten, um das Leben gut zu finden, wie bescheiden ist der Mensch!

16

Worin Gleichgültigkeit not tut. – Nichts wäre verkehrter, als abwarten wollen, was die Wissenschaft über die ersten und letzten Dinge einmal endgültig feststellen wird, und bis dahin auf die *herkömmliche* Weise denken (und namentlich glauben!) – wie dies so oft angeraten wird. Der Trieb, auf diesem Gebiete durchaus *nur Sicherheiten* haben zu wollen, ist ein *religiöser Nachtrieb,* nichts Besseres, – eine versteckte und nur scheinbar skeptische Art des »metaphysischen Bedürfnisses«, mit dem Hintergedanken verkuppelt, daß noch lange Zeit keine Aussicht auf diese letzten Sicherheiten vorhanden und bis dahin der »Gläubige« im Recht ist, sich um das ganze Gebiet nicht zu kümmern. Wir haben diese Sicherheiten um die alleräußersten Horizonte gar nicht *nötig,* um ein volles und tüchtiges Menschentum zu leben: ebensowenig als die Ameise sie nötig hat, um eine gute Ameise zu sein. Vielmehr müssen wir uns darüber ins Klare bringen, woher eigentlich jene fatale Wichtigkeit kommt, die wir jenen Dingen so lange beigelegt haben: und dazu brauchen wir die *Historie* der ethischen und religiösen Empfindungen. Denn nur unter dem Einfluß dieser Empfindungen sind uns jene allerspitzesten Fragen der Erkenntnis so erheblich und furchtbar geworden: man hat in die äußersten Bereiche, *wohin* noch das geistige Auge dringt, ohne *in sie* einzudringen, solche Begriffe wie Schuld und Strafe (und zwar ewige Strafe!) hineinverschleppt: und dies um so unvorsichtiger, je dunkler diese Bereiche waren. Man hat seit alters mit Verwegenheit dort phantasiert, wo man nichts feststellen konnte, und seine Nachkommen überredet, diese Phantasien für Ernst und Wahrheit zu nehmen, zuletzt mit dem abscheulichen Trumpfe: daß Glauben mehr wert sei, als Wissen. Jetzt nun tut in Hinsicht auf jene letzten Dinge nicht Wissen gegen Glauben not, sondern *Gleichgültigkeit gegen Glauben und angebliches Wissen* auf jenen Gebieten! – *Alles* andere muß uns näherstehen als das, was man uns bisher als das Wichtigste vorgepredigt hat – ich meine jene Fragen: wozu der Mensch? Welches Los hat er nach dem Tode? Wie versöhnt er sich mit Gott? und wie diese Kuriosa lauten mögen. Ebensowenig wie diese Fragen der Religiösen gehen uns die Fragen der philosophischen Dogmatiker an, mögen sie nun Idealisten oder Materialisten oder Realisten sein. Sie allesamt sind darauf aus, uns zu einer Entscheidung auf Gebieten zu drängen, wo weder Glauben noch Wissen not tut; selbst für die größten Liebhaber der Erkenntnis ist es nützlicher, wenn um alles Erforschbare und der Vernunft Zugängliche ein umnebelter trügerischer Sumpfgürtel sich legt, ein Streifen des Undurchdringlichen, Ewig-Flüssigen und Unbestimmbaren. Gerade durch die Vergleichung mit dem Reich des Dunkels am Rande der Wissens-Erde *steigt* die helle und nahe, nächste Welt des Wissens stets im Werte. Wir müssen wieder *gute Nachbarn der nächsten Dinge* werden und nicht so verächtlich wie bisher über sie hinweg nach Wolken und Nachtunholden hinblicken. In Wäldern und Höhlen, in sumpfigen Strichen und unter bedeckten Himmeln – da hat der Mensch, als auf den Kulturstufen ganzer Jahrtausende, allzulange gelebt, und dürftig gelebt. Dort hat er die Gegenwart und die Nachbarschaft und das Leben und sich selbst *verachten gelernt* – und wir, wir Bewohner der *lichteren* Gefilde der Natur und des Geistes, bekommen jetzt noch, durch Erbschaft, etwas von diesem Gift der Verachtung gegen das Nächste in unser Blut mit.

17

Tiefe Erklärungen. – Wer die Stelle eines Autors »tiefer erklärt«, als sie gemeint war, hat den Autor nicht erklärt, sondern *verdunkelt*. So stehen unsre Metaphysiker zum Texte der Natur; ja noch schlimmer. Denn um ihre tiefen Erklärungen anzubringen, rich-

ten sie sich häufig den Text erst daraufhin zu: das heißt, sie *verder-*
ben ihn. Um ein kurioses Beispiel für Textverderbnis und Verdunkelung des Autors zu geben, so mögen hier Schopenhauers Gedanken über die Schwangerschaft der Weiber stehen. Das Anzeichen des steten Daseins des Willens zum Leben in der Zeit, sagt
er, ist der Koitus; das Anzeichen des diesem Willen aufs Neue zu-
gesellten, die Möglichkeit der Erlösung offenhaltenden Lichtes
der Erkenntnis, und zwar im höchsten Grade der Klarheit, ist die
erneuerte Menschwerdung des Willens zum Leben. Das Zeichen
dieser ist die Schwangerschaft, welche daher frank und frei, ja
stolz einhergeht, während der Koitus sich verkriecht wie ein Verbrecher. Er behauptet, daß *jedes Weib,* wenn beim Generationsakt
überrascht, vor Scham vergehn möchte, aber *»ihre Schwangerschaft,*
ohne eine Spur von Scham, ja mit einer Art Stolz, zur Schau trägt.« Vor
allem läßt sich dieser Zustand nicht so leicht *mehr* zur Schau tragen, als er sich selber zur Schau trägt; indem Schopenhauer aber
gerade *nur* die Absichtlichkeit des Zur-Schau-Tragens hervor-
hebt, bereitet er sich den Text vor, damit dieser zu der bereitge-
haltenen »Erklärung« passe. Sodann ist das, was er über die Allgemeinheit des zu erklärenden Phänomens sagt, nicht wahr: er
spricht von »jedem Weibe«; viele, namentlich die jüngeren Frau-
en, zeigen aber in diesem Zustande, selbst vor den nächsten Anverwandten, oft eine peinliche Verschämtheit; und wenn Weiber
reiferen und reifsten Alters, zumal solche aus dem niederen Volke, in der Tat sich auf jenen Zustand etwas zugute tun sollten, so
geben sie wohl damit zu verstehen, daß sie *noch* von ihren Männern begehrt werden. Daß bei ihrem Anblick der Nachbar und
die Nachbarin oder ein vorübergehender Fremder sagt oder
denkt: »sollte es möglich sein −«, dieses Almosen wird von der
weiblichen Eitelkeit bei geistigem Tiefstande immer noch gern
angenommen. Umgekehrt würden, wie aus Schopenhauers Sätzen zu folgern wäre, gerade die klügsten und geistigsten Weiber
am meisten über ihren Zustand öffentlich frohlocken: sie haben

ja die meiste Aussicht, ein Wunderkind des Intellekts zu gebären, in welchem »der Wille« sich zum allgemeinen Besten wieder einmal »verneinen« kann; die dummen Weiber hätten dagegen allen Grund, ihre Schwangerschaft noch schamhafter zu verbergen als alles, was sie verbergen. – Man kann nicht sagen, daß diese Dinge aus der Wirklichkeit genommen sind. Gesetzt aber, Schopenhauer hätte ganz im allgemeinen darin recht, daß die Weiber im Zustande der Schwangerschaft eine Selbstgefälligkeit mehr zeigen, als sie sonst zeigen, so läge doch eine Erklärung näher zur Hand als die seinige. Man könnte sich ein Gackern der Henne auch vor dem Legen des Eies denken, des Inhaltes: Seht! Seht! Ich werde ein Ei legen! Ich werde ein Ei legen!

18

Der moderne Diogenes. – Bevor man den Menschen sucht, muß man die Laterne gefunden haben. Wird es die Laterne des *Zynikers* sein müssen?

19

Immoralisten. – Die Moralisten müssen es sich jetzt gefallen lassen, Immoralisten gescholten zu werden, weil sie die Moral sezieren. Wer aber sezieren will, muß töten: jedoch nur, damit besser gewußt, besser geurteilt, besser gelebt werde; nicht, damit alle Welt seziere. Leider aber meinen die Menschen immer noch, daß jeder Moralist auch durch sein gesamtes Handeln ein Musterbild sein müsse, welches die anderen nachzuahmen hätten: sie verwechseln ihn mit dem Prediger der Moral. Die älteren Moralisten sezierten nicht genug und predigten allzuhäufig: daher rührt jene Verwechslung und jene unangenehme Folge für die jetzigen Moralisten.

20

Nicht zu verwechseln. – Die Moralisten, welche die großartige, mächtige, aufopfernde Denkweise, etwa bei den Helden Plutarchs, oder den reinen, erleuchteten, wärmeleitenden Seelenzustand der eigentlich guten Männer und Frauen als schwere Probleme der Erkenntnis behandeln und der Herkunft derselben nachspüren, indem sie das Komplizierte in der anscheinenden Einfachheit aufzeigen und das Auge auf die Verflechtung der Motive, auf die eingewobenen zarten Begriffs-Täuschungen und die von alters her vererbten, langsam gesteigerten Einzel- und Gruppen-Empfindungen richten, – diese Moralisten sind am meisten gerade von denen *verschieden,* mit denen sie doch am meisten *verwechselt* werden: von den kleinlichen Geistern, die an jene Denkweisen und Seelenzustände überhaupt nicht glauben und ihre eigne Armseligkeit hinter dem Glanze von Größe und Reinheit versteckt wähnen. Die Moralisten sagen: »hier sind Probleme«, und die Erbärmlichen sagen: »hier sind Betrüger und Betrügereien«; sie *leugnen* also die *Existenz* gerade dessen, was jene zu *erklären* beflissen sind.

21

Der Mensch als der Messende. – Vielleicht hatte alle Moralität der Menschheit in der ungeheuren inneren Aufregung ihren Ursprung, welche die Urmenschen ergriff, als sie das Maß und das Messen, die Waage und das Wägen entdeckten (das Wort »Mensch« bedeutet ja den Messenden, er hat sich nach seiner größten Entdeckung *benennen* wollen!). Mit diesen Vorstellungen stiegen sie in Bereiche hinauf, die ganz unmeßbar und unwägbar sind, aber es ursprünglich nicht zu sein schienen.

22

Prinzip des Gleichgewichts. – Der Räuber und der Mächtige, welcher einer Gemeinde verspricht, sie gegen den Räuber zu schützen, sind wahrscheinlich im Grunde ganz ähnliche Wesen, nur daß der zweite seinen Vorteil anders als der erste erreicht: nämlich durch regelmäßige Abgaben, welche die Gemeinde an ihn entrichtet, und nicht mehr durch Brandschatzungen. (Es ist das nämliche Verhältnis wie zwischen Handelsmann und Seeräuber, welche lange Zeit ein und dieselbe Person sind: wo ihr die eine Funktion nicht rätlich scheint, da übt sie die andere aus. Eigentlich ist ja selbst jetzt noch alle Kaufmanns-Moral nur die *Verklügerung* der Seeräuber-Moral: so wohlfeil wie möglich kaufen – womöglich für Nichts als die Unternehmungskosten –, so teuer wie möglich verkaufen). Das Wesentliche ist: jener Mächtige verspricht, gegen den Räuber *Gleichgewicht* zu halten; darin sehen die Schwachen eine Möglichkeit zu leben. Denn entweder müssen sie sich selber zu einer *gleichwiegenden* Macht zusammentun oder sich einem Gleichwiegenden unterwerfen (ihm für seine Leistungen Dienste leisten). Dem letzteren Verfahren wird gern der Vorzug gegeben, weil es im Grunde *zwei* gefährliche Wesen in Schach hält: das erste durch das zweite und das zweite durch den Gesichtspunkt des Vorteils; letzteres hat nämlich seinen Gewinn davon, die Unterworfenen gnädig oder leidlich zu behandeln, damit sie nicht nur sich, sondern auch ihren Beherrscher ernähren können. Tatsächlich kann es dabei immer noch hart und grausam genug zugehen, aber verglichen mit der früher immer möglichen völligen Vernichtung atmen die Menschen schon in diesem Zustande auf. – Die Gemeinde ist im Anfang die Organisation der Schwachen zum *Gleichgewicht* mit gefahrdrohenden Mächten. Eine Organisation zum Übergewicht wäre rätlicher, wenn man dabei so stark würde, um die Gegenmacht auf einmal zu *vernichten:* und handelt es sich um einen einzelnen mächtigen Schadentuer, so wird dies gewiß *versucht.* Ist aber der eine ein Stammhaupt oder hat er großen Anhang, so ist die schnelle entscheidende Vernichtung unwahrscheinlich und die dauernde lange *Fehde* zu gewärtigen: diese aber bringt der Gemeinde den am wenigsten wünschbaren Zustand mit sich, weil sie durch ihn die Zeit verliert, für ihren Lebensunterhalt mit der nötigen Regelmäßigkeit zu sorgen, und den Ertrag aller Arbeit jeden Augenblick bedroht sieht. Deshalb zieht die Gemeinde vor, ihre Macht zu Verteidigung und Angriff genau auf die Höhe zu bringen, auf der die Macht des gefährlichen Nachbars ist, und ihm zu verstehen zu geben, daß in ihrer Wagschale jetzt gleich viel Erz liege: warum wolle man nicht gut Freund miteinander sein? – *Gleichgewicht* ist also ein sehr wichtiger Begriff für die älteste Rechts- und Morallehre; Gleichgewicht ist die Basis der Gerechtigkeit. Wenn diese in roheren Zeiten sagt: »Auge um Auge, Zahn um Zahn«, so setzt sie das erreichte Gleichgewicht voraus und will es vermöge dieser Vergeltung *erhalten:* so daß, wenn jetzt der eine sich gegen den andern vergeht, der andere keine Rache der blinden Erbitterung mehr nimmt. Sondern vermöge des jus talionis wird das Gleichgewicht der gestörten Machtverhältnisse *wiederhergestellt:* denn ein Auge, ein Arm mehr ist in solchen Urzuständen ein Stück Macht, ein Gewicht *mehr.* – Innerhalb einer Gemeinde, in der alle sich als gleichgewichtig betrachten, ist gegen Vergehungen, das heißt gegen Durchbrechungen des Prinzips des Gleichgewichts, *Schande und Strafe* da: Schande, ein Gewicht, eingesetzt gegen den übergreifenden einzelnen, der durch den Übergriff sich Vorteile verschafft hat, durch die Schande nun wieder Nachteile erfährt, die den früheren Vorteil aufheben und *überwiegen.* Ebenso steht es mit der Strafe: sie stellt gegen das Übergewicht, das sich jeder Verbrecher zuspricht, ein viel größeres Gegengewicht auf, gegen Gewalttat den Kerkerzwang, gegen Diebstahl den Wiederersatz und die Strafsumme. So wird der Frevler *erinnert,* daß er mit seiner Handlung aus der Gemeinde und deren Moral- *Vorteilen* ausschied: sie behandelt ihn wie einen Ungleichen, Schwachen, außer ihr Stehenden; deshalb ist Strafe nicht nur Wiedervergeltung, sondern hat ein *Mehr,* ein Etwas von der *Härte des Naturzustandes; an diesen* will sie eben *erinnern.*

23

Ob die Anhänger der Lehre vom freien Willen strafen dürfen? – Die Menschen, welche von Berufswegen richten und strafen, suchen in jedem Falle festzustellen, ob ein Übeltäter überhaupt für seine

Tat verantwortlich ist, ob er seine Vernunft anwenden *konnte,* ob er aus *Gründen* handelte und nicht unbewußt oder im Zwange. Straft man ihn, so straft man, daß er die schlechteren Gründe den besseren vorzog: welche er also *gekannt* haben muß. Wo diese Kenntnis fehlt, ist der Mensch nach der herrschenden Ansicht unfrei und nicht verantwortlich: es sei denn, daß seine Unkenntnis, zum Beispiel seine ignorantia legis, die Folge einer absichtlichen Vernachlässigung des Erlernens ist; dann hat er also schon damals, als er nicht lernen wollte was er sollte, die schlechteren Gründe den besseren vorgezogen und muß jetzt die Folge seiner schlechten Wahl büßen. Wenn er dagegen die besseren Gründe nicht gesehen hat, etwa aus Stumpf- und Blödsinn, so pflegt man nicht zu strafen; es hat ihm, wie man sagt, die Wahl gefehlt, er handelte als Tier. Die absichtliche Verleugnung der besseren Vernunft ist jetzt die Voraussetzung, die man beim strafwürdigen Verbrecher macht. Wie kann aber jemand absichtlich unvernünftiger sein, als er sein muß? Woher die Entscheidung, wenn die Wagschalen mit guten und schlechten Motiven belastet sind? Also nicht vom Irrtum, von der Blindheit her, nicht von einem äußeren, auch von keinem inneren Zwange her? (Man erwäge übrigens, daß jeder sogenannte »äußere Zwang« nichts weiter ist, als der innere Zwang der Furcht und des Schmerzes.) Woher? fragt man immer wieder. Die *Vernunft* soll also nicht die Ursache sein, weil sie sich nicht gegen die besseren Gründe entscheiden könnte? Hier nun ruft man den »freien Willen« zur Hilfe: es soll das *vollendete Belieben* entscheiden, ein Moment eintreten, wo kein Motiv wirkt, wo die Tat als *Wunder* geschieht, aus dem Nichts heraus. Man straft diese angebliche *Beliebigkeit,* in einem Falle, wo kein Belieben herrschen sollte: die Vernunft, welche das Gesetz, das Verbot und Gebot kennt, hätte gar keine Wahl lassen dürfen, meint man, und als Zwang und höhere Macht wirken sollen. Der Verbrecher wird also bestraft, weil er vom »freien Willen« Gebrauch macht: das heißt, weil er ohne Grund gehandelt hat, wo er nach Gründen hätte handeln sollen.

Aber *warum* tat er dies? Dies eben darf nicht einmal mehr *gefragt* werden: es war eine Tat ohne »darum?« ohne Motiv, ohne Herkunft, etwas Zweckloses und Vernunftloses. – *Eine solche Tat dürfte man aber,* nach der ersten oben vorangeschickten Bedingung aller Strafbarkeit, *auch nicht strafen!* Auch jene Art der Strafbarkeit darf nicht geltend gemacht werden, als wenn hier etwas *nicht* getan, etwas unterlassen, von der Vernunft *nicht* Gebrauch gemacht sei: denn unter allen Umständen geschah die Unterlassung *ohne Absicht!* und nur die absichtliche Unterlassung des Gebotenen gilt als strafbar. Der Verbrecher hat zwar die schlechteren Gründe den besseren vorgezogen, aber *ohne* Grund und Absicht: er hat zwar seine Vernunft nicht angewendet, aber nicht, *um* sie nicht anzuwenden. Jene Voraussetzung, die man beim strafwürdigen Verbrechen macht, daß er seine Vernunft absichtlich verleugnet habe, gerade sie ist bei der Annahme des »freien Willens« aufgehoben. Ihr *dürft* nicht strafen, ihr Anhänger der Lehre vom »freien Willen«, nach euern eigenen Grundsätzen nicht! – Diese sind aber im Grunde nichts, als eine sehr wunderliche Begriffs-Mythologie; und das Huhn, welches sie ausgebrütet hat, hat abseits von aller Wirklichkeit auf seinen Eiern gesessen.

24

Zur Beurteilung des Verbrechers und seines Richters. – Der Verbrecher, der den ganzen Fluß der Umstände kennt, findet seine Tat nicht so außer der Ordnung und Begreiflichkeit, wie seine Richter und Tadler: seine Strafe aber wird ihm gerade nach dem Grad von *Erstaunen* zugemessen, welches jene beim Anblick der Tat als einer Unbegreiflichkeit befällt. – Wenn die Kenntnis, welche der Verteidiger eines Verbrechers von dem Fall und seiner Vorgeschichte hat, weit genug reicht, so *müssen* die sogenannten Milderungsgründe, welche er der Reihe nach vorbringt, endlich die ganze Schuld hinwegmildern. Oder, noch deutlicher: der Verteidiger wird schrittweise jenes verurteilende und strafzumessende *Erstau-*

nen mildern und zuletzt ganz aufheben, indem er jeden ehrlichen Zuhörer zu dem inneren Geständnis nötigt: »er mußte so handeln, wie er gehandelt hat; wir würden, wenn wir straften, die ewige Notwendigkeit bestrafen.« – Den Grad der Strafe abmessen nach dem *Grad der Kenntnis,* welchen man von der Historie eines Verbrechens hat *oder überhaupt gewinnen kann,* – streitet dies nicht wider alle Billigkeit?

25

Der Tausch und die Billigkeit. – Bei einem Tausche würde es nur dann ehrlich und rechtlich zugehen, wenn jeder der beiden so viel verlangte, als ihm seine Sache wert scheint, die Mühe des Erlangens, die Seltenheit, die aufgewendete Zeit usw. in Anschlag gebracht, nebst dem Affektionswerte. Sobald er den Preis *in Hinsicht auf das Bedürfnis des andern* macht, ist er ein feinerer Räuber und Erpresser. – Ist Geld das eine Tauschobjekt, so ist zu erwägen, daß ein Frankentaler in der Hand eines reichen Erben, eines Tagelöhners, eines Kaufmannes, eines Studenten ganz verschiedene Dinge sind: jeder wird, je nachdem er fast nichts oder viel tat, ihn zu erwerben, wenig oder viel dafür empfangen dürfen – so wäre es billig: in Wahrheit steht es bekanntlich umgekehrt. In der großen Geldwelt ist der Taler des faulsten Reichen gewinnbringender als der des Armen und Arbeitsamen.

26

Rechtszustände als Mittel. – Recht, auf Verträgen zwischen *Gleichen* beruhend, besteht, solange die Macht derer, die sich vertragen haben, eben gleich oder ähnlich ist; die Klugheit hat das Recht geschaffen, um der Fehde und der *nutzlosen* Vergeudung zwischen ähnlichen Gewalten ein Ende zu machen. Dieser aber ist ebenso endgültig ein Ende gemacht, wenn der eine Teil entschieden *schwächer* als der andere *geworden* ist: dann tritt Unterwerfung ein, und das Recht *hört auf,* aber der Erfolg ist derselbe wie der, welcher bisher durch das Recht erreicht wurde. Denn jetzt ist es die *Klugheit* des überwiegenden, welche die Kraft des Unterworfenen zu *schonen* und nicht nutzlos zu vergeuden anrät: und oft ist die Lage des Unterworfenen günstiger, als die des Gleichgestellten war. – Rechtszustände sind also zeitweilige *Mittel,* welche die Klugheit anrät, keine Ziele.

27

Erklärung der Schadenfreude. – Die Schadenfreude entsteht daher, daß ein jeder in mancher ihm wohl bewußten Hinsicht sich schlecht befindet, Sorge oder Neid oder Schmerz hat: der Schaden, der den andern betrifft, stellt diesen ihm gleich, er versöhnt seinen Neid. Befindet er gerade sich selber gut, so sammelt er doch das Unglück des nächsten als ein Kapital in seinem Bewußtsein auf, um es bei einbrechendem eigenen Unglück gegen dasselbe einzusetzen: auch so hat er »Schadenfreude«. Die auf Gleichheit gerichtete Gesinnung wirft also ihren Maßstab aus auf das Gebiet des Glücks und des Zufalls: Schadenfreude ist der gemeinste Ausdruck über den Sieg und die Wiederherstellung der Gleichheit, auch innerhalb der höheren Weltordnung. Erst seitdem der Mensch gelernt hat, in anderen Menschen seinesgleichen zu sehen, also erst seit Begründung der Gesellschaft gibt es Schadenfreude.

28

Das Willkürliche im Zumessen der Strafen. – Die meisten Verbrecher kommen zu ihren Strafen wie die Weiber zu ihren Kindern. Sie haben zehn- und hundertmal dasselbe getan, ohne üble Folgen zu spüren: plötzlich kommt eine Entdeckung und hinter ihr die Strafe. Die Gewohnheit sollte doch die Schuld der Tat, derentwegen der Verbrecher gestraft wird, entschuldbarer erscheinen lassen: es ist ja ein Hang entstanden, dem schwerer zu widerstehen ist. Anstatt dessen wird er, wenn der Verdacht des gewohnheitsmäßigen Verbrechens vorliegt, härter gestraft, die Gewohnheit wird als Grund gegen alle Milderung geltend gemacht. Umgekehrt: eine musterhafte Lebensweise, gegen welche das Verbrechen um so fürcherlicher absticht, sollte die Schuldbarkeit verschärft erscheinen lassen! Aber sie pflegt die Strafe zu mildern. So wird alles nicht nach dem Verbrecher bemessen, sondern nach der Gesellschaft und deren Schaden und Gefahr: frühere Nützlichkeit eines Menschen wird gegen seine einmalige Schädlichkeit eingerechnet, frühere Schädlichkeit zur gegenwärtig entdeckten addiert, und demnach die Strafe am höchsten zugemessen. Wenn man aber dergestalt die Vergangenheit eines Menschen mit straft oder mit belohnt (dies im ersten Fall, wo das Weniger-Strafen ein Belohnen ist) so sollte man noch weiter zurückgehn und die Ursache einer solchen oder solchen Vergangenheit strafen und belohnen, ich meine Eltern, Erzieher, die Gesellschaft usw.: in vielen Fällen wird man dann die *Richter* irgendwie bei der Schuld beteiligt finden. Es ist willkürlich, beim Verbrecher stehen zu bleiben, wenn man die Vergangenheit straft: man sollte, falls man die absolute Entschuldbarkeit jeder Schuld nicht zugeben will, bei jedem einzelnen Fall stehnbleiben und nicht weiter zurückblicken: also die Schuld *isolieren* und sie gar nicht mit der Vergangenheit in Verknüpfung bringen, – sonst wird man zum Sünder gegen die Logik. Zieht vielmehr, ihr Willens-Freien, den notwendigen Schluß aus eurer Lehre von der »Freiheit des Willens« und dekretiert kühnlich: »*keine Tat hat eine Vergangenheit.*«

29

Der Neid und sein edlerer Bruder. – Wo die Gleichheit wirklich durchgedrungen und dauernd begründet ist, entsteht jener, im ganzen als unmoralisch geltende Hang, der im Naturzustande kaum begreiflich wäre: der *Neid*. Der Neidische fühlt jedes Hervorragen des anderen über das gemeinsame Maß und will ihn bis dahin herabdrücken – oder sich bis dorthin erheben: woraus sich zwei verschiedene Handlungsweisen ergeben, welche Hesiod als die böse und die gute Eris bezeichnet hat. Ebenso entsteht im Zustande der Gleichheit die Indignation darüber, daß es einem anderen *unter* seiner Würde und Gleichheit schlecht ergeht, einem zweiten *über* seiner Gleichheit gut: es sind dies Affekte *edlerer* Naturen. Sie vermissen in den Dingen, welche von der Willkür des Menschen unabhängig sind, Gerechtigkeit und Billigkeit, das heißt: sie verlangen, daß jene Gleichheit, die der Mensch anerkennt, nun auch von der Natur und dem Zufall anerkannt werde; sie zürnen darüber, daß es den Gleichen nicht gleich ergeht.

30

Neid der Götter. – Der »Neid der Götter« entsteht, wenn der niedriger Geachtete sich irgend worin dem Höheren gleichsetzt (wie Ajax) oder durch Gunst des Schicksals ihm gleichgesetzt wird (wie Niobe als überreich gesegnete Mutter). Innerhalb der *gesellschaftlichen* Rangordnung stellt dieser Neid die Forderung auf, daß ein jeder kein Verdienst *über* seinem Stande habe, auch daß sein Glück diesem gemäß sei und namentlich daß sein Selbstbewußtsein jenen Schranken nicht entwachse. Oft erfährt der siegreiche General den »Neid der Götter«, ebenso der Schüler, der ein meisterliches Werk schuf.

31

Eitelkeit als Nachtrieb des ungesellschaftlichen Zustandes. – Da die Menschen ihrer Sicherheit wegen sich selber als *gleich* gesetzt haben, zur Gründung der Gemeinde, diese Auffassung aber im Grunde wider die Natur des einzelnen geht und etwas Erzwungenes ist, so machen sich, je mehr die allgemeine Sicherheit gewährleistet ist, neue Schößlinge des alten Triebes nach Übergewicht geltend: in der Abgrenzung der Stände, in dem Anspruch auf Berufs-Würden und -Vorrechte, überhaupt in der Eitelkeit (Manieren, Tracht, Sprache usw.). Sobald einmal die Gefahr des Gemeinwesens wieder fühlbar wird, drücken die Zahlreicheren, welche ihr Übergewicht nicht im

Zustande der allgemeinen Ruhe durchsetzen konnten, wieder den Zustand der Gleichheit hervor: die absurden Sonderrechte und Eitelkeiten verschwinden auf einige Zeit. Stürzt aber das Gemeinwesen ganz zusammen, gerät alles in Anarchie, so bricht sofort der Naturzustand, die unbekümmerte, rücksichtslose Ungleichheit hervor, wie dies auf Korkyra geschah, nach dem Berichte des Thukydides. Es gibt weder ein Naturrecht, noch ein Naturunrecht.

32

Billigkeit. – Eine Fortbildung der Gerechtigkeit ist die Billigkeit, entstehend unter solchen, welche nicht gegen die Gemeinde-Gleichheit verstoßen: es wird auf Fälle, wo das Gesetz nichts vorschreibt, jene feinere Rücksicht des Gleichgewichts übertragen, welche vor- und rückwärts blickt und deren Maxime ist »wie du mir, so ich dir«. Aequum heißt eben »es ist *gemäß unserer Gleichheit;* diese mildert auch unsere kleinen Verschiedenheiten zu einem Anschein von Gleichheit herab und will, daß wir manches uns nachsehen, *was wir nicht müßten«.*

33

Elemente der Rache. – Das Wort »Rache« ist so schnell gesprochen: fast scheint es, als ob es gar nicht mehr enthalten könne, als eine Begriffs- und Empfindungs-Wurzel. Und so bemüht man sich immer noch, dieselbe zu finden: wie unsere Nationalökonomen noch nicht müde geworden sind, im Worte »Wert« eine solche Einheit zu wittern und nach dem ursprünglichen Wurzel-Begriff des Wertes zu suchen. Als ob nicht alle Worte Taschen wären, in welche bald dies, bald jenes, bald mehreres auf einmal gesteckt worden ist! So ist auch »Rache« bald dies, bald jenes, bald etwas mehr Zusammengesetztes. Man unterscheide einmal jenen abwehrenden Zurückschlag, den man fast unwillkürlich auch gegen leblose Gegenstände, die uns beschädigt haben (wie gegen bewegte Maschinen), ausführt: der Sinn unserer Gegenbewegung ist, dem Beschädigten Einhalt zu tun dadurch, daß wir die Maschine zum Stillstand bringen. Die Stärke des Gegenschlags muß mitunter, um dies zu erreichen, so stark sein, daß er die Maschine zertrümmert; wenn dieselbe aber zu stark ist, um vom einzelnen sofort zerstört werden zu können, wird dieser doch immer noch den heftigsten Schlag ausführen, dessen er fähig ist, – gleichsam als einen letzten Versuch. So benimmt man sich auch gegen schädigende Personen bei der unmittelbaren Empfindung des Schadens selber; will man diesen Akt einen Rache-Akt nennen, so mag es sein; nur erwäge man, daß hier allein die *Selbst-Erhaltung* ihr Vernunft-Räderwerk in Bewegung gesetzt hat, und daß man im Grunde nicht an den Schädiger, sondern nur an sich dabei denkt: wir handeln so, *ohne* wieder schaden zu wollen, sondern nur um noch mit Leib und Leben *davonzukommen*. – Man braucht *Zeit,* wenn man von sich mit seinen Gedanken zum Gegner übergeht und sich fragt, auf welche Weise er am empfindlichsten zu treffen ist. Dies geschieht bei der zweiten Art von Rache: ein Nachdenken über die Verwundbarkeit und Leidensfähigkeit des andern ist ihre Voraussetzung: man will wehetun. Dagegen sich selber gegen weiteren Schaden sichern, liegt hier so wenig im Gesichtskreis des Rache-Nehmenden, daß er fast regelmäßig den weiteren eigenen Schaden zuwege bringt und ihm sehr oft kaltblütig vorher entgegensieht. War es bei der ersten Art von Rache die Angst vor dem zweiten Schlage, welche den Gegenschlag so stark wie möglich machte: so ist hier fast völlige Gleichgültigkeit gegen das, was der Gegner tun wird; die Stärke des Gegenschlags wird nur durch das, was er uns getan *hat,* bestimmt. Was hat er denn getan? Und was nützt es uns, wenn er nun leidet, nachdem wir durch ihn gelitten haben? Es handelt sich um eine *Wiederherstellung:* während der Rache-Akt erster Art nur der *Selbst-Erhaltung* dient. Vielleicht verloren wir durch den Gegner Besitz, Rang, Freunde, Kinder – diese Verluste werden durch die Rache nicht zurückgekauft, die Wiederherstellung bezieht sich allein auf einen *Nebenverlust* bei allen den erwähnten Verlusten. Die Rache der Wiederherstellung bewahrt nicht vor weiterem Schaden, sie macht den erlittenen Schaden nicht wieder gut, – außer in einem Falle. Wenn unsere *Ehre* durch den Gegner gelitten hat, so vermag die Rache sie *wiederherzustellen.* Sie hat aber in jedem Falle einen Schaden erlitten, wenn man uns absichtlich ein Leid zufügte: denn der Gegner bewies damit, daß er uns nicht *fürchtete.* Durch die Rache beweisen wir, daß wir auch ihn nicht fürchten: darin liegt die Ausgleichung, die Wiederherstellung. (Die Absicht, den völligen Mangel an *Furcht* zu zeigen, geht bei einigen Personen so weit, daß ihnen die Gefährlichkeit der Rache für sie selbst – Einbuße der Gesundheit oder des Lebens oder sonstige Verluste – als eine unerläßliche Bedingung jeder Rache gilt. Deshalb gehen sie den Weg des Duells, obschon die Gerichte ihnen den Arm bieten, um auch so Genugtuung für die Beleidigung zu erhalten: sie nehmen aber die gefahrlose Wiederherstellung ihrer Ehre nicht als genügend an, weil sie ihren Mangel an Furcht nicht beweisen kann.) – Bei der ersterwähnten Art der Rache ist es gerade die Furcht, die den Gegenschlag ausführt: hier dagegen ist es die Abwesenheit der Furcht, welche, wie gesagt, durch den Gegenschlag sich *beweisen* will. – Nichts scheint also verschiedener als die innere Motivierung der beiden Handlungsweisen, die mit einem Wort »Rache« benannt werden: und trotzdem kommt es sehr häufig vor, daß der Rache-Übende in Unklarheit ist, was ihn eigentlich zur Tat bestimmt hat; vielleicht, daß er aus Furcht und um sich zu erhalten den Gegenschlag führte, hinterher aber, als er Zeit hatte, über den Gesichtspunkt der verletzten Ehre nachzudenken, selber sich einredet, seiner Ehre halber sich gerächt zu haben: – dieses Motiv ist ja jedenfalls *vornehmer* als das andere. Dabei ist noch wesentlich, ob er seine Ehre in den Augen der anderen (der Welt) beschädigt sieht oder nur in den Augen des Beleidigers: im letzteren Falle wird er die geheime Rache vorziehen, im ersteren aber die öffentliche. Je nachdem er sich stark oder schwach in die Seele des Täters und der Zuschauer hineindenkt, wird seine Rache erbitterter oder zahmer sein; fehlt ihm diese Art Phantasie ganz, so wird er gar nicht an Rache denken, denn das Gefühl der »Ehre« ist dann bei ihm nicht vorhanden, also auch nicht zu verletzen. Ebenso wird er nicht an Rache denken, wenn er den Täter und die Zuschauer der Tat *verachtet:* weil sie ihm keine Ehre geben können, als Verachtete, und demnach auch keine Ehre nehmen können. Endlich wird er auf Rache in dem nicht ungewöhnlichen Falle verzichten, daß er den Täter liebt: freilich büßt er so in dessen Augen an Ehre ein und wird vielleicht der Gegenliebe dadurch weniger würdig. Aber auch auf alle Gegenliebe Verzicht leisten ist ein Opfer, welches die Liebe zu bringen bereit ist, wenn sie dem geliebten Wesen nur nicht *wehetun muß:* dies hieße sich selber mehr wehetun, als jenes Opfer wehetut. Also: jedermann wird sich rächen, er sei denn ehrlos oder voll Verachtung oder voll Liebe gegen den Schädiger und Beleidiger. Auch wenn er sich an die Gerichte wendet, so will er die Rache als private Person: *nebenbei* aber noch, als weiterdenkender, vorsorglicher Mensch der Gesellschaft, die Rache der Gesellschaft an einem, der sie nicht *ehrt.* So wird durch die gerichtliche Strafe sowohl die Privatehre als auch die Gesellschaftsehre *wiederhergestellt:* das heißt – Strafe ist Rache. – Es gibt in ihr unzweifelhaft auch noch jenes andere zuerst beschriebene Element der Rache, insofern durch sie die Gesellschaft ihrer *Selbst-Erhaltung* dient und der *Notwehr* halber einen Gegenschlag führt. Die Strafe will das *weitere* Schädigen verhüten, sie will *abschrecken.* Auf diese Weise sind wirklich in der Strafe beide so verschiedene Elemente der Rache *verknüpft,* und dies mag vielleicht am meisten dahin wirken, jene erwähnte Begriffsverwirrung zu unterhalten, vermöge deren der einzelne, der sich rächt, gewöhnlich nicht weiß, was er eigentlich will.

34

Die Tugenden der Einbuße. – Als Mitglieder von Gesellschaften glauben wir gewisse Tugenden nicht ausüben zu dürfen, die uns als Privaten die größte Ehre und einiges Vergnügen machen, zum Beispiel Gnade und Nachsicht gegen Verfehlende aller Art – überhaupt jede Handlungsweise, bei welcher der Vorteil der Gesellschaft durch unsere Tugend leiden würde. Kein Richter-Kollegium darf sich vor seinem Gewissen erlauben, gnädig zu sein: dem König *als einem* einzelnen hat man dies Vorrecht aufbehalten; man freut sich, wenn er Gebrauch davon macht, zum Beweise, daß man gern gnädig sein möchte, aber durchaus nicht als Gesellschaft. Diese erkennt somit nur die ihr vorteilhaften oder mindestens unschädlichen Tugenden an (die ohne Einbuße oder gar mit Zinsen geübt werden, zum Beispiel Gerechtigkeit). Jene Tugenden der Einbuße können demnach *in der Gesellschaft* nicht entstanden sein, da noch jetzt, innerhalb jeder kleinsten sich bildenden Gesellschaft der Widerspruch gegen sie sich erhebt. Es sind also Tugenden unter Nicht-Gleichgestellten, erfunden von dem Überlegenen, Einzelnen, es sind *Herrscher*-Tugenden, mit dem Hintergedanken: »ich bin mächtig genug, um mir eine ersichtliche Einbuße gefallen zu lassen, dies ist ein Beweis meiner Macht« – also mit *Stolz* verwandte Tugenden.

35

Kasuistik des Vorteils. – Es gäbe keine Kasuistik der Moral, wenn es keine Kasuistik des Vorteils gäbe. Der freieste und feinste Verstand reicht oft nicht aus, zwischen zwei Dingen so zu wählen, daß der größere Vorteil notwendig bei seiner Wahl ist. In solchen Fällen wählt man, weil man wählen muß, und hat hinterdrein eine Art Seekrankheit der Empfindung.

36

Zum Heuchler werden. – Jeder Bettler wird zum Heuchler; wie jeder, der aus einem Mangel, aus einem Notstand (sei dies ein per-

sönlicher oder ein öffentlicher) seinen Beruf macht. – Der Bettler empfindet den Mangel lange nicht so, als er ihn empfinden
machen muß, wenn er vom Betteln leben will.

37

Eine Art Kultus der Leidenschaften. – Ihr Düsterlinge und philosophischen Blindschleichen redet, um den Charakter des ganzen
Weltwesens anzuklagen, von dem *furchtbaren Charakter* der
menschlichen Leidenschaften. Als ob überall, wo es Leidenschaft
gegeben hat, es auch Furchtbarkeit gegeben hätte! Als ob es immerfort in der Welt diese Art von Furchtbarkeit geben müßte! –
Durch eine Vernachlässigung im *Kleinen,* durch Mangel an
Selbst-Beobachtung und Beobachtung derer, welche erzogen
werden sollen, habt ihr selber erst die Leidenschaften zu solchen
Untieren anwachsen lassen, daß euch jetzt schon beim Worte
»Leidenschaft« Furcht befällt! Es stand bei euch und steht bei uns,
den Leidenschaften ihren furchtbaren Charakter zu *nehmen* und
dermaßen vorzubeugen, daß sie nicht zu verheerenden Wildwas-
sern werden. – Man soll seine Versehen nicht zu ewigen Fatalitä-
ten aufblasen; vielmehr wollen wir redlich mit an der Aufgabe arbeiten, die Leidenschaften der Menschheit allesamt in Freuden-
schaften umzuwandeln.

38

Gewissensbiß. – Der Gewissensbiß ist, wie der Biß des Hundes gegen einen Stein, eine Dummheit.

39

Ursprung der Rechte. – Die Rechte gehen zunächst auf *Herkommen*
zurück, das Herkommen auf ein einmaliges *Abkommen.* Man war
irgendwann einmal beiderseitig mit den Folgen des getroffenen
Abkommens zufrieden und wiederum zu träge, um es förmlich
zu erneuern; so lebte man fort, wie wenn es immer erneuert

worden wäre, und allmählich, als die Vergessenheit ihre Nebel über den Ursprung breitete, glaubte man einen heiligen, unverrückbaren Zustand zu haben, auf dem jedes Geschlecht weiterbauen *müsse.* Das Herkommen war jetzt *Zwang,* auch wenn es den Nutzen nicht mehr brachte, dessentwegen man ursprünglich das Abkommen gemacht hatte. – Die *Schwachen* haben hier ihre feste Burg zu allen Zeiten gefunden: sie neigen dahin, das einmalige Abkommen, die Gnadenerweisung zu *verewigen.*

40

Die Bedeutung des Vergessens in der moralischen Empfindung. – Dieselben Handlungen, welche innerhalb der ursprünglichen Gesellschaft zuerst die Absicht auf gemeinsamen *Nutzen* eingab, sind später von anderen Generationen auf andere Motive hin getan worden: aus Furcht oder Ehrfurcht vor denen, die sie forderten und anempfahlen, oder aus Gewohnheit, weil man sie von Kindheit an um sich hatte tun sehen, oder aus Wohlwollen, weil ihre Ausübung überall Freude und zustimmende Gesichter schuf, oder aus Eitelkeit, weil sie gelobt wurden. Solche Handlungen, an denen das Grundmotiv, das der Nützlichkeit, *vergessen* worden ist, heißen dann *moralische:* nicht etwa weil sie aus jenen *anderen* Motiven, sondern weil sie *nicht* aus bewußter Nützlichkeit getan werden. – Woher dieser *Haß* gegen den Nutzen, der *hier* sichtbar wird, wo sich alles lobenswerte Handeln gegen das Handeln um des Nutzens willen förmlich abschließt? – Offenbar hat die Gesellschaft, der Herd aller Moral und aller Lobsprüche des moralischen Handelns, allzu lange und allzu hart mit dem Eigen-Nutzen und Eigen-Sinne des einzelnen zu kämpfen gehabt, um nicht zuletzt *jedes andere* Motiv sittlich höher zu taxieren als den Nutzen. So entsteht der Anschein, als ob die Moral *nicht* aus dem Nutzen herausgewachsen sei; während sie ursprünglich der Gesellschafts-Nutzen ist, der große Mühe hatte, sich gegen alle die Privat-Nützlichkeiten durchzusetzen und in höheres Ansehen zu bringen.

41

Die Erbreichen der Moralität. – Es gibt auch im Moralischen einen *Erb*-Reichtum: ihn besitzen die Sanften, Gutmütigen, Mitleidigen, Mildtätigen, welche alle die gute *Handlungsweise,* aber nicht die Vernunft (die Quelle derselben) von ihren Vorfahren her mitbekommen haben. Das Angenehme an diesem Reichtum ist, daß man von ihm fortwährend darreichen und mitteilen muß, wenn er überhaupt empfunden werden soll, und daß er so unwillkürlich daran arbeitet, die Abstände zwischen moralisch reich und arm geringer zu machen: und zwar, was das merkwürdigste und beste ist, *nicht* zugunsten eines dereinstigen Mittelmaßes zwischen arm und reich, sondern zugunsten eines *allgemeinen* Reich- und Überreich-werdens. – So wie hier geschehen ist, läßt sich etwa die herrschende Ansicht über den moralischen Erbreichtum zusammenfassen: aber es scheint mir, daß dieselbe mehr in majorem gloriam der Moralität, als zu Ehren der Wahrheit aufrechterhalten wird. Die Erfahrung mindestens stellt einen Satz auf, welcher, wenn nicht als Widerlegung, jedenfalls als bedeutende Einschränkung jener Allgemeinheit zu gelten hat. Ohne den erlesensten Verstand, so sagt die Erfahrung, ohne die Fähigkeit der feinsten Wahl und einen *starken Hang zum Maßhalten* werden die Moralisch-Erbreichen zu *Verschwendern* der Moralität: indem sie haltlos sich ihren mitleidigen, mildtätigen, versöhnenden, beschwichtigenden Trieben überlassen, machen sie alle Welt um sich nachlässiger, begehrlicher und sentimentaler. Die Kinder solcher höchst moralischen Verschwender sind daher leicht – und, wie leider zu sagen ist, bestenfalls – angenehme schwächliche Taugenichtse.

42

Der Richter und die Milderungsgründe. – »Man soll auch gegen den Teufel honett sein und seine Schulden bezahlen«, sagte ein alter Soldat, als man ihm die Geschichte Faustens etwas genauer erzählt hatte, »Faust gehört in die Hölle!« – »O ihr schrecklichen Männer!« rief seine Gattin aus, »wie ist das nur möglich! Er hat ja nichts getan, als keine Tinte im Tintenfaß gehabt! Mit Blut schreiben ist freilich eine Sünde, aber deshalb soll ein so schöner Mann doch nicht brennen?«

43

Problem der Pflicht zur Wahrheit. – Pflicht ist ein zwingendes, zur Tat drängendes Gefühl, das wir gut nennen und für undiskutierbar halten (– über Ursprung, Grenze und Berechtigung desselben wollen wir nicht reden und nicht geredet haben). Der Denker hält aber alles für geworden und alles Gewordene für diskutierbar, ist also der Mann ohne Pflicht, – solange er eben nur Denker ist. Als solcher würde er also auch die Pflicht, die Wahrheit zu sehen und zu sagen, nicht anerkennen und dies Gefühl nicht fühlen; er fragt: woher kommt sie? wohin will sie? aber dies Fragen selber wird von ihm als fragwürdig angesehen. Hätte dies aber nicht zur Folge, daß die Maschine des Denkers nicht mehr recht arbeitet, wenn er sich beim Akte des Erkennens wirklich *unverpflichtet fühlen* könnte? Insofern scheint hier zur *Heizung* dasselbe Element nötig zu sein, das vermittelst der Maschine untersucht werden soll. – Die Formel würde vielleicht sein: *angenommen,* es gäbe eine Pflicht, die Wahrheit zu erkennen, wie lautet die Wahrheit dann in bezug auf jede andere Art von Pflicht? – Aber ist ein hypothetisches Pflichtgefühl nicht ein Widersinn?

44

Stufen der Moral. – Moral ist zunächst ein Mittel, die Gemeinde überhaupt zu erhalten und den Untergang von ihr abzuwehren; sodann ist sie ein Mittel, die Gemeinde auf einer gewissen Höhe und in einer gewissen Güte zu erhalten. Ihre Motive sind *Furcht* und *Hoffnung:* und zwar um so derbere, mächtigere, gröbere, als der Hang zum Verkehrten, Einseitigen, Persönlichen noch sehr stark ist. Die entsetzlichsten Angstmittel müssen hier Dienste tun, solange noch keine milderen wirken wollen und jene doppelte Art der Erhaltung sich nicht anders erreichen läßt (zu ihren allerstärksten gehört die Erfindung eines Jenseits mit einer ewigen Hölle). Weitere Stufen der Moral und also Mittel zum bezeichneten Zwecke sind die Befehle eines Gottes (wie das mosaische Gesetz); noch weitere und höhere die Befehle eines absoluten Pflichtbegriffs mit dem »du sollst«, – alles noch ziemlich grob zugehauene, aber *breite* Stufen, weil die Menschen auf die feineren, schmäleren ihren Fuß noch nicht zu setzen wissen. Dann kommt eine Moral der *Neigung*, des Geschmacks, endlich die der *Einsicht* – welche über alle illusionären Motive der Moral hinaus ist, aber sich klar gemacht hat, wie die Menschheit lange Zeiten hindurch keine anderen haben durfte.

45

Moral des Mitleidens im Munde der Unmäßigen. – Alle die, welche sich selber nicht genug in der Gewalt haben und die Moralität nicht als fortwährende im großen und kleinsten geübte Selbstbeherrschung und Selbstüberwindung kennen, werden unwillkürlich zu Verherrlichern der guten, mitleidigen, wohlwollenden Regungen, jener instinktiven Moralität, welche keinen Kopf hat, sondern nur aus Herz und hilfreichen Händen zu bestehen scheint. Ja es ist in ihrem Interesse, eine Moralität der Vernunft zu verdächtigen und jene andere zur alleinigen zu machen.

46

Kloaken der Seele. – Auch die Seele muß ihre bestimmten Kloaken haben, wohin sie ihren Unrat abfließen läßt: dazu dienen Personen, Verhältnisse, Stände oder das Vaterland oder die Welt oder endlich – für die ganz Hoffärtigen (ich meine unsere lieben modernen »Pessimisten«) – der liebe Gott.

47

Eine Art von Ruhe und Beschaulichkeit. – Hüte dich, daß deine Ruhe und Beschaulichkeit nicht der des Hundes vor einem Fleischerladen gleicht, den die Furcht nicht vorwärts und die Begierde nicht rückwärts gehen läßt: und der die Augen aufsperrt, als ob sie Münder wären.

48

Das Verbot ohne Gründe. – Ein Verbot, dessen Gründe wir nicht verstehen oder zugeben, ist nicht nur für den Trotzkopf, sondern auch für den Erkenntnisdurstigen fast ein Geheiß: man läßt es auf den Versuch ankommen, um so zu erfahren, *weshalb* das Verbot gegeben ist. Moralische Verbote, wie die des Dekalogs, passen nur für Zeitalter der unterworfenen Vernunft: jetzt würde ein Verbot »du sollst nicht töten«, »du sollst nicht ehebrechen«, ohne Gründe hingestellt, eher eine schädliche als eine nützliche Wirkung haben.

49

Charakterbild. – Was ist das für ein Mensch, der von sich sagen kann: »ich verachte sehr leicht, aber hasse nie. An jedem Menschen finde ich sofort etwas heraus, das zu ehren ist und dessentwegen ich ihn ehre; die sogenannten liebenswürdigen Eigenschaften ziehen mich wenig an.«

50

Mitleiden und Verachtung. – Mitleiden äußern wird als ein Zeichen der Verachtung empfunden, weil man ersichtlich aufgehört hat, ein Gegenstand der *Furcht* zu sein, sobald einem Mitleiden erwiesen wird. Man ist unter das Niveau des Gleichgewichts hinabgesunken, während schon jenes der menschlichen Eitelkeit nicht genugtut, sondern erst das Hervorragen und Furchteinflößen der Seele das erwünschteste aller Gefühle gibt. Deshalb ist es ein Problem, wie die *Schätzung* des Mitleids aufgekommen ist, ebenso wie erklärt werden muß, warum jetzt der Uneigennützige *gelobt* wird: ursprünglich wird er *verachtet* oder als tückisch *gefürchtet*.

51

Klein sein können. – Man muß den Blumen, Gräsern und Schmetterlingen auch noch so nah sein wie ein Kind, das nicht viel über sie hinweg reicht. Wir Älteren dagegen sind über sie hinausgewachsen und müssen uns zu ihnen herablassen; ich meine, die Gräser *hassen* uns, wenn wir unsere Liebe für sie bekennen. – Wer an *allem* Guten teilhaben will, muß auch zu Stunden klein zu sein verstehen.

52

Inhalt des Gewissens. – Der Inhalt unseres Gewissens ist alles, was in den Jahren der Kindheit von uns ohne Grund regelmäßig *gefordert* wurde durch Personen, die wir verehrten oder fürchteten. Vom Gewissen aus wird also jenes Gefühl des Müssens erregt (»dieses muß ich tun, dieses lassen«), welches nicht fragt: *warum* muß ich? – In allen Fällen, wo eine Sache mit »weil« und »warum« getan wird, handelt der Mensch *ohne* Gewissen; deshalb aber noch nicht wider dasselbe. – Der Glaube an Autoritäten ist die Quelle des Gewissens: es ist also nicht die Stimme Gottes in der Brust des Menschen, sondern die Stimme einiger Menschen im Menschen.

53

Überwindung der Leidenschaften. – Der Mensch, der seine Leidenschaften überwunden hat, ist in den Besitz des fruchtbarsten Erdreiches getreten: wie der Kolonist, der über die Wälder und Sümpfe Herr geworden ist. Auf dem Boden der bezwungenen Leidenschaften den Samen der guten geistigen Werke *säen,* ist dann die dringende nächste Aufgabe. Die Überwindung selber ist nur ein *Mittel,* kein Ziel; wenn sie nicht so angesehen wird, so wächst schnell allerlei Unkraut und Teufelszeug auf dem leer gewordenen fetten Boden auf, und bald geht es auf ihm voller und toller zu als je vorher.

54

Geschick zum Dienen. – Alle sogenannten praktischen Menschen haben ein Geschick zum Dienen: das eben macht sie praktisch, sei es für andere oder für sich selber. Robinson besaß noch einen besseren Diener, als Freitag war: das war Crusoe.

55

Gefahr der Sprache für die geistige Freiheit. – Jedes Wort ist ein Vorurteil.

56

Geist und Langeweile. – Das Sprichwort: »Der Magyar ist viel zu faul, um sich zu langweilen« gibt zu denken. Die feinsten und tätigsten Tiere erst sind der Langeweile fähig. – Ein Vorwurf für einen großen Dichter wäre die *Langeweile Gottes* am siebenten Tage der Schöpfung.

57

Im Verkehr mit den Tieren. – Man kann das Entstehen der Moral in unserem Verhalten gegen die Tiere noch beobachten. Wo Nutzen und Schaden *nicht* in Betracht kommen, haben wir ein Gefühl der völligen Unverantwortlichkeit; wir töten und verwunden zum Beispiel Insekten oder lassen sie leben und denken für gewöhnlich gar nichts dabei. Wir sind so plump, daß schon unsere Artigkeiten gegen Blumen und kleine Tiere fast immer mörderisch sind: was unser Vergnügen an ihnen gar nicht beeinträchtigt. – Es ist heute das Fest der kleinen Tiere, der schwülste Tage des Jahres: es wimmelt und krabbelt um uns, und wir zerdrücken, ohne es zu wollen, *aber auch* ohne acht zu geben, bald hier, bald dort ein Würmchen und gefiedertes Käferchen. – Bringen die Tiere uns Schaden, so erstreben wir auf jede Weise ihre *Vernichtung,* die Mittel sind oft grausam genug, ohne daß wir dies eigentlich wollen: es ist die Grausamkeit der Gedankenlosigkeit. Nützen sie, so *beuten* wir sie *aus:* bis eine feinere Klugheit uns lehrt, daß gewisse Tiere für eine andere Behandlung, nämlich für die der Pflege und Zucht, reichlich lohnen. Da erst entsteht Verantwortlichkeit. Gegen das Haustier wird die Quälerei gemieden; der eine Mensch empört sich, wenn ein anderer unbarmherzig gegen seine Kuh ist, ganz in Gemäßheit der primitiven Gemeinde-Moral, welche den *gemeinsamen* Nutzen in Gefahr sieht, so oft ein einzelner sich vergeht. Wer in der Gemeinde ein Vergehen wahrnimmt, fürchtet den indirekten Schaden für sich: und wir fürchten für die Güte des Fleisches, des Landbaues und der Verkehrsmittel, wenn wir die Haustiere nicht gut behandelt sehen. Zudem erweckt der, welcher roh gegen Tiere ist, den Argwohn, auch roh gegen schwache, ungleiche, der Rache unfähige Menschen zu sein; er gilt als unedel, des feineren Stolzes ermangelnd. So entsteht ein Ansatz von moralischem Urteilen und Empfinden: das beste tut nun der Aberglaube hinzu. Manche Tiere reizen durch Blicke, Töne und Gebärden den Menschen an, sich in sie *hineinzudichten,* und manche Religionen lehren im Tiere unter Umständen den Wohnsitz von Menschen- und Götterseelen sehen: weshalb sie überhaupt edlere Vorsicht, ja ehrfürchtige Scheu im Umgange mit den Tieren anempfehlen. Auch nach dem Verschwinden dieses Aberglaubens wirken die von ihm erweckten Empfindungen fort und reifen und blühen aus. – Das Christentum hat sich bekanntlich in diesem Punkte als arme und zurückbildende Religion bewährt.

58

Neue Schauspieler. – Es gibt unter den Menschen keine größere Banalität als den Tod; zuzweit im Range steht die Geburt, weil nicht alle geboren werden, welche doch sterben; dann folgt die

Heirat. Aber diese kleinen abgespielten Tragikomödien werden bei jeder ihrer ungezählten und unzählbaren Aufführungen immer wieder von neuen Schauspielern dargestellt und hören deshalb nicht auf, interessierte Zuschauer zu haben: während man glauben sollte, daß die gesamte Zuschauerschaft des Erdentheaters sich längst aus Überdruß daran an allen Bäumen aufgehängt hätte. Soviel liegt an neuen Schauspielern, sowenig am Stück.

59

Was ist »obstinat«? – Der kürzeste Weg ist nicht der möglichst gerade, sondern der, bei welchem die günstigsten Winde unsere Segel schwellen: so sagt die Lehre der Schiffahrer. Ihr nicht zu folgen, das heißt *obstinat* sein: die Festigkeit des Charakters ist da durch Dummheit verunreinigt.

60

Das Wort »Eitelkeit«. – Es ist lästig, daß einzelne Worte, deren wir Moralisten schlechterdings nicht entraten können, schon eine Art Sittenzensur in sich tragen aus jenen Zeiten her, in denen die nächsten und natürlichsten Regungen des Menschen verketzert wurden. So wird jene Grundüberzeugung, daß wir auf den Wellen der Gesellschaft viel mehr durch das, was wir *gelten,* als durch das, was wir *sind,* gutes Fahrwasser haben oder Schiffbruch leiden – eine Überzeugung, die für alles Handeln in bezug auf die Gesellschaft das Steuerruder sein muß – mit dem allgemeinsten Worte »Eitelkeit«, »vanitas« gebrandmarkt: eines der vollsten und inhaltreichsten Dinge mit einem Ausdruck, welcher dasselbe als das eigentlich Leere und Nichtige bezeichnet, etwas Großes mit einem Diminutivum, ja mit den Federstrichen der Karikatur. Es hilft nichts, wir müssen solche Worte gebrauchen, aber dabei unser Ohr den Einflüsterungen alter Gewohnheit verschließen.

61

Türkenfatalismus. – Der Türkenfatalismus hat den Grundfehler, daß er den Menschen und das Fatum als zwei geschiedene Dinge einander gegenüberstellt: der Mensch, sagt er, könne dem Fatum widerstreben, es zu vereiteln suchen, aber schließlich behalte es immer den Sieg, weshalb das vernünftigste sei, zu resignieren oder nach Belieben zu leben. In Wahrheit ist jeder Mensch selber ein Stück Fatum; wenn er in der angegebenen Weise dem Fatum zu widerstreben meint, so vollzieht sich eben darin auch das Fatum; der Kampf ist eine Einbildung, aber ebenso jene Resignation in das Fatum; alle diese Einbildungen sind im Fatum eingeschlossen. – Die Angst, welche die meisten vor der Lehre der Unfreiheit des Willens haben, ist die Angst vor dem Türkenfatalismus: sie meinen, der Mensch werde schwächlich resigniert und mit gefalteten Händen vor der Zukunft stehen, weil er an ihr nichts zu ändern vermöge: oder aber, er werde seiner vollen Launenhaftigkeit die Zügel schießen lassen, weil auch durch diese das einmal Bestimmte nicht schlimmer werden könne. Die Torheiten des Menschen sind ebenso ein Stück Fatum wie seine Klugheiten: auch jene Angst vor dem Glauben an das Fatum ist Fatum. Du selber, armer Ängstlicher, bist die unbezwingliche Moira, welche noch über den Göttern thront, für alles, was da kommt; du bist Segen oder Fluch und jedenfalls die Fessel, in welcher der Stärkste gebunden liegt; in dir ist alle Zukunft der Menschen-Welt vorherbestimmt, es hilft dir nichts, wenn dir vor dir selber graut.

62

Advokat des Teufels. – »Nur durch eigenen Schaden wird man *klug*, nur durch fremden Schaden wird man *gut*« – so lautet jene seltsame Philosophie, welche alle Moralität aus dem Mitleiden und alle Intellektualität aus der Isolation des Menschen ableitet: damit ist sie unbewußt die Sachwalterin aller irdischen Schadhaftigkeit.

Denn das Mitleiden hat das Leiden nötig und die Isolation die Verachtung der anderen.

63

Die moralischen Charaktermasken. – In den Zeiten, da die Charaktermasken der Stände für endgültig fest, gleich den Ständen selber gelten, werden die Moralisten verführt sein, auch die *moralischen* Charaktermasken für absolut zu halten und sie so zu zeichnen. So ist Molière als Zeitgenosse der Gesellschaft Ludwigs XIV. verständlich; in unserer Gesellschaft der Übergänge und Mittelstufen würde er als ein genialer Pedant erscheinen.

64

Die vornehmste Tugend. – In der ersten Ära des höheren Menschentums gilt die Tapferkeit als die vornehmste der Tugenden, in der zweiten die Gerechtigkeit, in der dritten die Mäßigung, in der vierten die Weisheit. In welcher Ära leben *wir*? In welcher lebst *du*?

65

Was vorher nötig ist. – Ein Mensch, der über seinen Jähzorn, seine Gall- und Rachsucht, seine Wollust nicht Meister werden will und es versucht, irgendworin sonst Meister zu werden, ist so dumm wie der Ackermann, der neben einem Wildbach seine Akker anlegt, ohne sich gegen ihn zu schützen.

66

Was ist Wahrheit? – *Schwarzert* (Melanchthon): »Man predigt oft seinen Glauben, wenn man ihn gerade verloren hat und auf allen Gassen sucht, - und man predigt ihn dann nicht am schlechtesten!« – *Luther:* Du redest heut' wahr wie ein Engel, Bruder! *Schwarzert:* »Aber es ist der Gedanke deiner Feinde, und sie machen auf dich die Nutzanwendung.« *Luther:* So war's eine Lüge aus des Teufels Hintern.

67

Gewohnheit der Gegensätze. – Die allgemeine ungenaue Beobachtung sieht in der Natur überall Gegensätze (wie z. B. »warm und
kalt«), wo keine Gegensätze, sondern nur Gradverschiedenheiten
sind. Diese schlechte Gewohnheit hat uns verleitet, nun auch
noch die innere Natur, die geistig-sittliche Welt, nach solchen
Gegensätzen verstehen und zerlegen zu wollen. Unsäglich viel
Schmerzhaftigkeit, Anmaßung, Härte, Entfremdung, Erkältung ist
so in die menschliche Empfindung hineingekommen dadurch,
daß man Gegensätze an Stelle der Übergänge zu sehen meinte.

68

Ob man vergeben könne? – Wie *kann* man ihnen überhaupt vergeben, wenn sie nicht wissen, was sie tun! Man *hat* gar nichts zu vergeben. – Aber *weiß* ein Mensch jemals *völlig,* was er tut? Und
wenn dies immer mindestens *fraglich* bleibt, so haben also die
Menschen einander nie etwas zu vergeben, und Gnade-üben ist
für den Vernünftigsten ein unmögliches Ding. Zu allerletzt: *wenn*
die Übeltäter wirklich gewußt hätten, was sie taten – so würden
wir doch nur dann ein Recht zur Vergebung haben, wenn wir ein
Recht zur Beschuldigung und zur Strafe hätten. Dies aber haben
wir nicht.

69

Habituelle Scham. – Warum empfinden wir Scham, wenn uns etwas Gutes und Auszeichnendes erwiesen wird, das wir, wie man
sagt, »nicht verdient haben«? Es scheint uns dabei, daß wir uns in
ein Gebiet eingedrängt haben, wo wir nicht hingehören, wo wir
ausgeschlossen sein sollten, gleichsam in ein Heiliges oder Aller-
heiligstes, welches für unsern Fuß unbetretbar ist. Durch den Irrtum anderer sind wir doch hineingelangt: und nun überwältigt
uns teils Furcht, teils Ehrfurcht, teils Überraschung, wir wissen
nicht, ob wir fliehen, ob wir des gesegneten Augenblickes und sei-

ner Gnaden-Vorteile genießen sollen. Bei aller Scham ist ein Mysterium, welches durch uns entweiht oder in der Gefahr der Entweihung zu sein scheint; alle *Gnade* erzeugt Scham. – Erwägt man aber, daß wir überhaupt niemals etwas »verdient haben«, so wird, im Fall man dieser Ansicht innerhalb einer *christlichen* Gesamt-Betrachtung der Dinge sich hingibt, das Gefühl der *Scham habituell:* weil einem Solchen Gott *fortwährend* zu segnen und Gnade zu üben scheint. Abgesehen von dieser christlichen Auslegung wäre aber auch für den völlig gottlosen Weisen, der an der gründlichen Unverantwortlichkeit und Unverdienstlichkeit alles Wirkens und Wesens festhält, jener Zustand der *habituellen* Scham möglich: wenn man ihn behandelt, *als ob* er dies und jenes verdient habe, so scheint er sich in eine höhere Ordnung von Wesen eingedrängt zu haben, welche überhaupt etwas *verdienen,* welche frei sind und ihres eigenen Wollens und Könnens Verantwortung wirklich zu tragen vermögen. Wer zu ihm sagt »du hast es verdient«, scheint ihm zuzurufen »du bist kein Mensch, sondern ein Gott«.

70

Der ungeschickteste Erzieher. – Bei diesem sind auf dem Boden seines Widerspruchsgeistes alle seine wirklichen Tugenden angepflanzt, bei jenem auf seiner Unfähigkeit, nein zu sagen, also auf seinem Zustimmungsgeiste; ein dritter hat alle seine Moralität aus seinem einsamen Stolze, ein vierter die seine aus seinem starken Geselligkeitstriebe aufwachsen lassen. Gesetzt nun, durch ungeschickte Erzieher und Zufälle wären bei diesen Vieren die Samenkörner der Tugenden nicht auf den Boden ihrer Natur ausgesäet worden, welcher bei ihnen die meiste und fetteste Erdkrume hat: so wären sie ohne Moralität und schwache unerfreuliche Menschen. Und wer würde gerade der ungeschickteste aller Erzieher und das böse Verhängnis dieser vier Menschen gewesen sein? Der moralische Fanatiker, welcher meint, daß das Gute nur aus dem Guten, auf dem Guten wachsen könne.

71

Schreibart der Vorsicht. – A: Aber, wenn *alle* dies wüßten, so würde es den *meisten* schädlich sein. Du selber nennst diese Meinungen gefährlich für die Gefährdeten, und doch teilst du sie öffentlich mit? B: Ich schreibe so, daß weder der Pöbel, noch die populi, noch die Parteien aller Art mich lesen mögen. Folglich werden diese Meinungen nie öffentliche sein. A: Aber wie schreibst du denn? B: Weder nützlich noch angenehm – für die genannten drei.

72

Göttliche Missionäre. – Auch Sokrates fühlt sich als göttlicher Missionär: aber ich weiß nicht, was für ein Anflug von attischer Ironie und Lust am Spaßen auch selbst hierbei noch zu spüren ist, wodurch jener fatale und anmaßende Begriff gemildert wird. Er redet ohne Salbung davon: seine Bilder, von der Bremse und dem Pferd, sind schlicht und unpriesterlich, und die eigentlich religiöse Aufgabe, wie er sie sich gestellt fühlt, den Gott auf hunterterlei Weise *auf die Probe zu stellen, ob* er die Wahrheit geredet habe, läßt auf eine kühne und freimütige Gebärde schließen, mit der hier der Missionär seinem Gotte an die Seite tritt. Jenes Auf-die-Probe-Stellen des Gottes ist einer der feinsten Kompromisse zwischen Frömmigkeit und Freiheit des Geistes, welche je erdacht worden sind. – Jetzt haben wir auch diesen Kompromiß nicht mehr nötig.

73

Ehrliches Malertum. – Raffael, dem viel an der Kirche (sofern sie zahlungsfähig war), aber wenig, gleich den Besten seiner Zeit, an den Gegenständen des kirchlichen Glaubens gelegen war, ist der anspruchsvollen ekstatischen Frömmigkeit mancher seiner Besteller nicht einen Schritt weit nachgegangen: er hat seine Ehrlichkeit bewahrt, selbst in jenem Ausnahme-Bild, das ursprünglich für eine Prozessions-Fahne bestimmt war, in der Sixtinischen Madonna. Hier wollte er einmal eine Vision malen: aber eine solche, wie sie edle junge Männer ohne »Glauben« auch haben dürfen und haben werden, die Vision der zukünftigen Gattin, eines klugen, seelisch-vornehmen, schweigsamen und sehr schönen Weibes, das ihren Erstgeborenen im Arme trägt. Mögen die Alten, die an das Beten und Anbeten gewöhnt sind, hier, gleich dem ehrwürdigen Greise zur Linken, etwas übermenschliches verehren: wir Jüngeren wollen es, so scheint Raffael uns zuzurufen, mit dem schönen Mädchen zur Rechten halten, welche mit ihrem auffordernden, durchaus nicht devoten Blicke den Betrachtern des Bildes sagt: »Nicht wahr? Diese Mutter und ihr Kind – das ist ein angenehmer einladender Anblick?« Dies Gesicht und dieser Blick strahlt von der Freude in den Gesichtern der Betrachter wieder; der Künstler, der dies alles erfand, genießt sich auf diese Weise selber und gibt seine eigene Freude zur Freude der Kunst-Empfangenden hinzu. – In betreff des »heilandhaften« Ausdrucks im Kopfe eines Kindes hat Raffael, der Ehrliche, der keinen Seelenzustand malen wollte, an dessen Existenz er nicht glaubte, seine *gläubigen* Betrachter auf eine artige Weise überlistet; er malte jenes Naturspiel, das nicht selten vorkommt, das Männerauge im Kindskopfe, und zwar das Auge des wackeren, hilfreichen Mannes, der einen Notstand sieht. Zu diesem Auge gehört ein Bart; daß dieser fehlt und daß zwei verschiedene Lebensalter hier aus *einem* Gesichte sprechen, dies ist die angenehme Paradoxie, welche die Gläubigen sich im Sinne ihres Wunderglaubens gedeutet haben: so wie es der Künstler von ihrer Kunst des Deutens und Hineinlegens auch erwarten durfte.

74

Das Gebet. – Nur unter zwei Voraussetzungen hatte alles Beten – jene noch nicht völlig erloschene Sitte älterer Zeiten – einen Sinn: es müßte möglich sein, die Gottheit zu bestimmen oder umzustimmen, und der Betende müßte selber am besten wissen, was ihm not tue, was für ihn wahrhaft wünschenswert sei. Beide

Voraussetzungen, in allen anderen Religionen angenommen und hergebracht, wurden aber gerade vom Christentum geleugnet; wenn es trotzdem das Gebet beibehielt, bei seinem Glauben an eine allweise und allvorsorgliche Vernunft in Gott, durch welche eben dies Gebet im Grunde sinnlos, ja gotteslästerlich wird, – so zeigte es auch darin wieder seine bewunderungswürdige Schlangen-Klugheit; denn ein klares Gebot »du sollst nicht beten« hätte die Christen durch die *Langeweile* zum Unchristentum geführt. Im christlichen ora et labora vertritt nämlich das ora die Stelle des *Vergnügens:* und was hätten ohne das ora jene Unglücklichen beginnen sollen, die sich das labora versagten, die Heiligen! – aber mit Gott sich unterhalten, ihm allerlei angenehme Dinge abverlangen, sich selber ein wenig darüber lustig machen, wie man so töricht sein könne, noch Wünsche zu haben, trotz einem so vortrefflichen Vater, – das war für Heilige eine sehr gute Erfindung.

75

Eine heilige Lüge. – Die Lüge, mit der auf den Lippen Arria starb (Paete, non dolet), verdunkelt alle Wahrheiten, die je von Sterbenden gesprochen wurden. Es ist die einzige heilige *Lüge,* die berühmt geworden ist; während der Geruch der Heiligkeit sonst nur an *Irrtümern* haften blieb.

76

Der nötigste Apostel. – Unter zwölf Aposteln muß immer einer hart wie Stein sein, damit auf ihm die neue Kirche gebaut werden könne.

77

Was ist das Vergänglichere, der Geist oder der Körper? – In den rechtlichen, moralischen und religiösen Dingen hat das Äußerlichste, das Anschauliche, also der Brauch, die Gebärde, die Zeremonie, am meisten *Dauer:* sie ist der *Leib,* zu dem immer eine *neue Seele* hinzukommt. Der Kultus wird wie ein fester Wort-Text immer neu ausgedeutet; die Begriffe und Empfindungen sind das Flüssige, die Sitten das Harte.

78

Der Glaube an die Krankheit, als Krankheit. – Erst das Christentum hat den Teufel an die Wand der Welt gemalt; erst das Christentum hat die Sünde in die Welt gebracht. Der Glaube an die Heilmittel, welche es dagegen anbot, ist nun allmählich bis in die tiefsten Wurzeln hinein erschüttert: aber immer noch besteht der *Glaube an die Krankheit,* welchen es gelehrt und verbreitet hat.

79

Rede und Schrift der Religiösen. – Wenn der Stil und Gesamtausdruck des Priesters, des redenden und schreibenden, nicht schon den *religiösen* Menschen ankündigt, so braucht man seine Meinungen über Religion und zugunsten derselben nicht mehr ernst zu nehmen. Sie sind für ihren Besitzer selber *kraftlos* gewesen, wenn er, wie sein Stil verrät, Ironie, Anmaßung, Bosheit, Haß und alle Wirbel und Wechsel der Stimmungen besitzt, ganz wie der unreligiöseste Mensch; – um wieviel kraftloser werden sie erst für seine Hörer und Leser sein! Kurz, er wird dienen, dieselben unreligiöser zu machen.

80

Gefahr in der Person. – Je mehr Gott als Person für sich galt, um so weniger ist man ihm treu gewesen. Die Menschen sind ihren Gedankenbildern viel anhänglicher als ihren geliebtesten Geliebten: deshalb opfern sie sich für den Staat, die Kirche und auch für Gott – sofern er eben *ihr* Erzeugnis, *ihr Gedanke* bleibt und nicht gar zu persönlich genommen wird. Im letzteren Falle hadern sie fast immer mit ihm: selbst dem Frömmsten entfuhr ja die bittere Rede »mein Gott, warum hast du mich verlassen!«

81

Die weltliche Gerechtigkeit. – Es ist möglich, die weltliche Gerechtigkeit aus den Angeln zu heben – mit der Lehre von der
völligen Unverantwortlichkeit und Unschuld jedermanns: und
es ist schon ein Versuch in gleicher Richtung gemacht worden,
gerade auf Grund der entgegengesetzten Lehre von der völligen Verantwortlichkeit und Verschuldung jedermanns. Der Stifter des Christentums war es, der die weltliche Gerechtigkeit
aufheben und das Richten und Strafen aus der Welt schaffen
wollte. Denn er verstand alle Schuld als »Sünde«, das heißt als
Frevel an *Gott* und *nicht* als Frevel an der Welt; andererseits hielt
er jedermann im größten Maßstabe und fast in jeder Hinsicht
für einen Sünder. Die Schuldigen sollen aber nicht die Richter
ihresgleichen sein: so urteilte seine Billigkeit. *Alle* Richter der
weltlichen Gerechtigkeit waren also in seinen Augen so schuldig wie die von ihnen Verurteilten, und ihre Miene der Schuld-
losigkeit schien ihm heuchlerisch und pharisäerhaft. Überdies
sah er auf die Motive der Handlungen und nicht auf den Erfolg, und hielt für die Beurteilung der Motive nur einen einzigen für scharfsichtig genug: sich selber (oder wie er sich ausdrückte: Gott).

82

Eine Affektation beim Abschiede. – Wer sich von einer Partei oder
Religion trennen will, meint, es sei nun für ihn nötig, sie zu widerlegen. Aber dies ist sehr hochmütig gedacht. Nötig ist nur, daß
er klar einsieht, welche Klammern ihn bisher an diese Partei oder
Religion anhielten und daß sie es nicht mehr tun, was für Absichten ihn dahin getrieben haben und daß sie jetzt anderswohin treiben. Wir sind *nicht aus strengen Erkenntnisgründen* auf die Seite jener Partei oder Religion getreten: wir sollen dies, wenn wir von
ihr scheiden, auch nicht *affektieren.*

83

Heiland und Arzt. – Der Stifter des Christentums war, wie es sich von selber versteht, als Kenner der menschlichen Seele nicht ohne die größten Mängel und Voreingenommenheiten und als Arzt der Seele dem so anrüchigen und laienhaften Glauben an eine Universalmedizin ergeben. Er gleicht in seiner Methode mitunter jenem Zahnarzte, der jeden Schmerz durch Ausreißen des Zahnes heilen will; so zum Beispiel, indem er gegen die Sinnlichkeit mit dem Ratschlage ankämpft: »Wenn dich dein Auge ärgert, so reiße es aus.« Aber es bleibt doch noch der Unterschied, daß jener Zahnarzt wenigstens sein Ziel erreicht, die Schmerzlosigkeit des Patienten; freilich auf so plumpe Art, daß er lächerlich wird: während der Christ, der jenem Ratschlage folgt und seine Sinnlichkeit ertötet zu haben glaubt, sich täuscht: sie lebt auf eine unheimliche, vampyrische Art fort und quält ihn in widerlichen Vermummungen.

84

Die Gefangenen. – Eines Morgens traten die Gefangenen in den Arbeitshof: der Wärter fehlte. Die einen von ihnen gingen, wie es ihre Art war, sofort an die Arbeit, andere standen müßig und blickten trotzig umher. Da trat einer vor und sagte laut: »Arbeitet so viel ihr wollt oder tut nichts: es ist alles gleich. Eure geheimen Anschläge sind ans Licht gekommen, der Gefängniswärter hat euch neulich belauscht und will in den nächsten Tagen ein fürchterliches Gericht über euch ergehen lassen. Ihr kennt ihn, er ist hart und nachträgerischen Sinnes. Nun aber merkt auf: ihr habt mich bisher verkannt: ich bin nicht, was ich scheine, sondern viel mehr: ich bin der Sohn des Gefängniswärters und gelte alles bei ihm. Ich kann euch retten, ich will euch retten; aber, wohlgemerkt, nur diejenigen von euch, welche mir *glauben,* daß ich der Sohn des Gefängniswärters bin; die übrigen mögen die Früchte ihres Unglaubens ernten.« »Nun«, sagte nach einigem Schweigen ein älterer Gefangener, was kann dir daran gelegen sein, ob wir es dir glauben oder nicht glauben? Bist du wirklich der Sohn und vermagst du das, was du sagst, so lege ein gutes Wort für uns alle ein: es wäre wirklich recht gutmütig von dir. Das Gerede von Glauben und Unglauben aber laß beiseite!« »Und«, rief ein jüngerer Mann dazwischen, »ich glaub' es ihm auch nicht: er hat sich nur etwas in den Kopf gesetzt. Ich wette, in acht Tagen befinden wir uns gerade noch so hier wie heute, und der Gefängniswärter weiß *nichts.*« »Und wenn er etwas gewußt hat, so weiß er's nicht mehr«, sagte der letzte der Gefangenen, der jetzt erst in den Hof hinabkam, »der Gefängniswärter ist eben plötzlich gesorben.« – »Holla«, schrien mehrere durcheinander, »holla! Herr Sohn, Herr Sohn, wie steht es mit der Erbschaft? Sind wir vielleicht jetzt *deine* Gefangenen?« – Ich habe es euch gesagt«, entgegnete der Angeredete mild, »ich werde jeden freilassen, der an mich glaubt, so gewiß als mein Vater noch lebt.« Die Gefangenen lachten nicht, zuckten aber mit den Achseln und ließen ihn stehen.

85

Der Verfolger Gottes. – Paulus hat den Gedanken ausgedacht, Calvin ihn nachgedacht, daß Unzähligen seit Ewigkeiten die Verdammnis zuerkannt ist und daß dieser schöne Weltenplan so eingerichtet wurde, damit die Herrlichkeit Gottes sich daran offenbare: Himmel und Hölle und Menschheit sollen also da sein, – um die Eitelkeit Gottes zu befriedigen! Welche grausame und unersättliche Eitelkeit muß in der Seele dessen geflackert haben, der so etwas sich zuerst oder zuzweit ausdachte! – Paulus ist also doch Saulus geblieben – *der Verfolger Gottes.*

86

Sokrates. – Wenn alles gut geht, wird die Zeit kommen, da man, um sich sittlich vernünftig zu fördern, lieber die Memorabilien des Sokrates in die Hand nimmt als die Bibel, und wo Montaigne und Horaz als Vorläufer und Wegweiser zum Verständnis des einfachsten und unvergänglichsten Mittler-Weisen, des Sokrates, benutzt werden. Zu ihm führen die Straßen der verschiedensten philosophischen Lebensweisen zurück, welche im Grunde die Lebensweisen der verschiedenen Temperamente sind, festgestellt durch Vernunft und Gewohnheit und allesamt mit ihrer Spitze hin nach der Freude am Leben und am eignen Selbst gerichtet; woraus man schließen möchte, daß das Eigentümlichste an Sokrates ein Anteilhaben an allen Temperamenten gewesen ist. – Vor dem Stifter des Christentums hat Sokrates die fröhliche Art des Ernstes und jene *Weisheit voller Schelmenstreiche* voraus, welche den besten Seelenzustand des Menschen ausmacht. Überdies hatte er den größeren Verstand.

87

Gut-schreiben lernen. – Die Zeit des Gut-redens ist vorbei, weil die Zeit der Stadt-Kulturen vorbei ist. Die letzte Grenze, welche Aristoteles der großen Stadt erlaubte – es müsse der Herold noch imstande sein, sich der ganzen versammelten Gemeinde vernehmbar zu machen –, diese Grenze kümmert uns so wenig, als uns überhaupt noch Stadtgemeinden kümmern, uns, die wir selbst über die Völker hinweg verstanden werden wollen. Deshalb muß jetzt ein jeder, der gut europäisch gesinnt ist, *gut und immer besser schreiben lernen:* es hilft nichts, und wenn er selbst in Deutschland geboren ist, wo man das Schlecht-schreiben als nationales Vorrecht behandelt. Besser schreiben aber heißt zugleich auch besser denken; immer Mitteilenswerteres erfinden und es wirklich mitteilen können; übersetzbar werden für die Sprachen der Nachbarn; zugänglich sich dem Verständnisse jener Ausländer machen, welche unsere Sprache lernen; dahin wirken, daß alles Gute Gemeingut werde und den Freien alles frei stehe; endlich, jenen jetzt noch so fernen Zustand der Dinge *vorbereiten,* wo den guten Europäern ihre große Aufgabe in die Hände fällt: die Leitung und Überwachung der gesamten Erdkultur. – Wer das Gegenteil predigt, sich *nicht* um das Gut-schreiben und Gut-lesen zu kümmern – beide Tugenden wachsen miteinander und nehmen miteinander ab –, der zeigt in der Tat den Völkern einen Weg, wie sie immer noch mehr *national* werden können: er vermehrt die Krankheit dieses Jahrhunderts und ist ein Feind der guten Europäer, ein Feind der freien Geister.

88

Die Lehre vom besten Stile. – Die Lehre vom Stil kann einmal die Lehre sein, den Ausdruck zu finden, vermöge dessen man jede Stimmung auf den Leser und Hörer überträgt; sodann die Lehre, den Ausdruck für die *wünschenswerteste* Stimmung eines Menschen zu finden, deren Mitteilung und Übertragung also auch am meisten zu wünschen ist: für die Stimmung des von Herzensgrund bewegten, geistig freudigen, hellen und aufrichtigen Menschen, der die Leidenschaften überwunden hat. Dies wird die Lehre vom besten Stile sein: er entspricht dem guten Menschen.

89

Auf den Gang acht geben. – Der Gang der Sätze zeigt, ob der Autor ermüdet ist; der einzelne Ausdruck kann dessenungeachtet immer noch stark und gut sein, weil er für sich und früher gefunden wurde: damals als der Gedanke dem Autor zuerst aufleuchtete. So ist es häufig bei Goethe, der zu oft diktierte, wenn er müde war.

90

Schon und noch. – A: Die deutsche Prosa ist noch sehr jung: Goethe meint, daß Wieland ihr Vater sei. B: So jung und schon so häßlich! C: Aber – soviel mir bekannt, schrieb schon der Bischof Ulfilas deutsche Prosa; sie ist also gegen 1500 Jahre alt. B: So alt und noch so häßlich!

91

Original-deutsch. – Die deutsche Prosa, welche in der Tat nicht nach einem Muster gebildet ist und wohl als originales Erzeugnis des deutschen Geschmacks zu gelten hat, dürfte den eifrigen Anwälten einer zukünftigen, originalen, deutschen Kultur einen Fingerzeig geben, wie etwa, ohne Nachahmung von Mustern, eine wirklich deutsche Tracht, eine deutsche Geselligkeit, eine deutsche Zimmereinrichtung, ein deutsches Mittagsessen aussehen werde. – Jemand, der längere Zeit über diese Aussichten nachgedacht hatte, rief endlich in vollem Schrecken aus: »Aber, um des Himmels willen, vielleicht *haben* wir schon diese originale Kultur – man spricht nur nicht gerne davon!«

92

Verbotene Bücher. – Nie etwas lesen, was jene arroganten Vielwisser und Wirrköpfe schreiben, welche die abscheulichste Unart, die der logischen Paradoxie haben: sie wenden die *logischen* Formen gerade dort an, wo alles im Grunde frech improvisiert und in die Luft gebaut ist. (»Also« soll bei ihnen heißen »du Esel von Leser, für dich gib es dies ›also‹ nicht – wohl aber für mich« – worauf die Antwort lautet: »du Esel von Schreiber, wozu schreibst du denn?«)

93

Geist zeigen. – Jeder, der seinen Geist *zeigen* will, läßt merken, daß er auch reichlich vom Gegenteil hat. Jene Unart geistreicher Franzosen, ihren besten Einfällen einen Zug von dédain beizugeben, hat ihren Ursprung in der Absicht, für reicher zu gelten, als sie sind: sie wollen lässig schenken, gleichsam ermüdet vom beständigen Spenden aus übervollen Schatzhäusern.

94

Deutsche und französische Literatur. – Das Unglück der deutschen und französischen Literatur der letzten hundert Jahre liegt darin, daß die Deutschen zu zeitig aus der Schule der Franzosen gelaufen sind und die Franzosen, späterhin, zu zeitig in die Schule der Deutschen.

95

Unsere Prosa. – Keines der jetzigen Kulturvölker hat eine so schlechte Prosa wie das deutsche; und wenn geistreiche und verwöhnte Franzosen sagen: es *gibt* keine deutsche Prosa – so dürfte man eigentlich nicht böse werden, da es artiger gemeint ist, als wir's verdienen. Sucht man nach den Gründen, so kommt man zuletzt zu dem seltsamen Ergebnis, daß *der Deutsche nur die improvisierte Prosa kennt* und von einer anderen gar keinen Begriff hat. Es klingt ihm schier unbegreiflich, wenn ein Italiener sagt, daß Prosa gerade um so viel schwerer sei als Poesie, um wie viel die Darstellung der nackten Schönheit für den Bildhauer schwerer sei als die der bekleideten Schönheit. Um Vers, Bild, Rhythmus und Reim hat man sich redlich zu bemühen – das begreift auch der Deutsche und ist nicht geneigt, der Stegreif-Dichtung einen besonders hohen Wert zuzumessen. Aber an einer Seite Prosa wie an einer Bildsäule arbeiten? – es ist ihm, also ob man ihm etwas aus dem Fabelland vorerzählte.

96

Der große Stil. – Der große Stil entsteht, wenn das Schöne den Sieg über das Ungeheure davonträgt.

97

Ausweichen. – Man weiß nicht eher, worin bei ausgezeichneten Geistern das Feine ihres Ausdrucks, ihrer Wendung liegt, wenn man nicht sagen kann, auf welches Wort jeder mittelmäßige Schriftsteller beim Ausdrücken derselben Sache unvermeidlich geraten sein würde. Alle großen Artisten zeigen sich beim Lenken ihres Fuhrwerks zum Ausweichen, zum Entgleisen geneigt – doch nicht zum Umfallen.

98

Etwas wie Brot. – Brot neutralisiert den Geschmack anderer Speisen, wischt ihn weg; deshalb gehört es zu jeder längeren Mahlzeit. In allen Kunstwerken muß es etwas wie Brot geben, damit es verschiedene Wirkungen in ihnen geben könne: welche, unmittelbar und ohne ein solches zeitweiliges Ausruhen und Pausieren aufeinanderfolgend, schnell erschöpfen und Widerwillen machen würden, so daß eine *längere* Mahlzeit der Kunst unmöglich wäre.

99

Jean Paul. – Jean Paul wußte sehr viel, aber hatte keine Wissenschaft, verstand sich auf allerlei Kunstgriffe in den Künsten, aber hatte keine Kunst, fand beinahe nichts ungenießbar, aber hatte keinen Geschmack, besaß Gefühl und Ernst, goß aber, wenn er davon zu kosten gab, eine widerliche Tränenbrühe darüber, ja er hatte Witz, – aber leider für seinen Heißhunger danach viel zu wenig: weshalb er den Leser gerade durch seine Witzlosigkeit zur Verzweiflung treibt. Im ganzen war er das bunte, starkriechende Unkraut, welches über Nacht auf den zarten Fruchtfeldern Schillers und Goethes aufschoß; er war ein bequemer, guter Mensch, und doch ein Verhängnis, – ein Verhängnis im Schlafrock.

100

Auch den Gegensatz zu schmecken wissen. – Um ein Werk der Vergangenheit so zu genießen, wie es seine Zeitgenossen empfanden, muß man den damals herrschenden Geschmack, gegen den es sich *abhob,* auf der Zunge haben.

101

Weingeist-Autoren. – Manche Schriftsteller sind weder Geist noch Wein, aber Weingeist: sie können in Flammen geraten und geben dann Wärme.

102

Der Mittler-Sinn. – Der Sinn des Geschmacks, als der wahre Mittler-Sinn, hat die anderen Sinne oft zu seinen Ansichten der Dinge überredet und ihnen *seine* Gesetze und Gewohnheiten eingegeben. Man kann bei Tische über die feinsten Geheimnisse der Künste Aufschlüsse erhalten: man beachte, was schmeckt, wann es schmeckt, wonach und wie lange es schmeckt.

103

Lessing. – Lessing hat eine echt französische Tugend und ist überhaupt als Schriftsteller bei den Franzosen am fleißigsten in die Schule gegangen: er versteht seine Dinge im Schauladen gut zu ordnen und aufzustellen. Ohne diese wirkliche *Kunst* würden seine Gedanken sowie deren Gegenstände ziemlich im Dunkel geblieben sein, und ohne daß die allgemeine Einbuße groß wäre. An seiner *Kunst* haben aber viele gelernt (namentlich die letzten Generationen deutscher Gelehrten) und Unzählige sich erfreut. Freilich hätten jene Lernenden nicht nötig gehabt, wie so oft geschehen ist, ihm auch seine unangenehme Ton-Manier, in ihrer Mischung von Zankteufelei und Biederkeit, abzulernen. – Ober den »Lyriker« Lessing ist man jetzt einmütig: über den Dramatiker wird man es werden.

104

Unerwünschte Leser. – Wie quälen den Autor jene braven Leser mit den dicklichten, ungeschickten Seelen, welche immer, wenn sie woran anstoßen, auch umfallen und sich jedesmal dabei wehe tun!

105

Dichter-Gedanken. – Die wirklichen Gedanken gehen bei wirklichen Dichtern alle verschleiert einher wie die Ägypterinnen: nur das tiefe *Auge* des Gedankens blickt frei über den Schleier hinweg. – Dichter-Gedanken sind im Durchschnitt nicht so viel wert, als sie gelten: man bezahlt eben für den Schleier und die eigene Neugierde mit.

106

Schreibt einfach und nützlich. – Übergänge, Ausführungen, Farbenspiele des Affekts, – alles das schenken wir dem Autor, weil wir dies mitbringen und seinem Buche zugute kommen lassen, falls er selber uns etwas zugute tut.

107

Wieland. – Wieland hat besser als irgend jemand deutsch geschrieben und dabei sein rechtes meisterliches Genügen und Ungenügen gehabt (seine Übersetzungen der Briefe Ciceros und des Lucian sind die besten deutschen Übersetzungen); aber seine Gedanken geben uns nichts mehr zu denken. Wir vertragen seine heiteren Moralitäten ebensowenig wie seine heiteren Immoralitäten: beide gehören so gut zu einander. Die Menschen, die an ihnen ihre Freude hatten, waren doch wohl im Grunde bessere Menschen als wir, – aber auch um ein gut Teil schwerfälligere, denen ein solcher Schriftsteller eben *not* tat. *Goethe* tat den Deutschen nicht not, daher sie auch von ihm keinen Gebrauch zu machen wissen. Man sehe sich die Besten unserer Staatsmänner und Künstler daraufhin an: sie alle haben Goethe nicht zum Erzieher gehabt - nicht haben können.

108

Seltene Feste. – Körnige Gedrängtheit, Ruhe und Reife – wo du diese Eigenschaften bei einem Autor findest, da mache Halt und feiere ein langes Fest mitten in der Wüste: es wird dir lange nicht wieder so wohl werden.

109

Der Schatz der deutschen Prosa. – Wenn man von Goethes Schriften absieht und namentlich von Goethes Unterhaltungen mit Eckermann, dem besten deutschen Buche, das es gibt: was bleibt eigentlich von der deutschen Prosa Literatur übrig, das es verdiente, wieder und wieder gelesen zu werden? Lichtenbergs Aphorismen, das erste Buch von Jung-Stillings Lebensgeschichte, Adalbert Stifters Nachsommer und Gottfried Kellers Leute von Seldwyla, – und damit wird es einstweilen am Ende sein.

110

Schreibstil und Sprechstil. – Die Kunst zu schreiben verlangt vor allem *Ersatzmittel* für die Ausdrucksarten, welche nur der Redende hat: also für Gebärden, Akzente, Töne, Blicke. Deshalb ist der Schreibstil ein ganz anderer als der Sprechstil, und etwas viel Schwierigeres: – er will mit wenigerem sich ebenso verständlich machen wie jener. Demosthenes hielt seine Reden anders als wir sie lesen: er hat sie zum Gelesenwerden erst überarbeitet. – Ciceros Reden sollten zum gleichen Zwecke erst demosthenisiert werden: jetzt ist viel mehr römisches Forum in ihnen, als der Leser vertragen kann.

111

Vorsicht im Zitieren. – Die jungen Autoren wissen nicht, daß der gute Ausdruck, der gute Gedanke sich nur unter seinesgleichen gut ausnimmt, daß ein vorzügliches Zitat ganze Seiten, ja das ganze Buch vernichten kann, indem es den Leser warnt und ihm zuzurufen scheint: »Gib acht, ich bin der Edelstein und rings um mich ist Blei, bleiches, schmähliches Blei!« Jedes Wort, jeder Gedanke will nur *in seiner Gesellschaft* leben: das ist die Moral des gewählten Stils.

112

Wie soll man Irrtümer sagen? – Man kann streiten, ob es schädlicher sei, wenn Irrtümer schlecht gesagt werden oder so gut wie die besten Wahrheiten. Gewiß ist, daß sie im ersteren Fall auf doppelte Weise dem Kopfe schaden und schwerer aus ihm zu entfernen sind; aber freilich wirken sie nicht so sicher wie im zweiten Falle: sie sind weniger ansteckend.

113

Beschränken und vergrößern. – Homer hat den Umfang des Stoffes beschränkt, verkleinert, aber die einzelnen Szenen aus sich wachsen lassen und vergrößert – und so machen es später die Tragiker immer von neuem: jeder nimmt den Stoff in noch *kleineren* Stükken als sein Vorgänger, jeder aber erzielt eine *reichere* Blütenfülle innerhalb dieser abgegrenzten, umfriedeten Gartenhecken.

114

Literatur und Moralität sich erklärend. – Man kann an der griechischen Literatur zeigen, durch welche Kräfte der griechische Geist sich entfaltete, wie er in verschiedene Bahnen geriet und woran er schwach wurde. Alles das gibt ein Bild davon ab, wie es im Grunde auch mit der griechischen *Moralität* zugegangen ist und wie es mit jeder Moralität zugehen wird: wie sie erst Zwang war, erst Härte zeigte, dann allmählich milder wurde, wie endlich Lust an gewissen Handlungen, an gewissen Konventionen und Formen entstand, und daraus wieder ein Hang zur alleinigen Ausübung, zum Alleinbesitz derselben: wie die Bahn sich mit Wettbewerbenden füllt und überfüllt, wie Übersättigung eintritt, neue Gegenstände des Kampfes und Ehrgeizes aufgesucht, veraltete ins Leben erweckt werden, wie das Schauspiel sich wiederholt und die Zuschauer des Zuschauens überhaupt müde werden, weil nun der ganze Kreis durchlaufen scheint – – und dann kommt ein Stillestehen, ein Ausatmen: die Bäche verlieren sich im Sande. Es ist das Ende da, wenigstens *ein* Ende.

115

Welche Gegenden dauernd erfreuen. – Diese Gegend hat bedeutende Züge zu einem Gemälde, aber ich kann die Formel für sie nicht finden, als Ganzes bleibt sie mir unfaßbar. Ich bemerke, daß alle Landschaften, die mir dauernd zusagen, unter aller Mannigfaltigkeit ein einfaches geometrisches Linien-Schema haben. Ohne ein solches mathematisches Substrat wird keine Gegend etwas künstlerisch Erfreuendes. Und vielleicht gestattet diese Regel eine gleichnishafte Anwendung auf den Menschen.

116

Vorlesen. – Vorlesen können setzt voraus, daß man *vortragen* könne: man hat überall blasse Farben anzuwenden, aber die Grade der Blässe in genauen Proportionen zu dem immer vorschwebenden und dirigierenden, voll und tief gefärbten Grundgemälde, das heißt nach dem *Vortrage* derselben Partie zu bestimmen. Also muß man dieses letzteren mächtig sein.

117

Der dramatische Sinn. – Wer die feineren vier Sinne der Kunst nicht hat, sucht alles mit dem gröbsten, dem fünften zu verstehen: dies ist der dramatische Sinn.

118

Herder. – Herder ist alles das nicht, was er von sich wähnen machte (und selber zu wähnen wünschte): kein großer Denker und Erfinder, kein neuer treibender Fruchtboden mit einer urwaldfrischen unausgenutzten Kraft. Aber er besaß im höchsten Maße den Sinn der Witterung, er sah und pflückte die Erstlinge der Jahreszeit früher als alle anderen, welche dann glauben konnten, er habe sie wachsen lassen: sein Geist war zwischen Hellem und Dunklem, Altem und Jungem und überall dort wie ein Jäger auf der Lauer, wo es Übergänge, Senkungen, Erschütterungen, die

Anzeichen inneren Quellens und Werdens gab: die Unruhe des Frühlings trieb ihn umher, aber er selber war der Frühling nicht! – Das ahnte er wohl zuzeiten, und wollte es doch sich selber nicht glauben, er, der ehrgeizige Priester, der so gern der Geister-Papst seiner Zeit gewesen wäre! Dies ist sein Leiden: er scheint lange als Prätendent mehrerer Königtümer, ja eines Universalreiches gelebt zu haben und hatte seinen Anhang, welcher an ihn glaubte: der junge Goethe war unter ihm. Aber überall, wo zuletzt Kronen wirklich vergeben wurden, ging er leer aus: Kant, Goethe, sodann die wirklichen ersten deutschen Historiker und Philologen nahmen ihm weg, was er sich vorbehalten wähnte, – oft aber auch im stillsten und geheimsten *nicht* wähnte. Gerade wenn er an sich zweifelte, warf er sich gern die Würde und die Begeisterung um: dies waren bei ihm allzuoft Gewänder, die viel verbergen, ihn selber täuschen und trösten mußten. Er hatte wirklich Begeisterung und Feuer, aber sein Ehrgeiz war viel größer! Dieser blies ungeduldig in das Feuer, daß es flackerte, knisterte und rauchte – sein *Stil* flackert, knistert und raucht – aber er wünschte die *große* Flamme, und diese brach nie hervor! Er saß nicht an der Tafel der eigentlich Schaffenden: und sein Ehrgeiz ließ nicht zu, daß er sich bescheiden unter die eigentlich Genießenden setzte. So war er ein unruhiger Gast, der Vorkoster aller geistigen Gerichte, die sich die Deutschen in einem halben Jahrhundert aus allen Welt- und Zeitreichen zusammenholten. Nie wirklich satt und froh, war Herder überdies allzu häufig krank: da setzte sich bisweilen der Neid an sein Bett, auch die Heuchelei machte ihren Besuch. Etwas Wundes und Unfreies blieb an ihm haften: und mehr als irgend einem unserer sogenannten »Klassiker« geht ihm die einfältige wackere Mannhaftigkeit ab.

119

Geruch der Worte. – Jedes Wort hat seinen Geruch: es gibt eine Harmonie und Disharmonie der Gerüche und also der Worte.

120

Der gesuchte Stil. – Der gefundene Stil ist eine Beleidigung für den Freund des gesuchten Stils.

121

Gelöbnis. – Ich will keinen Autor mehr lesen, dem man anmerkt, er wollte ein Buch machen: sondern nur jene, deren Gedanken unversehens ein Buch wurden.

122

Die künstlerische Konvention. – Dreiviertel Homer ist Konvention; und ähnlich steht es bei allen griechischen Künstlern, die zu der modernen Originalitätswut keinen Grund hatten. Es fehlte ihnen alle Angst vor der Konvention; durch diese hingen sie ja mit ihrem Publikum zusammen. Konventionen sind nämlich die für das Verständnis der Zuhörer *eroberten* Kunstmittel, die mühevoll erlernte gemeinsame Sprache, mit welcher der Künstler sich wirklich *mitteilen* kann. Zumal wenn er, wie der griechische Dichter und Musiker, mit jedem seiner Kunstwerke *sofort* siegen will – da er öffentlich mit einem oder zweien Nebenbuhlern zu ringen gewöhnt ist –, so ist die erste Bedingung, daß er *sofort* auch *verstanden* werde: was aber nur durch die Konvention möglich ist. Das, was der Künstler über die Konvention hinaus erfindet, das gibt er aus freien Stücken darauf und wagt dabei sich selber daran, im besten Fall mit dem Erfolge, daß er eine neue Konvention *schafft*. Für gewöhnlich wird das Originale angestaunt, mitunter sogar angebetet, aber selten verstanden; der Konvention hartnäckig ausweichen heißt: nicht verstanden werden wollen. Worauf weist also die moderne Originalitätswut hin?

123

Affektation der Wissenschaftlichkeit bei Künstlern. – Schiller glaubte, gleich anderen deutschen Künstlern, wenn man Geist habe, dürfe man über allerlei schwierige Gegenstände auch wohl *mit der Feder improvisieren*. Und nun stehen seine Prosa-Aufsätze da – in jeder Beziehung ein Muster, wie man wissenschaftliche Fragen der Ästhetik und Moral *nicht* angreifen dürfe – und eine Gefahr für junge Leser, welche, in ihrer Bewunderung des Dichters Schiller, nicht den Mut haben, vom Denker und Schriftsteller Schiller gering zu denken. – Die Versuchung, welche den Künstler so leicht und so begreiflicherweise befällt, auch einmal über die gerade ihm verbotene Wiese zu gehen und in der *Wissenschaft* ein Wort mitzusprechen – der Tüchtigste nämlich findet zeitweilig sein Handwerk und seine Werkstätte unausstehlich –, diese Versuchung bringt den Künstler so weit, aller Welt zu zeigen, was sie gar nicht zu sehen braucht, nämlich daß es in seinem Denkzimmerchen eng und unordentlich aussieht – warum auch nicht? er wohnt ja nicht darin! –, daß die Vorratsspeicher seines Wissens teils leer, teils mit Krimskrams gefüllt sind – warum auch nicht? es steht dies sogar im Grunde dem Künstler-Kinde nicht übel an –, namentlich aber, daß selbst für die leichtesten Handgriffe der wissenschaftlichen Methode, die selbst Anfängern geläufig sind, seine Gelenke zu ungeübt und schwerfällig sind – und auch dessen braucht er sich wahrlich nicht zu schämen! – Dagegen entfaltet er oftmals keine geringe Kunst darin, alle die Fehler, Unarten und schlechten Gelehrtenhaftigkeiten, wie sie in der wissenschaftlichen Zunft vorkommen, *nachzuahmen,* im Glauben, dies eben gehöre, wenn nicht zur Sache, so doch zum Schein der Sache; und dies gerade ist das Lustige an solchen Künstler-Schriften, daß hier der Künstler, ohne es zu wollen, doch tut, was seines Amtes ist: die wissenschaftlichen und unkünstlerischen Naturen zu *parodieren*. Eine andere Stellung zur Wissenschaft als die parodische sollte er nämlich nicht haben, soweit er eben der Künstler und nur der Künstler ist.

124

Die Faust-Idee. – Eine kleine Nähterin wird verführt und unglücklich gemacht; ein großer Gelehrter aller vier Fakultäten ist der Übeltäter. Das kann doch nicht mit rechten Dingen zugegangen sein? Nein, gewiß nicht! Ohne die Beihilfe des leibhaftigen Teufels hätte es der große Gelehrte nicht zustande gebracht. – Sollte dies wirklich der größte deutsche »tragische Gedanke« sein, wie man unter Deutschen sagen hört? – Für Goethe war aber auch dieser Gedanke noch zu fürchterlich; sein mildes Herz konnte nicht umhin, die kleine Nähterin, »die gute Seele, die nur einmal sich vergessen«, nach ihrem unfreiwilligen Tode in die Nähe der Heiligen zu versetzen; ja selbst den großen Gelehrten brachte er, durch einen Possen, der dem Teufel im entscheidenden Augenblick gespielt wird, noch zur rechten Zeit in den Himmel, ihn, »den guten Menschen« mit dem »dunklen Drange«: – dort im Himmel finden sich die Liebenden wieder. – Goethe sagt einmal, für das eigentlich Tragische sei seine Natur zu konziliant gewesen.

125

Gibt es »deutsche Klassiker«? – Sainte-Beuve bemerkt einmal, daß zu der Art einiger Literaturen das Wort »Klassiker« durchaus nicht klingen wolle: wer werde zum Beispiel so leicht von »deutschen Klassikern« reden! – Was sagen unsre deutschen Buchhändler dazu, welche auf dem Wege sind, die fünfzig deutschen Klassiker, an die wir schon glauben sollen, noch um weitere fünfzig zu vermehren? Scheint es doch fast, als ob man eben nur 30 Jahre lang tot zu sein und als erlaubte Beute öffentlich dazuliegen brauche, um unversehens plötzlich als Klassiker die Trompete der Auferstehung zu hören! Und dies in einer Zeit und unter einem Volke, wo selbst von den sechs großen Stammvätern der Literatur fünf unzweideutig veralten oder veraltet sind, – *ohne* daß diese Zeit und dieses Volk sich gerade *dessen* zu schämen hätten! Denn jene sind vor den *Stärken* dieser Zeit zurückgewichen – man überlege es sich nur mit aller Billigkeit! – Von Goethe, wie angedeutet, sehe ich ab, er gehört in eine höhere Gattung von Literaturen, als »National-Literaturen« sind: deshalb steht er auch zu seiner *Nation* weder im Verhältnis des Lebens, noch des Neuseins, noch des Veraltens. Nur für wenige hat er gelebt und lebt er noch: für die meisten ist er nichts als eine Fanfare der Eitelkeit, welche man von Zeit zu Zeit über die deutsche Grenze hinüberbläst. Goethe, nicht nur ein guter und großer Mensch, sondern eine *Kultur,* Goethe ist in der Geschichte der Deutschen ein Zwischenfall ohne Folgen: wer wäre imstande, in der deutschen Politik der letzten 70 Jahre zum Beispiel ein Stück Goethe aufzuzeigen! (während jedenfalls darin ein Stück Schiller, und vielleicht sogar ein Stückchen Lessing tätig gewesen ist). Aber jene andern fünf! Klopstock veraltete schon bei Lebzeiten auf eine sehr ehrwürdige Weise; und so gründlich, daß das nachdenkliche Buch seiner späteren Jahre, die Gelehrten-Republik, wohl bis heutigen Tag von niemandem ernst genommen worden ist. Herder hatte das Unglück, daß seine Schriften immer entweder neu oder veraltet waren; für die feineren und stärkeren Köpfe (wie für Lichtenberg) war zum Beispiel selbst Herders Hauptwerk, seine Ideen zur Geschichte der Menschheit, sofort beim Erscheinen etwas Veraltetes. Wieland, der reichlich gelebt und zu leben gegeben hat, kam als ein kluger Mann dem Schwinden seines Einflusses durch den Tod zuvor. Lessing lebt vielleicht heute noch, – aber unter jungen und immer jüngeren Gelehrten! Und Schiller ist jetzt aus den Händen der Jünglinge in die der Knaben, aller deutschen Knaben geraten! Es ist ja eine bekannte Art des Veraltens, daß ein Buch zu immer unreiferen Lebensaltern hinabsteigt. – Und was hat diese fünf zurückgedrängt, so daß gut unterrichtete und arbeitsame Männer sie nicht mehr lesen? Der bessere Geschmack, das bessere Wissen, die bessere Achtung vor dem Wahren und Wirklichen: also lauter Tugenden, welche gerade durch jene fünf (und durch zehn und zwanzig andere weniger lauten Namens) erst wieder in

Deutschland *angepflanzt* worden sind, und welche jetzt als hoher
Wald über ihren Gräbern neben dem Schatten der Ehrfurcht
auch etwas vom Schatten der Vergessenheit breiten. – Aber *Klassiker* sind nicht *Anpflanzer* von intellektuellen und literarischen
Tugenden, sondern *Vollender* und höchste Lichtspitzen derselben,
welche über den Völkern stehen bleiben, wenn diese selber zugrundegehen: denn sie sind leichter, freier, reiner als sie. Es ist ein
hoher Zustand der Menschheit möglich, wo das Europa der Völker eine dunkle Vergessenheit ist, wo Europa aber noch in dreißig
sehr alten, nie veralteten Büchern *lebt:* in den Klassikern.

126

Interessant, aber nicht schön. – Diese Gegend verbirgt ihren Sinn,
aber sie hat einen, den man erraten möchte: wohin ich sehe, lese
ich Worte und Winke zu Worten, aber ich weiß nicht, wo der Satz
beginnt, der das Rätsel aller dieser Winke löst, und werde zum
Wendehals darüber, zu untersuchen, ob von hier oder von dort
aus zu lesen ist.

127

Gegen die Sprach-Neuerer. – In der Sprache neuern oder altertümeln, das Seltene und Fremdartige vorziehen, auf Reichtum des
Wortschatzes statt auf Beschränkung trachten, ist immer ein Zeichen des ungereiften oder verderbten Geschmacks. Eine edle Armut, aber innerhalb des unscheinbaren Besitzes eine meisterliche
Freiheit zeichnet die griechischen Künstler der Rede aus: sie
wollen *weniger* haben, als das Volk hat – denn dieses ist am reichsten in Altem und Neuem – aber sie wollen dies Weniger *besser*
haben. Man ist schnell mit dem Aufzählen ihrer Archaismen und
Fremdartigkeiten fertig, aber kommt nicht zu Ende im Bewundern, wenn man für die leichte und zarte Art ihres Verkehrs mit
dem Alltäglichen und scheinbar längst Verbrauchten in Worten
und Wendungen ein gutes Auge hat.

128

Die traurigen und die ernsten Autoren. – Wer zu Papier bringt, was er *leidet*, wird ein *trauriger* Autor: aber ein *ernster*, wenn er uns sagt, was er *litt* und weshalb er jetzt in der Freude ausruht.

129

Gesundheit des Geschmacks. – Wie kommt es, daß die Gesundheiten nicht so ansteckend sind wie die Krankheiten – überhaupt, und namentlich im Geschmack? Oder gibt es Epidemien der Gesundheit?

130

Vorsatz. – Kein Buch mehr lesen, das zu gleicher Zeit geboren und (mit Tinte) getauft wurde.

131

Den Gedanken verbessern. – Den Stil verbessern – das heißt den Gedanken verbessern, und gar Nichts weiter! – Wer dies nicht sofort zugibt, ist auch nie davon zu überzeugen.

132

Klassische Bücher. – Die schwächste Seite jedes klassischen Buches ist die, daß es zu sehr in der Muttersprache seines Autors geschrieben ist.

133

Schlechte Bücher. – Das Buch soll nach Feder, Tinte und Schreibtisch verlangen: aber gewöhnlich verlangen Feder, Tinte und Schreibtisch nach dem Buche. Deshalb ist es jetzt so wenig mit Büchern.

134

Sinnesgegenwart. – Das Publikum wird, wenn es über Gemälde nachdenkt, dabei zum Dichter, und wenn es über Gedichte nachdenkt, zum Forscher. Im Augenblick, da der Künstler es anruft, fehlt es ihm immer am *rechten* Sinn, nicht also an der Geistes-, sondern an der Sinnesgegenwart.

135

Gewählte Gedanken. – Der gewählte Stil einer bedeutenden Zeit wählt nicht nur die Worte, sondern auch die Gedanken aus, – und zwar beide aus dem *Üblichen* und *Herrschenden:* die gewagten und allzufrisch riechenden Gedanken sind dem reiferen Geschmack nicht minder zuwider als die neuen tollkühnen Bilder und Ausdrücke. Später riecht beides – der gewählte Gedanke und das gewählte Wort – leicht nach Mittelmäßigkeit, weil der Geruch des Gewählten sich schnell verflüchtigt und dann nur noch das Übliche und Alltägliche daran geschmeckt wird.

136

Hauptgrund der Verderbnis des Stils. – Mehr Empfindung für eine Sache *zeigen* wollen, als man wirklich *hat,* verdirbt den *Stil,* in der Sprache und in allen Künsten. Vielmehr hat alle große Kunst die umgekehrte Neigung: sie liebt es, gleich jedem sittlich bedeutenden Menschen, das Gefühl auf seinem Wege anzuhalten und nicht *ganz* ans Ende laufen zu lassen. Diese Scham der halben Gefühls-Sichtbarkeit ist zum Beispiel bei Sophokles auf das Schönste zu beobachten; und es scheint die Züge der Empfindung zu verklären, wenn diese sich selber nüchterner gibt, als sie ist.

137

Zur Entschuldigung der schwerfälligen Stilisten. – Das Leicht-Gesagte fällt selten so schwer ins Gehör, als die Sache wirklich wiegt – das liegt aber an den schlecht geschulten Ohren, welche aus der Erziehung durch *das,* was man bisher Musik nannte, in die Schule der höheren Tonkunst, das heißt der *Rede,* übergehen müssen.

138

Vogelperspektive. – Hier stürzen Wildwasser von mehreren Seiten einem Schlunde zu: ihre Bewegung ist so stürmisch und reißt das Auge so mit sich fort, daß die kahlen und bewaldeten Gebirgshänge ringsum nicht abzusinken, sondern wie *hinabzufliehen* scheinen. Man wird beim Anblick angstvoll gespannt, als ob etwas Feindseliges hinter alledem verborgen liege, vor dem alles flüchten müsse, und gegen das uns der Abgrund Schutz verliehe. Diese Gegend ist gar nicht zu malen, es sei denn, daß man wie ein Vogel in der freien Luft über ihr schwebe. Hier ist einmal die sogenannte Vogelperspektive nicht eine künstlerische Willkür, sondern die einzige Möglichkeit.

139

Gewagte Vergleichungen. – Wenn die gewagten Vergleichungen nicht Beweise vom Mutwillen des Schriftstellers sind, so sind sie Beweise seiner ermüdeten Phantasie. In jedem Falle aber sind sie Beweise seines schlechten Geschmackes.

140

In Ketten tanzen. – Bei jedem griechischen Künstler, Dichter und Schriftsteller ist zu fragen: welches ist der *neue Zwang,* den er sich auferlegt und den er seinen Zeitgenossen reizvoll macht (so daß er Nachahmer findet)? Denn was man »Erfindung« (im Metrischen zum Beispiel) nennt, ist immer eine solche selbstgelegte Fessel. »In Ketten tanzen«, es sich schwer machen und dann die Täuschung der Leichtigkeit darüber breiten, – das ist das Kunststück, welches sie uns zeigen wollen. Schon bei Homer ist eine Fülle von vererbten Formeln und epischen Erzählungsgesetzen wahrzunehmen, *innerhalb* deren er tanzen mußte: und er selber schuf neue Konventionen für die Kommenden hinzu. Dies war die Erziehungs-Schule der griechischen Dichter: zuerst also einen vielfältigen Zwang sich auferlegen lassen durch die früheren

Dichter; sodann einen neuen Zwang hinzuerfinden, ihn sich auferlegen und ihn anmutig besiegen: so daß Zwang und Sieg bemerkt und bewundert werden.

141

Fülle der Autoren. – Das Letzte, was ein guter Autor bekommt, ist
Fülle; wer sie mitbringt, wird nie ein guter Autor werden. Die
edelsten Rennpferde sind mager, bis sie von ihren Siegen *ausruhen* dürfen.

142

Keuchende Helden. – Dichter und Künstler, die an Engbrüstigkeit
des Gefühls leiden, lassen ihre Helden am meisten keuchen: sie
verstehen sich auf das leichte Atmen nicht.

143

Der Halb-Blinde. – Der Halb-Blinde ist der Todfeind aller Autoren,
welche sich gehen lassen. Diese sollten seinen Ingrimm kennen,
mit dem er ein Buch zuschlägt, aus welchem er merkt, daß sein Verfasser fünfzig Seiten braucht, um fünf Gedanken mitzuteilen; jenen
Ingrimm darüber, den Rest seiner Augen fast ohne Entgelt in Gefahr gebracht zu haben. – Ein Halb-Blinder sagte: *alle* Autoren haben sich gehen lassen. – »Auch der heilige Geist?« – Auch der heilige Geist. Aber der durfte es; er schrieb für die Ganz-Blinden.

144

Der Stil der Unsterblichkeit. – Thukydides sowohl wie Tacitus –
beide haben beim Ausarbeiten ihrer Werke an eine unsterbliche
Dauer derselben gedacht: dies würde, wenn man es sonst nicht
wüßte, schon aus ihrem Stile zu erraten sein. Der eine glaubte
seinen Gedanken durch Einsalzen, der andere durch Einkochen
Dauerhaftigkeit zu geben; und beide, scheint es, haben sich nicht
verrechnet.

145

Gegen Bilder und Gleichnisse. – Mit Bildern und Gleichnissen überzeugt man, aber beweist nicht. Deshalb hat man innerhalb der Wissenschaft eine solche Scheu vor Bildern und Gleichnissen; man will hier gerade das Überzeugende, das *Glaublich*-Machende *nicht* und fordert vielmehr das kälteste Mißtrauen auch schon durch die Ausdrucksweise und die kahlen Wände heraus: weil das Mißtrauen der Prüfstein für das Gold der Gewißheit ist.

146

Vorsicht. – Wem es an gründlichem Wissen gebricht, der mag sich in Deutschland ja hüten, zu schreiben. Denn der gute Deutsche sagt da nicht: »er ist unwissend«, sondern: »er ist von zweifelhaftem Charakter«. – Dieser übereilte Schluß macht übrigens den Deutschen alle Ehre.

147

Bemalte Gerippe. – Bemalte Gerippe: das sind jene Autoren, welche das, was ihnen an Fleisch abgeht, durch künstliche Farben ersetzen möchten.

148

Der großartige Stil und das Höhere. – Man lernt es schneller, großartig schreiben, als leicht und schlicht schreiben. Die Gründe davon verlieren sich ins Moralische.

149

Sebastian Bach. – Sofern man Bachs Musik *nicht* als vollkommener und gewitzigter Kenner des Kontrapunktes und aller Arten des fugierten Stiles hört und demgemäß des eigentlichen artistischen Genusses entraten muß, wird es uns als Hörern seiner Musik zumute sein (um uns grandios mit Goethe auszudrücken), als ob wir dabei wären, *wie Gott die Welt schuf.* Das heißt: wir fühlen, daß hier etwas Großes im Werden ist, aber noch nicht *ist:* unsere *große* moderne Musik. Sie hat schon die Welt überwunden, dadurch daß sie die Kirche, die Nationalitäten und den Kontrapunkt überwand. In Bach ist noch zuviel krude Christlichkeit, krudes Deutschtum, krude Scholastik; er steht an der Schwelle der europäischen (modernen) Musik, aber schaut sich von hier nach dem Mittelalter um.

150

Händel. – Händel, im Erfinden seiner Musik kühn, neuerungssüchtig, wahrhaft, gewaltig, dem Heroischen zugewandt und verwandt, dessen ein *Volk* fähig ist, wurde bei der Ausarbeitung oft befangen und kalt, ja an sich selber müde; da wendete er einige erprobte Methoden der Durchführung an, schrieb schnell und viel und war froh, wenn er fertig war, – aber nicht in der Art froh, wie es Gott und andere Schöpfer am Abende ihres Werktages gewesen sind.

151

Haydn. – Soweit sich Genialität mit einem schlechthin *guten* Menschen verbinden kann, hat Haydn sie gehabt. Er geht gerade bis an die Grenze, welche die Moralität dem Intellekt zieht; er macht lauter Musik, die »keine Vergangenheit« hat.

152

Beethoven und Mozart. – Beethovens Musik erscheint häufig wie eine tiefbewegte *Betrachtung* beim unerwarteten Wiederhören eines längst verloren geglaubten Stückes »Unschuld in Tönen«: es ist Musik *über* Musik. Im Liede der Bettler und Kinder auf der Gasse, bei den eintönigen Weisen wandernder Italiener, beim Tanze in der Dorfschenke oder in den Nächten des Karnevals, – da entdeckt er seine »Melodien«: er trägt sie wie eine Biene zusammen, indem er bald hier bald dort einen Laut, eine kurze Folge erhascht. Es sind ihm verklärte *Erinnerungen* aus der »besseren Welt«: ähnlich wie Plato es sich von den Ideen dachte. – Mozart steht ganz anders zu seinen Melodien: er findet seine Inspirationen nicht beim Hören von Musik, sondern im Schauen des Lebens, des bewegtesten *südländischen* Lebens: er träumte immer von Italien, wenn er nicht dort war.

153

Rezitativ. – Ehemals war das Rezitativ trocken; jetzt leben wir in der Zeit des *nassen Rezitativs:* es ist ins Wasser gefallen, und die Wellen reißen es, wohin sie wollen.

154

»Heitere« Musik. – Hat man lange die Musik entbehrt, so geht sie nachher wie ein schwerer Südwein allzuschnell ins Blut und hinterläßt eine narkotisch betäubte, halbwache, schlaf-sehnsüchtige Seele; namentlich tut dies gerade die *heitere* Musik, welche zusammen Bitterkeit und Verwundung, Überdruß und Heimweh gibt und alles wie in einem verzuckerten Giftgetränk wieder und wieder zu schlürfen nötigt. Dabei scheint der Saal der heiter rauschenden Freude sich zu verengern, das Licht an Helle zu verlieren und bräuner zu werden: zuletzt ist es einem zu Mute, als ob die Musik wie in ein Gefängnis hineinklinge, wo ein armer Mensch vor Heimweh nicht schlafen kann.

155

Franz Schubert. – Franz Schubert, ein geringerer Artist als die anderen großen Musiker, hatte doch von allen den größten *Erbreichtum* an Musik. Er verschwendete ihn mit voller Hand und aus gütigem Herzen: so daß die Musiker noch ein paar Jahrhunderte an seinen Gedanken und Einfällen zu *zehren* haben werden. In seinen Werken haben wir einen Schatz von *unverbrauchten* Erfindungen; andere werden ihre Größe im Verbrauchen haben. – Dürfte man Beethoven den idealen Zuhörer eines Spielmannes nennen, so hätte Schubert darauf ein Anrecht, selber der ideale Spielmann zu heißen.

156

Modernster Vortrag der Musik. – Der große tragisch-dramatische Vortrag in der Musik bekommt seinen Charakter durch Nachahmung der Gebärden des *großen Sünders,* wie ihn das Christentum sich denkt und wünscht: des langsam Schreitenden, leidenschaftlich Grübelnden, des von Gewissensqual Hin- und Hergeworfenen, des entsetzt Fliehenden, des entzückt Haschenden, des verzweifelt Stillestehenden – und was sonst alles die Merkmale des großen Sündertums sind. Nur unter der Voraussetzung des Christen, daß alle Menschen große Sünder sind und gar nichts tun, als sündigen, ließe es sich rechtfertigen, jenen Stil des Vortrags auf *alle* Musik anzuwenden: insofern die Musik das Abbild alles menschlichen Tun und Treibens wäre, und als solches die Gebärdensprache des großen Sünders fortwährend zu sprechen hätte. Ein Zuhörer, der nicht genug Christ wäre, um diese Logik zu verstehen, dürfte freilich bei einem solchen Vortrage erschreckt ausrufen: »Um des Himmels willen, wie ist denn die Sünde in die Musik gekommen!«

157

Felix Mendelssohn. – Felix Mendelssohns Musik ist die Musik des guten Geschmacks an allem Guten, was dagewesen ist: sie weist immer hinter sich. Wie könnte sie viel »Vor-sich«, viel Zukunft haben! – Aber hat er sie denn haben wollen? Er besaß eine Tugend, die unter Künstlern selten ist, die der Dankbarkeit ohne Nebengedanken: auch diese Tugend weist immer hinter sich.

158

Eine Mutter der Künste. – In unserem skeptischen Zeitalter gehört zur eigentlichen *Devotion* fast ein brutaler Heroismus des *Ehrgei-*

zes; das fanatische Augenschließen und Kniebeugen genügt nicht mehr. Wäre es nicht möglich, daß der Ehrgeiz, in der Devotion der Letzte für alle Zeiten zu sein, der Vater einer letzten katholischen Kirchenmusik würde, wie er schon der Vater des letzten kirchlichen Baustils gewesen ist? (Man nennt ihn Jesuitenstil.)

159

Freiheit in Fesseln – eine fürstliche Freiheit. – Der letzte der neueren Musiker, der die Schönheit geschaut und angebetet hat gleich Leopardi, der Pole Chopin, der Unnachahmliche – alle vor und nach ihm Gekommenen haben auf dies Beiwort kein Anrecht – Chopin hatte dieselbe fürstliche Vornehmheit der Konvention, welche Raffael im Gebrauche der herkömmlichsten einfachsten Farben zeigt, – aber nicht in bezug auf Farben, sondern auf die melodischen und rhythmischen Herkömmlichkeiten. Diese ließ er gelten, als *geboren in der Etikette,* aber wie der freieste und anmutigste Geist in diesen Fesseln spielend und tanzend – und zwar *ohne* sie zu verhöhnen.

160

Chopins Barcarole. – Fast alle Zustände und Lebensweisen haben einen *seligen* Moment. *Den* wissen die guten Künstler herauszufischen. So hat einen solchen selbst das Leben am Strande, das so langweilige, schmutzige, ungesunde, in der Nähe des lärmendsten und habgierigsten Gesindels sich abspinnende; – diesen seligen Moment hat Chopin in der Barcarole so zum Ertönen gebracht, daß selbst Götter dabei gelüsten könnte, lange Sommerabende in einem Kahne zu liegen.

161

Robert Schumann. – Der »Jüngling«, wie ihn die romantischen Liederdichter Deutschlands und Frankreichs um das erste Drittel dieses Jahrhunderts träumten, – dieser Jüngling ist vollständig in Sang und Ton übersetzt worden – durch Robert Schumann, den ewigen Jüngling, so lange er sich in voller eigner Kraft fühlte: es gibt freilich Momente, in denen seine Musik an die ewige »alte Jungfer« erinnert.

162

Die dramatischen Sänger. – »Warum singt dieser Bettler?« – Er versteht wahrscheinlich nicht zu jammern. – »Dann tut er Recht: aber unsere dramatischen Sänger, welche jammern, weil sie nicht zu singen verstehen – tun sie auch das Rechte?«

163

Dramatische Musik. – Für den, welcher nicht sieht, was auf der Bühne vorgeht, ist die dramatische Musik ein Unding; so gut der fortlaufende Kommentar zu einem verloren gegangenen Texte ein Unding ist. Sie verlangt ganz eigentlich, daß man auch die Ohren dort habe, wo die Augen stehen; damit ist aber an Euterpe Gewalt geübt: diese arme Muse will, daß man ihre Augen und Ohren dort stehen lasse, wo alle anderen Musen sie auch haben.

164

Sieg und Vernünftigkeit. – Leider entscheidet auch bei den ästhetischen Kriegen, welche Künstler mit ihren Werken und deren Schutzreden erregen, zuletzt die Kraft und nicht die Vernunft. Jetzt nimmt alle Welt als historische Tatsache an, daß Gluck im Kampfe mit Piccini *Recht* gehabt habe: jedenfalls hat er *gesiegt;* die Kraft stand auf seiner Seite.

165

Vom Prinzipe des Vortrags in der Musik. – Glauben denn wirklich die jetzigen Künstler des musikalischen Vortrags, das höchste Gebot ihrer Kunst sei, jedem Stück so viel *Hochrelief* zu geben, als nur möglich ist, und es um jeden Preis eine *dramatische* Sprache reden zu lassen? Ist dies, zum Beispiel auf Mozart angewendet, nicht ganz eigentlich eine Sünde wider den Geist, den heiteren, sonnigen, zärtlichen, leichtsinnigen Geist Mozarts, dessen Ernst ein gütiger und nicht ein furchtbarer Ernst ist, dessen Bilder nicht aus der Wand herausspringen wollen, um die Anschauenden in Entsetzen und Flucht zu jagen. Oder meint ihr, Mozartische Musik sei gleichbedeutend mit »Musik des steinernen Gastes«? Und nicht nur Mozartische, sondern alle Musik? – Aber ihr entgegnet, die größere *Wirkung* spreche zugunsten eures Prinzips – und ihr hättet recht, wofern nicht die Gegenfrage übrig bliebe, *auf wen* da gewirkt worden sei, und auf wen ein vornehmer Künstler überhaupt nur wirken *wollen dürfe!* Niemals auf das Volk! Niemals auf die Unreifen! Niemals auf die Empfindsamen! Niemals auf die Krankhaften! Vor allem aber: niemals auf die Abgestumpften!

166

Musik von heute. – Diese modernste Musik, mit ihren starken Lungen und schwachen Nerven, erschrickt immer zuerst vor sich selber.

167

Wo die Musik heimisch ist. – Die Musik erlangt ihre große Macht nur unter Menschen, welche nicht diskutieren können oder dürfen. Ihre Förderer ersten Ranges sind deshalb Fürsten, welche wollen, daß in ihrer Nähe nicht viel kritisiert, ja nicht einmal viel gedacht werde; sodann Gesellschaften, welche unter irgend einem Drucke (einem fürstlichen oder religiösen) sich an das Schweigen gewöhnen müssen, aber um so stärkere Zaubermittel gegen die Langeweile des Gefühls suchen (gewöhnlich die ewige Verliebtheit und die ewige Musik); drittens ganze Völker, in denen es keine »Gesellschaft« gibt, aber um so mehr Einzelne mit einem Hang zur Einsamkeit, zu halbdunklen Gedanken und zur Verehrung alles Unaussprechlichen: es sind die eigentlichen Musikseelen. – Die Griechen, als ein red- und streitlustiges Volk, haben deshalb die Musik nur als *Zukost* zu Künsten vertragen, über welche sich wirklich streiten und reden läßt: während über die Musik sich kaum reinlich *denken* läßt. Die Pythagoreer, jene Ausnahme-Griechen in vielen Stücken, waren, wie verlautet, auch große Musiker: dieselben, welche das fünfjährige Schweigen, aber *nicht* die Dialektik erfunden haben.

168

Sentimentalität in der Musik. − Man sei der ernsten und reichen Musik noch so gewogen, um so mehr vielleicht wird man in einzelnen Stunden von dem Gegenstück derselben überwunden, bezaubert und fast hinweggeschmolzen; ich meine: von jenen allereinfachsten italienischen Opern-Melismen, welche, trotz aller rhythmischen Einförmigkeit und harmonischen Kinderei, uns mitunter wie die Seele der Musik selber anzusingen scheinen. Gebt es zu oder nicht, ihr Pharisäer des guten Geschmacks: es *ist* so, und mir liegt jetzt daran, dieses Rätsel, daß es so ist, zum Raten aufzugeben und selber ein wenig daran herumzuraten. − Als wir noch Kinder waren, haben wir den Honigseim vieler Dinge zum erstenmal gekostet, niemals wieder war der Honig so gut wie damals, er verführte zum Leben, zum längsten Leben, in der Gestalt des ersten Frühlings, der ersten Blumen, der ersten Schmetterlinge, der ersten Freundschaft. Damals − es war vielleicht um das neunte Jahr unseres Lebens − hörten wir die erste Musik, und das war die, welche wir zuerst *verstanden,* die einfachste und kindlichste also, welche nicht viel mehr als ein Weiterspinnen des Ammenliedes und der Spielmannsweise war. (Man muß nämlich auch für die geringsten »Offenbarungen« der Kunst erst *vorbereitet* und *eingelernt* werden: es gibt durchaus keine »unmittelbare« Wirkung der Kunst, so schön auch die Philosophen davon gefabelt haben.) An jene ersten musikalischen Entzückungen − die stärksten unseres Lebens − knüpft unsere Empfindung an, wenn wir jene italienischen Melismen hören: die Kindes-Seligkeit und der Verlust der Kindheit, das Gefühl des Unwiederbringlichsten als des köstlichsten Besitzes – das rührt dabei die Saiten unsrer Seele an, so stark wie es die reichste und ernsteste Gegenwart der Kunst allein nicht vermag. – Diese Mischung ästhetischer Freude mit einem moralischen Kummer, welche man gemeinhin jetzt »Sentimentalität« zu nennen pflegt, etwas gar zu hoffärtig, wie mir scheint – es ist die Stimmung Faustens am Schlusse der ersten Szene – diese »Sentimentalität« der Hörenden kommt der italienischen Musik zugute, welche sonst die erfahrenen Feinschmecker der Kunst, die reinen »Ästhetiker«, zu ignorieren lieben. – Übrigens wirkt fast jede Musik erst von da an *zauberhaft,* wo wir aus ihr die Sprache der eigenen *Vergangenheit* reden hören: und insofern scheint dem Laien alle *alte* Musik immer besser zu werden, und alle eben geborene nur wenig wert zu sein: denn sie erregt noch keine »Sentimentalität«, welche, wie gesagt, das wesentlichste Glücks-Element der Musik für jeden ist, der nicht rein als Artist sich an dieser Kunst zu freuen vermag.

169

Als Freunde der Musik. – Zuletzt sind und bleiben wir der Musik gut, wie wir dem Mondlicht gut bleiben. Beide wollen ja nicht die Sonne verdrängen, sie wollen nur, so gut sie es können, unsere *Nächte* erhellen. Aber nicht wahr? scherzen und lachen dürfen wir trotzdem über sie? Ein wenig wenigstens? Und von Zeit zu Zeit! Über den Mann im Monde! Über das Weib in der Musik!

170

Die Kunst in der Zeit der Arbeit. – Wir haben das Gewissen eines *arbeitsamen* Zeitalters: dies erlaubt uns nicht, die besten Stunden und Vormittage der Kunst zu geben, und wenn diese Kunst selber die größte und würdigste wäre. Sie gilt uns als Sache der Muße, der Erholung: wir weihen ihr die *Reste* unserer Zeit, unserer Kräfte. – Dies ist die allgemeinste Tatsache, durch welche die Stellung der Kunst zum Leben verändert ist: sie hat, wenn sie ihre *gro-*

ßen Zeit- und Kraft-Ansprüche an die Kunst-Empfangenden macht, das Gewissen der Arbeitsamen und Tüchtigen *gegen* sich, sie ist auf die Gewissenlosen und Lässigen angewiesen, welche aber, ihrer Natur nach, gerade der *großen* Kunst nicht zugetan sind und ihre Ansprüche als Anmaßungen empfinden. Es dürfte deshalb mit ihr zu Ende sein, weil ihr die Luft und der freie Atem fehlt: oder – die große Kunst versucht, in einer Art Vergröberung und Verkleidung, in jener anderen Luft heimisch zu werden (mindestens es in ihr auszuhalten), die eigentlich nur für die *kleine* Kunst, für die Kunst der Erholung, der ergötzlichen Zerstreuung das natürliche Element ist. Dies geschieht jetzt allerwärts; auch die Künstler der großen Kunst versprechen Erholung und Zerstreuung, auch sie wenden sich an den Ermüdeten, auch sie bitten ihn um die Abendstunden seines Arbeitstages, – ganz wie die unterhaltenden Künstler, welche zufrieden sind, gegen den schweren Ernst der Stirnen, das Versunkene der Augen einen Sieg errungen zu haben. Welches ist nun der Kunstgriff ihrer größeren Genossen? Diese haben in ihren Büchsen die gewaltsamsten Erregungsmittel, bei denen selbst der Halbtote noch zusammenschrecken muß; sie haben Betäubungen, Berauschungen, Erschütterungen, Tränenkrämpfe: mit diesen überwältigen sie den Ermüdeten und bringen ihn in eine übernächtige Überlebendigkeit, in ein Außer-sich-sein des Entzückens und des Schreckens Dürfte man, wegen der Gefährlichkeit ihrer Mittel, der großen Kunst, wie sie jetzt, als Oper, Tragödie und Musik, lebt, – dürfte man ihr als einer arglistigen Sünderin zürnen? Gewiß nicht, sie lebte ja selber hundertmal lieber in dem reinen Element der morgendlichen Stille und wendete sich an die erwartenden, unverbrauchten, kraftgefüllten Morgen-Seelen der Zuschauer und Zuhörer. Danken wir ihr, daß sie es vorzieht, so zu leben, als davonzufliehen: aber gestehen wir uns auch ein, daß für ein Zeitalter, welches einmal wieder freie, volle Fest- und Freudentage in das Leben einführt, *unsere* große Kunst unbrauchbar sein wird.

171

Die Angestellten der Wissenschaft und die anderen. – Die eigentlich tüchtigen und erfolgreichen Gelehrten könnte man insgesamt als »Angestellte« bezeichnen. Wenn, in jungen Jahren, ihr Scharfsinn hinreichend geübt, ihr Gedächtnis gefüllt ist, wenn Hand und Auge Sicherheit gewonnen haben, so werden sie von einem älteren Gelehrten auf eine Stelle der Wissenschaft angewiesen, wo ihre Eigenschaften Nutzen bringen können: späterhin, nachdem sie selber den Blick für die lückenhaften und schadhaften Stellen ihrer Wissenschaft erlangt haben, stellen sie sich von selber dorthin, wo sie not tun. Diese Naturen allesamt sind um der Wissenschaft willen da: aber es gibt seltnere, selten gelingende und völlig ausreifende Naturen, »um derentwillen die Wissenschaft da ist« – wenigstens scheint es ihnen selber so –: oft unangenehme, oft eingebildete, oft querköpfige, fast immer aber bis zu einem Grade zauberhafte Menschen. Sie sind nicht Angestellte und auch nicht Ansteller, sie bedienen sich dessen, was von jenen erarbeitet und sichergestellt worden ist, in einer gewissen fürstenhaften Gelassenheit und mit geringem und seltenem Lobe: gleichsam als ob jene einer niedrigeren Gattung von Wesen angehörten. Und doch haben sie eben nur die gleichen Eigenschaften, wodurch diese anderen sich auszeichnen, und diese mitunter sogar ungenügender entwickelt: obendrein ist ihnen eine *Beschränktheit* eigentümlich, die jenen fehlt, um derentwegen es unmöglich ist, sie an einen Posten zu stellen und in ihnen nützliche Werkzeuge zu sehen, – sie können nur *in ihrer eigenen Luft,* auf eigenem Boden leben. Diese Beschränktheit gibt ihnen ein, was alles von einer Wissenschaft »zu ihnen gehöre«, das heißt, was sie in ihre Luft und Wohnung heimtragen können; sie wähnen immer ihr zerstreutes »Eigentum« zu sammeln. Verhindert man sie, an ihrem eigenen Neste zu bauen, so gehen sie wie obdachlose Vögel zugrunde; Unfreiheit ist für sie Schwindsucht. Pflegen sie einzelne Gegenden der Wissenschaft in der Art jener anderen, so sind es doch immer nur solche, wo gerade die ihnen nötigen Früchte und Samen gedeihen; was geht es sie an, ob die Wissenschaft, im ganzen gesehen, unangebaute oder schlecht gepflegte Gegenden hat? Es fehlt ihnen jede *unpersönliche* Teilnahme an einem Problem der Erkenntnis; wie sie selber durch und durch Person sind, so wachsen auch alle ihre Einsichten und Kenntnisse wieder zu einer Person zusammen, zu einem lebendigen Vielfachen, dessen einzelne Teile voneinander abhängen, ineinander greifen, gemeinsam ernährt werden, das als Ganzes eine eigne Luft und einen eignen Geruch hat. – Solche Naturen bringen, mit diesen ihren *personenhaften* Erkenntnis-Gebilden, jene *Täuschung* hervor, daß eine Wissenschaft (oder gar die ganze Philosophie) fertig sei und am Ziele stehe; das *Leben* in ihrem Gebilde übt diesen Zauber aus: als welcher zuzeiten sehr verhängnisvoll für die Wissenschaft und irreführend für jene vorhin beschriebenen, eigentlich tüchtigen Arbeiter des Geistes gewesen ist, zu andern Zeiten wiederum, als die Dürre und die Ermattung herrschten, wie ein Labsal und gleich dem Anhauche einer kühlen, erquicklichen Raststätte gewirkt hat. – Gewöhnlich nennt man solche Menschen *Philosophen*.

172

Anerkennung des Talents. – Als ich durch das Dorf S. ging, fing ein Knabe aus Leibeskräften an, mit der Peitsche zu knallen, – er hatte es schon weit in dieser Kunst gebracht und wußte es. Ich warf ihm einen Blick der Anerkennung zu, – im Grunde tat mir's *bitter wehe.* – So machen wir es bei der Anerkennung vieler Talente. Wir tun ihnen wohl, wenn sie uns wehe tun.

173

Lachen und Lächeln. – Je freudiger und sicherer der Geist wird, um so mehr verlernt der Mensch das laute Gelächter; dagegen quillt ihm ein geistiges Lächeln fortwährend auf, ein Zeichen seines Verwunderns über die zahllosen versteckten Annehmlichkeiten des guten Daseins.

174

Unterhaltung der Kranken. – Wie man bei seelischem Kummer sich die Haare rauft, sich vor die Stirn schlägt, die Wange zerfleischt oder gar wie Ödipus die Augen ausbohrt: so ruft man gegen heftige körperliche Schmerzen mitunter eine heftige bittere Empfindung zu Hilfe, durch Erinnerung an Verleumder und Verdächtiger, durch Verdüsterung unserer Zukunft, durch Bosheiten und Dolchstiche, welche man im Geiste gegen Abwesende schleudert. Und es ist bisweilen dabei wahr: daß ein Teufel den andern austreibt, – aber man *hat* dann den andern. – Darum sei den Kranken jene andere Unterhaltung anempfohlen, bei der sich die Schmerzen zu mildern scheinen: über Wohltaten und Artigkeiten nachzudenken, welche man Freund und Feind erweisen kann.

175

Mediokrität als Maske. – Die Mediokrität ist die glücklichste Maske, die der überlegene Geist tragen kann, weil sie die große Menge, das heißt die Mediokren, nicht an Maskierung denken läßt –: und doch nimmt er sie gerade ihretwegen vor, – um *sie* nicht zu reizen, ja nicht selten aus Mitleid und Güte.

176

Die Geduldigen. – Die Pinie scheint zu horchen, die Tanne zu warten: und beide ohne Ungeduld: – sie denken nicht an den kleinen Menschen unter sich, den seine Ungeduld und seine Neugierde auffressen.

177

Die besten Scherze. – Der Scherz ist mir am willkommensten, der an Stelle eines schweren, nicht unbedenklichen Gedankens steht, zugleich als Wink mit dem Finger und Blinzeln des Auges.

178

Zubehör aller Verehrung. – Überall, wo die Vergangenheit verehrt wird, soll man die Säuberlichen und Säubernden nicht einlassen. Der Pietät wird ohne ein wenig Staub, Unrat und Unflat nicht wohl.

179

Die große Gefahr der Gelehrten. – Gerade die tüchtigsten und gründlichsten Gelehrten sind in der Gefahr, ihr Lebensziel immer niedriger gesteckt zu sehen und, im Gefühle davon, in der zweiten Hälfte ihres Lebens immer mißmutiger und unverträglicher zu werden. Zuerst schwimmen sie mit breiten Hoffnungen in ihre Wissenschaft hinein und messen sich kühnere Aufgaben zu, deren Ziele mitunter durch ihre Phantasie schon vorweggenommen werden: dann gibt es Augenblicke wie im Leben der großen entdeckenden Schiffahrer, Wissen, Ahnung und Kraft heben einander immer höher, bis eine ferne neue Küste zum ersten Male dem Auge aufdämmert. Nun erkennt aber der strenge Mensch von Jahr zu Jahr mehr, wie viel daran gelegen ist, daß die Einzelaufgabe des Forschers so beschränkt wie möglich genommen werde, damit sie *ohne Rest* gelöst werden könne und jene unerträgliche Vergeudung von Kraft vermieden werde, an welcher frühere Perioden der Wissenschaft litten: alle Arbeiten wurden zehnmal gemacht, und dann hatte immer noch der elfte das letzte und beste Wort zu sagen. Je mehr aber der Gelehrte dieses Rätsel-Lösen ohne Rest kennen lernt und übt, um so größer wird auch seine Lust daran: aber ebenso wächst auch die Strenge seiner Ansprüche in bezug auf das, was hier »ohne Rest« genannt ist. Er legt alles beiseite, was in diesem Sinne unvollständig bleiben muß, er gewinnt einen Widerwillen und eine Witterung gegen das Halb-Lösbare, – gegen alles, was nur im Ganzen und Unbestimmteren eine Art Sicherheit ergeben kann. Seine Jugendpläne zerfallen vor seinem Blicke: kaum bleiben einige Knoten und

Knötchen daraus übrig, an deren Entknüpfung jetzt der Meister seine Lust hat, seine Kraft zeigt. Und nun, mitten in dieser so nützlichen, so rastlosen Tätigkeit überfällt ihn, den Ältergewordenen, plötzlich und dann öfter wieder ein tiefer Mißmut, eine Art Gewissens-Qual: er sieht auf sich hin, wie auf einen Verwandelten, als ob er verkleinert, erniedrigt, zum kunstfertigen *Zwergen* umgeschaffen wäre, er beunruhigt sich darüber, ob nicht das meisterliche Walten im kleinen eine Bequemlichkeit sei, eine Ausflucht vor der Mahnung zur Größe des Lebens und Gestaltens. Aber er kann nicht mehr *hinüber,* – die Zeit ist um.

180

Die Lehrer im Zeitalter der Bücher. – Dadurch, daß die Selbst-Erziehung und Verbrüderungs-Erziehung allgemeiner wird, muß der Lehrer in seiner jetzt gewöhnlichen Form fast entbehrlich werden. Lernbegierige Freunde, die sich zusammen ein Wissen aneignen wollen, finden in unserer Zeit der Bücher einen kürzeren und natürlicheren Weg, als »Schule« und »Lehrer« sind.

181

Die Eitelkeit als die große Nützlichkeit. – Ursprünglich behandelt der starke Einzelne nicht nur die Natur, sondern auch die Gesellschaft und die schwächeren Einzelnen als Gegenstand des Raub-Baues: er nützt sie aus, so viel er kann, und geht dann weiter. Weil er sehr unsicher lebt, wechselnd zwischen Hunger und Überfluß, so tötet er mehr Tiere, als er verzehren kann, und plündert und mißhandelt die Menschen mehr, als nötig wäre. Seine Machtäußerung ist eine Racheäußerung zugleich gegen seinen pein- und angstvollen Zustand: sodann will er für mächtiger gelten, als er ist, und mißbraucht deshalb die Gelegenheiten: der Furchtzuwachs, den er erzeugt, ist sein Machtzuwachs. Er merkt zeitig, daß nicht das, was er *ist,* sondern das, was er *gilt,* ihn trägt oder niederwirft: hier ist der Ursprung der *Eitelkeit.* Der Mächtige sucht mit allen

Mitteln Vermehrung des *Glaubens* an seine Macht. – Die Unterworfenen, die vor ihm zittern und ihm dienen, wissen wiederum, daß sie genau so viel wert sind, als sie ihm *gelten:* weshalb sie auf diese Geltung hinarbeiten und nicht auf ihre eigene Befriedigung an sich. Wir kennen die Eitelkeit nur in den abgeschwächtesten Formen, in ihren Sublimierungen und kleinen Dosen, weil wir in einem späten und sehr gemilderten Zustande der Gesellschaft leben: ursprünglich ist sie *die große Nützlichkeit,* das stärkste Mittel der Erhaltung. Und zwar wird die Eitelkeit um so größer sein, je klüger der einzelne ist: weil die Vermehrung des Glaubens an Macht leichter ist, als die Vermehrung der Macht selber, aber nur für den, der Geist hat – oder, wie es für Urzustände heißen muß, der *listig* und *hinterhältig* ist.

182

Wetterzeichen der Kultur. – Es gibt so wenig entscheidende Wetterzeichen der Kultur, daß man froh sein muß, für seinen Haus- und Gartengebrauch wenigstens *ein* untrügliches in den Händen zu haben. Um zu prüfen, ob jemand zu uns gehört oder nicht – ich meine zu den freien Geistern –, so prüfe man seine Empfindung für das Christentum. Steht er irgendwie anders zu ihm als *kritisch,* so kehren wir ihm den Rücken: er bringt uns unreine Luft und schlechtes Wetter. – *Unsere* Aufgabe ist es nicht mehr, solche Menschen zu lehren, was ein Scirocco Wind ist; sie haben Mosen und die Propheten des Wetters und der Aufklärung: wollen sie diese nicht hören, so –

183

Zürnen und strafen hat seine Zeit. – Zürnen und strafen ist unser Angebinde von der Tierheit her. Der Mensch wird erst mündig, wenn er dies Wiegengeschenk den Tieren zurückgibt. – Hier liegt einer der größten Gedanken vergraben, welche Menschen haben können, der Gedanke an einen Fortschritt aller Fortschritte. – Gehen wir einige Jahrtausende miteinander vorwärts, meine Freunde! Es ist *sehr viel* Freude noch den Menschen vorbehalten, wovon den Gegenwärtigen noch kein Geruch zugeweht ist! Und zwar dürfen wir uns diese Freude versprechen, ja als etwas Notwendiges verheißen und beschwören, im Fall nur die Entwicklung der menschlichen Vernunft *nicht stille steht!* Einstmals wird man die *logische* Sünde, welche im Zürnen und Strafen, einzeln oder gesellschaftsweise geübt, verborgen liegt, *nicht mehr übers Herz* bringen: einstmals, wenn Herz und Kopf so nah beieinander zu wohnen gelernt haben, wie sie jetzt noch einander ferne stehen. Daß sie sich *nicht mehr so ferne* stehen wie ursprünglich, ist beim Blick auf den ganzen Gang der Menschheit ziemlich ersichtlich; und der einzelne, der ein Leben innerer Arbeit zu überschauen hat, wird mit stolzer Freude sich der überwundenen Entfernung, der erreichten Annäherung bewußt werden, um daraufhin noch größere Hoffnungen wagen zu dürfen.

184

Abkunft der »Pessimisten«. – Ein Bissen guter Nahrung entscheidet oft, ob wir mit hohem Auge oder hoffnungsreich in die Zukunft schauen: dies reicht ins Höchste und Geistigste hinauf. Die Unzufriedenheit und Welt-Schwärzerei ist dem gegenwärtigen Geschlechte von den ehemaligen Hungerleidern her *vererbt.* Auch unsern Künstlern und Dichtern merkt man häufig an, wenn sie selber auch noch so üppig leben, daß sie von keiner guten Herkunft sind, daß sie von unterdrückt lebenden und schlecht genährten Vorfahren mancherlei ins Blut und Gehirn mitbekommen haben, was als Gegenstand und gewählte Farbe in ihrem Werke wieder sichtbar wird. Die Kultur der Griechen ist die der Vermögenden, und zwar der Altvermögenden: sie lebten ein paar Jahrhunderte hindurch *besser* als wir (in jedem Sinne besser, namentlich viel einfacher in Speise und Trank): da wurden endlich die Gehirne so voll und fein zugleich, da floß das Blut so rasch hindurch, einem freudigen, hellen Weine gleich, daß das Gute und Beste bei ihnen nicht mehr düster, verzückt und gewaltsam, sondern schön und sonnenhaft heraustrat.

185

Vom vernünftigen Tode. – Was ist vernünftiger, die Maschine stillzustellen, wenn das Werk, das man von ihr verlangte, ausgeführt ist, – oder sie laufen zu lassen, bis sie von selber stille steht, das heißt bis sie verdorben ist? Ist letzteres nicht eine Vergeudung der Unterhaltungskosten, ein Mißbrauch mit der Kraft und Aufmerksamkeit der Bedienenden? Wird hier nicht weggeworfen, was anderswo sehr not täte? Wird nicht selbst eine Art Mißachtung gegen die Maschinen überhaupt verbreitet dadurch, daß viele von ihnen so nutzlos unterhalten und bedient werden? – Ich spreche vom unfreiwilligen (natürlichen) und vom freiwilligen (vernünftigen) Tode. Der natürliche Tod ist der von aller Vernunft unabhängige, der eigentlich *unvernünftige* Tod, bei dem die erbärmliche Substanz der Schale darüber bestimmt, wie lange der Kern bestehen soll oder nicht: bei dem also der verkümmernde, oft kranke und stumpfsinnige Gefängniswärter der Herr ist, der den Punkt bezeichnet, wo sein vornehmer Gefangener sterben soll. Der natürliche Tod ist der Selbstmord der Natur, das heißt die Vernichtung des vernünftigen Wesens durch das unvernünftige, welches an das erstere gebunden ist. Nur unter der religiösen Beleuchtung kann es umgekehrt erscheinen: weil dann, wie billig, die höhere Vernunft (Gottes) ihren Befehl gibt, dem die niedere Vernunft sich zu fügen hat. Außerhalb der religiösen Denkungsart ist der natürliche Tod keiner Verherrlichung wert. – Die weisheitsvolle Anordnung und Verfügung des Todes gehört in jene jetzt ganz unfaßbar und unmoralisch klingende Moral der Zukunft, in deren Morgenröte zu blicken ein unbeschreibliches Glück sein muß.

186

Zurückbildend. – Alle Verbrecher zwingen die Gesellschaft auf frühere Stufen der Kultur zurück, als die ist, auf welcher sie gerade steht; sie wirken zurückbildend. Man denke an die Werkzeuge, welche die Gesellschaft der Notwehr halber sich schaffen und unterhalten muß: an den verschmitzten Polizisten, den Gefängniswärter, den Henker; man vergesse den öffentlichen Ankläger und den Advokaten nicht; endlich frage man sich, ob nicht der Richter selber und die Strafe und das ganze Gerichtsverfahren in ihrer Wirkung auf die Nicht-Verbrecher viel eher niederdrückende, als erhebende Erscheinungen sind; es wird eben nie gelingen, der Notwehr und der Rache das Gewand der Unschuld umzulegen; und so oft man den Menschen als ein Mittel zum Zwecke der Gesellschaft benutzt und opfert, trauert alle höhere Menschlichkeit darüber.

187

Krieg als Heilmittel. – Matt und erbärmlich werdenden Völkern mag der Krieg als Heilmittel anzuraten sein, falls sie nämlich durchaus noch fortleben wollen: denn es gibt für die Völker Schwindsucht auch eine Brutalitäts-Kur. Das ewige Leben-wollen und Nicht-sterben-können ist aber selber schon ein Zeichen von Greisenhaftigkeit der Empfindung: je voller und tüchtiger man lebt, um so schneller ist man bereit, das Leben für eine einzige gute Empfindung dahinzugeben. Ein Volk, das so lebt und empfindet, hat die Kriege nicht nötig.

188

Geistige und leibliche Verpflanzung als Heilmittel. – Die verschiedenen *Kulturen* sind verschiedene geistige Klimata, von denen ein jedes diesem oder jenem Organismus vornehmlich schädlich oder heilsam ist. Die *Historie* im ganzen, als das Wissen um die verschiedenen Kulturen, ist die *Heilmittellehre,* nicht aber die Wissenschaft der Heilkunst selber. Der *Arzt* ist erst recht noch nötig, der sich dieser Heilmittellehre bedient, um jeden in sein ihm gerade ersprießliches Klima zu senden – zeitweilig oder auf immer. In der Gegenwart leben, innerhalb einer einzigen Kultur, genügt nicht als allgemeines Rezept, dabei würden zu viele höchst nützliche Arten von Menschen aussterben, die in ihr nicht gesund atmen können. Mit der Historie muß man ihnen *Luft* machen und sie zu erhalten suchen; auch die Menschen zurückgebliebener Kulturen haben ihren Wert. Dieser Kur der Geister steht zur Seite, daß die Menschheit in leiblicher Beziehung danach streben muß, durch eine medizinische Geographie dahinterzukommen, zu welchen Entartungen und Krankheiten jede Gegend der Erde Anlaß gibt, und umgekehrt, welche Heilfaktoren sie bietet: und dann müssen allmählich Völker, Familien und Einzelne so lange und so anhaltend verpflanzt werden, bis man über die angeerbten physischen Gebrechen Herr geworden ist. Die ganze Erde wird endlich eine Summe von Gesundheits-Stationen sein.

189

Der Baum der Menschheit und die Vernunft. – Das, was ihr als Übervölkerung der Erde in greisenhafter Kurzsichtigkeit fürchtet, gibt dem Hoffnungsvolleren eben die große Aufgabe in die Hand: die Menschheit soll einmal ein Baum werden, der die ganze Erde überschattet, mit vielen Milliarden von Blüten, die alle nebeneinander Früchte werden sollen, und die Erde selbst soll zur Ernährung dieses Baumes vorbereitet werden. Daß der jetzige *noch kleine* Ansatz dazu an Saft und Kraft zunehme, daß in unzähligen Kanälen der Saft zur Ernährung des Ganzen und des Einzelnen umströme – aus diesen und ähnlichen Aufgaben ist der *Maßstab* zu entnehmen, ob ein jetziger Mensch nützlich oder unütz ist. Die Aufgabe ist unsäglich groß und kühn: wir alle wollen dazutun, daß der Baum nicht vor der Zeit verfaule! Dem historischen Kopfe gelingt es wohl, das menschliche Wesen und Treiben sich im Ganzen der Zeit vor die Augen zu stellen, wie uns allen das

Ameisen-Wesen mit seinen kunstvoll getürmten Haufen vor Augen steht. Oberflächlich beurteilt, würde auch das gesamte Menschentum gleich dem Ameisentum von »Instinkt« reden lassen. Bei strengerer Prüfung nehmen wir wahr, wie ganze Völker, ganze Jahrhunderte sich abmühen, neue Mittel ausfindig zu machen und *auszuprobieren,* womit man einem großen menschlichen Ganzen und zuletzt dem großen Gesamt-Fruchtbaume der Menschheit wohltun könne; und was auch immer bei diesem Ausprobieren die Einzelnen, die Völker und die Zeiten für Schaden leiden, durch diesen Schaden sind jedesmal Einzelne *klug* geworden, und von ihnen aus strömt die Klugheit langsam auf die Maßregeln ganzer Völker, ganzer Zeiten über. Auch die Ameisen irren und vergreifen sich; die Menschheit kann recht wohl durch Torheit der Mittel verderben und verdorren, vor der Zeit, es gibt weder für jene, noch für diese einen sicher führenden Instinkt. Wir müssen vielmehr der großen Aufgabe *ins Gesicht* sehen, die Erde für ein Gewächs der größten und freudigsten Fruchtbarkeit *vorzubereiten,* – einer Aufgabe der Vernunft für die Vernunft!

190

Das Lob des Uneigennützigen und sein Ursprung. – Zwischen zwei nachbarlichen Häuptlingen war seit Jahren Hader: man verwüstete einander die Saaten, führte Herden weg, brannte Häuser nieder, mit einem unentschiedenen Erfolge im ganzen, weil ihre Macht ziemlich gleich war. Ein Dritter, der durch die abgeschlossene Lage seines Besitztums von diesen Fehden sich fernhalten konnte, aber doch Grund hatte, den Tag zu fürchten, an dem einer dieser händelsüchtigen Nachbarn entscheidend zum Übergewicht kommen würde, trat endlich zwischen die Streitenden, mit Wohlwollen und Feierlichkeit: und im geheimen legte er auf seinen Friedensvorschlag ein schweres Gewicht, indem er jedem einzeln zu verstehen gab, fürderhin gegen den, welcher sich wider den Frieden sträube, mit dem andern gemeinsame Sache zu machen. Man kam vor ihm zusammen, man legte zögernd in seine Hand die Hände, welche bisher die Werkzeuge und allzuoft die Ursache des Hasses gewesen waren, – und wirklich, man versuchte es ernstlich mit dem Frieden. Jeder sah mit Erstaunen, wie plötzlich sein Wohlstand, sein Behagen wuchs, wie man jetzt am Nachbar einen kaufs- und verkaufsbereiten Händler, anstatt eines tückischen oder offen höhnenden Übeltäters hatte, wie selbst, in unvorhergesehenen Notfällen, man sich gegenseitig aus der Not ziehen konnte, anstatt, wie es bisher geschehen, diese Not des Nachbars auszunutzen und aufs höchste zu steigern; ja es schien, als ob der Menschenschlag in beiden Gegenden sich seitdem verschönert hätte: denn die Augen hatten sich erhellt, die Stirnen sich entrunzelt, allen war das Vertrauen zur Zukunft zu eigen geworden, – und nichts ist den Seelen und Leibern der Menschen förderlicher, als dies Vertrauen. Man sah einander alle Jahre am Tage des Bündnisses wieder, die Häuptlinge sowohl wie deren Anhang: und zwar vor dem Angesicht des Mittlers, dessen Handlungsweise man, je größer der Nutzen war, den man ihr verdankte, immer mehr anstaunte und verehrte. Man nannte sie *uneigennützig* – man hatte den Blick viel zu fest auf den eigenen, seither eingeernteten Nutzen gerichtet, um von der Handlungsweise des Nachbars mehr zu sehen, als daß sein Zustand infolge derselben sich nicht so verändert habe wie der eigene: er war vielmehr derselbe geblieben, und so schien es, daß jener den Nutzen nicht im Auge gehabt habe. Zum ersten Male sagte man sich, daß die Uneigennützigkeit eine Tugend sei: gewiß mochten im Kleinen und Privaten sich oftmals bei ihnen ähnliche Dinge ereignet haben, aber man hatte das Augenmerk für diese Tugend erst, als sie zum ersten Male in ganz großer Schrift, lesbar für die ganze Gemeinde, an die Wand gemalt wurde. Erkannt als Tugenden, zu Namen gekommen, in Schätzung gebracht, zur Aneignung anempfohlen sind die moralischen Eigenschaften erst von dem Augenblicke an, da sie *sichtbar* über Glück und Verhängnis ganzer Gesellschaften entschieden haben:

dann ist nämlich die Höhe der Empfindung und die Erregung der inneren schöpferischen Kräfte bei *vielen* so groß, daß man dieser Eigenschaft Geschenke bringt, vom Besten, was jeder hat: der Ernste legt ihr seinen Ernst zu Füßen, der Würdige seine Würde, die Frauen ihre Milde, die Jünglinge alles Hoffnungs- und Zukunftsreiche ihres Wesens; der Dichter leiht ihr Worte und Namen, reiht sie in den Reigentanz ähnlicher Wesen ein, gibt ihr einen Stammbaum und betet zuletzt, wie es Künstler tun, das Gebilde seiner Phantasie als neue Gottheit an – er *lehrt* sie anbeten. So wird eine Tugend, weil die Liebe und die Dankbarkeit aller an ihr arbeitet, wie an einer Bildsäule, zuletzt eine *Ansammlung* des Guten und Verehrungswürdigen, eine Art Tempel und göttliche Person zugleich. Sie steht fürderhin als einzelne Tugend da, als ein Wesen für sich, was sie bis dahin nicht war, und übt die Rechte und die Macht einer geheiligten Übermenschlichkeit aus. – Im späteren Griechenland standen die Städte voll von solchen vergottmenschlichten Abstraktis (man verzeihe das absonderliche Wort um des absonderlichen Begriffs willen); das Volk hatte sich auf seine Art einen platonischen »Ideenhimmel« inmitten seiner Erde hergerichtet, und ich glaube nicht, daß dessen Inwohner weniger lebendig empfunden wurden, als irgend eine althomerische Gottheit.

191

Dunkel-Zeiten. – »Dunkel-Zeiten« nennt man solche in Norwegen, da die Sonne den ganzen Tag unter dem Horizonte bleibt: die Temperatur fällt dabei fortwährend langsam. – Ein schönes Gleichnis für alle Denker, welchen die Sonne der Menschheits-Zukunft zeitweilig verschwunden ist.

192

Der Philosoph der Üppigkeit. – Ein Gärtchen, Feigen, kleine Käse und dazu drei oder vier gute Freunde, – das war die Üppigkeit Epikurs.

193

Die Epochen des Lebens. – Die eigentlichen Epochen im Leben sind jene kurze Zeiten des Stillstandes, mitten inne zwischen dem Aufsteigen und Absteigen eines regierenden Gedankens oder Gefühls. Hier ist wieder einmal *Sattheit* da: alles andere ist Durst und Hunger – oder Überdruß.

194

Der Traum. – Unsere Träume sind, wenn sie einmal ausnahmsweise gelingen und vollkommen werden – für gewöhnlich ist der Traum eine Pfuscher-Arbeit –, symbolische Szenen- und Bilder-Ketten an Stelle einer erzählenden Dichter-Sprache; sie umschreiben unsere Erlebnisse oder Erwartungen oder Verhältnisse mit dichterischer Kühnheit und Bestimmtheit, daß wir dann morgens immer über uns erstaunt sind, wenn wir uns unserer Träume erinnern. Wir verbrauchen im Traume zu viel Künstlerisches – und sind deshalb am Tage oft zu arm daran.

195

Natur und Wissenschaft. – Ganz wie in der Natur werden auch in der Wissenschaft die schlechteren unfruchtbareren Gegenden zuerst gut angebaut – weil hierfür eben die Mittel der *angehenden* Wissenschaft ungefähr ausreichen. Die Bearbeitung der fruchtbarsten Gegenden setzt eine sorgsam entwickelte, ungeheure Kraft von Methoden, gewonnene Einzel-Resultate und eine organisierte Schar von Arbeitern, gut geschulten Arbeitern, voraus; – dies alles findet sich erst spät zusammen. – Die Ungeduld und der Ehrgeiz greifen oft zu früh nach diesen fruchtbarsten Gegenden; aber die Ergebnisse sind dann gleich Null. In der Natur würden sich solche Versuche dadurch rächen, daß die Ansiedler verhungerten.

196

Einfach leben. – Eine einfache Lebensweise ist jetzt schwer: dazu tut viel mehr Nachdenken und Erfindungsgabe not, als selbst sehr gescheite Leute haben. Der Ehrlichste von ihnen wird vielleicht noch sagen: »Ich habe nicht die Zeit, darüber so lange nachzudenken. Die einfache Lebensweise ist für mich ein zu vornehmes Ziel; ich will warten, bis Weisere, als ich bin, sie gefunden haben.«

197

Spitzen und Spitzchen. – Die geringe Fruchtbarkeit, die häufige Ehelosigkeit und überhaupt die geschlechtliche Kühle der höchsten und kultiviertesten Geister, sowie der zu ihnen gehörenden Klassen, ist wesentlich in der Ökonomie der Menschheit: die Vernunft erkennt und macht Gebrauch davon, daß bei einem äußersten Punkte der geistigen Entwicklung die Gefahr einer *nervösen* Nachkommenschaft sehr groß ist: solche Menschen sind *Spitzen* der Menschheit – sie dürfen nicht weiter in *Spitzchen* auslaufen.

198

Keine Natur macht Sprünge. – Wenn der Mensch sich noch so stark fortentwickelt und aus einem Gegensatz in den andern überzuspringen scheint: bei genaueren Beobachtungen wird man doch die *Verzahnungen* auffinden, wo das neue Gebäude aus dem älteren herauswächst. Dies ist die Aufgabe des Biographen: er muß nach dem Grundsatze über das Leben denken, daß keine Natur Sprünge macht.

199

Zwar reinlich. – Wer sich mit reingewaschenen Lumpen kleidet, kleidet sich zwar reinlich, aber doch lumpenhaft.

200

Der Einsame spricht. – Man erntet als Lohn für vielen Überdruß, Mißmut, Langeweile – wie dies alles eine Einsamkeit ohne Freunde, Bücher, Pflichten, Leidenschaften mit sich bringen muß – jene Viertelstunden tiefster Einkehr in sich und die Natur. Wer sich völlig gegen die Langeweile verschanzt, verschanzt sich auch gegen sich selber: den kräftigsten Labetrunk aus dem eigenen innersten Born wird er nie zu trinken bekommen.

201

Falsche Berühmtheit. – Ich hasse jene angeblichen Naturschönheiten, welche im Grunde nur durch das Wissen, namentlich das geographische, etwas bedeuten, an sich aber dem schönheitsdurstigen Sinne dürftig bleiben: zum Beispiel die Ansicht des Montblanc von Genf aus – etwas Unbedeutendes ohne die zu Hilfe eilende Gehirnfreude des Wissens; die näheren Berge dort sind alle schöner und ausdrucksvoller – aber »lange nicht so hoch«, wie jenes absurde Wissen, zur Abschwächung, hinzufügt. Das Auge widerspricht dabei dem Wissen: wie soll es sich im Widersprechen wahrhaft freuen können!

202

Vergnügungs-Reisende. – Sie steigen wie Tiere den Berg hinauf, dumm und schwitzend; man hatte ihnen zu sagen vergessen, daß es unterwegs schöne Aussichten gebe.

203

Zu viel und zu wenig. – Die Menschen durchleben jetzt alle zu viel und durchdenken zu wenig: sie haben Heißhunger und Kolik zugleich und werden deshalb immer magerer, so viel sie auch essen. – Wer jetzt sagt: »ich habe nichts erlebt« – ist ein Dummkopf.

204

Ende und Ziel. – Nicht jedes Ende ist das Ziel. Das Ende der Melodie ist nicht deren Ziel; aber trotzdem: hat die Melodie ihr Ende nicht erreicht, so hat sie auch ihr Ziel nicht erreicht. Ein Gleichnis.

205

Neutralität der großen Natur. – Die Neutralität der großen Natur (in Berg, Meer, Wald und Wüste) gefällt, aber nur eine kurze Zeit: nachher werden wir ungeduldig. »Wollen denn diese Dinge gar nichts zu *uns* sagen? Sind *wir* für sie nicht da?« Es entsteht das Gefühl eines crimen laesae majestatis humanae.

206

Die Absichten vergessen. – Man vergißt über der Reise gemeinhin deren Ziel. Fast jeder Beruf wird als Mittel zu einem Zwecke gewählt und begonnen, aber als letzter Zweck fortgeführt. Das Vergessen der Absichten ist die häufigste Dummheit, die gemacht wird.

207

Sonnenbahn der Idee. – Wenn eine Idee am Horizonte eben aufgeht, ist gewöhnlich die Temperatur der Seele dabei sehr kalt. Erst allmählich entwickelt die Idee ihre Wärme, und am heißesten ist diese (das heißt sie tut ihre größten Wirkungen), wenn der Glaube an die Idee schon wieder im Sinken ist.

208

Wodurch man alle wider sich hätte. – Wenn jetzt jemand zu sagen wagte: »wer nicht für mich ist, der ist wider mich«, so hätte er sofort alle wider sich. – Diese Empfindung macht unserm Zeitalter Ehre.

209

Sich des Reichtums schämen. – Unsere Zeit verträgt nur eine einzige Gattung von Reichen, solche, welche sich ihres Reichtums *schämen.* Hört man von jemandem »er ist sehr reich«, so hat man dabei sofort eine ähnliche Empfindung wie beim Anblick einer widerlich anschwellenden Krankheit, einer Fett- oder Wassersucht: man muß sich gewaltsam seiner Humanität erinnern, um mit einem solchen Reichen so verkehren zu können, daß er von unserm Ekelgefühle nichts merkt. Sobald er aber gar sich etwas auf seinen Reichtum zugute tut, so mischt sich zu unserm Gefühle die fast mitleidige Verwunderung über einen so hohen Grad der menschlichen Unvernunft: so daß man die Hände gen Himmel erheben und rufen möchte »armer Entstellter, Überbürdeter, hundertfach Gefesselter, dem jede Stunde etwas Unangenehmes bringt *oder bringen kann,* in dessen Gliedern *jedes* Ereignis von zwanzig Völkern nachzuckt, wie magst du uns glauben machen, daß du dich in deinem Zustande wohlfühlst! Wenn du irgendwo öffentlich erscheinst, so wissen wir, daß es eine Art Spießrutenlaufen ist, unter lauter Blicken, welche für dich nur kalten Haß oder Zudringlichkeit oder schweigsamen Spott haben. Dein Erwerben mag leichter sein als das der anderen: aber es ist ein überflüssiges Erwerben, welches wenig Freude macht, und dein *Bewahren* alles Erworbenen ist jedenfalls *jetzt* ein mühseligeres Ding als irgend ein mühseliges Erwerben. Du leidest *fortwährend,* denn du verlierst fortwährend. Was nützt es dir, daß man dir immer neues künstliches Blut zuführt: deshalb tun doch die Schröpfköpfe nicht weniger weh, die auf deinem Nacken sitzen, beständig sitzen! – Aber, um nicht unbillig zu werden, es ist schwer, vielleicht unmöglich für dich, *nicht* reich zu sein: du *mußt* bewahren, *mußt* neu erwerben, der vererbte Hang deiner Natur ist das *Joch* über dir – aber deshalb täusche uns nicht und *schäme* dich ehrlich und sichtlich des Joches, das du trägst: da du ja im Grunde deiner Seele müde und unwillig bist, es zu tragen. Diese Scham schändet nicht.«

210

Ausschweifung in der Anmaßung. – Es gibt so anmaßende Menschen, daß sie eine Größe, welche sie öffentlich bewundern, nicht anders zu loben wissen, als indem sie dieselbe als Vorstufe und Brücke, die zu *ihnen* führt, darstellen.

211

Auf dem Boden der Schmach. – Wer den Menschen eine Vorstellung nehmen will, tut sich gewöhnlich nicht genug damit, sie zu widerlegen und den unlogischen Wurm, der in ihr sitzt, herauszuziehen: vielmehr wirft er, nachdem der Wurm getötet ist, die ganze Frucht auch noch in den Kot, um sie den Menschen unansehnlich zu machen und Ekel vor ihr einzuflößen. So glaubt er das Mittel gefunden zu haben, die bei widerlegten Vorstellungen so gewöhnliche »Wiederauferstehung am dritten Tage« unmöglich zu machen. – Er irrt sich, denn gerade auf dem *Boden der Schmach,* inmitten des Unflates, treibt der Fruchtkern der Vorstellung schnell neue Keime. – Also: ja nicht verhöhnen, beschmutzen, was man endgültig beseitigen will, sondern es achtungsvoll *auf Eis legen,* immer und immer wieder, in Anbetracht, daß Vorstellungen ein sehr zähes Leben haben. Hier muß man nach der Maxime handeln: »Eine Widerlegung ist keine Widerlegung.«

212

Los der Moralität. – Da die Gebundenheit der Geister abnimmt, ist sicherlich die Moralität (die vererbte, überlieferte, instinkthafte Handlungsweise *nach moralischen Gefühlen)* ebenfalls in Abnahme: nicht aber die einzelnen Tugenden, Mäßigkeit, Gerechtigkeit, Seelenruhe, – denn die größte Freiheit des bewußten Geistes führt einmal schon unwillkürlich zu ihnen hin und rät sie sodann auch als *nützlich* an.

213

Der Fanatiker des Mißtrauens und seine Bürgschaft. – *Der Alte:* Du willst das Ungeheure wagen und die Menschen im Großen belehren? Wo ist deine Bürgschaft? – *Pyrrhon:* Hier ist sie: ich will die Menschen vor mir selber warnen, ich will alle Fehler meiner Natur öffentlich bekennen und meine Übereilungen, Widersprüche und Dummheit vor aller Augen bloßstellen. Hört nicht auf mich, will ich ihnen sagen, bis ich nicht eurem Geringsten gleich geworden bin, und noch geringer bin, als er; sträubt euch gegen die Wahrheit, so lange ihr nur könnt, aus Ekel vor dem, der ihr Fürsprecher ist. Ich werde euer Verführer und Betrüger sein, wenn ihr noch den mindesten Glanz von Achtbarkeit und Würde an mir wahrnehmt. – *Der Alte:* Du versprichst zuviel, du kannst diese Last nicht tragen. – *Pyrrhon:* So will ich auch dies den Menschen sagen, daß ich zu schwach bin und nicht halten kann, was ich verspreche. Je größer meine Unwürdigkeit, um so mehr werden sie der Wahrheit mißtrauen, wenn sie durch meinen Mund geht. – *Der Alte:* Willst du denn der Lehrer des Mißtrauens gegen die Wahrheit sein? – *Pyrrhon:* Des Mißtrauens, wie es noch nie in der Welt war, des Mißtrauens gegen alles und jedes. Es ist der einzige Weg zur Wahrheit. Das rechte Auge darf dem linken nicht trauen, und Licht wird eine Zeitlang Finsternis heißen müssen: dies ist der Weg, den ihr gehen müßt. Glaubt nicht, daß er euch zu Fruchtbäumen und schönen Weiden führe. Kleine harte Körner werdet ihr auf ihm finden, – das sind die Wahrheiten: Jahrzehntelang werdet ihr die Lügen händevoll verschlingen müssen, um nicht Hungers zu sterben, ob ihr schon wisset, daß es Lügen sind. Jene Körner aber werden gesäet und eingegraben, und vielleicht, vielleicht gibt es einmal einen Tag der Ernte: niemand darf ihn *versprechen,* er sei denn ein Fanatiker. – *Der Alte:* Freund, Freund! Auch deine Worte sind die des Fanatikers! – *Pyrrhon:* Du hast recht! ich will gegen alle Worte mißtrauisch sein. – *Der Alte:* Dann wirst du schweigen müssen. – *Pyrrhon:* Ich werde den Menschen sagen, daß ich schweigen muß und daß sie meinem Schweigen mißtrauen sollen. – *Der Alte:* Du trittst also von deinem Unternehmen zurück? – *Pyrrhon:* Vielmehr – du hast mir eben das Tor gezeigt, durch welches ich gehen muß. – *Der Alte:* Ich weiß nicht –: verstehen wir uns jetzt noch völlig? – *Pyrrhon:* Wahrscheinlich nicht. – *Der Alte:* Wenn du dich nur selber völlig verstehst! – *Pyrrhon* dreht sich um und lacht. – *Der Alte:* Ach Freund! Schweigen und Lachen – ist das jetzt deine ganze Philosophie? – *Pyrrhon:* Es wäre nicht die schlechteste.

214

Europäische Bücher. – Man ist beim Lesen von Montaigne, La Rochefoucauld, La Bruyère, Fontenelle (namentlich der dialogues des morts), Vauvenargues, Chamfort dem Altertum näher als bei irgend welcher Gruppe von sechs Autoren anderer Völker. Durch jene Sechs ist der *Geist der letzten Jahrhunderte* der *alten* Zeitrechnung wieder erstanden – sie zusammen bilden ein wichtiges Glied in der großen noch fortlaufenden Kette der Renaissance. Ihre Bücher erheben sich über den Wechsel des nationalen Geschmacks und der philosophischen Färbungen, in denen für gewöhnlich jetzt jedes Buch schillert und schillern muß, um berühmt zu werden: sie enthalten mehr *wirkliche Gedanken* als alle Bücher deutscher Philosophen zusammengenommen: Gedanken von der Art, welche Gedanken macht, und die – ich bin in Verlegenheit zu Ende zu definieren; genug, daß es mir Autoren zu sein scheinen, welche weder für Kinder noch für Schwärmer geschrieben haben, weder für Jungfrauen noch für Christen, weder für Deutsche noch für – ich bin wieder in Verlegenheit, meine Liste zu schließen. – Um aber ein deutliches Lob zu sagen: sie wären, griechisch geschrieben, auch von Griechen verstanden worden. Wieviel hätte dagegen selbst ein Plato von den Schriften unserer besten deutschen Denker, zum Beispiel Goethes und Schopenhauers, überhaupt verstehen *können,* von dem Widerwillen zu schweigen, welchen ihre Schreibart ihm erregt haben würde, nämlich das Dunkle, übertriebene und gelegentlich wieder Klapperdürre, – Fehler, an denen die Genannten noch am wenigsten von den deutschen Denkern und doch noch allzuviel leiden (Goethe, als Denker, hat die Wolke lieber umarmt, als billig ist, und Schopenhauer wandelt nicht ungestraft fast fortwährend unter Gleichnissen der Dinge statt unter den Dingen selber). – Dagegen, welche Helligkeit und zierliche Bestimmtheit bei jenen Franzosen! Diese Kunst hätten auch die feinohrigsten Griechen gutheißen müssen, und eines würden sie sogar bewundert und angebetet haben, den französischen Witz des Ausdrucks: so etwas *liebten* sie sehr, ohne gerade darin besonders stark zu sein.

215

Mode und modern. – Überall, wo noch die Unwissenheit, die Unreinlichkeit, der Aberglaube im Schwange sind, wo der Verkehr lahm, die Landwirtschaft armselig, die Priesterschaft mächtig ist, da finden sich auch noch die *Nationaltrachten.* Dagegen herrscht die *Mode,* wo die Anzeichen des Entgegengesetzten sich finden. Die Mode ist also neben den *Tugenden* des jetzigen Europa zu finden: sollte sie wirklich deren Schattenseite sein? – Zunächst sagt die *männliche* Bekleidung, welche modisch und nicht mehr national ist, von dem, der sie trägt, aus, daß der Europäer nicht als *Einzelner* noch als *Standes- und Volksgenosse* auffallen will, daß er sich eine absichtliche Dämpfung dieser Arten von Eitelkeit zum Gesetz gemacht hat: dann, daß er arbeitsam ist und nicht viel Zeit zum Ankleiden und Sich-putzen hat, auch alles Kostbare und Üppige in Stoff und Faltenwurf im Widerspruch mit seiner Arbeit findet; endlich, daß er durch seine Tracht auf die gelehrteren und geistigeren Berufe als die hinweist, welchen er als europäischer Mensch am nächsten steht oder stehen möchte: während durch die noch vorhandenen Nationaltrachten der Räuber, der Hirt oder der Soldat als die wünschbarsten und tonangebenden Lebensstellungen hindurchschimmern. Innerhalb dieses Gesamt-Charakters der männlichen Mode gibt es dann jene kleinen Schwankungen, welche die Eitelkeit der jungen Männer, der Stutzer und Nichtstuer der großen Städte hervorbringt, also *derer, welche als europäische Menschen noch nicht reif geworden sind.* – Die europäischen Frauen sind dies *noch viel weniger,* weshalb die Schwankungen bei ihnen viel größer sind: sie wollen auch das Nationale nicht und hassen es, als Deutsche, Franzosen, Russen an der Kleidung erkannt zu werden, aber als einzelne wollen sie sehr gern auffallen; ebenso soll niemand schon durch ihre Bekleidung im Zweifel gelassen werden, daß sie zu einer angeseheneren Klasse der Gesellschaft (zur »guten« oder »hohen« oder »großen« Welt) gehören, und zwar wünschen sie nach dieser Seite hin gerade um so mehr voreinzunehmen, als sie nicht oder kaum zu jener Klasse gehören. Vor allem aber will die junge Frau nichts tragen, was die etwas ältere trägt, weil sie durch den Verdacht eines höheren Lebensalters im Preise zu fallen glaubt: die ältere wiederum möchte durch jugendlichere Tracht so lange täuschen, als es irgend angeht, – aus welchem Wettbewerb sich zeitweilig immer Moden ergeben müssen, bei denen das eigentlich Jugendliche ganz unzweideutig und unnachahmlich sichtbar wird. Hat der Erfindungsgeist der jungen Künstlerinnen in solchen Bloßstellungen der Jugend eine Zeitlang geschwelgt, oder um die ganze Wahrheit zu sagen – hat man wieder einmal den Erfindungsgeist älterer höfischer Kulturen, sowie den der noch bestehenden Nationen, und überhaupt den ganzen kostümierten Erdkreis zu Rate gezogen und etwa die Spanier, die Türken und Altgriechen zur Inszenierung des schönen Fleisches zusammengekoppelt: so entdeckt man endlich immer wieder, daß man sich doch nicht zum Besten auf seinen Vorteil verstanden habe; daß, um auf die Männer Wirkung zu machen, das Versteckspielen mit dem schönen Leibe glücklicher sei, als die nackte und halbnackte Ehrlichkeit; und nun dreht sich

589

das Rad des Geschmackes und der Eitelkeit einmal wieder in entgegengesetzter Richtung: die etwas älteren jungen Frauen finden, daß ihr Reich gekommen sei, und der Wettkampf der lieblichten und absurdesten Geschöpfe tobt wieder von neuem. *Je mehr* aber die Frauen innerlich zunehmen und nicht mehr unter sich, wie bisher, den unreifen Altersklassen den Vorrang zugestehen, um so geringer werden diese Schwankungen ihrer Tracht, um so einfacher ihr Putz: über welchen man billigerweise nicht nach antiken Mustern das Urteil sprechen darf, also *nicht* nach dem Maßstabe der Gewandung südländischer See Anwohnerinnen, sondern in Berücksichtigung der klimatischen Bedingungen der mittleren und nördlichen Gegenden Europas, derer nämlich, in welchen jetzt der geist- und formerfindende Genius Europas seine liebste Heimat hat. – Im ganzen wird also gerade *nicht* das *Wechselnde* das charakteristische Zeichen der *Mode* und des *Modernen* sein, denn gerade der Wechsel ist etwas Rückständiges und bezeichnet die noch *ungereiften* männlichen und weiblichen Europäer: sondern die *Ablehnung der nationalen, ständischen und individuellen Eitelkeit.* Dementsprechend ist es zu loben, weil es kraft- und zeitersparend ist, wenn einzelne Städte und Gegenden Europas für alle übrigen in Sachen der Kleidung denken und erfinden, in Anbetracht dessen, daß der Formensinn nicht jedermann geschenkt zu sein pflegt; auch ist es wirklich kein allzu hochfliegender Ehrgeiz, wenn zum Beispiel Paris, so lange jene Schwankungen noch bestehen, es in Anspruch nimmt, der alleinige Erfinder und Neuerer in diesem Reiche zu sein. Will ein Deutscher, aus Haß gegen diese Ansprüche einer französischen Stadt, sich anders kleiden, zum Beispiel so wie Albrecht Dürer sich trug, so möge er erwägen, daß er dann ein Kostüm hat, welches ehemalige Deutsche trugen, welches aber die Deutschen ebensowenig erfunden haben, – es hat *nie* eine Tracht gegeben, welche den Deutschen als Deutschen bezeichnete; übrigens mag er zusehen, wie er aus dieser Tracht *heraus*schaut und ob etwa der

ganz moderne Kopf nicht mit all seiner Linien- und Fältchen-
schrift, welche das neunzehnte Jahrhundert hineingrub, gegen
eine Dürerische Bekleidung Einsprache tut. – Hier, wo die Begriffe »modern« und »europäisch« fast gleich gesetzt sind, wird
unter Europa viel mehr an Länderstrecken verstanden, als das
geographische Europa, die kleine Halbinsel Asiens, umfaßt: namentlich gehört Amerika hinzu, soweit es eben das Tochterland
unserer Kultur ist. Andererseits fällt nicht einmal ganz Europa
unter den Kultur Begriff »Europa«; sondern nur alle jene Völker
und Völkerteile, welche im Griechen-, Römer, Juden- und
Christentum ihre gemeinsame Vergangenheit haben.

216

Die »deutsche Tugend«. – Es ist nicht zu leugnen, daß vom Aus-
gange des vorigen Jahrhunderts an ein Strom moralischer Erweckung durch Europa floß. Damals erst wurde die Tugend wieder beredt; sie lernte es, die ungezwungenen Gebärden der Erhebung, der Rührung finden, sie schämte sich ihrer selber nicht
mehr und ersann Philosophien und Gedichte zur eigenen Verherrlichung. Sucht man nach den Quellen dieses Stromes: so findet man einmal Rousseau, aber den mythischen Rousseau, den
man sich nach dem Eindrucke seiner Schriften – fast könnte
man wieder sagen: seiner mythisch ausgelegten Schriften – und
nach den Fingerzeigen, die er selber gab, erdichtet hatte (– er
und sein Publikum arbeiteten beständig an dieser Idealfigur).
Der andere Ursprung liegt in jener Wiederauferstehung des
stoisch großen Römertums, durch welche die Franzosen die
Aufgabe der Renaissance auf das würdigste weitergeführt haben.
Sie gingen von der Nachschöpfung antiker Formen mit herr-
lichstem Gelingen zur Nachschöpfung antiker Charaktere über:
so daß sie ein Anrecht auf die allerhöchsten Ehren immerdar behalten werden, als das Volk, welches der neueren Menschheit bisher die besten Bücher und die besten Menschen gegeben hat.

Wie diese doppelte Vorbildlichkeit, die des mythischen Rousseau und die jenes wiedererweckten Römergeistes, auf die schwächeren Nachbarn wirkte, sieht man namentlich an Deutschland: welches infolge seines neuen und ganz ungewohnten Aufschwunges zu Ernst und Größe des Wollens und Sich-Beherrschens zuletzt vor seiner eigenen neuen Tugend in Staunen geriet und den Begriff »deutsche Tugend« in die Welt warf, wie als ob es nichts Ursprünglicheres, Erbeigneres geben könnte als diese. Die ersten großen Männer, welche jene französische Anregung zur Größe und Bewußtheit des sittlichen Wollens auf sich überleiteten, waren ehrlicher und vergaßen die Dankbarkeit nicht. Der Moralismus Kants – woher kommt er? Er gibt es wieder und wieder zu verstehen: von Rousseau und dem wiedererweckten stoischen Rom. Der Moralismus Schillers: gleiche Quelle, gleiche Verherrlichung der Quelle. Der Moralismus Beethovens in Tönen: er ist das ewige Loblied Rousseaus, der antiken Franzosen und Schillers. Erst »der deutsche Jüngling« vergaß die Dankbarkeit, inzwischen hatte man ja das Ohr nach den Predigern des Franzosenhasses hingewendet: jener deutsche Jüngling, der eine Zeitlang mit mehr Bewußtheit, als man bei andern Jünglingen für erlaubt hält, in den Vordergrund trat. Wenn er nach seiner Vaterschaft spürte, so mochte er mit Recht an die Nähe Schillers, Fichtes und Schleiermachers denken: aber seine Großväter hätte er in Paris, in Genf suchen müssen, und es war sehr kurzsichtig zu glauben, was er glaubte: daß die Tugend nicht älter als dreißig Jahre sei. Damals gewöhnte man sich daran, zu verlangen, daß beim Worte »deutsch« auch noch so nebenbei die Tugend mitverstanden werde: und bis auf den heutigen Tag hat man es noch nicht völlig verlernt. – Nebenbei bemerkt, jene genannte moralische Erweckung hat für die *Erkenntnis* der moralischen Erscheinungen, wie sich fast erraten läßt, nur Nachteile und rückschreitende Bewegungen zur Folge gehabt. Was ist die ganze deutsche Moralphilosophie, von Kant an gerechnet, mit allen ihren französischen, englischen und italienischen Ausläufern und Nebenzüglern? Ein halbtheologisches Attentat gegen Helvetius, ein Abweisen der lange und mühsam erkämpften Freiblicke oder Fingerzeige des rechten Weges, welche er zuletzt gut ausgesprochen und zusammengebracht hat. Bis auf den heutigen Tag ist Helvetius in Deutschland der bestbeschimpfte aller guten Moralisten und guten Menschen.

217

Klassisch und romantisch. – Sowohl die klassisch als die romantisch gesinnten Geister – wie es diese beiden Gattungen immer gibt – tragen sich mit einer Vision der Zukunft: aber die ersteren aus einer *Stärke* ihrer Zeit heraus, die letzteren aus deren *Schwäche*.

218

Die Maschine als Lehrerin. – Die Maschine lehrt durch sich selber das Ineinandergreifen von Menschenhaufen, bei Aktionen, wo jeder nur eins zu tun hat: sie gibt das Muster der Partei-Organisation und der Kriegsführung. Sie lehrt dagegen nicht die individuelle Selbstherrlichkeit: sie macht aus vielen *eine* Maschine, und aus jedem einzelnen ein Werkzeug zu *einem* Zwecke. Ihre allgemeinste Wirkung ist: den Nutzen der Zentralisation zu lehren.

219

Nicht seßhaft. – Man wohnt gerne in der kleinen Stadt; aber von Zeit zu Zeit treibt gerade sie uns in die einsamste unenthüllteste Natur: dann nämlich, wenn jene uns einmal wieder zu durchsichtig geworden ist. Endlich gehen wir, um uns wieder von dieser Natur zu *erholen,* in die große Stadt. Einige Züge aus derselben – und wir erraten den Bodensatz ihres Bechers, – der Kreislauf, mit der kleinen Stadt am Anfange, beginnt von neuem. – So leben die Modernen: welche in allem etwas zu *gründlich* sind, um *seßhaft* zu sein gleich den Menschen anderer Zeiten.

220

Reaktion gegen die Maschinen-Kultur. – Die Maschine, selber ein Erzeugnis der höchsten Denkkräfte, setzt bei den Personen, welche sie bedienen, fast nur die niederen, gedankenlosen Kräfte in Bewegung. Sie entfesselt dabei eine Unmasse Kraft überhaupt, die sonst schlafen läge, das ist wahr, aber sie gibt *nicht* den Antrieb zum Höhersteigen, zum Bessermachen, zum Künstlerwerden. Sie macht *tätig* und *einförmig* – das erzeugt aber auf die Dauer eine Gegenwirkung, eine verzweifelte Langeweile der Seele, welche durch sie nach wechselvollem Müßiggange dürsten lernt.

221

Die Gefährlichkeit der Aufklärung. – Alles das Halbverrückte, Schauspielerische, Tierisch Grausame, Wollüstige, namentlich Sentimentale und Sich-selbst-Berauschende, was zusammen die eigentlich *revolutionäre Substanz* ausmacht und in Rousseau, vor der Revolution, Fleisch und Geist geworden war, – dieses ganze Wesen setzte sich mit perfider Begeisterung noch *die Aufklärung* auf das fanatische Haupt, welches durch diese selber wie in einer verklärenden Glorie zu leuchten begann: die Aufklärung, die im Grunde jenem Wesen so fremd ist und, für sich waltend, still wie ein Lichtglanz durch Wolken gegangen sein würde, lange Zeit zufrieden damit, nur die einzelnen umzubilden: so daß sie nur sehr langsam auch die Sitten und Einrichtungen der Völker umgebildet hätte. Jetzt aber, an ein gewaltsames und plötzliches Wesen gebunden, wurde die Aufklärung selber gewaltsam und plötzlich. Ihre Gefährlichkeit ist dadurch fast größer geworden als die befreiende und erhellende Nützlichkeit, welche durch sie in die große Revolutions-Bewegung kam. Wer dies begreift, wird auch wissen, aus welcher Vermischung man sie herauszuziehen, von welcher Verunreinigung man sie zu läutern hat: um dann, *an sich selber,* das *Werk* der Aufklärung *fortzusetzen* und die Revolution nachträglich in der Geburt zu ersticken, ungeschehen zu machen.

222

Die Leidenschaft im Mittelalter. – Das Mittelalter ist die Zeit der größten Leidenschaften. Weder das Altertum noch unsere Zeit hat diese Ausweitung der Seele: ihre *Räumlichkeit* war nie größer, und nie mit längeren Maßstäben gemessen worden. Die physische Urwald-Leiblichkeit von Barbarenvölkern und die überseelenhaften, überwachen, allzu glänzenden Augen von christlichen Mysterien – Jüngern, das Kindlichste, Jüngste und ebenso das überreifste, Altersmüdeste, die Roheit des Raubtiers und die Verzärtelung und Ausspitzung des spätantiken Geistes – alles dies kam damals an *einer* Person nicht selten zusammen: da mußte, wenn *einer* in Leidenschaft geriet, die Stromschnelle des Gemütes gewaltiger, der Strudel verwirrter, der Sturz tiefer sein als je. – Wir neueren Menschen dürfen mit der Einbuße zufrieden sein, welche hier gemacht worden ist.

223

Rauben und Sparen. – Alle geistigen Bewegungen gehen vorwärts, infolge deren die Großen zu rauben, die Kleinen zu *sparen* hoffen können. Deshalb ging zum Beispiel die deutsche Reformation vorwärts.

224

Fröhliche Seelen. – Wenn auf Trunk, Trunkenheit und eine übelriechende Art von Unfläterei auch nur von ferne hingewinkt wurde, dann wurden die Seelen der älteren Deutschen fröhlich, – sonst waren sie verdrossen; aber dort hatten sie ihre Art von Verständnis-Innigkeit.

225

Das ausschweifende Athen. – Selbst als der Fischmarkt Athens seine Denker und Dichter bekommen hatte, besaß die griechische Ausschweifung immer noch ein idyllischeres und feineres Aussehen, als es je die römische oder die deutsche Ausschweifung hatte. Die Stimme Juvenals hätte dort wie eine hohle Trompete geklungen: ein artiges und fast kindliches Gelächter hätte ihm geantwortet.

226

Klugheit der Griechen. – Da das Siegen- und Hervorragen-wollen ein unüberwindlicher Zug der Natur ist, älter und ursprünglicher als alle Achtung und Freude der Gleichstellung, so hat der griechische Staat den gymnastischen und musischen Wettkampf innerhalb der Gleichen sanktioniert, also einen Tummelplatz abgegrenzt, wo jener Trieb sich entladen konnte, ohne die politische Ordnung in Gefahr zu bringen. Mit dem endlichen Verfalle des gymnastischen und musischen Wettkampfes geriet der griechische Staat in innere Unruhe und Auflösung.

227

»Der ewige Epikur.« – Epikur hat zu allen Zeiten gelebt und lebt noch, unbekannt denen, welche sich Epikureer nannten und nennen, und ohne Ruf bei den Philosophen. Auch hat er selber den eigenen Namen vergessen: es war das schwerste Gepäck, welches er je abgeworfen hat.

228

Stil der Überlegenheit. – Studentendeutsch, die Sprechweise des deutschen Studenten, hat ihren Ursprung unter den nicht studierenden Studenten, welche eine Art von Übergewicht über ihre ernsteren Genossen dadurch zu erlangen wissen, daß sie an Bildung, Sittsamkeit, Gelehrtheit, Ordnung, Mäßigung alles Maskeradenhafte aufdecken und die Worte aus jenen Bereichen zwar fortwährend ebenso im Munde führen, wie die Besseren, Gelehrteren, aber mit einer Bosheit im Blicke und einer begleitenden Grimasse. In dieser Sprache der Überlegenheit – der einzigen, die in Deutschland original ist − reden nun unwillkürlich auch die Staatsmänner und die Zeitungs-Kritiker: es ist ein beständiges ironisches Zitieren, ein unruhiges, unfriedfertiges Schielen des Auges nach rechts und links, ein Gänsefüßchen- und Grimassen-Deutsch.

229

Die Vergrabenen. − Wir ziehen uns ins Verborgene zurück: aber nicht aus irgend einem persönlichen Mißmute, als ob uns die politischen und sozialen Verhältnisse der Gegenwart nicht genugtäten, sondern weil wir durch unsere Zurückziehung Kräfte sparen und sammeln wollen, welche *später* einmal der Kultur ganz not tun werden, je mehr diese Gegenwart *diese* Gegenwart ist und als solche *ihre* Aufgabe erfüllt. Wir bilden ein Kapital und suchen es sicherzustellen: aber, wie in ganz gefährlichen Zeiten, dadurch, daß wir es *vergraben.*

230

Tyrannen des Geistes. − In unserer Zeit würde man jeden, der so streng der Ausdruck *eines* moralischen Zuges wäre, wie die Personen Theophrasts und Molières es sind, für krank halten, und von »fixer Idee« bei ihm reden. Das Athen des dritten Jahrhunderts würde uns, wenn wir dort einen Besuch machen dürften, wie von Narren bevölkert erscheinen. Jetzt herrscht die Demokratie der *Begriffe* in jedem Kopfe, − *viele zusammen* sind der Herr: ein einzelner Begriff, der Herr sein *wollte,* heißt jetzt, wie gesagt, »fixe Idee«. Dies ist *unsere* Art, die Tyrannen zu morden, − wir winken nach dem Irrenhause hin.

231

Gefährlichste Auswanderung. − In Rußland gibt es eine Auswanderung der Intelligenz: man geht über die Grenze, um gute Bücher zu lesen und zu schreiben. So wirkt man aber dahin, das vom

Geiste verlassene Vaterland immer mehr zum vorgestreckten Rachen Asiens zu machen, der das kleine Europa verschlingen möchte.

232

Die Staats-Narren. – Die fast religiöse Liebe zum Könige ging bei den Griechen auf die Polis über, als es mit dem Königtum zu Ende war. Und weil ein Begriff mehr Liebe erträgt als eine Person, und namentlich dem Liebenden nicht so oft vor den Kopf stößt, wie geliebte Menschen es tun (– denn je mehr sie sich geliebt wissen, desto rücksichtsloser werden sie meistens, bis sie endlich der Liebe nicht mehr würdig sind, und wirklich ein Riß entsteht), so war die Polis- und Staats-Verehrung größer, als irgend je vorher die Fürsten-Verehrung. Die Griechen sind die *Staats-Narren* der alten Geschichte – in der neueren sind es andere Völker.

233

Gegen die Vernachlässigung der Augen. – Ob man nicht bei den gebildeten Klassen Englands, welche die Times lesen, alle zehn Jahre eine Abnahme der Sehkraft nachweisen könnte?

234

Große Werke und großer Glaube. – Jener hatte die großen Werke, sein Genosse aber hatte den großen Glauben an diese Werke. Sie waren unzertrennlich: aber ersichtlich hing der erstere völlig vom zweiten ab.

235

Der Gesellige. – »Ich bekomme mir nicht gut« sagte jemand, um seinen Hang zur Gesellschaft zu erklären. »Der Magen der Gesellschaft ist stärker als der meinige, er verträgt mich.«

236

Augen-Schließen des Geistes. – Ist man geübt und gewohnt, über das Handeln nachzudenken, so muß man doch beim Handeln selber (sei dieses selbst nur Briefschreiben oder Essen und Trinken) das innere Auge schließen. Ja, im Gespräch mit Durchschnittsmenschen muß man es verstehen, mit geschlossenen Denker-Augen zu *denken,* – um nämlich das Durchschnitts-Denken zu erreichen und zu begreifen. Dieses Augen-Schließen ist ein fühlbarer, mit Willen vollziehbarer Akt.

237

Die furchtbarste Rache. – Wenn man sich an einem Gegner durchaus *rächen* will, so soll man so lange warten, bis man die ganze Hand voll Wahrheiten und Gerechtigkeiten hat und sie gegen ihn ausspielen kann, mit Gelassenheit: so daß Rache üben mit Gerechtigkeit üben zusammenfällt. Es ist die furchtbarste Art der Rache: denn sie hat keine Instanz über sich, an die noch apelliert werden könnte. So rächte sich Voltaire an Piron, mit fünf Zeilen, die über dessen ganzes Leben, Schaffen und Wollen richten; soviel Worte, soviel Wahrheiten; so rächte sich derselbe an Friedrich dem Großen (in einem Briefe an ihn, von Ferney aus).

238

Luxus-Steuer. – Man kauft in den Läden das Nötige und Nächste und muß es teuer bezahlen, weil man mitbezahlt, was dort auch feil steht, aber nur selten seine Abnehmer hat: das Luxushafte und Gelüstartige. So legt der Luxus dem Einfachen, der seiner enträt, doch eine fortwährende Steuer auf.

239

Warum die Bettler noch leben. – Wenn alle Almosen nur aus Mitleiden gegeben würden, so wären die Bettler allesamt verhungert.

240

Warum die Bettler noch leben. – Die größte Almosenspenderin ist die Feigheit.

241

Wie der Denker ein Gespräch benutzt. – Ohne Horcher zu sein, kann man viel hören, wenn man versteht, gut zu sehen, doch sich selber für Zeiten aus den Augen zu verlieren. Aber die Menschen wissen ein Gespräch nicht zu benutzen; sie verwenden bei weitem zu viel Aufmerksamkeit auf das, was sie sagen und entgegnen wollen, während der wirkliche *Hörer* sich oft begnügt, vorläufig zu antworten und etwas als Abschlagszahlung der Höflichkeit überhaupt zu *sagen,* dagegen mit seinem hinterhaltigen Gedächtnisse alles davonträgt, was der andere geäußert hat, nebst der Art in Ton und Gebärde, *wie* er es äußerte. – Im gewöhnlichen Gespräche meint jeder der Führende zu sein, wie wenn zwei Schiffe, die nebeneinander fahren und sich hier und da einen kleinen Stoß geben, beiderseits im guten Glauben sind, ihr Nachbarschiff folge oder werde sogar geschleppt.

242

Die Kunst, sich zu entschuldigen. – Wenn sich jemand vor uns entschuldigt, so muß er es sehr gut machen: sonst kommen wir uns selber leicht als die Schuldigen vor und haben eine unangenehme Empfindung.

243

Unmöglicher Umgang. – Das Schiff deiner Gedanken geht zu tief, als daß du mit ihm auf den Gewässern dieser freundlichen, anständigen, entgegenkommenden Personen fahren könntest. Es sind da der Untiefen und Sandbänke zu viele: du würdest dich drehen und wenden müssen und in fortwährender Verlegenheit sein, und jene würden alsbald auch in Verlegenheit geraten – über deine Verlegenheit, deren Ursache sie nicht erraten können.

244

Fuchs der Füchse. – Ein rechter Fuchs nennt nicht nur die Trauben sauer, welche er nicht erreichen kann, sondern auch die, welche er erreicht und anderen vorweggenommen hat.

245

Im nächsten Verkehre. – Wenn Menschen auch noch so eng zusammengehören: es gibt innerhalb ihres gemeinsamen Horizontes doch noch alle vier Himmelsrichtungen, und in manchen Stunden merken sie es.

246

Das Schweigen des Ekels. – Da macht jemand als Denker und Mensch eine tiefe, schmerzhafte Umwandlung durch und legt dann öffentlich Zeugnis davon ab. Und die Hörer merken nichts! glauben ihn noch ganz als den alten! – Diese gewöhnliche Erfahrung hat manchen Schriftstellern schon Ekel gemacht: sie hatten die Intellektualität der Menschen zu hoch geachtet und gelobten sich, als sie ihren Irrtum wahrnahmen, das Schweigen an.

247

Geschäfts-Ernst. – Die Geschäfte manches Reichen und Vornehmen sind seine Art *Ausruhens* von allzulangem gewohnheitsmäßigem *Müßiggang:* er nimmt sie deshalb so ernst und passioniert, wie andere Leute ihre seltenen Muße-Erholungen und -Liebhabereien.

248

Doppelsinn des Auges. – Wie das Gewässer zu deinen Füßen eine plötzliche schuppenhafte Erzitterung überläuft, so gibt es auch im menschlichen Auge solche plötzliche Unsicherheiten und Zweideutigkeiten, bei denen man sich fragt: ist's ein Schaudern? ist's ein Lächeln? ist's beides?

249

Positiv und negativ. – Dieser Denker braucht niemanden, der ihn widerlegt: er genügt sich dazu selber.

250

Die Rache der leeren Netze. – Man nehme sich vor allen Personen in acht, welche das bittre Gefühl des Fischers haben, der nach mühevollem Tagewerk am Abend mit leeren Netzen heimfährt.

251

Sein Recht nicht geltend machen. – Macht ausüben kostet Mühe und erfordert Mut. Deshalb machen so viele ihr gutes, allerbestes Recht nicht geltend, weil dies Recht eine Art *Macht* ist, sie aber zu faul oder zu feige sind, es auszuüben. *Nachsicht* und *Geduld* heißen die Deckmantel-Tugenden dieser Fehler.

252

Lichtträger. – In der Gesellschaft wäre kein Sonnenschein, wenn ihn nicht die geborenen Schmeichelkatzen mit hineinbrächten, ich meine die sogenannten Liebenswürdigen.

253

Am mildtätigsten. – Wenn der Mensch eben sehr geehrt worden ist und ein wenig gegessen hat, so ist er am mildtätigsten.

254

Zum Lichte. – Die Menschen drängen sich zum Lichte, nicht um besser zu sehen, sondern um besser zu glänzen. – Vor wem man glänzt, den läßt man gerne als Licht gelten.

255

Die Hypochonder. – Der Hypochonder ist ein Mensch, der gerade genug Geist und Lust am Geiste besitzt, um seine Leiden, seinen

Verlust, seine Fehler gründlich zu nehmen: aber sein Gebiet, auf dem er sich nährt, ist zu klein; er weidet es so ab, daß er endlich die einzelnen Hälmchen suchen muß. Dabei wird er endlich zum Neider und Geizhals – und dann erst ist er unausstehlich.

256

Zurückerstatten. – Hesiod rät an, dem Nachbar, der uns ausgeholfen hat, mit gutem Maße und womöglich reichlicher zurückzugeben, sobald wir es vermögen. Dabei hat nämlich der Nachbar seine Freude, denn seine einstmalige Gutmütigkeit trägt ihm Zinsen ein; aber auch der, welcher zurückgibt, hat sein Freude, insofern er die kleine einstmalige Demütigung, sich aushelfen lassen zu müssen, durch ein kleines Übergewicht, als Schenkender, zurückkauft.

257

Feiner als nötig. – Unser Beobachtungssinn dafür, ob andere unsere Schwächen wahrnehmen, ist viel feiner, als unser Beobachtungssinn für die Schwächen anderer: woraus sich also ergibt, daß er feiner ist, als nötig wäre.

258

Eine lichte Art von Schatten. – Dicht neben den ganz nächtigen Menschen befindet sich fast regelmäßig, wie an sie angebunden, eine Lichtseele. Sie ist gleichsam der negative Schatten, den jene werfen.

259

Sich nicht rächen? – Es gibt so viele feine Arten der Rache, daß einer, der Anlaß hätte sich zu rächen, im Grunde tun oder lassen kann, was er will: alle Welt wird doch nach einiger Zeit übereingekommen sein, daß er sich gerächt *habe*. Sich nicht zu rächen steht also kaum im Belieben eines Menschen: daß er es nicht *wol-*

le, darf er nicht einmal aussprechen, weil die Verachtung der Rache als eine sublime, sehr empfindliche Rache gedeutet und *empfunden* wird. – Woraus sich ergibt, daß man nichts *Überflüssiges* tun soll – –

260

Irrtum der Ehrenden. – Jeder glaubt einem Denker etwas Ehrendes und Angenehmes zu sagen, wenn er ihm zeigt, wie er von selber genau auf denselben Gedanken und selbst auf den gleichen Ausdruck geraten sei; und doch wird bei solchen Mitteilungen der Denker nur selten ergötzt, aber häufig gegen seinen Gedanken und dessen Ausdruck mißtrauisch: er beschließt im Stillen, beide einmal zu revidieren. – Man muß, wenn man jemanden ehren will, sich vor dem Ausdruck der Übereinstimmung hüten: sie stellt auf ein gleiches Niveau. – In vielen Fällen ist es die Sache der gesellschaftlichen Schicklichkeit, eine Meinung so anzuhören, als sei sie nicht die unsrige, ja als ginge sie über unsern Horizont hinaus: zum Beispiel wenn der Alte, Alterfahrene einmal ausnahmsweise den Schrein seiner Erkenntnisse aufschließt.

261

Brief. – Der Brief ist ein unangemeldeter Besuch, der Briefbote der Vermittler unhöflicher Überfälle. Man sollte alle acht Tage eine Stunde zum Briefempfangen haben und danach ein Bad nehmen.

262

Der Voreingenommene. – Jemand sagte: ich bin gegen mich *voreingenommen*, von Kindesbeinen an: deshalb finde ich in jedem Tadel etwas Wahrheit und in jedem Lobe etwas Dummheit. Das Lob wird von mir gewöhnlich zu gering und der Tadel zu hoch geschätzt.

263

Weg zur Gleichheit. – Einige Stunden Bergsteigens machen aus einem Schuft und einem Heiligen zwei ziemlich gleiche Geschöpfe. Die Ermüdung ist der kürzeste Weg zur *Gleichheit* und *Brüderlichkeit* – und die *Freiheit* wird endlich durch den Schlaf hinzugegeben.

264

Verleumdung. – Kommt man einer eigentlich infamen Verdächtigung auf die Spur, so suche man ihren Ursprung nie bei seinen ehrlichen und einfachen *Feinden;* denn diese würden, wenn sie so etwas über uns erfänden, als Feinde keinen Glauben finden. Aber jene, denen wir eine Zeitlang am meisten genützt haben, welche aber, aus irgend einem Grunde, im Geheimen sicher darüber sein dürfen, nichts mehr von uns zu erlangen, – solche sind imstande, die Infamie ins Rollen zu bringen: sie finden Glauben, einmal weil man annimmt, daß sie nichts erfinden würden, was ihnen selber Schaden bringen könnte; sodann weil sie uns näher kennengelernt haben. – Zum Troste mag sich der so schlimm Verleumdete sagen: Verleumdungen sind Krankheiten anderer, die an deinem Leibe ausbrechen; sie beweisen, daß die Gesellschaft *ein* (moralischer) Körper ist, so daß du an *dir* die Kur vornehmen kannst, die den *anderen* nützen soll.

265

Das Kinder-Himmelreich. – Das Glück des Kindes ist ebenso sehr ein Mythus wie das Glück der Hyperboreer, von dem die Griechen erzählten. *Wenn* das Glück überhaupt auf Erden wohnt, meinten diese, dann gewiß möglichst weit von uns, etwa dort am Rande der Erde. Ebenso denken die älteren Menschen: *wenn* der Mensch überhaupt glücklich sein kann, dann gewiß möglichst fern von *unserem* Alter, an den Grenzen und Anfängen des Lebens. Für manchen Menschen ist der Anblick der Kinder, *durch* den Schleier dieses Mythus hindurch, das größte Glück, dessen er teilhaftig werden kann; er geht selber bis in den Vorhof des Himmelreichs, wenn er sagt »lasset die Kindlein zu mir kommen, denn ihrer ist das Himmelreich«. – Der Mythus von Kinder-Himmelreich ist überall irgendwie tätig, wo es in der modernen Welt etwas von Sentimentalität gibt.

266

Die Ungeduldigen. – Gerade der Werdende will das Werdende nicht: er ist zu ungeduldig dafür. Der Jüngling will nicht warten, bis, nach langen Studien, Leiden und Entbehrungen, sein Gemälde von Menschen und Dingen voll werde: so nimmt er ein anderes, das fertig dasteht und ihm angeboten wird, auf Treu und Glauben an, als müsse es ihm die Linien und Farben *seines* Gemäldes vorweg geben, er wirft sich einem Philosophen, einem Dichter ans Herz und muß nun eine lange Zeit Frondienste tun und sich selber verleugnen. Vieles lernt er dabei: aber häufig vergißt ein Jüngling das Lernens- und Erkenntniswerteste darüber – sich selber; er bleibt zeitlebens ein Parteigänger. Ach, es ist viel Langeweile zu überwinden, viel Schweiß nötig, bis man seine Farben, seinen Pinsel, seine Leinwand gefunden hat! – Und dann ist man noch lange nicht Meister seiner Lebenskunst – aber wenigstens Herr in der eigenen Werkstatt.

267

Es gibt keine Erzieher. – Nur von Selbst-Erziehung sollte man als Denker reden. Die Jugend-Erziehung durch andere ist entweder ein Experiment, an einem noch Unerkannten, Unerkennbaren vollzogen, oder eine grundsätzliche Nivellierung, um das neue Wesen, welches es auch sei, den Gewohnheiten und Sitten, welche herrschen, gemäß zu *machen:* in beiden Fällen also etwas, das des Denkers unwürdig ist, das Werk der Eltern und Lehrer, welche einer der verwegenen Ehrlichen nos ennemis naturels genannt hat.

– Eines Tages, wenn man längst, nach der Meinung der Welt, erzogen ist, *entdeckt* man sich *selber:* da beginnt die Aufgabe des Denkers; jetzt ist es Zeit, ihn zu Hilfe zu rufen – nicht als einen Erzieher, sondern als einen Selbst-Erzogenen, der Erfahrung hat.

268

Mitleiden mit der Jugend. – Es jammert uns, wenn wir hören, daß einem Jünglinge schon die Zähne ausbrechen, einem andern die Augen erblinden. Wüßten wir alles Unwiderrufliche und Hoffnungslose, das in seinem ganzen Wesen steckt, wie groß würde erst der Jammer sein! Weshalb *leiden* wir hierbei eigentlich? Weil die Jugend fortführen soll, was *wir* unternommen haben, und jeder Ab- und Anbruch ihrer Kraft *unserem* Werke, das in ihre Hände fällt, zum Schaden gereichen will. Es ist der Jammer über die schlechte Garantie unserer Unsterblichkeit: oder wenn wir uns nur als Vollstrecker der Menschheits-Mission fühlen, der Jammer darüber, daß diese Mission in schwächere Hände, als die unsrigen sind, übergehen muß.

269

Die Lebensalter. – Die Vergleichung der vier Jahreszeiten mit den vier Lebensaltern ist eine ehrwürdige Albernheit. Weder die ersten zwanzig, noch die letzten zwanzig Jahre des Lebens entsprechen einer Jahreszeit: vorausgesetzt, daß man sich bei der Vergleichung nicht mit dem Weiß des Haares und Schnees und mit ähnlichen Farbenspielen begnügt. Jene ersten zwanzig Jahre sind eine Vorbereitung auf das Leben überhaupt, auf das ganze Lebensjahr, als eine Art langen Neujahrstages; und die letzten zwanzig überschauen, verinnerlichen, bringen in Fug und Zusammenklang, was nur alles vorher erlebt wurde: so wie man es, in kleinem Maße, an jedem Silvestertage mit dem ganzen verflossenen Jahre tut. Zwischen inne liegt aber in der Tat ein Zeitraum, welcher die Vergleichung mit den Jahreszeiten nahelegt: der Zeitraum vom zwanzigsten bis zum fünfzigsten Jahre (um hier einmal in Bausch und Bogen nach Jahrzehnten zu rechnen, während es sich von selber versteht, daß jeder nach seiner Erfahrung diese groben Ansätze für sich verfeinern muß). Jene dreimal zehn Jahre entsprechen dreien Jahreszeiten: dem Sommer, dem Frühling und dem Herbste, – einen Winter hat das menschliche Leben nicht, es sei denn, daß man die leider nicht selten eingeflochtenen harten, kalten, einsamen, hoffnungsarmen, unfruchtbaren *Krankheitszeiten* die Winterzeiten der Menschen nennen will. Die zwanziger Jahre: heiß, lästig, gewitterhaft, üppig treibend, müde machend, Jahre, in denen man den Tag am Abend, wenn er zu Ende ist, preist und sich dabei die Stirn abwischt: Jahre, in denen die Arbeit uns hart, aber notwendig dünkt, diese zwanziger Jahre sind der *Sommer* des Lebens. Die dreißiger dagegen sind sein *Frühling:* die Luft bald zu warm, bald zu kalt, immer unruhig und anreizend: quellender Saft, Blätterfülle, Blütenduft überall: viele bezaubernde Morgen und Nächte: die Arbeit, zu der der Vogelgesang uns weckt, eine rechte Herzens-Arbeit, eine Art Genuß der eigenen Rüstigkeit, verstärkt durch vorgenießende Hoffnungen. Endlich die vierziger Jahre: geheimnisvoll, wie alles Stiliestehende; einer hohen, weiten Berg-Ebene gleichend, an der ein frischer Wind hinläuft; mit einem klaren, wolkenlosen Himmel darüber, welcher den Tag über und in die Nächte hinein immer mit der gleichen Sanftmut blickt: die Zeit der Ernte und der herzlichsten Heiterkeit – es ist der *Herbst* des Lebens.

270

Der Geist der Frauen in der jetzigen Gesellschaft. – Wie die Frauen jetzt über den Geist der Männer denken, errät man daraus, daß sie bei ihrer Kunst des Schmückens an alles eher denken, als den Geist ihrer Züge oder die geistreichen Einzelheiten ihres Gesichts noch besonders zu unterstreichen: sie verbergen Derartiges vielmehr und wissen sich dagegen, zum Beispiel durch eine

Anordnung des Haars über der Stirn, den Ausdruck einer lebendig begehrenden Sinnlichkeit und Ungeistigkeit zu geben, gerade wenn sie diese Eigenschaften nur wenig besitzen. Ihre Überzeugung, daß der Geist bei Weibern die Männer erschrecke, geht so weit, daß sie selbst die Schärfe des geistigsten Sinnes gern verleugnen und den Ruf der *Kurzsichtigkeit* absichtlich auf sich laden; dadurch glauben sie wohl die Männer zutraulicher zu machen: es ist, als ob sich eine einladende sanfte Dämmerung um sie verbreite.

271

Groß und vergänglich. – Was den Betrachtenden zu Tränen rührt, das ist der schwärmerische Glückes-Blick, mit dem eine schöne junge Frau ihren Gatten ansieht. Man empfindet alle Herbst-Wehmut dabei, über die Größe sowohl, als über die Vergänglichkeit des menschlichen Glückes.

272

Opfer-Sinn. – Manche Frau hat den intelletto del sacrifizio und wird ihres Lebens nicht mehr froh, wenn der Gatte sie nicht opfern will: sie weiß dann mit ihrem Verstande nicht mehr wohin? und wird unversehens aus dem Opfertier der Opferpriester selber.

273

Das Unweibliche. – »Dumm wie ein Mann« sagen die Frauen: »feige wie ein Weib« sagen die Männer. Die Dummheit ist am Weibe das *Unweibliche.*

274

Männliches und weibliches Temperament und die Sterblichkeit. – Daß das männliche Geschlecht ein schlechteres Temperament hat, als das weibliche, ergibt sich auch daraus, daß die männlichen Kinder der Sterblichkeit mehr ausgesetzt sind, als die weiblichen, offenbar weil sie leichter »aus der Haut fahren«: ihre Wildheit und Unverträglichkeit verschlimmert alle Übel leicht bis ins Tödliche.

275

Die Zeit der Zyklopenbauten. – Die Demokratisierung Europas ist unaufhaltsam: wer sich dagegen stemmt, gebraucht doch eben die Mittel dazu, welche erst der demokratische Gedanke jedermann in die Hand gab, und macht diese Mittel selber handlicher und wirksamer: und die grundsätzlichsten Gegner der Demokratie (ich meine die Umsturzgeister) scheinen nur deshalb da zu sein, um durch die Angst, welche sie erregen, die verschiedenen Parteien immer schneller auf der demokratischen Bahn vorwärts zu treiben. Nun kann es einem angesichts derer, welche jetzt bewußt und ehrlich für diese Zukunft arbeiten, in der Tat bange werden: es liegt etwas Ödes und Einförmiges in ihren Gesichtern, und der graue Staub scheint auch bis in ihre Gehirne hinein geweht zu sein. Trotzdem: es ist möglich, daß die Nachwelt über dieses unser Bangen einmal lacht und an die demokratische Arbeit einer Reihe von Geschlechtern etwa so denkt, wie wir an den Bau von Steindämmen und Schutzmauern – als an eine Tätigkeit, die notwendig viel Staub auf Kleider und Gesicher breitet und unvermeidlich wohl auch die Arbeiter ein wenig blödsinnig macht; aber wer würde deswegen solches Tun ungetan wünschen! Es scheint, daß die Demokratisierung Europas ein Glied in der Kette jener ungeheuren *prophylaktischen Maßregeln* ist, welche der Gedanke der neuen Zeit sind und mit denen wir uns gegen das Mittelalter abheben. Jetzt erst ist das Zeitalter der Zyklopenbauten! Endliche Sicherheit der Fundamente, damit alle Zukunft auf ihnen ohne Gefahr bauen kann! Unmöglichkeit fürderhin, daß die Fruchtfelder der Kultur wieder über Nacht von Wilden und sinnlosen Bergwassern zerstört werden! Steindämme und Schutzmauern gegen Barbaren, gegen Seuchen, gegen *leibliche und geistige Verknechtung!* Und dies alles zunächst wörtlich und gröblich, aber allmählich immer höher und geistiger verstanden, so daß alle hier angedeuteten Maßregeln die geistreiche Gesamtvorbereitung des höchsten Künstlers der Gartenkunst zu sein scheinen, der sich dann erst zu seiner eigentlichen Aufgabe wenden kann, wenn jene vollkommen ausgeführt ist! − Freilich: bei den weiten Zeitstrecken, welche hier zwischen Mittel und Zweck liegen, bei der großen, übergroßen, Kraft und Geist von Jahrhunderten anspannenden Mühsal, die schon not tut, um nur jedes einzelne Mittel zu schaffen oder herbeizuschaffen, darf man es den Arbeitern an der Gegenwart nicht zu hart anrechnen, wenn sie laut dekretieren, die Mauer und das Spalier *sei* schon der Zweck und das letzte Ziel; da ja noch niemand den Gärtner und die Fruchtpflanzen sieht, *um derentwillen* das Spalier da ist.

276

Das Recht des allgemeinen Stimmrechts. − Das Volk hat sich das allgemeine Stimmrecht nicht gegeben, es hat dasselbe, überall, wo es jetzt in Geltung ist, empfangen und vorläufig angenommen: jedenfalls hat es aber das Recht, es wieder zurückzugeben, wenn es seinen Hoffnungen nicht genugtut. Dies scheint jetzt allerorten der Fall zu sein: denn wenn bei irgend einer Gelegenheit, wo es gebraucht wird, kaum Zweidrittel, ja vielleicht nicht einmal die Majorität aller Stimmberechtigten an die Stimm-Urne kommt, so ist dies ein Votum *gegen* das ganze Stimmsystem überhaupt. − Man muß hier sogar noch viel strenger urteilen. Ein Gesetz, welches bestimmt, daß die Majorität über das Wohl aller die letzte Entscheidung habe, kann nicht auf derselben Grundlage, welche durch dasselbe erst gegeben wird, aufgebaut werden; es bedarf notwendig einer noch breiteren: und dies ist die *Einstimmigkeit aller.* Das allgemeine Stimmrecht darf nicht nur der Ausdruck eines Majoritäten-Willens sein: das ganze Land muß es wollen. Deshalb genügt schon der Widerspruch einer sehr kleinen Minorität, dasselbe als untunlich wieder beiseite zu stellen: und die *Nichtbeteiligung* an einer Abstimmung ist eben ein solcher Widerspruch, der das ganze Stimmsystem zum Falle bringt. Das »absolute Veto« des einzelnen oder, um nicht ins Kleinliche zu verfallen, das Veto weniger Tausende hängt über diesem System, als die Konsequenz der Gerechtigkeit: bei jedem Gebrauche, den man von ihm macht, muß es, laut der Art von Beteiligung, erst beweisen, daß es noch *zu Recht besteht*.

277

Das schlechte Schließen. – Wie schlecht schließt man, auf Gebieten, wo man nicht zu Hause ist, selbst wenn man als Mann der Wissenschaft noch so sehr an das gute Schließen gewöhnt ist! Es ist beschämend! Und nun ist klar, daß im großen Welttreiben, in Sachen der Politik, bei allem Plötzlichen und Drängenden, wie es fast jeder Tag heraufführt, eben dieses *schlechte Schließen* entscheidet: denn niemand ist völlig in dem zu Hause, was über Nacht neu gewachsen ist; alles Politisieren, auch bei den größten Staatsmännern, ist Improvisieren auf gut Glück.

278

Prämissen des Maschinen-Zeitalters. – Die Presse, die Maschine, die Eisenbahn, der Telegraph sind Prämissen, deren tausendjährige Konklusion noch niemand zu ziehen gewagt hat.

279

Ein Hemmschuh der Kultur. – Wenn wir hören: dort haben die Männer nicht Zeit zu den produktiven Geschäften; Waffenübungen und Umzüge nehmen ihnen den Tag weg, und die übrige Bevölkerung muß sie ernähren und kleiden, ihre Tracht aber ist auffallend, oftmals bunt und voll Narrheiten; dort sind nur wenige unterscheidende Eigenschaften anerkannt, die einzelnen gleichen einander mehr als anderwärts oder werden doch als Gleiche behandelt; dort verlangt und gibt man Gehorsam ohne Verständnis: man befiehlt, aber man hütet sich zu überzeugen; dort sind die Strafen wenige, diese wenigen aber sind hart und gehen schnell zum Letzten, Fürchterlichsten; dort gilt der Verrat als das größte Verbrechen, schon die Kritik der Übelstände wird nur von den Mutigsten gewagt; dort ist ein Menschenleben wohlfeil, und der Ehrgeiz nimmt häufig die Form an, daß er das Leben in Gefahr bringt, – wer dies alles hört, wird sofort sagen: »es ist das Bild einer *barbarischen, in Gefahr schwebenden Gesellschaft.*« Vielleicht, daß der eine hinzufügt: »es ist die Schilderung Spartas«; ein anderer wird aber nachdenklich werden und vermeinen, es sei unser *modernes Militärwesen* beschrieben, wie es inmitten unsrer andersartigen Kultur und Sozietät dasteht, als ein lebendiger Anachronismus, als das Bild, wie gesagt, einer barbarischen, in Gefahr schwebenden Gesellschaft, als ein posthumes Werk der Vergangenheit, welches für die Räder der Gegenwart nur den Wert eines Hemmschuhs haben kann. – Mitunter tut aber auch ein Hemmschuh der Kultur auf das Höchste not: wenn es nämlich zu schnell bergab oder, wie in diesem Falle vielleicht, *bergauf* geht.

280

Mehr Achtung vor den Wissenden! – Bei der Konkurrenz der Arbeit und der Verkäufer ist das *Publikum* zum Richter über das Handwerk gemacht: das hat aber keine strenge Sachkenntnis und urteilt nach dem *Scheine* der Güte. Folglich wird die Kunst des Scheines (und vielleicht der Geschmack) unter der Herrschaft der Konkurrenz steigen, dagegen die Qualität aller Erzeugnisse sich verschlechtern müssen. Folglich wird, wofern nur die Vernunft nicht im Werte fällt, irgendwann jener Konkurrenz ein Ende gemacht werden und ein neues Prinzip den Sieg über sie davontragen. Nur der Handwerksmeister sollte über das Handwerk urteilen, und das Publikum abhängig sein vom Glauben an die Person des Urteilenden und an seine Ehrlichkeit. Demnach keine anonyme Arbeit! Mindestens müßte ein Sachkenner als Bürge derselben dasein und *seinen* Namen als Pfand einsetzen, wenn der Name des Urhebers fehlt oder klanglos ist. Die *Wohlfeilheit* eines Werkes ist für den Laien eine andere Art Schein und Trug, da erst die *Dauerhaftigkeit* entscheidet, daß und inwiefern eine Sache wohlfeil ist; jene aber ist schwer und von dem Laien gar nicht zu beurteilen. – Also: was Effekt auf das Auge macht und wenig kostet, das bekommt jetzt das Übergewicht, – und das wird natürlich die Maschinenarbeit sein. Hinwiederum begünstigt die Maschine, das heißt die Ursache der größten Schnelligkeit und Leichtigkeit der Herstellung, auch ihrerseits die *verkäuflichste* Sorte: sonst ist kein erheblicher Gewinn mit ihr zu machen; sie würde zu wenig gebraucht und zu oft stille stehen. Was aber am verkäuflichsten ist, darüber entscheidet das Publikum, wie gesagt: es muß das Täuschendste sein, das heißt *das,* was einmal gut *scheint* und sodann auch wohlfeil *scheint.* Also auch auf dem Gebiete der Arbeit muß unser Losungswort sein: »Mehr Achtung vor den Wissenden!«

281

Die Gefahr der Könige. – Die Demokratie hat es in der Hand, ohne alle Gewaltmittel, nur durch einen stetig geübten gesetzmäßigen Druck, das König- und Kaisertum *hohl* zu machen: bis eine Null übrig bleibt, vielleicht, wenn man *will,* mit der Bedeutung jeder Null, daß sie, an sich nichts, doch an die rechte Seite gestellt, die *Wirkung* einer Zahl verzehnfacht. Das Kaiser- und Königtum bliebe ein prachtvoller Zierrat an der schlichten und zweckmäßigen Gewandung der Demokratie, das schöne überflüssige, welches sie sich gönnt, der Rest alles historisch ehrwürdigen Urväterzierrates, ja das Symbol der Historie selber – und in dieser Einzigkeit etwas höchst Wirksames, wenn es, wie gesagt, nicht für sich allein steht, sondern richtig gestellt wird. – Um der Gefahr jener Aushöhlung vorzubeugen, halten die Könige jetzt mit den

Zähnen an ihrer Würde als *Kriegsfürsten* fest: dazu brauchen sie Kriege, das heißt Ausnahmezustände, in denen jener langsame, gesetzmäßige Druck der demokratischen Gewalten pausiert.

282

Der Lehrer ein notwendiges Übel. – So wenig wie möglich Personen zwischen den produktiven Geistern und den hungernden und empfangenden Geistern! Denn die *Mittlerwesen* fälschen fast unwillkürlich die Nahrung, die sie vermitteln: sodann wollen sie zur Belohnung für ihr Vermitteln zu viel *für sich,* was also den originalen, produktiven Geistern entzogen wird: nämlich Interesse, Bewunderung, Zeit, Geld und anderes. – Also: man sehe immerhin den *Lehrer* als ein notwendiges Übel an, ganz wie den Handelsmann: als ein Übel, das man so *klein* wie möglich machen muß! – Wenn vielleicht die Not der deutschen Zustände jetzt ihren Hauptgrund darin hat, daß viel zu viele vom Handel leben und gut leben wollen (also dem Erzeugenden die Preise möglichst zu verringern und den Verzehrenden die Preise möglichst zu erhöhen suchen, um am möglichst großen Schaden beider den Vorteil zu haben): so kann man gewiß einen Hauptgrund der geistigen Notstände in der Überfülle von Lehrern sehen: ihretwegen wird so wenig und so schlecht gelernt.

283

Die Achtungssteuer. – Den uns Bekannten, von uns Geehrten, sei es ein Arzt, Künstler, Handwerker, der etwas für uns tut und arbeitet, bezahlen wir gern so hoch als wir können, oft sogar über unser Vermögen: dagegen bezahlt man den Unbekannten so niedrig es nur angehen will; hier ist ein Kampf, in welchem jeder um den Fußbreit Landes kämpft und mit sich kämpfen macht. Bei der Arbeit des Bekannten *für* uns ist etwas *Unbezahlbares,* die in seine Arbeit *unsertwegen* hineingelegte Empfindung und Erfindung: wir glauben das Gefühl hiervon nicht anders als durch eine Art *Aufopferung* unsererseits ausdrücken zu können. – Die stärkste Steuer ist die *Achtungssteuer.* Je mehr die Konkurrenz herrscht und man von Unbekannten kauft, für Unbekannte arbeitet, desto niedriger wird diese Steuer, während sie gerade der Maßstab für die Höhe des menschlichen Seelen-*Verkehres* ist.

284

Das Mittel zum wirklichen Frieden. – Keine Regierung gibt jetzt zu, daß sie das Heer unterhalte, um gelegentliche Eroberungsgelüste zu befriedigen; sondern der Verteidigung soll es dienen. Jene Moral, welche die Notwehr billigt, wird als ihre Fürsprecherin angerufen. Das heißt aber: sich die Moralität und dem Nachbar die Immoralität vorbehalten, weil er angriffs- und eroberungslustig gedacht werden muß, wenn unser Staat notwendig an die Mittel der Notwehr denken soll; überdies erklärt man ihn, der genau ebenso wie unser Staat die Angriffslust leugnet und auch seinerseits das Heer vorgeblich nur aus Notwehrgründen unterhält, durch unsere Erklärung, weshalb wir ein Heer brauchen, für einen Heuchler und listigen Verbrecher, welcher gar zu gern ein harmloses und ungeschicktes Opfer ohne allen Kampf *überfallen* möchte. So stehen nun alle Staaten jetzt gegeneinander: sie setzen die schlechte Gesinnung des Nachbars und die gute Gesinnung bei sich, voraus. Diese Voraussetzung ist aber eine *Inhumanität,* so schlimm und schlimmer als der Krieg: ja, im Grunde ist sie schon die Aufforderung und Ursache zu Kriegen, weil sie, wie gesagt, dem Nachbar die Immoralität *unterschiebt* und dadurch die feindselige Gesinnung und Tat zu provozieren scheint. Der Lehre von dem Heer als einem Mittel der Notwehr muß man ebenso gründlich abschwören als den Eroberungsgelüsten. Und es kommt vielleicht ein großer Tag, an welchem ein Volk, durch Kriege und Siege, durch die höchste Ausbildung der militärischen Ordnung und Intelligenz ausgezeichnet und gewöhnt, diesen Dingen die schwersten Opfer zu bringen, freiwillig ausruft:

»wir zerbrechen das Schwert« – und sein gesamtes Heerwesen bis in seine letzten Fundamente zertrümmert. *Sich wehrlos machen, während man der Wehrhafteste war,* aus einer *Höhe* der Empfindung heraus, – das ist das Mittel zum *wirklichen* Frieden, welcher immer auf einem Frieden der Gesinnung ruhen muß: während der sogenannte bewaffnete Friede, wie er jetzt in allen Ländern einhergeht, der Unfriede der Gesinnung ist, der sich und dem Nachbar nicht traut und halb aus Haß, halb aus Furcht die Waffen nicht ablegt. Lieber zugrunde gehn als hassen und fürchten, und *zweimal lieber zugrunde gehn als sich hassen und fürchten machen,* – dies muß einmal auch die oberste Maxime jeder einzelnen staatlichen Gesellschaft werden! – Unsern liberalen Volksvertretern fehlt es, wie bekannt, an Zeit zum Nachdenken über die Natur des Menschen: sonst würden sie wissen, daß sie umsonst arbeiten, wenn sie für eine »allmähliche Herabminderung der Militärlast« arbeiten. Vielmehr: erst wenn diese Art Not am größten ist, wird auch die Art Gott am nächsten sein, die hier allein helfen kann. Der Kriegsglorien-Baum kann nur mit *einem* Male, durch einen Blitzschlag zerstört werden: der Blitz aber kommt, ihr wißt es ja, aus der Höhe. –

285

Ob der Besitz mit der Gerechtigkeit ausgeglichen werden kann. – Wird die Ungerechtigkeit des Besitzes stark empfunden – der Zeiger der großen Uhr ist einmal wieder an dieser Stelle –, so nennt man zwei Mittel, derselben abzuhelfen: einmal eine gleiche Verteilung und sodann die Aufhebung des Eigentums und den Zurückfall des Besitzes an die Gemeinschaft. Letzteres Mittel ist namentlich nach dem Herzen unserer Sozialisten, welche jenem altertümlichen Juden darüber gram sind, daß er sagte: du sollst nicht stehlen. Nach ihnen soll das siebente Gebot vielmehr lauten: du sollst nicht besitzen. – Die Versuche nach dem ersten Rezepte sind im Altertum oft gemacht worden, zwar immer nur in kleinem Maß–

stabe, aber doch mit einem Mißerfolg, der auch uns noch Lehrer sein kann. »Gleiche Ackerlose« ist leicht gesagt; aber wieviel Bitterkeit erzeugt sich durch die dabei nötig werdende Trennung und Scheidung, durch den Verlust von altverehrtem Besitz, wieviel Pietät wird verletzt und geopfert! Man gräbt die Moralität um, wenn man die Grenzsteine umgräbt. Und wieder, wieviel neue Bitterkeit unter den neuen Besitzern, wieviel Eifersucht und Scheelsehen, da es zwei wirklich gleiche Ackerlose nie gegeben hat, und wenn es solche gäbe, der menschliche Neid auf den Nachbar nicht an deren Gleichheit glauben würde. Und wie lange dauerte diese schon in der Wurzel vergiftete und ungesunde Gleichheit! In wenigen Geschlechtern war durch Erbschaft hier das eine Los auf fünf Köpfe, dort waren fünf Lose auf einen Kopf gekommen: und im Falle man durch harte Erbschafts-Gesetze solchen Mißständen vorbeugte, gab es zwar noch die gleichen Ackerlose, aber dazwischen Dürftige und Unzufriedene, welche nichts besaßen, außer der Mißgunst auf die Anverwandten und Nachbarn und dem Verlangen nach dem Umsturz aller Dinge. – Will man aber, nach dem *zweiten* Rezepte, das Eigentum der *Gemeinde* zurückgeben und den einzelnen nur zum zeitweiligen Pächter machen, so zerstört man das Ackerland. Denn der Mensch ist gegen alles, was er nur vorübergehend besitzt, ohne Vorsorge und Aufopferung, er verfährt damit ausbeuterisch, als Räuber oder als liederlicher Verschwender. Wenn Plato meint, die Selbstsucht werde mit der Aufhebung des Besitzes aufgehoben, so ist ihm zu antworten, daß, nach Abzug der Selbstsucht, vom Menschen jedenfalls nicht die vier Kardinaltugenden übrig bleiben werden, – wie man sagen muß: die ärgste Pest könnte der Menschheit nicht so schaden, als wenn eines Tages die Eitelkeit aus ihr entschwände. Ohne Eitelkeit und Selbstsucht – was sind denn die menschlichen Tugenden? Womit nicht von ferne gesagt sein soll, daß es nur Namen und Masken von jenen seien. Platos utopistische Grundmelodie, die jetzt noch von den Sozialisten fortgesungen wird, beruht auf einer mangelhaften Kenntnis des Menschen: ihm fehlte die Historie der moralischen Empfindungen, die Einsicht in den Ursprung der guten nützlichen Eigenschaften der menschlichen Seele. Er glaubte, wie das ganze Altertum, an Gut und Böse, wie an Weiß und Schwarz: also an eine radikale Verschiedenheit der guten und der bösen Menschen, der guten und der schlechten Eigenschaften. – Damit der Besitz fürderhin mehr Vertrauen einflöße und moralischer werde, halte man alle Arbeitswege zum *kleinen* Vermögen offen, aber verhindere die mühelose, die plötzliche Bereicherung; man ziehe alle Zweige des Transports und Handels, welche der Anhäufung *großer* Vermögen günstig sind, also namentlich den Geldhandel, aus den Händen der Privaten und Privatgesellschaften – und betrachte ebenso die Zuviel- wie die Nichts-Besitzer als gemeingefährliche Wesen.

286

Der Wert der Arbeit. – Wollte man den Wert der Arbeit danach bestimmen, wieviel Zeit, Fleiß, guter und schlechter Wille, Zwang, Erfindsamkeit oder Faulheit, Ehrlichkeit oder Schein darauf verwendet ist, so kann der Wert niemals *gerecht* sein; denn die ganze Person müßte auf die Wagschale gesetzt werden können, was unmöglich ist. Hier heißt es »richtet nicht!« Aber der Ruf nach Gerechtigkeit ist es ja, den wir jetzt von denen hören, welche mit der Abschätzung der Arbeit unzufrieden sind. Denkt man weiter, so findet man jede Persönlichkeit unverantwortlich für ihr Produkt, die Arbeit: ein *Verdienst* ist also niemals daraus abzuleiten, jede Arbeit ist so gut oder schlecht, wie sie bei der und der notwendigen Konstellation von Kräften und Schwächen, Kenntnissen und Begehrungen sein muß. Es steht nicht im Belieben das Arbeiters, *ob* er arbeitet; auch nicht, *wie* er arbeitet. Nur die Gesichtspunkte des *Nutzens,* engere und weitere, haben Wertschätzung der Arbeit geschaffen. Das, was wir jetzt Gerechtigkeit nennen, ist auf diesem Felde sehr wohl am Platz als eine höchst verfeinerte Nützlichkeit, welche nicht auf den Moment nur Rücksicht nimmt und die Gelegenheit ausbeutet, sondern auf Dauerhaftigkeit aller Zustände sinnt und deshalb auch das Wohl des Arbeiters, seine leibliche und seelische Zufriedenheit ins Auge faßt, – *damit* er und seine Nachkommen gut auch für unsere Nachkommen arbeiten und noch auf längere Zeiträume, als das menschliche Einzelleben ist, hinaus *zuverlässig* werden. Die *Ausbeutung* des Arbeiters war, wie man jetzt begreift, eine Dummheit, ein Raub-Bau auf Kosten der Zukunft, eine Gefährdung der Gesellschaft. Jetzt hat man fast schon den Krieg: und jedenfalls werden die Kosten, um den Frieden zu erhalten, um Verträge zu schließen und Vertrauen zu erlangen, nunmehr sehr groß sein, weil die Torheit der Ausbeutenden sehr groß und langdauernd war.

287

Vom Studium des Gesellschafts-Körpers. – Das Übelste für den, welcher jetzt in Europa, namentlich in Deutschland, Ökonomik und Politik studieren will, liegt darin, daß die tatsächlichen Zustände, anstatt die *Regeln* zu exemplifizieren, die *Ausnahme* oder die *Übergangs-* und *Ausgangsstadien* exemplifizieren. Man muß deshalb über das tatsächlich Bestehende erst hinwegsehen lernen und zum Beispiel den Blick fernhin auf Nordamerika richten, – wo man die anfänglichen und normalen Bewegungen des gesellschaftlichen Körpers noch mit den Augen *sehen* und aufsuchen kann, wenn man nur *will*, – während in Deutschland dazu schwierige historische Studien oder, wie gesagt, ein Fernglas nötig sind.

288

Inwiefern die Maschine demütigt. – Die Maschine ist unpersönlich, sie entzieht dem Stück Arbeit seinen Stolz, sein individuell *Gutes* und *Fehlerhaftes,* was an jeder Nicht-Maschinenarbeit klebt, – also sein bißchen Humanität. Früher war alles Kaufen von Handwerkern ein *Auszeichnen von Personen,* mit deren Abzeichen man